AF475061

(taché d'encre la p. XVI de l'[illegible])

80

I

# ARMORIAL GÉNÉRAL

DU

# LYONNAIS, FOREZ ET BEAUJOLAIS

LYON. IMP. D'AIMÉ VINGTRINIER.

ARMORIAL GÉNÉRAL

# DU LYONNAIS

## FOREZ ET BEAUJOLAIS

COMPRENANT

LES ARMOIRIES DES VILLES, DES CORPORATIONS
DES FAMILLES NOBLES ET BOURGEOISES ACTUELLEMENT EXISTANTES OU ÉTEINTES
DES ARCHEVÊQUES, DES GOUVERNEURS
ET DES PRINCIPAUX FONCTIONNAIRES PUBLICS DE CES PROVINCES

LE TOUT COMPOSÉ DE 2,080 BLASONS DESSINÉS
ET D'ENVIRON 3,000 NOTICES HÉRALDIQUES ET GÉNÉALOGIQUES

LYON

A LA LIBRAIRIE ANCIENNE D'AUGUSTE BRUN

Rue du Plat, 13

MDCCCLX

# INTRODUCTION

L'ouvrage que nous publions n'est qu'un simple recueil d'armoiries, destiné à venir en aide aux érudits qui s'occupent de recherches historiques et archéologiques. L'importance du blason dans les études de ce genre est aujourd'hui parfaitement reconnue ; plus d'une fois on a réclamé la publication d'un armorial complet de la France, car, chaque jour, on sent de plus en plus le besoin de déterminer les armoiries qui se rencontrent si souvent sur les monuments du Moyen-Age. Mais un travail semblable ne pourra s'entreprendre que lorsque l'on aura une série d'armoriaux de province, renfermant une suite complète, raisonnée et exacte de tous les blasons qui ont pu se conserver, non seulement des familles existantes, mais encore et surtout de celles qui sont éteintes. C'est ce que nous avons essayé de faire, quoique bien imparfaitement, pour les provinces du Lyonnais, du Forez et du Beaujolais, qui formaient l'ancienne Généralité de Lyon. Nous avions du reste d'excellents modèles : M. Bouillet a publié sur l'Auvergne un Nobiliaire, qui est l'un des ouvrages les plus complets et les plus consciencieux que l'on ait écrit en ce genre depuis le XVIIe siècle, et M. le comte Georges de Soultrait a donné, pour le Bourbonnais et le Nivernais, des armoriaux où, pour la première fois, la critique se trouve introduite dans la recherche des blasons. C'est à la suite de ces deux guides que nous avons essayé de marcher. Seulement nous avons cru devoir, contrairement à ce qui s'est fait jusqu'à ce jour, introduire dans notre armorial les blasons des familles bourgeoises. Cette détermination pourra sembler étrange, mais il est facile de répondre aux objections qu'elle peut soulever. Il suffirait de dire, par exemple, qu'un recueil d'armoiries est tout autre chose qu'un nobiliaire et que l'on doit y rassembler tous les monuments héraldiques, comme dans un dictionnaire on réunit non seulement les mots de la langue poétique, mais aussi ceux du style vulgaire. S'il avait fallu écarter de notre armorial les blasons bourgeois, nous aurions été forcé de passer sous silence les plus intéressants et les plus anciens. C'est une profonde erreur, en effet, de croire, comme on le fait généralement, que le droit de porter des armoiries était le privilége exclusif de la noblesse et que la bourgeoisie ne l'obtint que sous le règne de Louis XIV. Les bourgeois, dès qu'ils eurent une existence reconnue, s'attribuèrent la faculté d'avoir des armoiries, non seulement pour eux-mêmes, mais encore pour leurs villes et leurs corporations, et, ce qui ne paraîtra pas moins étonnant, les plus notables se permirent même de les surmonter de timbres. Ce n'est pas que ces personnages fussent nobles suivant les vieilles idées françaises, assurément non ; la seule qualité de bourgeois qui correspondait, en quelque sorte, à celle d'affranchi, était exclusive de la noblesse. On a pu, il est vrai, à cause de certaines similitudes de noms, confondre quelques unes de nos familles consulaires avec certaines familles chevaleresques, mais cette erreur disparaît par l'étude des documents de l'époque. Ces conseillers de ville, que l'on avait cru devoir rattacher à des familles déjà nobles, étaient tous des marchands tenant boutique, payant la taille et exerçant des métiers ; c'était même exclusivement parmi ces maîtres de métiers que l'on choisissait les consuls ; les nobles se gardaient bien de briguer cet honneur ni de rechercher la qualification de bourgeois qui aurait juré à côté de leurs titres d'écuyer et de chevalier. Il y en avait plusieurs cependant qui résidaient à Lyon, mais jamais ils ne se firent revêtir d'aucune charge. Trouvera-t-on par exemple, dans les listes des échevins, un seul d'Albon ? Si quelques gentilshommes devaient avoir pris rang parmi nos consuls, c'étaient assurément les Grolée, qui résidaient à Lyon, et qui s'étaient mis à la tête des bourgeois lyonnais dans leur lutte contre les archevêques, et cependant le nom de Grolée ne se retrouve pas une seule fois dans les rôles consulaires. Citons encore une autre preuve : il y avait, au milieu du XIV$^{e}$ siècle, une famille chevaleresque appelée Quarré de Corgenas « *Cadrati de Corgenas* ; » elle avait sa demeure ordinaire à Lyon, et son tombeau se trouvait dans le cimetière de St-Nizier, néanmoins elle n'a jamais donné d'échevins, et aucun de ses membres n'a porté le titre de bourgeois. Il suffit du reste de songer à l'idée que l'on se faisait en France de la noblesse au XIII$^{e}$ et au XIV$^{e}$ siècle, pour comprendre l'incompatibilité de ces deux titres : bourgeois et chevalier. « Cians de France, dit un écrivain du temps, tiennent ciaus d'Ytalie en despit, car ja tant riches ne « sera ne preus que il nel tieignent por vilain; car le plus de ciaus d'Ytalie sont ... ou marchaanz ou « mariniers et porce qu'il (les Français) sont chevaliers, tienent-il cil en despit. » Ce texte est on ne peut plus explicite et si la noblesse française tenait pour vilains, les fastueux citoyens de Pise, de Gênes, de Venise et de Florence, que devait-elle penser de la bourgeoisie lyonnaise, à peine émancipée de la domination de ses archevêques ? Mais quant à avoir des armoiries c'était une question toute différente. Sans parler de l'indépendance dont les bourgeois jouissaient dans l'enceinte de leurs cités, on comprendra sans peine que des hommes qui étaient revêtus légalement du droit d'avoir des sceaux et de les apposer à des actes publics ont dû, par une conséquence toute naturelle, s'attribuer des blasons qui en étaient les ornements les plus ordinaires.

Au reste, l'erreur que nous signalons provient de l'idée fausse que l'on se fait de l'ancienne bourgeoisie et de ce que l'on ne tient pas compte des transformations qui se sont opérées successivement dans les rangs de la société française ; et ceci nous amène nécessairement à dire quelques mots de la noblesse.

Les auteurs qui ont traité de la noblesse l'ont divisée en un grand nombre de classes de leur invention. Ainsi on parle souvent de gentilshommes de nom et d'armes, désignation dont il serait bien difficile de déterminer le sens précis et de justifier la définition. On a voulu également distinguer les anoblis de la noblesse de race, mais cette délimitation est sujette à de nombreuses erreurs ; un grand nombre de familles anoblies étaient réputées nobles de race, par cela seul que leur anoblissement, remontant à une époque très-reculée, n'a pas laissé de traces dans l'histoire, et cela est tellement vrai que pour les preuves les plus rigoureuses on considérait comme nobles de race les gentilshommes dont la noblesse remontait aux premières années du XV$^{e}$ siècle. D'autre part, encore, il est souvent fait mention de familles chevaleresques et familles de robe et nous avons plusieurs fois tenu compte de cette distinction ; elle ne peut néanmoins s'appliquer qu'à une époque relativement moderne, c'est-à-dire lorsque la bourgeoisie ayant perdu de son influence et de son pouvoir, obtint en compensation la facilité de parvenir à la noblesse. Il y eut alors dans l'État deux classes nobles bien tranchées, l'une qui recherchait les hautes fonctions civiles et les charges de magistrature avec plus d'empressement encore que les grades militaires ; l'autre qui, au contraire, par esprit de tradition, s'en tenait écartée, vivait oisive à la cour ou dans ses terres, n'estimant digne de son ambition, que le service et les honneurs militaires.

Il est donc vrai de dire que les classifications proposées par les auteurs sont toutes, sinon complètement arbitraires, du moins sujettes à de nombreuses observations, et qu'avant de préjuger d'une question de noblesse, il faut d'abord tenir compte de l'époque.

A ce dernier point de vue, les aperçus changent complètement et si l'on veut partir de cette considération capitale pour établir une classification nobiliaire, on arrive à trouver dans les différentes périodes de notre histoire l'origine de trois classes de noblesse qui se sont conservées bien distinctes jusqu'à nos jours, à savoir : la noblesse féodale, la noblesse chevaleresque et la noblesse de robe.

Aussi loin que l'on peut remonter clairement dans l'histoire des peuples semi-barbares qui habitaient la Gaule, on reconnaît que chez eux l'idée de la noblesse était attachée à la fortune et à la puissance. Les conquérants romains, qui avaient leurs familles patriciennes, ne changèrent rien à cet état de choses, ils accrurent au contraire l'influence de la classe privilégiée. Les riches Gaulois se mirent alors à briguer les hautes charges de l'Empire ; ce fut un nouvel aliment pour leur ambition ; quelques familles puissantes se partagèrent les fonctions publiques comme elles s'étaient partagé le sol ; elles étaient nobles de par leurs immenses richesses, leurs innombrables esclaves et leurs vastes propriétés, absolument comme leurs ancêtres, chefs de clan et petits tyrans, avaient été nobles parce qu'ils possédaient des villages entiers et se faisaient suivre à la guerre par de nombreux clients attachés à leur personne. C'était, en un mot, le régime féodal dans toute sa crudité et sans aucun aménagement.

Chez les Germains, guerriers nomades, chez les Francs surtout, nation ou plutôt société d'hommes libres réunis pour la guerre, la noblesse était individuelle. Celui-là était noble qui était soldat, c'est-à-dire citoyen. Cet état de chose avait pour base un sentiment semblable à celui qui faisait dire à un seigneur espagnol, comparant fièrement sa noblesse à celle du fils de Louis XIV : Oui, sa Majesté est de bonne naissance, mais faites attention que j'ai l'honneur d'être Castillan. Il est vrai que les Barbares ne négligèrent pas de profiter du régime féodal et de recueillir les bénéfices d'une institution si avantageuse, mais néanmoins le principe nouveau qu'ils avaient apporté avec eux subsista. Tandis que d'un côté la plupart des grands seigneurs Gallo-Romains conservaient la majeure partie de leurs terres et de leur influence, plus d'un soldat franc resta pauvre sans autre bien que son épée et sa fierté native. Aussi, pendant tout le Moyen-Age, on retrouve, marchant côte à côte avec l'esprit féodal, une idée toute différente, un sentiment d'égalité qui vivait dans les rangs de la petite noblesse et dont les institutions chevaleresques furent la plus énergique manifestaion. Ce n'est pas ici le lieu de faire remarquer l'influence de cette idée sur nos institutions politiques, mais nous rappellerons seulement qu'il en est resté des traces, même dans la langue, et que c'est ainsi que le titre de chevalier, de soldat « *miles* » se trouva d'être la plus parfaite expression de la qualité de gentilhomme.

Cependant, à côté de cette société militaire et féodale, il s'en formait une autre composée d'éléments bien différents. C'étaient des familles pauvres et obscures s'élevant par l'influence de quelques uns de leurs membres parvenus à de hautes dignités ecclésiastiques ; c'étaient des hommes que leur savoir ou leur habileté faisait admettre dans les cours ; des commerçants que le négoce avait enrichis et qui par leurs voyages et leurs relations avec les princes de tous les pays, se trouvaient placés comme au rang de personnages diplomatiques ; c'étaient enfin des ouvriers que les besoins de l'industrie avaient laissés se grouper dans les villes. Ces hommes, on le comprend, ne tardèrent pas à s'unir, ils formèrent des corporations, des communes ; ils obtinrent des souverains et des seigneurs, moitié par intérêt et par nécessité, moitié par esprit de justice, des libertés sérieuses et une indépendance à peu près complète. Telle fut la bourgeoisie qui se scinda bientôt en trois classes : le bas peuple, les bourgeois et les notables.

Les communes formèrent ainsi des sortes de républiques aristocratiques s'administrant à peu près sans contrôle, non pas que cette indépendance fût absolument reconnue, mais parce que les exigences et les besoins du temps ne permettaient pas aux gouvernements de s'immiscer dans les affaires des cités. Comprend-on dès-lors ce qu'étaient ces notables bourgeois, maîtres d'immenses fortunes, instruits par l'étude et par le commerce des hommes, bien venus des princes, soutenus par le peuple et placés à la tête d'une population nombreuse, active et ambitieuse ? Leur condition n'était-elle pas supérieure à celle de la plupart des nobles dont les maisons fortes et les châteaux s'élevaient solitaires sur des rochers sauvages ou dans des plaines écartées ? Il faut bien qu'il en fût ainsi, car rien n'était plus facile à un bourgeois que de devenir noble ; il lui suffisait d'acquérir un fief, de renoncer au commerce et, endossant le harnais, de suivre à la guerre le seigneur suzerain ; et néanmoins cela n'arrivait pas souvent, le citoyen d'une grande commune comme Lyon préférait son négoce et ses charges municipales à un honneur précaire et dangereux. Mais vint le temps où le pouvoir royal s'étant affermi, le gouvernement commença à s'occuper de plus en plus des affaires des communes ; l'influence de la bourgeoisie déclina dès lors rapidement et se réduisit à rien. Il fallut donc, pour rétablir l'équilibre entre la vieille noblesse et les classes moyennes, accorder à celles-ci les priviléges qui, jusque là, avaient été l'apanage exclusif de l'aristocratie militaire. Ce ne fut pas tout et les rois, pour rendre cette compensation sérieuse, non seulement voulurent que la noblesse n'imposât plus l'obligation du service militaire, mais encore ils en vinrent à attribuer les distinctions nobiliaires aux principales charges civiles et administratives et c'est ainsi que la noblesse bourgeoise, semblable à la Minerve antique, sortit tout armée du cerveau de la Monarchie. Au fond, il n'y avait rien de changé, c'était toujours la bourgeoisie, ou pour mieux dire, la bourgeoisie du XIIIe siècle était une véritable noblesse de robe.

Quoi qu'il en soit, on comprendra maintenant comment il se fait que les bourgeois ont eu de tout temps des armoiries, on ne s'étonnera pas de nous en voir citer des exemples remontant aux premières années du XIVe siècle, et on ne nous reprochera plus de les avoir admis dans un armorial.

Il ne suffisait pas d'avoir rassemblé des blasons, il fallait encore, pour remplir le but que l'on devait se proposer, faire connaître, à l'aide de courtes notices, les familles auxquelles appartenaient ces armoiries. Si l'on voulait qu'il fût facile de fixer l'attribution d'un blason inconnu, il était nécessaire de déterminer à peu près l'époque où chaque famille avait commencé à briller, la province d'où elle était originaire, les principaux fiefs qu'elle avait possédés, les diverses branches qu'elle avait formée, les charges que ses membres avaient remplies et enfin sa destinée ultérieure. Quant à la condition nobiliaire de chaque maison, nous n'avons pas entrepris de l'établir pour toutes ; la plupart du temps nous nous sommes contentés de citer les particularités qui pouvaient servir à la constater. Ce sont, par exemple, les qualifications de chevalier, *miles*, et d'écuyer, *domicellus*, qui ont toujours été l'équivalent du terme de gentilhomme. Pour le titre de noble, il faut bien remarquer qu'il n'indiquait pas toujours la noblesse héréditaire, mais qu'à l'égard des avocats et des médecins lyonnais, il marquait seulement une noblesse individuelle. Ce curieux privilége fut confirmé par arrêt du Conseil, le 4 janvier 1699. Certaines fonctions, telles que celles de trésorier de France (trés. de F.) et de secrétaire du Roi (s. du R.), entraînaient avec elles la noblesse au premier degré ou sous conditions. Il en était de même pour les principales charges des Parlements. Charles VIII, en 1495, accorda ce même privilége aux consuls lyonnais, mais son ordonnance ne fut enregistrée par le Parlement de Paris qu'en 1544, et ce ne fut qu'en 1603 que celui de Grenoble délivra à nos échevins une copie de l'enregistrement de ces lettres. Ce retard, de la part du Parlement de Paris, explique le grand nombre d'anoblissements directs, accordés à plusieurs échevins lyonnais dans le cours du XVIe siècle. Quant à la charge de prévôt des marchands (P. des M.) établie à Lyon en 1596, il fallait être noble pour la remplir. Enfin, à défaut d'autres preuves, nous avons indiqué les familles dont la noblesse avait été reconnue lors de la recherche des faux nobles, en 1668 (RN 1668), et celles qui furent admises à siéger aux assemblées de la noblesse pour la Convocation des Etats généraux de 1789 (EG 89). A l'égard de la particule *de*, qui est devenue, depuis longtemps, l'estampille obligée de la noblesse, elle n'a aucune valeur. Beaucoup de familles roturières, surtout au Moyen-Age, portaient le nom du lieu de leur origine, c'est ainsi qu'il y a eu à Lyon les de St-Trivier, les de Forez, les de Beaujeu, les de Bourbon, etc., bien différents des seigneurs de St-Trivier, des comtes de Forez, des sires de Beaujeu et des ducs de Bourbon, comme on peut le croire. D'autre part, au contraire, un grand nombre de familles nobles portaient de simples surnoms sans particule ; mais comme d'ordinaire elles étaient plutôt connues sous celui de leurs seigneuries, il arriva qu'à une certaine époque le *de* signifia exclusivement : seigneur de...... et devint par là une qualification, si bien que d'anciennes maisons, cédant à l'usage général, l'ajoutèrent à leurs noms patronymiques, quoiqu'ils ne fussent pas des noms de terres. C'est ainsi que les Nagu s'appelèrent de Nagu à partir du XVIe siècle, et qu'aujourd'hui les Damas se nomment de Damas. Mais, en somme, cette addition à un nom propre n'est pas une preuve péremptoire de noblesse.

Il se peut que nous ayons omis les titres de certaines familles, mais on ne devra pas nous reprocher cet oubli involontaire, nous n'avons jamais eu la prétention de nous ériger en Juge d'armes : notre but unique a été de réunir les armoiries authentiques et exactes de nos provinces et de faire connaître les maisons auxquelles elles appartenaient. Cette tâche était assez difficile par elle-même et nous savons déjà dans combien d'erreurs nous avons dû tomber, soit par notre propre faute, soit par celle de nos devanciers. Quelque nombreux que soient les livres qui traitent de ces matières, ils se sont trouvés insuffisants ; de plus, ils fourmillent de fautes. Certains écrivains se sont fait une profession de trahir la vérité ; il est heureusement facile, avec une certaine expérience des matières généalogiques, de reconnaître leurs œuvres ; les autres se sont trompés involontairement ; comment, en effet, ne pas s'égarer quelquefois au milieu de ce dédale de noms, de dates, de documents et dans un ensemble de faits d'un ordre absolu dont l'appréciation échappe le plus souvent à la critique ordinaire? Il serait injuste, après s'être servi des travaux des anciens érudits, de leur reprocher leurs imperfections, car il est bien plus facile de corriger et d'augmenter une œuvre que de la faire soi-même. Les monuments héraldiques qui pouvaient être d'un grand secours dans la recherche des blasons, ne donnent pas toutes les lumières que l'on en attend ; le plus souvent les blasons sculptés ou peints ne sont accompagnés d'aucun nom ; on ne parvient à les restituer à leurs propriétaires qu'à l'aide de longues et minutieuses déductions ; en outre ils sont disséminés çà et là dans des villages éloignés, cachés dans des habitations particulières et jusque dans l'intérieur, de telle sorte que les personnes auxquelles les lieux sont familiers peuvent seules les faire connaître. Les dalles tumulaires sont usées pour la plupart ; les sceaux sont rares et presque tous mutilés. Quant aux cachets modernes, on doit leur accorder une confiance médiocre, car il arrivait assez souvent que l'on se servait d'un sceau étranger pour cacheter une lettre.

Telles sont les principales difficultés que présentait notre double travail, nous ne prétendons récuser aucune des fautes que l'on pourra nous imputer, mais nous tenons seulement à attester les soins infatigables et la conscience scrupuleuse que nous avons apportés dans ces recherches. Au surplus, nous ne pouvons mieux faire pour le prouver que de citer les livres et les documents de toute nature dont nous nous sommes servis.

Tout le monde connaît les grands recueils généalogiques des PP. Anselme et Saint-Simplicien, de d'Hozier ; les dictionnaires de Moreri, de la Chesnaye des Bois ; l'histoire des pairs de France de Courcelles et les ouvrages de Lainé et de Saint-Allais. D'autres livres du même genre leur ont succédé, publiés par MM. Borel d'Hauterive, de Magny, d'Aurinc, de Milleville, etc. On a d'autre part des recueils généraux d'armoiries, tels que ceux de Louvan Gelliot, Palliot, Wulson de la Colombière, Segoing, César de Grandpré, Chevillard, Dubuisson, M. Jouffroy d'Eschavane et autres ; mais ces ouvrages sont d'un faible secours, car ils ne fournissent aucun renseignement sur les familles dont ils donnent les armes. Presque toutes les Provinces ont d'excellents nobiliaires basés, pour la plupart, sur les titres produits lors de la recherche des faux nobles en 1668 ; c'est ainsi qu'il y a les nobiliaires de Bretagne, de Lorraine, de Champagne, de Picardie, celui du Languedoc reproduit par d'Aubaïs, et M. de la Roque, et celui du Dauphiné publié simultanément par Chorier et Guy Allard. D'autres nobiliaires avaient précédé ces travaux qui ont été poursuivis jusqu'à nos jours. Nous avons consulté, par exemple, les ouvrages de Guichenon, Pithon-Curt, Artefeuille, Robert de Briançon, Mouvant, l'Hermite de Souliers, Waroquier de Comble, et ceux de MM. Bouillet, de Soultrait, d'Assier, de la Carelle, Filleau, etc. Beaucoup de livres qui ne sont pas spécialement consacrés aux généalogies et même des ouvrages étrangers à ces matières renferment des documents importants. C'est surtout dans les écrits historiques du XVIIe siècle et les histoires particulières des provinces que l'on trouve des renseignements de cette nature. Le *Dictionnaire des anoblissements* est accompagné de quelques généalogies écrites avec assez d'ignorance et dans un but malveillant. D'autres ouvrages généalogiques sont restés manuscrits; nous avons eu l'occasion de citer particulièrement, la *Critique du nobiliaire de Provence*, par l'abbé Mouvant, un recueil de généalogies mâconnaises, conservé à la bibliothèque de Mâcon et un ouvrage de d'Hozier intitulé : *Recueil intéressant sur les principales familles*; à la suite de ce recueil on lit la note suivante : « Nota. Ce manuscrit qui a été fait par M. d'Hozier, par ordre de Louis XIV, passa des mains de Mme de « Maintenon en celles de M. de Chamillart; à la mort de ce dernier il en a été fait quelques copies, « dont celle-ci est du nombre. » Nous devons à l'obligeance de M. le conseiller Baudrier la communication des manuscrits de l'abbé Mouvant et de d'Hozier, et à M. le comte G. de Soultrait la connaissance des généalogies mâconnaises. Ces trois ouvrages sont très consciencieux. Une section de la bibliothèque nationale à Paris, connue sous le nom de Cabinet de titres, renferme une quantité innombrable de documents pour l'histoire nobiliaire de la France; il ne nous a pas été possible d'y puiser. Les généalogies et les titres recueillis par d'Hozier pour son armorial de la France, forment une des parties importantes de ce dépôt. A la Restauration, lorsqu'on entreprit une nouvelle édition de l'ouvrage de *l'Armorial de la France*, M. d'Hozier publia l'*Indicateur nobiliaire* (Paris, 1818, in-8°) qui contient la table des noms des familles insérées dans l'Armorial et forme en même temps une sorte d'inventaire de celles dont les titres existent dans le cabinet de d'Hozier. L'entreprise elle-même n'eut pas de suite, on a publié seulement deux volumes de supplément (Paris, 1847, blasons en couleurs).

Les livres généalogiques et héraldiques plus spécialement consacrés à nos provinces, ne sont guère moins nombreux que les traités généraux que nous venons de mentionner; il est peu de villes où l'on ait publié sur ces matières autant d'ouvrages qu'à Lyon, et il y a peu de provinces en France aussi riches que les nôtres en documents de ce genre. Leur nombre et leur importance nous obligent à en donner une liste détaillée et disposée par ordre chronologique.

*Armorial d'Auvergne, Bourbonnais et Forez*, par Guillaume Revel, d'Auvergne, Héraut, manuscrit du XVe siècle (in-4°, figures, vues et blasons). Bibliothèque nationale à Paris, collection Gaignières n° 2896.

Ce précieux manuscrit a été exécuté au milieu du XVe siècle et n'a pas été achevé, l'ouvrage ayant sans doute été suspendu à la mort de Charles VII qui l'avait commandé. Il renferme les armes de toute la noblesse des États du duc de Bourbon. Ce qu'il y a de caractéristique et d'ingénieux dans ce recueil, c'est que les familles sont classées géographiquement : les armes des seigneurs, qui possédaient les fiefs d'une même châtellenie, étant placées ensemble au-dessous d'un dessin représentant une vue naïve et exacte du chef lieu de chaque mandement. Malheureusement le Forez, se trouvant à la fin de l'ouvrage, s'est ressenti de l'état d'abandon où fut laissé ce curieux travail : la plupart des armoiries foréziennes sont restées en blanc et les derniers feuillets n'ont que des vues sans blasons. Quoiqu'il n'y ait rien pour le Beaujolais, il est probable que, dans la pensée de l'auteur, les blasons de la noblesse de cette province devaient aussi faire partie de cet armorial. On a reproduit en *fac simile*, dans l'*Ancien Bourbonnais*, des personnages, des vues et des armoiries empruntés à ce manuscrit.

*Le Registre des nobles*, par Berry, (in-fol° manuscrit, miniatures et blasons). Bibliothèque nationale, à Paris, fonds Colbert, n° 9653, 55.

Ce manuscrit, terminé vers 1460, est l'œuvre de Gille le Bouvier, dit Berry, héraut d'armes de

Charles VII; il forme un armorial, non seulement de la France mais aussi de l'Europe entière; de grandes divisions ou chapitres partagent ce recueil. « Le second chapitre est des nobles seigneurs, barons et « autres de la royaulté d'armes de Berry et d'Auvergne, depuis Saint-Martin-de-Cande où tumbe Vienne « en Loire jusques à la rivière du Rosne et au long de la mer jusques à Narbonne, et tout le Languedoc « jusques à la rivière de la Garonne... Le sixième chapitre contient et est la royaulté d'armes de « Champaigne, la duchié de Bar, la duchié et conté de Bourgoigne, Nivernois, Beaujoloys, Savoye, « Daulphiné et Provence et tout le pays jusques au Rosne et jusques en Pimont, c'est assavoir l'entrée « de la Lombardie. » Ces deux sections renferment ainsi nos trois provinces, mais, comme les armoiries sont placées dans un ordre peu suivi et qu'elles ne sont accompagnées d'aucune explication qui indique les lieux précis d'origine de chaque famille, ce curieux armorial ne donne pas toutes les lumières qu'on pourrait en attendre. Plusieurs auteurs et spécialement le P. Montfaucon lui ont fait des emprunts.

*Description du païs de Forez, par Anne d'Urfé.* Ce manuscrit écrit vers 1606 et publié par M. Auguste Bernard (*Les d'Urfé*, Paris, imprimerie royale, 1839 *in-8°*), renferme les armes des seigneurs faisant partie du ban et de l'arrière ban du Forez ; l'auteur les blasonne souvent d'une manière inexacte.

*Armorial de la noblesse lyonnaise*, par Matthieu Goussencourt, in-fol. manuscrit à la Bibliothèque nationale, à Paris.

Goussencourt, religieux célestin, auteur du *Martyrologe des Chevaliers de Malte*, publié en 1643, a laissé plusieurs volumes manuscrits, entre autres celui que nous citons. Il se compose de deux parties : la première est un ramassis, fait sans ordre, d'armoiries de familles lyonnaises ; la seconde forme un armorial des échevins. Ce recueil est curieux et fournit des lumières précieuses pour l'histoire héraldique de Lyon, au commencement du XVII$^{e}$ siècle, mais les noms qui accompagnent les écussons sont si mal écrits qu'ils sont souvent indéchiffrables.

*Les Forces de Lyon contenant succinctement le pouvoir et estendue de la domination de ceste ville, depuis sa fondation, et tandis qu'elle a esté au pouvoir des Romains iusque à présent ; avec les noms, armes et blasons de tous les chefs de sa milice, capitaines du Penon et autres, leurs officiers, le tout gravé en taille douce : ensemble la grande figure représentant ces puissances supérieures qui commandent aujourd'hui ceste ville sous l'autorité du Roy.*

*Dédié à Messieurs les Prévosts des marchans et Eschevins de ceste ville ; par Messire Ian-Baptiste L'Hermitte de Soliers, dit Tristan, chevalier de l'ordre du Roy et l'un des gentils-hommes servans de Sa Majesté, à Lyon, aux despens de l'auteur, MDCLVIII..*

Un vol, in-4° de 55 pages et 3 folios non numérotés

Les figures se composent d'une grande planche pliée en tête de l'ouvrage et de 97 blasons gravés dans le texte savoir : 8 à la page 37, 38 à la page 46, et autant à la page 54 mais dont 6 en blanc et 3 à la page 35. La grande planche représente la façade de l'Hôtel-de-Ville au milieu d'un paysage imaginaire ; sur le premier plan figurent le Rhône et la Saône ; au dessus, des petits génies portent les armes du Prévôt des marchands et des échevins ; dans le ciel brillent un soleil aux armes de France et deux grandes étoiles aux armes de Villeroy ; deux autres écussons sont accrochés à des arbres de chaque côté. Le bas de la planche forme un socle sur lequel se trouvent 36 écussons. Les figures de cette gravure, qui paraît être, ainsi que les autres du même livre, de la main de Claudine Brunand, sont très-maladroitement dessinées. L'Hermitte de Souliers a publié plusieurs ouvrages généalogiques qui méritent peu de confiance ; ils sont remplis d'éloges emphatiques ; d'après le témoignage de ses contemporains, c'était un pauvre hère, qui faisait métier de ses panégyriques intéressés.

*Basilica lugdunensis sive Domus consularis, descripta ab Joanne de Bussières, Soc. Jesu. Lugduni. Guille. Barbier*, 1661, *in-fol.*

Cette description de l'Hôtel-de-Ville est ornée d'une grande planche gravée, offrant une vue de l'Hôtel-de-Ville entourée de plusieurs écussons. Les uns forment un armorial des Prévôts des marchands et échevins de Lyon, depuis 1596 jusqu'en 1660 compris en 168 blasons. Les autres armoiries sont celles des membres de la famille de Neuville, d'Alexandre et de Charles Bonne (de Lesdiguières), de Louis de Champleys, de l'abbé d'Ainay et de plus les armes de France et de Navarre et le blason de la ville.

*Manuscrits de Guichenon*, 1661, 34 vol. in-fol. à la bibliothèque de la Faculté de médecine de Montpellier.

Ces manuscrits sont un recueil de pièces qui ont servi à Guichenon pour ses ouvrages ou qu'il projetait d'utiliser pour d'autres travaux. Un certain nombre de ces documents paraissent provenir de sources étrangères, entre autres de la bibliothèque de La Mure.

Plusieurs généalogies lyonnaises et foréziennes se trouvent dans ces volumes, qui, par une suite d'aventures assez étranges, sont échus à la bibliothèque de la Faculté de médecine de Montpellier. M. Paul Allut a publié la table des matières contenues dans ce recueil, sous ce titre : *Inventaire des titres recueillis par Samuel Guichenon* (Lyon 1851, in-8°). Nous citons, d'après cet ouvrage, les généalogies qui concernent nos provinces, mais il ne nous a pas été possible d'y puiser aucun renseignement.

*L'Entrée solennelle de la ville de Lyon de Monseigneur l'éminentissime cardinal Flavio Chigi, neveu de sa Sainteté et son légat à latere en France, avec les noms, qualités et blasons des prélats, seigneurs et gentils-hommes de sa suite, pareillement les noms, qualités, blasons et harangues des personnes les plus considérables qui composent le corps de la ville de Lyon; selon l'ordre qu'ils ont tenu dans la prononciation des harangues qu'ils ont faites à cette Éminence.* Lyon, chez Alexandre Fumeux, 1664, 118 folios, sans pagination ni réclame. Blasons et une grande planche. Rare.

Ce livre, exécuté d'une manière bizarre, se compose de feuilles séparées et qui ont été cousues ensemble. Chacun de ces feuillets, imprimé au recto seulement, a dû subir plusieurs tirages, sans compter le texte typographique. En effet, chaque écusson était gravé sur une planche à part et entouré d'ornements obtenus aussi par un tirage particulier. Il en est résulté beaucoup d'erreurs, d'omissions et de variantes dans les différents exemplaires; on trouve quelquefois des écussons collés et ajoutés après coup sur d'autres. L'impression, sur un papier très-mince, est détestable. Plusieurs des écussons proviennent des planches des Forces de Lyon qui ont été coupées maladroitement, le texte pourait bien être aussi de l'auteur de cet ouvrage. D'après la comparaison de plusieurs exemplaires, ce livre, pour être complet, doit se composer ainsi.

1er folio : portrait du cardinal, d'après la gravure de J. Fresne, les armes au *recto* ; une grande planche pliée qui est la partie supérieure de celle des Forces de Lyon. Dédicace 2 ff. précédé de 3 écussons signés : Claudia. B. (Brunand), 5 ff. de texte ; suite du Légat 4 ff. comprenant 15 blasons ; gentilshommes servants, 1 fol. 4 blas. ; suite du Légat 4 ff. 8 blas. ; texte 2 ff. avec les armes du doyen de Saint-Jean ; Comtes de Lyon 4 ff. 17 blas. ; texte 2 ff. ; Chapitre 1 f. 6 blas. ; texte 1 f. ; Présidial, 9 ff. 31 blas. ; texte 1 fol. ; Trésorier de France, 4 ff, 16 blas. ; texte 1 fol. ; Elus 3 ff. 10 blas. ; texte 1 fol. ; Florentins, 3 ff. 10 blas. texte 1 fol. ; Lucquois, 3 ff. 9 blas. ; texte 2 ff. ; Prévôt de la ville, 1 f. 2 blas. ; Capitaine des gardes de l'Archevêque, 1 f. 2 blas. ; l'Archevêque et le Prévôt des marchands, 1 f. 2 blas. ; Les Echevins, 1 f. 4 blas. ; Avocats de la ville, 1 f. 3 blas. ; Le Commis à la porte du pont du Rhône, 1 f. 1 blas. ; Les Ex-consuls, 4 ff. 15 blas. ; Les Notables, 12 ff. 46 blas., texte 2 ff. ; Le Major de la ville. 1 f. 1 blas. ; Les Arquebusiers, 1 f. 3 blas. ; Les Chevaliers du guet, 1 f. 2 blas. ; le Gouverneur de l'Arsenal, 1 f. 1 blas. ; Les Penons, 37 ff. 109 blas. ; Les Suisses, 1 f. 2 blas. ; et à la fin un f. contenant un traité sommaire du blason. En tout 122 ff. comprenant 322 blasons et une grande planche.

*Armorial véritable de la noblesse qui a été reconnue et approuvée dans la recherche qui en a été faite en 1667 et 1668 pour les pays de Lyonnois, Forez et Beaujolois*, par Claudine Brunand, Lyon 1668 in-f°.

Les blasons de cet ouvrage, que son titre fait suffisamment connaître, ont été gravés par Claudine

Brunand, fille d'Aimé Brunand, imprimeur lyonnais. Cette femme artiste a beaucoup gravé d'armoiries, telles, par exemple, que les planches des Forces de Lyon et de l'entrée du cardinal Flavio Chigi et les blasons du Discours de l'origine des armes, par Le Laboureur. L'armorial véritable a été réédité par M. des Marches. (Châlon, 1848, in-4°).

*Noms, surnoms, qualités et blasons de MM. les Prévôts des marchands et Echevins de la ville de Lyon*, gravé et colorié par demoiselle Claudine Brunand, Lyon, in-fol.

Cet armorial des Echevins s'étend de 1596 à 1670.

*Eloge historique de la ville de Lyon et sa grandevr consvlaire sovs les Romains et sovs nos rois*, par le P. Clavde-François Menestrier, de la Compagnie de Jesvs, Lyon, Benoît, MDCLXIX, in-4°. Un frontispice gravé; blasons, lettres ornées et trois têtes de page gravées sur cuivre dans le texte, d'après des peintures de l'Hôtel-de-Ville, exécutées par Blanchet.

Cet ouvrage renferme un abrégé de l'histoire de Lyon, des détails sur les établissements civils et religieux, et sur l'administration de la ville; mais la partie principale du livre comprend la liste des Consuls depuis leur établissement jusqu'en 1669. A partir de 1595, l'auteur y a joint les armoiries décrites, et gravées sur bois assez habilement, des Prévôts des marchands et des Echevins. A la suite du livre est une description détaillée de l'Hôtel-de-Ville et des peintures qui le décoraient. Il y a de nombreuses erreurs dans les noms des anciens conseillers de ville donnés par le P. Menestrier, nous avons eu le tort de suivre trop aveuglément les listes imprimées : c'est ainsi que nous avons cité un J. de la Ayvra qui est tout simplement un la Mure. La lecture de quelques titres originaux nous a fait remarquer, mais trop tard, ces inexactitudes; elles seront rectifiées dans un supplément.

Il y a eu différents tirages de l'Éloge historique, le premier s'arrête au consulat de 1668; la série des armoiries se termine par deux pages représentant chacune un grand écusson aux armes de la ville et deux blasons particuliers. Un autre tirage s'étend jusqu'en 1673, inclusivement, quoique le frontispice ne porte que la date de 1669; la dernière page porte trois écussons.

*Histoire du Beaujolais* (par Louvet) manuscrit sans date.

Cet ouvrage est divisé en deux parties, la première traite de l'Histoire du Beaujolais et de ses seigneurs, la seconde renferme le tableau détaillé des paroisses et des fiefs de cette province, accompagné de quelques généalogies et de curieux détails sur la statistique. On a prétendu que l'*Histoire du Beaujolais*, n'était pas de Louvet; il existe pourtant de ce fait une preuve irrécusable. Louvet a publié, en 1671, une Histoire de Villefranche; il annonce dans la préface que ce livre est extrait d'un travail étendu qu'il a entrepris sur le Beaujolais : or cette histoire de Villefranche n'est que la reproduction de l'article consacré à cette ville dans l'Histoire manuscrite du Beaujolais.

*Histoire universelle civile et ecclésiastique du pays de Forez*, par J-M. de la Mure, Lyon, MDCLXXIV, in-4°.

La seconde partie de cet ouvrage, intitulée l'Astrée sainte, renferme des notices succinctes sur quelques familles foréziennes. La Mure avait entrepris des recherches sur la noblesse du Forez, il y renonça, mais il est resté quelques fragments de ces essais, dans les trois volumes manuscrits déposés à la bibliothèque de Montbrison et qui renferment une partie des notes de cet auteur. M. R. de Chantelauze qui a eu la généreuse pensée de publier un manuscrit important de ce vieil érudit : l'*Histoire des ducs de Bourbon et des comtes de Forez*, a bien voulu nous permettre de consulter les notes de la Mure, où nous avons puisé de précieux renseignements. D'autres documents manuscrits, provenant de la Mure, existent à la bibliothèque de Montpellier, dans le dépôt connu sous le nom de Manuscrits de Guichenon.

*Les Mazures de l'abbaye royale de l'Isle-Barbe-lès-Lyon*, par Cl. Le Laboureur, Lyon, 1665-81, 2 vol. in-4°.

*Projet de la seconde partie des Mazures de l'Isle-Barbe*, par Le Laboureur, sans date, in-4°.

Supplément aux *Mazures de l'abbaye de l'Isle-Barbe*, Lyon, 1846, in-4°. C'est la réimpression de l'ouvrage précédent avec de nombreuses additions.

Le Laboureur avait fait paraître d'abord en 1665, le premier volume des *Mazures de l'Isle-Barbe*, qui est une histoire de cette abbaye. Quelque temps après, il annonça, dans son *Project de la seconde partie des Mazures de l'Isle-Barbe*, qu'il travaillait à un second volume devant renfermer les généalogies des familles qui avaient donné des moines à l'Isle-Barbe. Le projet offrait lui-même une suite de notices sur ces familles. En 1681, parut la seconde partie; elle contient un grand nombre de généalogies écrites sinon sans erreurs du moins très consciencieusement. Le Laboureur penche plutôt vers la sévérité que vers la flatterie; son style incisif, énergique, rempli de saillies est des plus curieux.

*Etats des armoiries des personnes et communautés dénommées ci-après envoyées aux bureaux établis par M. Adrien Vannier, chargé de l'exécution de l'édit du mois de novembre dernier pour être présentés à nos seigneurs, les commissaires généraux du conseil députés par sa Majesté, par arrêt du 2 décembre* 1696 *et* 23 *janvier* 1697, manuscrit à la bibliothèque nationale à Paris. Volume de la généralité de Lyon.

En 1668 on avait entrepris de poursuivre tous les individus qui se paraient, sans aucun droit, de titres nobiliaires; en 1696, le gouvernement conçut un autre projet qui était la conséquence assez naturelle du premier. Il s'agissait d'empêcher les substitutions et les fausses attributions héraldiques, de déterminer les personnes qui, en dehors de la noblesse, pouvaient avoir le droit de porter des armes, d'enregistrer toutes les armoiries et d'en former un état complet de manière à empêcher toute fraude. Ce projet qui fut exposé dans un édit aurait eu un résultat important s'il avait été convenablement exécuté, mais comme aux yeux des commissaires chargés de cette affaire, le point essentiel était les sommes payées pour l'enregistrement des armoiries, il n'en résulta qu'un travail médiocre. On ne prit pas la peine de vérifier les armoiries ni de les rechercher avec soin et, quand une personne ne connaissait pas bien son blason, ou négligeait de le faire inscrire, on lui en imposait un d'office. Ce fait se présentait souvent et les agens chargés de l'exécution de l'ordonnance, pour ne pas se mettre en frais d'imagination, avaient une série de figures héraldiques, qu'ils reproduisaient jusqu'à épuisement de toutes les combinaisons que peuvent fournir l'arrangement des neufs émaux du blason : tels sont, par exemple, les chevrons chargés de fleurs de lis, de billettes, de losanges, etc. L'Armorial de la généralité ne mérite donc pas une confiance aveugle. Nous n'en avons reproduit qu'une partie, dans notre ouvrage, dans l'espoir de découvir ailleurs les armoiries des familles, mais nous avons l'intention de compléter, dans le supplément, les emprunts que nous avons faits, à ce recueil.

On a publié à propos de l'ordonnance de 1696, les ouvrages suivants :

*Le Blason de France ou Notes curieuses concernant la police des armoiries*, dédié au Roy (par Thibault Cadot). Paris, 1696, in-8, blas.

*De l'Édit concernant la police des armoiries*, par M. L.-F. Chastel, *Revue du Lyonnais*, mai 1859.

*Histoire abrégée ou Éloge historique de la ville de Lyon.* — A Lion, chez Jean-Baptiste Girin, rue Mercière, à la Victoire, MDCCXI, avec privilége du Roi; in-4. Un trophée aux armes de la ville, gravé sur le frontispice et signé : *Bouchet fecit*, 1765. Un plan gravé à la page 1, et trois gravures : les colonnes du temple d'Auguste, page 30; le Taurobole, page 46; et le tombeau des Deux-Amants, page 52. Ces trois planches sont les mêmes qui se trouvent dans l'*Histoire littéraire de Lyon* du P. Colonia.

*L'Éloge historique*, ouvrage de Brossette, dont le nom se trouve à la fin de l'épitre dédicatoire, est en grande partie la reproduction de celui du Père Menestrier, mais continué jusqu'en 1711. Les écussons gravés ont presque tous été tirés avec les bois de ce premier ouvrage; les casques et les lambrequins diffèrent. On a supprimé, de plus, différents articles donnés par Menestrier tels que les inscriptions, la description de l'Hôtel-de-Ville, la liste des trésoriers de France, etc.

Il y a eu deux tirages de *l'Éloge historique*. Le premier, de 1711, se termine par un folio portant trois écussons. Le second tirage donne la suite des Consuls jusqu'en 1740 inclusivement, plus un folio contenant quatre écussons. Dans les exemplaires de cette édition, il doit y avoir deux folios pour l'année 1711, l'un de la première édition, le second ayant les mêmes blasons mais avec un nouveau texte pour le récit des inondations de cette année. Les bois gravés de cette continuation sont extrêmement mauvais.

*Armoiries de plusieurs prévôts des marchands, échevins, conseillers, trésoriers de France, de la ville de Lyon, avec celles de quelques anciens gentilshommes des trois provinces ou qui y ont des terres; plus les armes de quelques parents de A. N. B.* (par Antoine-Nicolas Bergiron), 1720. Manuscrit in-4° oblong, colorié. Bibliothèque de Lyon, fonds Coste.

*Armorial des trésoriers de France à Lyon.* Manuscrit cité par le P. Lelong. Nous avons rencontré des exemplaires formant une grande feuille in-plano.

*Armorial des gouverneurs de Lyon depuis 1461*, in-fol. Manuscrit colorié, à la Bibliothèque de Lyon, fonds Coste.

*Armorial des intendants de Lyon depuis 1551*, in-fol. Manuscrit colorié, à la Bibliothèque de Lyon, fonds Coste.

*Recherches pour servir à l'histoire de Lyon ou les Lyonnais dignes de mémoire*, par l'abbé Pernetti. Lyon, 1757, 2 vol. in-8.

C'est un recueil d'éloges des Lyonnais illustres et de plusieurs hommes qui avaient de la célébrité il y a un siècle, célébrité que la postérité n'a pas toujours confirmée. Des observations héraldiques et des notices sur plusieurs familles accompagnent ces recherches. MM. Breghot du Lut et Péricaud aîné ont publié un *Catalogue des Lyonnais dignes de mémoire* (Lyon, 1839, in-8), qui justifie mieux son titre que le livre de l'abbé Pernetti.

*Armorial consulaire de la ville de Lyon, contenant les noms, surnoms, qualités et armoiries blasonnées de MM. les prévôts des marchands et échevins de ladite ville, depuis l'année* 1595 *jusqu'à présent*, présenté à noble Antoine Pautrier, par Pierre François Chaussonnet. Une feuille in-plano, blasons coloriés.

Cette suite s'étend jusqu'en 1756, mais on a pris soin ordinairement de la continuer. Quelquefois on a découpé les blasons et on les a collés sur des feuillets de manière à former un volume in-4.

La charge d'armorialiste officiel de la ville, d'après les observations qui nous ont été communiquées par M. Gauthier, archiviste du département du Rhône, et M. Rolle, son adjoint, paraît remonter au commencement du XVIIIe siècle. Le premier que l'on trouve mentionné est un Chaussonnet, et cette charge se perpétua dans sa famille jusqu'à 1789, époque où Noël Chaussonnet était nommé armorialiste de la ville en survivance de son père Pierre-François, qui exerçait encore ses fonctions. L'armorialiste de la ville était chargé de peindre chaque année les blasons des consuls élus; Chaussonnet imagina, en 1756, de faire graver cette suite de blasons ainsi que ceux déjà publiés par Menestrier et Brossette et c'est ainsi qu'il forma *l'Armorial consulaire*. L'usage de peindre chaque année les armoiries des échevins en charge existait bien avant l'établissement de la charge d'armorialiste de la ville. En 1654, par exemple, Louis Pinchard, maître enlumineur et graveur en taille-douce, présenta au consulat un tableau des armoiries des prévôts des marchands et des échevins, depuis 1596. Les recueils de Chaussonnet, de Menestrier et même du P. de Bussières, ont eu ainsi pour modèle et pour guide ce premier travail. Louis Pinchard devait être parent de Pierre Pinchard, qui a gravé à Lyon différentes pièces, entre autres le *Iev d'Armoiries des qvatre nations de l'Evrope*, dédié à M. Pellot. A Lyon, chez la veufve Coral, rue Mercière, à la Victoire, 1677, in-32.

*Les fleurs armoriales consulaires de la ville de Lyon, avec les noms, surnoms, qualités et armoiries blasonnées de MM. les conseillers et échevins de ladite ville, depuis l'année 1499...*, recherchées par les soins de P. F. Chaussonnet, armorialiste de la ville, 1779, in-fol. colorié.

Ce second ouvrage de Chaussonnet est divisé en deux parties, chacune avec un titre particulier. Le premier s'étend de 1499 à 1595, le second, de 1596 à 1779. Chaque feuillet, imprimé seulement au recto, présente une grande fleur de lis, sur laquelle les écussons sont disposés symétriquement. Le tout est gravé en bois, sans hachures pour marquer des émaux, qui sont indiqués par le coloris. La gravure de ces armoiries est extrêmement grossière et comme on n'y a joint aucun texte héraldique, les figures sont souvent indéchiffrables. Du reste le travail de Chaussonnet est tout à fait médiocre, et pour les années antérieures à 1596, les blasons ont été pour la plupart forgés par lui. Nous avons été néanmoins obligé, la plupart du temps, de nous en rapporter à cet auteur, faute de documents plus authentiques; néanmoins nous avons pu corriger un certain nombre de ces armoiries, et signaler quelques attributions fausses. Les Fleurs armoriales sont très rares, Mr Borel d'Hauterive, pour la publication de son Armorial de Lyon, n'en a trouvé à la Bibliothèque nationale de Paris qu'une reproduction manuscrite. Ce livre, tiré à petit nombre, ne fut pas mis en vente, mais donné par la ville aux consuls et à quelques autres personnages importants; l'un des deux exemplaires que nous connaissons, celui de M. le conseiller Baudrier, avait été offert à M. de la Michaudière, ancien Prévot des marchands de Paris.

*Généalogies lyonnaises et foréziennes*, in-fol. manuscrit. Bibliothèque de Lyon, n. 888 (1377 du catalogue Delandine.)

Ce recueil, écrit au milieu du 18e siècle, se compose de nombreux emprunts faits à Le Laboureur et à d'autres auteurs, mais avec des corrections et des additions pour plusieurs familles.

*Noms, surnoms, qualités, dignités, armes et blasons de MM. les chanoines et comtes de Lyon, depuis l'an* 1019 *jusqu'en* 1759, 3 vol. in-4, manuscrits, armoiries coloriées. Bibliothèque de Lyon, fond Coste.

*Tableau des Comtes de Lyon*, manuscrit appartenant à M. l'abbé Boué, curé d'Ainay.

Ce manuscrit précieux est plus exact que le précédent. Il paraît être l'œuvre de J. Barbier de Lescoët, chanoine de Lyon, qui a dû l'écrire dans le cours de l'année qui s'étend de novembre 1783 à novembre 1784. Les notes, il est vrai, se continuent jusqu'en 1786, mais on reconnait à l'écriture que ce sont des additions faites après coup. La liste des chanoines de Lyon, publiée par le marquis d'Aubaïs, dans les *Pièces fugitives*, est empruntée à ce travail.

*Généalogies de quelques familles nobles de la généralité de Lyon et provinces circonvoisines.* Manuscrit in-fol. de 456 pp. et 7 ff. non chiffrés pour le frontispice et la table.

Ce recueil renferme une grande quantité de tableaux généalogiques, suivis d'une liste des échevins et des prévôts des marchands de Lyon, de 1596 à 1779. Les ouvrages qui paraissent avoir été plus spécialement consultés sont: le P. Anselme, d'Hozier, la Chesnaye des Bois et Pernetti; outre ces livres imprimés, l'auteur a dû avoir à sa disposition les cahiers de recherches de noblesse de 1668 et beaucoup de documents manuscrits, surtout pour les familles foréziennes des environs de Saint-Etienne. L'auteur de ce manuscrit, écrit en 1776, est M. Julien du Bessy, de la bibliothèque duquel il est passé dans celle de M. Nicolas, de Saint-Etienne, qui a bien voulu nous le communiquer.

*Noms de MM. de l'ordre de la noblesse du ressort de la sénéchaussée de Lyon, qui se sont trouvés aux différentes assemblées tenues en* 1789, *en vertu des lettres de convocation pour les Etats Généraux.* in-4.

*Liste des nobles et anoblis possédant ou non possédant fiefs, pour l'assemblée qui se tiendra à Montbrison, le* 16 *mars* 1789, in-4.

*Procès verbal de l'assemblée de l'ordre de la noblesse de Forez, tenue à Montbrison, le* 18 *mars* 1789, in-4.

*Procès verbal des séances de l'assemblée de l'ordre de la noblesse du ressort de la sénéchaussée de Beaujolais, tenue à Villefranche en* 1789. Lyon, 1789, in-4.

C'est à l'aide de ces brochures que nous avons dressé l'état de la noblesse en 1789; mais il convient de faire observer que ces listes ne sont point complètes, quelques nobles ayant négligé ou même refusé d'assister à ces assemblées. La liste des nobles et anoblis de Forez a cela de particulier, que l'on y trouve mentionnés les titres présentés par les familles, pour prouver leur noblesse.

*Pétition Clavet*, in-12, 24 p. sans lieu ni date.

Ce pamphlet qui fut réellement présenté aux Chambres, en 1826, était une œuvre de parti ; ce sont des attaques grossières et maladroites, dirigées contre un certain nombre de familles lyonnaises que les passions politiques du temps désignaient à l'injure. Le but avoué de ces attaques était de forcer, en vertu des lois et de la charte, quelques personnes à modifier leurs noms, en prouvant que ceux qu'elles portaient ne leurs appartenaient pas ou avaient subi des transformations illégales. On comprend quelles sortes de réflexions pouvaient se faire jour sous ce prétexte. Heureusement que l'auteur était complètement ignorant du sujet qu'il prétendait traiter et que la violence de sa haine l'a emporté bien au delà du but qu'il voulait atteindre. Ses critiques pour la plupart sont démenties par les faits matériels et les autres ne prouvent que son ignorance des questions nobiliaires. Cet opuscule est devenu très rare.

*Armorial des prévôts des marchands et échevins de la ville de Lyon de 1596 à 1789*, autographié par A. S. des Marches, Châlon-sur-Saône, 1844, in-4.

Cet armorial est la reproduction des recueils de Menestrier, de Brossette et Chaussonnet. M. des Marches a reproduit aussi en lithographie l'Armorial véritable de Claudine Brunand, avec des additions.

*Histoire du Beaujolais et des sires de Beaujeu, suivie de l'armorial de la province*; par M. le baron Ferdinand de la Roche de Lacarelle. Lyon, 1853, 2 vol. in-8.

A la suite de cet ouvrage est un armorial des familles qui ont possédé des fiefs en Beaujolais, des lieutenants généraux et particuliers, des baillis et autres fonctionnaires de la province.

*Mémorial de Dombes*; par M. d'Assier de Valenche. Lyon, 1854, in-8. fig. et blas.

Cet ouvrage est accompagné d'un armorial du parlement de Dombes, qui complète celui qu'a donné Guichenon, et le continue jusqu'à l'époque où ce parlement fut supprimé. M. d'Assier, outre cet ouvrage et les *Fiefs de Forez* qu'il a publiés, prépare en ce moment un travail sur la noblesse forézienne dont nous regrettons de n'avoir pu profiter, d'autant plus que cet ouvrage ne sera pas mis en vente et ne trouvera place que dans des bibliothèques privilégiées.

*Recueil de documents pour servir à l'histoire de l'ancien gouvernement de Lyon, contenant les notices chronologiques et généalogiques sur les familles nobles ou anoblies, qui en sont originaires ou qui y ont occupé des charges et des emplois, avec le blason de leurs armes; par L. Morel de Voleine et H. de Charpin. Première partie. Liste chronologique des évêques et archevêques de Lyon*, Lyon, 1854, in-fol. blas.

Les autres parties de cet ouvrage renfermeront les généalogies des familles qui ont donné des prévôts des marchands, des échevins, des conseillers de ville, des trésoriers de France, des intendants, des gouverneurs de la ville de Lyon, etc. Ce recueil sera, pour notre province, ce que les livres du P. Anselme et de d'Hozier sont pour la France. M. Morel de Voleine a réuni, pour l'exécution de ce travail, une quantité innombrable de documents inédits, dans lesquels il a bien voulu nous permettre de puiser à loisir.

*Etudes historiques sur le Forez. Chronique des Châteaux et des Abbayes*; par M. de la Tour-Varan, bibliothécaire de la ville de St-Etienne. St-Etienne, 1854, in-8. fig.

Outre des recherches historiques et archéologiques et des légendes locales, la Chronique des Châteaux et des Abbayes renferme plusieurs généalogies. D'autre part une série spéciale publiée simultanément et faisant partie de l'ouvrage, est consacrée exclusivement aux généalogies des familles stéphanoises.

*Armorial de la ville de Lyon*; par M. Borel d'Hauterive. blas.

Cet armorial inséré dans l'Annuaire de la noblesse de 1860, comprend les blasons des Consuls lyonnais de 1499 à 1789. C'est la reproduction intégrale des différents recueils que nous avons cités.

***

Il importe encore de consulter pour l'histoire des familles les registres paroissiaux de baptêmes, mariages etc., dont plusieurs remontent même aux dernières années du 16e siècle, les recueils d'anciens testaments qui abondent dans les archives, les terriers et surtout les aveux de fiefs. L'inventaire des aveux de fiefs du Forez, et d'une partie de ceux du Lyonnais et du Beaujolais, dont les originaux existent aux Archives nationales de Paris, a été publié par Bethencourt, sous le titre de *Noms féodaux*, (Paris, 1826, 2 vol in-8.). L'impossibilité presque complète de lire exactement dans les vieilles chartes les noms propres inconnus, a semé dans cet ouvrage un grand nombre de fautes, qui ont engagé l'auteur à détruire presque entièrement l'édition. Cette excessive susceptibilité a rendu rare ce livre très utile et dont les inexactitudes sont faciles à rectifier, quand on connaît les noms des familles et des lieux qui y sont mentionnés. Il existe, aux archives du département de la Loire, des registres d'aveux de fiefs du Forez, qui sont les copies des originaux existant à Paris, copies faites dans le temps ; les *Fiefs du Forez*, de Sonyer du Lac, manuscrit de la Bibliothèque du Palais des Arts à Lyon, publié par M. d'Assier de Valenches (Lyon, 1858, in-fol. cartes), complètent cette série. Pour le Lyonnais, comme presque tous les fiefs relevaient soit de l'Eglise de Lyon, soit des abbayes ou des monastères de la province, il faut consulter les archives de ces maisons religieuses, et par exemple les actes capitulaires du Chapitre de Saint-Jean, les cartulaires tels que le grand cartulaire d'Ainay et autres titres de ce genre. Du reste les anciens cartulaires sont précieux pour les recherches généalogiques, il nous suffira de citer entre autres ceux de Savigny et d'Ainay publiés par les soins de M. Aug. Bernard, et qui comptent parmi les documents les plus importants pour l'histoire de nos provinces. M. Valentin-Smith a publié, sous le titre de *Cartularium Dumbense*, un recueil précieux de chartes concernant la Dombes parmi lesquelles se trouvent plusieurs pièces relatives à nos provinces. L'histoire des fiefs du Lyonnais peut se compléter, pour les temps modernes, à l'aide des titres conservés aux archives du département du Rhône, et dont quelques uns sont originaux. A l'égard du Beaujolais, on n'est pas aussi riche : il existe seulement une Briève analyse d'aveux de fiefs, du milieu du 16e siècle (*Registre de la baronnie du Beaujolois*, manuscrit. Bibliothèque du collége, à Lyon, n. 944 ; 1481). Louvet l'a reproduite dans son histoire manuscrite du Beaujolais, en y ajoutant les hommages rendus de son temps, et M. de la Carelle a publié ces différentes notes, en poursuivant le travail jusqu'à la révolution. Les almanachs de Lyon, à partir du milieu du 18e siècle, renferment un tableau des paroisses de la généralité, avec la mention des principaux fiefs et des seigneurs qui les possédaient.

Tels sont, en somme, les principaux documents écrits qui servent de base à notre travail. Nous mentionnons en outre, dans le cours de l'ouvrage et à chaque article, les auteurs qui ont donné des notices généalogiques sur les familles dont il est question dans l'Armorial. (V. la liste des abréviations). A ce propos, nous ferons observer expressément que nous ne garantissons point l'exactitude de ces auteurs et que souvent, bien loin de les suivre, nous avons dû, éclairés par des documents authentiques, rejeter entièrement leurs assertions.

Sans compter les livres et les manuscrits, une des sources indispensables à consulter pour former un armorial, ce sont les monuments. En première ligne se placent les sceaux. Des circonstances indépendantes de notre volonté ne nous ont pas permis d'achever à temps la recherche de tous ceux dont nous soupçonnons l'existence. Les cachets ont fourni des renseignements plus nombreux, empruntés soit à des aveux de fiefs originaux du 17e et du 18e siècle, soit à la volumineuse correspondance de la ville existant aux archives municipales de Lyon ; mais parmi ces cachets, il en est dont l'attribution est douteuse. Les anciens blasons peints sont rares, presque tous ont disparu sous le badigeon ou ont été anéantis avec les verrières imagées qu'ils décoraient. Il reste cependant à Montbrison un monument important de la peinture héraldique au 14e siècle, c'est la salle de la Diana, qui renferme une grande quantité d'armoiries peintes, dont on n'a cité que les principaux dans les ouvrages écrits sur ce curieux monument. Malheureusement ces armoiries ne sont accompagnées d'aucune espèce d'indication propre à en faire reconnaître les titulaires ; cette suite de blasons est plutôt un problème qu'un auxiliaire, et les tentatives que l'on a faites pour l'expliquer n'ont pas été complètement heureuses. (Histoire des ducs de Bourbon et des comtes de Forez ; par la Mure. Lyon, 1860, in-4. fig ; la Diana ; par M. l'abbé Renon... 1844, in-8. et atlas colorié in plano), néanmoins à l'aide de l'une de ces peintures, nous avons pu, pour une famille, faire revivre, dans tous leurs détails, des armes entièrement inconnues jusque là, mais ce résultat a été le seul. Les monuments héraldiques sculptés dans les églises, sur les façades des maisons, sur les socles de croix ou gravés sur les dalles tumulaires sont encore nombreux, mais nous n'en avons encore réuni qu'un petit nombre, recueillis à Lyon, dans les villages voisins et dans l'arrondissement de Montbrison. Du reste, quelque zèle que nous mettions à compléter cette collection importante, nous ne pourrons jamais y parvenir qu'avec l'aide des personnes placées sur les lieux mêmes et dans des conditions plus favorables pour les connaître ou les découvrir.

Malgré l'abondance des documents de toutes sortes, nous n'aurions pu néanmoins mener jusqu'au bout notre tâche, si nous n'avions été aidés et soutenus par le bienveillant appui des érudits de notre province où l'étude du blason compte de nombreux et intelligents disciples. Les uns, tels que MM. le comte G. de Soultrait, Baudrier, conseiller à la Cour, de Valous, sous-bibliothécaire du Palais des Arts, nous ont permis non-seulement de puiser dans leurs bibliothèques personnelles, mais ont mis à notre disposition leurs connaissances héraldiques et le fruit de leurs propres recherches; les autres comme, MM. L. P. Gras et Vincent Durand, nous ont fait part des découvertes, faites dans leurs excursions archéologiques, qui pouvaient intéresser notre publication. A Saint-Etienne, M. de la Tour-Varan, bibliothécaire de la ville, M. André Barban, archiviste du département de la Loire et M. Nicolas, nous ont transmis des documents précieux et inédits. Nous devons à M. Dériard, de Lyon, la communication d'un grand nombre de portraits et de gravures rares, accompagnés d'insignes héraldiques ; nous avons trouvé également dans son cabinet une suite nombreuse de jetons d'échevins lyonnais, qui fournissent des rectifications importantes pour les armoiries consulaires; nous n'avons pas cité, d'ordinaire, ces petits monuments, parce que leur possesseur prépare sur ce sujet un travail complet, auquel on aura recours avec plus de fruit. C'est aussi, grâce à l'obligeance de M. R. de Chantelauze, chargé de publier les manuscrits de La Mure, que nous avons pu consulter ces précieux documents. Nous devons encore des remercîments à MM. les conservateurs des Archives et des Bibliothèques publiques de Lyon et spécialement à M. Fraisse, bibliothécaire du Palais-des-Arts, M. Mulsant, sous-bibliothécaire de la bibliothèque du collége, M. Gauthier, archiviste du département du Rhône et M. Rolle son adjoint, dont nous avons mis plus d'une fois l'obligeance à de rudes épreuves. Il ne nous est pas possible de citer toutes les personnes qui nous ont aidées ni toutes les bibliothèques particulières qui nous ont été ouvertes, tant nous avons rencontré, dans l'accomplissement de notre tâche, de bienveillance et d'encouragements ; mais en terminant nous devons remercier ici, et d'une manière toute particulière, M. Morel de Voleine du précieux concours qu'il a bien voulu nous prêter, en mettant à notre disposition tous les documents qu'il a rassemblés; nos lecteurs qui connaissent l'autorité de M. de Voleine sur les matières héraldiques et généalogiques sauront apprécier la valeur de cette collaboration, mieux que nous ne pourrions et que nous ne saurions le dire.

Il ne nous est pas permis, on le comprend, de louer nous-mêmes les érudits qui nous ont ainsi accordé un appui si spontané ; leur mérite personnel leur assure une considération plus sérieuse que celle que nos éloges pourraient leur procurer; nous devons seulement nous excuser auprès d'eux, d'avoir tiré un si médiocre parti de leurs communications et de n'avoir pas produit un livre plus parfait et tel qu'ils auraient eu droit de l'attendre.

Lyon, le 1er juillet 1860.

## LISTE DES ABRÉVIATIONS DES AUTEURS CITÉS COMME AYANT DONNÉ LES GÉNÉALOGIES DES FAMILLES MENTIONNÉES DANS L'OUVRAGE.

*AA.* D'Auriac : Armorial de la noblesse de France. *Paris*, 1855, 3 vol. in-4, blas.
*AG.* Armorial de la généralité de Lyon, 1697, manuscrit.
*AH.* Archives historiques de la noblesse, in-4.
*AM.* Milleville : Armorial historique de la noblesse de France. *Paris*, 1845, in-4, blas.
*AP.* D'Aubaïs : Pièces fugitives pour servir à l'histoire de France, 3 vol. in-4, 1759.
*AR.* Artefeuille : Histoire héroïque et universelle de la noblesse de Provence. *Avignon*, 1776-86, 3 vol. in-4, planches de blas.
*BA.* Borel d'Hauterive : Annuaire de la noblesse de France, *Paris*, in-8, blas., un vol. chaque année depuis 1843.
*BO.* Bouillet : Nobiliaire d'Auvergne. *Clermont-Ferrand*, 1847-53. 7 vol. in-8, blas.
*BP.* Blanchard : Les présidents à mortier du Parlement de Paris, in-fol. 1647, blas.
*BR.* Borel d'Hauterive : Revue historique de la noblesse. *Paris*, 1843-46, 4 vol. in-4, fig. et blas.
*CB.* Chevalier : Mémoires historiques sur Poligny. *Lons-le-Saulnier*, 1767-69, 2 vol. in-4.
*CH.* Chorier : L'estat politique de la province de Dauphiné. *Grenoble*, 1671 72, 4 vol. in-12.
*CP.* De Courcelles : Hist. généalogique et héraldique des Pairs de France. *Paris*, 1822-33, 12 vol. in-4, blas.
*CT.* Dom Caffiaux : Trésor généalogique ou extraits des titres anciens qui concernent les familles de France. *Paris*, 1777, 1 vol in-4, le seul paru, il s'arrête à la lettre *D*.
*DA.* Dictionnaire des anoblissements. Paris, 1788, 2 vol. in-8°.
*DC.* Duchesne : Histoire des Chanceliers de France. *Paris*, 1680, in-fol., blas.
*DH.* D'Hozier : Armorial général de la France. *Paris*, 1736-68, 10 vol. in-fol., blas.
*DP.* Du Pas : Histoire généalogique de plusieurs maisons illustres de Bretagne. *Paris*, 1619, in fol.
*EP.* Robert de Briançon : État de la Provence. *Paris*, 1693, 3 vol. in-12.
*FM.* Généalogies de familles mâconnaises, manuscrit.
*FP.* Filleau : Dictionnaire généalogique du Poitou. *Poitiers*, 1840, 2 vol. in-8, blas.
*G.* Goussancourt : Armoiries lyonnaises, manuscrit.
*GA.* Guy Allard : Histoire généalogique des maisons de Dauphiné. *Grenoble*, 1672-82, 4 vol. in-4.
*GB.* Guichenon : Histoire de Bresse et de Bugey. *Lyon*, 1650, in-fol.; blas.
*GD.* Guichenon : Histoire de Dombes, manuscrit. Le Journal de Trévoux en a entrepris la publication.
*GH.* Généalogies historiques des Rois, etc. (par Chazot de Nantigny). *Paris*, 1736-38, 3 vol. in-4, blas.
*GM.* Goussancourt : Martyrologe des Chevaliers de Malte, *Paris*, 1643, in-fol. blas.
*PB.* Palliot : Le Parlement de Bourgogne. *Dijon*, 1649, in-fol., blas. — Petitot : Continuation de l'Histoire du Parlement de Bourgogne, depuis l'an 1649 jusqu'à 1733. *Dijon*, 1733, in-fol.. blas.— Des Marches : Histoire généalogique du Parlement de Bourgogne, de 1733 à 1790. *Chalons*, 1851, in-fol. blas.
*HM.* D'Hozier : Recueil sur les principales familles, 1712. manuscrit.
*HS.* Histoire des Secrétaires d'État, par Fauvelet du Toc, *Paris*, 1668, in-4; blas.
*HT.* Henninges : Theatrum genealogicum. *Magdebourg*, 1598, 5 vol. in fol.
*IG.* Im-Hoff. : Historia genealogica familiarium Galliæ, in-fol., 1687. Italiæ, 1701.
*IH.* L'Institut héraldique. Nobiliaire universel, par M. de Magny, *Paris*, 1851, 4 vol. in-fol., blas.
*LA.* Lainé : Archives généalogiques et hist. de la noblesse de France, 1828-50, 11 vol. in-8., fig. et blas.
*LB.* Louvet : Histoire du Beaujolais, manuscrit.
*LC.* La Chesnaye des Bois : Dictionnaire de la Noblesse, 7 vol. in-8, 1767, ou 15 vol. in-4, 1770 86.
*LD.* Lainé : Dictionnaire véridique des maisons nobles de France. *Paris*, 1818, 2 vol. in-8.
*LL.* Le Laboureur : Les Mazures de l'Isle-Barbe, seconde partie. *Lyon*, 1681, in-4,
*LM.* La Mure : Histoire du pays de Forez, 1674, in-4.
*LMm.* Manuscrits de La Mure, 3 vol. in-fol. (Bibliothèque de Montbrison).
*LO.* Le Livre d'or de la noblesse européenne, par M. de Magny. *Paris*, 4 vol. in-4, blas.
*LQ.* Le Laboureur : Les seize quartiers des rois de France. *Paris*, 1683, in-fol. blas.
*LR.* De La Roque : Armorial de la noblesse du Languedoc. *Montpellier*, in-8, 1860, blas.
*LH.* L'Hermite de Souliers : La Toscane française, 1661, in-4; la Ligurie française, 1657, in-4; Naples française, 1663, in-4; la Corse française, 1662, in-12; Inventaire de l'histoire généalogique de la noblesse de Touraine. *Paris*, 1669, in-fol.
*MB.* Manuscrit de la Bibliothèque de Lyon, n° 888 (1377).
*MC.* Morel de Voleine et De Charpin : Liste des Archevêques de Lyon, 1854.
*MM.* Manuscrits de Guichenon, à Montpellier.
*MN.* Manuscrit communiqué par M. Nicolas.
*MO.* Moréri : Le grand dictionnaire historique. *Paris*, 1759, 10 vol. in-fol.
*MP.* Mouvant : Crit. du nobiliaire de Provence. Manuscrit.
*PA.* Les PP. Anselme et Simplicien : Histoire généalogique de France, 1726-33, 9 vol. in-fol.
*PL.* Pernetti : Les Lyonnais dignes de mémoire, 1759.
*PH.* Le P. Anselme : Le Palais de l'honneur. *Paris*, 1664, in-4.
*PV.* Pithon Curt. : Histoire de la noblesse du Comtat-Venaissin.
*RB.* Mémoires de la noblesse de Bretagne, par le P. T. de Saint-Luc. *Paris*, 1691, 2 vol. in-8.
*RC.* Recherche de la noblesse de Champagne, par d'Hozier, 1673, 2 vol. in-fol.
*RP.* Nobiliaire ou Recherche de la Noblesse de Picardie, par Nic. de Villieu et N. de Rousseville, 1717, gr. in-fol. oblong.
*SA.* Saint-Allais : Nobiliaire universel de France. *Paris*, 1814, 18 vol. in-8, blas.
*SI.* Sansovino : Della origine et de' fatti delle famiglie illustre d'Italia. *Venise*, 1682, in-8.
*SM.* Saint-Martin : Généalogie des Princes, Ducs, Pairs et Maréchaux de France; tables généalogiques, in-4, gravées. *Paris*, 1668.
*TH.* Thaumas de la Thaumassière : Histoire du Berry, 1689, in-fol.
*TS.* Spener : Theatrum nobilitatis Europeæ. *Francfort*, 1668, in-fol.
*TV.* De la Tour-Varan : Études hist. du Forez, 1854.
*W.* Waroquier de Combles : Plusieurs ouvrages publiés de 1782 à 1789.

L'auteur étant dans l'intention de compléter son travail dans un supplément et de rectifier les erreurs qu'il a pu commettre, les personnes qui auraient des corrections à proposer ou des armoiries à signaler voudront bien adresser leurs communications à l'éditeur M. Auguste Brun, rue du Plat, 13, à Lyon.

LYON.— TYP. VINGTRINIER.

Lyon. Imp. Gerente Fils r. du Garet, 9.

**ABOIN**

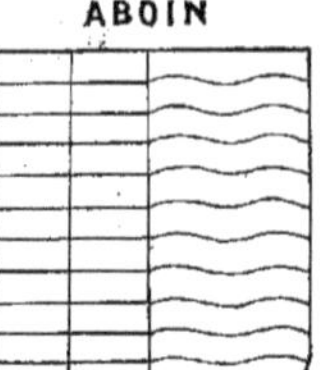

Parti au 1er fascé contre fascé d'or et d'azur, au 2me fascé ondé de même, le tout de 11 pièces.

**ABRIAL**

Mi-parti coupé au 1er du canton de cte sénateur au 2me de gueules au soleil d'or mouvant du cton senestre au 3me d'argent à l'arbre terrassé de sinople.

**ACTES**

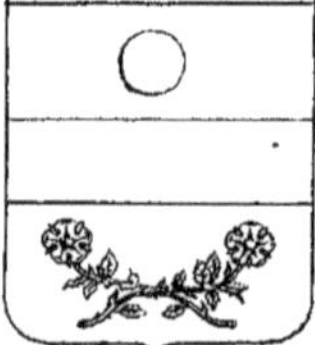

D'azur à la fasce d'or accées en chef d'un besant de même et en pointe de 2 roses en sautoir tigées d'argent

**ADAMOLI**

D'azur à l'arbre de la science du b. et du m. tortillé du tentateur et accosté de nos 1ers parents le tout au naturel, au ch. de l'emp.

**ADINE**

D'azur au chevron d'or accomp. de trèfles de même ; au chef cousou de gueules chagé d'un croissant d'argent entre 2 étoiles.

**AFFAUX**

D'azur à 2 faux en sautoir d'argent.

**AGLIÉ**

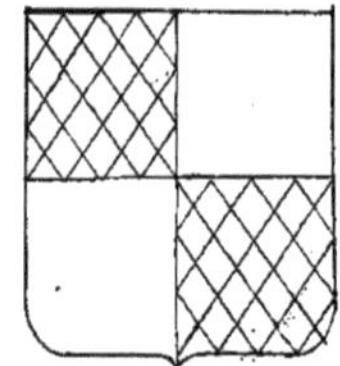

Ecartelé au 1er losangé d'or et de sable, au 2me de gueules.

**AGNIEL**

Coupé d'azur à 3 étoiles rangées d'argent sommées d'un soleil d'or et d'or, à l'agneau passant d'azur.

**AGNIN**

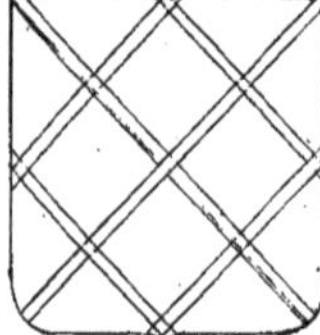

D'or fretté de gueules.

**AGNOT**

De gueules à 2 epées en sautoir d'or et un écu en abîme chargé d'une fasce d'argent.

**AGUIRAU**

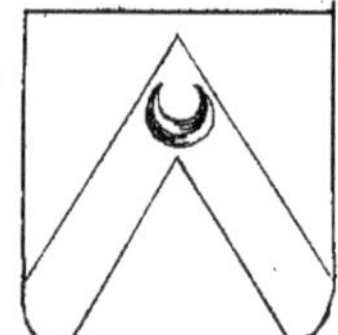

De gueules au chevron d'argent chargé d'un croissant de sable.

**AIGLIERS**

De sable au lion d'or

**L'AIGUE**

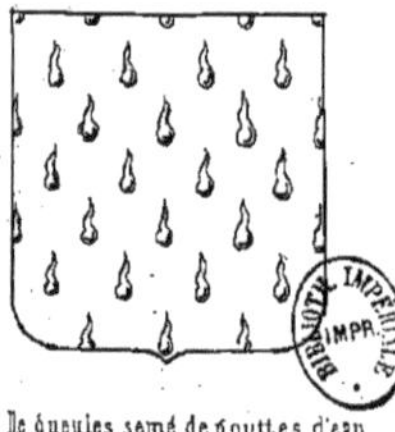



De gueules semé de gouttes d'eau d'argent.

**AIGUEBELLE**

D'or au griffon de sable.

**AIGUEPERSE**

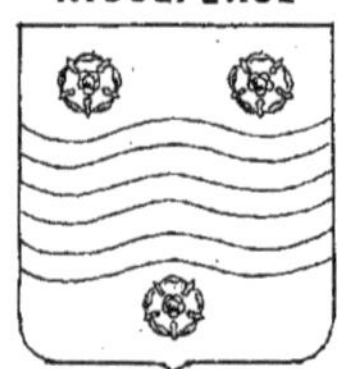

De sable à 3 fasces ondées d'or accompagnées de trois roses d'argent.

**AINAY**

De gueules à deux clefs en sautoir l'une d'or et l'autre d'argent.

**ALAMANI**

Bandé d'argent et d'azur. de 4 pièces

**ALBANEL**

D'azur au chevron d'argt. accpé. de 2 étoiles et d'un croissant du même.

**ALBEPIERRE**

D'azur à la bande d'or, accée. de 2 étoiles et d'un croissant d'argent; au ch. de gueules.

**ALBISSE**

De sable a 2 anneaux l'un dans l'autre d'or

**ALBON**

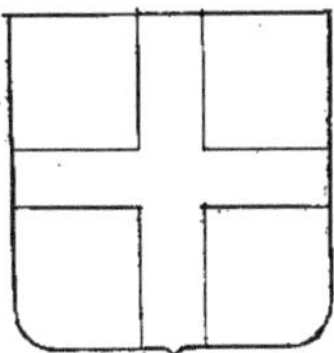

De sable à la croix d'or.

**ALBY**

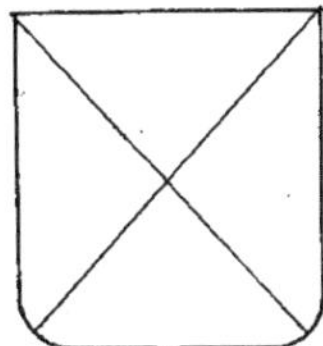

Ecartelé en sautoir d'argt. et d'azur.

**ALCANON**

De gueules au lion d'argent couronné d'or.

**ALÉON**

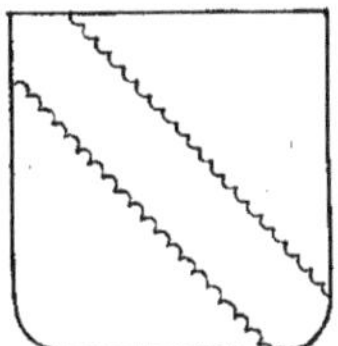

D'argent à la bande engrêlée de gueules

**ALESSIER**

D'azur a une sie d'argent sommée de 3 étoiles du même

**ALEX**

D'azur au lion d'or

**ALEXANDRE**

De gueules au chevron d'or, accpé. en ch. de 2 branches de laurier et en pte. d'un croissant du même, au ch. d'azur chgé. de 3 étoiles d'or.

**ALLÉGRE**

De gles. à la tour d'argent accée. de six fleurs de lys d'or.

**ALIX**

Parti: au 1er. d'argt. au guidon d'az. chgé. d'un vol d'or; au 2me. d'az. à une main d'or armée d'un sabre d'argt.; au champagne de gles. chgé. des insignes de la légion d'honn.

**ALLARD**

D'azur à la bande d'or chargé de 3 alérions d'azur.

**ALLARD**

D'or au chevron de sable accpé. de 3 étoiles d'az. rangées en chef et en pte. d'un croissant de gueules.

**ALLEGRAIN**

Parti de gueules et d'argt. à la croix ancrée, partie de même de l'un en l'autre.

**ALLERY**

De gueules au phénix d'or; au chef ondé d'argent.

**ALLIER**

D'azur à l'aigle d'argent.

**ALLIER**

D'argt. à 3 arb. arrachés de sinop. au chef d'azur chg. d'un croissant d'argt. accos. de 2 étoiles du même.

**ALLOIS**

D'argent au chevron de sinople au chef d'azur chg. d'une croisette d'argent

**ALLUT**

De gueules à 3 étoiles d'argt. surmonté d'un lambel de 3 pendants du même.

**AMANZÉ**

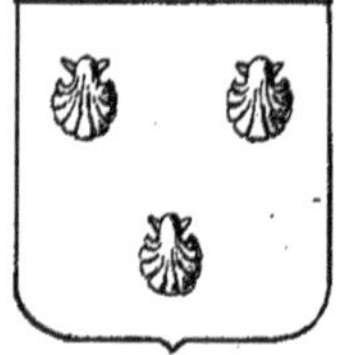

De gueules à 3 coquilles d'or.

**AMAT**

De gueules à un senestrochère armé mouvant d'une nué d'argt. tenant une épée du même garnie d'or.

**AMAULRY**

De gueules à un livre ouvert d'or.

**AMBOURNAY**

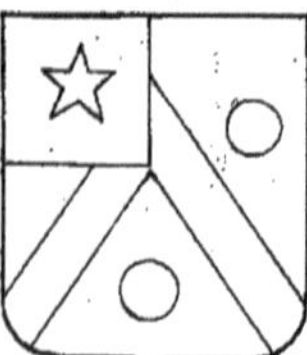

D'or au chevron de glles. acop. de 3 tourteaux du même; au franc cartier d'az. chgé. d'une étoile d'or.

**AMELOT**

De gueules à 3 coeurs d'or sommés d'un soleil du même.

**AMIOT**

D'azur à 3 belettes passant l'une sur l'autre d'argent.

**ANDRÉ**

D'az. au lion d'or rampant contre un mont d'argent donnt. la patte dextre à une main mouvt. d'une nuée d'argt. au franc canton.

**ANDREVET**

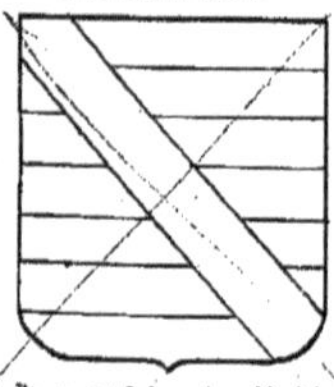

D'argent à 3 fasces de sable, à la bande de gueules brochante.

**ANDRIOL**

D'azur au chevron d'argt. chargé d'une coquille de sinople.

**ANGEVILLE**

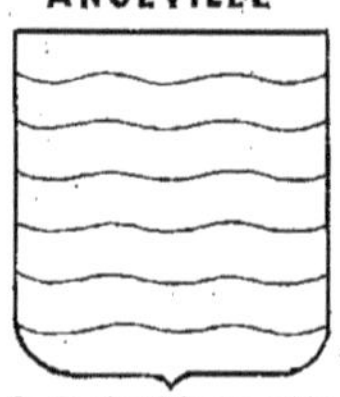

De sinople à 3 fasces ondées d'argent.

**ANGLURE**

D'or semé d'anglures d'argt. soutenues de gueules.

**ANISSON**

D'argent au vol de sable, au chef d'azur chargé d'une croisette d'or acc.tée de 2 coquilles de même

**ANSELMET**

D'azur au cerf passant d'or et un huchet du même au canton senestre du chef.

**ANTHOINE**

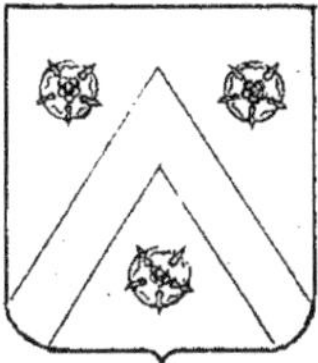

D'azur au chevron d'argent accomp.t de 3 roses d'or.

**ANTIGNY**

D'or au lion naissant de sable.

**APCHIER**

D'arg.t à un château donjonné de 2 tours de g.les surmontées de 2 haches adossées en pal d'azur.

**APCHON**

D'or semé de fleurs de lys d'azur.

**APINAC**

D'argent au lion de gueules, à la bordure de sable chargée de 8 besans d'or.

**ARBENE**

De sinople à la bande d'or chargée d'une ancre de sable.

**ARCES**

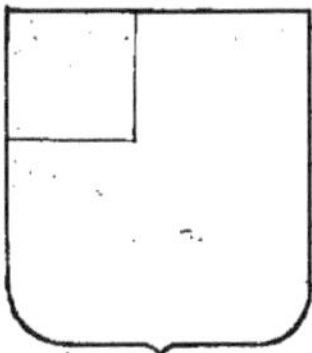

D'azur au franc quartier d'or.

**ARCHIS**

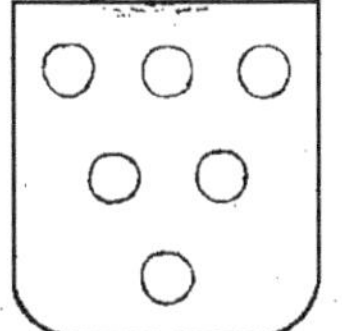

D'azur à 6 besans d'argent, posés 3, 2, 1.

**ARCY**

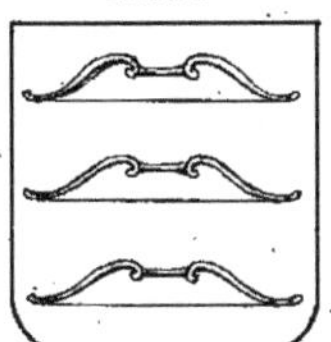

De gueules à 3 arcs l'un sur l'autre, d'argent.

**ARCY**

D à 3 chevrons d

**ARENTON**

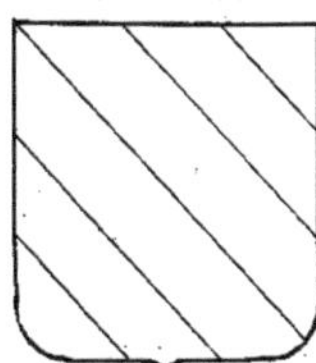

Bandé d'argent et de gueules.

**ARGENTAL**

D'or au lion d'azur, armé, lampassé et couronné de gueules.

**ARLOS**

D'azur au lion d'or armé et lampassé de gueules.

**ARNAL**

D'or à l'arbre arraché de sinople, au chef d'azur chargé de 3 étoiles d'or

**ARNAUD**

D'az. au sautoir épaté échiqueté d'arg$^{t}$ et de g$^{les}$ 2 traits accp$^{é}$ en ch. d'une étoile d'or, ch$^{gé}$ en cœur d'un écu d'arg$^{t}$ à un monde de g$^{les}$ cintré et croisé d'or.

**ARNOLFINI**

D'argent à 2 pattes d'ours en sautoir d'azur armées de gueules.

**AROD**

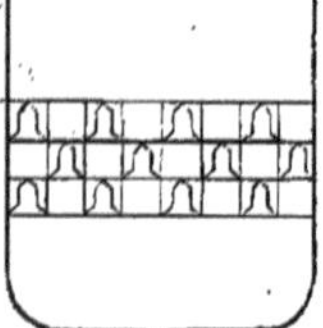

D'or à la fasce échiquetée de gueules et de vair.

**ARRAS**

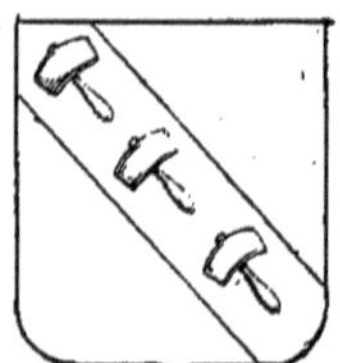

D'argent à la bande de g$^{les}$ chargée de 3 maillets d'or.

**ARRIC**

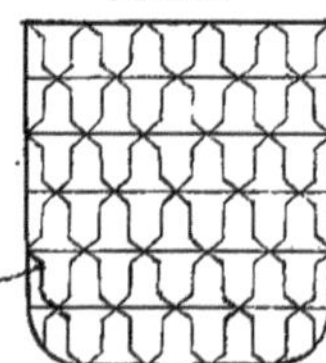

De vair.

**ARS**

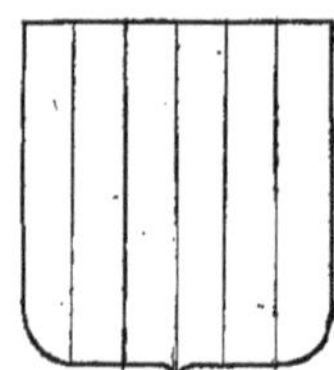

Pallé d'or et d'azur.

**ARTAU**

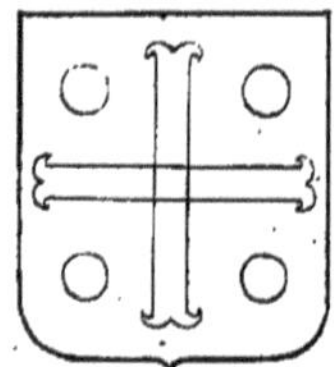

D      à la croix anilée
d      cantonnée de
4 besans d'or.

**ARTAUD**

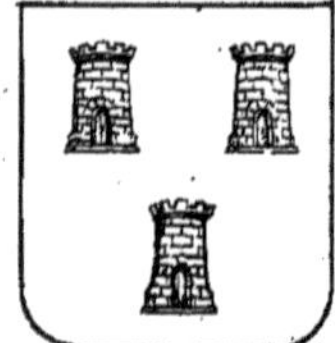

D'azur à 3 tours d'argent maçonnées d'or.

**ARTHEAUD**

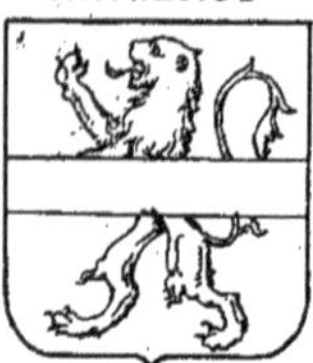

De gueules au lion d'argent et une fasce de sable brochant.

**L'ARTHUISIE**

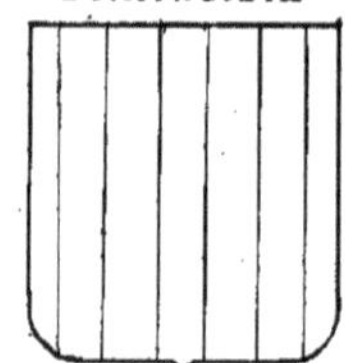

D'or à 3 pals de gueules.

**ARVILLON**

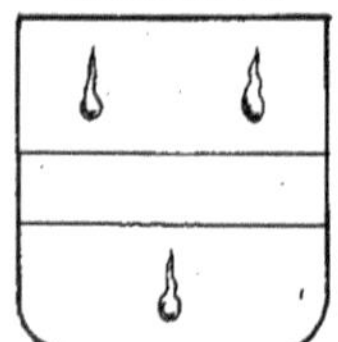

D'azur à la fasce d'or accp$^{ée}$ de 3 larmes d'argent.

**ASSIER**

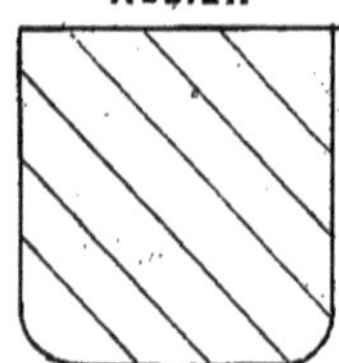

D'or à 3 bandes de gueules.

**ASTORG.**

D'azur à l'aigle d'argent.

**ATHIAUX**

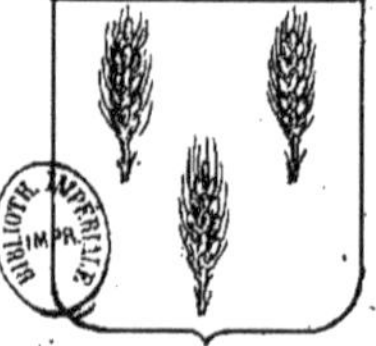


D'azur à 3 épis d'or.

**ATHIAUD**

De gueules à 3 lions passant l'un sur l'autre, d'or.

**AUBARÈDE**

D'azur au chevron d'or accp$^{é}$ de 3 roses de gueules tigées de sinople.

## AUBÉPIN

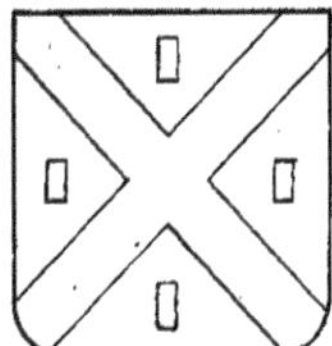

D'azur au sautoir d'or, cantonné de 4 billettes du même.

## AUBÉPIN

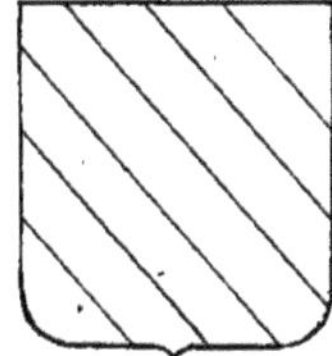

D'argent à 3 bandes de g^les.

## AUBERNON

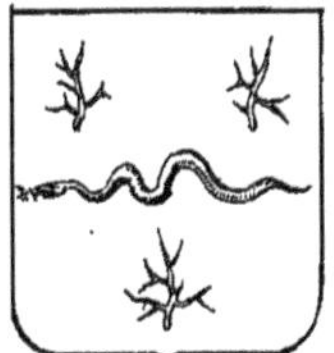

D'arg^t. à la couleuvre en fasce d'azur aiguillonnée de g^les accp^ée de 3 épines de sinople

## AUBERT

D'azur au chevron d'or au chef du même.

## AUBERT

D'argent au lion de gueules, au chef du même ch^é. de 3 fleurs de pensée d'argent

## AUBRY

D au chevron d accomp^é. de 3 losanges d

## AUBUSSON

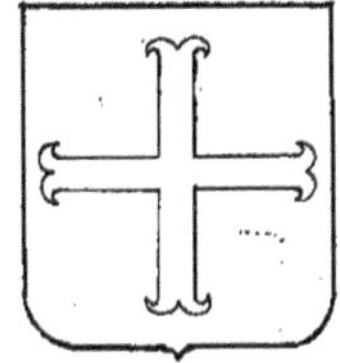

D'or à la croix ancrée de gueules

## AUDOIN

D'or à 3 tourteaux de gueules, au chef d'azur ch^é. de 3 étoiles d'or.

## AUDRAS

Ecartelé au 1^er et 4^me d'az. à 3 poissons d'or ; au 2^me et 3^me de gueules à la tour d'arg^t.

## AUDRAS

D'azur à la croix ancrée d'or, cantonnée de 4 grenades de g^les.

## AUGEREZ

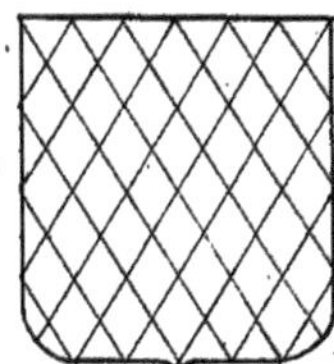

Losangé d'or et de gueules.

## AUGIRIEUX

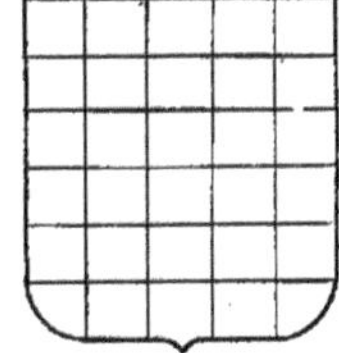

Echiqueté d'or et d'azur.

## AUGUSTINS

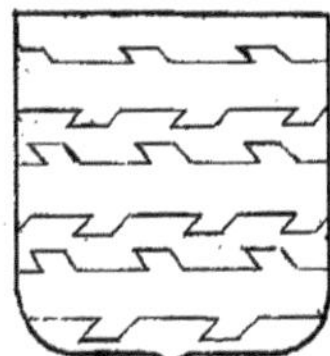

D'argent à 3 fasces écotées de gueules.

## AULAS

D'or au chevron d'az. accp^é. en p^te. d'un croissant de g^les au chef d'azur ch^é. de 3 étoiles d'arg^t.

## AULGEROLLES

D'or au chef de gueules ch^é. d'un lion issant d'or.

## AULHON

D'azur à 3 demi vols d'or.

**AUMAITRE**

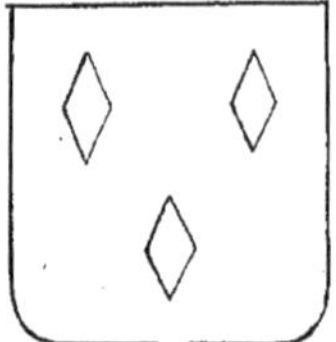

De gueules à 3 losanges d'or.

**AUMONT**

D'argent au chevron de g.les accomp.t de 7 merlettes du même.

**AURE**

D'or au lévrier de g.les colleté de sable, à la bordure du même chargé de 8 besans d'or

**AURIOL**

D'azur au chevron d'or accomp.t de 2 étoiles et d'une colombe d'argent

**AUSSEL**

D'argent à un mont de 8 p.tes de sab., surmonté d'une aigle éployée de gueules.

**AUSTREIN**

D'azur au chevron d'or accp.t en chef de 2 colombes d'arg.t en p.te d'un amphysière ailé d'or

**AUTUN**

D'azur au dextrochère armé d'une épée d'arg.t garnie d'or, acc.é de 2 fleurs de lys d'or

**AUXERRE**

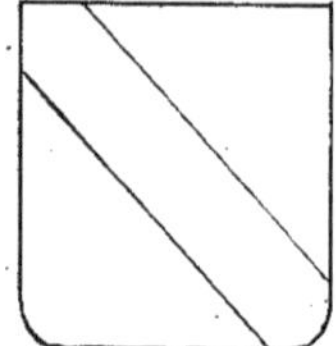

De gueules à la bande d'or.

**AVEINE**

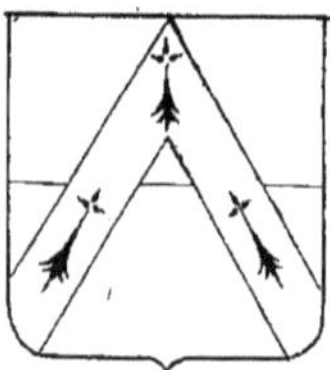

Coupé de g.les et de sin.le au chevron d'arg.t chargé de 3 moucheture d'hermine de sable brochant sur le tout.

**AVEINE**

De sin.le au chevron d'arg.t ch.é de 3 mouchetures d'hermine de sab. accp. en p.te d'une rose d , au ch. de g.les soutenu d'or, ch.é d'un lion issant d'arg.t

**AYMAR**

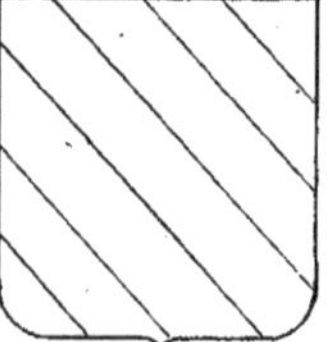

D'or à 3 bandes d'azur.

**AYNÈS**

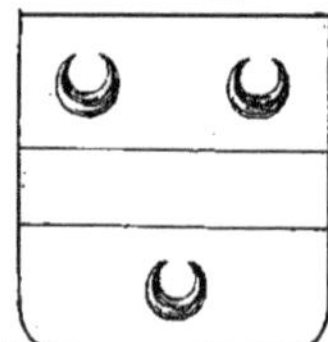

D'azur à la fasce d'or accp.é de 3 croissants d'argent.

**BABOIN**

D'azur à un lys tigé d'argent fleuri d'or, terrassé de sin.le, au ch. d'or ch.é de 3 roses de gueules.

**BAFFIE**

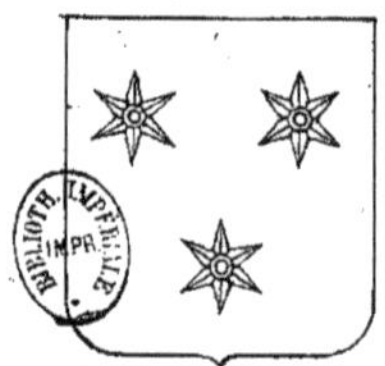


D'or à 3 molettes d'éperon de sable.

**BAGIÉ**

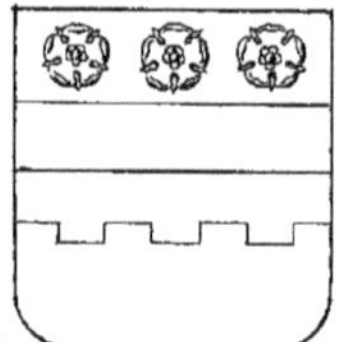

D'arg.t à la fasce crénelée en bas de 3 pièces d'azur, au ch. d'arg.t ch.é de 3 roses de gueules.

**BAGLION**

D'azur à un lion soutenant un tronc estagné, surmontés de 3 fleurs de lys et d'un lambel de 4 pendants, le tout d'or.

**BAILLE**

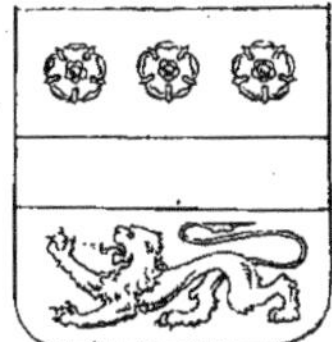

D'argent à la fasce d'azur accomp. en chef de 3 roses de gueules et en p^te^ d'un lion passant de même.

**BAILLET**

D'azur au chevron d'or accomp. en chef de 2 étoiles et en pointe d'une oie de même

**BAILLIF**

D'azur à 3 livres ouverts en fasce d'or accomp. de 3 roses d'argent

**BAILLON**

De gueules au lion passant d'or au chef de même chargé de 3 étoiles d'azur.

**BAILLY**

D'or à la fasce ondée d'azur surmonté d'un tourteau de même chargé d'une étoile d'or

**BAILLY**

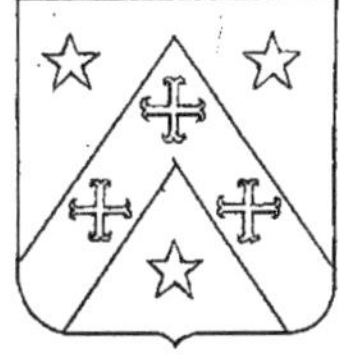

D'azur au chevron d'or chargé de 3 croix ancrées d'azur accomp. de 3 étoiles d'argent

**BAIS**

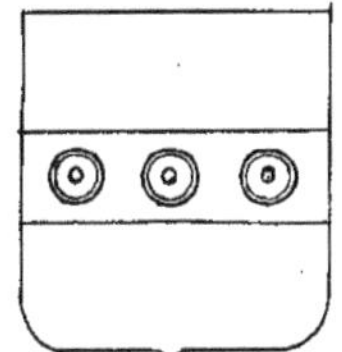

D'azur à la fasce d'or chargée de 3 yeux de faucons de sable cerclés et allumés d'argent.

**BAIS**

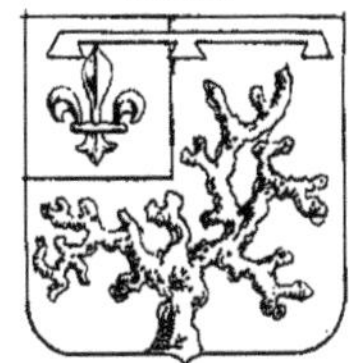

D'or à une p^te^ de corail de gueules au franc canton d'azur chargé d'une fleur de lys d'or, au lambel d'argent sur le tout.

**BALAND**

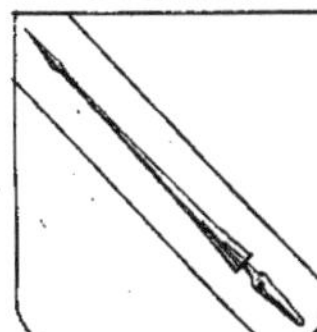

D'azur à la bande d'or chargé d'une lance de gueules armée d'argent.

**BALARIN**

D'azur au chevron d'argent au chef d'or.

**BALEY**

D'azur au chevron d'or chargé d'une fleur de lys de sinople.

**BALIF**

D'azur à 2 étoiles d'or et un croissant d'argent

**BALLEY**

D'or à 3 fasces de gueules au chef d'azur chargé d'un soleil d'or accosté de 2 coquilles d'argent.

**LA BALME**

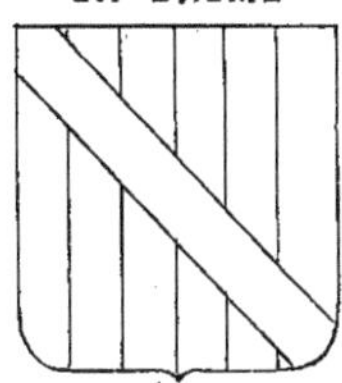

Pallé d'or et de gueules à une bande de sable brochant.

**BALMES**

D'or à la fasce de gueules chargée de 3 étoiles d'or accomp. en chef d'un lion passant de sable et en p^te^ d'un chevron d'azur.

**BALZAC**

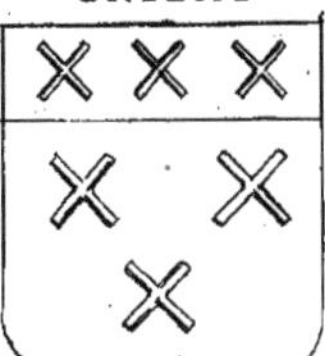

D'azur à 3 flanchis d'or au chef de même chargé de 3 flanchis d'azur.

**BANCOU**

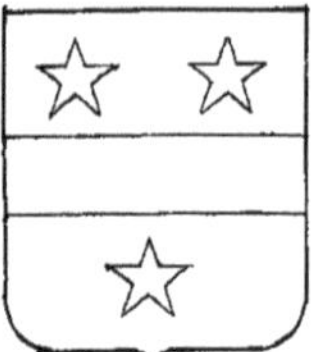

D'azur à la fasce d'argent acc$^{p.t}$ de 3 étoiles d'or.

**BANES**

D'azur à 3 croissants adossés et mal ordonnés d'arg$^{t}$.

**BAPTALIN**

D'azur au chateau d'or terrassé d'arg$^{t}$. à 2 tours couvertes d'or et surmontées de 2 coqs de même.

**BARAILLON**

D'argent au lion de gueules et une bande d'or brochante

**BARANCY**

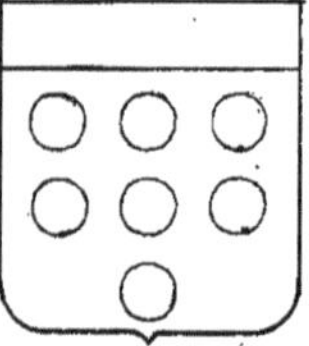

D'azur à 7 besans d'or posés 3, 3 et 1, au chef du même.

**BARBERON**

De sinople à 3 fasces ondées d'argent.

**BARBIER**

D'azur à une dalle tumulaire posée en bande d'arg$^{t}$ ch$^{é}$ de 2 boucles de g$^{les}$

**BARBIER**

D'or à 2 chevaux cabrés et affrontés de sable, au chef d'azur chargé d'un losange d'argent.

**BARBIER**

D'azur au chevron d'or accomp$^{é}$ de 3 croisettes du même; au chef d'or ch$^{é}$ d'une étoile d'azur.

**LA BARGE**

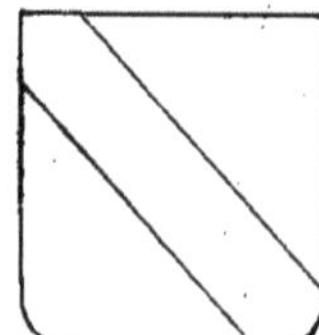

D'argnt à la bande de sable

**BARGES**

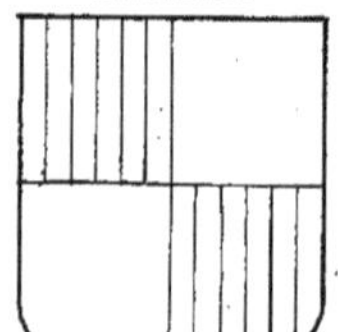

Ecartelé au 1$^{er}$ et 4$^{me}$ palle d'or et de g$^{les}$, au 2$^{me}$ et 3$^{me}$ d'azur.

**BARGUES**

D'azur à la fasce d'or chargée d'une couronne de laurier de sinople, accp$^{ée}$ en p$^{te}$ d'une médaille d'or à l'antique

**BARITEL**

D'azur au chevron d'argent chargé d'une fleur de lys d'azur.

**BARJOT**

D'azur au griffon d'or accp$^{é}$ d'une étoile du même au franc canton.

**BARLET**

D'azur au lion d'or et une fasce de gueules ch$^{ée}$ de 3 besans d'arg$^{t}$ brochante.

**BARNIER**

Coupé au 1$^{er}$ d'or à la bande d'azur, au 2$^{me}$ d'azur à une tête de jeune fille au naturel accostée de 2 besans d'arg$^{t}$

F. 5

**BARONDEAU**

De gueules au cornet d'or, au chef cousu d'azur chargé de 3 couronnes d'or.

**BARONNAT**

D'or à 3 bannières rangées d'azur, au chef de gueules chargé d'un lion passant d'argent.

**BAROUD**

Tiercé en fasce au 1er bandé de gles et d'argt, au 2me d'argt au lion passant de gles, au 3me d'azur à la brebis couchée d'argt.

**LA BARTHE**

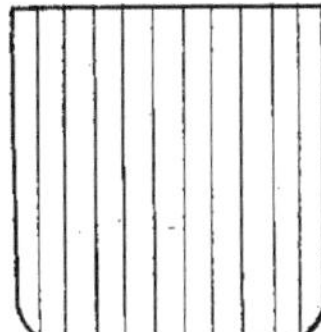

D'or à 5 pals de gueules.

**BARTHOLY**

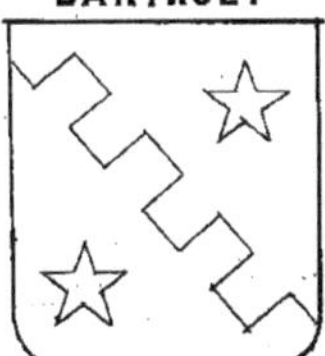

Tranché crenelé d'or et de gles de 8 pièces à 2 étoiles de l'un en l'autre.

**BARRICAUT**

D'or au dextrochère de carnation vêtu de gueules tenant une branche de sinple soutenue d'un croissant d'az.

**BARRUEL**

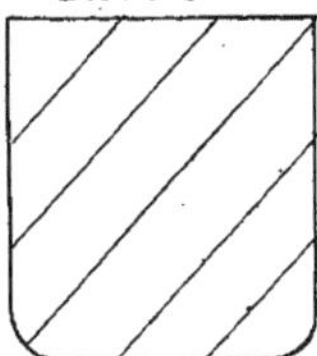

Barré d'or et d'azur.

**BASCHI**

D'azur au bourdon en bande de gueules chargé d'une coquille d'argt.

**BASSET**

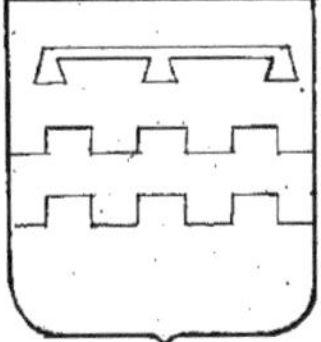

D'azur à la fasce bretessée d'or et un lambel de 3 pendants d'argt en chef.

**BASSET**

D'or à 3 fasces ondées d'az., accompées en chef d'une tête de lion arrachée de sable.

**BASSET**

D'azur à la bande d'or accompée en chef d'un croissant d'argt au chef cousu de gles chargé d'un chevron d'or.

**BASSETI**

D'azur au lion léopardé d'or

**BASTERO**

De gles au sautoir défaillant à dextre empté d'or accompé de 3 épées en contre-bande d'argt garnies d'or, au chef d'argt chgé d'un lion passant de gueules.

**BASTET**

Fascé d'or et de sinople.

**BASTIANT**

D'argent à une bastille donjonnée de 3 tours d'azur.

**LA BASTIE**

D'or à la croix ancrée de sable.

**BATAILLE**

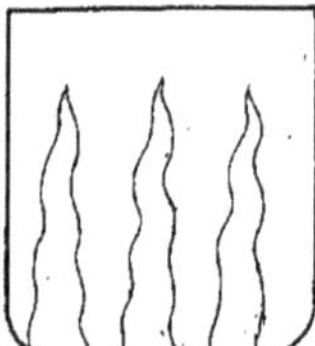

D'argent à 3 pals flamboyants de gueules, mouvants de la p$^{te}$.

**BATHÉON**

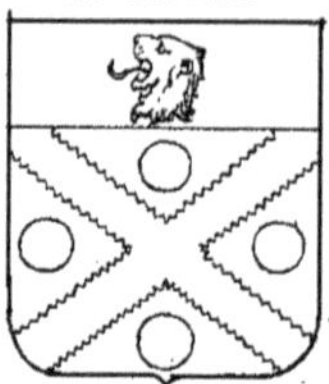

D'arg$^{t}$. au sautoir dentelé de sinople, cant$^{né}$ de 4 tourteaux de g$^{les}$; au chef d'az. chargé d'une tête de lion arrachée d'or.

**BATTANT**

De gueules à la cloche d'arg$^{t}$. bataillé de sable.

**BAUDET**

D'az. à 3 fleurs de lys d'arg$^{t}$. au chef d'or chargé d'un lion passant de g$^{les}$ armé et lampassé d'argent.

**BAUDINOT**

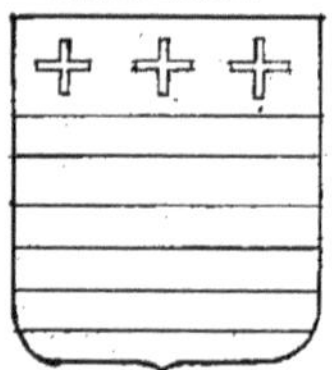

De g$^{les}$. à 3 fasces d'or surm$^{tées}$. de 3 croisettes d'arg$^{t}$. rangées en chef.

**BAUDRANT**

D'arg$^{t}$. à la bande d'az. accostée de 3 molettes et d'un croissant de gueules.

**BAUDRIER**

D'arg$^{t}$. à une fasce de sinople accomp$^{ée}$ de 3 roses de g$^{les}$.

**BAY**

D'arg$^{t}$. au cheval gai de g$^{les}$. au chef d'az. chargé de 3 étoiles d'or.

**BAYARD**

D'az. au chevron d'or accomp$^{é}$. de 3 étoiles du même.

**BAYLE**

D'or au chevron de g$^{les}$. acc$^{é}$. de 3 trèfles de sinop. au chef d'az. ch$^{gé}$. d'un lion p. d'arg$^{t}$.

**BAYLLE**

D'az. à la fasce d'or accp$^{née}$ en chef d'un levrier passant d'arg$^{t}$. colleté de g$^{les}$. et en p$^{te}$. d'un croissant d'arg$^{t}$.

**BEAL**

D'or au palmier de sinople surm$^{té}$ d'un merle au naturel et acc$^{sté}$. de 2 étoiles d'az.

**BEAUBÉRARD**

Ecartelé au 1$^{er}$ et 4$^{me}$. d'az. à la bande d'hermines, au 2$^{me}$. et 3$^{me}$. de gueules à 3 étoiles d'or.

**BEAUCAMP**

D'arg$^{t}$. a l'arbre arraché de sinople, au chef de gueules soutenu d'or et ch$^{gés}$. d'un croissant entre 2 étoiles d'ag$^{t}$.

**BEAUJEU**

D'or au lion de sable ch$^{gé}$. d'un lambel de 5 pendants de gueules.

**BEAUJEU**

De Beaujeu à la croix d'arg$^{t}$. brochante.

**BEAUJEU**

D'or à la fasce d'az. chée de 3 coquilles d'argent.

**BEAUPOIL**

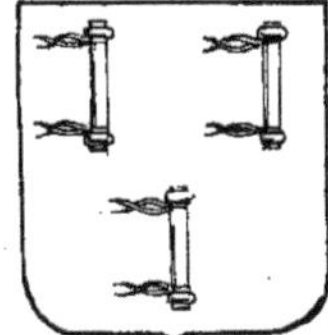

De gueules à 3 couples de chien d'argt.

**BEAUREPAIRE**

D'argent au chevron d'azur

**BEAUVOIR**

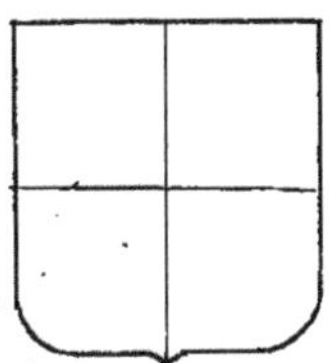

Ecartelé d'or et de gueules.

**BEAUVOIR**

D'argent à la bande de gles chargée de 3 coquilles d'or.

**BECK**

D'argent à l'aigle à 2 têtes de sable.

**BEGET**

D'azur au dauphin d'argent accpé. de 3 étoiles d'or.

**BELICHON**

D'azur au chevron d'or accpé. en chef de 2 étoiles du même et en pointe d'un croissant d'argent.

**BELLACLAT**

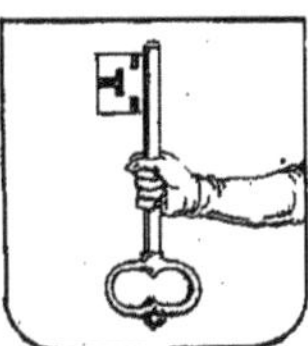

D à un dextrochère vêtu d'or tenant une clef d'argt. en pal

**BELLE**

De gueules au lion d'argent.

**BELLESMES**

D'argt. à 3 chevrons de gles.

**BELLET**

D'azur à la bande d'or chgée d'une aigle de sable.

**BELLEVILLE**

D'azur à une salamandre d'argt. dans des flammes de gueules.

**BELLIÈVRE**

D'azur à la fasce d'argent accpée de 3 trèfles d'or.

**BELLOY**

D'argt. à 3 fasces de gueules.

**BELY**

Coupé: de gueules à une couronne d'or et d'argent à un mont de sinople.

**BENAYTON**

D    à la fasce d      ch$^{gée}$ de 3 fleurs tigées d      et surmontée d'un soleil d

**BÉNÉON**

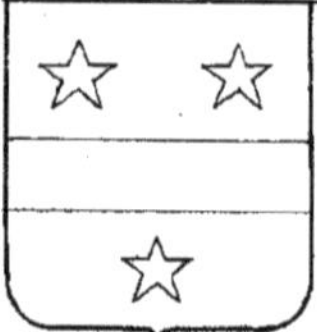

D'azur à la fasce d'argent accomp$^{ée}$ de 3 étoiles d'or.

**BENOIT**

D'azur au lion d'or.

**BENOIT**

D'azur au lion d'argent rampant contre un pin de sinople.

**BERARDIER**

De gueules au chevron d'arg$^{t}$ accomp$^{é}$ de 3 têtes de léopads d'or.

**LA BÉRARDIÈRE**

D'azur à la bande d'or

**BERAU**

D'az. à l'aigle d'arg$^{t}$ sur un roc de 3 pointes du même au d'argent ch$^{gé}$ d'une etoile de g$^{les}$.

**BERAUD**

D'azur à 3 molettes d'or au chef cousu de g$^{les}$ ch$^{gé}$ d'un lion passant d'arg$^{t}$

**BERCHOUX**

D'az. à une grue d      avec sa vigilance      au chef d      ch$^{gé}$ de 3 étoiles d      à la bord$^{re}$ de gueules ch$^{gée}$ de 8 besans d

**BERERD**

D'azur à 3 fasces d'argent, au chef cousu de gueules.

**BERERD**

Coupé: de gueules au lion iss$^{t}$ d'argent et d'argent à 2 fasces de gueules.

**BERGER**

D'az. à un mouton d      sur une roche d      surmonté de 2 houlettes en sautoir d

**BERGIRON**

D'az. à la fasce d'or ch$^{gée}$ de 3 trèfles de sab. et accp$^{ée}$ en chef d'un phénix et en pointe d'un croissant d'or.

**BERJON**

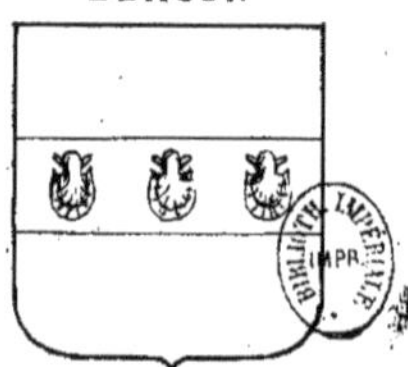


D'azur à la fasce d'arg$^{t}$ ch$^{gée}$ de 3 coquilles de gueules.

**BERLAND**

Mi coupé parti au 1$^{er}$ d'arg$^{t}$ à la croix d'az. cant$^{née}$ de 4 étoiles du même, au 2$^{me}$ d'az. au cygne d'arg$^{t}$, au 3$^{me}$ de g$^{les}$ à une vache en p$^{te}$ d'or surm$^{té}$ d'un dext$^{re}$ d'arg$^{t}$ tenant 3 épis d'or.

**BERLHE**

D'azur au chevron d'or accp$^{é}$ en chef de 2 losanges du même et en p$^{te}$ d'une tête de lion arrachée d'arg$^{t}$

**BERNARD**

D'azur à une croix pattée et alesée d'argent accp.^de de 3 étoiles d'or.

**BERNARD**

De g.^les à la baude d'or ch.^ée de 3 étoiles d'azur accp.^é en chef d'un cornet d'or lié de pourpre.

**BERNARD**

D'or à un arbre de sinople au chef d'az. ch.^é d'une colombe d'arg.^t tenant un rameau d'or.

**BERNARD**

D'azur à la licorne passante d'argent.

**BERNE**

D'azur à la fasce d'arg.^t accp.^ée de 2 colombes de même tenant des rameaux d'or.

**BERNICO**

D'az. au chevron d'or accomp.^é en chef de 2 roses d'arg.^t et en p.^te d'une tête de lion arrachée d'or et lampassé de gueules.

**BERNIGAUD**

D'az. à un chevron accp.^é en chef de 2 roses et en p.^te d'un arbre terrassé supportant un oiseau le tout d'or.

**BERNY**

De sinople au chevron d'or accp.^é de 3 roses du même.

**BERNOUD**

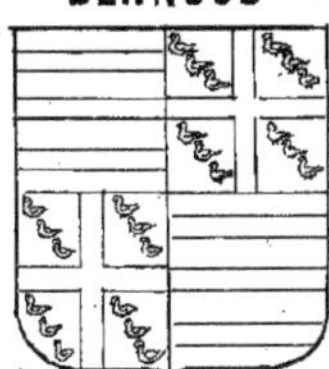

Ecart. au 1.^er et 4.^me d'or à 3 fasces de g.^les au 2.^me et 3.^me de g.^les à la croix d'or cant.^née de 12 merlettes du même en bande.

**BEROUSE**

De g.^les au lion d'arg.^t soutenant de la patte dextre une tour d'or.

**BERTAUT**

D'azur à un hibou d'argent.

**BERTET**

D'azur au chevron d'or accp.^é de 3 têtes de lion arrachées du même.

**BERTHAUT**

D'azur au lion d'or à la fasce de gueules ch.^ée de 3 étoiles d'or brochante.

**BERTHELAS**

D'azur à un tigre au naturel.

**BERTHELON**

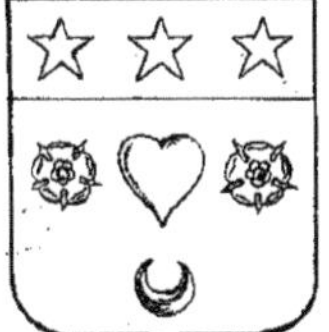

D'az. au cœur d'or acc.^ité de 2 roses d'arg.^t et soutenu d'un croissant du même, au chef c.^su de gueules ch.^é de 3 étoiles d'arg.^t

**BERTHELOT**

Ecart. au 1.^er et 4.^me d'az. à 3 têtes de léopards d'or, au 2.^me et 3.^me d'az. au chevron d'or accp.^é de 3 besans d'arg.^t

### BERTHET

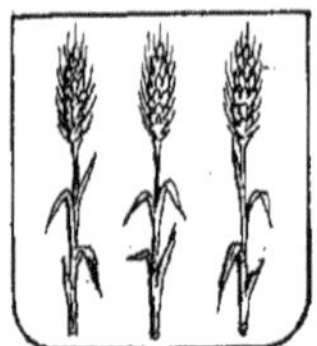

D'azur à 3 épis d'or rangés.

### BERTHOLON

De gueules au lion d'or et une fasce d'azur brochante.

### BERTHOLON

De gueules à 3 fasces d'or.

### BERTHOLON

De gueules à 4 losanges d'or, au chef cousu d'azur chargé d'un lion passant d'or.

### BERTHON

D'or au chevron de sable.

### BERTIN

D'azur à 2 épées en sautoir d'argt. garnies d'or accompt. en pointe d'une gerbe du même liée de gueules.

### BERTON

Ecartelé au 1er et 4me d'or au chev. de sab. chgt. de 3 croisettes pattées d'or, à la bordre. compées. d'hernes. et de gles., au 2me et 3me de sab. à la tour d'argt., sur le tout d'hernes. à la bande d'argt. chgée. de 3 alérions de sable.

### BERTRAND

D'or au lion de sinople armé et lampassé de gueules.

### BERTRAND

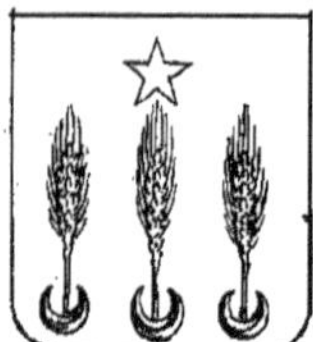

D'azur à 3 croissants rangés d'argt. surmontés de 3 épis d'or et une étoile du même en chef.

### BERTRAND

D'azur à la bisse d'or en pal, au chef cousu de gueules chargé de 2 flèches en sautoir d'or.

### BERTUCAT

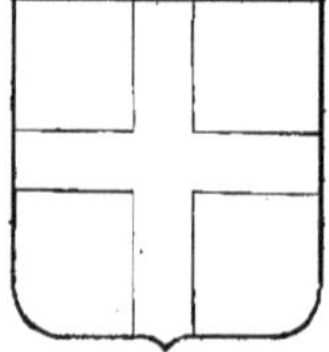

D'or à la croix de gueules.

### BERULLE

De gles. au chevron d'or accompé. de 3 molettes du même.

### LA BESSÉE

Fascé de gueules et d'argent de 8 pièces au lion d'argent brochant.

### BESSET

D'or à l'aigle de sable, au chef d'azur chargé de 3 étoiles d'or.

### BESSEY

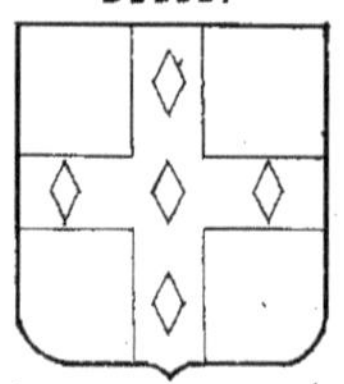

D'argent à la croix de gles. chargée de 5 losanges d'or.

### BESSIE

D'azur à la bande d'argt. chgée. de 3 étoiles de sable.

F. 8

BEZIN

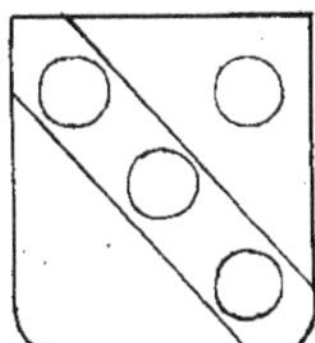

D'azur à la bande d'or chg.ée de 3 tourteaux de g.les et accp.ée en chef d'un besan de même.

BEZINES

D'azur à 3 besans d'or au chef d'arg.t chg.é d'un lion passant d'azur.

BICLET

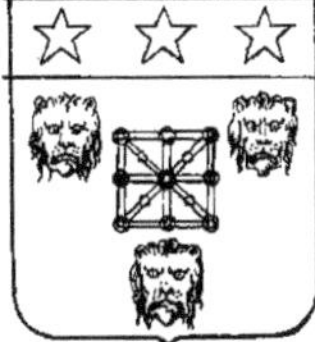

D'azur au d'arg.t accp.é de 3 têtes de léopard d'or, au chef de g.les chg.é de 3 étoiles d'arg.t

BIFFADI

D'argent à la croix de sable et une bordure de même

BILLY

D'argent à 3 merlettes de sable

BIRAGUES

D'argent à 3 fasces bretesées et contrebressées de gueules, chargées chacune de 5 trèfles d'or.

BIROUSTE

D'azur au chevron d'or accomp.é de 3 colombes d'argent.

BISSUEL

D'argent à 3 pommes de pin de sinople surmontées d'une canette de sable; au chef d'az. chg.é de 3 étoiles d'or.

BLACHON

D'azur à un dextrochère vêtu d'arg.t et d'or tenant 3 épis de bled d'or en pal et en sautoir.

BLANCHARD

De gueules au chevron d'arg.t accomp.é de trois papillons du même.

BLANCHET

D'azur à la bande d'arg.t accostée de 2 lys tigés en bande du même.

BLANCHET

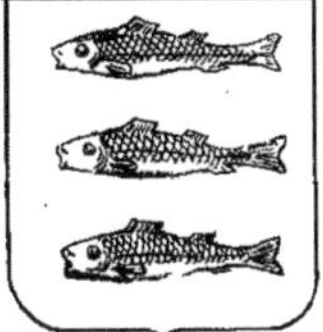

D'azur à 3 blanchets l'un sur l'autre d'argent

BLANCHET

D'hermines plein.

BLAUF

D'azur au chien d'arg.t, au chef cousu de g.les chg.é de 3 étoiles d'or

BLÉ

De g.les à 3 chevrons d'or.

BLETTERANS

D'azur à 3 molettes d'or.

**BLETTERNAS**

D à une terrasse d soutenue d'une claie d baignée d'une rivière d

**BLOSSET**

Pallé d'or et d'azur au chef de gueules chargé d'une fasce vivrée d'argent.

**BLOT**

D'azur au croissant d'arg.t surmonté d'une croix alesée et patée d'or; au chef d'argent ch.gé de 3 roses de gueules.

**BLOUD**

D'azur à 3 étoiles d'or.

**BLUMENSTEIN**

Parti: au 1.er d'az. à un tertre de sin. som.é d'un vase de fleurs de g.les au 2.e d'arg.t au tertre de sin. som.é d'un homme au naturel vêtu de p.les cour.né de sinop. tenant une flèche renversée à la champ.ture d'or ch.bé d'une cour.ne de laurier de sinop.

**BOCHARD**

D'azur à un croissant d'or surmonté d'une étoile à 6 rais d'argent.

**BOCHETAIL**

D'argent au chevron de gueules chargé d'un croissant d'arg.t

**BOEN**

D'or au chevron de gueules chargé d'une merlette d'or.

**BŒUF**

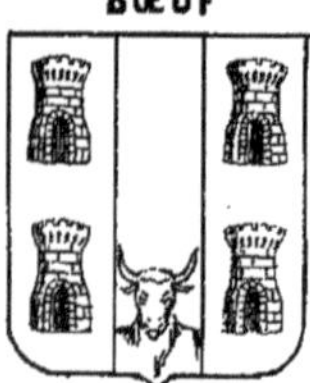

D'arg.t au pal de sinople ch.gé en pointe d'un buste de bœuf d'or et accosté de 4 tours de g.les

**BOIS**

D'azur au chevron d'or ch.gé de 3 molettes d'azur.

**BOIS BOISSEL**

D'hermines au chef de gueules chargé de 3 macles d'or.

**BOISSAT**

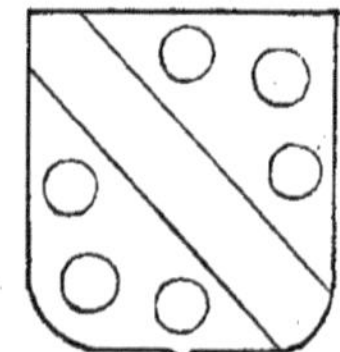

De gueules a la bande d'argent accomp.gné de 6 besans d'or en orle.

**BOISSE**

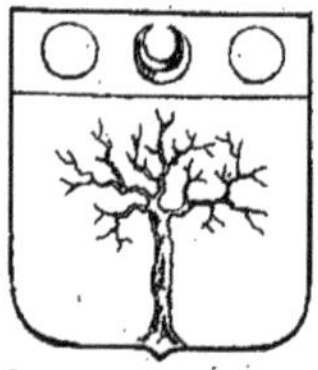

D'or à l'arbre sec terrassé de sable; au chef de gueules ch.gé d'un croissant d'argent acc.té de 2 besans d'or.

**BOISSEL**

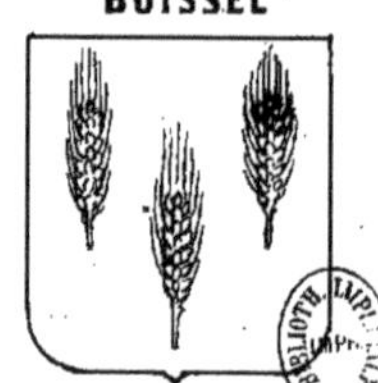



D'azur à 3 épis d'orge d'or.

**BOISSIEU**

D'azur au chevron d'or ch.gé d'un trèfle d'azur.

**BOISY**

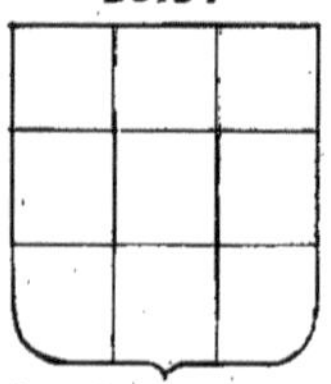

5 points d'azur équipollés à 4 d'argent.

**BOISVAIR**

Coupé d'or et de gueules à un arbre de sinople brochant.

**BOITIER**

Vairé de 4 traits à une boîte de gueules.

**BOLLIOUD**

D'argt. à la bande d'az. accpé en chef d'un lion de gueules et en pte. de roses de même

**BOLLIOUD**

D'azur au chevron d'or au chef cousu de gueules chgé. de 3 besans d'or.

**BOLOZON**

D'argt. à la fasce de gueules chgée. d'un soleil d'or.

**BOMBES**

De sable au chevron d'or accpé. de 3 bombes enflammées d'argt.

**BOMBOURG**

D'azur à la fleur de lys d'argt.

**BONARDEL**

D'azur à l'arc en pal d'or accté. de 2 demi vols d'argt.

**BONA**

Ecartelé au 1er. et 4me. coupé d'az. et d'or à la croix patée d'argt.; au 2me. et 3me. coupé d'or et d'az. au lion d'argt. brochant, au chef d'az. chgé. de 3 roses d'or.

**BONIEL**

De sable au coq d'or, au chef du même chgé. de 3 molettes de sable.

**BONIN**

D'azur au griffon d'or à la bordure dentelée du même

**BONNERUE**

D'azur à la fasce d'argt. chgée. de 3 étoiles de sable et accpée. de 3 rencontres d'or.

**BONNET**

D'azur à l'étoile d'argt., au chef cousu de sable chgé. de 3 heaumes de profil d'argt.

**BONNET**

D'azur au chevron d'or accpé. de 3 glands d'argt., au chef de gles. chgé. de 3 étoiles d'or.

**BONNEVIE**

D'argt. à 3 fasces ondées de gles. accpées. en chef de 4 fleurs de lys rangées du même.

**BONNOT**

D'azur au chevron d'or, au chef d'argt. chgé. de 3 roses de gles.

**BONVISI**

D'az. à l'étoile cometée en pte d'or chgée d'un besan tourteau ecartelé en sautoir d'argt. et de gles

**BONVOISIN**

D'az. au cygne d'argt. au chef d'or chgé. de 3 de sable.

**BONZI**

D'azur à la roue ouverte d'or.

**BORDE**

D'argt. à la bande d'az. accostée de 2 têtes de lion arrachées de gles. et un croissant du même en pointe.

**BORDES**

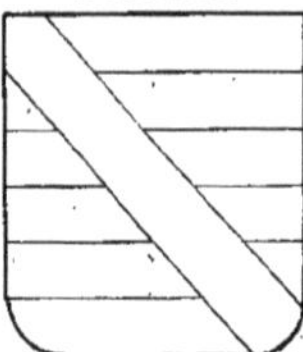

Fascé d'or et d'az. à la bande de gles. brochante.

**BORGHESE**

Bandé d'or et de gles. au chef d'az. chgé d'un lion passant d'or.

**BORGIA**

D'or à la vache de gles passant sur une terrasse de siple. à la bordure de gles chgée. de 8 flammes d'or.

**BORNE**

De gles. au soleil d'or au chef cousu d'az. chgé. de 2 croisettes pattées d'argt.

**BOSC**

De gles. à la croix echiquetée de 3 traits argt. et sable cantonné de 4 lions d'or.

**BOSCO**

D'argt. au bois de siple., au chef de gles chgé. de 4 étoiles d'or.

**BOCSOZEL**

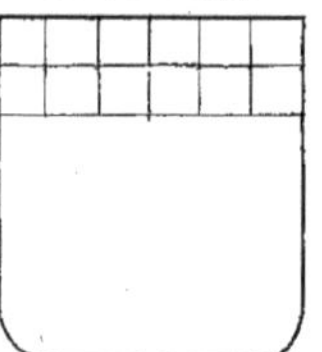

D'or au chef échiqueté d'argt. et d'az. de 2 traits.

**BOTTU**

D'az. au chevron d'or accompé. en pte. d'un lion du même, au chef aussi du même

**BOUBÉE**

D'argt. à 2 palmes adossées de sinople, au chef de gles. chgé. de 3 étoiles d'or.

**BOUCHAGE**

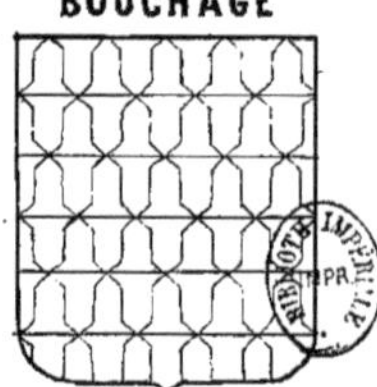

Contre-vairé.

**BOUCHARD**

D'azur à l'épée en pal d'argt. garnie d'or.

**BOUCHER**

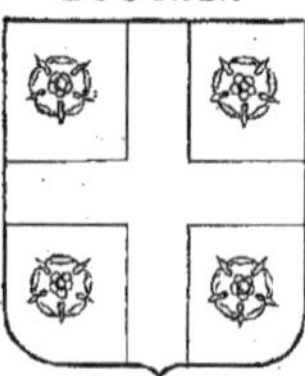

De gueules à la croix d'argt. cantonnée de 4 roses du même.

F. 10.

**BOUCHERS**

De gueules à un fusil de bouchers en pal d'argt.

**BOUILLER**

D'az. au chevron d'or accpé de 3 besans du même; au chef de gles soutenu d'une fasce d'or et chgé d'un croissant entre 2 étoiles d'argt.

**BOUILLOT**

De gles au dextrochère d'argent tenant 3 plumes d'autruche d'or; au chef cousu d'az. chgé d'une étoile d'or.

**BOULARD**

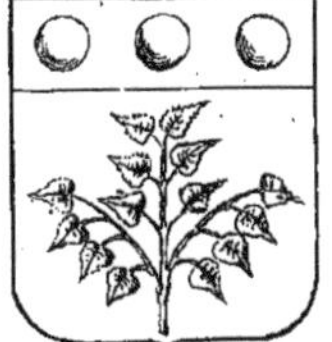

D'az. à une branche à 3 rameaux de bouleau d'argt feuillé d'or, au chef cousu de gles chté de 3 boules d'or.

**BOUQUET**

D'az. au chevron d'or accompé de 3 roses d'argt.

**BOURBON**

De France à un baton péri et alesé en bande de gles

**BOURBON**

D'az. à une fasce d'or accpée en chef de 2 roses d'argt et en pointe d'un chardon tigé et feuillé d'or.

**BOURBON**

D'az. à la fasce d'or chtée de 3 aiglettes de sable accpée en chef de 3 étoiles rangées d'argt. en pte d'un croissant du même sommé d'une croisette d'or.

**BOURCK**

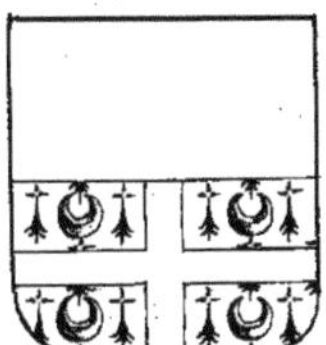

Coupé d'or et d'hermines à la croix de gles cantnée de 4 croissants d'or.

**BOURDEAUX**

D'az. à la fasce d'or chtée d'une onde d'argt surmontée d'un soleil d'or

**BOURDIN**

D'az. à une tête de daim d'or adextrée d'un bourg d'argt. à une fasce haussée d'argt. chargée de 3 arbres de sinple et sommé de 3 roses d'argt.

**BOURDON**

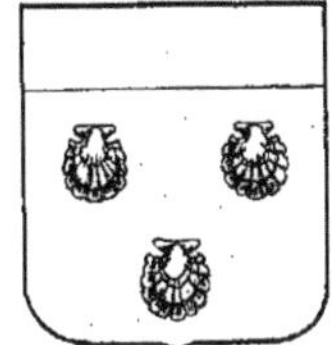

D'az. à 3 coquilles d'or, au chef du même.

**BOURRELIERS**

D à un lion dans un collier de cheval accostés de 2 fleurs de lys d

**BOURG**

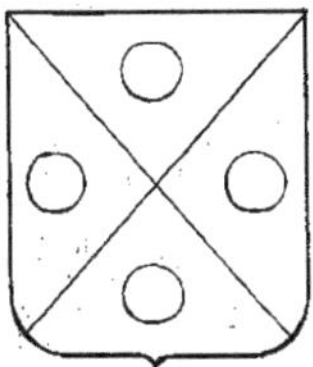

Ecartelé en sautoir d'or et de gles à 4 tourteaux besans de l'un en l'autre.

**BOURG**

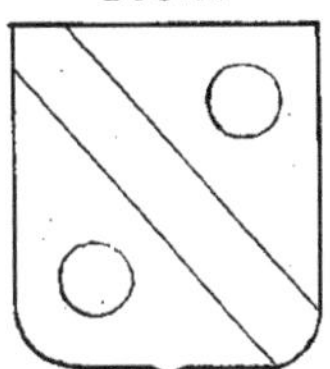

De gles à la bande d'or accstée de 2 besans du même

**BOURG**

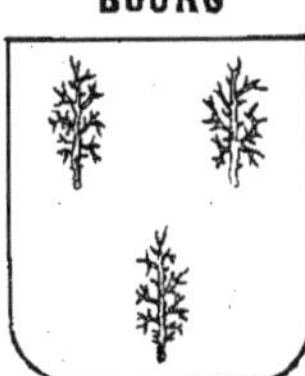

D'az. à 3 tiges d'épines d'argent.

**BOURGELAT**

D'az. à une fasce d'or accpée en pte de 3 colombes affrontées du même.

**BOURGEOIS**

D'az. à la bande d'argt. chée de 3 merlettes de sable.

**BOURGES**

De gles au lion d'argent et un chevron d'az. brochant.

**BOURLIER**

D'argt. au chevron de gles accpé en pte d'un chien passant de sable; au chef d'az. chgé d'un soleil d'or.

**BOURSIER**

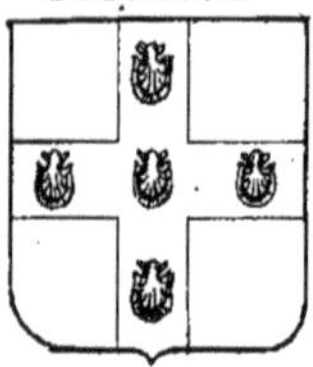

De sable à la croix d'or chgée de 5 coquilles d'azur.

**BOUTAUD**

D'or au chevron de gles accpé de 2 tourteaux du même et d'un trèfle de sinple; au chef de gles chgé de 3 étoiles d'argt.

**BOUTHÉON**

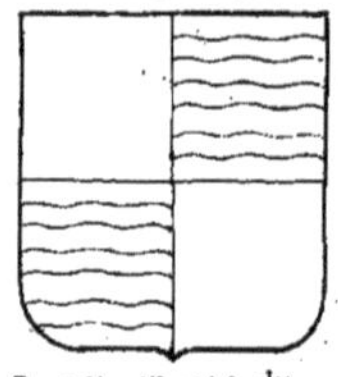

Ecartelé au 1er et 4e de gles, au 2e et 3e d'argt à 3 fasces ondées d'az.

**BOUY**

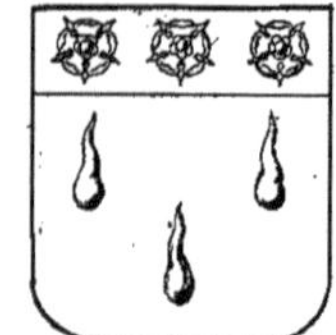

D'az. à 3 larmes d'argt; au chef du même chgé de 3 roses d'az.

**BOYE**

D'az. au chevron d'or accompé de 3 trèfles du même et sommé d'un croissant d'argt.

**BOYER**

D'or au lion d'az. au chef de gles

**BOYER**

D'argt. à 2 fasces ondées d'az. au chef de gles chgé de 3 croix patées d'or.

**BOYER**

D'argt au casque couronné de de gueules accpé de 3 étoiles et de 3 roses en orle d'az.

**BOYER**

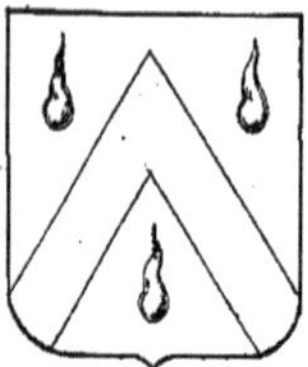

D'or au chevron d'az. accompé de 3 larmes de gueules.

**BOYRON**

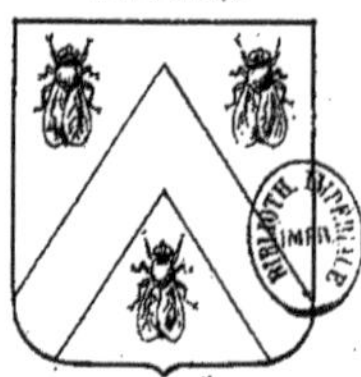

D'az. au chevron d'or accpé de 3 mouches à miel du même.

**BRAC**

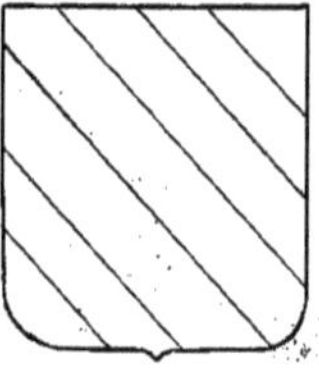

D'argt. à 3 bandes d'azur.

**BRAC**

De sinople au chevron d'argt. chgé d'une molette d'az.

**BRENON**

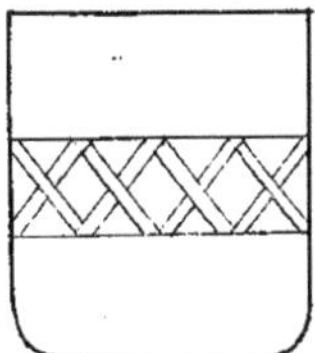

D'argt. à la fasce d'az. frettée d'or.

**BRESSOLLES**

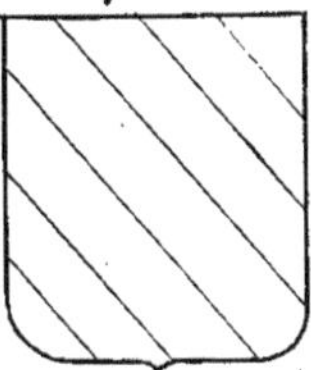

D'argt. à 3 bandes d'azur.

**BRETONNIER**

D'or au chevron de gueules accpé. enpte d'une tête d'aigle de sable, au chef de gles. soutenu d'une fasce d chgée. de 2 étoiles d·

**BREVILLIERS**

De gles. à une tige de lys d'argt. au chef d'or chagé de 3 flammes de gles.

**BRIAILLES**

D'or à la fasce engrelée de gles accpée. de 3 trèfles de sinople.

**BRIANT**

De gles à la bande d'argt. chgée de 3 croissants d'azur.

**BRIASSON**

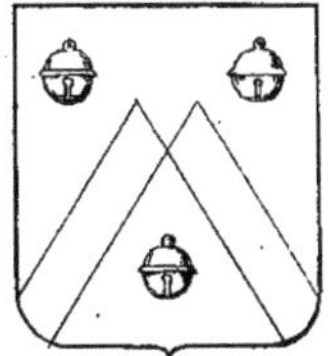

D'az. au chevron brisé d'argt. accpé. de 3 grelots d'or.

**BRIENNE**

D'az. semé de billettes d'or au lion du même.

**BRICITO**

Ecartelé; au 1er et 4e d'az. à 7 étoiles une en abîme et 6 en cercle, au 2me et 3me d à 3

**BRIOUDE**

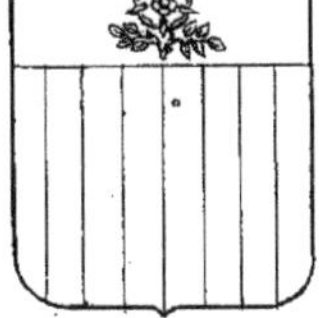

Pallé d'or et de gles de 6 pièces, au chef d'az. chargé d'une rose d'argt. tigée de sinople.

**BRON**

D'or à la fasce de gles et un lion issant de sable en chef.

**BRON**

De gles au lion d'argt. portant une gerbe d'or; au chef cousu d'az. chgé de 2 étoiles d'or.

**BRONOD**

D'argt. au cœur couronné de sinople.

**BROQUIN**

De gles. à 3 broquins d'or.

**BROSSE**

D'argt. au cerf franchissant de gueules.

**LA BROSSE**

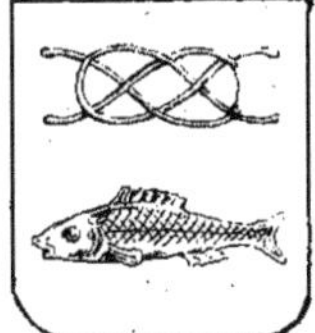

De sable au poisson en fasce d'argt. surmté d'un nœud ouvert en lacs d'amour du même.

**BROSSES**

D'azur à 3 trèfles d'or.

**BROSSET**

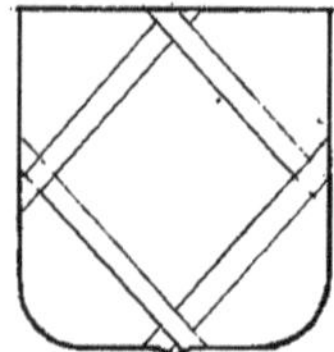

D'az. fretté d'or de 4 pièces.

**BROSSET**

De g$^{les}$ à une montagne de 4 copeaux d'arg$^{t}$. sommée de 2 tours donjonnées du même maçonnées et ouvertes du ch$^{p}$.

**BROSSET**

D'arg$^{t}$. au lion d'az. au chef de g$^{les}$ ch$^{é}$ de 3 besans d'or.

**BROSSETTE**

D'az. au caducée d'or surm$^{té}$ d'un soleil du même.

**BROSSIER**

D'az. à un mont d'or sommé d'une tour d'arg$^{t}$. au chef d'or ch$^{gé}$ de 3 trèfles de sinople.

**BRUNENE**

D'az. à la tour d'arg$^{t}$. accostée de 2 lions d'or, au chef cousu de g$^{les}$.

**BRUNICARD**

D'arg$^{t}$. à une tête de sable.

**BRUNO**

De sable à la fasce d'or accomp$^{é}$ de 2 étoiles du même en chef et d'une ancre d'arg$^{t}$. en pointe.

**BRUYAS**

D'or à 3 pins de sinople.

**LA BRUYÈRE**

D'az. à 2 tiges de bruyère en chevron d'or accomp.$^{ées}$ de 2 molettes d'or et d'un croissant d'hermines.

**BRUYÈRES**

D'az. au chevron d'or accomp$^{é}$ de 3 étoiles d'arg$^{t}$., au chef d'or à une touffe de bruyères de sinople.

**BRUYZET**

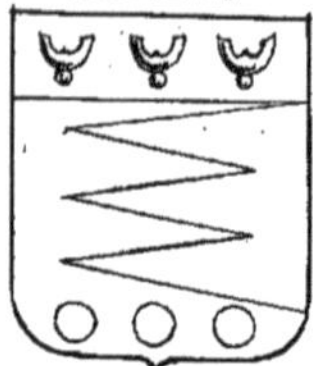

D'az. à 3 pointes d'or mouvant du flanc senestre accomp$^{ées}$ en p$^{te}$ de 3 besans rangés du même au chef d'or chargé de 3 bouterolles de g$^{les}$.

**BUATIER**

D'or au sanglier de sable colleté d'un limier de g$^{les}$.

**BUEIL**

D'az. au croissant d'arg$^{t}$. accp$^{é}$ de 6 croix recroisetées au pied fiché d'or, rangées 3 et 3.

**BUFFEVENT**

D'azur à la croix fourchée de 3 pointes d'or.

**BUISSON**

D'or au palmier de sinople et un éléphant d'argent brochant

**BUISSON**

D à l'arbre au chef d chargé de 3 étoiles d

**BULIOUD**

Ecartelé au 1er d'az. à 3 étoiles rangées d'or, au 2me d'az. au lion naissant d'or, au 3me de g.les au chef d'or, au 4e d'or à 2 chevrons de g.les

**BULLIEU**

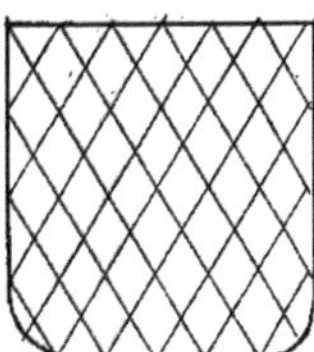

Losangé d'or et d'azur.

**BULLIOUD**

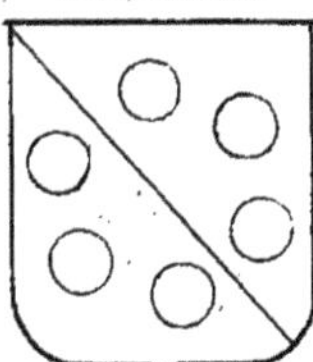

Tranché d'argent et d'azur à 6 besans et tourteaux en orle de l'un en l'autre.

**BUREAU**

D'argent au chevron de g.les accpé de 2 étoiles de sable et en pointe d'un croissant de gueules.

**BURLET**

D'azur au lion d'or à la fasce de gueules chargée de 3 besans d'or, brochante.

**BURON**

D'azur au chevron d'or accpé de 3 colombes d'argent.

**BURTIN**

D'az. à la croix d'or cant.né de 4 losanges du même; au chef cousu de g.les ch.gé d'un lion passant d'argent.

**BURTIN**

D'arg.t au Neptune assis à dextre au nat.el sur une roche d'où coule une rivière d'az., à une tranple en arc de g.les sout.nt un chef à senestre d'az. ch.gé de 3 étoiles d'or en bande.

**BUSSIERE**

D'azur au chevron d'arg.t accomp.é de 2 étoiles d'or et d'un croissant d'arg.t

**BUSSIERE**

De sinople au chef d'arg.t ch.gé d'un lion issant de gueules.

**LA BUSSIERE**

De gueules à la fasce d'arg.t ch.gé de 3 aiglettes d'azur.

**BUSSILLET**

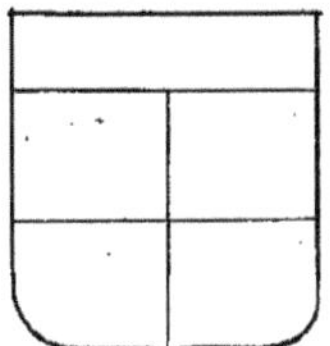

Ecartelé d'argent et de sable au chef d'or.

**BUTHY**

De g.les à la bande d'or acc.tée d'une croisette et de 2 losanges; au chef cousu d'az. ch.gé de 2 étoiles d'argent.

**BUYER**

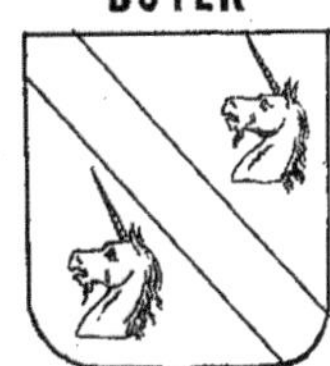

D à la bande d acc.tée de 2 têtes de licornes d.

CABOU

D'argt. à la bande d'az. chgé de 3 étoiles d'argt. accpé. en chef d'une tête de lion arrachée de sable et en pte. d'un croissant d'az.

CACHET

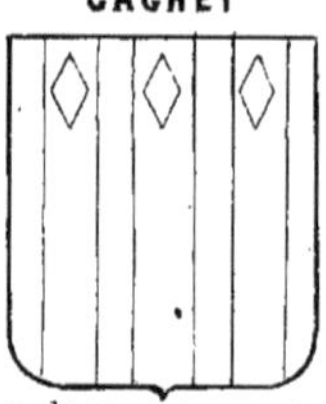

De gles. à 3 pals d'or chargé chacun d'un losange de sab. en chef

CACHOT

D'az. à une pomme de pin d'or.

CADIER

De sable au chevron d'or chgé d'une larme de sinople.

CAILLE

D'az. au chef d'or chgé. de 3 cailles de sable.

CAILLET

Parti mi coupé; au 1er une montagne de 3 coupeaux en pte. et un soleil mouvant du chef, au 2e. d'az. à 3 étoiles rangées d'or, au 3e. une patte d'ours mouvant de la pte

CALVIS

D'az. au chevron d'argt. accpé de 3 cigognes essorées du même.

CAMET

D'az. à 3 épis d'or rangés sommés de 3 étoiles du même.

CAMBRAY

De gles. à la fase d'or accpée. de 2 étoiles du même et d'un croissant d'argt., au chef d'or.

CAMPREDON

Ecartelé au 1er. et 4e. d'az. au chevron. d'or accpé. de 3 gourdes d'argt. au 2e. et 3e. de gles. à 3 besans d'argt.

CAMUS

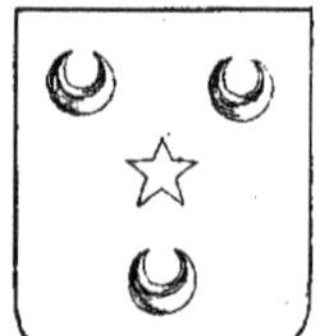

D'az. à 3 croissants d'argt. et une étoile d'or en abîme.

CAPELLA

D'az. à une chapelle d'argt.

CAPPONI

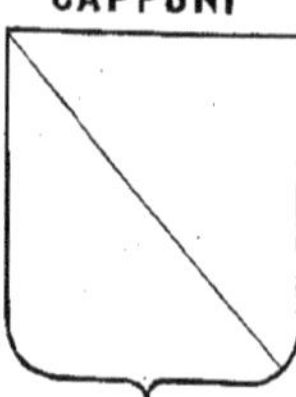

Tranché d'argt. et de sable.

CARCAVY

D'az. à un lévrier courant d'argt. accpé. de 3 étoiles d'or

CARDIN

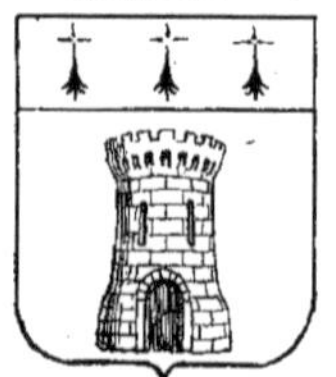

D'az. à la tour d'or, au chef d'argt. chgé. de 3 mouchetures d'hermines de sable.

CARDON

D'or à une fleur de cardon au naturel tigée et feuillée de sinople.

CARENTON

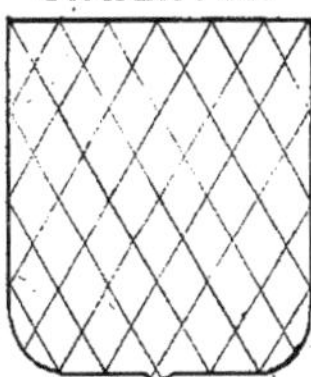

Losangé d'or et d'azur.

CARIE

D'argt au chef d'azur chgé d'une rose accostée de 2 étoiles d'or.

CARLAT

De gles au lion passant d'or.

CARMES

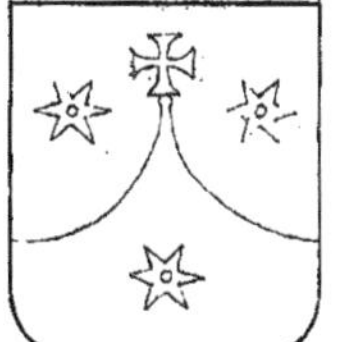

Chappé arrondi d'argt et de sable à 3 molettes de l'un en l'autre et une croix patée de sable en chef.

CARNAZET

Burelé d'argt et de gles de 10 pièces à 3 herses d'or et une guivre de sinople en cœur sur le tout.

CARON

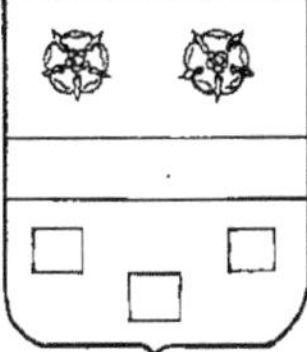

D'az. à la fasce d'argt accpée en chef de 2 quinte-feuilles d'or et en pte de 3 carreaux du même, 2 et 1.

CARRA

D'az. au chevron d'argt accpé de 3 losanges 2 et 1, et un croissant en pte du même.

CARRET

D'az. au lion d'or et une bande de gles chgée de 3 besans d'argt brochante.

CARRETTE

D'argt à 3 fusées et 2 ½ d'or au chef d'argt chgé d'un lion issant de gles

CARRIER

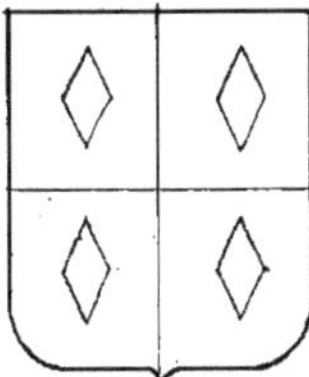

Ecartelé d'or et d'az. à 4 losanges de l'un en l'autre.

CARRIGE

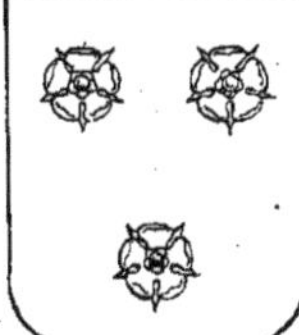

De gles à 3 roses d'argt.

CARTELIER

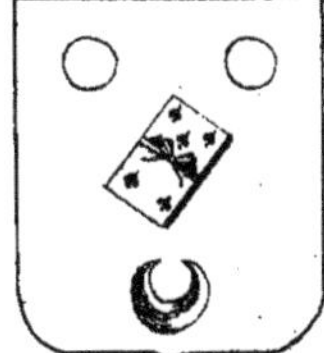

De gles à un jeu de cartes lié d     accpé de 2 jetons d'argt et d'un croissant

CARTIER

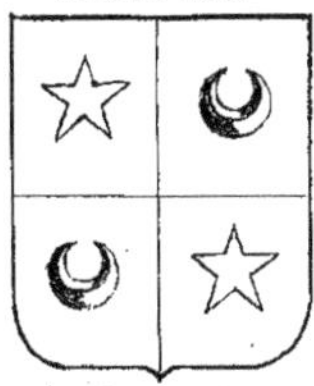

Ecartelé d     et d     à 2 étoiles et 2 croissants de l'un en l'autre.

CARTIER

D'argt à un trèfle accpé de 2 étoiles et d'un croissant le tout de gles

CARTIERS

D'or au chevron d'az. chgé d'une molette d'argt

CARTON

D'az. au chevron d'or accpé en chef de 2 étoiles du même, en pte d'une tour d'argt

**CASSARD**

D'az. à la licorne d'arg$^{t}$.

**CASTES**

D'az. à 3 bandes d'or au chef d'az. ch$^{gé}$ d'une étoile accostée de 2 fleurs de lys d'or.

**CASTILLON**

Ecartelé au 1$^{er}$ et 4$^{e}$ de g$^{les}$ à 3 tours d'or, au 2$^{e}$ et 3$^{e}$ d'az. au rocher d'arg$^{t}$.

**CASTIGLIONE**

De g$^{les}$ au lion d'or tenant une tour d'arg$^{t}$.

**CATALAN**

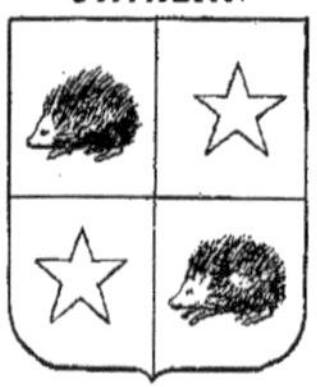

Ecart. au 1$^{er}$ et 4$^{e}$ d'or au porc épic de sable, au 2$^{e}$ et 3$^{e}$ d'az. à l'étoile d'arg$^{t}$.

**CATON**

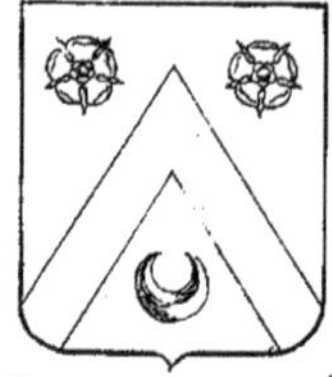

D'az. au chevron d'or accp$^{é}$ de 2 roses et d'un croissant d'arg$^{t}$.

**CATON**

D'az. à une oie essorée d'arg$^{t}$, au chef du même ch$^{gé}$ d'un croissant de g$^{les}$.

**CAZE**

D'az. au chevron d'or accp$^{é}$ de 2 losanges et d'un lion du même.

**CAZENOVE**

D'az. à la tour d'arg$^{t}$ soutenue de 2 lions d'or affrontés.

**CERVIÈRES**

D'azur au cerf d'or.

**CHABANASSIS**

D'az. au sautoir d'or et un arbre terrassé de sinople brochant.

**CHABERT**

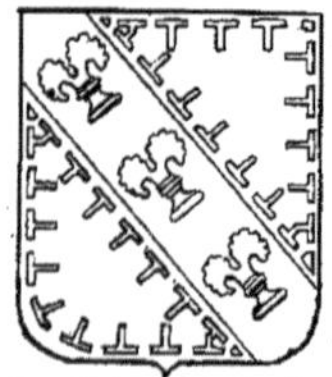

D'az. à la bande d'arg$^{t}$ ch$^{gée}$ de 3 rocs d'échiquier de sable à la bordure potencée d'arg$^{t}$.

**CHABEU**

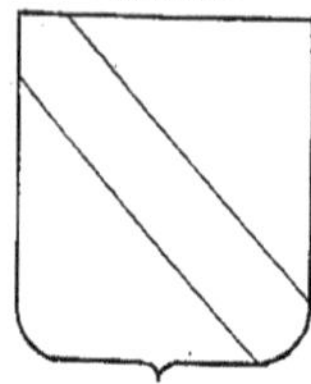

D'or à la bande de gueules.

**CHABRIÉ**

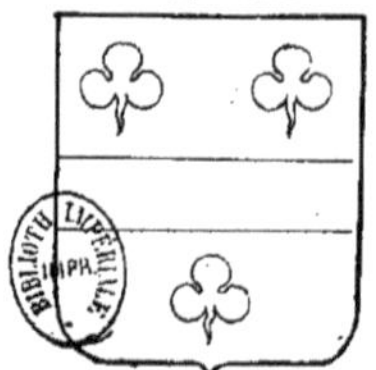



D'arg$^{t}$ à la fasce de g$^{les}$ accp$^{ée}$ de 3 trèfles de sable.

**CHAINTRÉ**

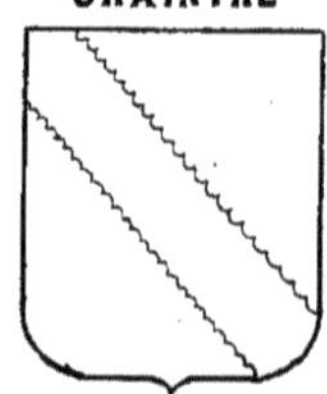

De g$^{les}$ à la bande engrêlée d'arg$^{t}$.

**LA CHAIZE**

De sable au lion d'arg$^{t}$ armé, lampassé et couronné de g$^{les}$

CHAISE

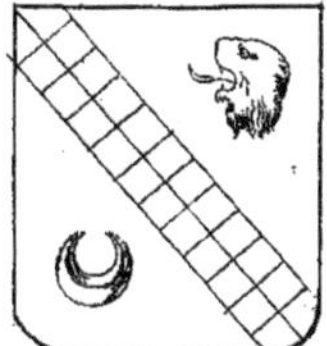

D'azur à la bande échiquetée d'or et de g^les accomp^és en chef d'une tête de lion d'or et en pointe d'un croissant d'argent.

CHALAMONT

D'or à 3 fasces d'azur alias de gueules.

CHALANCON

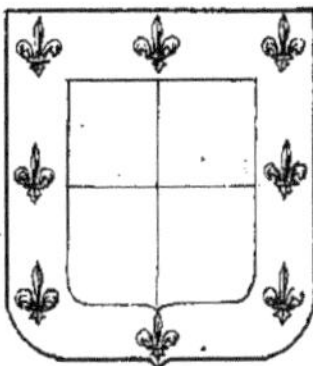

Ecartelé d'or et de gueules, à la bordure de sable ch^gée de 8 fleurs de lys d'or.

CHALANT

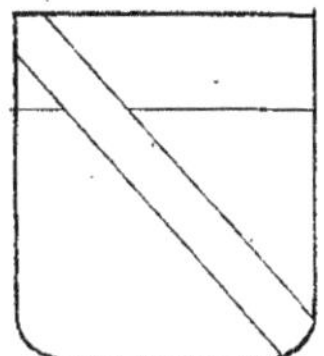

D'argent au chef de gueules et une cottice de sable brochante.

CHALLAYE

D'arg^t à une main tenant 3 rameaux au natur^l, au chef d'azur ch^gé d'un chat d'argent langué de gueules

CHALMAZEL

De sable semé de molettes d'or, au lion du même.

CHALON

D'azur à une pyramide d'argent.

CHALONS

D'azur semé de billettes d'or au lion du même.

CHALUS

D'azur semé d'étoiles d'or à un lus (brochet) péri en bande du même.

CHALUS

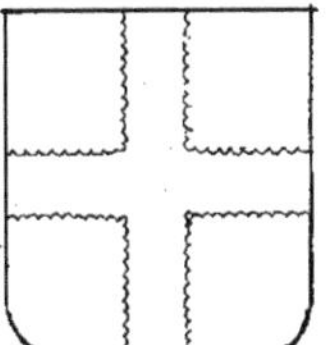

D'or à la croix engrêlée d'az.

CHALVET

De g^les à la bande d'or ch^gée de 3 croisettes de g^les et accostée d'une tête de lion et d'une rose d'or.

CHALY

D'az. à une main mouvant d'une nuée d'arg^t tenant une croix tréflée d'or, accp^ée de 2 étoiles et un croissant d'arg^t.

CHAMBAUD

D'az. au lévrier d'argent colleté de gueules, au chef d'or ch^gé de 3 étoiles de sable.

CHAMBAUD

D'azur au lion d'or, au chef d'argent ch^gé de 3 mouchetures d'hermines de sable.

CHAMBODUC

Ecartelé: au 1^er et 4^e de g^les au chevron d'or, au 2^e d'azur à une molette d'or, au 3^e d'az. à une rose d'argent.

LA CHAMBRE

Semé de France à une bande de gueules brochante.

**CHAMMARTIN**

De gueules au lion de vair

**CHAMPAGNY**

D'azur à 3 chevrons brisés et alezés d'or.

**CHAMPERON**

De sable au lion d'or et 8 étoiles du même en orle.

**CHAMPLENAY**

De gueules à 3 molettes d'or.

**CHAMPIER**

D      à un chevron accpé. de 3 flanchis d      au chef d      chgé d'une étoile à 8 raies d

**CHAMPIER**

D'azur à une étoile versée d'or

**CHAMP**

D'argt. à la bande d'az. accslée. d'une tête de lion de sable en chef, et en pte. d'un hêtre terrassé de sinople; au chef d'az. chgé. de 3 étoiles d'or.

**CHANAINS**

De sable à la bande d'or

**CHANA**

D'argt. au chevron de sinople accpé. de 3 roses de gles., au chef d'azur chgé de 3 étoiles d'or.

**CHANAY**

D'azur à un soleil d'or se levant derrière une rivière d'argent.

**CHANET**

De gueules au chevron d'argent accpé. de 2 trèfles d'or et d'une coquille d'argent.

**CHANDELIERS**

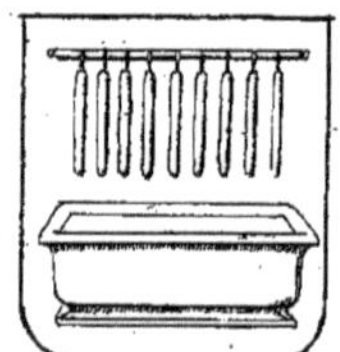

De gles. à un moule à chandelles d'or surmonté de 9 chandelles d'argt. enfilées à un baton d'or.

**CHANDIEU**

De gueules au lion d'or

**CHANDON**

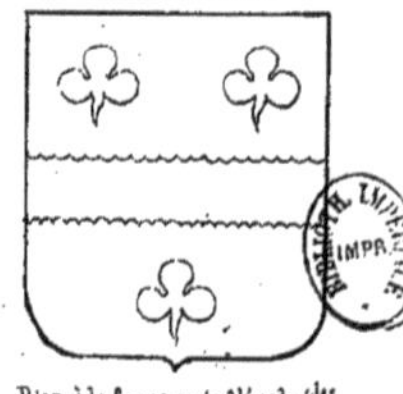

D'or à la fasce engrêlée de gles accompée. de 3 trèfles d'azur.

**CHANGY**

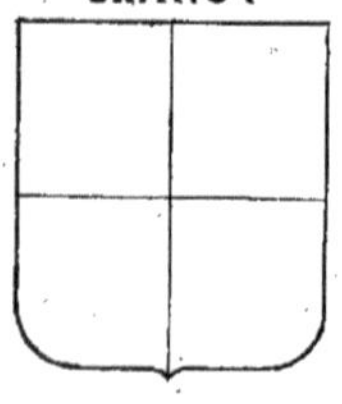

Ecartelé d'or et de gueules

**CHANOINE**

D'azur à une aumusse d'hermines accostée de 2 oignons de lys d'or

F. 15

**CHANTELAUZE**

De sinople au chevron d'argt chargé d'un losange de gles

**CHANTEMERLE**

D'or à 2 fasces de gles accpé de 9 merlettes du même posées en orle.

**CHANTRE**

D à un croissant d au chef d à un lion passant tenant une rose tigée d

**LA CHAPELLE**

D'az. au chevron d'or accpé de 3 étoiles d'argt et d'un mouton d'or.

**CHAPON**

D'az. à la bande d'or chgée de 3 têtes de lion de gles

**CHAPPE**

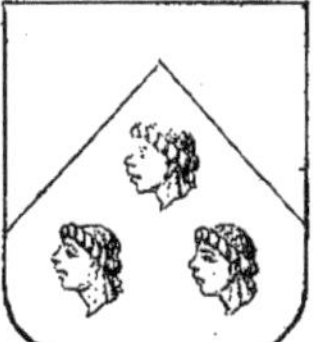

Chappé d'az. et d'argt à 3 têtes de sable tortillées d'argt posées 1 et 2.

**CHAPPONAY**

D'az. à 3 coqs d'or crêtés et barbés de gueules.

**CHAPPUY**

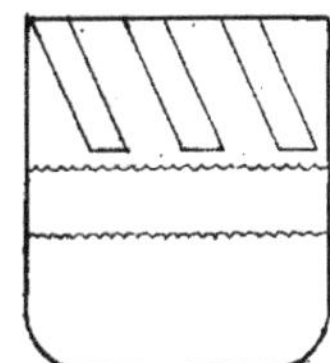

De gles à la fasce engrêlée d'or à 3 bandes retraites mouvant du chef

**CHAPPUY**

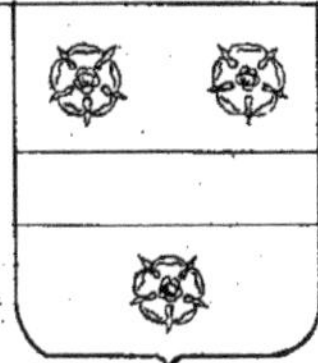

D'az. à la fasce d'or accpée de 3 roses du même.

**CHAPPUY.**

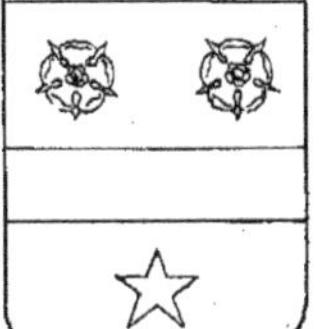

D'az. à la fasce d'argt accpée de 2 roses et d'une étoile d'or

**CHAPPUIS**

D'az. au chevron d'or accpé de 3 besans du même.

**CHAPPUIS**

D'az. au chevrons d'argt accpé de 2 roses et d'un lion d'or

**CHAPPUIS**

Coupé d'az. à une hache d'argt et de gles à une tour d'or.

**CHARASSON**

D au chevron accpé de 3 merlettes d

**CHARAVET**

Ecartelé: au 1er et 4e d'azur au lion issant d'or, au 2e et 3e de gles à la bande d'or chgée de 3 têtes de lion de sable.

**CHARBONNEAU**

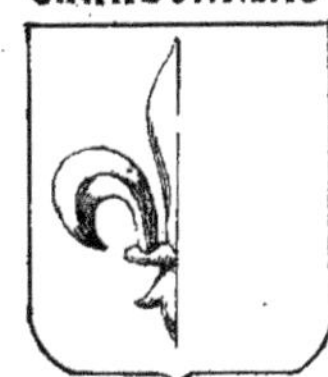

De sinople à une demi fleur de lys d'argt

**CHARBONNIER**

De sable au sautoir d'or cantonné de 4 étoiles d'argt.

**CHARCOT**

D'az. à l'épée en pal d'argent garnie d'or.

**CHARDONNAY**

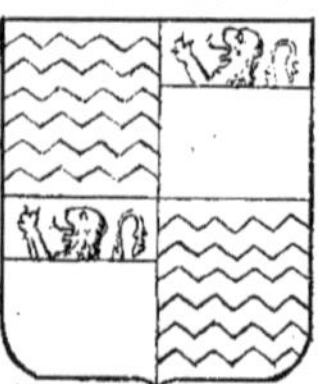

Ecartelé, au 1er et 4e d'argt à 3 fasces vivrées d'az. au 2e et 3e de gles au chef de sab. chgé d'un lion issant d'or.

**CHAREISIEU**

De gles au lion d'or, au chef cousu d'az. chgés de 2 croissants d'argt.

**CHARISIEU**

De gueules au lion d'or.

**LA CHARITÉ**

Parti au 1er des armes de la ville de Lyon, au 2e à une figure de la charité

**CHARLET**

D'az. au char à l'antique d'argt au chef d'or.

**CHARLIEU**

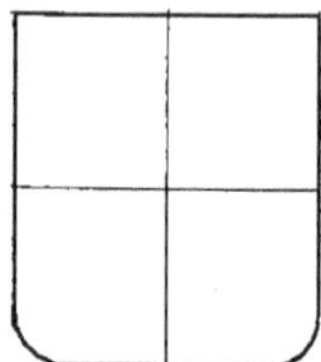

Ecartelé d'argt et de sable.

**CHARMETTE**

D'argt au charme de sinople accpé en chef de 2 soucis de gles et en pte d'une ancolie de d'azur.

**CHARNAY**

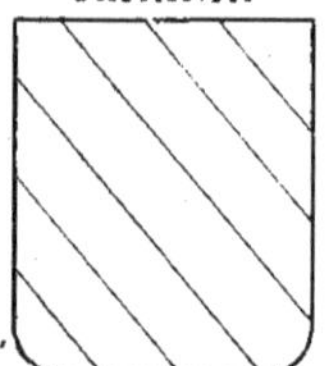

D'azur à 3 bandes d'argt.

**CHARPIN**

D'argt à la croix ancrée de gles au franc canton d'az. chargé d'une étoile d'or.

**CHARPINEL**

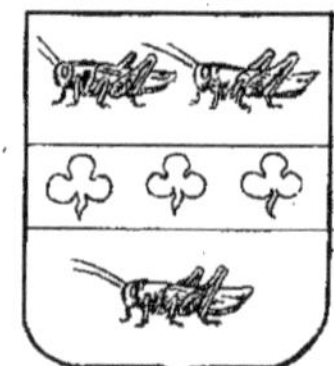

D'argt à la fasce de gles chgée de 3 trèfles d'or accpé de 3 cigales de sinople.

**CHARRETIER**

D'argt à 3 croix patées de gles

**CHARRETON**

D'az. au lion d'argt armé et lampassé de gueules.

**CHARRETON**

D'argt au lion de gles au chef d'az. chgé d'un sautoir d'or cantonné de 12 billettes du même.

**CHARREY**

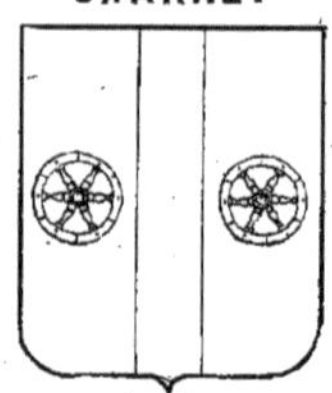

D'or au pal de gles accosté de 2 roues du même.

**CHARRIER**

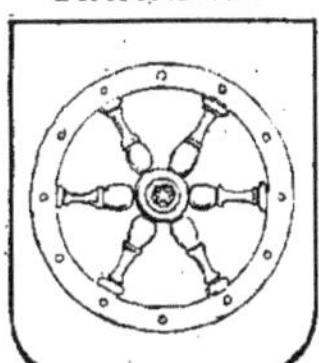

D'az. à une roue d'or cloués de g$^{les}$

**CHARRIN**

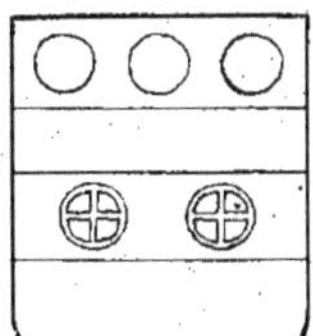

D'arg$^{t}$ à la fasce de sable ch$^{gée}$ de 2 annelets croisé d'arg$^{t}$ au chef d'az. ch$^{gé}$ de 3 besans d'arg$^{t}$

**CHARRON**

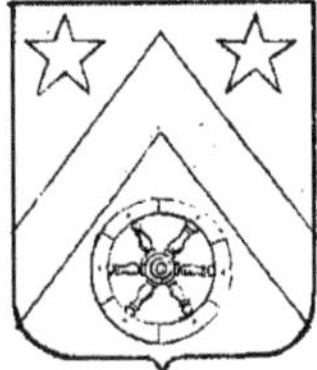

D'az. au chevron d'or accp$^{é}$ de 2 étoiles et d'une roue du même.

**CHARRON**

Tranchée d'or et de g$^{les}$ à la bordure engrelée de l'un en l'autre et un croissant de sinople sur l'or.

**CHARRONS**

D à une roue mouvant de la p$^{te}$, une hache mouvant du flanc dextre, et une doloire du flanc sen$^{tre}$ et une plane en abîme le tout surm$^{té}$ de 3 fl$^{rs}$ de lys r$^{gées}$ d

**CHARTRES**

D'arg$^{t}$ à 2 fasces de gueules.

**CHARTREUX**

D' à la croix engrelée d cantonnée au 1$^{er}$ et 4$^{e}$ de 2 fleurs de lys, au 2$^{e}$ et 3$^{e}$ de 2 etoiles d

**CHARVIN**

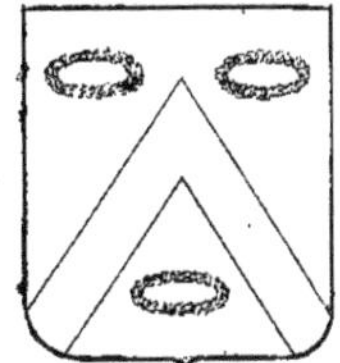

D'or au chevron de g$^{les}$ accp$^{é}$ de 3 guirlandes de sinople

**LA CHASSAGNE**

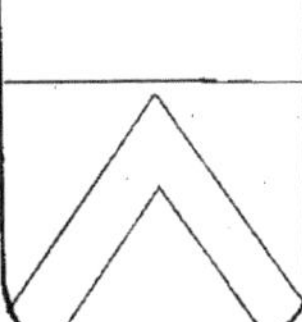

D'az. au chevron d'or au chef du même.

**CHASSAIN**

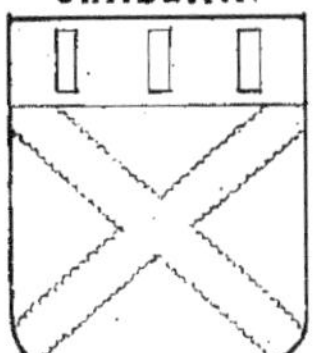

D'arg$^{t}$ au sautoir godroné d'az. au chef du même ch$^{gé}$ de 3 billettes d'arg$^{t}$

**CHASSEING**

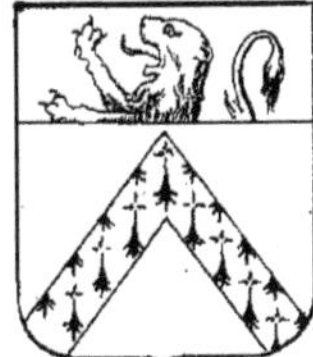

De g$^{les}$ au chevron d'hermines au chef d'arg$^{t}$ ch$^{gé}$ d'un lion issant de sable.

**CHASSET**

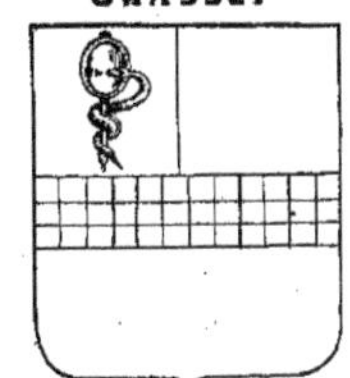

De g$^{les}$ à la fasce échiquetée d'or et de sable de 3 traits, au franc canton de sénateur.

**CHASTARD**

D'or à 3 fasces de g$^{les}$ à l'aigle d'az. couronné d'arg$^{t}$ sur le tout.

**CHASTEL**

Ecartelé au 1$^{er}$ et 4$^{e}$ d'or au pal d'az. ch$^{gé}$ de 3 triangles d'arg$^{t}$, au 2$^{e}$ et 3$^{e}$ d'arg$^{t}$ au lion de g$^{les}$ au chef d'az. ch$^{gé}$ d'une étoile et d'une fleur de lys d'or.

**CHASTELLIER**

D'az. à la tour chastellée de 3 tourelles d'arg$^{t}$

**CHASTILLON**

D'az. au lion d'or et une bande de g$^{les}$ ch$^{gé}$ de 3 croissants d'arg$^{t}$ brochant e.

**CHASTILLON**

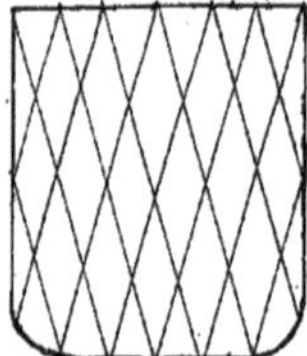

Fuselé d . et d

**CHATAGNIER**

D à un chataignier d accpᵉ en chef de 2 étoiles d

**CHATEAUMORAND**

De gueules à 3 lions d'argᵗ. armés lampassés et couronnés d'or

**CHATEAUNEUF**

De gueules à 3 châteaux donjonnés chacun de 3 tours d'or.

**CHATEAUNEUF**

D'or à l'étoile à 8 raies de gueules.

**DU CHATEL**

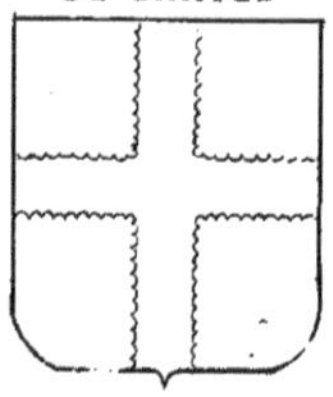

D'or à la croix engrelée de gueules.

**CHATELAIN**

D'azur au château à 3 tours pavillonnées et girouettées d'argᵗ.

**CHAUDERON**

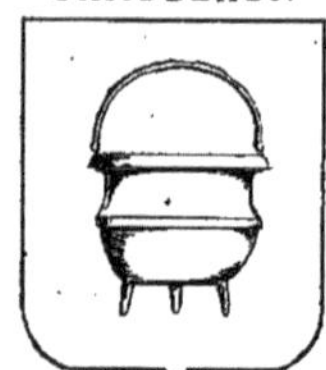

D'or au chaudron de sable.

**CHAUFFESTEIN**

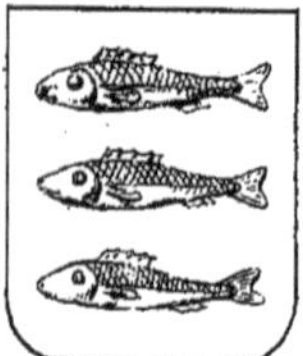

De gueules à 3 poissons l'un sur l'autre d'argent.

**CHAUSSE**

D'or au murier de sinople accᵗᵉ. de 2 étoiles d'azur au chef de gueules chᵍᵉ. de 3 étoiles d'or.

**CHAUSSECOURTE**

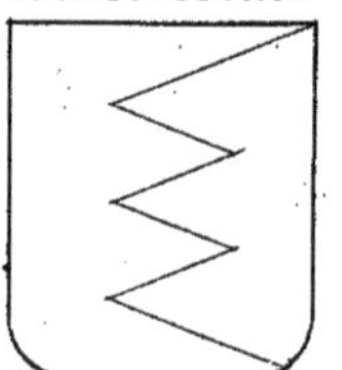

Parti ensaché d'azur et d'argent de 3 pièces.

**CHAUSSON**

Fascé d'or et de sable au lion d'argent brochant.

**CHAUVET**

D'or à 3 têtes de sable tortillées d'argent.

**CHAVAGNAC**

D'argᵗ à 3 fasces de sable surmᵗᵉᵉˢ de 3 roses du même au chef d'argᵗ. chᵍᵉ. d'une aigle de sable becᵉᵉ. et membrée de gueules.

**CHAVANES**

De gueules au sautoir d'or.

**CHAVANES**

D'azur a la bande d'or accpᵉᵉ. de 3 étoiles du même 2 et 1.

### CHAVIREY

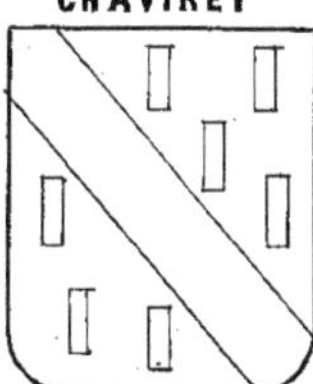

D'azur à la bande d'or semé de 7 billettes du même 4 et 3.

### CHAZELLES

D'argent semé de trèfles de sables.

### CHENEVOUX

D'or à une tige de chanvre sec de sinople.

### CHERMETTE

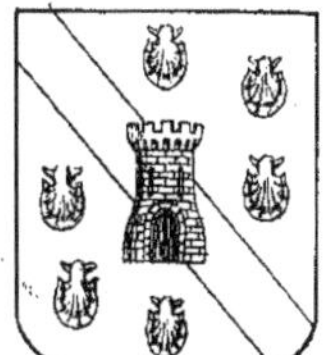

D      à la bande d      accpée de 6 coquilles en orle et une tour d      brochant sur la bande.

### CHERVIN

D'azur au coeur d'or rayonnant d'argent et ché d'une croisette de gueules.

### CHESNARD

D'argt au chêne de sinople glanté d'or ardent de gueules, au chef d'azur ché de 3 coquilles d'argent.

### DU CHEVALARD

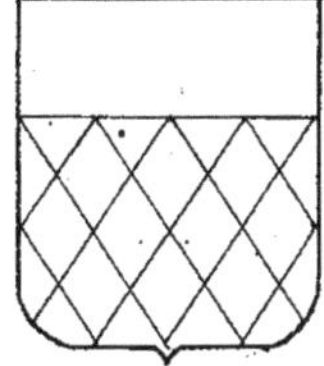

Losangé d'or et d'azur, au chef de gueules.

### CHEVRIER

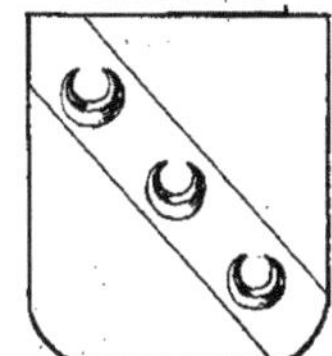

D'azur à la bande d'or chée de 3 croissants d'azur.

### CHEVRIERS

D'argent à 3 chevrons de gles et une filière engrelée de gueules.

### CHIEL

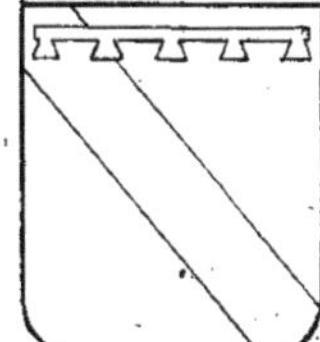

D'or à la bande de gueules et au lambel de 5 pendants d'azur

### DU CHIER

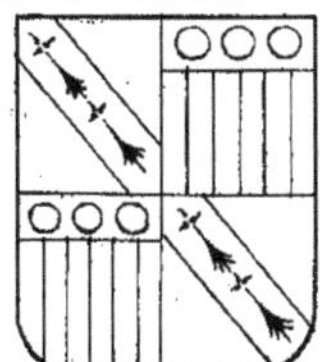

Ecartelé: au 1er et 4e de gles à la bande d'hermines; au 2e et 3e palé d'or et de gles au chef d'az. ché de 3 besans d'argent.

### CHIRAT

D      à 3 lys tigés et liés d      au chef d      ché d'un soleil et de 2 étoiles d

### CHIRAT

D'azur au lion d'or rampant contre un chirat de pierres d'argent.

### CHIRURGIENS

D'azur au lion d'argt accpé de 3 boites d'onguent du même

### CHOIGNARD

D'azur au chevron ondé d'or accpé de 3 têtes de lévriers coupées d'argent colletées de gueules.

### CHOISITY

De gueules au chevron d'or accpé en chef de 2 croissants du même et en pointe d'un cyprès de sinople, au chef cousu d'az. ché de 3 étoiles d'argent.

## CHOL

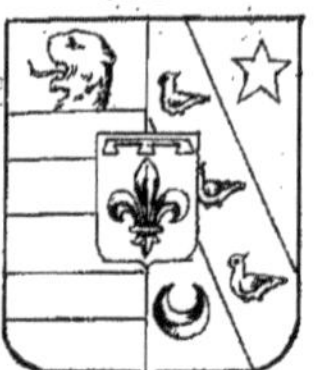

Pti ; au 1er de gles à 2 fasces d'argt au chef id. chgé d'une tête de lion de gles ; au 2e d'az. à la bande d'argt chgée de 3 merlettes de sab. accpée d'une étle d'or et d'un croisst d'argt sur le tout d'az. à une fl. de lys d'or et un lambel de 3 pendants d'argt.

## CHOLLIER

D'or à 3 bandes de sable, au chef d'azur chgé d'un lion passant d'or.

## CHOMAT

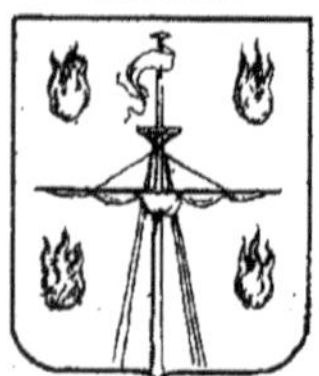

D'azur à un mat d'argent cantonné de 4 flammes d'or.

## CHOMEL

De gueules au lion d'or.

## DU CHOUL

D'azur à la fasce d'argent accpée en chef d'une tête de lion arrachée du même.

## CHOVET

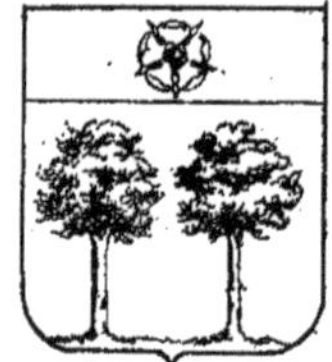

D à 2 arbres terrassés au chef d chgé d'une rose d

## CHRESTIEN

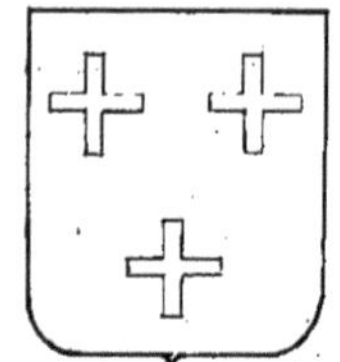

D'or à 3 croisettes de gueules.

## CHRESTIEN

D'azur à une poire de bon chrétien d'or feuillée de sinople

## CHRISTOT

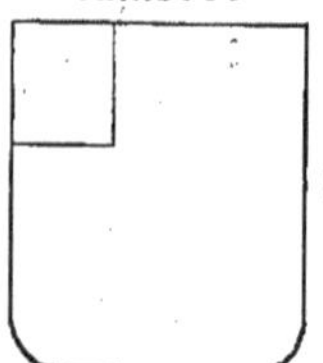

D'argent au franc cartier de gueules.

## CIBÉRANS

D'azur à 3 fallots d'or allumés de gueules.

## CINIER

D'azur au cigne d'argent nageant sur une rivière du même.

## CIVRIEU

D'azur au sautoir d'or.

## CIZERON

Ecartelé : au 1er et 4e d'az. au chev. sommé d'une étoile et accpé de 2 roses d'or et d'un croissant d'argt au chef d'or chgé de 3 étoiles de gles ; au 2e et 3e d'argt à la fasce de sab. chgée de 3 coquilles d'or.

## CLAPASSON

D'argent à 2 chevrons de gueules et une croisette d'azur en pointe

## CLAPEYRON

D'azur à la fasce d'or chgée de 3 croix potencées de gueules et accpée de 3 roses d'or

## CLAPISSON

D'argent au lion de sable accpé de 2 tiges de persil de sinople l'une dans sa queue et l'autre dans ses pattes.

F. 18.

**CLAPPERON**

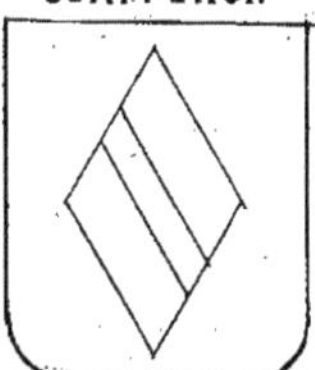

D'argent au losange d'azur ch$^{gé}$ d'une bande d'or.

**CLARET**

D'azur à la bande d'azur ch$^{gée}$ d'un soleil d'or

**CLAVEL**

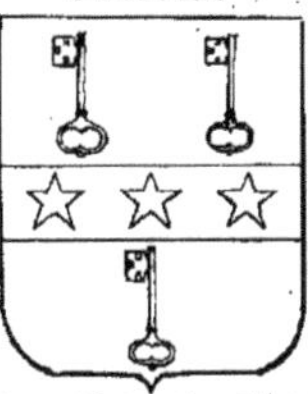

D'azur à la fasce d'or ch$^{gée}$ de 3 étoiles de gueules et accp$^{ée}$ de 3 clefs en pal d'argent

**CLAVEL**

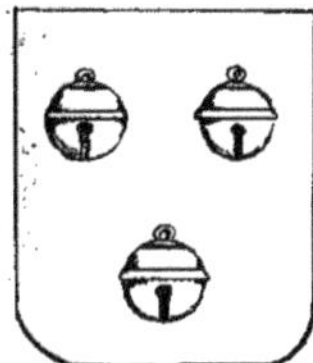

De gueules à 3 grelots d'or.

**CLAVEL**

D'arg$^{t}$ à la bande de g$^{les}$ ch$^{gée}$ d'un crapaud empalé d'un clou et d'une étoile d'or en chef, au chef d'azur ch$^{gé}$ de 3 étoiles d'or.

**CLAVEL**

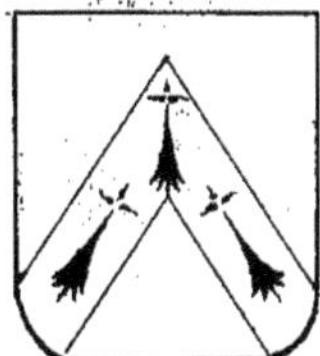

D'azur au chevron d'or ch$^{gé}$ de 3 mouchetures d'hermines de sable.

**CLAVIER**

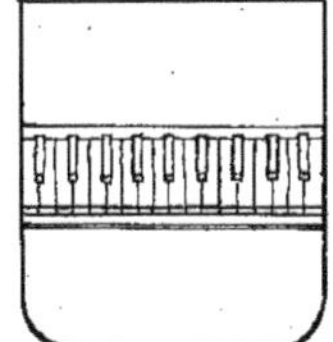

Coupé d'or et de gueules à un clavier de g$^{les}$ et d'arg$^{t}$ bordé d'az. en bas; brochant en fasce.

**CLAVIÈRES**

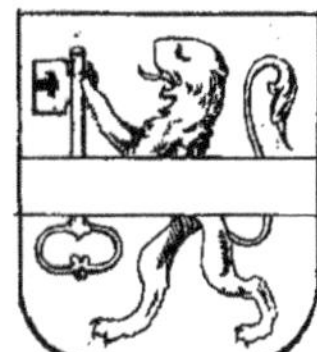

D'azur au lion d'or tenant une clef d'argent; à la fasce de gueules brochante.

**CLEBERG**

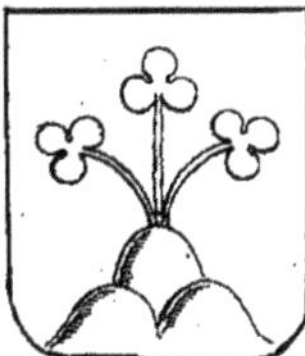

De gueules au mont de 3 pointes d'où sortent 3 trèfles tigés le tout d'or.

**CLERC**

Mi parti coupé au 1$^{er}$ d'or à une cotte d'armes de sable sommée de 3 étoiles de g$^{les}$; au 2$^{e}$ du canton de baron militaire; au 3$^{e}$ d'azur au lion tenant un sabre recourbé d'or.

**CLERICO**

De gueules au chevron accp$^{é}$ d'un clergeon d'arg$^{t}$ au chef d'or ch$^{gé}$ d'une aigle d

**CLERMONT**

De gueules à 2 clefs en sautoir d'arg$^{t}$.

**CLOT**

D'or à 3 flammes de gueules.

**CLUSEL**

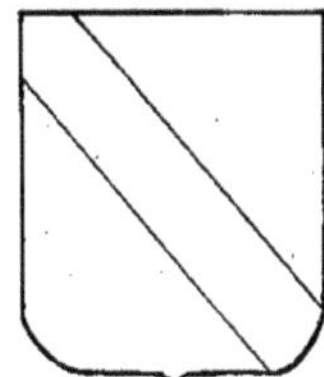

De gueules à la bande d'argent.

**COCHARD**

D'azur à 2 coqs affrontés d'or et un char du même.

**COCHARDET**

D'azur au coq d'or becqué, membré et crêté de gueules.

**COIGNET**

De gueules au sautoir d'or

**COGNIAT**

Ecartelé : de gueules à une tête d'aigle arrachée d'argent et de gueules à une tête de lion arrachée d'or.

**COHADE**

D'or au lion de sinople armé, lampassé et couronné de gles

**DU COIN**

De gueules à 3 arbres terrassé de sinople surmonté d'un soleil d'or et d'un coeur d'argent

**COIN**

D'argent au chevron de gueules accpé de 2 étoiles et d'un tourteau d'azur.

**COING**

D'argent au cognassier de sinople ; au chef d'azur chgé d'un soleil d'or entre 2 étoiles d'argent.

**COLBENCHELAG**

D'argent à 5 têtes de corbeau en sautoir de sable cantonné de 4 feuilles de chêne de sinople.

**COLLABAUD**

D'azur à la bande d'argent chgée de 3 mouchetures d'hermines.

**COLOMB**

D'azur à 3 colombes d'argent.

**COLOMBET**

D'azur au chevron d'or accpé en pointe d'une colombe d'argent au chef cousu de gueules chgé de 3 trèfles d'or.

**COLOMBIER**

De gueules au chef d'or chgé de 3 coquilles de gueules.

**LA COLONGE**

D'argent à 3 cannettes d'azur.

**LA COMBE**

D'argt au chevron accpé de 2 flammes en chef et en pte d'une croisette soutenue de 2 bâtons en sautoir enflés le tout de gles, au chef d'az. chgé d'un croissant entre 2 étoiles d'or.

**COMBET**

D'or à l'aigle de gueules au chef d'azur.

**COMBET**

D'az. au coeur de gles sommé d'une croix longue pattée et cramponnée d fichée dans le coeur accsté de 2 palmes de si. et en pte un crampon d'argt entre 2 étoiles d'or sommés des lettres P C d'argent.

**COMBET**

D'argent au chevron de sable accpé de 3 croissant de gueules.

F. 19

**COMBLES**

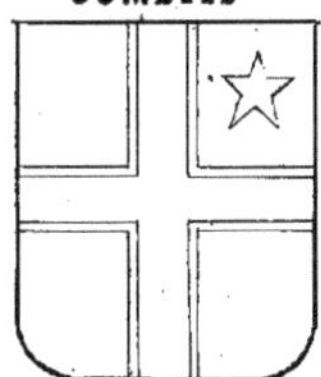

Ecartelé d'or, de gueules, d'azur et d'argent à la croix de sinople bordée de sable sur l'écartelé et une étoile d'or sur le canton de gueules.

**COMBORN**

De gueules à 2 lions passants d'or.

**COMMARMOND**

D'azur au soleil d'or mouvant du chef et 2 croissants d'argent au chef cousu de gueules chgé de 3 étoiles d'or.

**COMMERCE**

De gueules au lion d'argent à la bordure cousue semée de France.

**COMPAGNON**

D'argent à une foy de carnation tenant 2 bourdons en sautoir d'azur.

**COMPAIN**

D au rencontre de cerf d au chef d chgé de 3 molettes.

**CONFALONS**

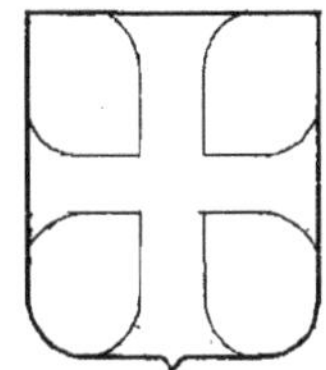

D'azur à la croix patée d'argent.

**CONGNAIN**

D'argent à 3 mouchetures d'hermines de sable.

**CONSTANT**

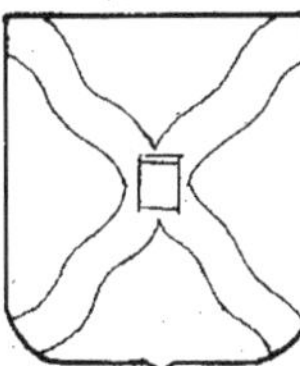

D'azur au sautoir ondé d'or chgé en abime d'un cube de sable.

**CONTE**

De gueules au lion d'or armé et lampassé d'argent.

**COPET**

Coupé au 1er de gueules à 3 larmes rangées d'argent et un lambel de 3 pendts d'or en chef; au 2e d'azur à 3 étoiles d'argent.

**COPET**

D'azur à la bande accpée en chef d'une perdrix et en pte d'un trèfle le tout d'argent.

**CORAL**

D'az. au chevron d'argent chgé de 2 branches de corail de gueules.

**CORCELLES**

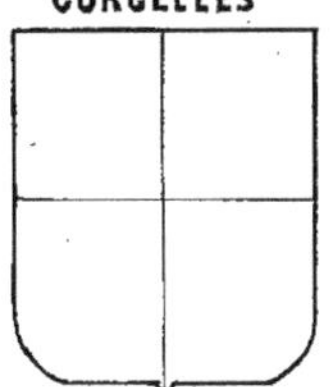

Ecartelé d'argent et d'azur

**CORDELLIER**

D'azur à 3 gerbes d'or au franc cartier d'argent chgé d'un lion de sable.

**CORENT**

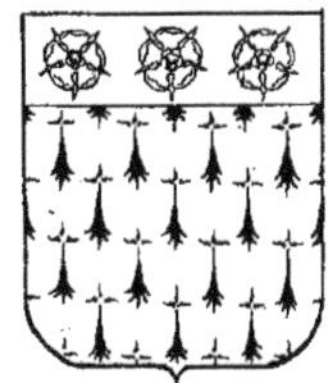

D'hermines au chef de gueules chgé de 3 roses d'or.

**CORLIN**

D'azur au trèfles d'or accpé. de 3 étoiles du même.

**CORNILLON**

D au chef d chgé. de 2 léopards affrontés d

**CORNILLON**

D'argent au lion de gueules.

**CORNILLON**

De gles. à la fasce d'argent chgé. de 3 corneilles de sable.

**CORNON**

D'az. au croissant d'or en abîme et 6 étoiles du même rangées 3 et 3.

**CORRÉARD**

D'azur à 2 fasce losangées d'or.

**CORROMPT**

De sable à 2 pièces de monnaie d'argent et un coq d'or.

**CORSANT**

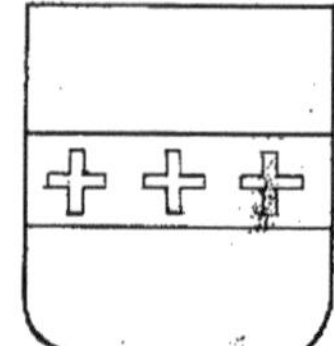

D'argent à la fasce de sable chgée de 3 croisettes d'argent.

**CORTEILLES**

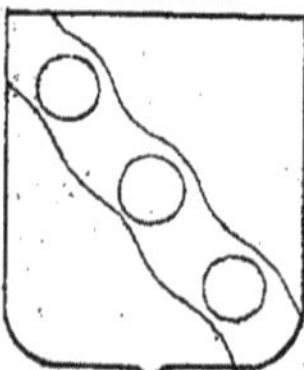

D'azur à la bande ondée d'or chgée de 3 tourteaux de sable

**COSTAR**

D'azur à la fasce d'argent accpée en chef d'un coq d'or et en pointe d'un croissant d'argent.

**COSTAR**

D'azur à l'agneau pascal d'argt.

**COSTE**

D'argent au coq de gueules perché sur une cotte d'armes de sable.

**COSTE**

De gles. au rocher surmonté d'un croissant supportant une croix longue patée au pied fiché dans le croissant et accsté de 2 roses le tout d'argent.

**COSTE**

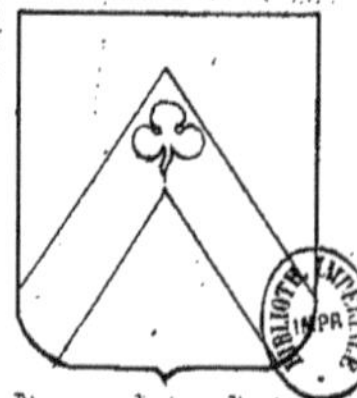



D'azur au chevron d'argent chgé. d'un trèfle de sinople.

**COTELLE**

D'or à la fasce de gles. chgée de 3 étoiles d'or accpé. en chef d'un vol d'az. et en pointe d'un coq de sable becqué de gueules.

**COTTON**

D'azur au chevron d'or accpé. de 2 roses et d'un croissant d'argent.

F. 20.

**COTTON**

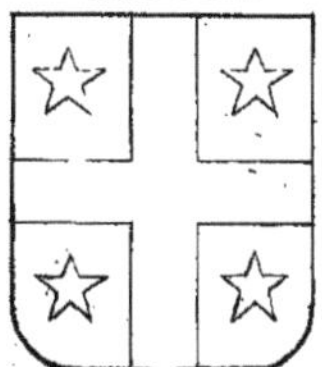

D'azur à la croix d'argent cantonnée de 4 étoiles d'or

**COUCHARD**

D'argt à la fasc de gles chée d'un coq d'argt accompée en chef de 2 roses de gles feuillées et tigées de sinople et en pte d'une branche de laurier de sinople.

**COUCHAUD**

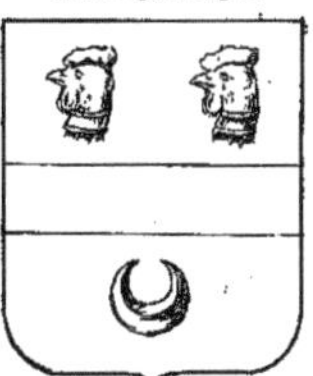

D'or à la fasce d'az. accpée en chef de 2 têtes de coqs de gles colletées d'argt et en pte d'un croissant de gueules.

**COULAUD**

D'azur à un coq sur un rocher accpé en chef de 3 étoiles le tout d'or.

**COULEUR**

D'azur au chevron d'or au chef du même chd de 3 roses de gueules.

**COULON**

Ecartelé: au 1er et 4e d'or à 3 fasces de gles, au 2e et 3e d'azur à 3 fasces d'argent.

**COUPIER**

D'or à une coupe de gueules au chef d'azur chd d'un lion issant d'argent.

**LA COUR**

D'azur au pal d'argent chgé de 3 chevrons renversés de sable.

**COURBON**

D'azur à la fasce d'or chée de 3 étoiles de gueules; accpée de 4 croissants d'or 3 en chef et 1 en pointe

**COURBON**

D'az. au chevron d'or accpé en chef de 2 étoiles du même et en pte d'un croissant d'argt au chef d'or chd d'une étoile de gueules.

**COURT**

Coupé de gles au cheval issant d'argent; et d'or.

**COURT**

Parti au 1er d'argent à la fasce engrêlée d'azur chée de 2 fleurs de lys d'or; au 2e d'or au palmier de sinople.

**COURTIL**

D à un cœur dans un vol d

**COURTIN**

D'azur à 3 croissants d'or.

**COUSIN**

D'azur à 3 colombes d'argent.

**COURVOISIER**

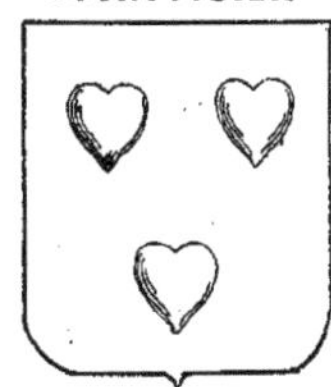

De sable à 3 cœurs d'or.

**COVET**

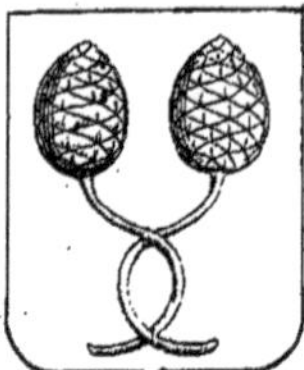

D'or à 2 pommes de pin tigées de sinople, les tiges passées en double sautoir.

**COYAUD**

D'azur à 3 coeurs d'or.

**COYSEVOX**

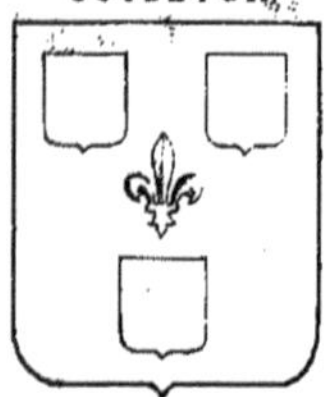

D'azur à 3 écussons d'argent et une fleur de lys d'or en abime

**COZON**

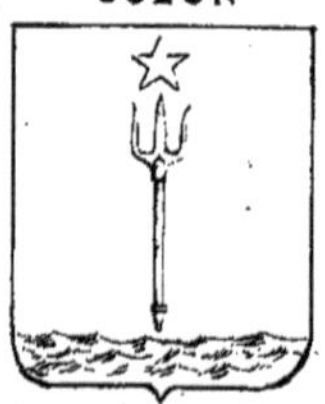

D'or au trident de sable péri en pal sur une mer d'argent et surmonté d'une étoile de gueules

**CROQUET**

De gueules à 3 crocs d'or

**CREMEAUX**

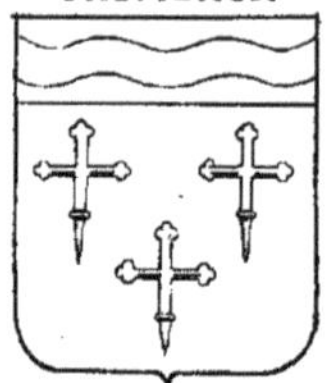

De gueules à 3 croix tréflées au pied fiché d'or, au chef d'argt. chg. d'une onde d'azur.

**LA CROIX**

D'azur à la croix tréflée d'or cantonnée de 4 têtes de lion arrachées et affrontées du même

**LA CROIX**

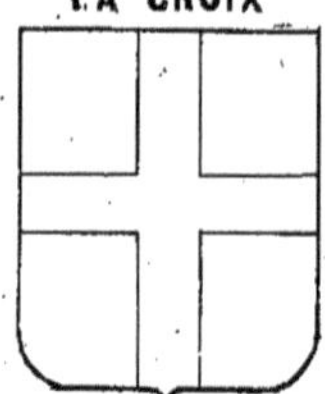

D'azur à la croix d'or.

**LA CROIX**

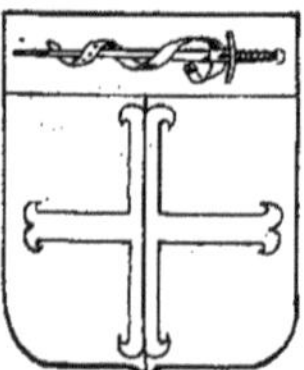

Parti d'azur et d'argent à une croix ancrée de l'un en l'autre au chef d'or chg. d'une épée en fasce de sable le baudrier de sinople tortillé autour.

**CROIZAT**

D'azur à 3 croix recroisetées d'or.

**CROPPET**

D'or, au chevron de gueules accpé de 3 quintefeuilles d'az.

**DU CROS**

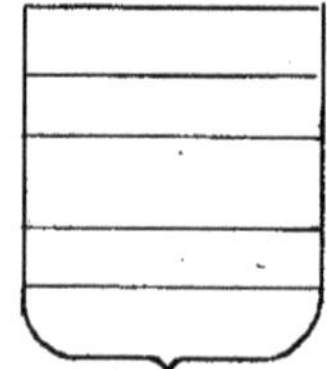

D'or à 2 fasces de sinople.

**CUBLIZE**

De gueules semé de fleur-de-lys d'argent à une tour du même.

**CUCHERMOIS**

D'or au chevron d'azur accpé de 3 roses de gueules.



**CUCURIEUX**

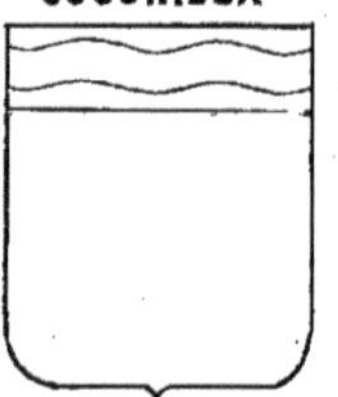

D'or au chef de gueules chgé d'une onde d'or.

**DU CROZET**

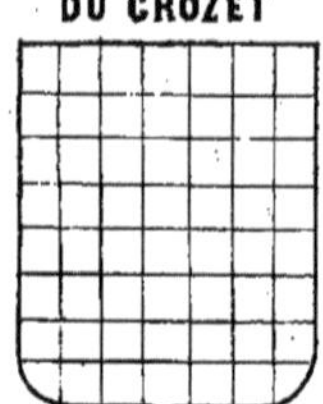

Échiqueté d'or et d'azur.

F. 21

## CURRÈZE

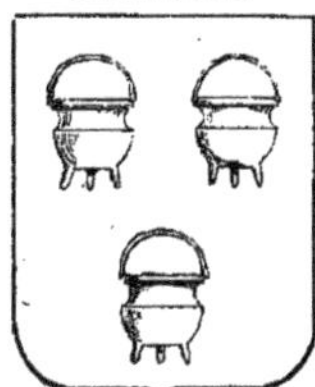

D'or à 3 marmites de sable.

## CUSSET

D'azur à l'aigle d'argent au chef d'or ch$^{gé}$ de 3 croix recroisetées au pied fiché de sable

## CUSIN

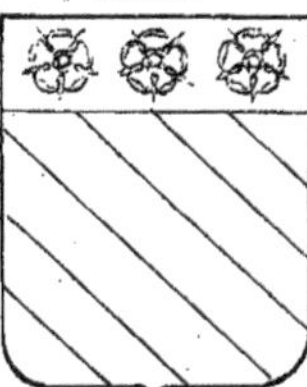

D'argent à 3 bandes de sinople; au chef d'azur ch$^{gé}$ de 3 roses d'argent.

## DU CULTY

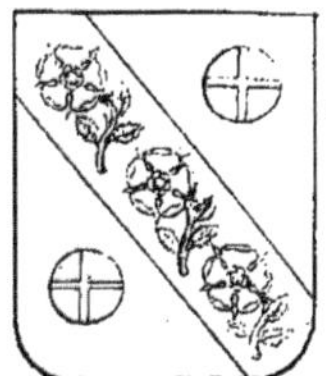

De gueules à la bande d'argent ch$^{gée}$ de 3 roses de gueules tigées et feuillées de sinople, accos$^{tée}$ de 2 besans d'or croisés d'azur.

## DABOYET

D'argent au chevron de gueules accp$^{é}$ de 3 chicots de sinople

## DALÉCHAMPS

D'or au chevron d'azur accp$^{é}$ de 3 écrevisses de gueules.

## DALICHOUX

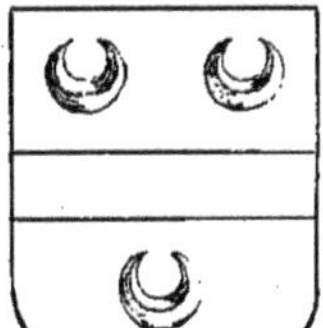

D'azur à la fasce d'argent accp$^{é}$ de 3 croissants du même.

## DALLIER

D'argent au lion de gueules.

## DAMAS

D'or à la croix ancrée de gueules

## DANDRÉ

D'azur au sautoir d'or cantonné en chef d'une tête de lion arrachée du même.

## DARD

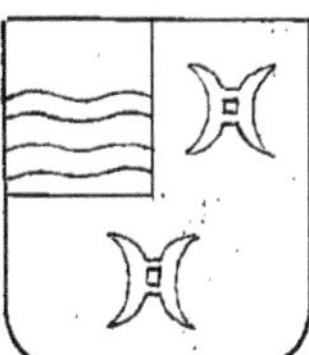

D'argent à 3 anilles de gueules au franc canton d'azur ch$^{gé}$ de 2 fasces ondées et abbaissées d'or.

## DARDE

D'azur au lion accp$^{é}$ en chef de 3 étoiles rangées et en p$^{te}$ d'un croissant le tout d'or.

## DARESTE

D'azur à un chevron accp$^{é}$ en pointe d'un phénix regardant un soleil mouvant du franc canton le tout d'or.

## DARON

D'argent à la bande d'azur accostée de 2 lions du même.

## DARD

D'azur à un faisceau de 3 dards ou fleches armées d'argent

## DAUDÉ

De gueules au lion d'argent supportant une fleurs de lys d'or.

**DAUPHIN**

D'azur à la bande d'or ch$^{ée}$ d'un dauphin et d'une étoile de gueules.

**DAURELLE**

D'azur à 2 étoiles d'argent en chef, une coquille d'or en coeur et 5 mouchetures d'hermines d'argent rangées en pointe.

**DAVID**

D'azur à une harpe d'or.

**DAVID**

D'azur au sautoir lié de 2 fasces et cantonné de 4 étoile du même.

**DAVID**

D'azur à une harpe d'argent au chef cousu de gueules ch$^{é}$ de 3 étoiles d'or

**DAVILLON**

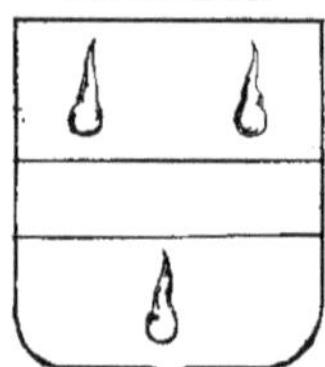

D'azur à la fasce d'or accp$^{ée}$ de 3 larmes d'argent.

**DAVIT**

D'azur à 3 fasces d'argent au chevron de gueules bro-chant sur le tout.

**DEBERT**

D'or à 3 montagnes de sinople au chef de gueules

**DEBONNEL**

De gueules au chevron d'arg$^{t}$. accp$^{é}$ de 2 étoiles d'or et d'un croissant d'argent.

**DECROIX**

D'azur à la croix d'argent fleur-de-lysée d'or.

**DEGRAIX**

D'argent à une tour de sable acc$^{tée}$ de 2 bouterouc du même sur une terrasse de si-nople, au chef d'azur ch$^{gé}$ d'un soleil d'or.

**DELANDINE**

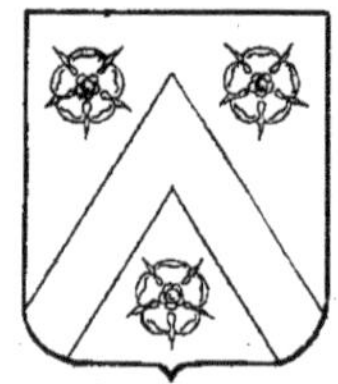

De gueules au chevron d'argent accp$^{é}$ de 3 roses du même.

**DELBÈNE**

D'azur à 2 scèptres fleur-delysés et arrachés de 3 ra-cines d'argent.

**DELGLAT**

D'argent à un arbre terras-sé de sinople, au chef d'azur ch$^{é}$ de 3 étoiles d'or.

**DELOR**

D'azur au cerf saillant d'or à la cottice de gueules brochante.

**DELPHIN**

D'azur à 3 dauphin l'un sur l'autre contre passant d'arg$^{t}$.

**DEMEAUX**

D'azur au chevrons d'or accp.e de 2 étoiles et d'un trèfle du même

**DENAULT**

Coupé: au 1.er d'azur au soleil d'or, au 2.me de gueules au pal d'or accs.té de 4 étoiles

**DENYS**

D'azur à la bande d'argent ch.gée de 3 écrevisses de gueules, le champ semé en chef d'étoiles d'or et en p.te de besans d'argent.

**DEROCHE**

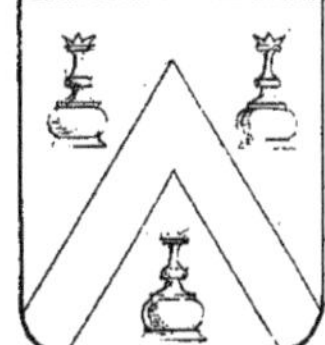

D'azur au chevron d'or accp.é de 3 roes d'échiquier du même.

**DERVIEU**

D'argent au chevron de sable enlacé en chef d'un croissant du même accp.é en p.te de 3 étoiles mal-ordonnées d'az.; au chef de g.les

**DERVIEUX**

D'azur à l'aigle d'argent au chef du même ch.gé de 3 mouchetures d'hermines de sable

**DESCHAMPS**

D'azur au phénix sur son immortalité de gueules, fixant un soleil d'or mouvant du franc canton.

**DESCHAMPS**

De gueules à la colombe d'argent perchée sur un arbre terrassé d'or accp.é en chef de 2 étoiles du même.

**DESCHAMPS**

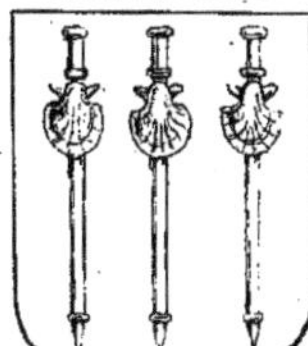

D'azur à 3 bourdons rangés en pal d'or ch.gés chacun d'une coquille de gueules.

**DESCORCHES**

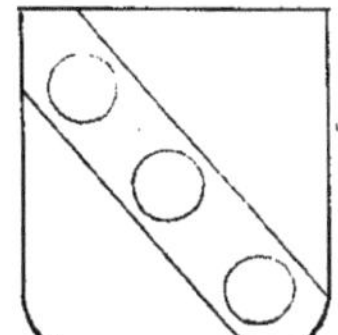

D'argent à la bande d'azur ch.gée de 3 besans d'or.

**DESCRIVIEUX**

D'argent au chevron de sable.

**DESFOURS**

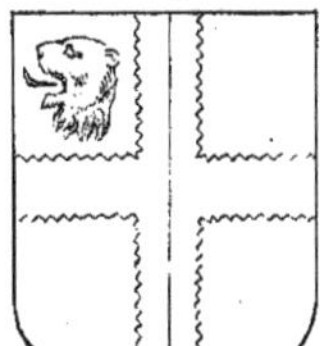

D'azur à la croix dentelée partie d'or et d'argent à une tête de lion arrachée d'argent au franc canton.

**DESGOUTTES**

Tiercé en bande: au 1.er d'argent au 2.e de gueules à 3 coquilles d'or, au 3.e d'or à 3 barres d'azur.

**DESGRANDS**

D'azur au chevron d'or accp.é en chef de 2 étoiles du même et en p.te d'un pin de sinople brochant sur le chevron.

**DESHAYES**

D'azur au chevron d'or, au chef de gueules ch.gé d'une étoile d'arg.t

**DESPERRICHONS**

D'azur au chevron d'or accp.é de 2 étoiles du même et d'un lion d'argent

**DESROYS**

D'azur à la fasce d'argent ch$^{ée}$ de 3 étoiles de gueules accp$^{ée}$ de 3 couronnes d'or

**DESVERNAYS**

D'argent au verne arraché de sinople.

**DESVERNEYS**

D'or au bélier saillant de sable onglé et accorné d'argent accp$^{é}$ de 2 mouches du même

**DETHY**

D'argent à 3 lions de gueules, celui de franc canton tenant une fleur de lys d'or.

**DEYRIEU**

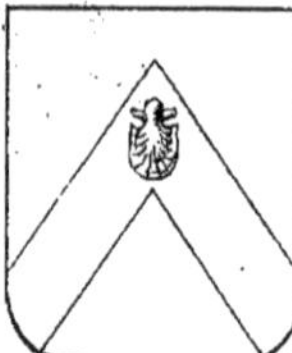

De sable au chevron ch$^{gé}$ d'une coquille de gueules.

**DEYRIOU**

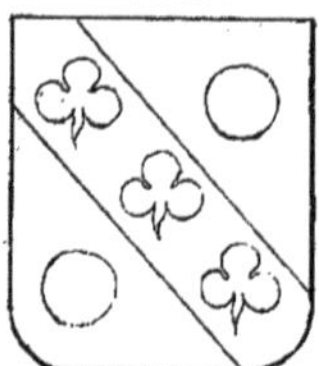

D'azur à la bande d'or ch$^{gée}$ de 3 trèfles de sinople et acos$^{tée}$ de 2 besans d'or

**DIACETTO**

Coupé d'or et de sable à un lion de l'un en l'autre ch$^{gé}$ d'un lambel de 5 pendants de sable le pendant du milieu d'or.

**DIGNOSCYO**

Parti d'un, coupé de deux au 1$^{er}$ et 6$^{e}$ d'az. à une grille d'arg$^{t}$. au 2$^{e}$ et 3$^{e}$ d'or à 3 fleurs de lys rangées de g$^{les}$ surm$^{tées}$ d'un lambel de 3 pend$^{ts}$ d'az., au 4$^{e}$ et 5$^{e}$ de g$^{les}$ à l'aigle d'arg$^{t}$. som$^{ée}$ de 2 fl$^{rs}$ de lys d'or,

**DIGOINE**

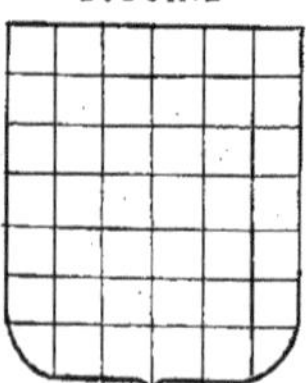

Echiqueté d'argent et de sable.

**DIGUARON**

D'arg$^{t}$. au guiguier (cerisier) de sinople les branches recourbées, fruité de g$^{les}$ sommés de 2 oiseaux affrontés becquetant une guigue du même

**DILBERT**

D'azur au pélican d'or, au chef de gueules ch$^{gé}$ de 3 besans d'argent.

**DINET**

D'arg$^{t}$. à 2 roses de gueules tigées de sinople mouvantes en chevron renversé des pointes d'un croissant d'az. au chef du même ch$^{gé}$ d'un lion passant d'argent

**DISDIER**

De gueules à un arbre terrassé de sinople acc$^{té}$ de 2 brebis affrontés passantes d'argent, au chef cousu d'azur ch$^{gé}$ de 3 étoiles

**DODIEU**

D'azur à la bande d'argent acc$^{ée}$ de 2 lions du même.



**DOMINICAINS**

Chappé de sab. à une étoile d'arg$^{t}$. et du même à un chien couché sur une terrasse tenant une torche ardente enflammant un monde cerclé et croisé le tout au naturel à un lys et une palme en sautoir d'arg$^{t}$. broch$^{t}$. sur le chappé

**DONIN**

De gueules à une rose acc$^{té}$ de 2 étoiles d'argent, au chef d'or ch$^{gé}$ d'une croisette d'azur.

**DORIGNY**

D'azur au soleil d'or; au chef d'argent ch$^{g\acute{e}}$ de 3 tourteaux de gueules à la bordure engrêlée du même.

**DORLIN**

D'azur à 2 colonnes d'argent surmontée de 2 étoiles d'or

**DOUCETTE**

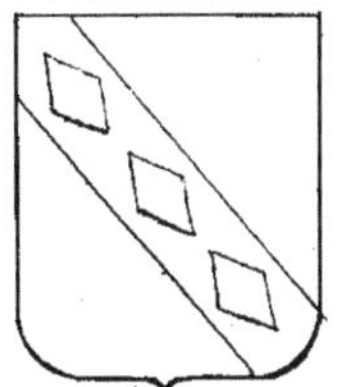

D'argent à la bande d'azur ch$^{g\acute{e}e}$ de 3 losanges d'or

**DOUGNY**

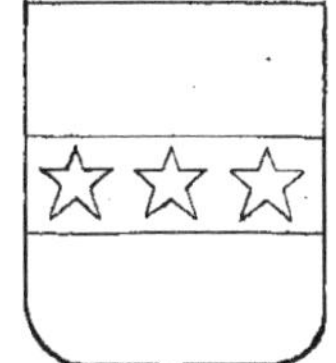

De G$^{les}$ à fasce d'or chargée de 3 étoiles d'argent.

**DOUET**

D'argent à l'aigle de sable.

**DOYLIN**

Tiercé en fasce: au 1$^{er}$ d'azur à 3 étoiles rangées d'or, au 2$^{me}$ bandé de gueules et d'or, au 3$^{me}$ d'argent à la croisette ancrée de sable.

**DRAPPIER**

De gueules à une plume et une épée en sautoir d'arg$^{t}$ à un écusson d'azur ch$^{g\acute{e}}$ d'un oiseau d'or et d'un lambel de 3 pendants d'argent

**DRAPPIERS**

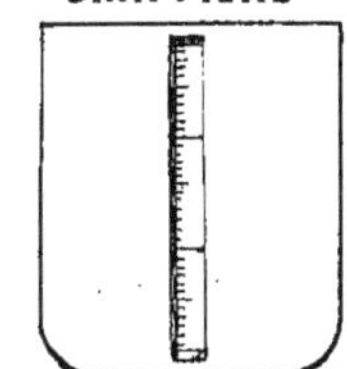

D'azur à une aune en pal d'arg$^{t}$ marquée de sable.

**DREE**

De gueules à 5 merlettes d'arg$^{t}$ posées 2, 2 et 1.

**DREUX**

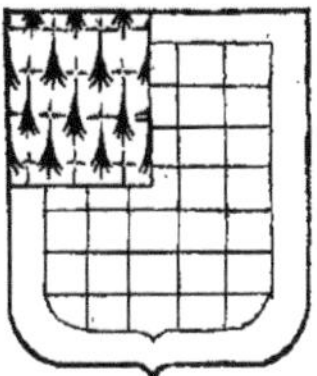

Echiqueté d'or et d'azur à la bordure de gueules au franc cartier d'hermines.

**DREUX**

D'argent au croissant de G$^{les}$ accp$^{\acute{e}}$ de 3 trèfles au pied nourri de sable.

**DRIVON**

De gueules au chevron d'or accp$^{\acute{e}}$ de 2 étoiles du même et d'un croissant d'argent.

**DUBOIS**

D'azur au chevron d'argent accp$^{\acute{e}}$ de 3 trèfles d'or

**DUBOST**

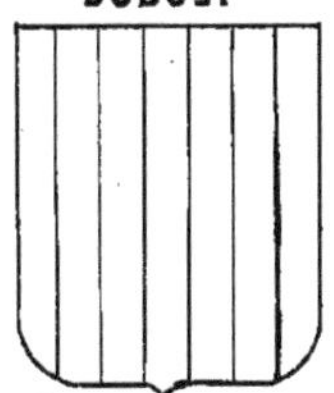

D'azur à 3 pals d'or.

**DUBOST**

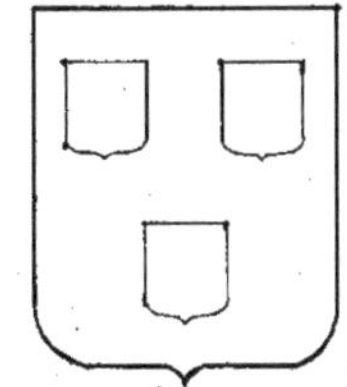

D'or à 3 écussons de gueules

**DUBOST**

D'argent au chêne arraché de sinople glanté d'or à une tête de de loup de sable issant du pied de l'arbre.

| DUBRUEL | DUBUISSON | DUBUISSON | DUC |
|---|---|---|---|
|  | 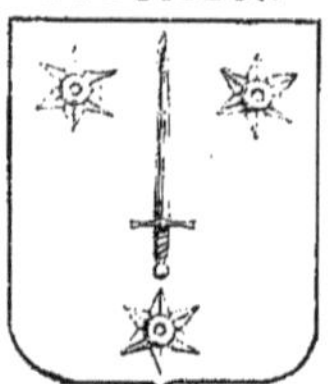 |  |  |
| D    à une ancre ch$^{ée}$ d'un cœur d    au chef d    ch$^{é}$ d'un croissant acc$^{té}$ de 2 étoiles d | D'azur à l'épée d'argent en pal garnie d'or accp$^{é}$ de 3 molettes du même. | De sinople au chevron d'argent ch$^{é}$ de 3 mouchetures d'hermines de sab. accp$^{é}$ de 3 étoiles d'or, à la bordure engrêlée du même. | D'azur au phénix sur son immortalité d'or |
| **DUC** | **DUCHAMP** | **DUCHIER** | **DUCURTY** |
|  |  | 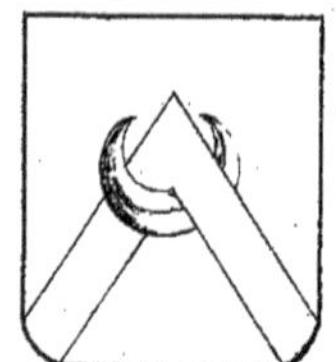 |  |
| D'argent à une gerbe de riz de sinople surmontée d'un duc de sable. | D'azur à 3 glands d'or. | De sable au chevron d'or enlacé en cime d'un croissant d'argent. | D'or au cœur de gueules ailé et couronné d'azur accp$^{é}$ en pointe de 3 larmes de sable. |
| **DUFAURE** | **DUFOUR** | **DUFOURNEL** | **DUGAS** |
| 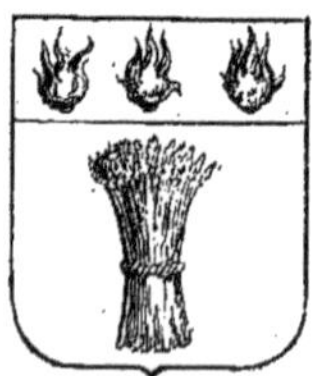 | 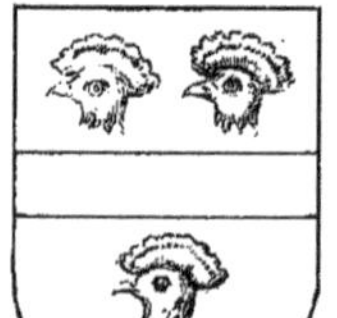 |  |  |
| De gueules à une gerbe d'or au chef du même ch$^{é}$ de 3 flammes de gueules. | D'azur à la fasce d'or accp$^{é}$ de 3 têtes de hupes arrachées du même. | D'azur à la fasce accp$^{é}$ en chef de 3 merlettes rangées et en pointe d'un croissant le tout d'argent. | D'azur au sautoir ondé d'or, cantonné de 4 besans du même. |
| **DUGAS** | **DUGUÉ** | **DUGUET** | **DUGUET** |
|  |  |  |  |
| Coupé au 1$^{er}$ de gueules à 2 épées en sautoir d'or, au 2$^{e}$ d'azur à un arbre d'or | D'azur au chevron d'or accp$^{é}$ de 3 étoiles celle de la pointe couronnée du même. | D'or au sautoir de sable ch$^{é}$ de 5 roses d'argent. | Coupé au 1$^{er}$ d'argent à un geai au naturel, au 2$^{e}$ de sable à 3 besans d'or. |

**DUJAS**

D'azur au chevron accomp.t de 3 étoiles d

**DUJAST**

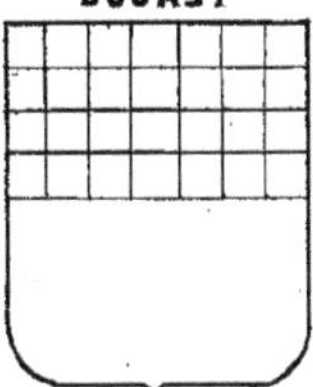

Coupé: au 1er échiqueté d'or et d'azur, au 2e de gueules.

**DULAC**

D'azur à un lac d'argent surmonté d'un duc du même

**DULIEU**

De sable à la fasce d'or accp.ée en chef d'un lion passant et enp.ée de 3 roses tigées du même.

**DUMARET**

D'azur à un cygne sur un marais d'arg.t; au chef du même ch.gé de 3 mouchetures d'hermines.

**DUMAS**

D'or à 3 pensées au naturel au chef d'azur ch.gé de 3 étoiles d'or.

**DUMAS**

De sinople à 3 cannettes d'or

**DUMAS**

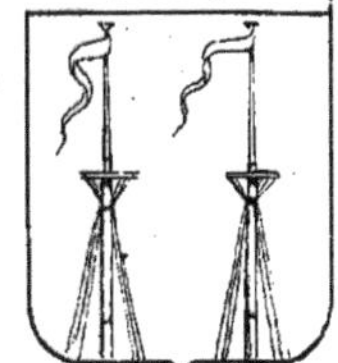

D'azur à 2 mats d'argent

**DUMYRAT**

D'arg.t à un arbre terrassé de sinople, à un lion couché la tête contournée d'or,

**DUON**

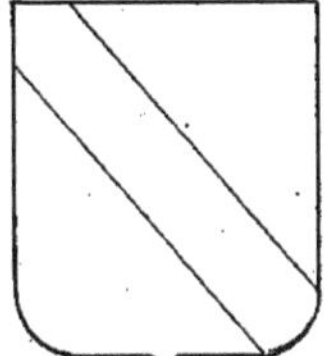

D'argent à la bande de gueules

**DUON**

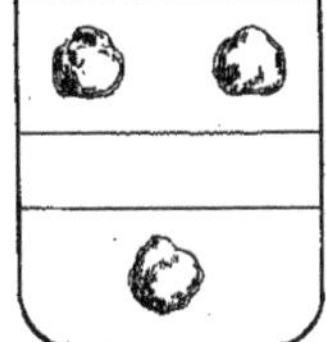

De gueules à la fasce d'or accp.ée de 3 cailloux d'argent.

**DUPLEIX**

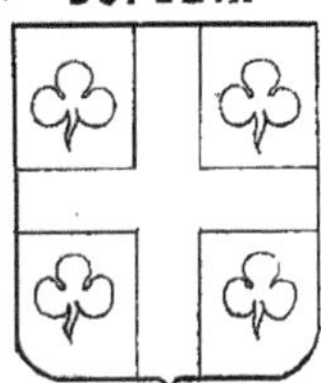

D'azur à la croix d'or cantonnée de 4 trèfles d'arg.t

**DUPLEIX**

D'azur à l'aigle d'argent accp.ée en chef de 2 besans d'or

**DUPLESSIS**

De gueules à la croix patée et alésée d'argent

**DUPONT**

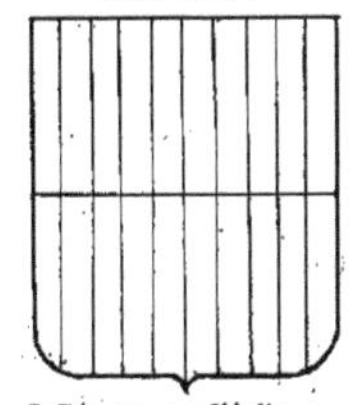

Pallé contre pallé d'azur et d'or de 10 pièces

**DUPORT**

D'azur au pont d'or maçonné de sable surm.té d'un lion tenant une hache, à un soleil mouvant du franc canton aussi d'or.

**DUPONT**

D'or à 3 flammes d'azur mouvantes du chef, au chef du même chgé d'un cygne d'argent.

**DUPRÉ**

D'azur à la bande d'argent acopé en chef d'un cornet d'or

**DUPUIS**

D'azur au lion couronné d'or.

**DUPUIS**

D'azur au chevron d'or accpé de 2 molettes et d'une montagne du même.

**DUPUY**

D'azur au coeur couronné d'or.

**DUQUE**

D'azur à un écureuil accroupi d'argent sur un tronc écoté d'or.

**DURAND**

D'az. au rocher de sinople senestré d'un homme armé tenant une épée haute d'argt sur une terrasse de sinople et un soleil d'or en chef.

**DURAND**

De sinople à une croix florencée cantonnée de 4 besans d'argt.

**DURAND**

D au chevron d accpé de 2 étoiles d et d'un coeur de gueules.

**DURAND**

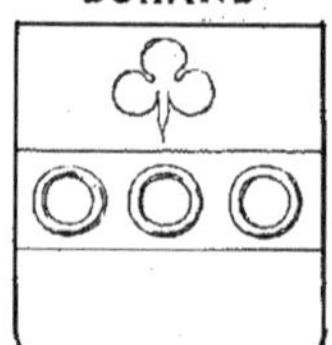

D'or à la fasce de gueules chée de 3 annelets d'argent et surmté d'un trèfle de sinople.

**DURAND**

D'azur au cerf passant d'or au chef cousu de gueules.

**DURRE**

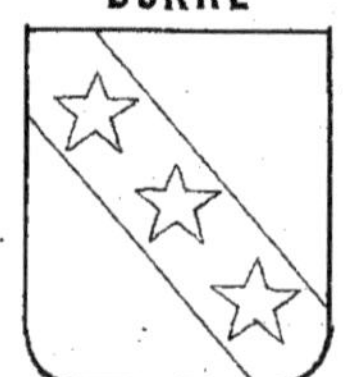

D'argent à la bande de gueules chée de 3 étoiles d'or.

**DURRET**

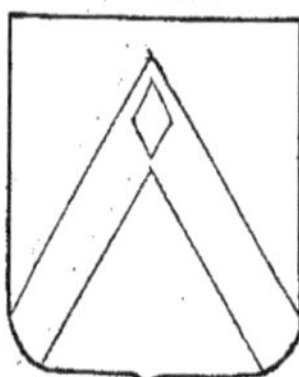

D'argent au chevron d'azur chgé d'un losange d'or.

**DURRET**

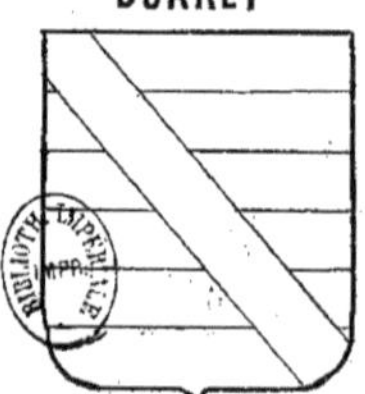



Fascé d'argent et de sinople à la bande d'or brochante.

**DUTREUIL**

D'az. au chevron d'argt accpé en pte d'une aigle d'or tenant son aiglon et fixant un soleil du même mouvant du franc canton.

**DUXIO**

D'azur à un duc au naturel sur un tronc alesé et péri en bande de sinople accpé en chef de 2 étoiles d'argent.

F. 25

**ENTRAIGUES**

D'or au lion de gueules.

**EPICIERS**

D à un vaisseau voguant sur une mer d au chef d chg.e d'un lion couché d

**ESCOTAY**

D'argent au chef emanché de 3 pointes de sable.

**ESCOURTILS**

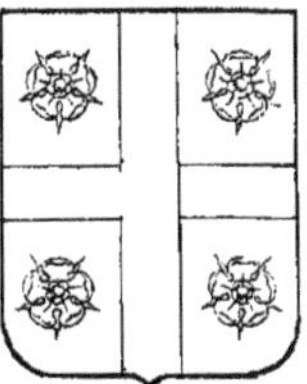

D'azur à la croix d'or cantonnée de 4 roses d'arg.t boutonnées d'or.

**ESPERVILLE**

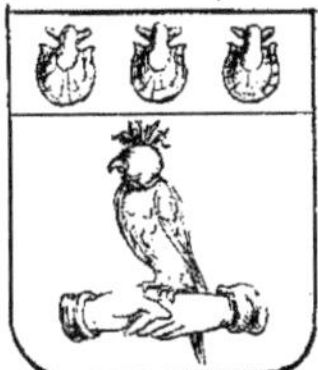

D'or à une foy soutenant un épervier au naturel, au chef d'azur chg.e de 3 coquilles d'arg.t

**ESPINAY**

Ecartelé: au 1.er et 4.e d'or au lion coupé de g.les et de sinople, au 2.e et 3.e de Rohan sur le tout de Milan.

**L'ESPINASSE**

D'or au lion couronné d'azur.

**ESPINCHAL**

D'azur au griffon d'or accp.é de 3 épis de blé du même.

**ESPINAY**

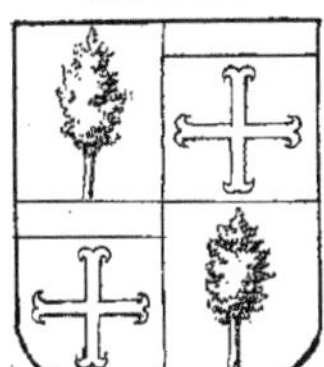

Ecartelé: au 1.er et 4.e d'or au pin de sinople au 2.e et 3.e d'az. à la croix ancrée d'or au chef du même.

**ESSERTINES**

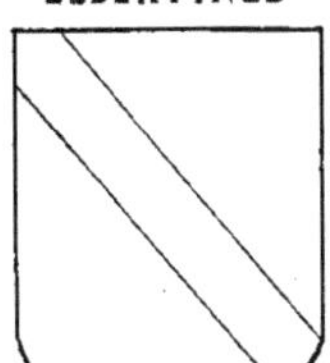

D'argent à la bande d'azur.

**ESTIVAL**

De gueules à 2 rameaux en sautoir d'arg.t; au chef du même chg.é de 3 mouchetures d'hermines.

**ESTAING**

De France au chef d'or.

**ETIENNE**

D'azur à la croix ancrée cantonnée de 4 besans d'argent.

**EURARD**

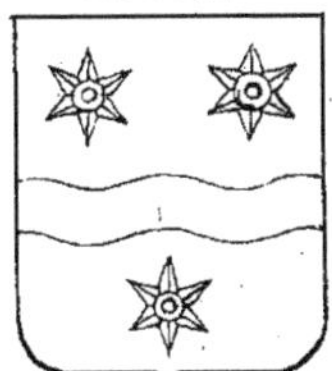

De gueules à la fasce ondée d'arg.t accp.ée de 3 molettes du même

**EVESQUE**

D'azur à une crosse en pal d'or acco.ée en chef de 2 étoiles d'arg.t à une fasce de g.les brochant sur la crosse.

**EYNARD**

D à un chevron d au chef d

**FABRE**

D'azur à la fasce d'argent accpée de 3 têtes de leopards d'or.

**FABRE**

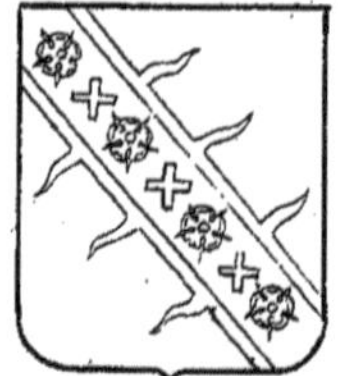

D'azur à la bande ramponnée d'or, remplie de sable et chgée de 4 roses d'argt alternées de 3 croisettes d'or.

**FABRY**

D'azur à un cygne d'argent.

**FABRE**

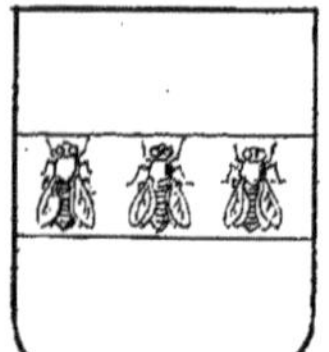

D'argent à la fasce de gueules chgée de 3 abeilles d'or.

**FAGIN**

D'azur au chevron d'or accpé de 3 croix treflées du même

**FALCONNET**

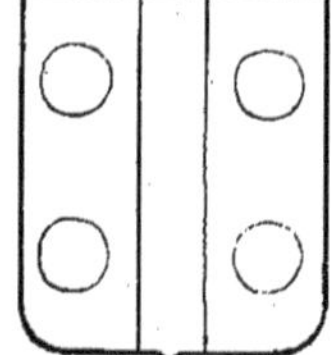

D'azur au pal d'argent accosté de 4 besans du même.

**FANTET**

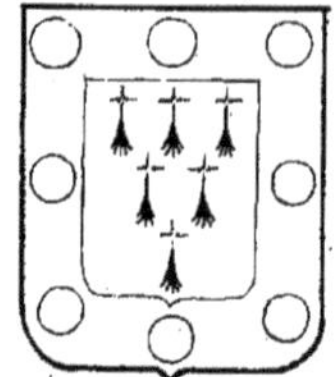

D'argent à 6 mouchetures d'hermines 3, 2 et 1, à la bordure de sable chgées de 8 besans d'or.

**FARCONNET**

D'argt à un faucon poursuivant une colombe au naturel essorés en bande; au chef d'azur chgé de 3 besans d'or.

**FARGES**

De gueules au lion d'argent.

**FARGES**

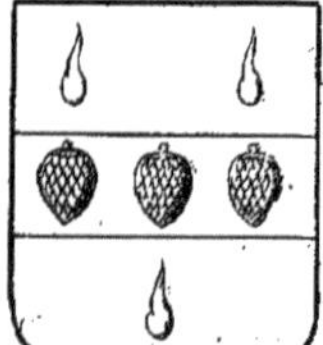

D'azur à la fasce d'or chgée de 3 pommes de pin versées de sinople et accpée de larmes d'argent.

**FARJOT**

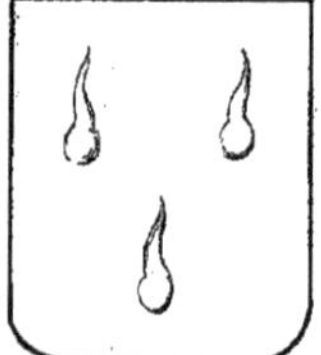

D'azur à 3 larmes d'argent

**FAURE**

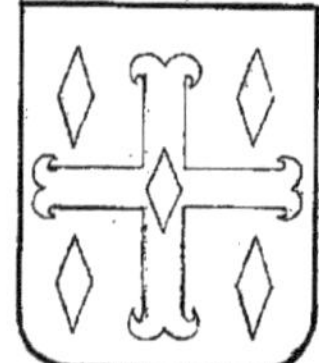

D'or à la croix ancrée de sab. cantonnée de 4 losanges du même et chgée en cœur d'un autre losange d'or

**FAURE**

De gueules au chevron d'or accpé de 2 trèfles et d'un besant du même.

**FAURON**

D'az. à 2 lions affrontés d'or, soutenant un croissant d'argt et accpé de losanges du même.

**FAUTRIERES**

D'argent au sautoir de sable chgé de 5 coquilles d'or.

**FAVARD**

D'argent à une plante de fève terrassée de sinople; au chef échiqueté d'or et de sable de 3 tires.

**FAVRE**

D'azur à la bande d'argt chgée de 3 croissants de gueules et accostée de 2 lions d'argent

**FAVRE**

De gles au chevron surmté d'une trangle d'or, accpé en pte d'une colombe sur une terrasse d'argt, au chef du même chgé de 3 trèfles de gueules.

**FAY**

D'azur au lévrier passant d'argt la tete contournée regardant un soleil d'or en chef.

**FAY**

De gueules à la bande d'or chgée d'une fouine d'azur.

**LA FAY**

D'argent à un arbre de sinople au cerf passant d'or brochant sur l'arbre

**DU FAY**

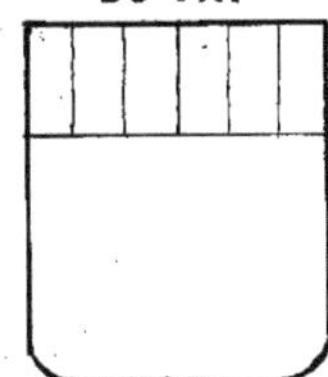

D'azur au chef pallé d'or et de gueules.

**FAYART**

D'argt à un fayard de sinople addextré d'un croissant et senestré d'une étoile de gles

**FAYE**

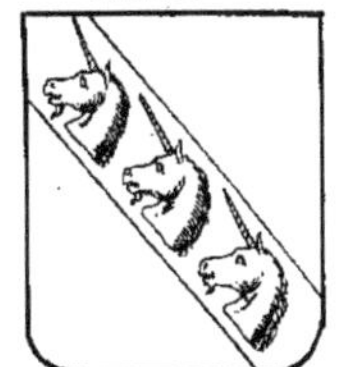

D'argent à la bande d'azur chgée de 3 têtes de licorne d'or

**FAYEUL**

D'argent au fayard terrassé de sinople au che d'azur.

**FAYOLLE**

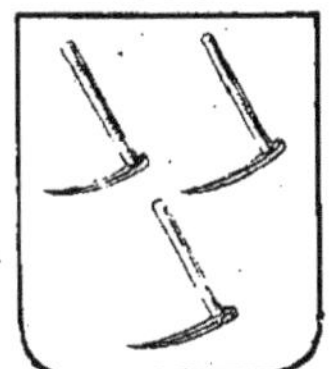

D'azur à 3 pioches d'argent manchées d'or.

**FENOUILLET**

D'azur à 3 grenades rangées d'argt ouvertes de gueules et surmtées de 3 étoiles d'argt

**DU FENOYL**

D'azur au taureau effrayé d'argent et un chevron de gueules brochant.

**FERLAYS**

De sable à la croix ancrée d'argent

**FERRARIS**

D'or au lion de gueules rampant contre une grille d'argt à une trangle en arc brochant et une nuée du même mouvante du chef

**FERRARY**

D'azur au lion couronné d'or

**FERRIERES**

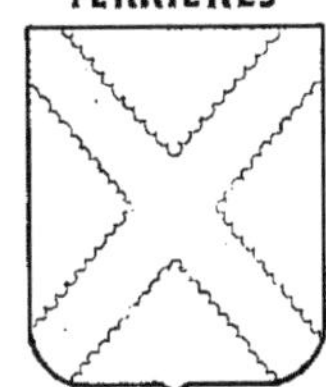

D'argent au sautoir engrêlé de gueules.

**FERRUS**

D'azur a une tour d'arg$^{t}$ sur un mont d'or, surm$^{tée}$ d'une croisette d'or acc$^{ée}$ d'un rameau et d'une palme du même, mouvant de la tour en chevron renversé.

**FERRUS**

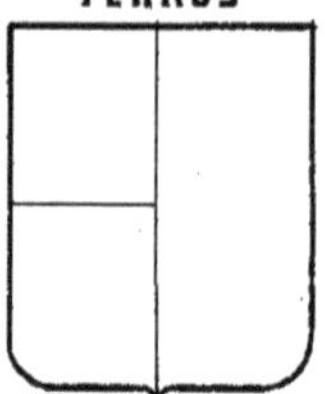

Mi-coupé parti au 1$^{er}$ d'argent au 2$^{e}$ de sinople, au 3$^{e}$ de gueules

**FESCH**

Chappé d'az. à 2 étoiles d'arg$^{t}$ et d'or à une croix longue pattée et étayée de sable et un chevron du même sur le chappé.

**FESSY**

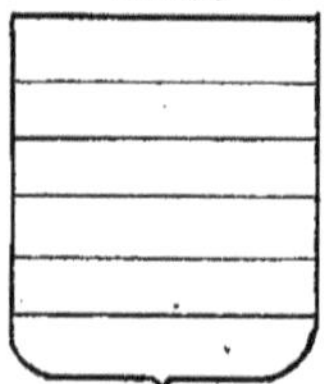

Fascé d'argent et de sable.

**FEURS**

D'or à un pot de sable vomissant des flammes de gueules.

**LE FEVRE**

D'azur à 3 lys tigés et feuillés d'argent.

**FICLER**

D'azur au chevron renversé
d surm$^{té}$ d'une étoile
d

**FILHASTRE**

Ecartelé: au 1$^{er}$ et 4$^{e}$ de gueules a une tête de cerf coupée d'arg$^{t}$ au 2$^{e}$ et 3$^{e}$ d'azur a une gerbe de blé d'or.

**FILLET**

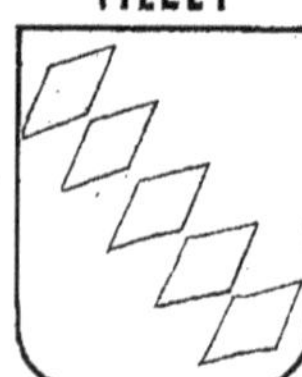

De gueules à 5 fusées en bande d'argent.

**FILLON**

D'azur au sautoir d'argent accp$^{é}$ en p$^{te}$ d'un croissant du même au chef d'azur ch$^{gé}$ d'une étoile d'argent.

**LA FIN**

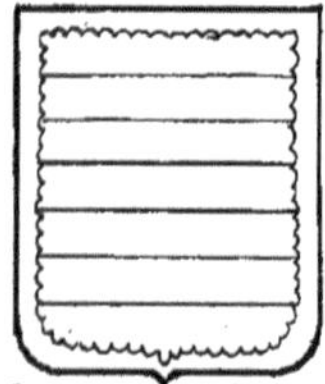

D'argent à 3 fasces de gueules à la bordure engrelée du même

**FISCHER**

D'azur à une syrène, couronnée d'or et écaillée d'argent.

**FISICAT**

D'or au griffon de gueules tenant un écu d'azur à une fleurs de lys d'or, à la bordure semée de France.

**FLACHAT**

D'azur au lion d'or tenant une flèche de gueules armée et empennée d'argent.

**FLACHAT**

D'azur au chevron d'argent accp$^{é}$ de 3 étoiles du même.

**FLACHERON**

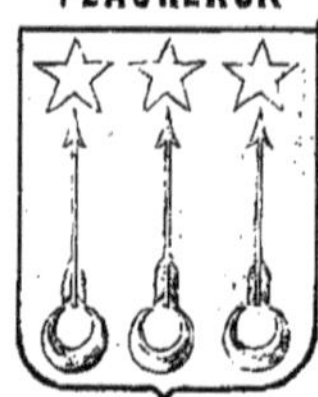

D'azur à 3 flèches rangées d'or accp$^{é}$ en chef de 3 étoiles du même et en p$^{te}$ de 3 croissants d'argent.

FLACHON

D'argent au griffon de gueules.

FLANDRIN

D'azur à une foy d'argent soutenant une croix longue d'or au soleil du même en chef

FLEUR-DE-LYS

D'azur à l'aigle d'or; au chef cousu de gueules chgé de 2 têtes de léopard d'or

FLEURY

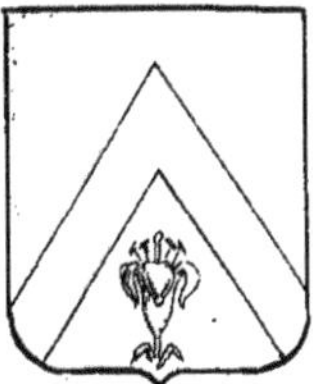

D au chevron d accpé en pte d'un lys d

FLORATIS

D'az. à un tournesol terrassé de sinople surmté d'une couronne de Marquis d'or et soutenu de 2 lions affrontés du même armés et lampassé de gueules.

FLORIS

D'azur à 3 palmiers terrassés d'or.

FLORIS

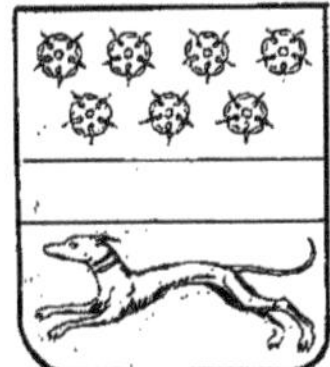

D'az. à la fasce d'argt accpée en chef de 7 roses du même rangées 4 et 3 et en pte d'un lévrier courant d'or.

FLORIS

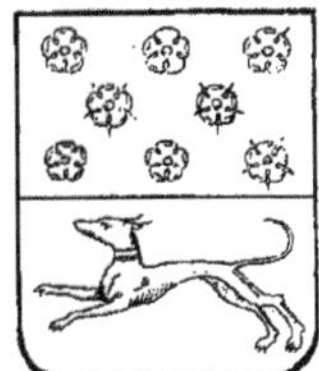

Coupé: au 1er d à 8 roses d rangées 3, 2, 3; au 2d d à un lévrier courant d

FLURANT

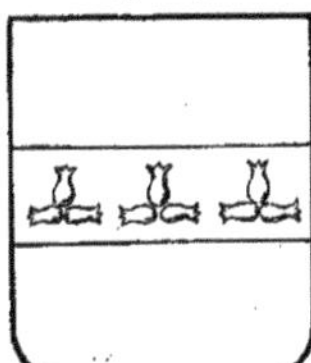

De gueules à la fasce d chgée de 3 coquerelles d

LA FONT

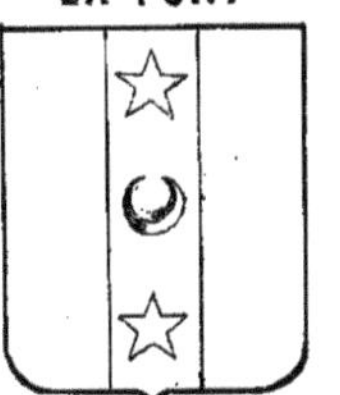

D'or au pal d'azur chgé d'un croissant entre 2 étoiles d'argent.

FONTANES

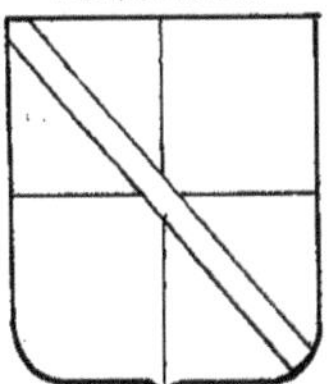

Ecartelé d'argent et d'azur à une cotice de gueules brochant.

FONTAINE

D au lion d

FONTAINE

De sable à une colombe d'argt essorée sur une rivière du même.

LA FONTAINE

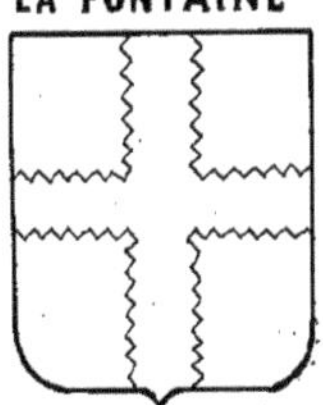

D'azur à la croix denchée d'argent.

FONTENAILLE

D'azur à 2 fasces d'or accpées en pte de 4 étoiles du même 3 et 1.

LA FORCADE

D'azur au chevron ondé d'or accpé en pte d'un lion du même.

**FORCIEU**

D'azur à 2 massues en sautoir d'or surmontée d'une tête d'argus du même.

**FORCRAND**

D'azur au lion d'or au chef d'argent.

**LE FORESTIER**

De sable à 3 cors d'argent liés de gueules.

**LA FORÊT**

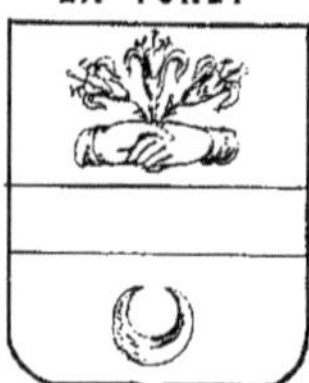

D'azur à la fasce d'arg.t accp.ée en en chef d'une foy du même soutenant 3 lys d'or et en p.te d'un croissant d'argent.

**FOREZ**

De gueules au dauphin d'or.

**FORGET**

D'azur au chevron d'or accp.é de 3 coquilles du même.

**FORISSIER**

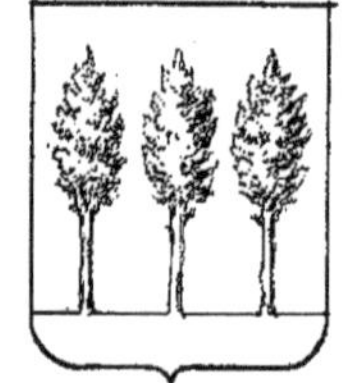

D'argent à 3 cyprès terrassés de sinople.

**FOUDRAS**

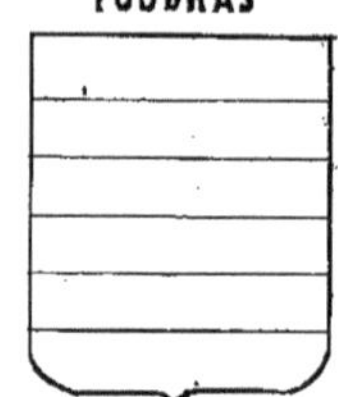

Fascé d'argent et d'azur.

**FOUGÈRES**

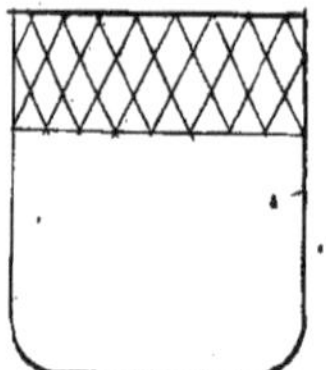

D'azur au chef losangé d'or et de gueules.

**FOURNEL**

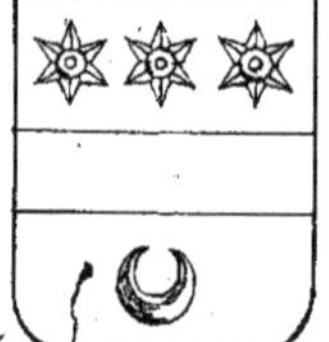

D'azur à la fasce d'arg.t accp.ée en chef de 3 molettes et en p.te d'un croissant du même.

**FOURNIER**

D'azur au chevron d'hermines accp.é de 3 étoiles d'or.

**FOURNIER**

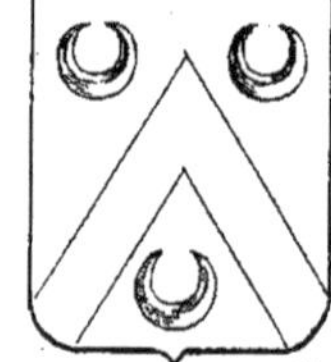

D'argent au chevron de g.les accp.é de 3 croissants du même.

**FOURNIER**

D'arg.t au lion de g.les accp.é en p.te d'un croissant du même; au chef d'az. ch.gé de 3 étoiles d'or.

**FOURNIER**

De gueules au lion d'or à la bordure du même ch.gée de 8 roses de gueules.

**FOURNILLON**

De gueules à la bande d'or ch.gée de 3 chardons de sinop. fleuris de pourpre

**FOURVIERES**

D'argent au chevron de sinop. au chef du chapitre de S.t Jean.

**FOY**

D'azur au chevron d'or accpé de 2 trèfles et d'une foy du même.

**FRAISSE**

D'or à 3 fraises de gueules tigées et feuillées de sinople.

**FRANCHELEINS**

D'argent au griffon de sable et une cottice de gueules brochante.

**FRANÇOIS**

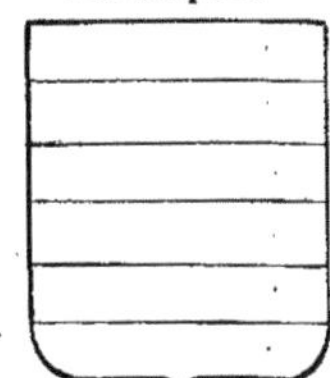

Fascé d'argent et de sinople.

**FRANÇOIS**

D'argent au pal d'azur chgé de 3 croisettes patées d'or.

**FREMINVILLE**

D'azur au chevron d'argent accpé de 3 coquilles d'or au chef du même chgé de 3 bandes de gueules.

**FRERE**

D'azur à l'étoile d'argent au chef d'or chgé d'une croisette patée de gueules.

**FRESSE**

D'az. au losange d'or cantonné de 4 besans du même et chgé d'un lion de gles brisé de 3 bandes d'argt brochantes.

**DU FRONCET**

D'or au lion de sable armé et lampassé de gles au chef d'az. chgé de 2 étoiles d'or.

**FROTTON**

D'argent à 3 fasces de gueules accpées de 3 étoiles du même.

**FRUCTUS**

D'azur à une corne d'abondance d'or.

**FUERS**

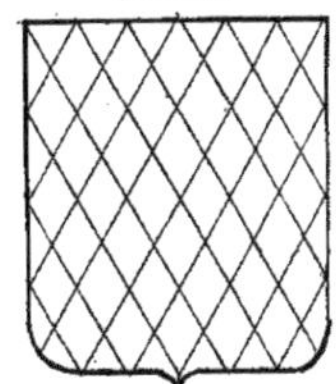

Losangé d'or et de sable.

**FULCHIRON**

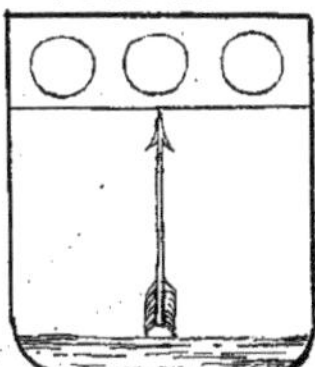

D'az. à une flèche en pal d'or armée et empennée d'argt sur une rivière du même au chef d'or chgé de 3 tourteaux de gueules.

**FUSILLIER**

D'az. à 2 fusils à croc en sautoir d'or.

**FUZEAUD**

D'azur à 3 étoiles d'or.

**FYOT**

Ecartelé: au 1er et 4e d'az. à la fasce de gles accpé en chef de 3 étoiles et en pte d'un T d'or; au 2e et 3e vairé d'or et de sinople.

GABET

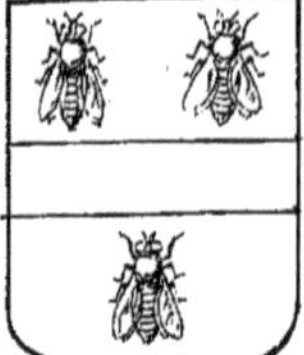

D'azur à la fasce d'argent accp.e de 3 abeilles d'or

GABIANO

Coupé de gueules et d'azur au lion d'or brochant.

GABRION

D'argent au lion de sable et 22 trèfles de sinople en orle.

GACON

D'azur au bélier saillant d'arg.t à la bordure componée d'argent et d'azur.

GADAGNE

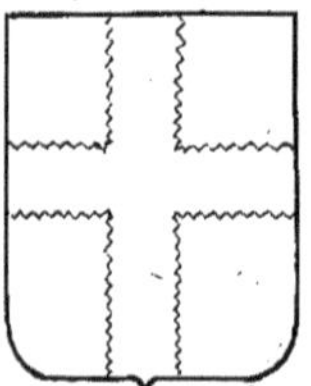

De gueules à la croix dentelée d'or.

GADIS

D'azur à la croix tréflée d'or.

GAILLAT

D'argent à la fasce d'azur ch.ée de 3 étoiles d'or.

GALLAND

D'argent à 3 coqs de sable.

GALLIERS

D'azur au coq d'or accp.é de 2 étoiles du même et d'un croissant d'argent.

GALLON

D'azur à la fasce d'argent surmontée d'un coq d'or.

GALTIER

D'azur au chevron d'argent accp.é de 3 coqs hardis d'or

GANGNIÈRES

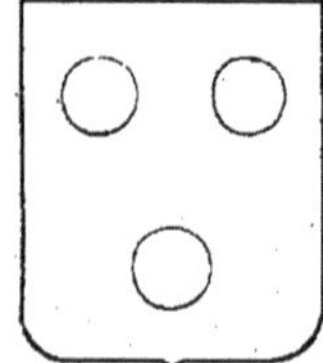

D'azur à 3 besans d'or.

GAPAILLON

D'or au chevron engrêlé de gueules accp.é de 3 feuilles de sinople au chef de France.

GARADEUR

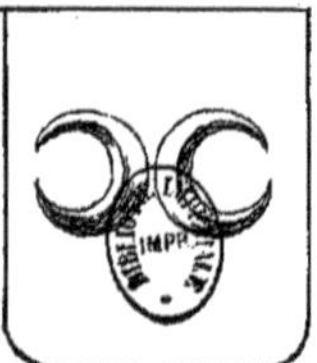

D'or à 2 croissants adossés de gueules.

GARBOT

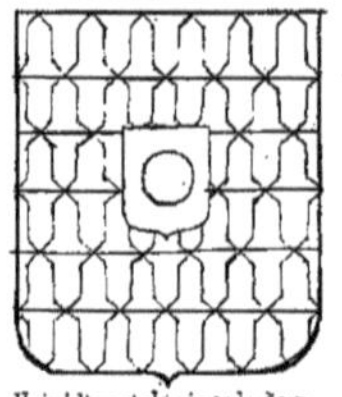

Vairé d'or et de sinople à un écusson de sable en abîme ch.gé d'un besan d'or.

GARBUZAT

D'or au sautoir d'azur cantonné de 4 fleurs de lys du même.

**GARBOT**

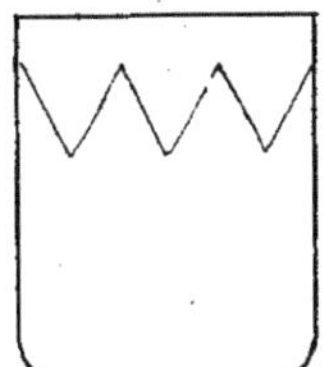

D'azur au chef emanché de 3 pointes d'or.

**LA GARDE**

D'argent à 3 chevrons de gueules

**GARDEL**

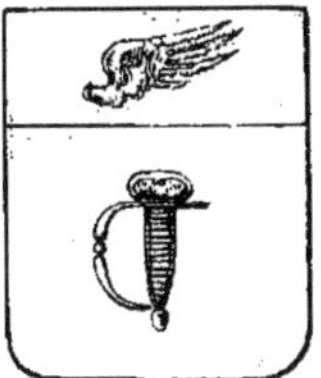

D'azur à une garde d'épée d'or, au chef d'argent ch$^{gé}$. d'un demi vol d'azur.

**GARIL**

De sinople au chevron d'or ch$^{gé}$ d'une merlette de sable.

**GARNIER**

D'azur au chevron d'or accp$^{é}$ de 3 merlettes d'argent

**GARNIER**

De gueules au chevron d'or accp$^{é}$ de 2 rencontres et d'une étoile du même; au chef cousu d'azur ch$^{gé}$ de 3 étoiles d'or.

**GARON**

bandé d'or et de gueules au griffon d'azur brochant.

**GASPARD**

D'azur au chevron d'or accp$^{é}$ de 3 étoiles d'argent; au chef du même à 3 bandes de gueules.

**GASTE**

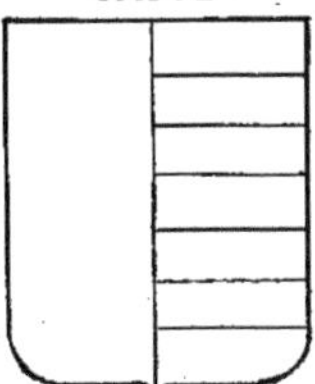

Parti au 1$^{er}$ d'or, au 2$^{me}$ d'azur à 3 fasces cousues de gueules.

**GATTEL**

D'azur au chat passant d'argent surmonté d'un lambel de 3 pendants de gueules.

**GAUDIN**

D'argent au rosier de sinople à 3 roses de gueules mouvant d'un croissant d'azur et accp$^{é}$ de 3 étoiles du même.

**GAUDIN**

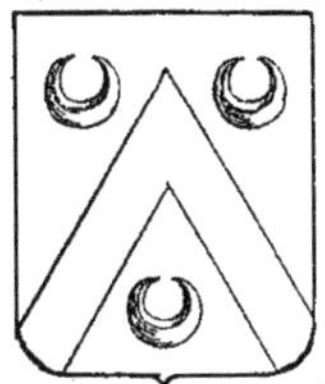

D'azur au chevron d'or accp$^{é}$ de 3 croissants d'argent.

**GAUFRIDY**

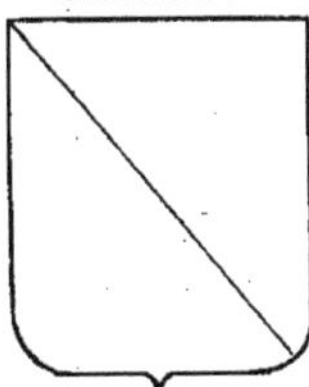

Tranché de gueules sur argent.

**GAULNE**

D'azur au chevron d'or accomp$^{é}$ de 3 têtes de lion [illegible] arrachées de gueules

**GAULTIER**

D'azur au chevron d'or accp$^{é}$ d'une rose du même tigée et feuillée de sinople au chef de l'empire.

**GAULTIER**

D'or à 2 rameaux de laurier de sinople au chef d'azur ch$^{gé}$ de 3 étoiles d'argent.

GAVINET

D'or au chevron de g[les] accp[é] en p[te] d'une tête de cerf coupée de sable, au chef d'az. ch[é] d'un croissant entre 2 étoiles d'argent

GAVINET

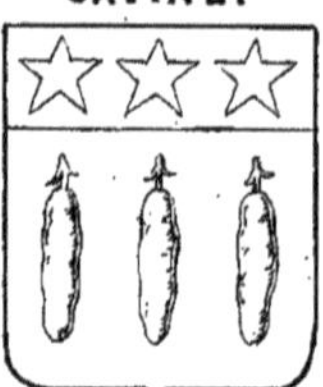

D à 3 cosses de pois rangées d au chef d ch[é] de 3 étoiles d

GAY

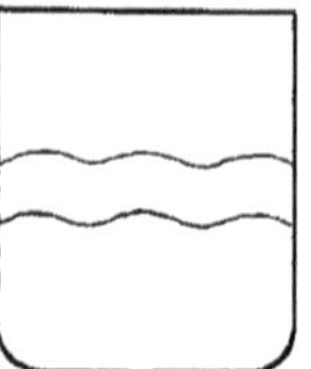

D'azur à une fasce ondée d'or.

GAY

De g[les] à une jumelle d'argent accp[é] en p[te] d'une rose du même au chef cousu d'az. ch[é] d'un soleil d'or.

GAY

D à la fasce d ch[ée] d'un soleil marqué du monogramme du Christ d

GAYANT

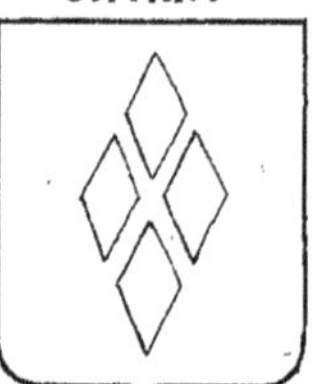

D'azur à 4 losanges mis en losange d'argent

GAYARDON

D'azur au lion d'or accp[é] de 3 besans du même.

GAYBY

D'azur au duc d'or sur un rameau de buis d'argent

GAYET

De gueules à 3 aigles mis en bande d'argent.

GAYON

De gueules au chevron d'or accp[é] en chef de 2 étoiles et d'un lion passant d'argent.

GAYOT

D'or à la bande d'azur ch[ée] de 3 étoiles d'or et acc[ée] de 2 trèfles de sinople.

GAYOT

D'or semé de trèfles de sinople.

GAYOT

D'azur au chien passant de sable.

GAZANCHON

D à un peuplier d soutenu d'un croissant d et accp[é] en chef de 2 étoiles d

GAZENCHON

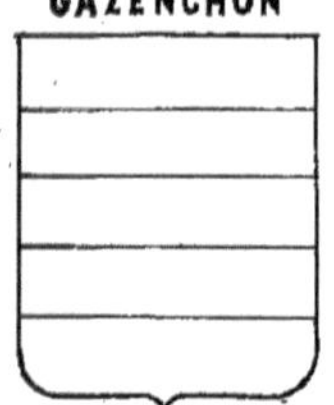

De gueules à 2 fasces d'arg[t].

GARIN

D'azur à un coq d surm[té] d'un heaume taré de fasce d

**GESSON**

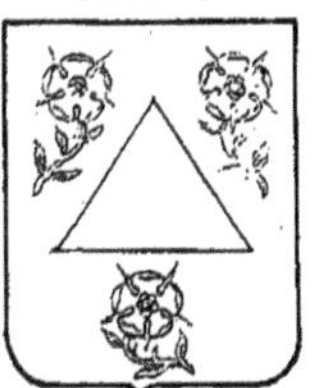

D'or au triangle d'azur accpé de 3 roses de gueules tigées et feuillées de sinople.

**GELAS**

D'azur au chevron d'or accpé de 2 étoiles et d'un lion du même.

**GEOFFROY**

D à 2 étoiles et un coeur d

**GENAS**

D'argent au genêt de sinople boutonné d'or.

**GENAY**

De gueules à 2 chevrons d'or accpés de 3 annelets du même.

**GENDRE**

D'azur à la fasce d'argent accpée de 3 bustes de filles de carnation chevelées d'or.

**LE GENDRE**

D'azur au chevron d'argent accpé de 2 étoiles d'or et d'un chien courant d'argent.

**GENÈVE**

Parti: au 1er d'or à une demie aigle de sable, au 2e de gueules à une clef d'argent.

**GENEVEY**

D'azur à 8 chevrons d'or

**GENEVRIER**

D'or à 3 genevriers de sinople.

**GENOST**

De gueules au chevron d'argent.

**GENTIL**

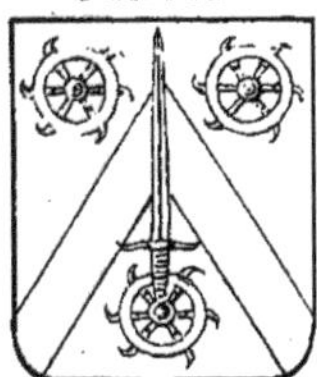

D'azur à un chevron accompé de 3 roues de Ste Catherine d'une épée en pal, brochante le tout d'or.

**GERANDO**

D'azur à la bande d'or accostée en chef d'un geai et en pointe d'une sphère d'argent.

**GÉRENTE**

D'or au sautoir de gueules.

**GERENTET**

D'azur à la croix ancrée d'argent.

**GERMAIN**

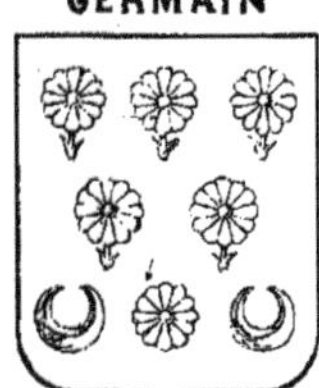

D'argent à 6 marguerites de gueules rangées 3, 2 et celle de la pointe accostée de 2 croissants d'azur.

**GERMAIN**

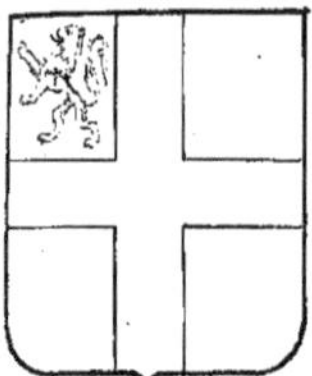

D'azur à la croix d'argent au lion du même au franc canton.

**GERSON**

D'azur à 2 épée en sautoir d'argent surm$^{tée}$ d'une tête de lion arrachée du même.

**GERSON**

D'az. au coeur d'or ailé d'hermines ch$^{gé}$ d'un tau de g$^{les}$ surm$^{té}$ d'un soleil d'or et supp$^{té}$ d'un croissant versé du même le tout accp$^{é}$ de 3 étoiles aussi d'or.

**GERVAIS**

D à une gerbes d au chef d ch$^{gé}$ de 3 étoiles d

**GILIBERT**

D a 8 losanges rangés 4, 3 et 1 au chef d ch$^{gé}$ d'un lion issant d

**GILIQUIN**

D'azur à 3 roses tigées et feuillées d'or.

**GILLET**

D'argent à 2 palmes adossées de sinople.

**GILLET**

D'azur au chevron d'argent au chef cousu de gueules ch$^{gé}$ de 2 molettes d'or.

**GIMBRE**

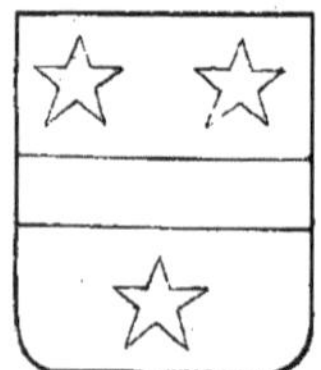

De sable à la fasce d'argent accp$^{é}$ de 3 étoiles d'or.

**GIMEL**

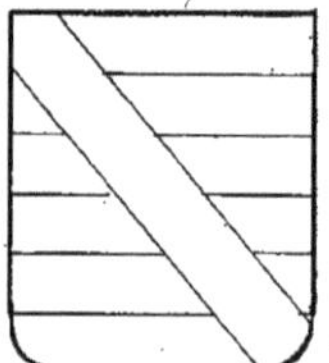

Fascé d'argent et d'azur à une bande de gueules brochante.

**GIMEL**

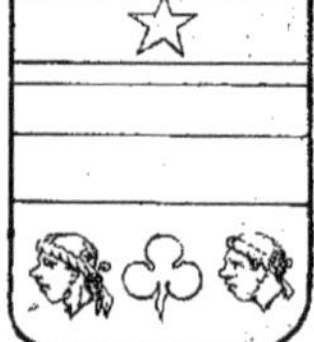

Coupé ; au 1$^{er}$ d'az. à une tringle d'or surm$^{tée}$ d'une étoile d'arg$^{t}$ au 2$^{e}$ d'arg$^{t}$ à un trêfle de sinop. accs$^{té}$ de 2 têtes de maure de sab. tortillées d'arg$^{t}$ et une fasce de g$^{les}$ sur le coupé.

**GIRARD**

Bandé d'argent et d'azur au chef de g$^{les}$ ch$^{gé}$ de 3 trêfles d'or.

**GIRARD**

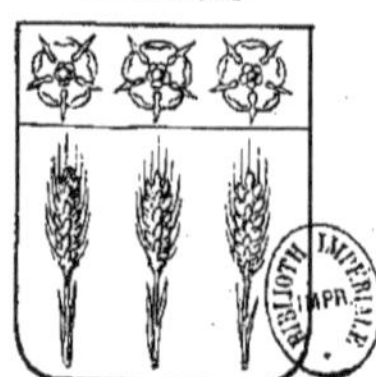



D'azur à 3 épis rangés d'or au chef cousu de gueules ch$^{gé}$ de 3 roses de d'argent.

**GIRARD**

D'azur au chevron d'or.

**GIRARD**

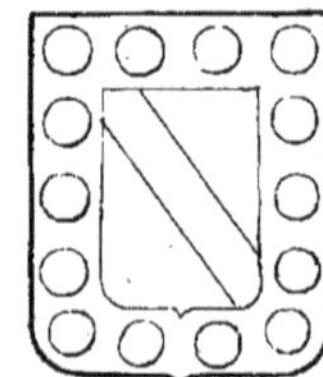

D'azur à la bande d'argent ; à la bordure d'or ch$^{gé}$ de 14 tourteaux de gueules.

**GIRARD**

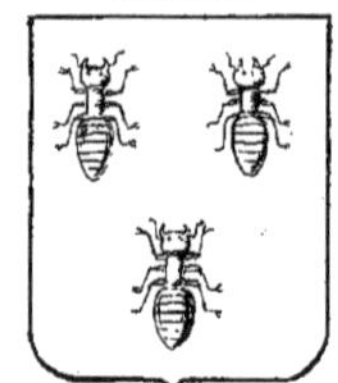

D'argent à 3 fourmis de sable.

**GIRARDON**

De gueules au lion d'or tenant une épée d'argent.

**GIRAUD**

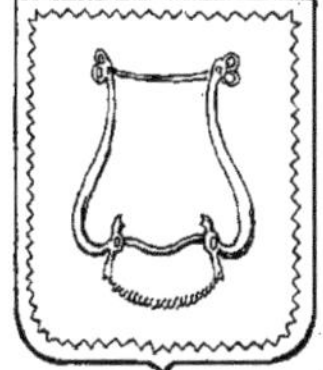

De gueules au mors de cheval renversé d'argent à la bordure dentelée d'or

**GIRAUD**

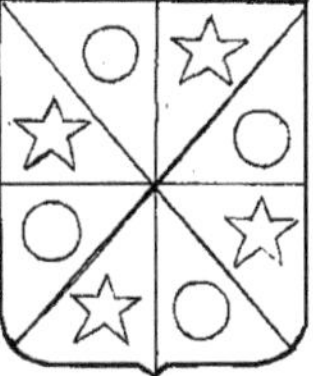

Gironné d'azur d'argent et de gueules à 4 besans et 4 étoiles alternés de l'un en l'autre.

**GIRAUD**

D à l'aigle d accp^ée en chef de 2 étoiles d

**GIRIÉ**

D'azur à un buste de minerve armée d'or sur une terrasse de sinople.

**GIRON**

D'azur au dextrochère mouvant du flanc dextre tenant une palme accp^et de 2 étoiles et d'un croissant le tout d'or.

**GIROUD**

D'azur à la bande ondée d'or accst^ée d'une étoile du même et d'un croissant d'argent

**GIRY**

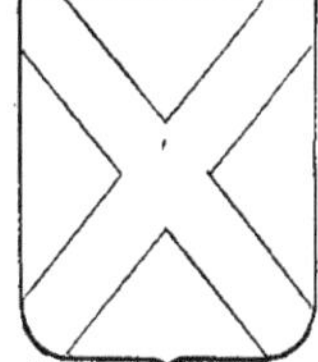

D'argent au sautoir de gueules

**GLARENS**

D à l'aigle d ch^é en cœur d'un écusson aux armes de Villars.

**GLASTHOUD**

D'azur à la bande d'argent ch^ée de 3 étoiles de gueules

**GLATIGNY**

D'or au chevron accp^é de 3 roses de gueules au chef du même.

**GLETTEINS**

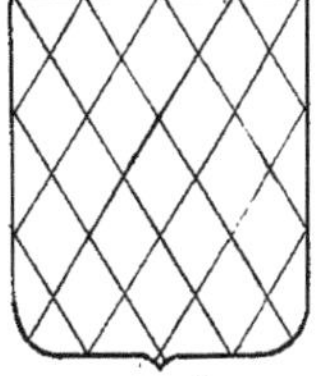

Losangé d'or et de gueules

**GOBUE**

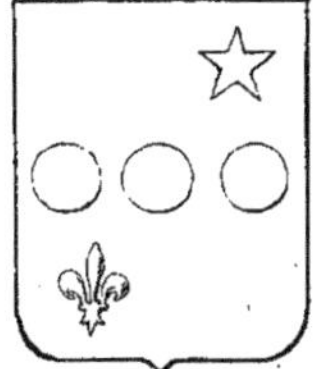

D'azur à 3 besans rangés d'or accp^és au canton senestre du chef d'une étoile et au canton dextre de la p^te d'une fleur de lys du même.

**GODEFROY**

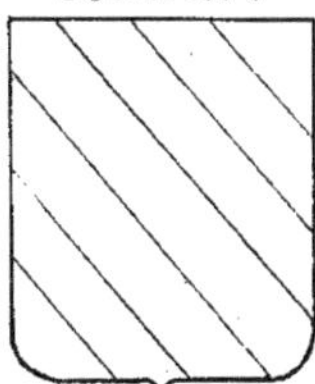

D'azur à 3 bandes d'argent.

**GODINOT**

D'argent à la fasce de gueules ch^ée d'une coquille d'or et accp^ée de 3 merlettes de sab.

**GOIFFON**

D'or griffon d'azur et lion de gueules affrontés.

GONDARD

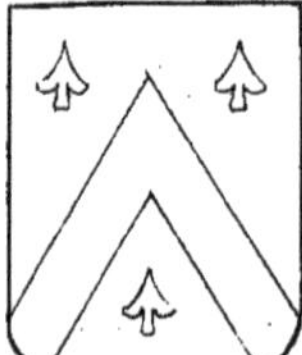

D'azur au chevron d
accp. de 3 fers de dards
d

GONDI

D'or à 2 masses d'armes de sable en sautoir liées de g.les

GONIN

De gueules au chevron d'or accp. d'un chien d'argent.

GONON

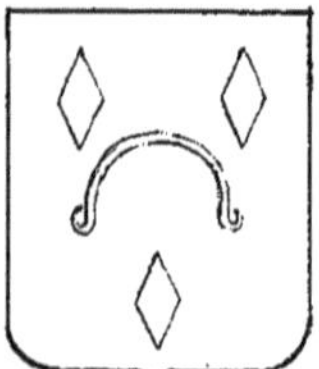

De gueules à la cornière d'argent accp.ée de 3 losanges d'or.

GONTAL

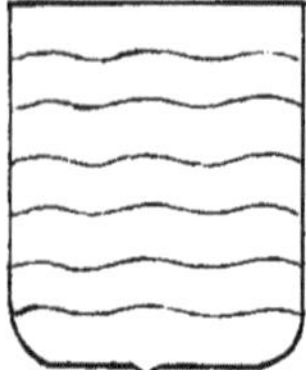

D'azur à 3 fasces ondées d'argent

GOUBAULT

D à la fasce d accp.ée
de 3 colombes d

GOUFFIER

D'or à 3 jumelles de sable.

GOUJAUST

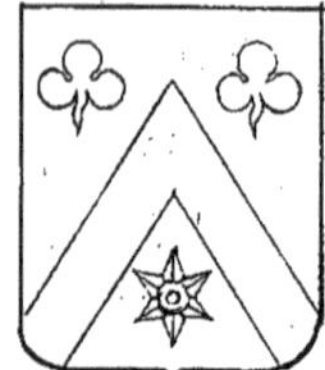

D au chevron d accp.
de 2 trèfles et d'une molette
d

GOUJON

D'azur au sanglier de sable issant de la pointe sénestre rampant contre un tertre de sinople et regardant un soleil d'or mouvant du franc-canton.

GOULARD

D'azur au lion d'or couronné de g.les

GOURGOUILLAT

D'az. au coeur d'or soutenu d'un croissant d'arg.t accs.té de 2 larmes du même et surmonté de 3 étoiles rangées d'or.

GOUTELAS

D'azur au lion d'or accp.é en p.te d'une fleur de lys du même.

LA GOUTTE

D'arg.t au chevron de gueules accp.é de 3 étoiles du même.

LA GOUTTE

D'azur à l'étoile d'or au chef cousu de g.les ch.é d'un chevron d'or accp.é d'une étoile du même.

GOY

D'azur au chevron d'or au chef du même ch.é d'une aigle issante de sable.

GOY

D'az. au chevron d'or accp.é de 3 monts de 3 copeaux d'arg.t au chef du même ch.é d'un ours de sable surch.é de 3 étoiles d'arg.t

GOYSNE

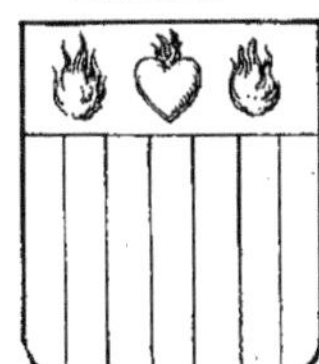

D'azur à 3 pals d'or ; au chef d'argᵗ chᵍᵉ d'un cœur enflammé de g.ˡᵉˢ accsᵗᵉ de 2 flammes du même.

GRAILHE

D'argᵗ au hêtre de sinople sommé de 2 corbeaux affrontés de sable ; au chef d'az. chᵍᵉ de 2 étoiles d'argent

GRANDRIS

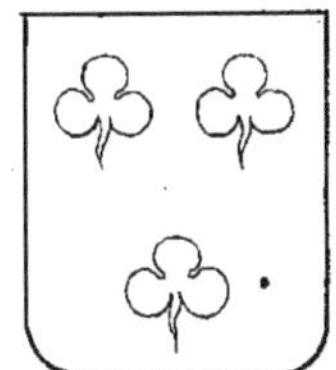

D'azur à 3 trefles d'or.

LA GRANGE

De gueules à 3 merlettes d'argᵗ au franc cartier d'hermines.

GRANGES

D'azur à la bande d'or accsᵗᵉ en chef de 3 étoiles d'argᵗ et en pᵗᵉ d'une hure du même.

GRANGIER

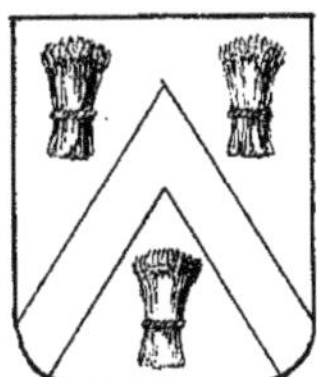

D'azur au chevron d'or accpᵉ de 3 gerbes du même

GRANT

D à 3 étoiles d

GRASSAY

D'or au lion d'azur couronné de gueules.

LA GRAULÉE

D'azur au lion de gueules rampant contre un arbre de sinople.

GRAVIER

De gueules au chevron d'or au chef d'azur soutenu d'or et chᵍᵉ de 3 étoiles du même.

GRAVIER

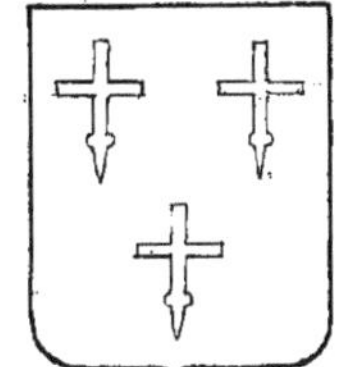

D'azur à 3 croix au pied fiché d'argent

GREFFET

D'argent semé de billettes de sable au lion du même.

GREGAINE

D'azur au chevron d'or accpᵉ de 2 croissants et d'une étoile d'argent.

GRILLET

De gueules à la fasce ondée d'or accpᵉᵉ en chef d'un lion passant d'argent et en pointe de 3 besans du même.

GRIFFET

D'azur au griffon d'or surmᵗᵉ de 3 croix ancrées d'argent rangées en chef.

GRILLET

De sable à 3 fontaines d'argent.

**LAFOND**

D'azur au lion d'argent au chef d'or.

**LAFOND**

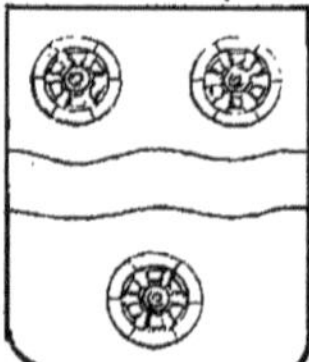

De gueules à la fasce ondée d'argent accpées de 3 roues du même

**LAFOND**

D'azur à une fontaine d'or ruisselante d'argent sur une plaine de sinople.

**LAFOREST**

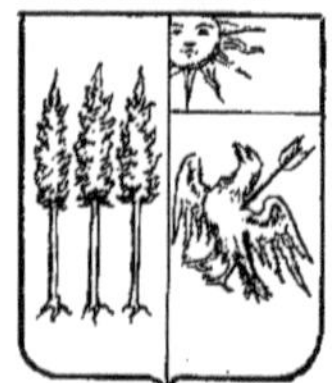

Parti: au 1er d'argt à 3 pins rangés de si. au 2e d'argt à l'aigle essorée de sa. percée d'une flèche de gles au chef d'az. chgé d'un soleil d'or mouvant du franc canton

**LAINÉ**

D'azur à la croix alaisée d'or accpée de 3 étoiles du même

**LAISSUS**

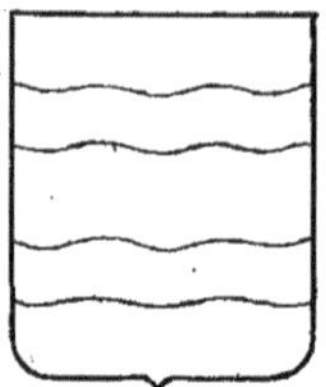

D'or à 2 fasces ondées de sinople

**LALLIÉ**

Parti: au 1er d'or au lion de gles embrassé d'az. à une étoile d'or et un croissant d'argt; au 2e de gles à la fasce d'argt chgée d'un carreau d'az. accpé de 3 fleurs de lys d'or.

**LALLIER**

D'azur au chevron d'or et une rivière d'argt en pointe; au chef d'argt chgé de 2 étoiles de gueules.

**LAMBERT**

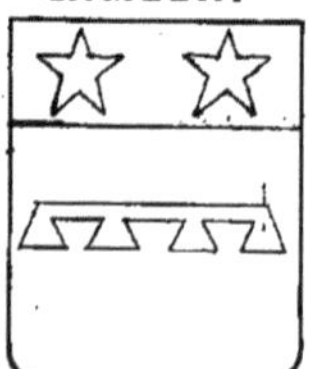

De gueules au lambel de 4 pendants d'argt au chef d'or chgé de 2 étoiles d'azur.

**LAMBERT**

D'azur au lion d'or au chef d'argent chgé de 3 étoiles de gueules.

**LAMET**

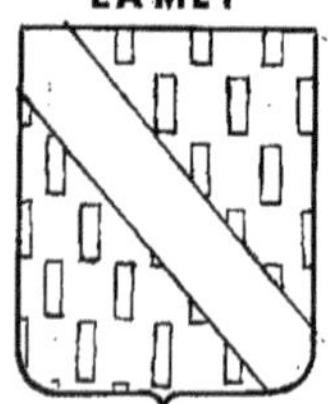

D'or semé de billettes de gueules à la bande d'azur brochante.

**LANCRY**

D'or à 3 ancres de sable.

**LANDRY**

D'azur au trèfle d'or accpé de 2 étoiles et d'un croissant d'argent.

**LANGES**

De gueules au chevron d'or chgé d'une coquille de sable et accpé de 3 croissants d'argt

**LANGES**

De gueules au croissant d'argt surmonté d'une étoile du même

**LAPIERRE**

De Sinople à la bande d'argt accstée de 2 lions du même.

LAPIMPIE

D'azur à la fasce d'or surm.tée d'une levrette d'argent au chef cousu de gueules ch.gé de 3 étoiles d'or.

LARCHER

D'azur au chevron d'argent accp.é de 2 roses et d'une croix de Loraine du même

LARDERET

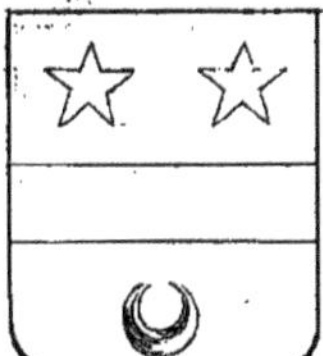

De gueules à la fasce d'arg.t accp.ée de 2 étoiles et d'un croissant du meme.

LAUBE

D'azur au cerf d'or franchissant sur un rocher d'argent

LAUBE

D'azur au chevron d'or addextré d'un cerf du même.

LAUBE

D'azur au cerf passant d'or

LAUNAY

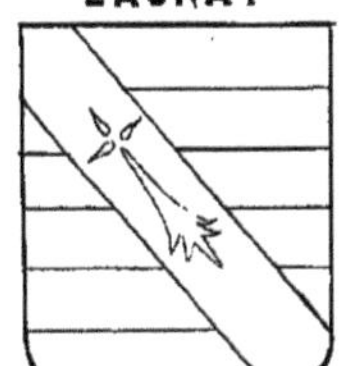

Fascé d'argent et d'azur à la bande d'azur brochante et ch.gée d'une moucheture d'hermines d'argent.

LAURE

D'argent au laurier terrassé de sinople.

LAUREAU

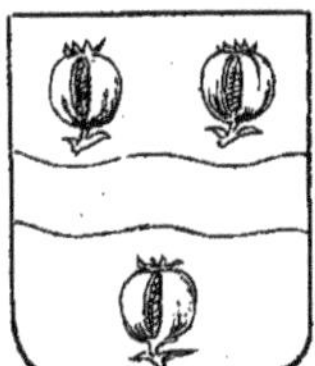

D'azur à la fasce ondée d'arg.t accp.ée de 3 grenades tigées d'or

LAURENCIN

De sable au chevron d'or accp.é de 3 étoiles d'arg.t

LAURENT

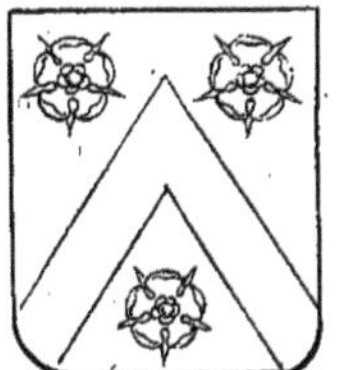

D'argent au chevron d'azur accp.é de 3 roses de gueules

LAURENT

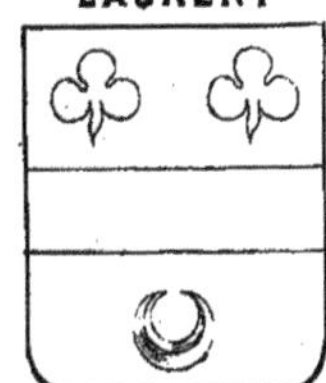

D'or à la fasce de gueules accp.ée de 2 trefles de sinople et d'un croissant de gueules

LAURÈS

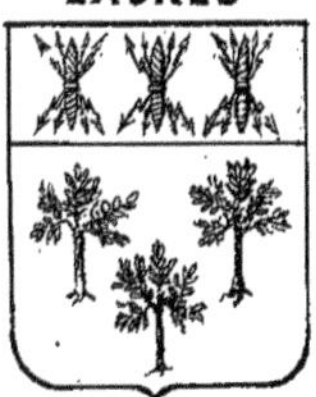

D'or à 3 lauriers de sinople 2 et 1 au chef d'azur ch.gé de 3 foudres d'argent.

LAURIDEAU

De sable à la fasce d'or accp.ée de 3 molettes du même.

LAURIS

D'or au laurier de sinople accs.té de 2 cigne surmontés de 2 étoiles de sinople

LAUTONS

De gueules au lion d'or surmonté de 3 aiglettes rangées du même

LAVIEU

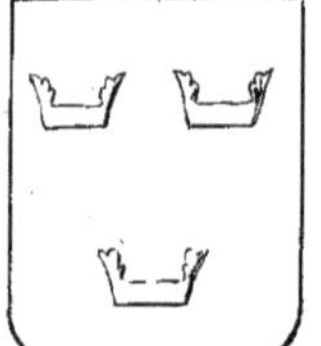

D à 3 couronnes a 2 fleurons d

LAVIEU

D'or (diapré de gueules) à la bande engrêlée de sable

LAVIEU

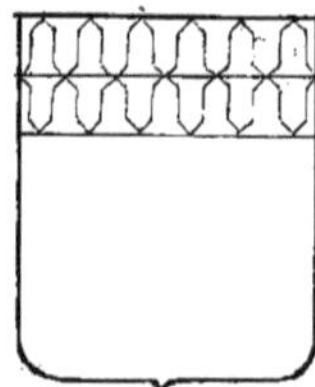

De gueules au chef de vair.

LAY

D'argent à une haie terrassée de sinople, surmontée de 3 merlettes de sable.

LAYE

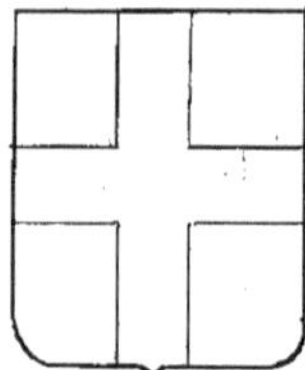

D'argent a la croix de sable

LEBEAU

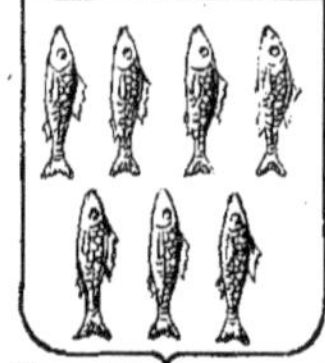

D'azur à 7 poissons en pal d'or posés 4 et 3.

LECLERC

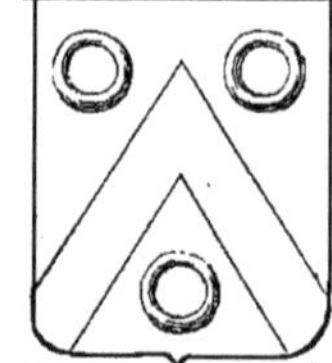

D'argent au chevron de g^les^ accp^é^ de 3 annelets de sable.

LECLERC

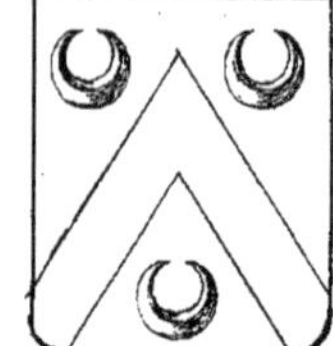

D'azur au chevron d'or accp^é^ de 3 croissants d'argent.

LEC

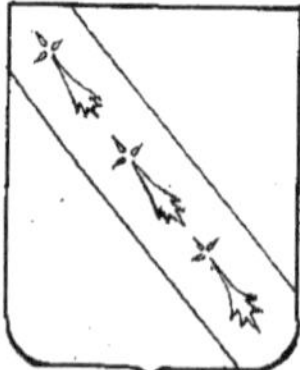

De sable à la bande d'argent ch^gée^ de 3 mouchetures d'hermines de gueules

LEGAT

Losangé d'argent et d'azur a 3 cors de chasse d

LEGENDRE

D'azur au chevron d'argent accp^é^ de 2 étoiles d'or et d'un levrier courant d'argent

LEMAU

D'azur à la fasce d'argent ch^gée^ de 2 trefles de sinople et accp^ée^ en chef d'un croissant et en p^te^ d'un coq d'or.

LEMOYNE

D'azur au chevron d'or accp^é^ de 2 soleils du meme et d'un croissant d'argent.

LEMPEREUR

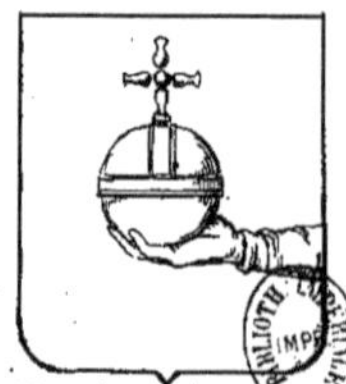

D'azur à une main de carnation vêtu d'or soutenant un monde d'arg^t^ cintré et croisé d'or.

LEMPEREUR

D'azur à l'aigle d'or.

LEMPS

Parti d'or et de gueules au lion parti de l'un l'autre

**LENOIR**

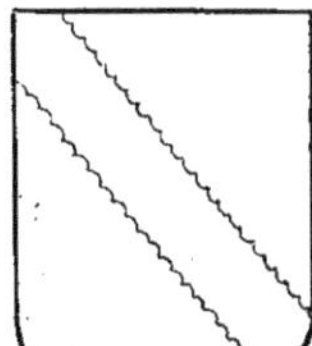

De gueules à la bande engrêlée de sable.

**LENTIGNY**

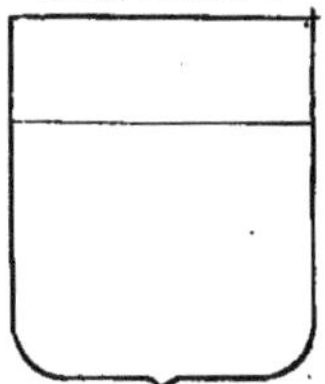

De gueules au chef d'or.

**LEPILEUR**

D'azur au lion d'or, au chef d'argent ch^gé de 3 pélicans de sable.

**LESCALLIER**

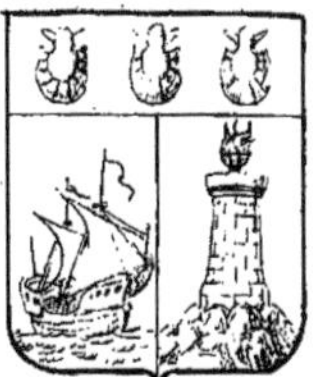

Parti : au 1^er d'az. à un vaisseau voguant sur une mer d'arg^t., au 2^e de sab. à un phare sur un roche d'or portant un fanal allumé de g^les au chef d'or ch^gé de 3 coquilles de gueules.

**LESCHALLIER**

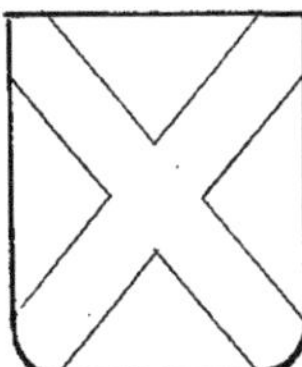

D'or au sautoir de gueules.

**LESGALLERY**

D'az. au chevron dentelé d'or, accp^é de 2 tierces feuilles d'arg^t et d'une pomme de pin du même tigées et feuillées d'or.

**LÉTOUF**

Ecartelé, au 1^er et 4^e d'or à 2 chevrons de sab. et un lambel de 3 pendants de g^les au 2^e et 3^e contre écartelés d'arg^t et de sab. à la bordure engrelée de gueules.

**LEUGYN**

Coupé : au 1^er de g^les à un bras mouvant d'une nuée et tenant un os d'arg^t et un croissant du même au fc. canton, au 2^e d'az. à 3 bandes d'arg^t et une mer en fasce d'arg^t brochant sur le coupé.

**LEUSSE**

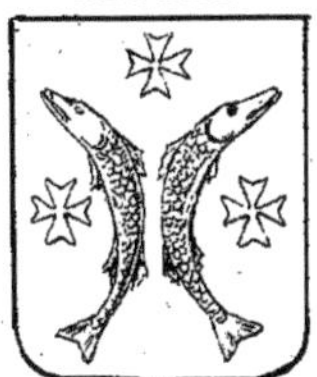

De gueules à 2 bis oubrochets adossés d'argent accp^és de 3 croix de malte d'or.

**LEVASSEUR**

D'azur au phénix accp^é d'un soleil mouvant du franc canton et d'un croissant à senestre.

**LÉVIS**

D'or à 3 chevrons de sable.

**LEZAY**

Parti d'argent et de gueules à la croix ancrée de l'un en l'autre.

**LIATARD**

D'argent à la bande d'azur ch^gée de 3 fleurs de lys d'or.

**LICESSOAN**

D'azur au chevron d'or accp^é de 2 chevrons alesés du même et d'une rose tigée au naturel.

**LA LIEGUE**

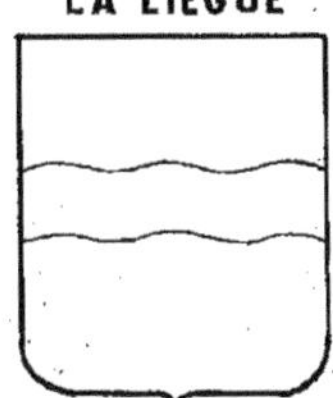

D'or à la fasce ondée de sable.

**LIMOSIN**

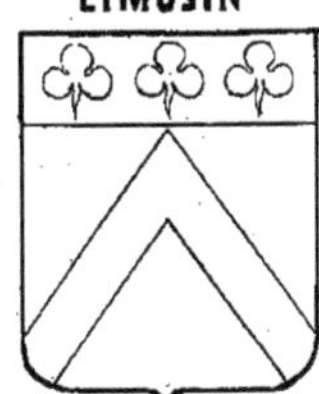

D'azur au chevron d'argent au chef d'or ch^gé de 3 trèfles de sinople

**LINIÈRES**

D'or au chef de vair, au lion de gueules, couronné d'or brochant.

**LION**

De gueules au chevron d'argent accp.e en p.te d'une tête d'éléphant du même; au chef d'or ch.é de 3 tourteaux d'azur.

**LIONNET**

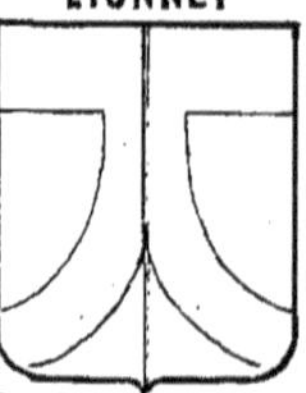

Parti d'argent et de gueules au chef chevron courbé de l'un en l'autre.

**LIONS**

D'azur à 2 lions affrontés d'or soutenant une épée d'argent et accp.é de 2 étoiles et d'un croissant du même

**LIOTAUD**

D'azur au lion d'or tenant une flamme de gueules, au chef d'azur soutenu d'or et ch.é de 3 étoiles du meme.

**LIVET**

D'arg.t à la croix potencée de gueules cantonnée de 4 trèfles de sinople, au chef d'argent ch.é d'un lion issant de gueules.

**LIVRON**

D'argent à 3 fasces de g.les et un roc d'échiquier du meme au franc canton

**LORAS**

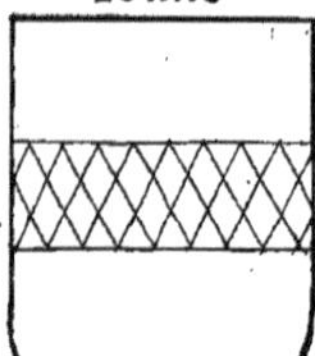

De gueules à la fasce lozangée d'or et d'azur.

**LORGUE**

De gueules à 3 étoiles d'or.

**DE LORME**

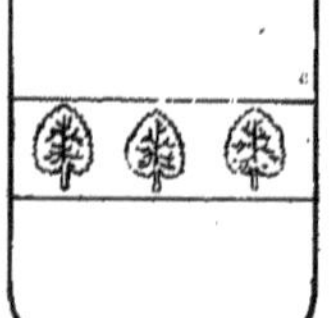

D'azur à la fasce d'or ch.ée de 3 feuilles d'orme de sinople.

**LHOSPITAL**

D'azur au coq d'argent crêté et barbilloné de gueules

**LOUBAT**

D'azur à 3 bandes d'argent celle du milieu ch.ée de 3 molettes de gueules.

**LOUPON**

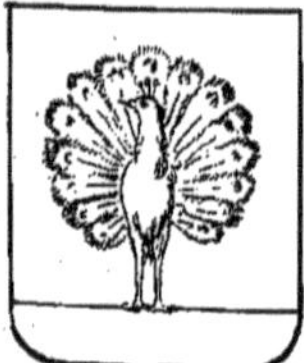

D'argent à un paon d'azur sur une terrasse de sinople

**LOVAT**

Pallé d'or et de gueules à la bande d'argent ch.ée de 3 louveteaux de sable.

**LOYS**

D'azur à un demi vol d'or.

**LOYSEL**

D'azur à un oiseau d'arg.t portant un rameau d'olivier du même.

**LUARDS**

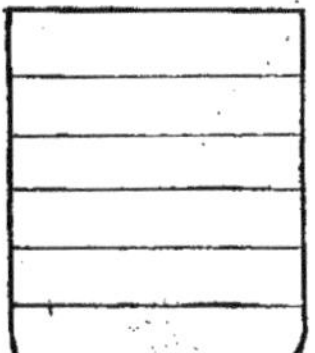

Fascé de sable et d'or.

**LUMAGNE**

De gueules à 3 limaçons d'argent, au chef de sable brisé d'or et ch$^{gé}$ d'une fleur de lys du meme

**LUZY**

De gueules au chevron d'argent accp$^{é}$ de 3 etoiles d'or

**LYON**

De gueules au lion d'argent tenant une épée du même, au chef cousu de France.

**LYONNET**

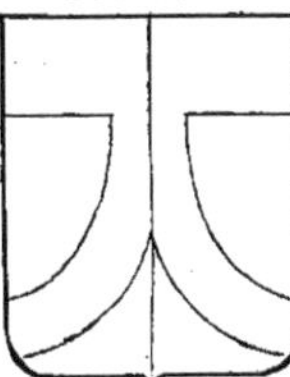

Parti d'argent et de gueules au chef chevron courbé de l'un en l'autre

**LYONNET**

De sabble au lion d'argent armé lampassé et couronné d'or la queue fourchue et passée en sautoir et ch$^{gée}$ sur l'épaule d'une mouchet$^{re}$ d'hermines de sable.

**LYONNET**

Coupe au 1$^{er}$ d'azur a 2 ancres en sautoir d'argent au 2$^{e}$ de gueules au lion couché d'argent sur une plaine de sinople.

**LYOT**

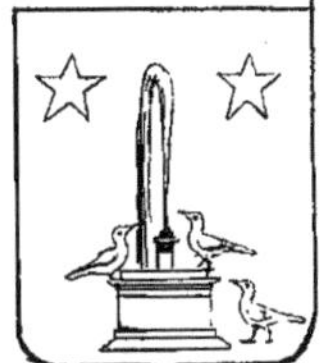

D à 3 oiseaux buvant a une fontaine jaillissante d accs$^{tée}$ de 2 étoiles d

**MABIEZ**

D'argent au lion de gueules rampant contre un olivier terrassé de sinople; au chef d'azur.

**MACORS**

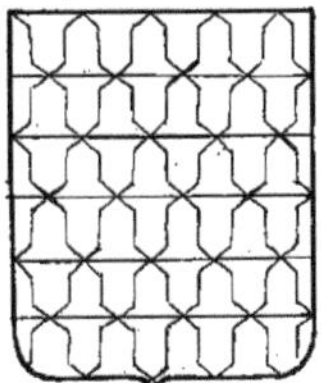

De vair.

**MADIERES**

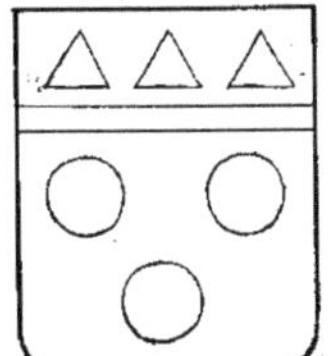

De gueules a 3 besans d'or au chef d'azur soutenu d'or et ch$^{gé}$ de 3 piles du même.

**MADIERES**

D'az. au chevron d'arg$^{t}$ accp$^{é}$ de 3 croissants soutenant chacun une palme du meme, au chef cousu de g$^{les}$ ch$^{gé}$ d'un lion passant d'argent.

**MADINIER**

D'azur à un mont de 3 copeaux d'argent d'ou sortent 3 roses de gueules tigées de sinople.

**MACHARD**

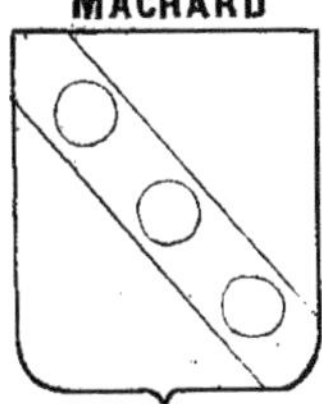

D à une bande d ch$^{gée}$ de 3 besans d

**MAGNIN**

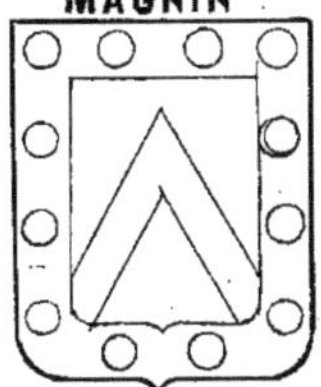

D au chevron d à la bordure d besantée d

**MAGNIN**

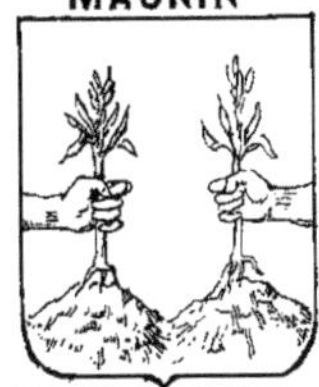

D'az. à 2 mains d'arg$^{t}$ mouvant des flancs de l'écu arrachant chacune une tige d'un tertre d'or.

**MAIGRE**

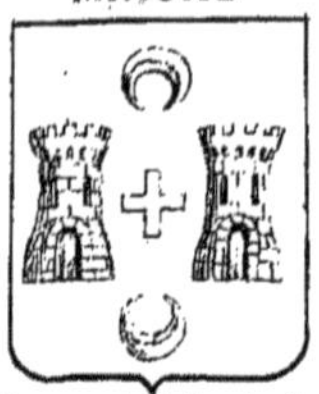

D'az. à une croisette d'or entre 2 croissants l'un sur l'autre appointés d'arg.t et acc.tée de 2 tours du même maçonnées et ajourées de sable.

**MAILLOT**

Fascé d'arg.t et de g.les au lion de sab. brochant, un croissant d'arg.t au franc canton et une bordure engrêlée d'azur.

**MAINDESTRE**

D'or au dextrochère au naturel tenant une rose de g.les tigée et feuillée de sin. au chef d'azur ch.gé de 3 étoiles d'argent

**DU MAINE**

De gueules à une fleur de lys d'or au chef d'arg.t

**LE MAISTRE**

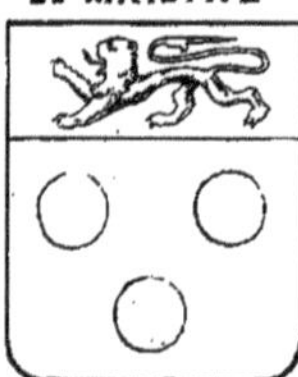

D'azur à 3 besans d'or au chef cousu de gueules ch.gé d'un lion passant d'or.

**LA MALADIÈRE**

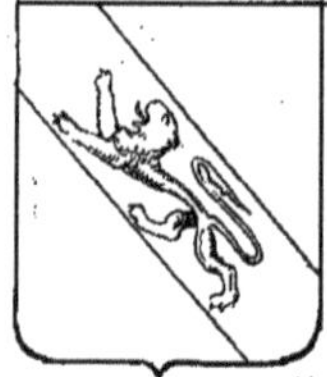

D'azur à la bande d'or ch.gée d'un lion de de gueules.

**MALEYZIEUX**

D'argent au sautoir de gueules ch.gé de 5 étoiles d'or.

**MALEYZIEUX**

D'azur à un mont de 6 copeaux d'or sur une plaine de sinople et surm.té d'un croissant d'arg.t

**MALHERBE**

D'or à une tulipe de pourpre tigée, feuillée et terrassée de sinople.

**MALMONT**

D'azur au lion d'or accp.é de 3 étoiles rangées en en chef et d'un croissant du même en pointe

**MALO**

De gueules à la croix patée et alesée d'or et 3 feuilles de houx mouvantes du som- de la croix de sinople au chef de France

**MALOMON**

D'azur au lion d'or.

**MALON**

D'azur à 3 merlettes d'or.

**MALLET**

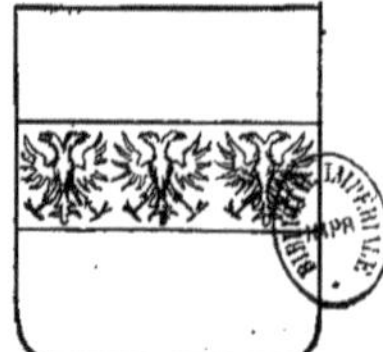

De gueules à la fasce d'or ch.ée de 3 aiglettes à 2 têtes de gueules.

**MALLET**

D'azur au cigne au chef d'or ch.gé de 3 losanges de gueules.

**MALLET**

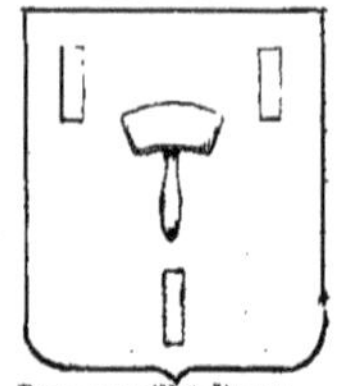

D'or au maillet d'azur accp.é de 3 billettes de gueules.

**MANDELOT**

D'azur à la fasce d'argent

**MANIQUET**

D'azur à 3 demi vols d'argent

**MANIS**

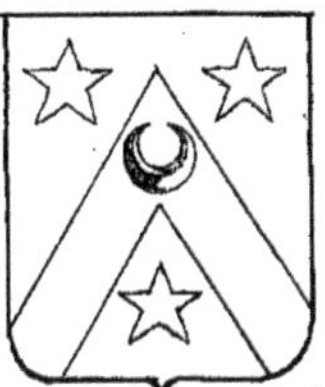

D'az. au chevron d'argt chgé d'un croissant de gles et accpé de 3 étoiles d'or

**MANISSIER**

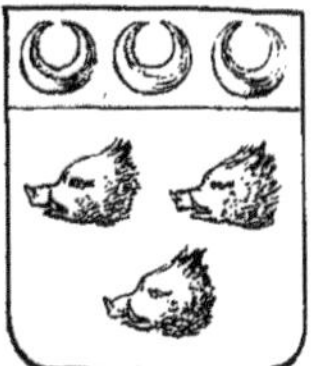

D'or à 3 hures de sable, au chef de gueules chgé de 3 croissants d'argent

**MARCHAMPS**

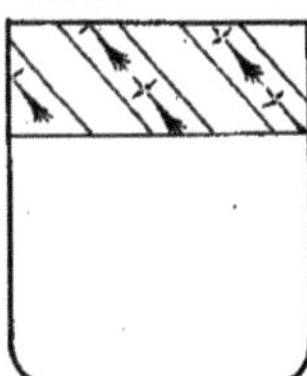

D'argent au chef bandé de gueules et d'hermines.

**MARCHAND**

D'argent à la bande d'azur chgée d'un soleil et d'une étoile d'or.

**MARCILLY.**

D à un massacre de cerf d

**MARÉCHAUX**

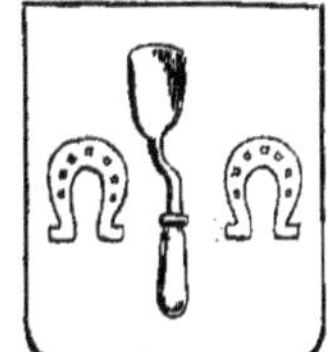

De gueules à une buie accté de 2 fers a cheval d'argent

**MARÉCHAL**

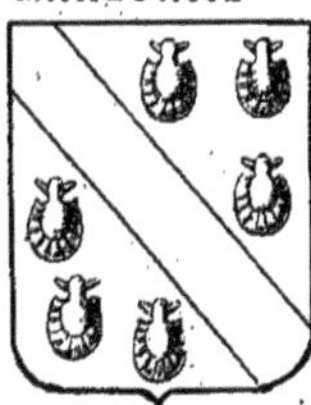

D'or à la bande de gueules accpé de 6 coquilles en orle.

**MARÉCHAL**

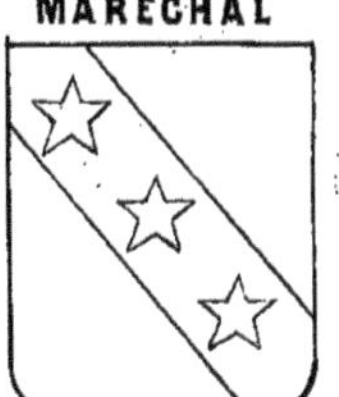

D'or à la bande de gueules chgée de 3 étoile d'or

**MARET**

D'azur à une colombe d'argent soutenue d'un croissant du même ; au chef cousu de gueules chgé de 3 coquilles d'or.

**MARGARON**

D'or au chevron d accpé en pte d'un chardon tigé et feuillé d

**MARGONET**

D'argent au chevron de gles au chef d'azur chgé de 3 étoiles d'or.

**MARIDAT**

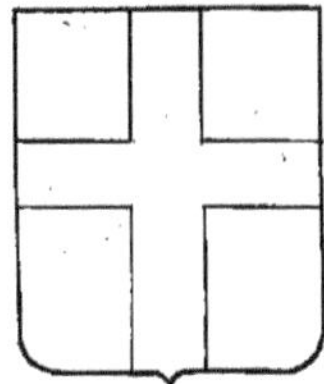

D'azur à la croix d'argent

**MARITZ**

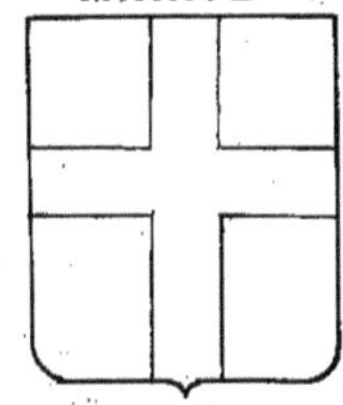

De sable à la croix d'argent.

**MARS**

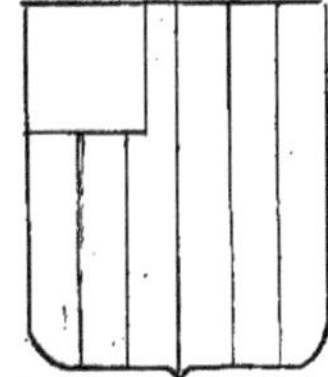

Pallé d'or et de gueules au franc canton d'azur.

**GRIMAUD**

D'or au chevron de gueules chᵍᵉ d'une croisette et de 2 mouchetures d'hermines d'argᵗ. au chef d'azur chᵍᵉ de 3 étoiles d'or.

**GRIMOD**

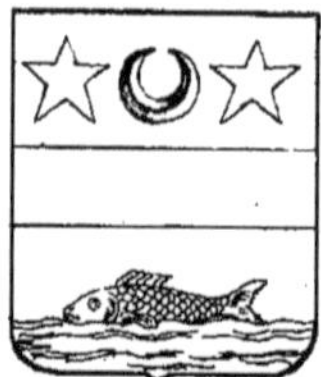

D'az. à la fasce d'argᵗ. surmᵗᵉᵉ d'un croissant du même entre 2 étoiles d'or et accpᵉ. en pᵗᵉ d'un poisson nageant sur une mer d'argent.

**LA GRIVE**

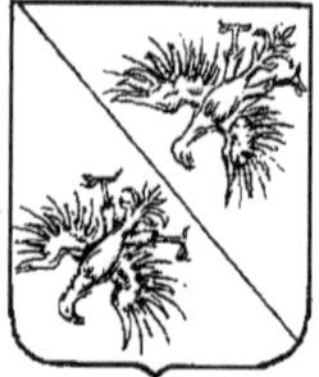

Tranché d'azur sur argent à 2 aigles fondants en barre de l'un en l'autre.

**GROLÉE**

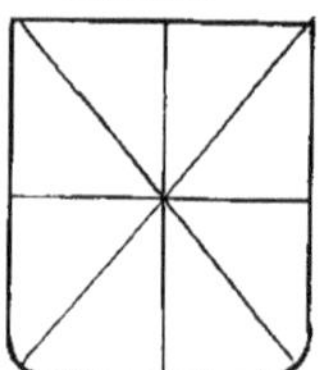

Gironné d'or et de sable.

**GROLIER**

D'azur à 3 besans rangés abbaissés et surmᵗᵉˢ de 3 étoiles rangées d'argent.

**GROS**

D'or à l'aigle de sable à la bordure du même chᵍᵉ de 10 besans d'or.

**GROS**

D'or au chevron brisé de gueules accpᵉ de 3 merlettes de sable.

**GROS**

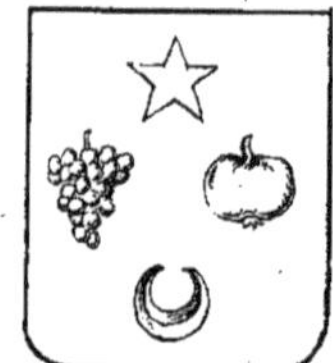

D à une étoile en en chef un raisin à dextre, une pomme à senestre et un croissant en pointe.

**GROS**

D'or au chevron ondé d'azur accpᵉ de 3 fleurs tigées au naturel au chef de sable semé d'étoiles d'or à un lion passant du même.

**GROS**

D'or à une rose de gueules tigée et feuillée de sinop. et une branche de laurier du même mouvants d'un croissant d'azur et surmᵗᵉ d'une croisette de gueules.

**GROSBOIS**

D'azur au lion d'or tenant une épée d'argent.

**GROSELLIER**

D'azur au chevron d'or accpᵉ de 3 roues du même.

**GROZELLIER**

D'or au grosellier de sinople fruité de gueules.

**GRUMEL**

Parti au 1ᵉʳ d'az. au lion d'or accpᵉ de 3 besans d'argᵗ; au 2ᵉ d'az. à 3 pals d'or au franc cartier de g.ˡᵉˢ chᵍᵉ d'une croisette d'or au chef du même chᵍᵉ d'une rose de g.ˡᵉˢ

**LA GRYE**

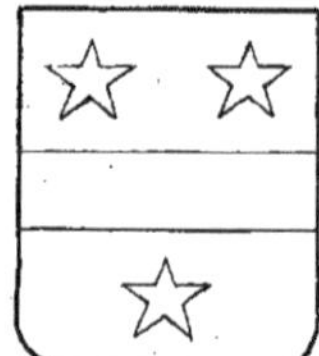

D'azur à la fasce d'or accpᵉᵉ de 3 étoiles d'argent.

**GUERIN**

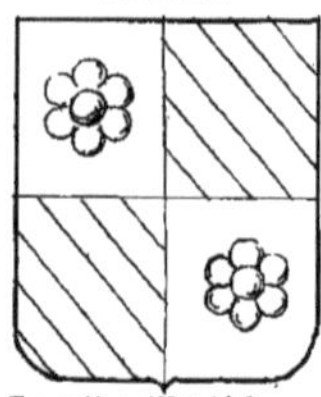

Ecartelé: au 1ᵉʳ et 4ᵉ d à une rose d au 2ᵉ et 3ᵉ d à 3 bandes d.

GUÉRIN

D'azur à l'arbre d'or addextré d'un oiseau et senestré d'une étoile du même

GUÉRIN

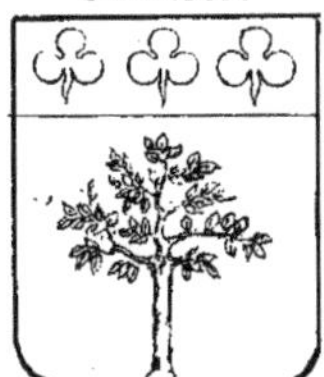

D'argent à l'arbre de sinop. au chef de gueules chg.é de 3 trèfles d'or.

GUÉRIN

De gueules au sautoir engrêlé d'argent cantonné de 4 bustes de femmes au naturel.

GUÉRIN

D'argent au chevron de g.les accp.é de 3 roses du même tigées et feuillées de sinop. au chef de g.les chg.é d'un croissant d'arg.t entre 2 étoiles d'or

GUERIN

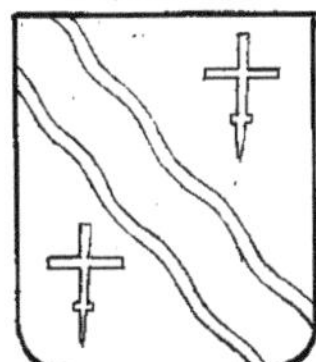

D'or à une jumelle ondée en bande d'or et accos.tée de 2 croix au pied fiché du même

GUERRIC

D à 2 léopards d

GUERRIER

D'azur à 3 têtes de lion arrachées en bande d'or

GUERRY

D'azur au senestrochère armé d'or tenant une épée d'argent.

GUESTON

De gueules à une hure de sanglier d'or.

GUEYTARD

D'azur à la grue d'argent avec sa vigilance d'or et accp.ée de 3 cailloux d'arg.t

GUIBLI

D'azur au cœur enflammé de gueules surm.té de 3 étoiles rangées d'or.

GUICHARD

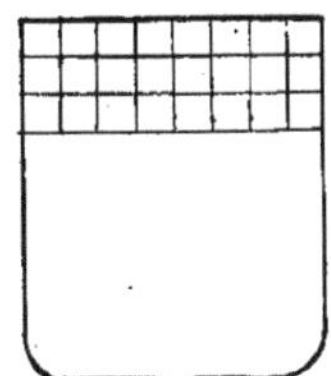

D au chef échiqueté d et d de 3 tires.

GUICHARD

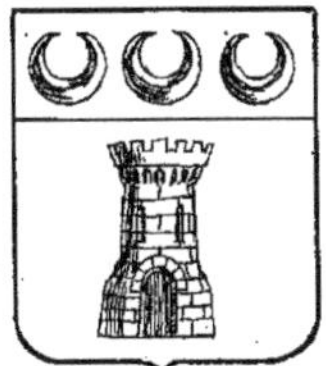

De gueules à la tour d'or au chef cousu d'azur chg.é de 3 croissants d'argent.

GUICHARD

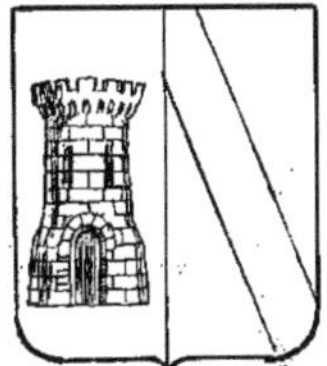

Parti au 1.er de gueules à la tour d'argent au 2.e de sable à la bande d'argent

LA GUICHE

De sinople au sautoir d'or.

GUIGNARD

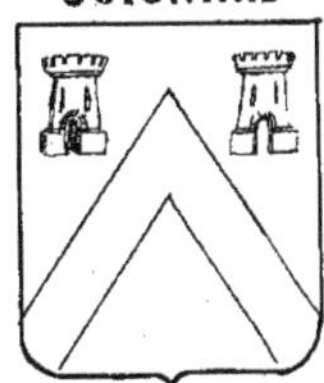

D'azur au chevron d'argent accp.é de 2 tours du même en chef.

**GUIGUET**

D'or à l'arbre de sinople; au chef de gueules chgé d'un lion passant d'argent.

**GUILLARDY**

De gueules à une violle en pal d'or.

**GUILLEMS**

D'argt au rosier de sinople fleuri de 3 roses de gueules à la bordure d'azur chgée de 8 étoiles d'or.

**GUILLERMIN**

D'azur au lion d'or tenant une épée flamboyante d'argent.

**GUILLET**

De gueules au chevron d'argt accpé en pte d'un lion d'or; au chef du même.

**GUILLET**

D'or à la fasce de gueules accpée de 3 aiglettes de sable.

**GUILLET**

D'azur à 3 têtes de léopard d'or couronnées de 3 pointes d'argent.

**GUILLIN**

De gueules à 4 flèches mises en giron d'argent.

**GUILLON**

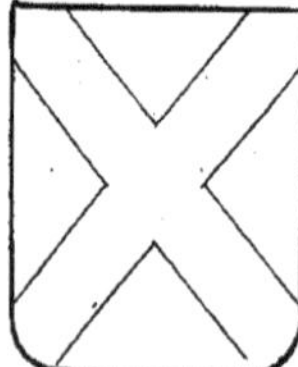

D'azur au sautoir d'or

**GUILLOT**

D'azur à la brebis passante d'argent surmtée de 3 étoiles d'or.

**GUILLOT**

D'azur au chevron d'or accpé de 3 étoiles du même.

**GUINET**

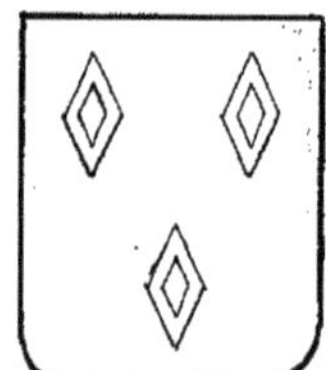

De gueules à 3 macles d'or.

**GUINIGI**

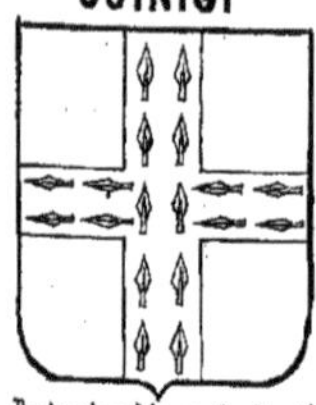

De gueules à la croix d'argt chgée de 18 fers de lance d'az.

**GUISTARD**

D'or au lion de gueules.

**GUYET**

D'azur à 2 chevrons d'or accpés en pte d'un croissant d'argent.

**GUYOT**

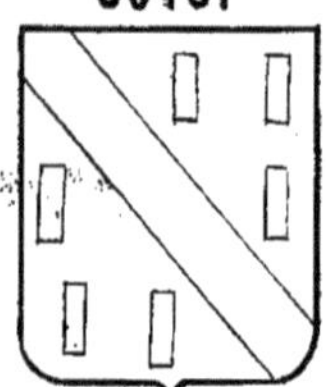

De gueules à la bande d'argt accpée de 6 billettes du même en orle.

**L'HABITANT**

D'azur à la tour terrassée d'argent au chef cousu de g^les ch^é d'un lion passant d'arg^t

**HACTE**

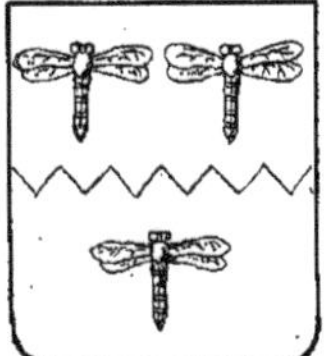

Coupé denché d'or et de sinople à 3 demoiselles de l'un en l'autre.

**HARENC**

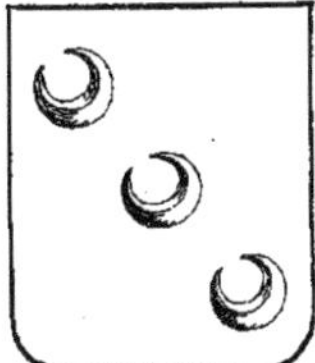

D'azur à 3 croissants mis en bande d'or.

**HARRINS**

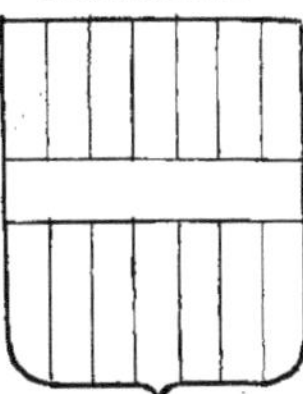

D    à 3 pals d    et une fasce d    brochante.

**HEDELAIN**

D'azur à la fasce d'or acc^pée de 2 étoiles et d'un croissant du même.

**HENRYS**

D'argent au cœur de gueules marqué des lettres I H S d'or au chef d'azur ch^é d'un lion passant d'argent

**HENRYS**

D'azur au griffon d'or rampant contre 3 épis du même sur une terrasse de sinople

**HENRI**

D'argent au lion de sable.

**HERARD**

De gueules à 2 fasces d'argent acc^pée de 8 merlettes du même en orle.

**HERBOUVILLE**

De gueules à une fleur-de-lys d'or.

**HESSELER**

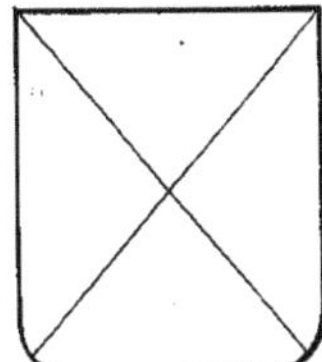

Ecartelé en sautoir d'or et d'azur.

**HESSELER**

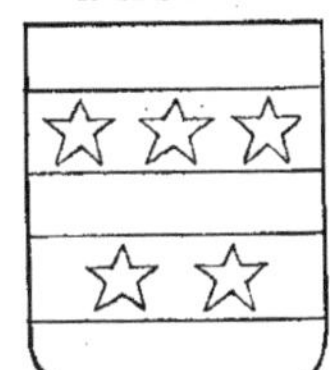

D'argent à 2 fasce d'azur ch^ées de 5 étoiles d'or rangées 3 et 2.

**HINDRET**

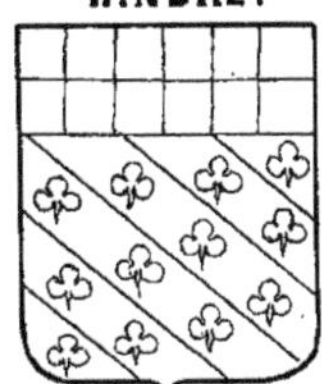

Bandé d'or et de gueules à 12 trèfles d'azur et d'or au chef échiqueté de 2 tires d'argent et de sinople.

**HODIEU**

De sinople à la bande d'or accostée de 2 lions du même

**HOIRIEUX**

De sable à la fasce d'argent surmontée d'une étoile d'or.

**L'HOMME**

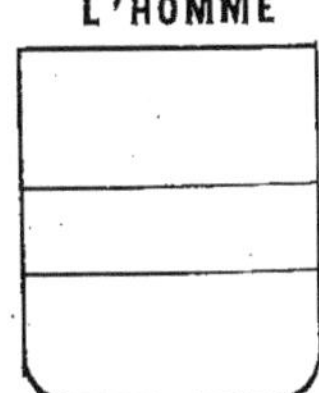

D'azur à la fasce d'or.

**HONORAT**

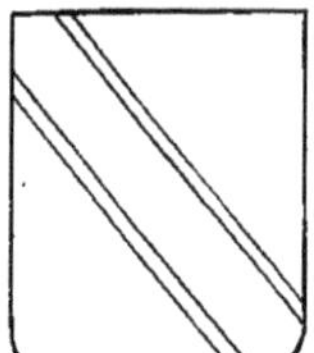

D'azur à la bande d'or remplie de gueules.

**HONORATI**

D'azur au lion d'or.

**HÔTELIERS**

D'azur au château d'argent.

**HUBERT**

D'azur au chevron d'or accp.t de 2 roses du même et d'un croissant d'argent.

**HUE**

Ecartelé au 1.er et 4. de gueules au cœur d'arg.t accp.é de 3 molettes d'or; au 2.e et 3.e de gueules à 3 écussons d'arg.t

**HUGALIS**

D'azur au coq d'or joutant contre un lion du même au chef de g.les ch.é d'un croissant d'argent entre 2 étoiles d'or.

**HUGONIN**

D'argent à 3 roses de gueules au chef d'azur ch.é d'une aigle issante d'or.

**HUMBLOT**

D'argent à 3 bandes de g.les au chef d'azur ch.é de 3 roses d'or.

**HUVET**

D'or à 3 huppes de sable.

**HUVET**

D'azur à la bande d'argent ch.ée de 3 huppes de sable.

**ILE BARBE**

D'or à 2 clefs en sautoir de sable.

**IMBERT**

D'azur au croissant d'arg.t surm.té d'un soleil d'or.

**IM HOFF**

De gueules au lion marin d'or.

**INGUIMBERT**

D'azur à 4 colonnes rangées d'or surm.tées de 2 étoiles d'argent.

**ISAAC**

D'azur au dextrochère d'arg.t jetant 3 flammes d'or sur un cœur de gueules.

**IZERON**

D'azur au griffon d'argent

### JACOB

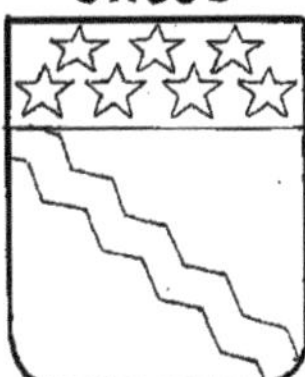

D'argent à la cottice vivrée de gueules; au chef d'azur chgé de 7 étoiles rangées 3 et 4.

### JACOUD

Tiercé en fasce: au 1er d'argt au palmier de sinop. accté de 2 étoiles de gles, au 2e d'az. au lion passant d'argt au 3e de gles à 3 barres d'or.

### JACQUET

D'azur au chevron d'or accpé de 3 coquilles du même au chef cousu de sable.

### JAMES

Tranché: au 1er d'az. à 3 étoiles péries en barre d'argent au 2e d'or au chêne de sinop. surmté d'un oiseau et d'une étoile d'azur

### JANIN

D'azur au croissant d'argt enflammé d'or.

### JANNIN

Mi-parti, coupé: au 1er de sinop. à une tête de Janus d'or; au 2e d'az. au lion passt d'argt au 3e de gles au chien d'argt passt sur une terrasse du même.

### JANNON

De gueules à 3 quintefeuilles d'argent

### JANNOREY

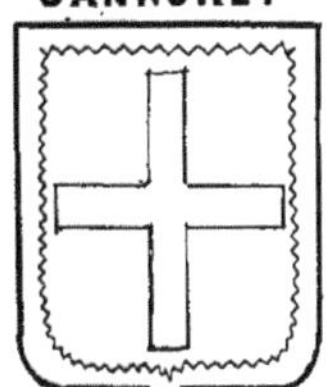

D'argent à la croix de sable à la bordure dentelée du même.

### JANSON

D'argt à la fasce d'az. chgée d'une étoile d'argt et accpée en chef d'une rose et en pte d'une tour de gueules.

### JAQUEMIN

D'or au jasmin de sinople accté de 2 palmes du même.

### JAQUA

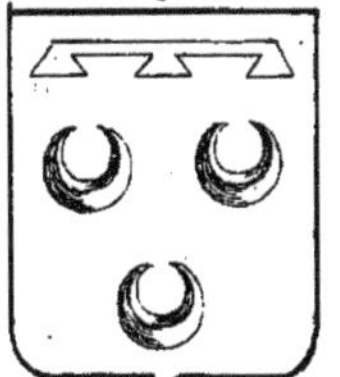

D     à 3 croissants d
et un lambel de 3 pendants
d     en chef.

### JAQUET

D'azur au lion accroupi d'or colleté de gueules tenant une fleur de lys d'or.

### JAQUIER

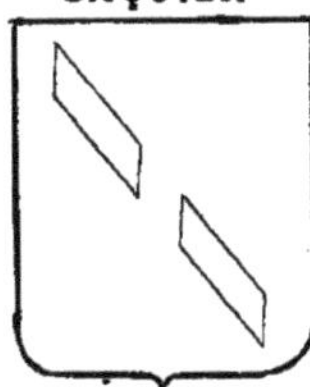

D'azur à la cotice alaisée et brisée de 2 pièces d'or.

### JAQUIER

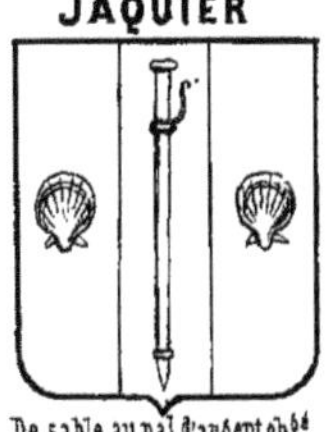

De sable au pal d'argent chgé d'un bourdon de gueules et accté de coquilles renversées d'or.

### JAREZ

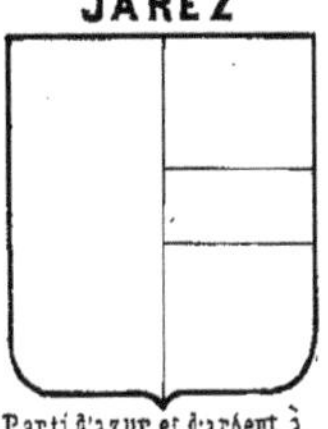

Parti d'azur et d'argent à la fasce de gueules.

### JAZ

D'azur à l'aigle d'argent becquée membrée et couronnée de gueules.

JARRIGE

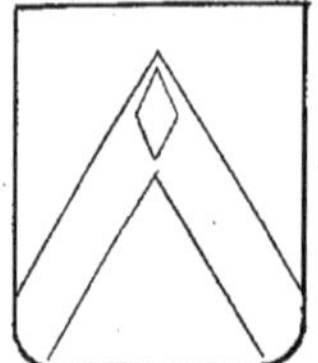

D'or au chevron de sable chg.e d'un losange d'or.

JERPHANION

D'azur au chevron d'or accp.é en p.te d'un lys tigé d'argent au chef danché du même ch.gé d'un lion passant d'azur.

JESSÉ

D'argent au laurier de sinop. au chef d'azur ch.gé de 3 cœurs d'or

JO

Fascé ondé d'or et d'azur

JOBERT

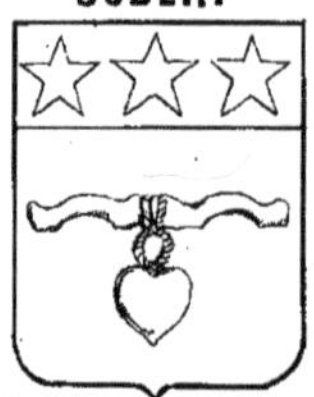

D'argent à un joug suppor-tant un cœur de gueules; au chef d'azur ch.gé de 3 étoiles d'or.

JOFFROY

D'argent au croissant d'az. au chef de gueules ch.gé de 3 étoiles d'or.

JOHANNIN

Ecartelé au 1.er et 4.e d'arg.t au pin de sinop. au 2.e et 3.e d'or à 3 quintefeuilles de g.les; sur le tout d'az. à 2 lions affrontés d'or au chef du même.

JOLIEAU

D'azur au chevron d'or accp.é en p.te d'un croissant d'argent au chef cousu de gueules ch.gé de 3 étoiles d'argent

JOLICLERC

D'azur au lys tigé d'argent; au chef cousu de gueules ch.gé d'un soleil d'or.

JONQUET

D'azur à 2 clefs en sautoir d'or, au chef du même ch.gé d'une croisette de gueules entre 2 étoiles d'azur.

LA JONQUIERE

De sable à piles rangées d'arg.t surm.tées d'un soleil et accp.ées de 3 molettes d

JONS

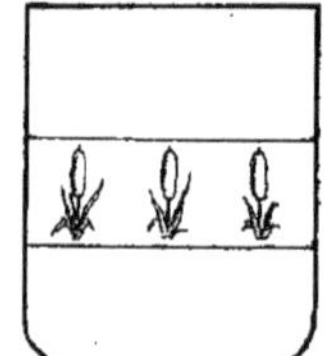

De gueules à la fasce d'or ch.ée de 3 touffes de jonc au naturel.

JORDAN

De sinople à la fasce dentelée d'or accp.é de 2 étoiles du même et d'un jars d'argent.

JOUBERT

D'argent au joug surm.té de 3 étoiles rangées en chef et en p.te de 2 cœurs accolés le tout de gueules.

JOURDAN

D'azur à une colombe es-sorant d'arg.t sur un mont de 3 copeaux d'or, au soleil du même mouvant du franc canton.

JOVIN

D'or au chevron de gueules accp.é de 3 têtes de paon au naturel.

**JOUVENCEL**

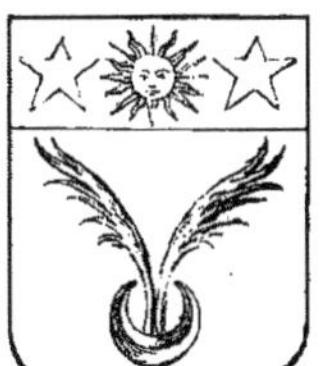

D'or à 2 palmes de sinop. mouvant d'un croissant de g^les au chef d'azur ch^gé d'un soleil d'or entre 2 étoiles d'argent.

**JOYARD**

D'azur à un mont d surm^té d'un lacs d'amour d

**LE JUGE**

D'argent semé de billettes de sable au lion du même.

**JUILLERON**

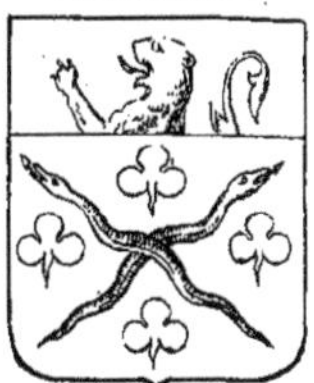

D'azur à 2 vipères en sautoir d'arg^t cantonnées de 4 trèfles de sinople; au chef cousu de gueules ch^é d'un lion issant d'or

**JULIEN**

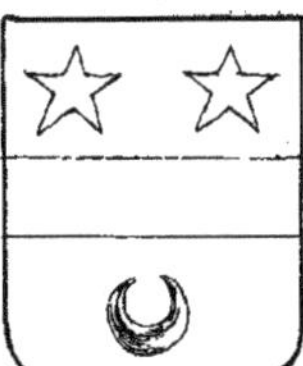

D'azur à la fasce d'or accp^ée de 2 étoiles et d'un croissant d'argent.

**JULIEN**

Coupé d'azur au lion d'or, et de gueules au pal d'argent.

**JUSSIEU**

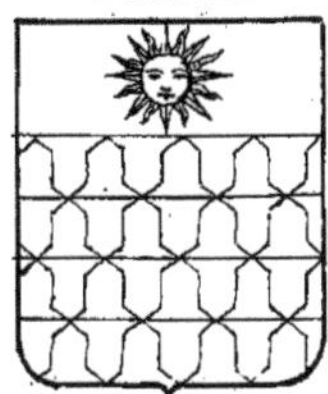

Vairé d'argent et de gueules au chef d'azur ch^é d'un soleil d'or.

**JUSSIEU**

D'azur à la tour d'argent.

**JUNCTE**

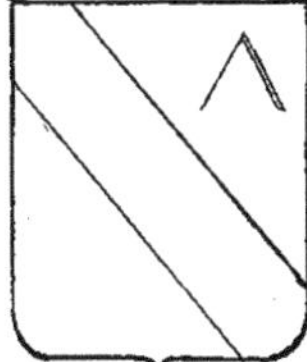

D à la bande d et un en chef

**LABLANCHE**

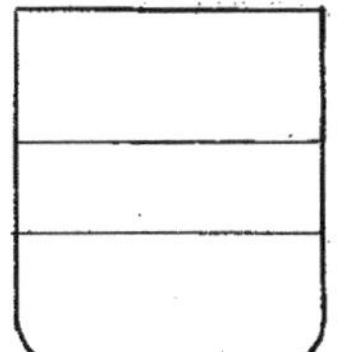

De gueules à la fasce d'argent.

**LABORIER**

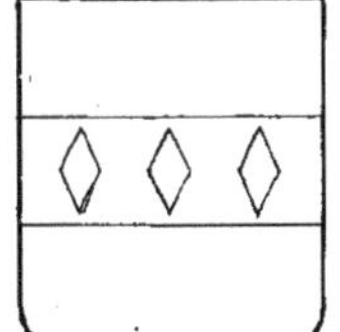

De gueules à la fasce d'argent chargée de 3 losanges de sable.

**LE LABOUREUR**

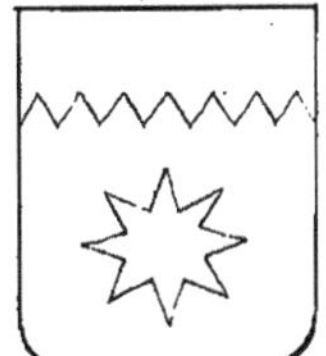

D'azur à une étoile à 8 rais d'or au chef denché du même

**LACOMBE**

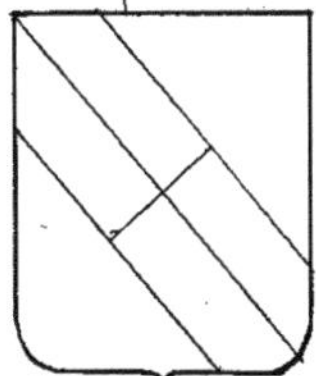

D'argent à la bande écartelée d'argent et de sable.

**LACOMBE**

D'azur au chevron d surm^té de 3 étoiles rangées d et accp^é en p^te d'un croissant surm^té d'un coq d

**LACOUR**

D'azur au chevron d'argent accp^é de 3 mouchetures d'hermines du même; au chef d'or ch^é de 3 étoiles de gueules.

**LACROIX**

D'argent à la croix d'azur ch^ée d'un soleil d'or.

| MARTERON | MARTIN | MARTIN | MARTINIÈRE |
|---|---|---|---|
|  |  |  | 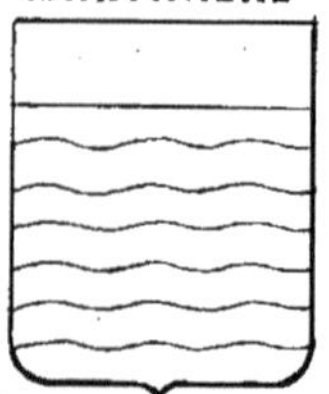 |
| De gueules au chevron surmonté d'une croisette d et accp.é de 3 besans et 3 martes d | D'azur à une molette d'arg.t accp.ée de 3 merlettes du même | D'or à l'arbre de sinople accosté de 2 roses de gueules au chef d'azur ch.é de 3 étoiles d'argent | D'or à 3 fasces ondées de sinople au chef de gueules. |

| MARZÉ | MASCRANY | MASSO | MASSON |
|---|---|---|---|
| 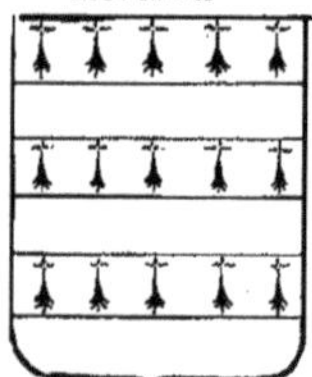 |  | 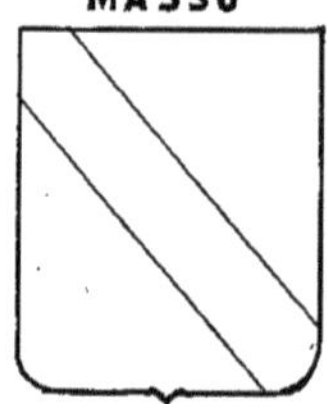 | 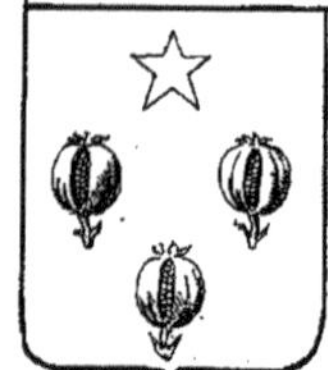 |
| Fascé d'hermines et de sable. | De g.les à 3 fasces vivrées d'arg.t au chef de g.les à l'aigle d'arg.t adextrée d'une clef senestrée d'un casque du même; en abîme d'un écusson d'az. ch.é d'une fleur de lys d'or. | D'azur à la bande d'or. | D  à une étoile en chef et 3 grenades d  posées 2 et 1. |

| MASTIN | MATHON | MATTON | MATHURIN |
|---|---|---|---|
|  |  |  |  |
| De gueules à la bande d'or ch.ée de 3 merles de sable becquées et membrées de gueules. | D'argent à 3 chevrons d'azur | D'or à une bombe enflammée de gueules | Coupé au 1.er d'az. à une sphère entre 2 étoiles d'or, au 2.e de sinople au croissant d'arg.t et une fasce du même sur le coupé. |

| MAUGIRON | MAUPETIT | MAURE | MAURICE |
|---|---|---|---|
| 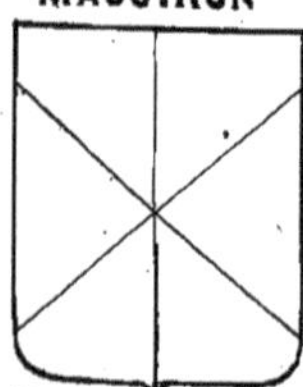 |  |  |  |
| Gironné d'argent et de sable de 6 pièces. | D'azur à la tour d'or et un soleil mouvant du franc canton du même, au cartier de baron militaire. | De gueules au croissant vairé d'or et d'azur. | D'azur à la bande d'argent ch.ée d'une tête de lévrier de gueules et acc.ée de 2 étoiles d'or |

**MAUVERNEY**

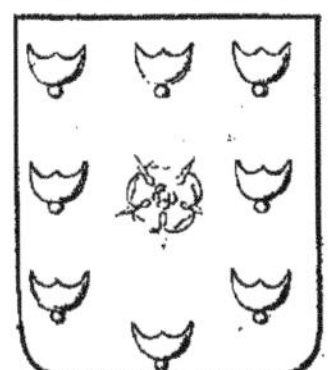

D'argent à une rose de gueules et 8 bouterolles d'azur en orle.

**MAUVERNEY**

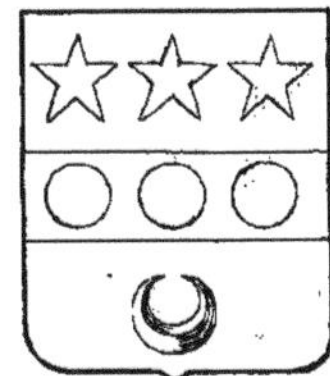

D'az. à la fasce d'arg.t ch.gée de 3 tourteaux de gueules accp.ée en chef de 3 étoiles et en p.te d'un croissant d'or.

**MAUVOISIN**

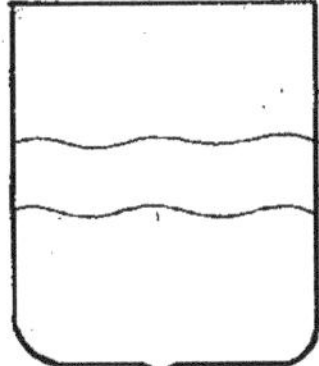

D'or à une fasce ondée de gueules.

**MAUZEILLE**

De g.les au chevron d'argent accp.é de 2 croissants et d'un pélican du même; au chef cousu d'az. ch.gé de 3 étoiles d'or

**MAYEUVRE**

D'azur au chevron d'argent accp.é de 2 roses et d'un lion d'or.

**MAYOL**

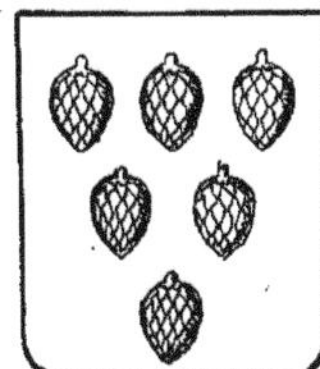

D'or à 6 pommes de pin versée de sinople rangées 3, 2 et 1.

**MAYOSSON**

D'azur à la fasce d'or accp.ée de 2 étoiles d'argent et d'un croissant d'or.

**MAYS**

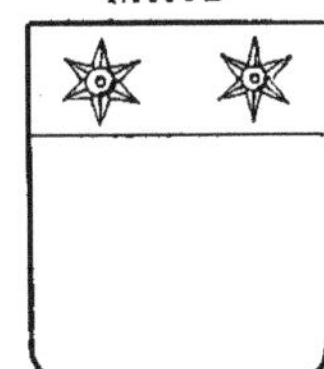

De gueules au chef d'or ch.gé de 2 molettes de sable

**MAZARD**

D'azur à un navire voguant sur une mer d'argent à un soleil mouvant du franc canton.

**MAZENOD**

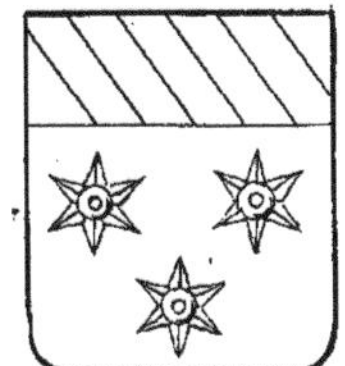

D'azur à 3 molettes d'or; au chef cousu de gueules ch.gé de 3 bandes d'argent.

**MAZOLINI**

D'az. à un bras armé tenant une masse d'armes en pal d'arg.t accp.ée de 3 fleurs de lys au pied perdu contre-fleuronnées d'or

**MAZUYER**

Ecartelé: au 1.er et 4.e de g.les au lion d'arg.t, au 2.e et 3.e d'az. au chevron d'or accp.é de 2 étoiles du même et d'un croissant d'argent.

**MAZY**

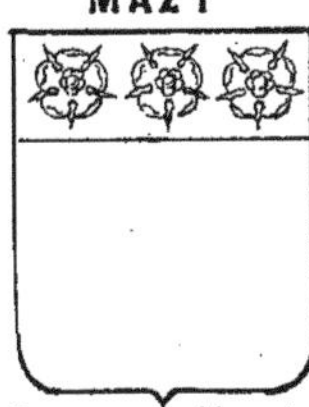

D'argent au chef de gueules ch.gé de 3 roses d'or.

**MEALLET**

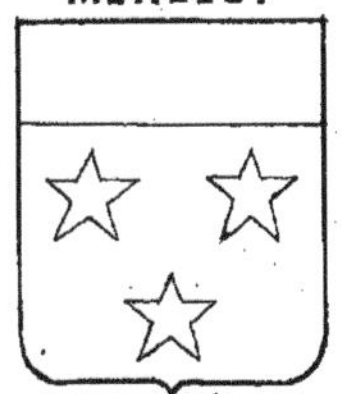

D'azur à 3 étoiles d'argent au chef d'or.

**MEAUDRE**

D'azur à un chevron sommé d'une trangle et 3 étoiles rangées en chef le tout d'or.

**MEGRET**

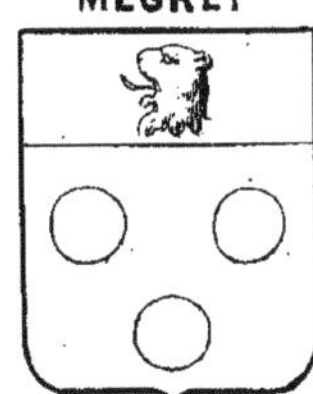

D'azur à 3 besans d'argent au chef d'or ch.gé d'une tête de lion de gueules.

**MÉLIAND**

D'azur à une croix cantonnée au 1er et 4e d'une aigle au 2e et 3e de 3 houppes le tout d'or

**MELLIER**

D'azur au chevron d'or accpé d'un croissant d'une étoile et d'une rose d'argent

**MELLIER**

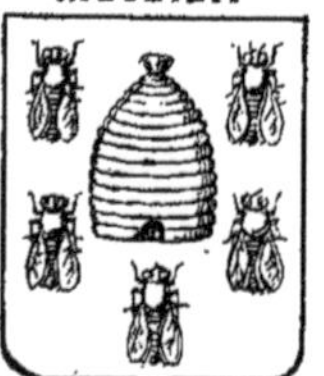

D'argent à la ruche de gles accpée de 5 abeilles de sable 2, 2 et 1.

**MENARDEAU**

D'or a 3 têtes de licornes d'or.

**MENON**

D'or au chardon fleuri de gueules tigé et feuillé de sinople mouvant d'un croissant de gueules

**LA MENUE**

D'azur au chevron d accpé de 2 croix ancrées et d'une fleur de lys d

**LA MER**

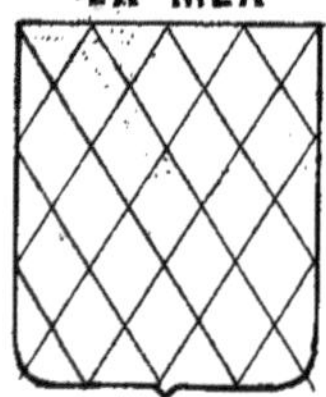

losangé d'or et de gueules

**MERAUD**

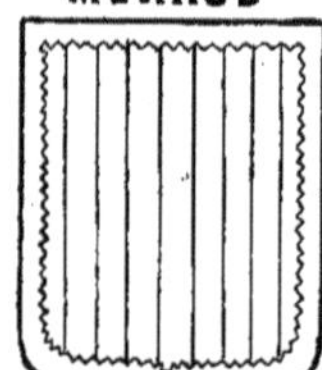

De gueules à 4 pals d'or à la bordure d'entelée du même

**MERCIER**

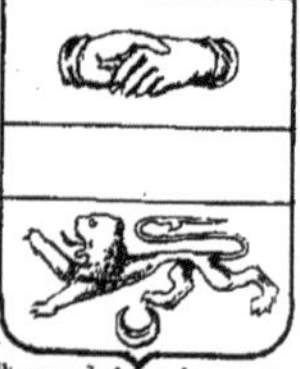

D'azur a la fasce d'argent accpée en chef d'une foy d'or en pte d'un lion passant et d'un croissant du même

**MERCIER**

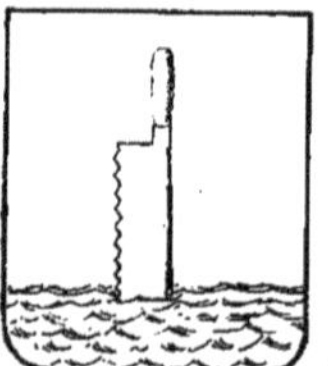

D à une scie d plantée en pal sur une mer d

**MERLE**

D'or au merle de sable.

**MERLE**

D'azur à la bande d'argent chgée de 3 merles de sable becqués et membrés de gles

**MERLE**

D'azur au chevron d'or addextré en chef d'une étoile du même.

**LE MERLE**

D'or a l'arbre terrassé de sinople sommé d'un merle de sable

**MERLIN**

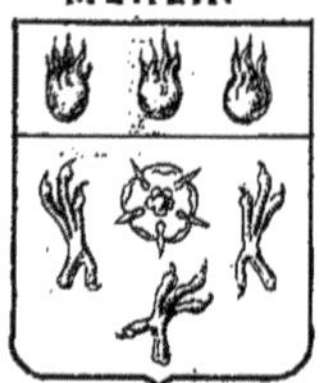

D'az. à une rose d'argt accpée de 3 serres renversées d'or; au chef d'argt chgé de 3 flammes de gueules.

**MERMIER**

D'az. à la foy d'argent mouvant en fasce des flancs de l'ecu accpée de 3 grenades d'or ouvertes de gueules

MESCHATIN

D'azur au rencontre de cerf d'or, au chef d'argent.

MESSIER

D'or au mai de sinople soié de sable

MESMES

Ecartelé: au 1er d'or au croissant de sab. au 2e et 3e d'argt à 2 lions passants de gles au 4e d'az. a une rivière d'argt surmtée d'une étoile de sab. au chef de gueules

MÉTRAL

D à la fasce d accpée de 3 coqs d

MEUNIER

D'azur au poisson d'argent accpé en chef de 3 étoiles d'or rangées et d'un croissant d'argent en pointe.

MEY

D'azur au mai arraché d'argt accsté de 2 étoiles du meme, au chevron d'or brochant.

MEYSSONIER

D'azur semé d'epis de blé d'or.

MEYZÉ

De sable au chevron d'or accpé en chef de 2 étoiles d'argent

MICHALET

Tranché d'or et de sable a un lion de l'un en l'autre.

MICHEL

De gueules au chevron pal d'argent au chef cousu d'az. chgé de 3 étoiles d'or

MICHEL

D'az au chevron d'or accpé de 3 croissants d'argent, au chef cousu de gueules chgé de 3 étoiles d'or.

MICHEL

D'azur à une foy mouvant de 2 nuées d'argent tenant 2 palmes en sautoir d'or surmtées d'une étoile du meme

MICHON

D'azur a la fasce d'or accpée de 2 molettes du même et d'une main appaumée d'argent.

MICOLIER

D'azur a une montagne d'or surmtée d'une croisette accstée de 2 étoiles du meme.

MIGIEU

D'azur à un château donjonné de 2 tours d

MIGNOT

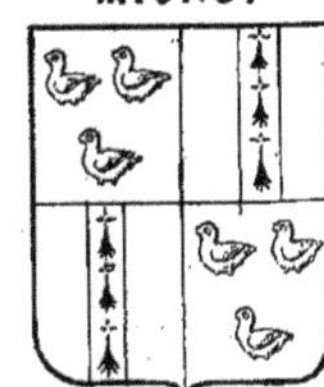

Ecartelé: au 1er et 4e d'argt à 3 merlettes de gles au 2e et 3e d'az. au pal d'argt chgé de 3 mouchetures d'hermines de sable.

**MILET**

D'or au chevron de gueules accpé de 3 tiges de millet de sinople

**MILLANOIS**

D'argt au lion de gles portant un écusson écartelé: au 1er et 4e d'or à 3 pals de gles au 2e et 3e d'or à la croix de sable

**MILLIERE**

D'azur à 3 tiges de millet d'or.

**MIMEREL**

D'azur à une tête de minerve d'argent

**MINET**

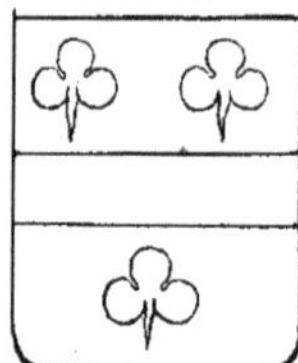

D'azur à la fasce d'argent accpée de trèfles d'or

**MIOLAND**

De gueules à une croix de christ d'argent, au chef cousu d'az. chgé d'une foy d'argent.

**MIOLANS**

Ecartelé: au 1er et 4e de gueules à 3 bandes d'or, au 2e et 3e d'or à l'aigle à 2 têtes de sable.

**MIPONT**

D'azur au chevron d'or.

**MIQUELI**

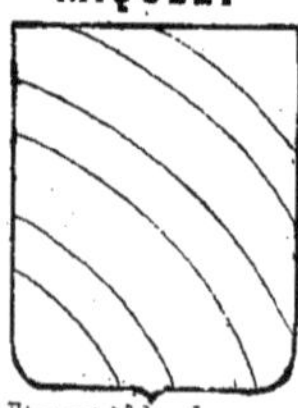

D'argent à 3 bandes en arc d'azur

**MIRIBEL**

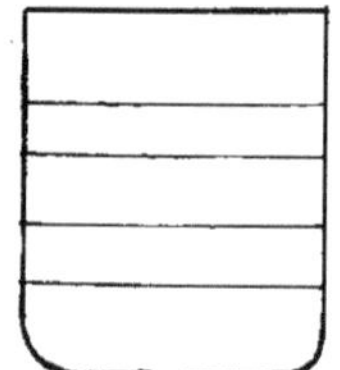

D à 2 fasces d.

**MIRON**

De gueules au miroir rond d'argent cerclé et pommeté d'or

**MITTE**

D'argent au sautoir de gles à la bordure de sable chgée de 8 fleurs de lys d'or.

**MOIDIERES**

D'azur à 3 têtes de léopards couronnées de 3 pointes d'argent

**MOIFFONS**

D'azur à 3 flanchis d'or.

**MOIGNAT**

D'az. au chevron d'or accpé de 2 étoile du même et d'un croissant d'argt; au chef du même chgé de 3 roses de gueules tigées de sinople.

**MOIRON**

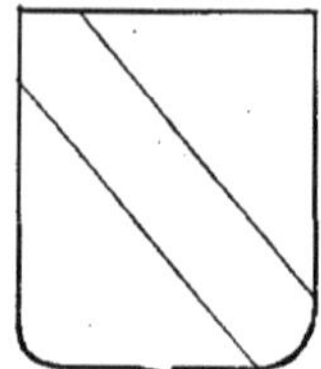

D'azur à la bande d'argent.

MOLES

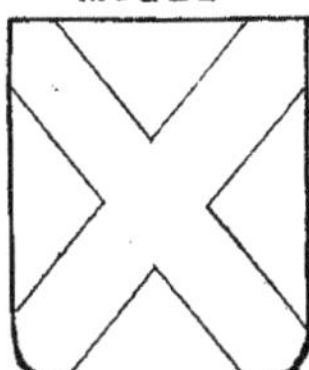

D'argent au sautoir de sable

MONDON

D'azur à un mont d'arg[t] surm[té] d'un soleil d'or.

MONERY

D'azur au chevron d'or accomp[é] de 2 trefles du même et d'un croissant d'argent

MONT

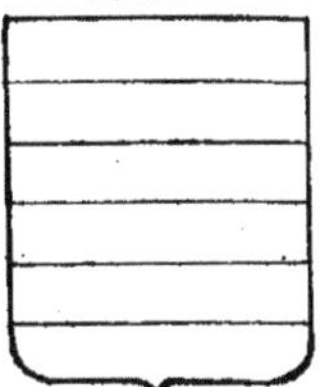

Fascé d'argent et de gueules

MONIN

D'or au pommier croisé de sinople fruité de gueules

MONLONG

D'arg[t] au chevron d'az. semé d'étoiles d'arg[t] et accp[é] de 3 roses tigées de sinople.

MONS

D'azur au chef d'argent au lion de gueules brochant.

MONSPEY

D'argent a 2 chevrons de sable, au chef d'azur

MONTAGNE

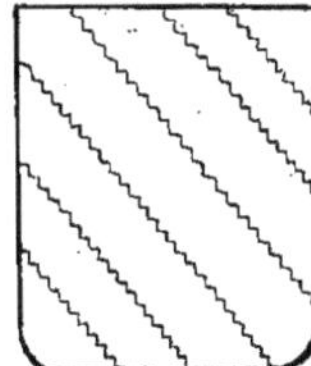

De gueules à 3 bandes dentelées d'or

MONTAIGNE

D'azur au lion d'argent à la cotice de gueules brochant.

MONTAIGU

D'azur a 2 lions rampants d'or

MONTBRISON

De gueules au château d'or sur un mont du meme; au chef cousu de France.

MONTBRO

D'argent a la bandes d'azur ch[ée] de 3 étoiles d'argent et acos[tée] de 2 roses de gueules

NONTCEAUX

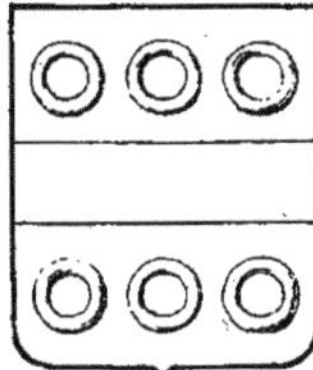

De gueules a la fasce d'argent acop[ée] de 6 annelets d'or.

MONT

D à un sautoir d cantonné de 4 roses d

MONTCHANIN

D'azur a 3 chevrons d'or accp[é] de 3 étoiles d'argent.

**MONTCONYS**

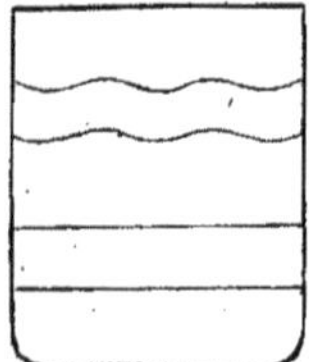

De gueules à une fasce d'arg^t abbaissée sous une autre ondée d'or

**MONTDOR**

D'hermines à la bande de g^les

**MONTEUX**

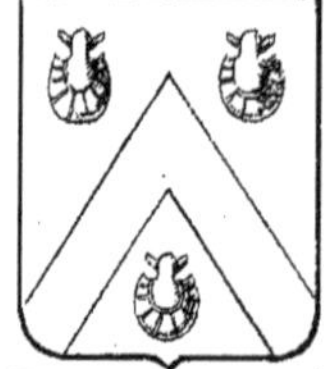

D à un chevron accp^é de 3 coquilles d

**MONTGOLFIER**

D'arg^t à une montgolfière alée de gueules couronnée d'or planant sur des monts de sinople formant un golfe d'azur ondé d'arg^t

**MONTHEROT**

De gueules à une aigle au vol abbaissé accp^ée en chef d'un soleil et d'une étoile, en p^te d'un mont de 3 copeaux, le tout d'argent

**MONTOLIVET**

D'argent à un olivier fruité de sinople

**MONTOLON**

D'azur au mouton passant d'argent surm^té de 3 roses rangées d'or.

**MONTRENARD**

De gueules à un renard montant d'or.

**MONTRICHARD**

De sable au chevron d'or accp^é en p^te d'un mont de 7 pointes d'argent au chef d'or ch^gé de 3 étoiles de gueules

**MORAND**

D'argent à une tête de maure tortillée d'argent

**MORAND**

De gueules à 3 cormorans d'or

**MORANGE**

D'azur à 3 chérubins d'or.

**MORDELLES**

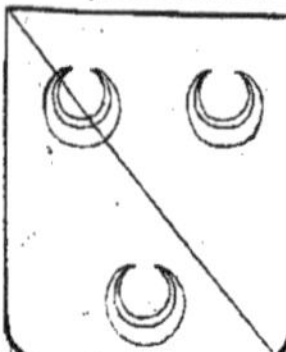

Tranché d et d à 3 croissants de l'un en l'autre.

**MOREL**

D'azur à 3 fleurs de morelles tigées mouvant d'un croissant et accp^ées en chef de 2 étoiles le tout d'argent.

**MOREL**

De gueules à la fasce de sab. d'où naît un lion d'argent.

**MORI**

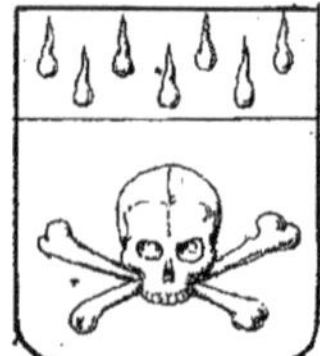

D à 2 os en sautoir soutenant un crâne d au chef d semé de larmes d

F. 44

MORGES

D'azur à 3 têtes de lion d'or

MORGUÉ

D    à un arbre terrassé senestré d'un oiseau d au chef d    chᵍᵉ de 3 étoiles d'

MORIAU

D'argent au chevron d'azur accpᵗ de 3 hirondelles essorées en bandes de sable

MORESTIN

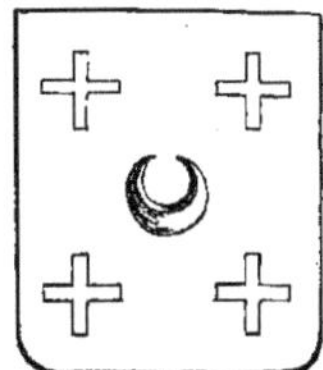

D'azur au croissant d'argent cantonné de 4 croisettes du même.

MORNAY

Fascé d'or et de gueules au lion de sable brochant

MORNIEU

D'azur à 3 flanchis d'or.

LA MOTHE

D'azur à la tour de sable d'où naît un lion tenant une épée de gueules

LA MOTHE

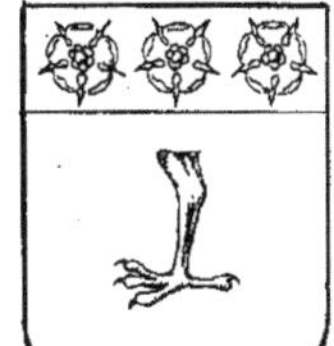

D'azur à une serre d'or en pal au chef cousu de gueules chᵍᵉ de 3 roses d'argent.

MOULCEAU

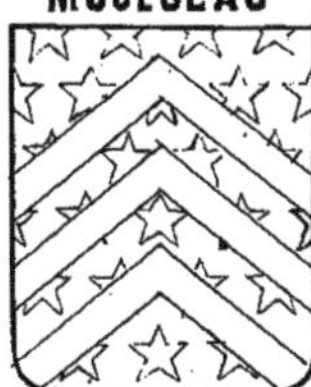

D'azur semé d'étoiles d'or à 3 chevrons d'argent.

MOUTON

De gˡᵉˢ au mouton d'argᵗ rampant contre un rocher d'or treillisé d'argᵗ au chef cousu d'az. chᵍᵉ d'un croissant entre 2 étoiles d'argent.

MUGUET

D'azur au phénix d'or sur son immortalité de gueules fixant un soleil d'or mouvant du franc canton.

MURARD

D'or à la fasce crenelée de sable ardente de gˡᵉˢ accpᵉᵉˢ en chef de 3 têtes d'aigle rangées de sable et en pointe d'une flamme de gueules

MUZINO

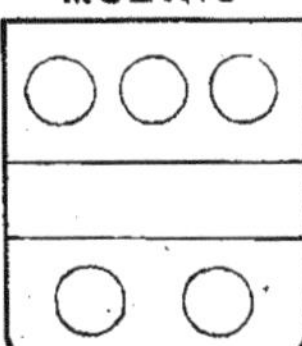

D'azur à la fasce d'or accpᵉᵉ de 5 besans du même 3 en chef 2 en pointe.

MUTHIN

D'azur au chevron d'argent chᵍᵉ d'un croissant de gˡᵉˢ et accpᵉ de 3 têtes de lion d'or

MUTIN

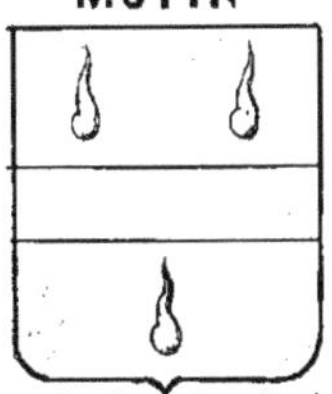

De sinople à la fasce d'argᵗ accpᵉ de larmes d'or.

MUZY

De gueules à l'aigle à 2 têtes de sable couronnée d'or

**NAGU**

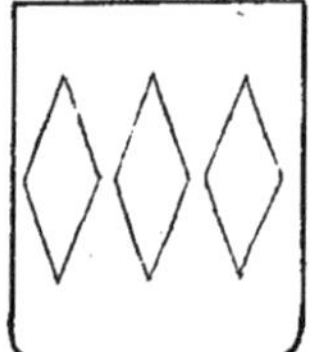

D'azur à 3 losanges rangés d'argent.

**NAMY**

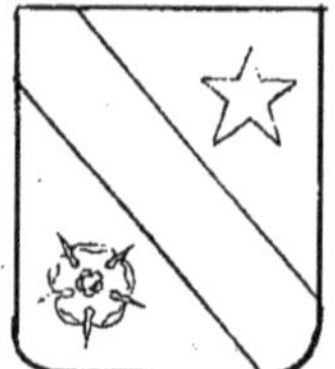

D'azur à la bande d'or accostée d'une étoile d'argent et d'une rose d'or.

**NANTON**

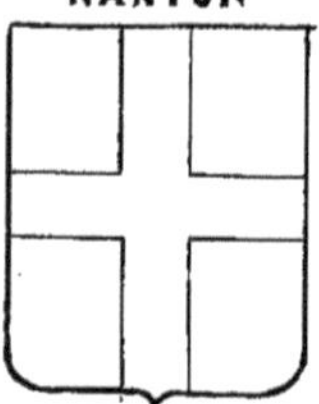

De sinople à la croix d'or

**NATUREL**

D'or à la fasce d'azur accpée de 3 canettes de sable.

**NAVALLO**

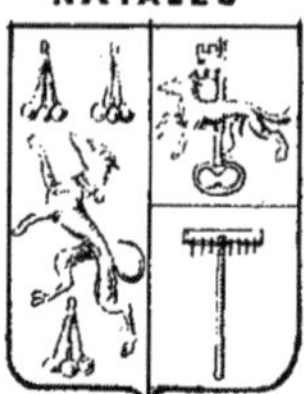

Pti mi cpé au 1er d'argt au lévrier rampt de gles accpé de 3 bouquets de cerises du même tigés de si. au 2e d'or à une clef en pal et un loup pt brocht au 3e de gles à un rateau en pal d'argt

**NAVARRE**

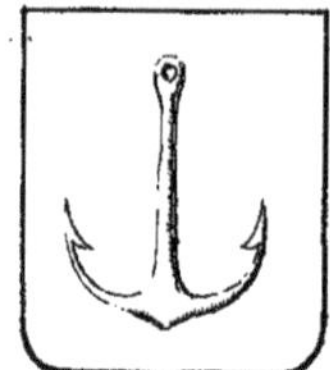

D'or à l'ancre de gueules

**NAVERGNON**

D'or à la bande d'azur chgée de 3 coquilles d'argt et accostée d'une hure de sable et d'un croissant d'argent

**NAVETTE**

D'azur au soleil d'or mouvant du franc canton et une ancre d'argt au cartier senestre de la pointe.

**NAYME**

De gueules semé de billettes d'argent au lion du même.

**NERESTANG**

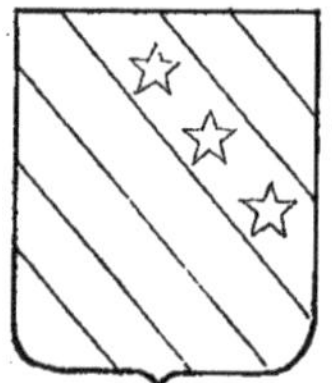

D'azur à 3 bandes d'or et 3 étoiles d'argent entre la 1re et la 2e bande

**NERVAUX**

De gueules au dextrochère armé mouvant d'une nuée du flanc senestre et tenant un sabre le tout d'argent.

**NEUVILLE**

D'azur au chevron d'or accpé de 3 croix ancrées du même.

**NEYRET**

Coupé au 1er d'az. à une ombre de soleil mouvt du frc. cant. d'or et une nuée d'argt contre mourt du cant. senestre de la pte; au 2e d'argt à une tête de sab. tortillée d'argent

**NEYRON**

D'azur au héron d'argent

**NICOLAU**

D'azur au coq d'or sur une rivière d'argt surmté de 3 cannets de sable dans un nid d'argent.

**NIERGUES**

D'azur à 3 cornets d'or liés de gueules.

**NIEVRE**

D'azur semé de croix fleuronnées au pied fiché d'argent au lion du même.

**NISET**

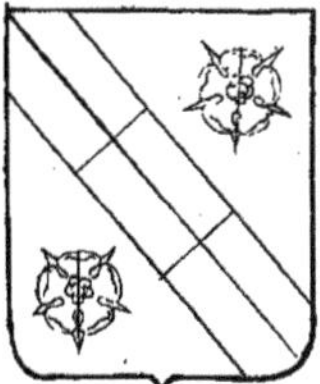

D'argent à la bande componée d'azur et de gueules de 6 pièces et accsᵗᵉᵉ de 2 roses parties du même

**NOBILI**

D'azur à la bande d'argent remplie d'azur semée de France

**NOBLET**

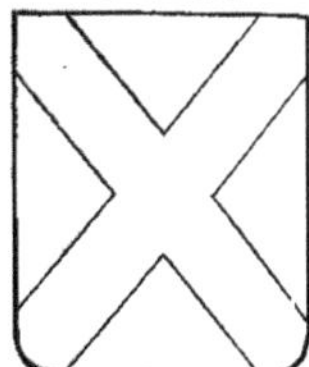

D'azur au sautoir d'or.

**NOIRAT**

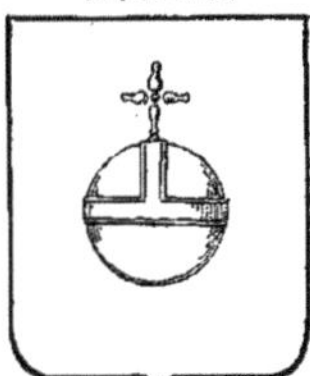

D'azur au monde croisé d'or cintrée de gueules.

**NOLHAC**

D'azur au vaisseau d'or sur une mer d'argent

**NOMPERE**

D'azur à 3 chevrons brisés et alaisés d'or.

**NOYEL**

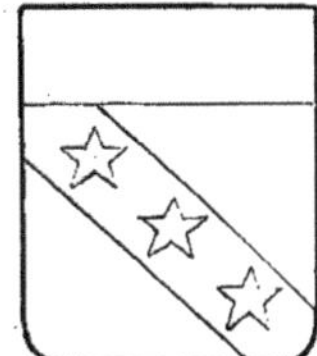

D'azur à la bande d'argent chgée de 3 étoiles de gueules au chef d'or.

**NOYELLES**

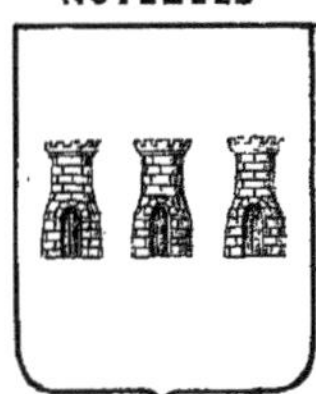

D'azur à 3 tours rangées d'or

**LA NOYERIE**

De gueules à 2 chevaux passants d'argent

**OBERKAMPF**

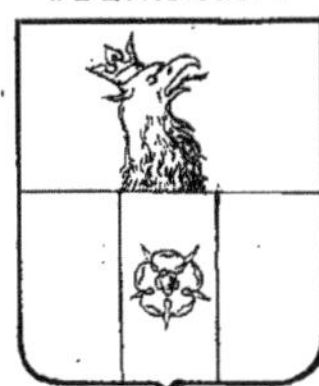

Coupé: au 1er d'argᵗ au griffon issant de gˡᵉˢ lampassé et couronné d'or; au 2ᵉ de gˡᵉˢ au pal d'argent chgé d'une rose de gueules.

**OBRETH**

D'azur à l'aigle d'or; au chef d'argent chgé de 3 palmes de sinople.

**OFFREY**

D'az. au cœur de pourpre enflammé de gˡᵉˢ accsᵗᵉ de 2 roses surmᵗᵉᵉ chacune d'une étoile d'or, à une nuée d'argᵗ mouvante du chef.

**OLIFANT**

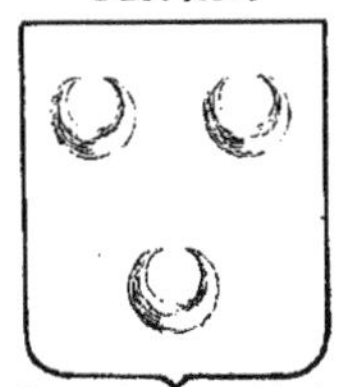

De gueules à 3 croissants d'argent.

**OLIVIER**

D'or à l'olivier de sinople.

**OLIVIER**

D'azur à la bande d'argent chgée d'une étoile d'azur et d'un rameau d'olivier de sinople et accsᵗᵉᵉ de 2 roses d'argent

OLLAGNIER

D à un arbre d accs[ts] de 2 roses d

OLLIER

D'or au chevron de gueules ch[é] d'un croissant et acc[é] de sinople

ORLANDINI

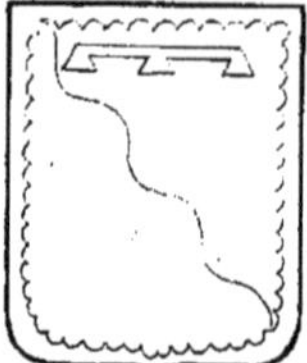

Tranché en onde d'or et de sable au lambel de 3 pendants de g[les] en chef et une filière engrêlée du même

ORCIVAL

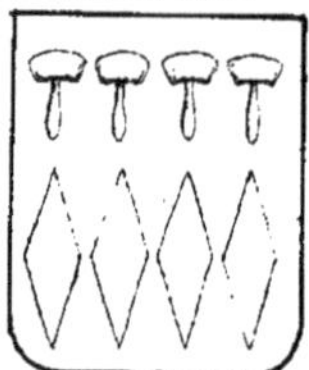

De sable à 4 fusées rangées d'argent surmontées de 4 maillets d'or manchés d'arg[t]

ORMOT

D'argent au lion de sable couronné d'or.

ORNAISON

D'or à la bande d'azur ch[ée] d'une onde d'argent.

ORSET

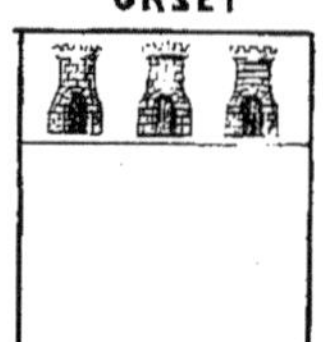

De gueules au chef d'argent ch[é] de 3 tours de sable.

OSSARIS

D'azur à 2 oies d'or et un croissant d'argent.

PAGNINI

D'azur à la bande d'or accs[tée] de 2 dauphin d'argent.

DU PALAIS

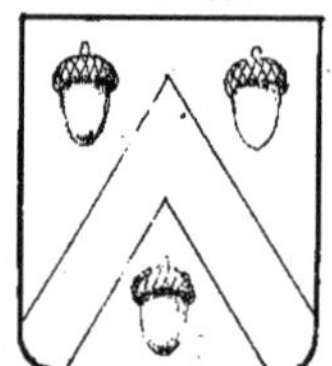

D'azur au chevron d'or acc[é] de 3 glands du même

PALERNE

D'or au paon rouant d'azur au chef du même ch[é] de 3 étoiles d'argent

PALLUT

D'argent au palmier terrassé de sinople accs[té] de 2 mouchetures d'hermines de sable.

PALLUAT

D'or à 3 oeillets de gueules tigés et feuillés de sinople et mouvants de même tige.

PALMIER

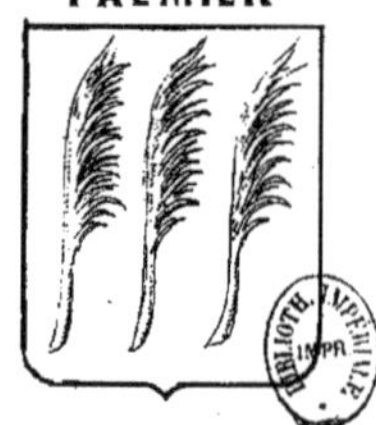

D'azur à 3 palmes rangées d'or

PALURBET

De sinople au cerf d'or

PANCIATI

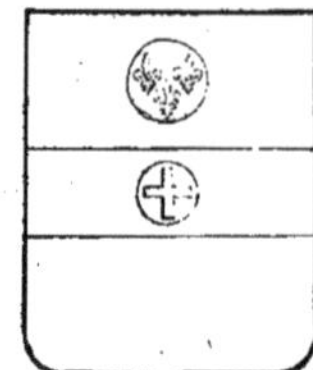

D à la fasce d ch[ée] d'un besan d surch[é] d'une croisette d en chef un tourteau de France

F. 46

**PANISSOT**

D'arg.t au cerf rampant de sab. à une fasce échiquetée d'or et de g.les de 3 tires brochante ch.gée d'un écu en bannière d'az. à 3 épis de blé mouvants d'un tertre d'or.

**PANNIER**

D'azur au chevron d'or accp.é de 2 étoiles d'argent et d'une rose d'or.

**PAPARIN**

D'azur au chevron parti d'or et d'argent accp.t de 2 étoiles d'or et d'une coquille d'argent

**PAPE**

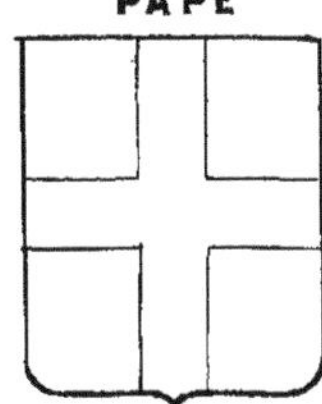

D'azur à la croix d'argent *

**PAPON**

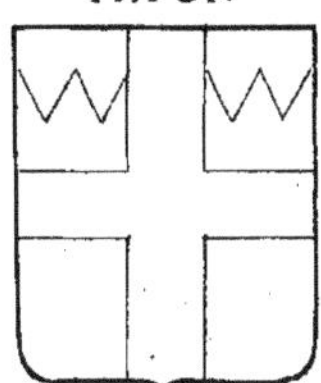

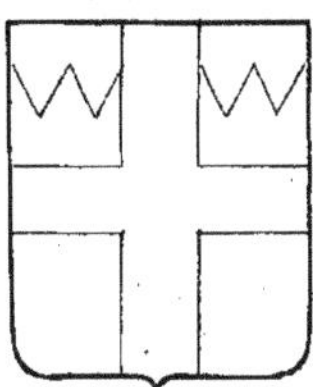

D'or au chef d'anché de 4 pointes de gueules à une croix d'azur brochante

**PAQUELET**

D'azur à 3 moutons d'argent paissants sur des tertres de sinople.

**PAQUET**

D'or au chevron d'azur accp.é de 3 palmes de sinople; au chef d'azur ch.gé d'un croissant d'argent entre 2 étoiles d'or.

**PARADIN**

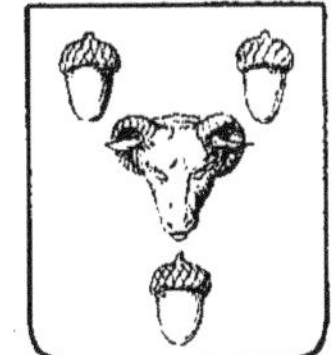

D'azur au rencontre de bélier d'argent accp.é de 3 glands d'or

**PARADIS**

D'azur au monde d'argent ceintré de gueules; au chef d'argent ch.gé de 3 oiseaux de paradis essorés d'or.

**PARANGES**

D'argent au lion de gueules et un croissant d'azur au canton senestre du chef

**PARCHAS**

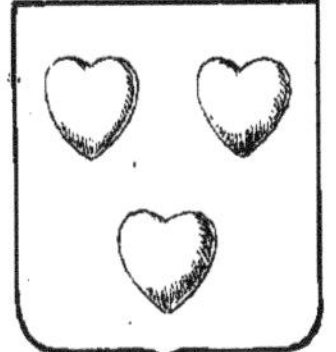

D'argent à 3 coeurs de gueules

**PARISOT**

D'argent à 3 fasces ondées d'azur; au chef du même ch.gé d'une étoile d'or.

**PARTICELLI**

D'or à l'arbre terrassé de sinople; au chef de gueules ch.gé de 3 molettes d'or

**PASSARD**

D'argent à la fasce de g.les ch.gée de 3 quintefeuilles d'or accp.ée de 3 merlettes de sable

**PASSERAT**

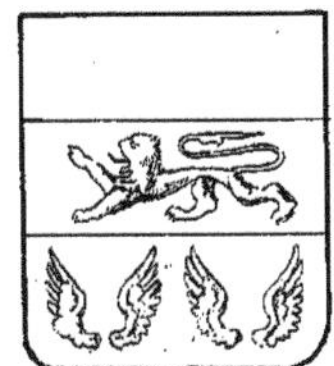

D'azur à la fasce d'or ch.gée d'un lion passant de gueules et accp.ée en p.te de 2 vols d'or

**PASSERAT**

De gueules à une chapelle d'argent au chef d'or ch.gé de 3 passereaux de sable.

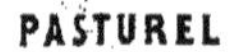

**PASTUREL**

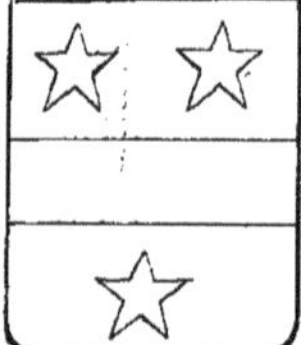

De sable à la fasce d'argent accp^ée de 3 étoiles d'or

**PAFFY**

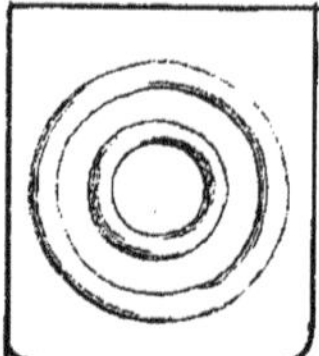

D'argent à 2 anneaux l'un dans l'autre de gueules

**PATERIN**

D'azur à la bande d'or et une roue du même en chef

**PAULINI**

Ecrtelé au 1^er et 4^e d'az. à un mont de 3 copeaux d'or sommé d'un cygne d'arg^t tenant une bague d'or; au 2^e et 3^e d'or à une tour à 2 donjons de gueules

**PAULTRIER**

De gueules au cheval d'or, au chef d'arg^t ch^gé de 3 tourteaux de gueules surch^gés chacun d'une étoile d'or

**PAULZE**

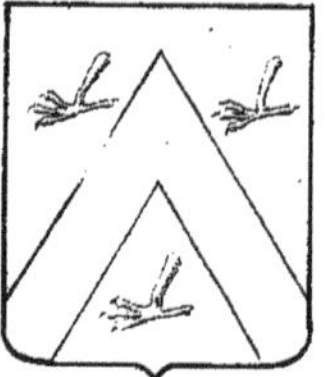

D'argent au chevron de gueules accp^é de 3 serres d'aigle d'az

**PAUSE**

D'argent au chevron de sable accp^é de 3 tourteaux du même

**PAYRE**

De gueules à 3 croix recroisetées d'or.

**PAISSELIER**

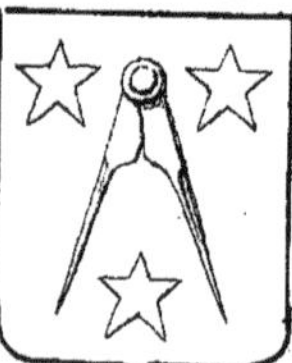

D'azur à un compas ouvert d accp^é de 3 étoiles d

**PAZZI**

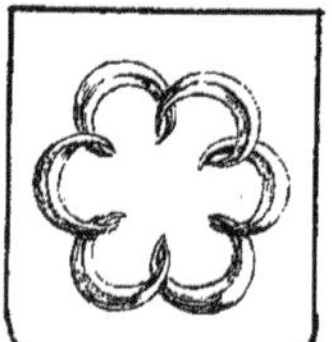

D'argent à 6 croissants appointés entretenus et alternés d'azur et de gueules

**PECOIL**

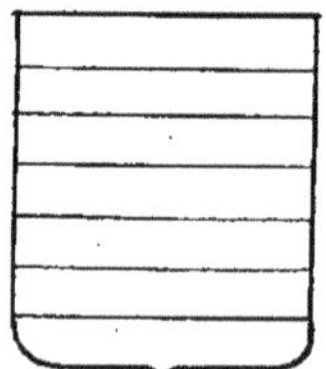

De sable à 3 fasces d'or

**PECOUL**

D'argent à 3 chevron de g^les. au chef d'azur ch^gé de 3 étoiles d'or

**PEIRENC**

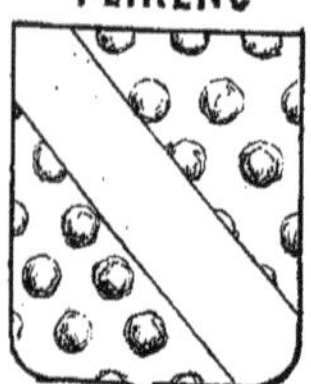

De gueule semé de cailloux d'or à la bande d'argent

**PELLETIER**

D'arg^t. à la croix de gueules cantonnée de 4 quintefeuilles du même

**PELLISSANT**

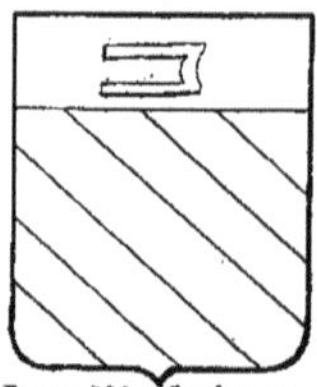

D'azur à 3 bandes d'or au chef cousu d'azur ch^gé d'un d'argent

**PELISSIER**

D'az. au chevron d'or ch^gé de 2 coquilles de g^les accp^é de 2 étoiles et d'un lion d'argent.

**PELLOT**

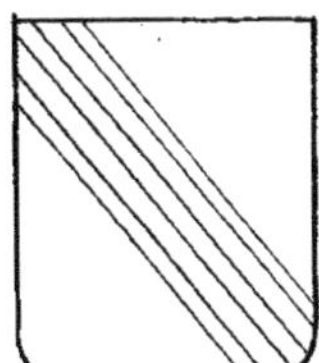

De sable à une tierce en bande d'or

**DU PELLOUX**

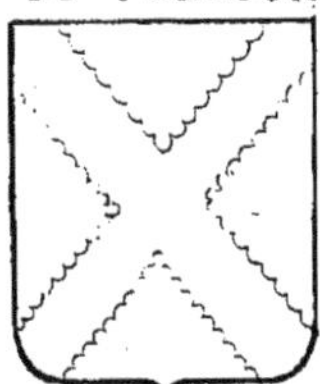

D'argent au sautoir engrêlé d'azur

**PENITENTS BLANCS**

D'azur au calice d'or sommé d'une hostie d'argent

**PERICAUD**

D'or au poirier arraché de sinople accsté de 2 coqs affrontés de gueules.

**DU PERIER**

D'azur a une bande accpé en chef d'une tête de lion, à la bordure engrêlée le tout d'or.

**PERNETTI**

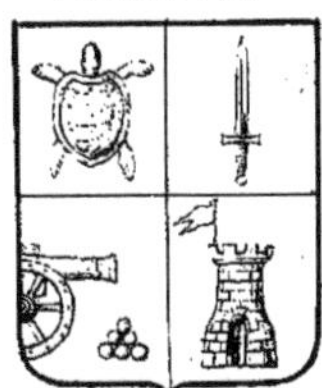

Ecarté au 1er d'az. à une tortue d'or, au 2e de baron milite ; au 3e de gles au canon mouvt à demi du flanc dextre senestré d'une pile de boulets d'argt au 4e d'az. à une tour somé à dextre d'argent

**PERNON**

D'azur à une ancre d'argent ; au chef cousu de gueules chgé d'un soleil d'or.

**PERRACHON**

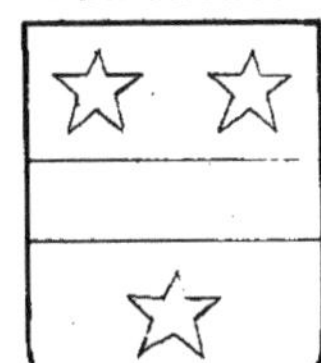

De gueules à la fasce d'argent accpé de 3 etoiles d'or.

**PERRINET**

D à 3 fasces d

**PERRET**

D'azur au chevron d'argent accpé de 2 étoiles cometées d'or et d'un mont de 3 copeaux d'arg.

**PERRET**

D'azur au vol d'or, au chef du même

**PERRETTE**

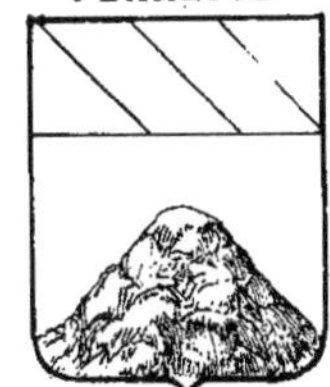

D'azur a un mont d'argent ; au chef bandé d'argent et d'azur de 4 pieces

**LA PERRIERE**

D'or à la fasce de gueules accpée en chef de 3 têtes de leopards couronnés du même

**PERRICHON**

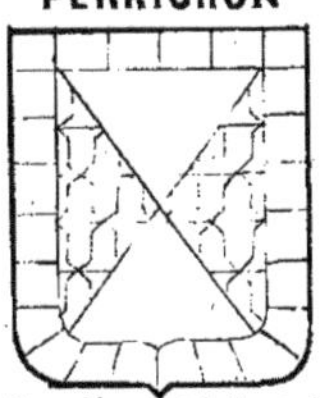

Ecartelé en sautoir d'or et vairé d'argt et de gles, à la bordure componée d'argent et de gueules.

**PERRIN**

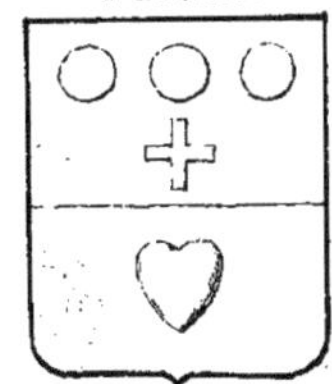

D'azur à 3 étoiles d'or.

**PERRIN**

D'or au perroquet de sinople.

**PERRIN**

D'azur à 3 bandes d'or au chef d'argent chgé d'un lion passant de sable.

**PERRIN**

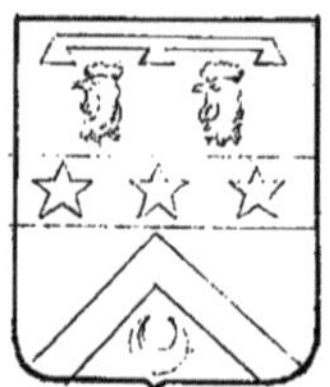

Coupé: au 1er d'argt à 2 têtes de coq arrachées de gles surmtées d'un lambel de 3 pendts d'argt, au 2e de gles au chevron d'or accpé en pte d'un croissant d'argt et surmonté d'une fasce d'az. chgée de 3 étoiles d'or

**PERRIN**

D'argent au cerf de gueules rampant contre un arbre terrassé de sinople

**PERRIN**

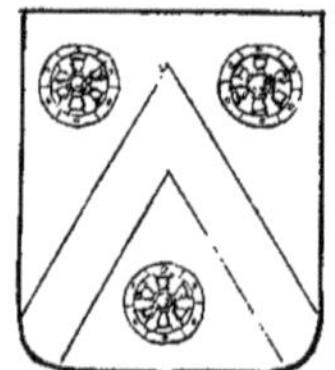

D'azur au chevron d'or accpé de 3 roues du même clouées de gueules

**PERRIN**

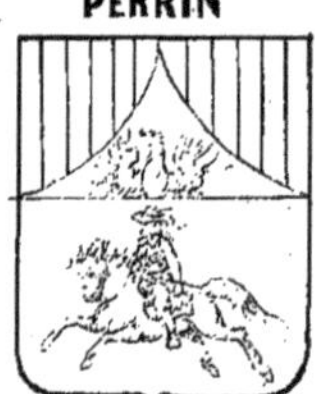

Coupé au 1er tiercé en mantel: le 1er pallé d'argt et de gles le 2e pallé d'or et d'az. le 3e d'or à l'aigle issant de sab. au 2e d'az. au cavalier sur un cheval galoppant d'argt armé d'une cuirasse de sab. rehaussée d'or

**PERRIN**

D'azur au chevron d'or accpé de 3 quintefeuilles du même.

**PERRIN**

D'azur à la colonne sur un mont d'argen et 2 etoiles du même en chef.

**PERRIN**

D'or à la colonne de gles chgée de 3 fleurs de lys d'argt et senestrée d'un lion de gueules rampant contre.

**PERRIER**

De gles au chevron d'argt chgé de 2 rameaux de laurier de sinop. accpé en pte d'une aigle essoré d'or fixant un soleil du même mouvant du franc canton.

**PERRODON**

D'or au cour de gueules percé de 5 fleches du meme et accpé de 2 étoiles et d'un croissant d'azur..

**PERRONET**

D'az. à la fasce ondée d'argt d'ou nait un aigle d'or, en pte une bande d'or chgée de 3 étoiles de gueules.

**PESTALOZZI**

De gles au lion tenant 2 clefs du même l'une dans ses pattes de devant l'autre dans celles de derriere et surmté de 2 trangles le tout d'or

**PETIT**

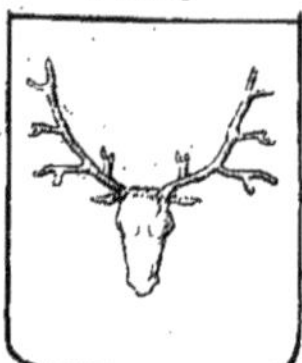

De gueules au rencontre de cerf d'argent clariné d'or

**PETIT**

D'azur a la fasce d'or chgée de 2 étoiles d'azur et accpée en pte d'un croissant d'or.

**PETITOT**

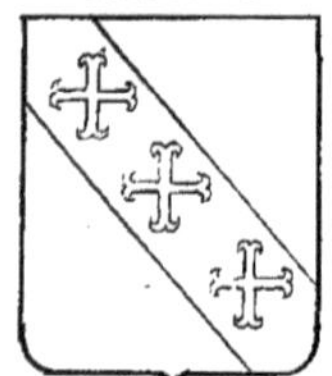

De gueules à la bande d'or chée de 3 croix ancrées de sable.

**PETREQUIN**

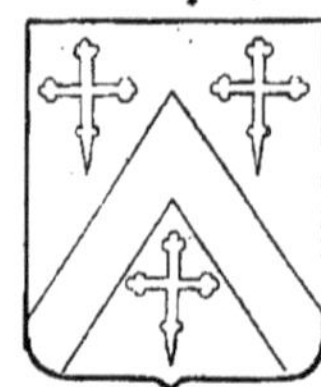

D'azur au chevron d'or accpé de 3 croix au pied fiché du même.

F. 48.

**PETTOLAZ**

D'or à 2 barres d'azur accp[ées] en chef d'un cœur de gueules sommé d'un demi vol de sable

**DU PEYRAT**

D'azur au château donjonné de 3 tours d'or.

**PEYRIEU**

D'azur au paon d'or sur une branche de sinople accp[é] de 3 merlettes de sable.

**PEYRON**

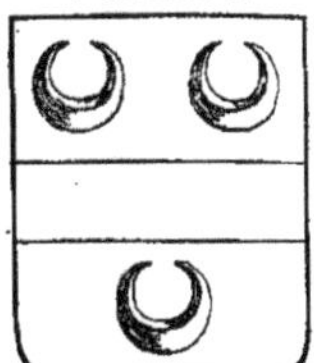

D'azur à la fasce d'or accp[ée] de 3 croissants du même.

**PEYRONNY**

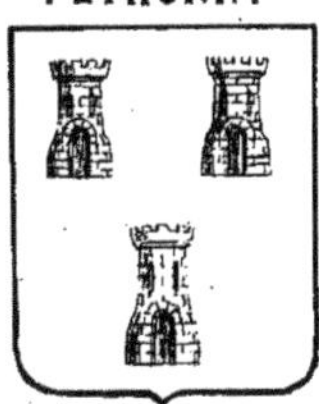

D'azur à 3 tours d'argent

**PEYROUSE**

De gueules au lion d'or surmonté d'une tour du même

**PEYSSON**

D'or au chevron de gueules sommé d'un croisette du même, au chef d'azur ch[g]é d'un poisson d'argent

**PEYSSONEAU**

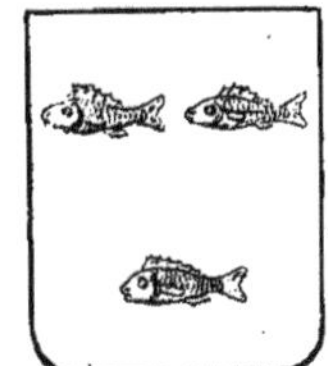

D'azur à 3 poissons d

**PHELINES**

D'azur à un faisceau de 5 flèches d'argent liées de gueules

**PHELY**

De sable a 4 burelles abbaissées d'or

**PHILIBERT**

D'argent au griffon de gueules couronné d'or.

**PHILIBERT**

D'azur au chevron d'or, au chef d'argent ch[g]é de 3 feuilles de figuier de sinople

**PHILIPPE**

D'azur à un lion surm[onté] d'un triangle et 3 fleurs de lys rangées en chef le tout d'or

**PIANELLO**

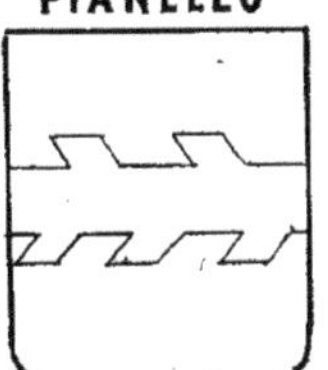

Coupé de gueules et de sable à la fasce écotée de 5 pièces d'or sur le coupé

**PIARRON**

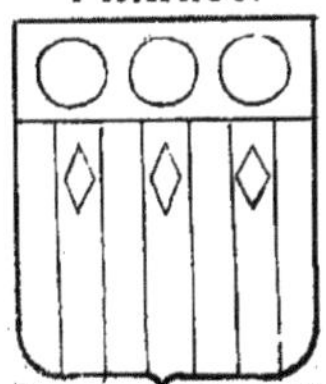

De gueules à 3 pals d'or ch[gé]s en chef chacun d'un losange de sab. au chef cousu d'az. ch[g]é de 3 besans d'or.

**PIAZZONE**

D'argent senestré d'un bouc de gueules saillant contre un arbre de sinople.

PICHIN

D'or à 3 hures de sable

PIERREFITE

D à un amphistère d.

PIERRE VIVE

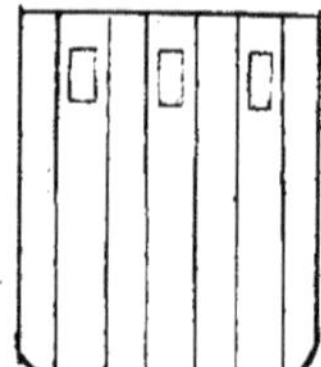

D'or à 3 pals de gueules ch^{és} chacun en chef d'une billette d'argent

PIGNARDI

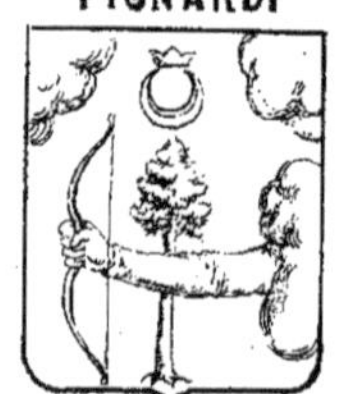

D à un pin surm^{té} d'un croissant couronné, à un dextrochère mouv^t d'une nuée à dextre brochant et 2 nuages mouvants des cantons du chef.

PILLEHOTTE

D'argent au lion de gueules taré de sable; au chef d'azur ch^{gé} d'une aigle entre 2 étoiles d'argent

PILHOTTE

D'arg^t au chevron de g^{les} accp^é de 3 navires 2 en chef visant l'un contre l'autre, le 3^e en pointe enfoncé de sable

PIQUET

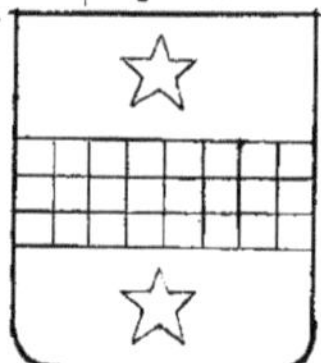

D'azur à la fasce échiquetée d'arg^t et de g^{les} de 3 tires accp^{ée} de 2 étoiles d'or.

PIRON

D'arg^t au chevron de gueules sommé d'une trangle du même ch^{ée} de 3 étoiles d'or, en p^{te} une pie sur un anneau de sable.

PISTON

Coupé au 1^{er} d'az à 5 étoiles d'arg^t rangées 2 et 3; au 2^e d'arg^t à 2 chevrons celui du chef renversé broch^t sur celui de la p^{te} et une devise sur le coupé au quartier de baron milit^{re} broch^t.

PITINI

D'argent au chevron accp^é de 2 oies et d'une fortune le tout de gueules.

PITIOT

D'az. à la bande d'arg^t ch^{ée} de 3 lionceaux de g^{les} accs^{ée} en chef de 3 étoiles en bande et en p^{te} d'un soleil d'or

PIZAYS

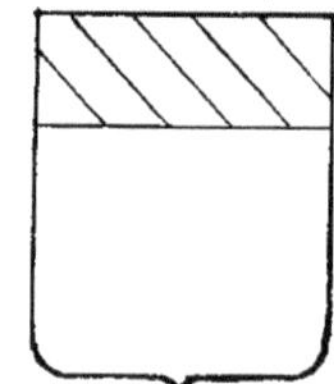

D'argent au chef bandé d'or et d'azur.

PLANTIER

D'azur à la bande d'argent accs^{tée} en chef d'une ruche, en p^{te} d'un lion d'or

PLATEL

D'azur à la fasce d'or ch^{ée} d'une coquille de sable et accp^{ée} de 3 étoiles d'or.



LA PLATIÈRE

Ecartelé au 1^{er} et 4^e d'arg^t au chevron de g^{les} accp^é de 3 anilles de sable, au 2^e et 3^e de g^{les} à 3 molettes d'or.

DU PLANTEY

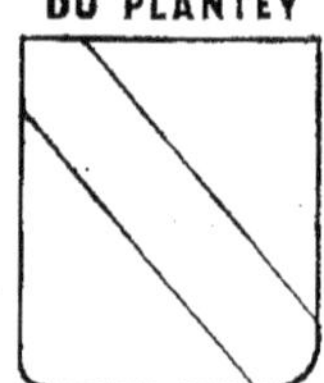

D'argent à la bande de gueules

| POCULOT | POGE | POGGI | POILE |
|---|---|---|---|
|  |  | 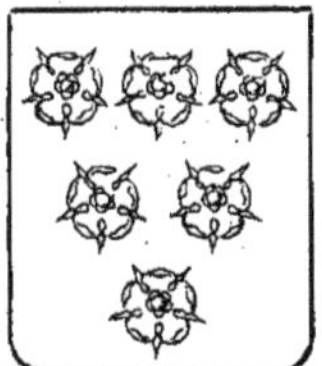 |  |
| D'az. au dextrochère d'or tenant 3 lys du même tigés et feuillés de sinople et un croissant d'argent en pointe | D'azur au chêne arraché au naturel et un soleil d'or mouvant du franc canton | De gueules à 6 roses d'argent rangées 3 2 et 1 | D'azur au chevron d'or accpé de 2 étoiles d'argent et d'un coeur d'or |

| POITIERS | POIVRE | DU POIZAT | POLINIERE |
|---|---|---|---|
| 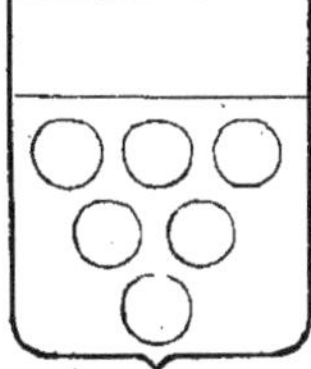 | 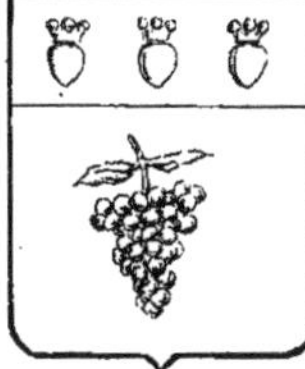 |  | 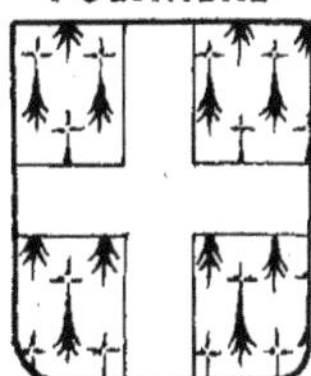 |
| D'azur à 6 besans d'or rangés 3 2 et 1 au chef du même | D a une grappe de poivre d au chef d ch$^{\text{gé}}$ de 3 | D'or a 3 grenouilles en pal de sinople l'une sur l'autre | D'hermines à la croix d'or |

| POLLAILLON | POLLET | POMEY | POMPIERRE |
|---|---|---|---|
|  |  |  |  |
| D'az. à la fasce d'arg$^{t}$ ch$^{\text{ée}}$ de 3 étoiles de g$^{\text{les}}$ et accp$^{\text{ée}}$ d'un lion passant d'or et d'une poule du même | D'az. au coq d'or sur un croissant d'arg$^{t}$ acc$^{\text{té}}$ d'un baton écoté en pal et d'une bisse du même surmontés chacun d'une etoile d'or | D'arg$^{t}$ au pommier de sinople fruité d'or, tortillé d'une guivre de g$^{\text{les}}$, soutenu d'un croissant d'az. et acc$^{\text{té}}$ de 2 étoiles de gueules | Semé de France, au chef d'arg$^{t}$ ch$^{\text{é}}$ d'un lion passant de gueules sortant d'une arcade de pont de sable. |

| PONARD | PONAY | PONCET | PONCETON |
|---|---|---|---|
| 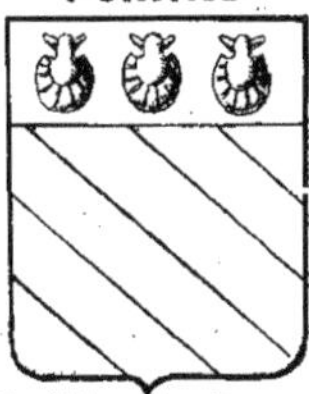 |  | 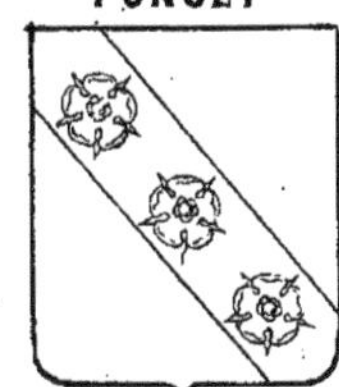 |  |
| Bandé de sable et d'or, au chef d'azur ch$^{\text{é}}$ de 3 coquilles d'argent | D'azur au chevron d'argent ch$^{\text{é}}$ d'une croissette de gueules | De sable à la bande d'argent ch$^{\text{é}}$ de 3 roses de gueules. | De gueules au lion d'argent |

**PONSAIMPIERRE**

D'azur à 2 colonnes toscanes d'argent.

**PONTHUS**

D'az. à 3 fasces ondées d'or au chef d'azur soutenu d'or et chgé de 3 fleurs de lys du même

**POPULE**

D à la bande d chgée de 3 étoiles d et accstée de 2 poules d

**PORONI**

D'argent au lion de gueules

**PORTE**

D'az: à un croissant d'argent surmté d'une colombe du même tenant au bec un rameau d'olivier de sinople

**LA PORTE**

Coupé denché: au 1er d'or à 3 étoiles de sable; au 2e de sable

**LA PORTE**

De gueules au lion d'or

**LA PORTE**

D'azur à une porte accstée de 2 tours d'argent

**PORTEBŒUF**

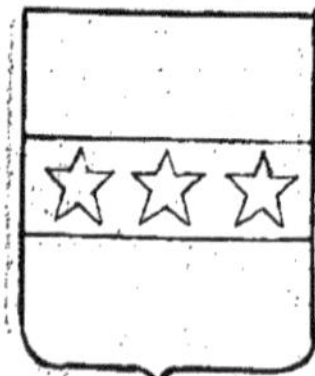

D'or à la fasce de gueules chgée de 3 étoiles d'or

**POSUEL**

D'argent au chevron de gles au chef du même chgé d'un lion passant d'or

**POUCHAT**

D'azur à la fasce d'argent accpée d'un soleil d'or et d'un foy d'argent

**POUILLOUD**

D'or fretté de gueules.

**POULLETIER**

D'argt à la fasce d'az. accpée de 3 poules de sable rangées en chef et d'un lion passant du même en pointe.

**POURNAS**

De gueules à 2 chevrons d'or au chef d'argent chgé de 3 coquilles d'azur

**DU POYET**

Ecartelé au 1er et 4e d'azur à 3 colonnes rangées d'argt au 2e et 3e de gueules au griffon d'or.

**POZZO**

D'or au puit de gueules accosté de 2 dragons de sinople affrontés et regardant dans le puit.

**PRACOMTAL**

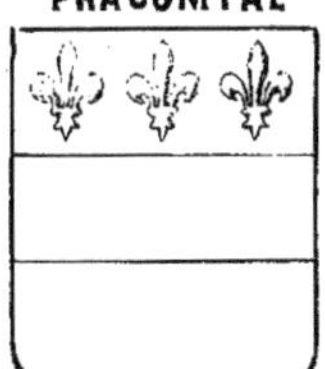

Tiercé en fasce: au 1er d'az à 3 fleurs de lys d'or, au 2e d'argent, au 3e de gueules.

**PRAIRE**

D'az. à 3 lys tigés d'argent fleuris d'or terrassé de sinople au chef de gueules ché de 3 étoiles d'argent

**PRALARD**

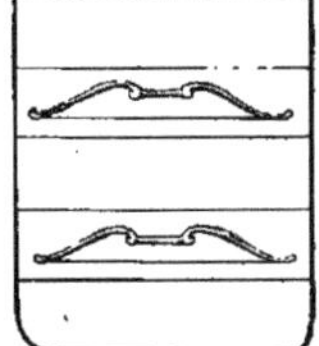

De sinople à 2 fasces d'argent chées chacune d'un arc de gueules.

**PRALONG**

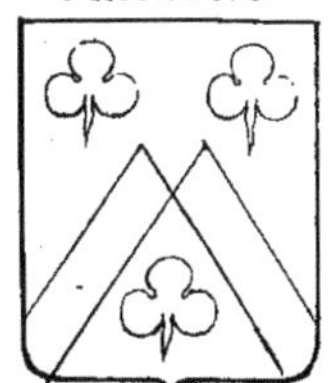

D'or au chevron brisé de gles accpé de 3 trèfles de sinople

**LA PRAYE**

D'argent au chevron de gles accpé de 2 roses et d'une étoile du meme.

**DES PREZ**

D'azur a une barre en arc d'argt accpé en pte d'un phénix d'or fixant un soleil du meme mouvant du frac canton

**PRESLE**

D'azur au chevron d'or accpé de 3 colombes d'argt

**PRESSAVIN**

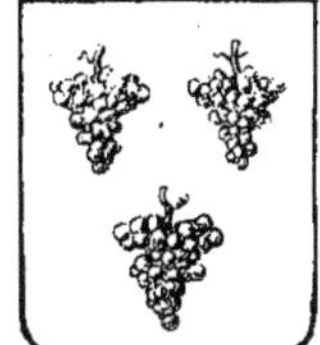

D à 3 raisins d

**PRESSIEU**

Losangé d'argent et de gueules au chef d'or chgé d'un lion passant de sable armé et lampassé de gueules.

**PRÉVIDE**

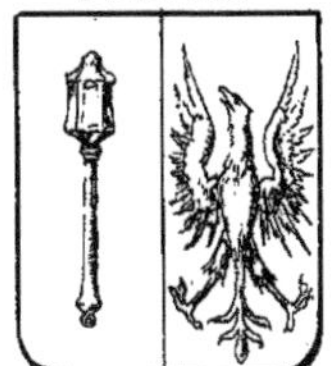

Parti: d'azur a la masse d'or et d'argent à l'aigle de sable.

**PREVOST**

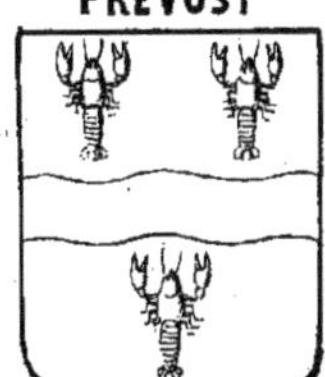

De sinople a la fasce ondée d'argent accpée de 3 écrevisses d'or.

**LE PREVOST**

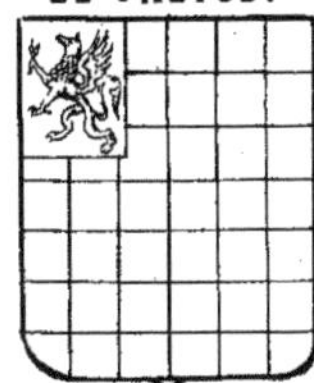

Echiqueté d'or et d'azur au franc canton d'or au griffon de sable.

**PRIVAT**

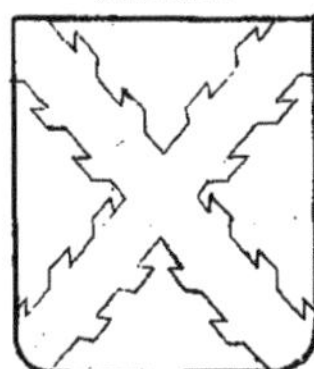

D'argent au sautoir écoté de sinople

**PROHINGUES**

De sable au chevron d'or accpé de 2 roses tigées et feuillées d'argent et d'un lion d'or

**PROPIERES**

Parti: de gueules au lion d'argent et losangé d'or et de gueules

**PROST**

De gueules au rencontre de taureau d'or accpé de 8 flammes du meme

**PROST**

D'azur à 3 fasces d'argt et un chevron de gles brochant au chef d'azur chgé de 2 étoiles d'or.

**PROST**

De gueules à 2 chevrons d'or au chef cousu d'azur chgé de 2 étoiles d'or

**PRUNIER**

De gueules à la tour donjonnée d'argent.

**PUGET**

D'azur à 2 chevrons ondés d'argent accpés en chef de 2 étoiles d'or.

**PUGET**

D'or à 3 pals de gueules au chef chgé d'une aigle issante de sable

**PUILATA**

D'azur à l'aigle d'or, au chef d'argent chgé de 2 têtes de léopard de sable lampassées de gueules.

**PULIGNIEU**

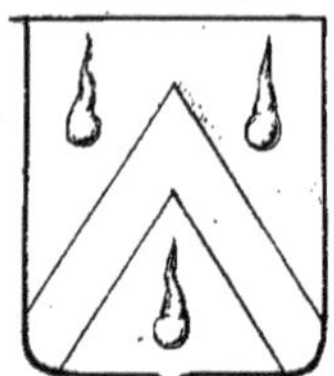

D'azur au chevron d'or accpé de 3 larmes du même

**PUNCTIS**

D'azur à un chevron surmté d'un croissant et accpé en pte d'une tour le tout d'argent

**PUPIER**

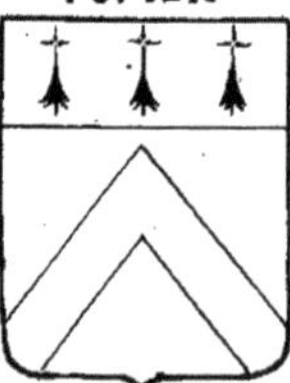

D'azur au chevron d'or au chef d'argent chgé de 3 mouchetures d'hermines de sable

**PUPIL**

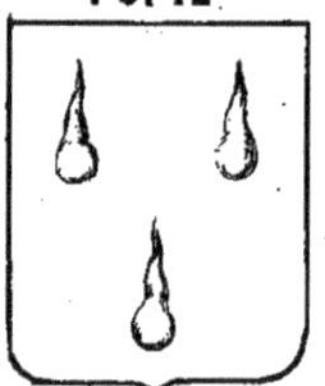

D'azur à 3 larmes d'argent

**PURES**

D'or au chevron d'az. accpé de 3 trèfles de sinople au chef de gles chgé d'un croissant d'argt entre 2 annelets du même.

**PUY**

De sable au chevron d'or accpé de 2 étoiles et d'un croissant du même

**DU PUY**

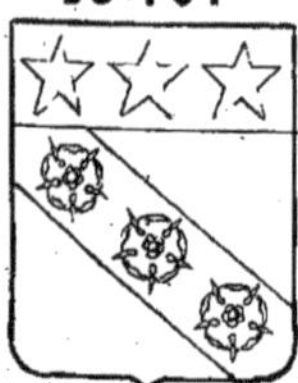

D'or à la bande de sable chgée de 3 roses d'argent au chef d'azur chgé de étoiles d'or.

**DU PUY**

De gueules au bélier passant d'argent

**QUARRÉ**

Echiqueté d'argent et d'azur au chef d'or chgé d'un lion passant de sable

**QUARRIQUES**

D'argt à la fasce de gles chgée de 3 étoiles d'or et accpée de 2 alérions de gles et d'un palmier de sinople.

| QUATREFAGES | QUELAIN | QUERRIERS | QUESNAY |
|---|---|---|---|
|  |  |  |  |
| D'azur au chevron d acc'p d'un lion d au chef d chg de 3 étoiles d | D'azur au chevron d'or accp de 2 étoiles et d'une pomme du même | D'argent à 3 trefles de sable | D'azur à la fasce d'or accp de 3 tiges de pensées au naturel. |
| **QUIBLY** | **QUINCARNON** | **QUINET** | **QUINSON** |
|  |  |  |  |
| D'or au croissant d'azur, au chef de gueules chg de 3 étoiles d'or | D'or au lion de sable. | D au chevron d accp de 2 étoiles et d'un cœur soutenu d'un croissant d | D'hermines plein |
| **RABERIN** | **RABNEAU** | **RABUT** | **RACHAIS** |
|  | 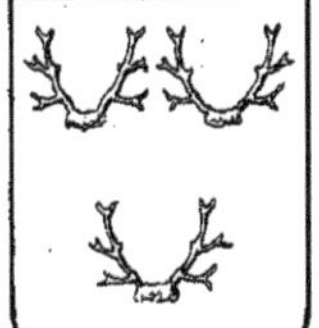 |  |  |
| D'az. au chevron d'or sommé d'un croissant d'argt accp de 2 étoiles et d'une tête de licorne du même | D'azur à 3 massacres de cerf d'or | D'argent au croissant de sable au chef d'azur chg d'un soleil issant d'or | D'azur à la bande d'or chée d'un lion de gueules. |
| **RADIX** | **RAFFELIN** | **RAFFIN** | **RAMBAUD** |
|  | 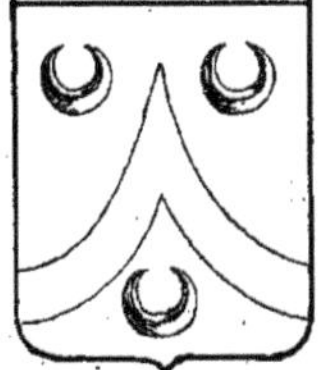 |  |  |
| D'az. au lion d'or sur un rocher d'argt tenant une tige de tournesol de sinople et un soleil d'or au franc canton. | D'azur au chevron courbé d'or accp de 3 croissants d'argent | D'azur à une étoile à 6 rais d'or | D'azur à l'aigle d'or |

## RANCÉ

D'azur au croissant d'argent

## RANDON

D'arg$^{t}$ au chevron de g$^{les}$ accp$^{é}$ en pointe d'un pin de sinople au chef de gueules ch$^{gé}$ de 3 etoiles d'argent

## RANVIER

D'azur au croissant d'argent surm$^{té}$ d'une étoile d'or.

## LA RASSAINE

D'argent à un merle de sable posé sur un tronc écoté en bande et muni d'un rameau de sinople.

## RAST

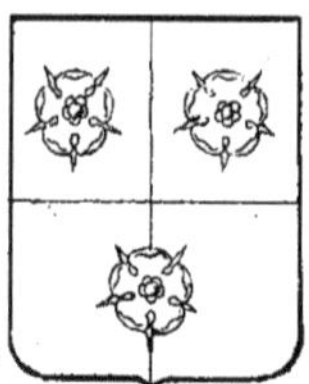

Ecartelé de gueules et de de sable à 3 roses d'argent sur le tout.

## RATTON

D'or a 3 barres d'azur au lion d'argent brochant.

## RAVACHOL

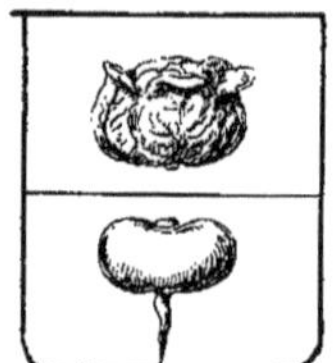

Coupé de gueules à un chou d'or, et d'azur a une rave d'argent

## RAVAT

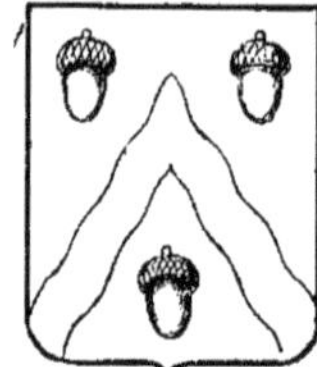

D'azur au chevron ondé d'or accp$^{é}$ de 3 glands du même

## RAVEL

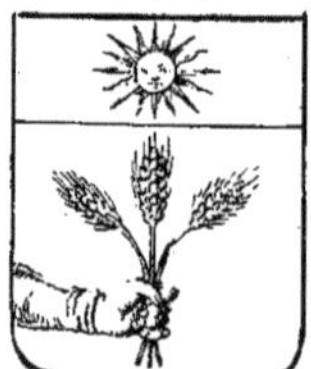

D'azur au senestrochère mouv$^{t}$ du flanc dextre tenant 3 epis d'or; au chef cousu de gueules ch$^{gé}$ d'un soleil d'or.

## RAVERAT

D'argent à la bande d'azur ch$^{gée}$ d'une épée d'argent, au cartier de baron militaire

## RAVERIE

D'azur au léopard d'or; au chef du même ch$^{gé}$ d'une aigle de sable

## RAVIER

Coupé: au 1$^{er}$ d'arg$^{t}$ à une aigle essorée de sab. sur un roc de sin. senestrée d'un mont de 3 copeaux de sin. et un soleil d'or mouv$^{t}$ du chef au 2$^{e}$ de g$^{les}$ a 3 étoiles rangées d'arg$^{t}$ et une rose d'or.

## RAVOT

De sinople au chevron d'or accp$^{é}$ de 3 trefles du meme.

## RAYBE

De sable semé de billettes d'arg$^{t}$ au lion du meme

## RAYMONDIS

D'or a 3 fasces d'azur et 3 aiglettes de sable entre les 2 dernieres fasces

## RAYNAUD

D'argent au chien rampant de gueules; au chef d'azur ch$^{gé}$ de 3 losanges d'or

**REBOUL**

D'azur au chevron d'or accp[t] en p[te] d'une écrevisse du meme

**REBOULET**

D'azur à la tour d'argent accs[tée] de 2 fleurs de lys du meme

**RECLAINES**

D'or a 3 chevrons acep[és] de 3 croix patées de sable

**REFREGÉ**

D'arg[t] au chevron d'az. accp[e] en p[te] d'un arbre terrassé de si. senestré d'une tour de sab. au chef d'az. ch[gé] de 3 étoiles d'or

**REGNARD**

D à un renard passant sur une terrasse d à un soleil mouvant du frane canton.

**REGNAUD**

D'azur au coq sur un mont de 6 pointes d'argent

**REGNAULD**

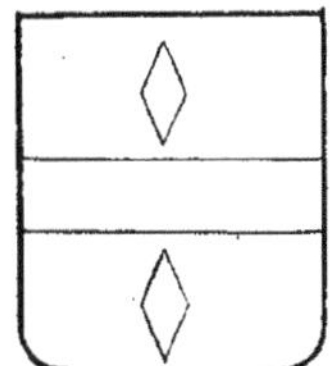

De gueules a la fasce d'argent accp[é] de 2 losanges d'or

**REGNIER**

D à 3 bandes d au chef d ch[gé] de 3 fleurs de lys d

**REGNOLD**

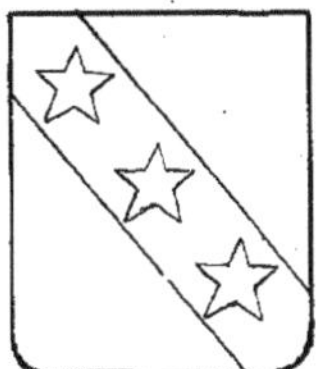

D'or a la bande d'azur ch[ée] de 3 étoiles d'argent

**REGNY**

De gueules au lion d'or ; au chef d'azur soutenu d'or ch[gé] d'une couronne fermée du même

**REGRAIS**

De gueules au griffon d'argent

**RELIEURS**

De France a une main mouvant d'une nuée du chef et tenant un livre ouvert d'arg[t] portant en lettre de sable : in principio erat verbum

**RELOGNE**

D'or semé de trèfles de sinople au lion gueules

**RENARD**

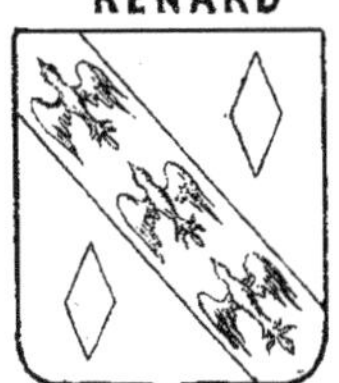

D'azur a la bande d'or ch[gée] de 3 alérions de sable et accs[tée] de 2 losanges d'or

**RENAUD**

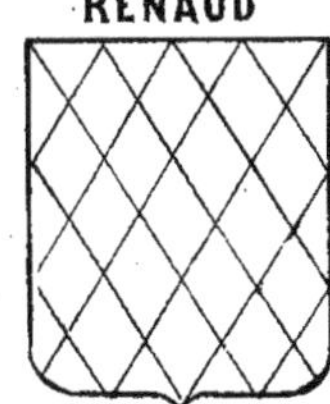

losangé d'or et de gueules

**RENAUD**

D'or à la fasce de gueules accp[ée] en chef d'une aigle essorant en pointe d'un cheval galoppant

**REQUIN**

Parti au 1er d'or au cheval bai au naturel bridé et harnaché de pourpre soutnu de sin surmté d'un sabre embn de sa. au 2e d'az. au canon d'or soutnu de ci. et surmté d'un casque du même; à la champ. de chev. de la lég. d'honr.

**RESIGNAN**

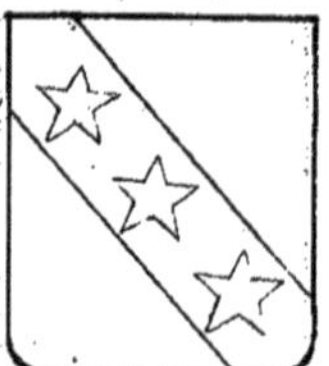

De sable à la bande d'or chgée de 3 étoiles de gueules.

**RESINA**

De gueules au griffon d'or au chef d'argent chgé de 3 étoiles d'azur

**REVERONI**

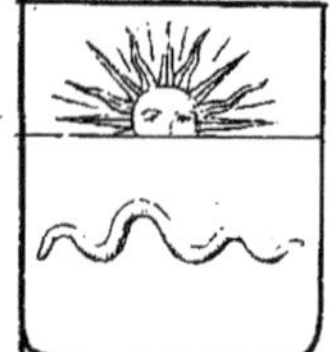

De gueules à un ver tortillé en fasce d'argent, au chef cousu d'azur chgé d'un soleil issant d'or.

**REVERONI**

Coupé: au 1er de gles à 3 fleurs de lys florencées d'argt surmtées d'une étoile à 8 rais du même, au 2me palé de gueules et d'argent à la bordure du même

**REY**

D'azur au chevron d'or accpé de 3 roses du même, au chef cousu de gueules chgé d'un croissant d'argent

**DU RHY**

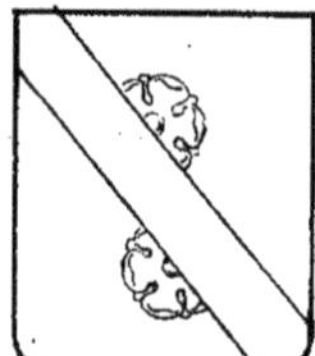

D à la bande d accstée de 2 roses retraites mouvantes de la bande

**RICCASALE**

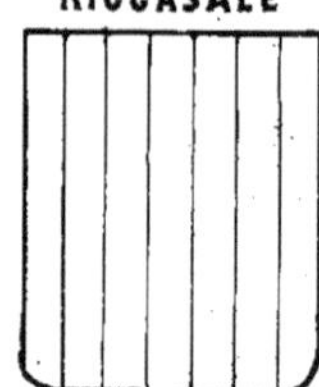

D'or à 3 pals de gueules.

**RICCI**

D'azur à 3 hérissons d'argent posés 2 et 1 et à 3 étoiles mal ordonnées

**RICHARD**

Ecartelé: au 1er et 4e d'az. au chevron d'or accpé de 3 croissants d'argt au 2e et 3e d'az. à la bande d'or chgée d'un soleil d'or et d'une lune en opposition

**RICHARD**

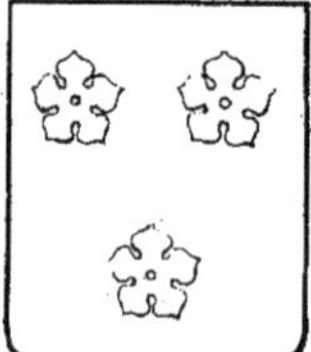

D'azur à 3 quintefeuilles d'argent

**RICHARD**

De gueules à 2 griffons affrontés d'or, au chef cousu d'azur chgé d'un croissant d'argent entre 2 étoiles d'or

**RICHARD**

Ecartelé: au 1er et 4e de gles au chevron d'or accpé de 2 étoiles et d'une rose du même, au 2e et 3e d'or à un pont de sable sur un fleuve de pourpre

**RICHARD**

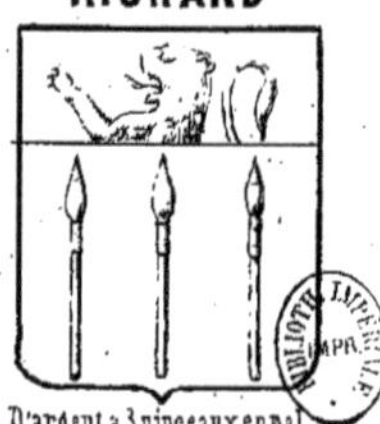

D'argent à 3 pinceaux en pal de sable, au chef de gueules chgé d'un lion issant d'argent



**RICHE**

D à 3 étoiles rangées en chef d

**RICHE**

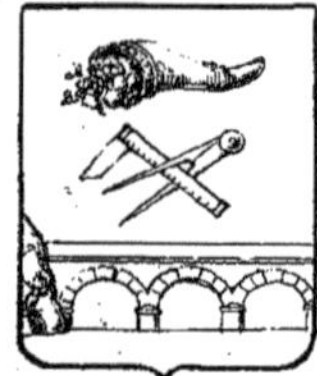

D'az. au pont d'argt sur une rivière de sin. appuyé sur un roc d'or à dextre surmté d'un compas et d'une règle en sautoir d'argt et d'une corne d'abondance d'or versant des fruits d'argent

**LE RICHE**

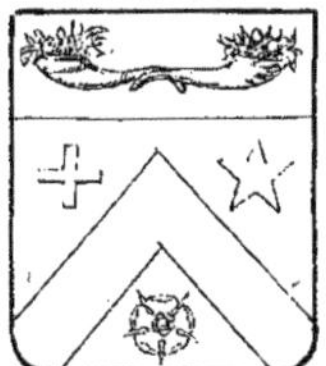

D'az. au chevron d'or accpé d'une croix, d'une étoile et d'une rose du même; au chef d'or ché de 2 cornes d'abondance entretenues de sable remplies de sinople

**LE RICHE**

D'az. à la fasce d'or chée d'un croissant de gles accpée de 2 têtes de cheval d'argent et d'une étoile d'or

**RICHER**

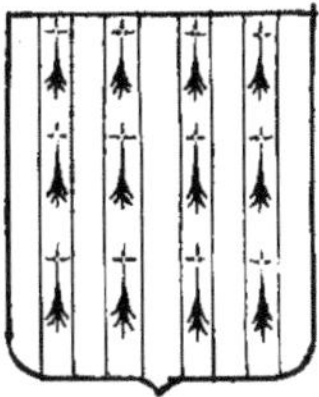

D'azur à 4 pals d'hermines.

**RICHERI**

De gles au dextrochère mouvt d'une nuée d'argt au flanc sentre tenant une épée du même garnie d'or; au chef du même cht d'une aigle de sable.

**RICOU**

D'or au chevron d'azur soutenant 3 rameaux de sinople au chef de gueules

**RIEUSSET**

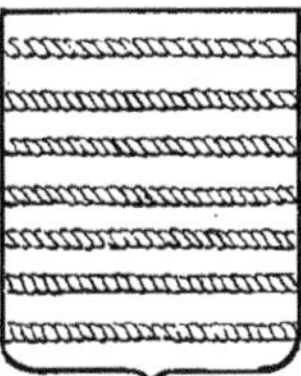

D'azur à 7 burelles cordées d'or

**RIGAUD**

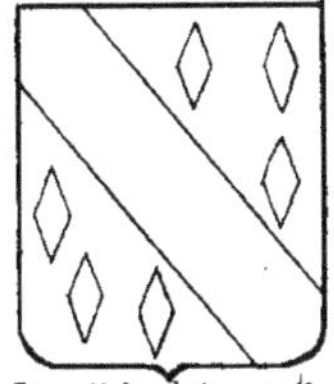

D'azur à la bande d'or accpée de 6 losanges du même

**RIGAUD**

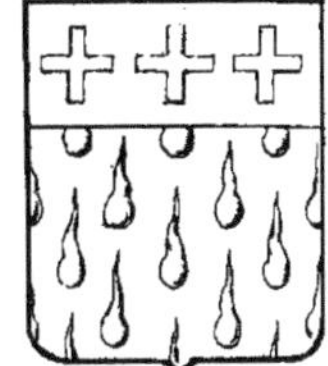

De sable semé de larmes d'argent au chef cons d'azur ché de 3 croisettes d'or

**RIGIOLI**

D'argent à l'aigle de sable accpée en chef de 3 étoiles rangées de gueules.

**RIGOD**

De gules à la bande d'argt chée d'un cœur de gules enflammé d'or et percé d'une épée en contre-bande d'argt garnie d'or; au chef d'argt ché de 3 étoiles d'or

**RIMOND**

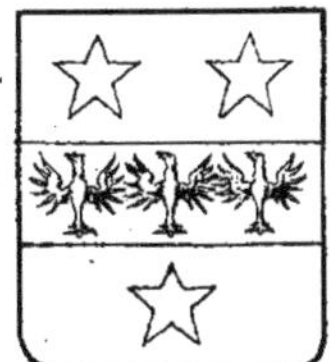

D'azur à la fasce d'or chée de alérions de sable et accpée de 3 étoiles d'or.

**RIQUE**

D'argent au cerf couché de gles au chef d'azur ché de 3 molettes d'or

**RIVAIL**

D'argent à 2 coqs hardis affrontés de gueules; au chef d'azur ché d'un croissant entre 2 étoiles d'argent

**RIVERIE**

D     à 3 étoiles d
à la bordure d

**RIVERIE**

D'azur au chevron d'or ché de 3 coquilles de gueules et accpé de 3 étoiles d'or

**RIVERIEUX**

D'azur à une rivière d'argent surmté d'un croissant du même

| LA RIVIERE | RIVOIRE | LA RIVOIRE | LA RIVOIRE |
| --- | --- | --- | --- |
| 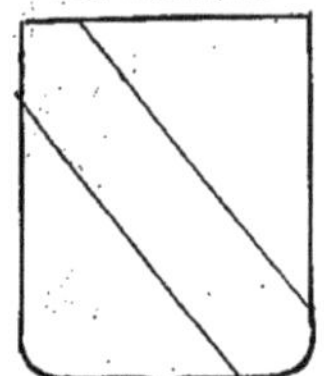 |  |  |  |
| De sable à la bande d'argent | Fascé d'argent et de gueules à la bande d'azur ch^gée de 3 fleurs de lys d'or | De gueules au lion d'argent | D'azur au chevron d'or accp^é de 3 croissants soutenant chacun une plante de riz d'argent; au chef du même ch^gé d'un soleil de gueules |

| RIVOIRON | ROANNE | ROBERTET | ROBIN |
| --- | --- | --- | --- |
|  |  |  |  |
| D'azur au soleil naissant d'or sur un tertre de sinople | D'azur au croissant d'argent | D'azur à la bande d'or ch^gée d'un demi vol de sable et accp^ée de 3 étoiles d'or | D'azur au chevron d'or accp^é de 3 étoiles du même, au chef cousu de gueules. |

| ROBIN | ROCCOFORT | ROC GIRARDON | ROCHEBARON |
| --- | --- | --- | --- |
|  |  |  | 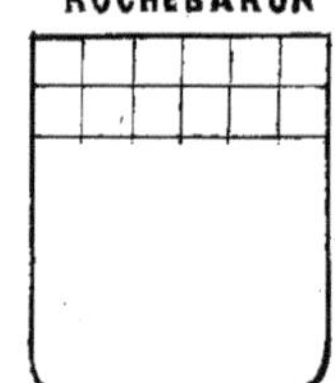 |
| Fascé d'or et de gueules de 4 pièces à 3 merlettes de sable sur l'or posées 2 et 1. | D'azur au château à 2 tours girouettées d'argent sur un mont de 8 pointes d'or | Parti de gueules et d'or à 2 lions affrontés de l'un en l'autre au chef parti du même | De gueules au chef échiqueté d'argent et d'azur |

| LA ROCHE | LA ROCHE | LA ROCHE NEGLY | LA ROCHE |
| --- | --- | --- | --- |
| 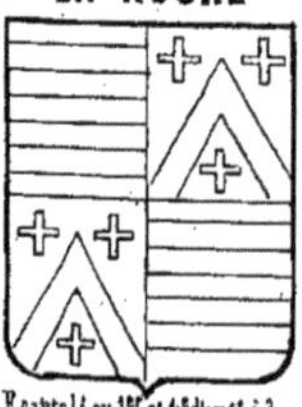 | 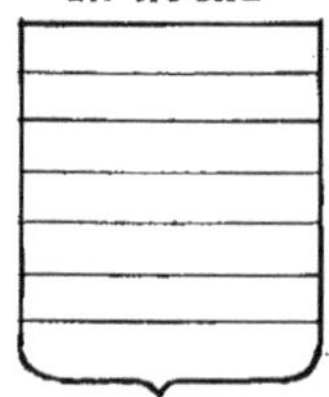 |  |  |
| Écartelé au 1^er et 4^e d'arg^t à 3 fasces de g^les, au 2^e et 3^e d'or au chevron d'azur accp^é de 3 croisettes du même | D'argent à 3 fasces d'azur. | D'argent à un rocher de sable surm^té d'une aigle du même | D d à la croix ancrée |

**ROCHEFORT**

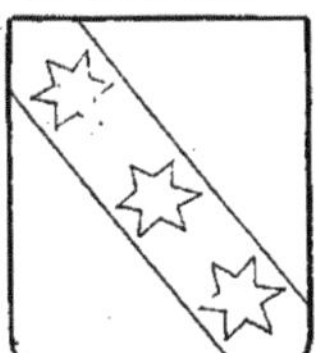

D à la bande d
ch$^{ée}$ de 3 étoiles d

**ROCHEFORT**

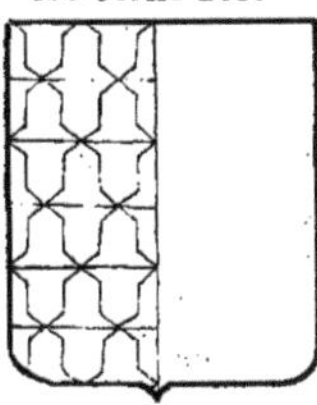

Parti de vair et de gueules

**ROCHEMUR**

D'argent à 3 chevrons d'azur

**LA ROCHETTE**

D'azur à un rocher de 6 pointes d'argent sur un tertre de sinople surm$^{té}$ d'un croissant d'or

**ROGER**

D'argent au lion de gueules tenant une rose du même tigée et feuillée de sinople

**ROGIER**

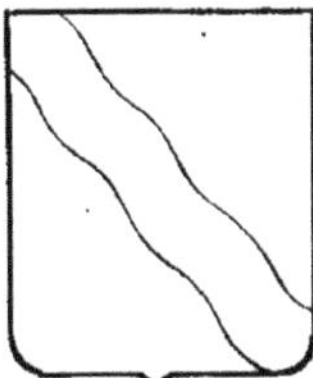

De gueules à la bande ondée d'argent

**ROLLAND**

D'az. au coeur de g$^{les}$ percé de 2 flèches en sautoir d'argent acc$^{pé}$ en p$^{te}$ d'un croissant d'or, au chef du même.

**ROLLAND**

D'azur au lion d'or rampant contre un mont d'argent

**ROLLAND**

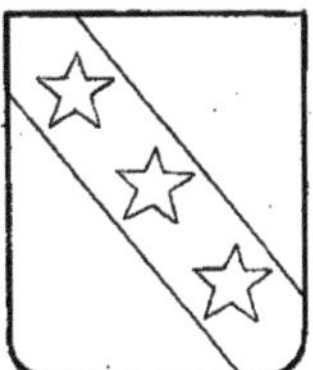

D'or à la bande d ch$^{ée}$
de 3 étoiles d

**ROLLIN**

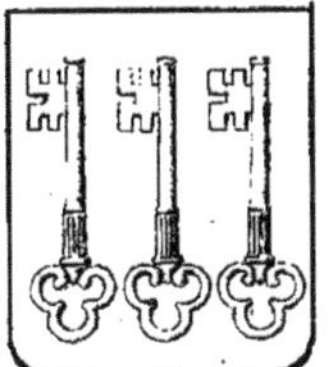

D'azur à 3 clefs d'or rangées en pal

**ROLLIN**

D'azur à 2 chevrons d'or acc$^{pés}$ de 3 roses du même

**ROMAIN**

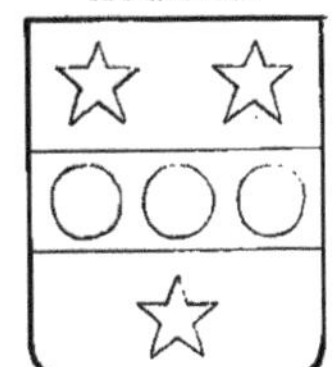

D'azur à la fasce d'argent ch$^{ée}$ de 3 tourteaux de gueules et acc$^{pée}$ de 3 étoiles d'or.

**ROMANANS**

D'azur à la bande d'argent ch$^{ée}$ de 3 coeurs de gueules

**ROMAN**

Ecart. 1$^{er}$ d'az. au sautoir d'or, 2$^{e}$ échiq$^{té}$ d'or et de g$^{les}$ au fr. cant. d'az. bandé d'or 3$^{e}$ d'az. au dauphin d'or; 4$^{e}$ contrécart$^{é}$ 1$^{er}$ et 4$^{e}$ de g$^{les}$ à la guivre en pal d'arg$^{t}$ et une fasce vivrée d'or broch$^{te}$ 2 et 3$^{e}$ de vair au lion de g$^{les}$, sur le tout du tout: d'arg$^{t}$ au lézard de si. au chef d'az. à 3 étoiles d'or.

**RONCHEROLLES**

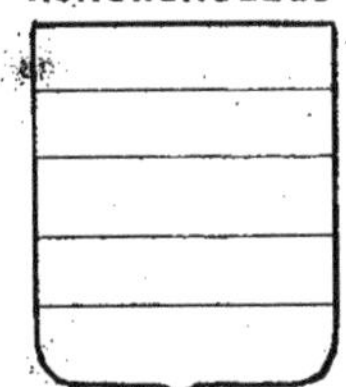

D'or à 2 fasces de gueules.

**RONCHEVOL**

D'or à l'aigle à 2 têtes de g$^{les}$ becquée et membrée d'azur

**RONDET**

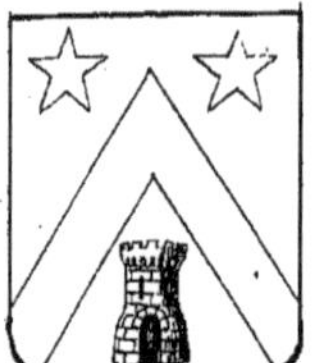

D'azur au chevron d'or accpé de 2 étoiles d'argent et d'une tour d'or

**DU ROSIER**

D'azur à 3 chevrons d'or, au chef du même chgé de 3 roses de gueules.

**ROSSAT**

De gueules à la fasce d'argent chgée de 3 roses de gles, accpée en chef d'une balance d'or et en pte de 2 palmes en sautoir du même

**ROSSET**

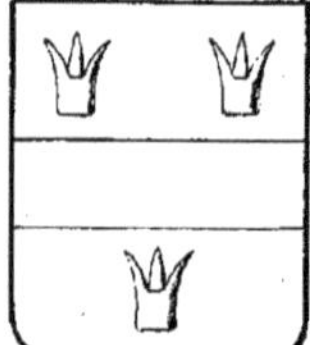

D'azur à une fasce de gueules accpée de 3 rossets d'argent

**ROSSIGNOL**

Ecartelé: au 1er et 4e d'or à l'arbre de sinople, au 2e et 3e d'az. à 3 rossignols d'argt becqués et membrés d'or

**ROSTAING**

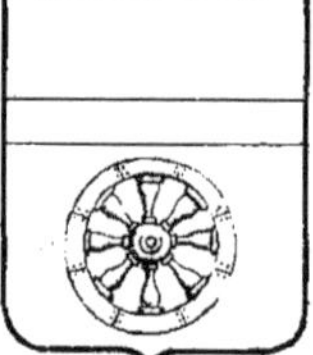

D'azur à une roue d'or surmtée d'une fasce en devise haussée du même

**ROSTAING**

D'or à la bande d'azur soutenue d'un filet de gles chgée de 3 corneilles d'or becquées et membrées de gueules

**LA ROUE**

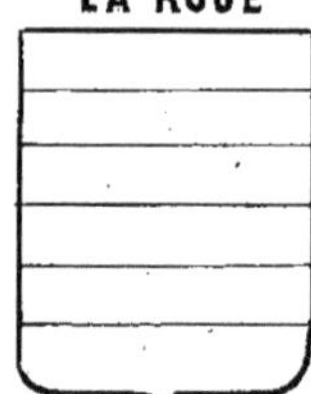

Fascé d'or et d'azur

**ROUGEAT**

D'azur à un phénix au naturel fixant un soleil d'or mouvt du franc canton

**ROUGEAUD**

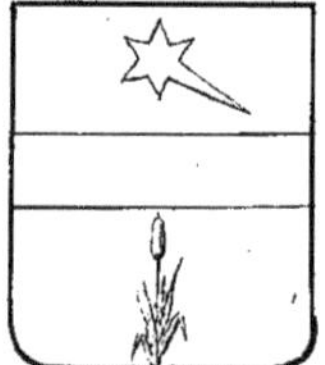

D'azur à la fasce d'argent accpée en chef d'une comète enflamée d'or et et en pte d'un roseau au naturel

**ROUGIER**

D'azur à l'arbre terrassé d'or addextré d'une étoile et senestré d'un lion du même rampant contre l'arbre

**ROUGNARD**

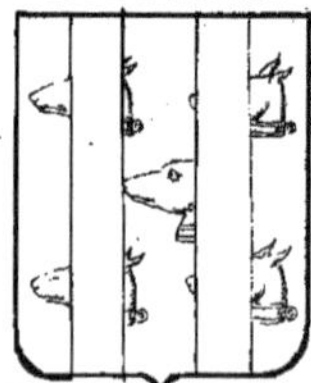

De gueules à 5 têtes de chiens en sautoir et 2 pals d'or brochant.

**ROUJOUX**

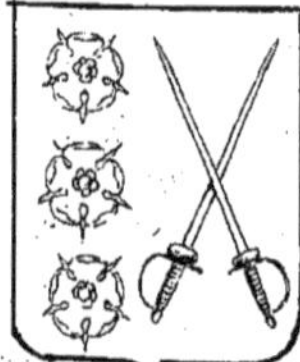

D'azur addextré de 3 roses en pal d'argent et senestré de 2 épées en sautoir du même.

**ROUSSELET**

D'argent à l'arbre de sinople et une cotice de gueules brochante

**ROUSSET**

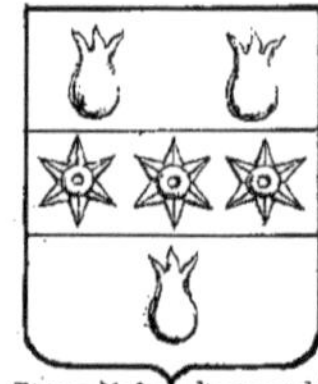

D'azur à la fasce d'argent chgée de 3 molettes de gles et accpée de 3 coquerelles d'argent

**ROUSSET**

D'azur a une branche à 8 rameaux d'or, au chef cousu de gueules chgé d'un soleil d'or mouvant du franc canton

ROUSSILLON

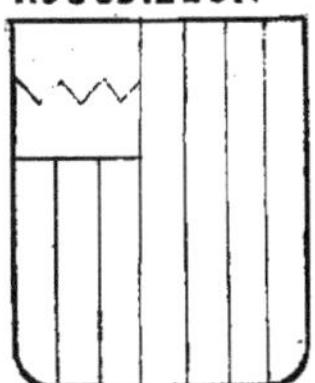

D à 3 pals d au franc canton émanché de 3 pièces.

ROUVEL

De gueules au lion d'or.

ROUVIERE

D'azur à un pigeon essoré d'argt. sur une rivière du même; au chef d'or chgé de 3 étoiles de gueules.

ROUVILLE

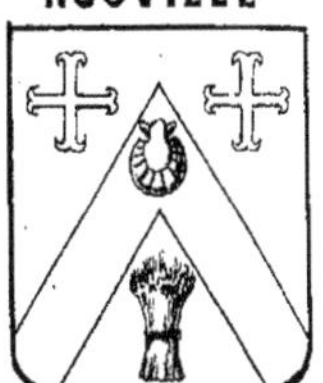

D'azur au chevron d'or chgé d'une coquille de sable et accpé de 2 croix ancrées et d'une gerbe d'or.

ROUX

D'azur à 3 têtes de léopards d'or.

ROUX

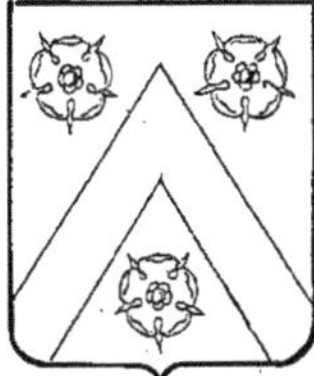

D'argent au chevron d'azur accpé de 3 roses de gueules

ROVEDIS

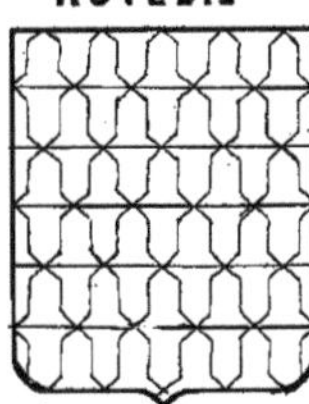

Vairé d'or et de sinople

ROVIGLIASE

D'argent au lion de gueules couronné d'or

ROVILLE

D'or à la fasce de gueules accpé en chef d'une étoile d'azur et en pte de 2 oiseaux affrontés de sable

ROY

D à une couronne à l'antique d

LE ROY

D'azur au chevron d'or accpé de 3 étoiles d'argent

LE ROY

D'argent à 3 corbeaux de sable

ROYER

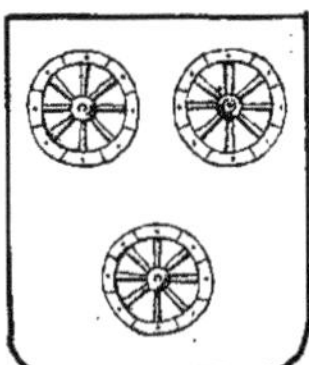

De gueules à 3 roues d'argent à 8 rais

ROZE

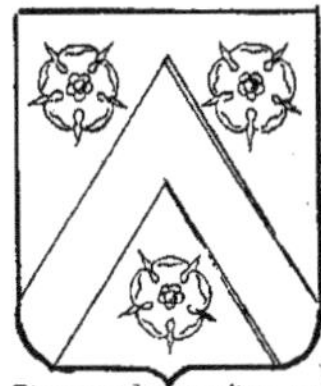

D'azur au chevron d'or accpé de 3 roses du même

LA ROZE

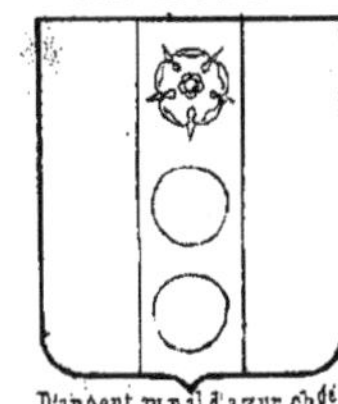

D'argent au pal d'azur chgé d'une rose d'argt. et de deux besans d'or

ROZET

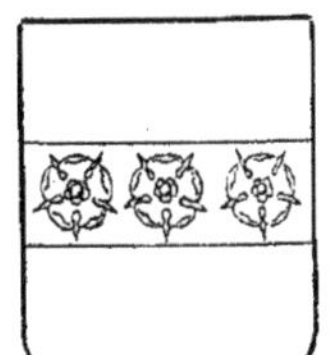

D'azur à la fasce d'argent chgée de 3 roses de gueules.

**ROYRAUD**

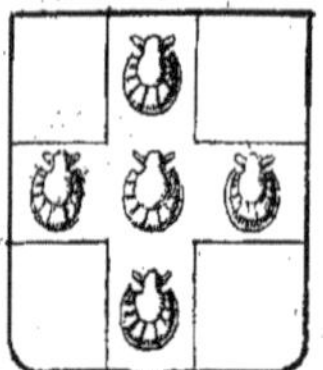

D'azur à la croix d'argent chgée. de 5 coquilles de sable

**ROZIER**

D'argent au rosier au naturel sur un tertre de sinople

**RUBYS**

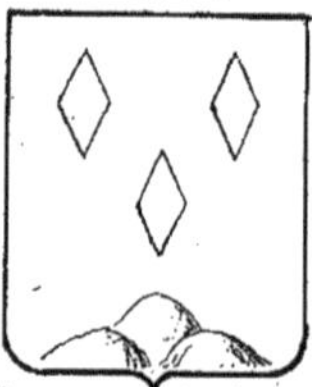

D'or au mont de 3 pointes d'azur surmté de 3 rubis en losanges de gueules

**RUFFIER**

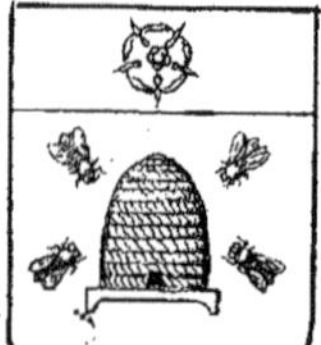

D'azur à la ruche cantonné de 4 abeilles d'or; au chef du même chgé d'une rose de gules.

**RUFFIN**

D'azur au sautoir d'or cantonné de 4 feuilles de chêne de sinople

**RUOLZ**

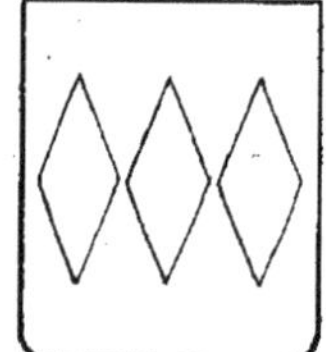

D'azur à 3 fusées rangées d'or.

**RUPT**

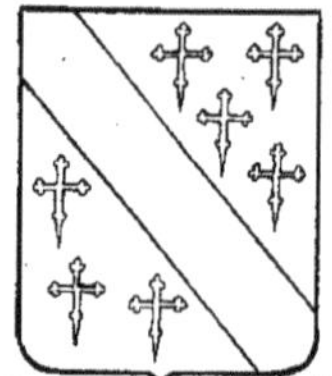

D'azur à la bande d'or accpée de 7 croisettes fleuronnées au pied fiché du même

**RYGOLAT**

D'azur à 2 poissons addossés d'argt. accpés. de 2 étoiles et enpte d'une hachette du même.

**SABATIER**

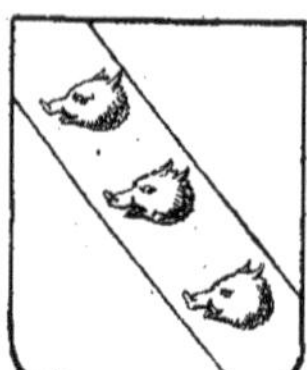

D'azur à la bande d'argent chgée de 3 hures de sable.

**SABATIN**

D'azur à un chevron accpé de 2 étoiles et d'un croissant

**LA SABLIERE**

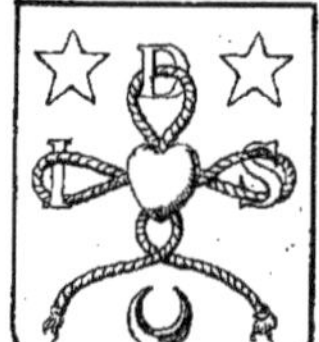

D'az. aux lettres I, D, S de gules. mal-ordonnées, liées d'un entrelacs d'or accpées de 2 étoiles du meme et d'un croissant d'argent à un cœur de gules en abime.

**SABOT**

D'azur au pélican d'argent dans un nid d'or sur un tertre de sinople.

**SACCONAY**

De sable à 3 étoiles d'argent au chef du même chgé. d'un lion issant de gueules.

**SAFFANGE**

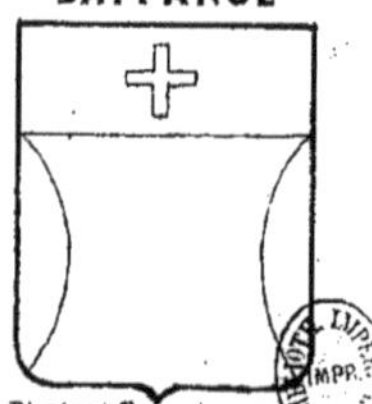

D'argent flanqué en arc de cercle de gueules au chef d'azur chgé d'une croisette d'or.



**SAIGNARD**

D'azur au chevron d'or

**SAIN**

D'azur au chevron d'argt. surmté d'un croissant versé du même accpé en pte de 3 étoiles rangées d'argent.

**St ANTOINE.**

De l'empire à un écusson d en coeur couronné, suspendu au col de l'aigle et ch$^{ge}$ d'un tau d

**St ETIENNE**

D'azur à 2 palmes en sautoir d'or cantonnées d'une couronne fermée et de 3 croissettes du même.

**St BONNET**

D a 3 fleurs de lys d au chef d

**St DIDIER**

D'azur au lion d'argent à la bordure cousue de gueules ch$^{gée}$ de 8 étoiles d'or

**St GERMAIN**

De gueules à la fasce d'argent acc$^{pée}$ de 6 merlettes du même

**St JEAN**

De gueules au griffon d'or et au lion d'argent couronné d'or affrontés

**St JULIEN**

D'azur au mouton passant d'argent au chef d'or ch$^{gé}$ de 3 rencontres de taureau de sable.

**St JULIEN**

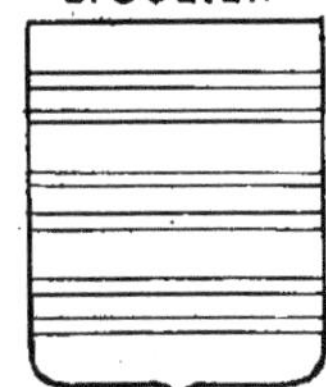

De gueules à 3 jumelles en fasce d'argent

**St JUST**

D'arg$^t$ au lion de gu$^{les}$ à la bordure d'azur besantée d'or

**St HAON**

D'argent au lion de gueules

**St LAGIER**

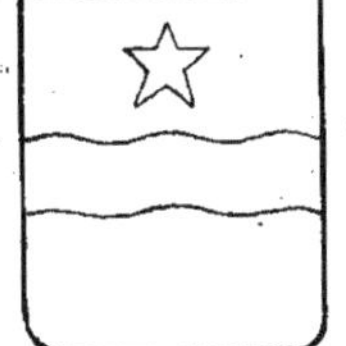

De gueules à la fasce ondée d'or surm$^{tée}$ d'une étoile d

**St NIZIER**

De gueules à 2 clefs en sautoir d'argent

**St PAUL**

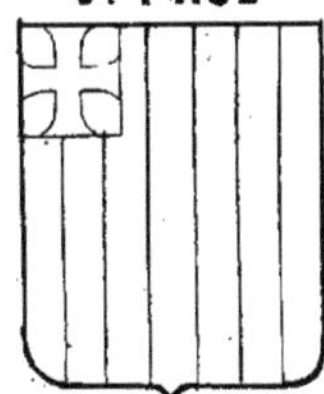

D'az. à 3 pals d'argent au franc canton de sable ch$^{gé}$ d'une croix patée d'argent

**St PAUL**

De gueules à l'épée en bande d'argent garnie d'or au chef cousu d'azur ch$^{gé}$ de 3 molettes d'or.

**St PAUL**

D'azur à un dextrochère vêtu d'arg$^t$ tenant une épée en bande du même

**St PIERRE**

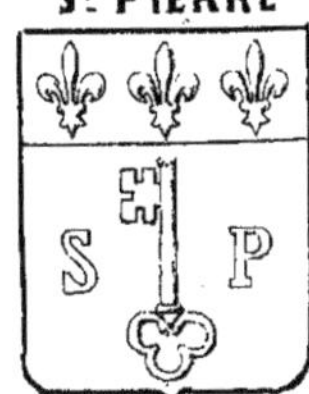

De gueules à une clef en pal d'argent acc$^{tée}$ des lettres S P du même, au chef de France

**S^T ROMAIN**

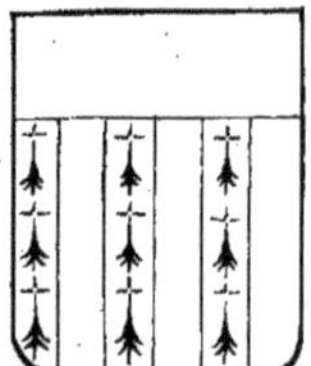

Pallé d'hermines et de gueules au chef d'or

**S^T SYMPHORIEN**

D'azu au chef d'or ch^gé d'un lion issant de gueules

**S^TE COLOMBE**

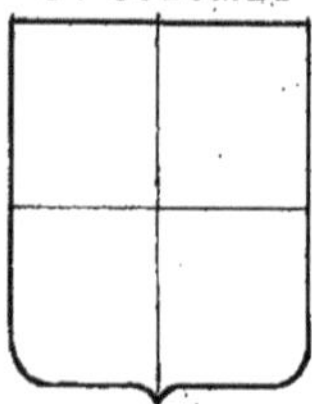

Ecartelé d'argent et d'azur

**S^TE MARIE**

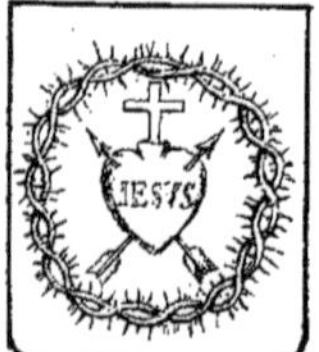

D'or au cœur de gu^les ch^gé du nom de Jesus d'or surm^té d'une croix de sable fichée dans le coeur et percé de 2 flèches en sautoir d'or, le tout entouré d'une couronne d'épines de sinop. ensanglantée de g^les

**SAISSEVAL**

D'azur à 2 bars addossés d'argent

**DU SAIX**

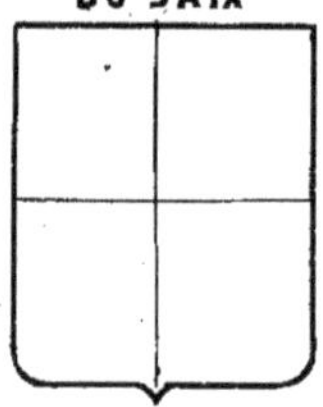

Ecartelé d'or et de gueules.

**SALA**

D'arg^t au croissant de gueules surm^té d'une étoile du même

**SALADIN**

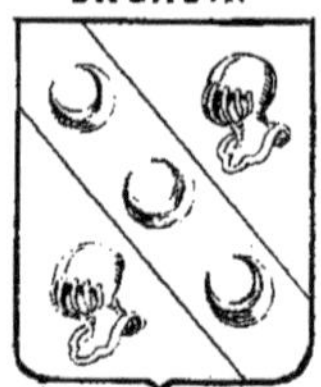

D'argent à la bande d'azur ch^gée de 3 croissants d'or et acc^tée de 2 salades de sable

**SALEMARD**

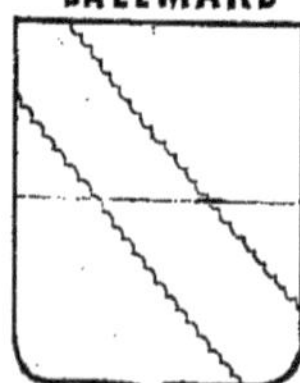

Parti d'argent et de sable à la bande engrêlée de l'un en l'autre

**LA SALLE**

De gueules à la tour d'argent soutenue de 2 billots fichés d'or

**SALVIATI**

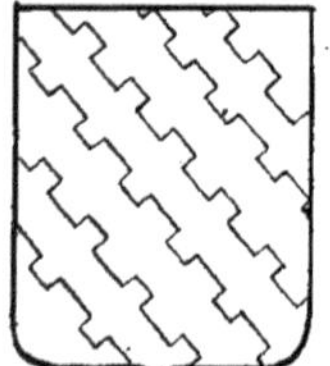

De gueules à 3 bandes bretessées et contrebretessées d'argent

**SAMINIATI**

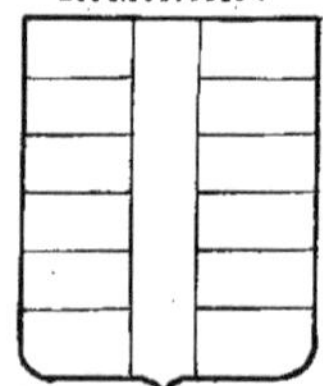

Fascé d'argent et d'azur au pal de gueules brochant

**SARDE**

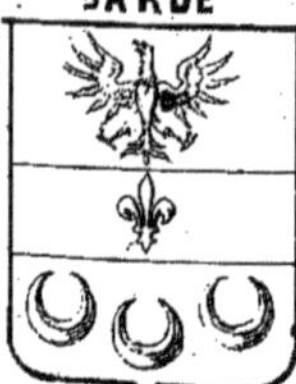

D'arg^t à la fasce d'az. ch^gée d'une fleur de lys d'or et acc^pée en chef d'une aigle de sable et en pointe de 3 croissants de gueules.

**SARDINES**

D'argent au cœur flamboyant de pourpre, au chef d'azur ch^gé de 3 étoiles d'argent

**SARRACIN**

D'or à la colonne de sinople addextrée d'une tete de maure de sable tortillée d'arg^t et senestrée de 3 étoiles d'azur

**SARRAZIN**

D'azur à un ceps sur un échalas d'or

F. 57

**SARRON**

D'or au griffon de gueules

**SARTINES**

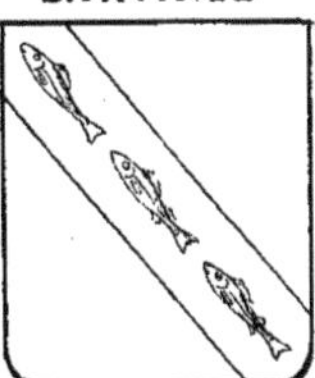

D'or a la bande d'azur chᵍᵉᵉ de 3 sardines d'argent

**SARTON**

D'or au lion de gueules au chef d'azur chᵍᵉ d'une étoile d'argent

**SATIN**

D'or a l'arbre de sinople au chef de gueules chᵍᵉ de 3 têtes de lion arrachées d'or

**SAUJON**

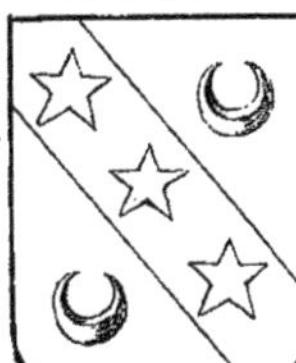

D'or a la bande de gueules chᵍᵉᵉ de 3 étoiles d'azur et accᵉᵉ de 2 croissants d'azur

**SAULIER**

D'azur a la tete d'argus d'or a la bordure moussue d'argent

**SAULTEREAU**

D'azur a la croix d'or cantonnée de 4 éperviers d'argent grilletés de gueules

**LE SAUNIER**

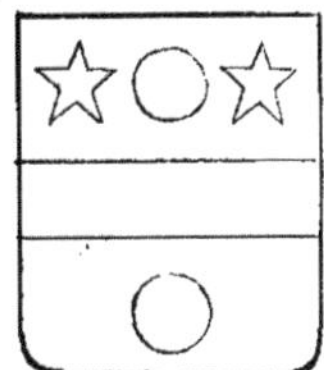

D'azur a la fasce d'argent et 2 besans du meme l'un en chef entre 2 étoiles d'or l'autre en pointe

**SAUVAGE**

D'azur à un cor d'or

**SAUVAT**

De sable au chevron d'or accpᵉ de 3 colombes essorées d'argent portant des rameaux de sinople

**SAUZAY**

D'azur a 3 fasces d'or au lion de sable armé et lampassé de gueules sur le tout

**DU SAUZAY**

D'azur à une tour ouverte d'or arcboutée d'argent sur un tertre de sinople accpᵉ en chef de 2 étoiles d'or

**DU SAUZET**

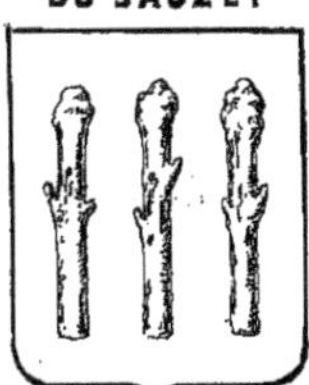

D'azur a 3 batons noueux écotés en pal d'or

**SAUZAN**

D'azur au chevron d'or et un levrier passant d'argent en pointe

**SAVARON**

D'azur à la croix patée d'or accpᵉ de 3 soleils du meme

**SAVIGNANI**

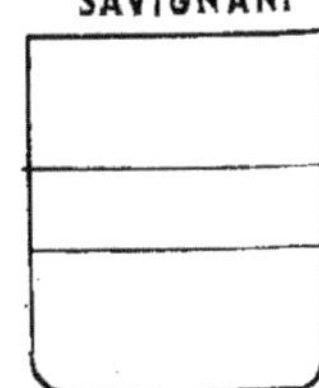

D'argent a la fasce de gueules

**SAVIGNY**

D'az. au chevron d'or accp.$^{é}$ de 3 têtes de lion du même; au chef cousu de gu.$^{les}$ ch.$^{gé}$ de 3 trefles d'or.

**SAVION**

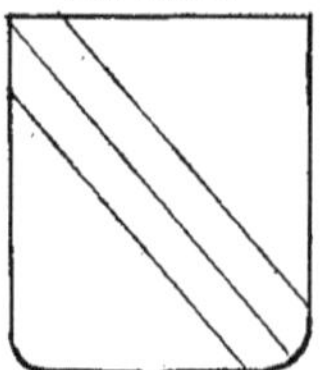

D'azur à la bande partie en bande d'or et d'argent

**SCARRON**

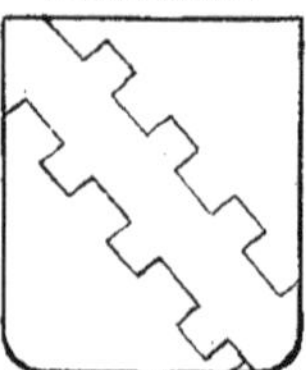

D'azur à la bande bretessée d'or

**SCHEDELIN**

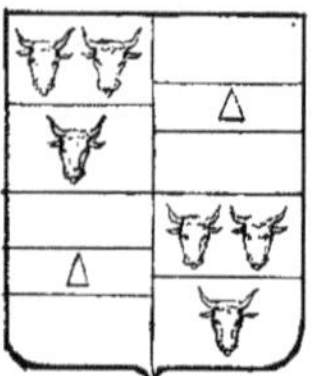

Ecartelé: au 1.$^{er}$ et 4.$^{e}$ coupé d'or et de sable à 3 rencontres de l'un en l'autre; au 2.$^{e}$ et 3.$^{e}$ de gu.$^{les}$ à la fasce d'or ch.$^{gée}$ d'une pointe de gueules.

**SEDURREAU**

D'or à 3 hures de sable armées d'argent.

**SEGUIN**

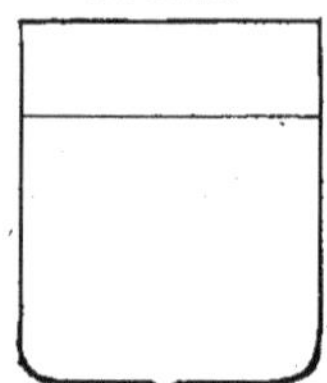

D'azur au chef d'or.

**SEGUIN**

Parti: au 1.$^{er}$ de gu.$^{les}$ à 3 fasces d'argent au lion de gu.$^{les}$ broch.$^{t}$ au 2.$^{e}$ d'azur à l'étoile d'or et un lambel du même en chef

**SEJOURNANT**

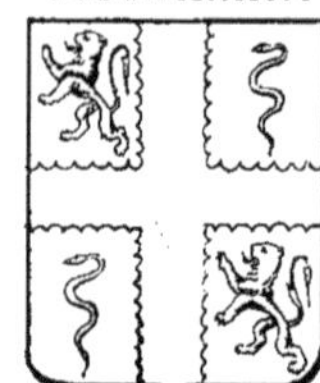

D'or à la croix engrelée de gu.$^{les}$ cantonnée au 1.$^{er}$ et 4.$^{e}$ d'un lion de gueules, au 2.$^{e}$ et 3.$^{e}$ d'une guivre de sinople.

**SELLIERS**

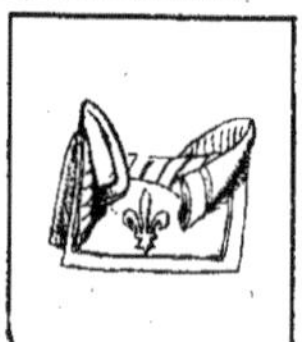

De gueules à une selle d'argent ch.$^{gée}$ d'une fleur de lys d.

**SENETON**

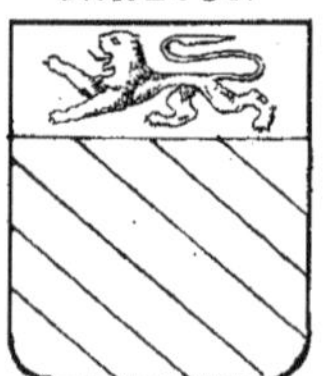

D'azur à 3 bandes d'argent au chef de sable ch.$^{gé}$ d'un lion passant d'or

**SERIZE**

D'azur à un mont de 3 pointes d'arg.$^{t}$ et un dextrochère mouvant du flanc senestre d'or tenant une branche de cerisier de sinople.

**DES SERPENTS**

D'or au lion d'azur lampassé de gueules.

**SERRE**

D'azur au lion d'or tenant une scie d'argent

**SERRURIERS**

D'az. à 2 clefs en sautoir d'arg.$^{t}$ au chef cousu de gu.$^{les}$ ch.$^{gé}$ d'un coffre d'or fleurdelysé surm.$^{té}$ d'une fleur de lys et supp.$^{t}$ un sceptre et une main de justice en sautoir du même

**SERVANT**

D'azur à la bande d'argent accp.$^{ée}$ en chef de 3 étoiles et en p.$^{te}$ d'une chèvre saillante du même.

**SERVANT**

D'azur au cerf passant d'argent sur un terre de sinople regardant au vent au franc canton.

**SEVE**

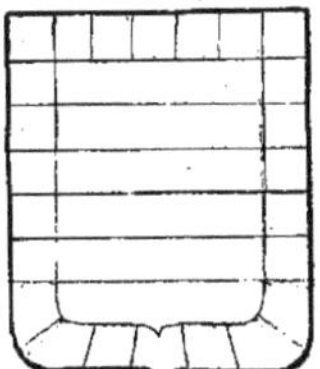

Fascé d'or et de sable à la bordure componnée du meme

**SEVELINGES**

D'azur a 2 lévriers passants d'argent

**SEVERT**

D'argent à 4 cœurs appointés en croix de gueules

**SEVERAT**

D'azur au cerf ailé et élancé d'or

**SILVECANE**

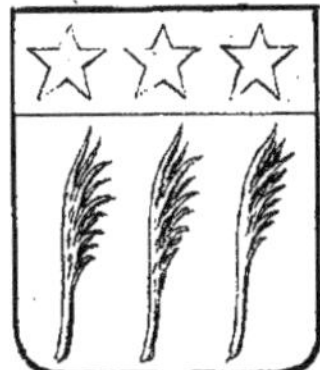

D'or à 3 palmes rangées de sinople; au chef d'azur chgé de 3 étoiles d'or

**SILVESTRE**

D'argt. au sauvage de carnation montrant de la dextre une etoile d'azur; au canton de baron militaire

**SIMON**

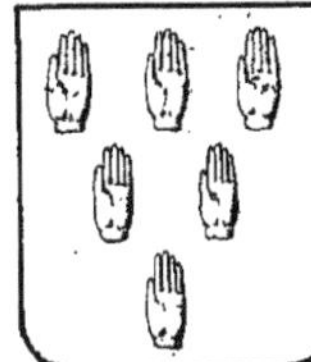

D'azur à 6 mains appaumées d'argent posées 3, 2 et 1

**SIMONET**

D'argt. au chevron de gules accpé en chef de 2 étoiles d'az. et en pte de 3 roses tigées et feuillées au naturel mouvantes d'un croissant d'azur

**SIMPLE**

D'azur à 3 colombes d'argent

**SIROT**

D      a un lion accpé de 6 étoiles d

**SIRVINGES**

D'azur au chevron d'or accpé de 3 étoiles d'argent, au chef cousu de gueules chgé de 2 croissants d'argent

**DU SOLEIL**

D'azur a la fasce d'argent accpé de 3 étoiles rangées du même en chef et d'un soleil d'or en pointe

**DU SOLEIL**

D'azur au chevron d'argent accpé de 3 etoiles du meme et surmté d'un soleil d'or

**SOLEYZEL**

Coupé; au 1er de gueules a 3 croisettes d'argent 2 et 1, au 2e d'azur au soleil d'or

**SONYER**

D'argent à un arbre de sinople accpé de 3 trefles du meme

**SONYER**

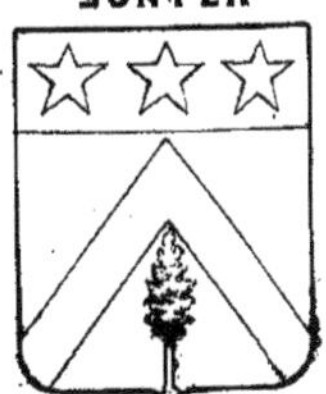

D'argent au chevron de gueules et un peuplier de sinople en ple au chef de gueules chgé de 3 étoiles d'or

**SOTIZON**

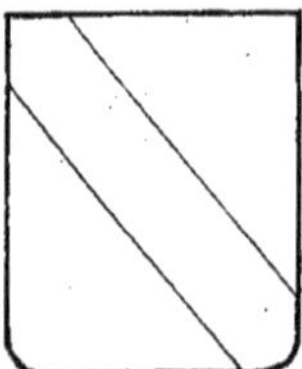

De gueules à la bande d'or

**SOUCHAY**

D'azur au chevron d'or accpé de 2 croissants d'argent et d'un tronc d'arbre d'or

**SOUCHON**

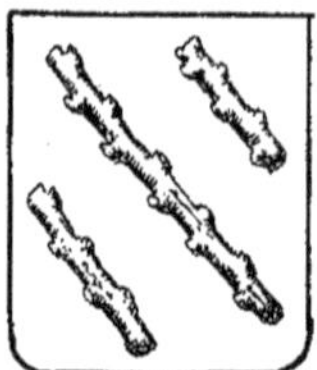

D'azur à 3 batons écotés d'or peris en bande

**SOUDAN**

D        à une fleur de lys d accpé de 2 etoiles et d'un croissant d

**SOUPAT**

D'az. au chevron d'or sommé d'une étoile cometée du même et brochant sur le chevron, en pte 2 colombes affrontées tenant une couronne de laurier sur un tertre d'or

**SPADA**

D'azur à 2 épées passées en sautoir d'argent la pointe en bas

**SPERON**

D'or au chevron de gueules accpé de 3 annelets du meme; au chef d'azur chgé de 3 etoiles d'or

**SPINA**

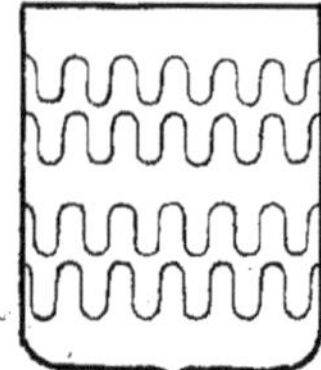

D'or à 2 fasces entées de gueules

**SPINACI**

D'or au lion d'azur couronné d'or

**SPINAZAT**

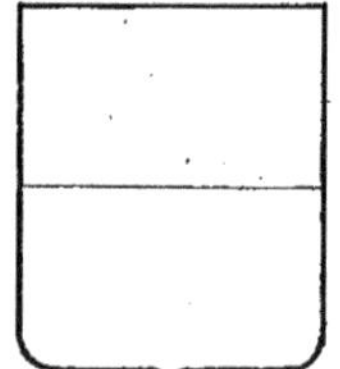

Coupé de gueules et d'or.

**SPON**

D'azur à la bande d'or accsée d'une etoile et d'un annelet croisé du meme

**SPONTON**

Coupé au 1er de gueules au lion couronné d'or tenant un esponton d'argt au 2e echiqueté d'argent et d'azur

**SOUBRY**

D'or au sorbier de sinople fruité d'or au chef d'azur chgé d'un lion passant d'argent

**SOULAIR**

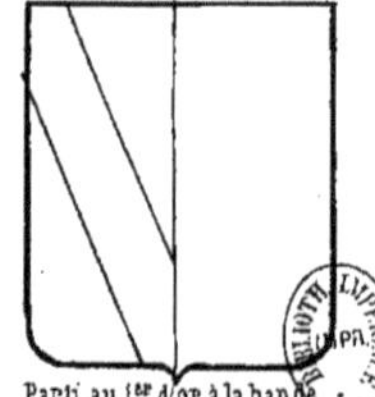

Parti au 1er d'or à la bande de gueules, au 2e de gueules



**STARON**

De gueules à la fasce d'or surmtée d'un soleil du meme et en pte de 3 étoiles d'argent 2 et 1

**STEINMAN**

D'azur au lion d'or tenant l'homme de la roche d'argent

**STOPPA**

Coupé d'or et de sable à un ours muselé de l'un en l'autre

**STROZZI**

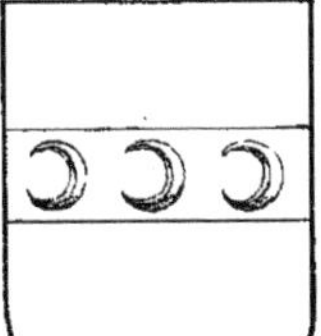

D'or à la fasce de gueules chg$^{ée}$ de 3 croissants tournés d'argent

**SUC**

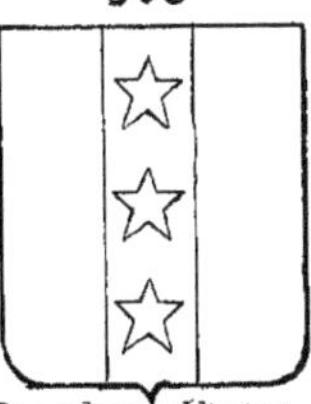

De gueules au pal d'argent chg$^{é}$ de 3 étoiles d'or

**SUGNY**

D'azur à la croix engrêlée d'or

**TABOUREAU**

D'azur au chevron d'or accp$^{é}$ en en chef de 3 étoiles mal ordonnées du même et en p$^{te}$ d'un croissant d'argent

**TAILLEMONT**

D'azur à un mont de 3 pointes d'or surm$^{té}$ de 3 étoiles rangées du même

**TAILLEPIED**

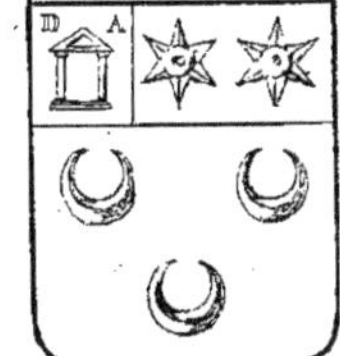

D'azur à 3 croissants d'or; au chef du même chg$^{é}$ de 3 molettes de gueules au franc canton d'Officier de la M$^{on}$ de l'Empereur

**TAILLEURS**

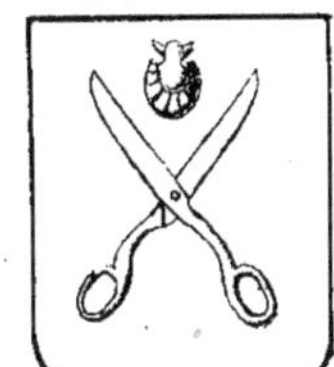

D à une paire de ciseaux ouverts en sautoir d cantonné d'une coquille en chef

**TALARU**

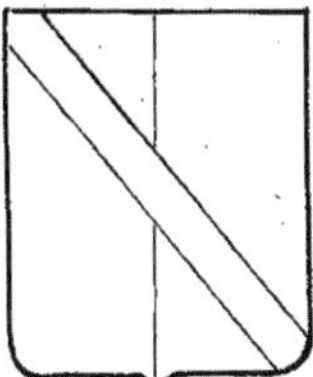

Parti d'or et d'azur à la cotice de gueules brochante

**TALIANTE**

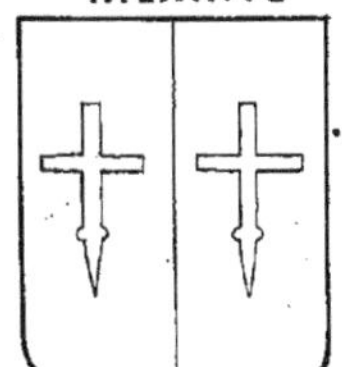

Parti d'argent et de gueules à 2 croix au pied fiché de l'un en l'autre

**TAPISSIERS**

D'azur à un Saint Louis d'or

**TARGE**

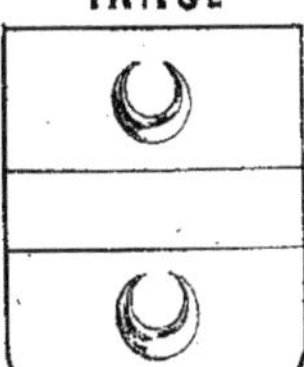

De gueules à la fasce d'or acc$^{pée}$ de 2 croissants du même un en chef l'autre en pointe

**TARDY**

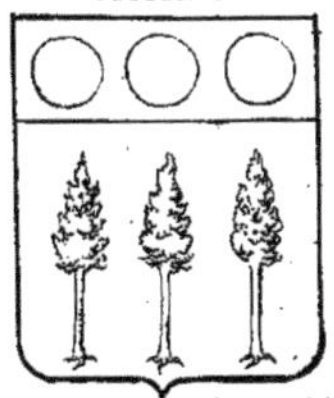

D'argent à 3 cyprès arrachés de sinople; au chef de gueules chg$^{é}$ de 3 besans d'or

**TARRAT**

D'azur à 3 peupliers terrassés d'argent et une étoile d'or en chef.

**TAURIAC**

D'azur au taureau d'or.

**TAVERNIER**

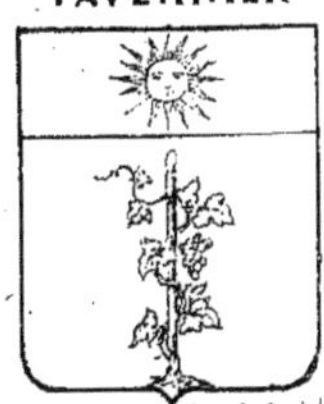

D'or au cep de sinople fruité de gueules soutenu d'un échalas d'argent; au chef d'azur chg$^{é}$ d'un soleil d'or

TAXARD

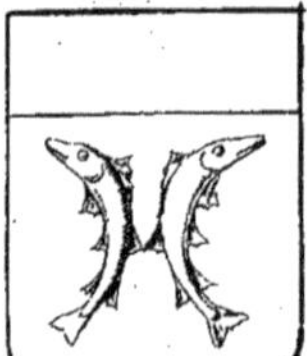

De gueules à 2 bars addossés d'argent au chef d'or

TEINTURIERS

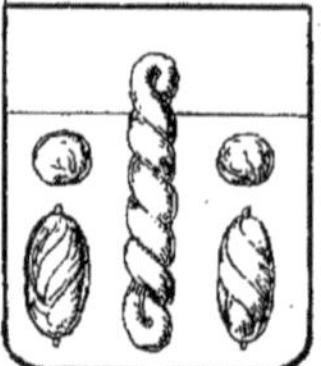

D au chef d à une flotte de soie en pal brochante accstée de 2 surmté chacun d'une pelote d

TENAY

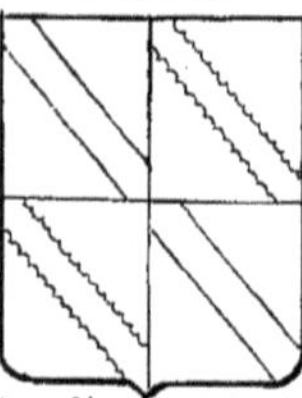

Ecartelé: au 1er et 4e d'or à la bande de sable; au 2e et 3e d'or à la bande engrêlée de sable

TERRASSE

D'azur à la bande d'argent accpée en chef d'un lion d'or au chef de gueules chgé de 3 étoiles d'or

TERRASSON

D'azur à 3 croissants entrelacés et mal ordonnés d'or accpé de 3 étoiles du même

TERRASSON

D'azur au chevron d'argent et un soleil d'or en pointe

TERRAY

D'azur à la fasce d'argent accpée de 3 croix tréflées d'or au chef du même chgé d'un lion issant de gueules

TERRET

D'azur au léopard lionné d'or

TERRIER

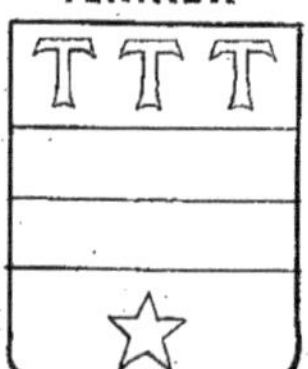

D'azur à la fasce d'or et une étoile d'argent en pointe, au chef du même chgé de 3 taus de gueules

TESTE

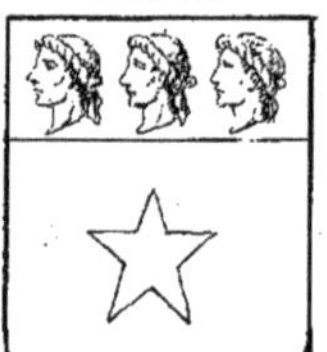

D'azur à l'étoile d'or au chef cousu de sable chgé de 3 têtes d'argent tortillées d'or

TESTENOIRE

D'or à la tête de maure de sable tortillée d'argent

THELIS

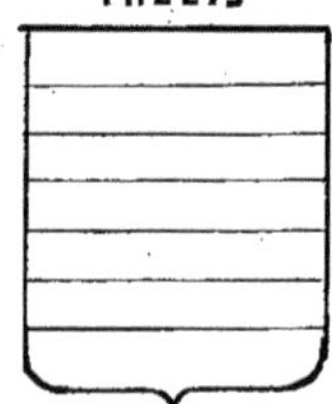

De gueules à 3 fasces d'or

THEVENARD

D'az. à une colombe d'argt perchée sur une branche d'olivier de sinople et tenant au bec un rameau du même

THEVENET

D'azur à la fasce d'argent surmtée d'un soleil d'or accsté de 2 étoiles d'argent



THEVENON

D au chevron d accpé de 2 étoiles et d'une tête de lion d

THEZE

De gueules au lion passt d'or au chef du même chgé de 3 étoiles d'azur

### THIBAUD

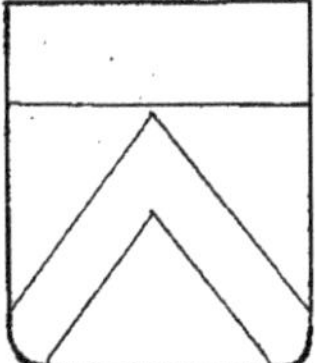

D'argent au chevron d'azur au chef du même

### THIBAULT

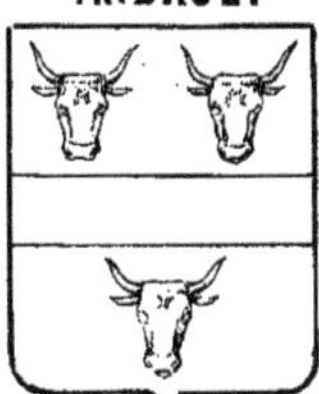

D'azur à la fasce d'argent accpée de 3 rencontres d'or

### THIERRY

De gueules à 3 tetes de lévriers d'argent colletées d'azur

### THOLIGNY

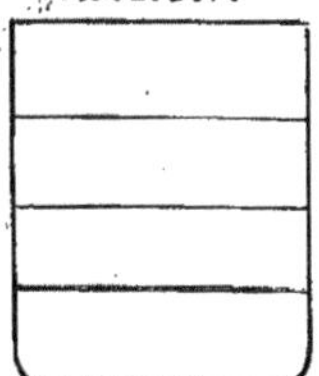

Fascé d'or et de sable de 4 pièces

### THIOLLIERE

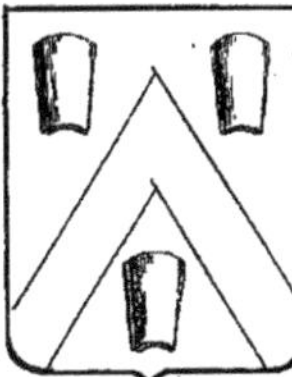

D'argent au chevron de gueules accpé de 3 tuiles du même

### THIOLY

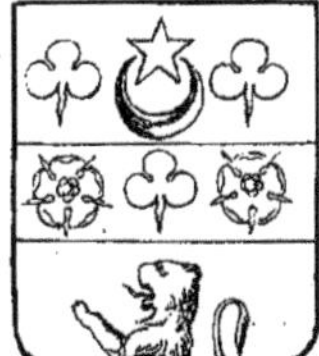

D'az. à la fasce d'or chgée d'un trèfle de sin. entre 2 roses de gules accpée en chef d'un croissant d'arg. surmté d'une étoile d'or, accsté de 2 trèfles d'arg.; en pte un lion issant d'or

### THOMASSIN

D'azur à la bande d'or accpée en chef d'une tete de lion d'or

### THOMÉ

D'azur à une tête et col de cerf d'or

### THOMÉ

Coupé d'argent et de gueules a une aigle de sable sur le tout à la bordure d'azur chgée de 10 besans d'argent

### THOMÉ

D'azur a 3 chevrons d'argt accpés de 3 etoiles d'or

### THONEE

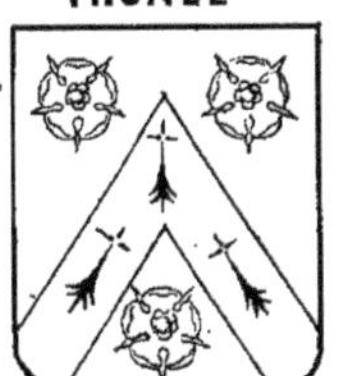

De sable au chevron d'or chgé de 3 mouchetures d'hermines de sable et accpé de 3 roses d'or

### THOREL

D'or au chevron d'azur chgé d'une étoile d'argent et accpé de 3 roses de gueules

### THORIGNY

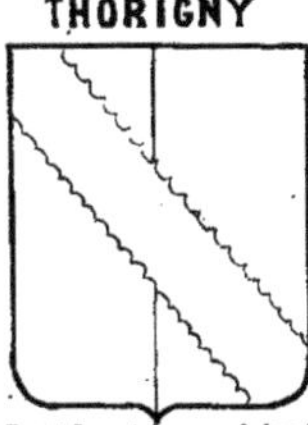

Parti d'or et d'azur a la bande engrêlée de gueules sur le tout

### THOY

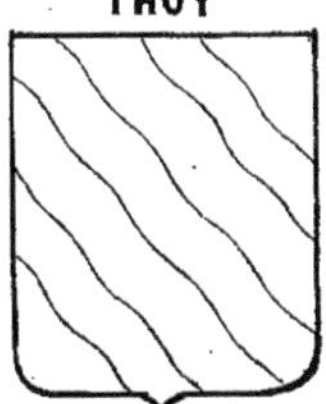

D'or a 3 bandes ondées d'azur

### THOYNET

D'or a 3 oeillets de gueules tigés et feuillés de sinople; au chef d'azur chgé de 3 étoiles d'argent

### THUREY

De gueules au sautoir d'or

**THURIN**

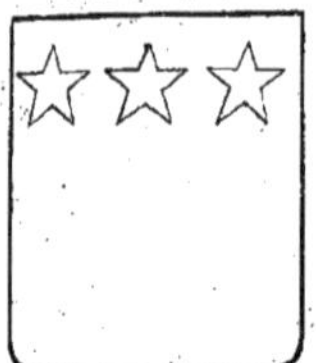

De gueules à 3 étoiles rangées en chef

**TIFFY**

De gueules au griffon pass^t d'argent tenant la toison d'or

**TIFFON**

D'or au chevron d'az. ch^é de 3 fleurs de lys d'or et sommé d'un sauvage issant à mi-corps de carnation tenant une massue haute d

**TIGNAT**

De sable au lion d'or et une cottice de gueules brochante.

**TIRCUY**

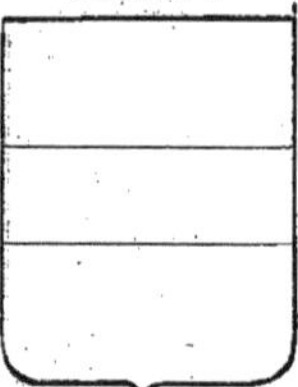

D'azur à la fasce d'or

**TISSEUR**

D'argent au lion de gueules passant derriere une terrasse de sinople

**TISSIER**

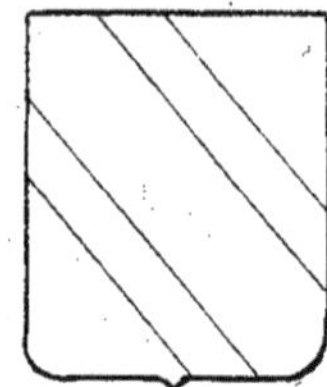

D'or à 2 cottices de sable

**TOCQUET**

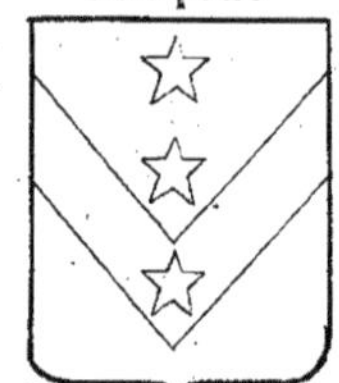

De gu^les au chevron renversé d'arg^t ch^é d'une étoile de sinople et surm^té de 2 étoiles l'une sur l'autre d'or

**TOLOSAN**

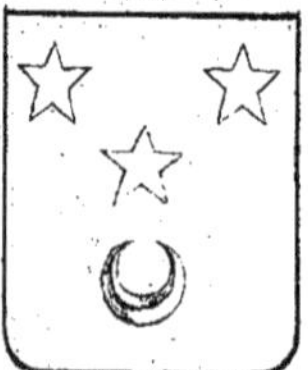

D'azur à 3 étoiles rangées d'or en chef et un croissant d'argent en pointe

**TOREL**

D à un taureau
d

**TORRENCHE**

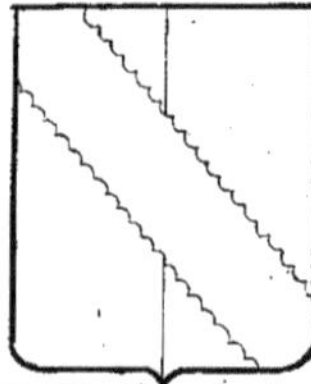

Parti d'or et de gueules a la bande engrêlé d'azur brochante

**TORRENT**

D'azur à un torrent d'argent roulant entre des montagnes d'or surm^té d'un soleil du meme.

**TOUBLANC**

De gu^les à un cygne d'arg^t sur une riviere du meme, acc^té de 2 croissants du meme, au chef d'az. ch^gé de 3 étoiles d'or

**LA TOUR VARAR**

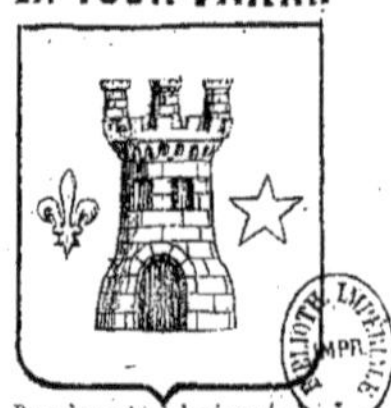



D'az. à une tour donjonnée de 3 pieces d'or addextrée d'une fleur de lys du même et senestrée d'une étoile d'argent

**LA TOUR**

D'azur à une tour d'argent

**LA TOUR**

D'azur à une tour donjonnées d'or.

TOURNES

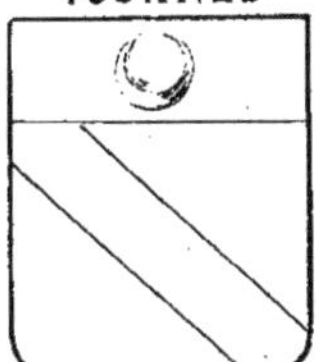

D'argent à la bande d'azur au chef de gueules chgé d'un croissant d'or

TOURNIER

D'azur à la fasce d'argent chgé de 3 merlettes de sable

TOURNON

Parti semé de France et de gueules au lion d'or

DE TOURS

D'azur à une tour d'argent surmée d'une étoile d'or

TOURVEON

De gueules à la tour d'or, maçonnée de sable

TRAMARD

D'azur à la fortune d'argent accpée de 3 croissants du même ceux du chef surmtés chacun d'une étoile d'or

TRELON

D'azur semé de trefles d'or

TREMBLAY

D'argent au tremble de sinople soutenu de 2 lions de gueules surmtés chacun d'une étoile d'az.

TREMEOLLES

Ecartelé, au 1er et 4e d'or à l'aigle; au 2e et 3e d'or à 3 pals de gueules

TREMET

D'argt à un arbre de sinople accpé de 2 étoiles et d'un croissant d'az. et un chevron de gueules brochant

TREMOLLES

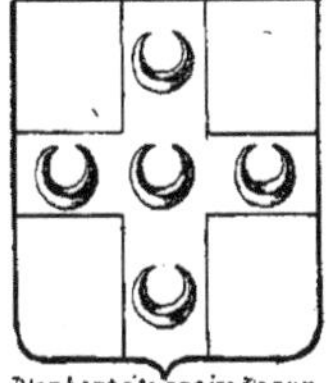

D'argent à la croix d'azur chgée de 5 croissants d'or

TRESSAN

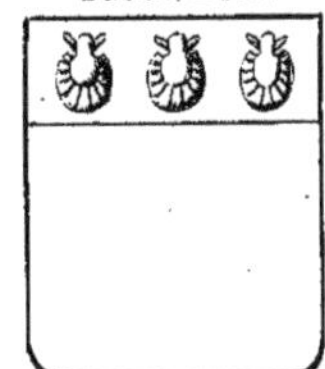

De gueules au chef d'argent chgé de 5 coquilles de sable

DU TREYVE

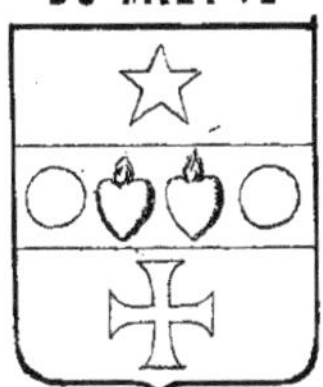

D'az. à la fasce d'argt chgée de 2 cœurs enflammés de gules entre 2 tourteaux du même accpé en chef d'une étoile d'or en pte d'une croix pâtée d'argent

TREZETTES

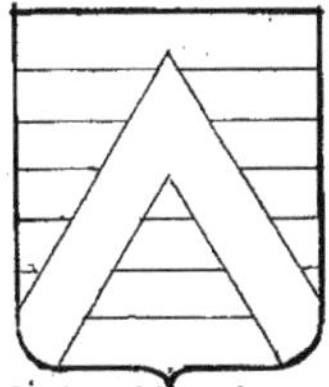

D'argent à 3 fasces d'azur et un chevron de gueules brochant

TRICARD

D'or à 3 trefles de sinople

TRICAUD

De gueules au chevron d'argent et une étoile du même au franc canton

**TROLLIER**

D'argent au lion de gueules et une fasce d'or brochante

**DU TRONCHET**

D'azur à l'aigle d'or fixant un soliel du meme mouvant du franc canton

**TROUILLEUR**

De gueules au chevron d'or au chef cousu d'azur chg.é de 3 besans d'argent

**TROYE**

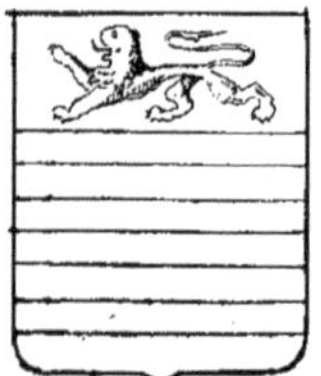

D'azur à 3 fasces d'argent au chef d'or ch.é d'un lion passant d'azur.

**TRUDAINE**

D'or à 3 cerfs passants de sable posés 2 et 1

**TRUNEL**

Bandé de gueules et d'or; au chef d'azur ch.é de 3 étourneaux d'argent

**TRUNEL**

D'az. au chevron d'or ch.é d'une étoile de gu.les enlacé d'un croissant d'arg.t et acc.é de 3 étourneaux de sable; au chef d'or à 3 bandes de gueules

**TRYE**

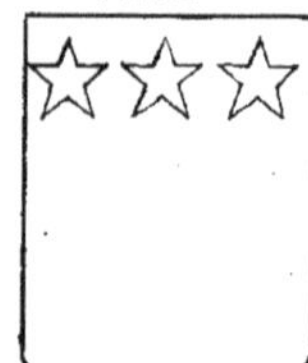

De gueules à 3 étoiles d'or rangées en chef

**TRYE**

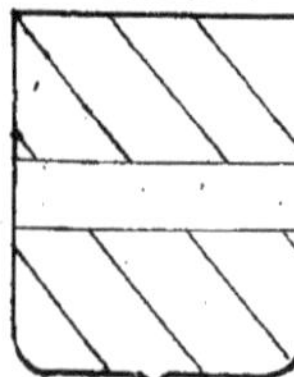

Bandé de gueules et d'or a la fasce d'argent brochante

**TSCHOUDY**

D'argent au lion de gueules au chef de France

**TURIN**

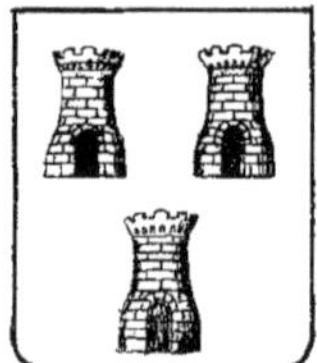

D'azur à 3 tours d'argent

**TURQUAN**

D'azur au chevron de gueules acc.é de 3 têtes de carnation tortillées de sable

**TURRETINI**

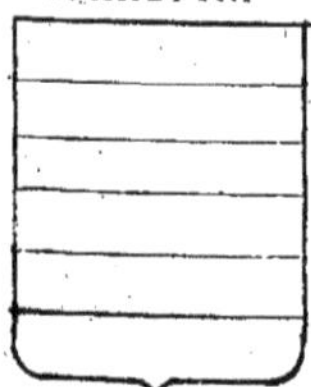

Fascé d'or et de gueules

**TURTIN**

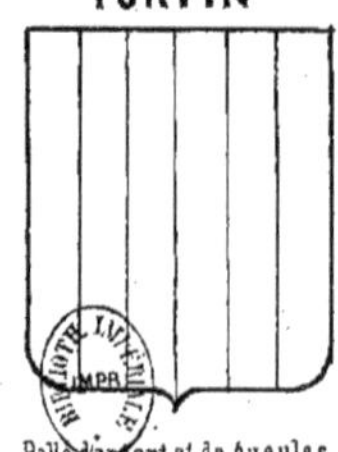

Pallé d'argent et de gueules

**URFÉ**

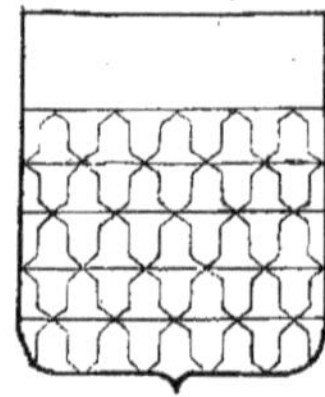

De vair au chef de gueules

**URGEL**

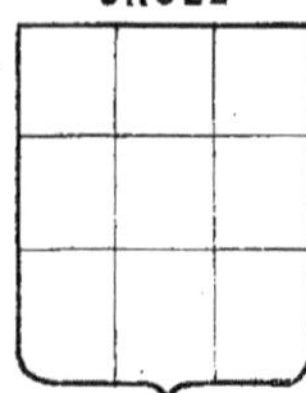

Cinq points équipollés à 4 d'azur

**VACHERON**

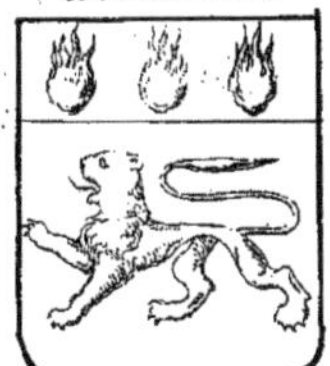

D'azur au lion passant d'or au chef du même ch$^{gé}$ de 3 flammes de gueules

**VACHON**

De sable a une vache d'or

**VAGANAIY**

De gueules au vaisseau d'argent sur une mer du meme accp$^{é}$ en chef de 2 etoiles d'or

**VAGINAIY**

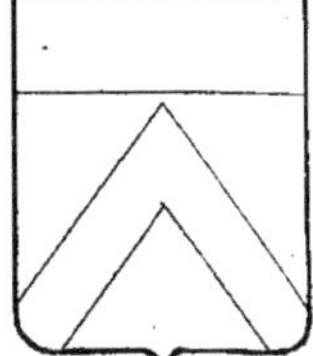

D'azur au chevron d'or au chef du meme

**VAILLANT**

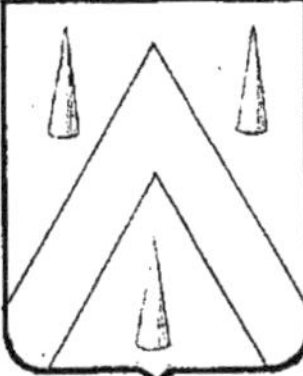

De gueules au chevron d'or accp$^{é}$ de 3 pointes du meme

**VAIVOLET**

D'azur au vol d'argent au chef d'or

**VALADOUX**

D'or au lion d'azur armé et lampassé de gueules

**VALENCE**

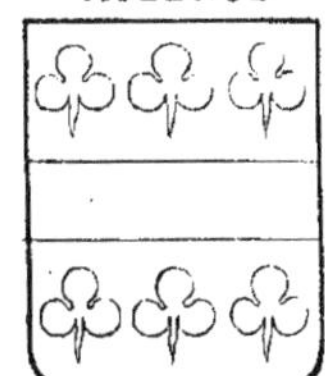

D'azur à la fasce d'or accp$^{é}$ de 6 trefles d'argent rangés 3 et 3

**VALENCIENNES**

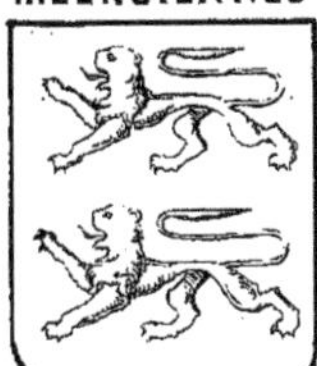

D'argent à 2 lions passant de gueules

**VALENTIN**

D'azur au chevron d'or accp$^{é}$ de 3 étoiles du meme; au chef cousu de gueules ch$^{gé}$ de 3 besans d'or

**VALENTIN**

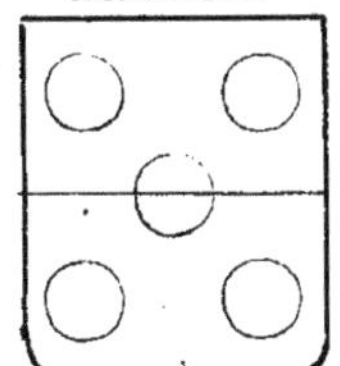

Coupé d'or et de sinople a 5 tourteaux et besans posés en sautoir de l'un en l'autre

**VALERNOD**

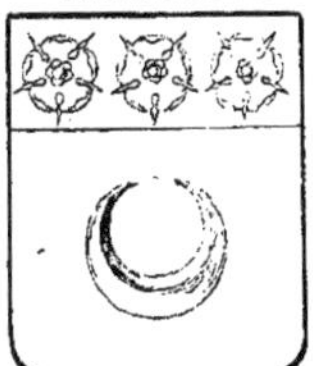

D'azur au chevron d'argent au chef cousu de gueules ch$^{gé}$ de 3 roses d'or

**VALESQUE**

D'arg$^{t}$ au torrent d'az. coulant d'ans une vallée de sinople fermée d'une tour de sable au chef d'az. ch$^{gé}$ de 3 étoiles d'or

**VALETON**

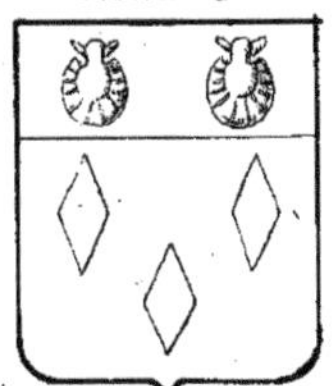

D'or a 3 losanges de gueules au chef d'azur ch$^{gé}$ de 3 coquilles d'or

**LA VALETTE**

De France au chef d'argent ch$^{gé}$ d'un lion issant de gueules

**VALLEIX**

D'azur a une tête de lion arrachée d au chef d ch$^{gé}$ de 3 étoiles d

**VALFRAY**

D'argent au triangle renversé d'azur ch.é d'un soleil d'or

**VALLADIER**

D'or au sautoir de sable cantonné de 4 roses de gu.les tigées feuillées et épinées de sinople

**VALLINOT**

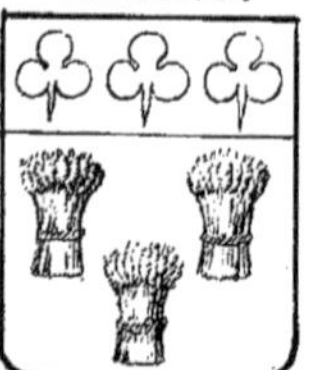

De sable à 3 gerbes d'or au chef d'argent ch.é de 3 trefles de sinople

**VALLON**

D'azur a une licorne passante

**VALLOT**

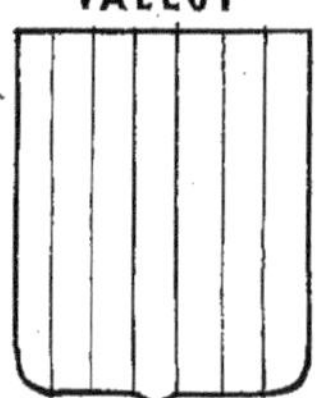

D'or à 3 pals d'azur.

**VALOUX**

De gueules a l'hermine d'arg.t colletée d'un mantelet de Bretagne; au chef cousu d'azur ch.é de 3 étoiles d'or

**VANDE**

D'or à 2 rameaux en sautoir de sinop. cantonnés de 4 roses de gu.les au chef d'azur ch.é d'une aigle à 2 tetes d'argent

**VANDE**

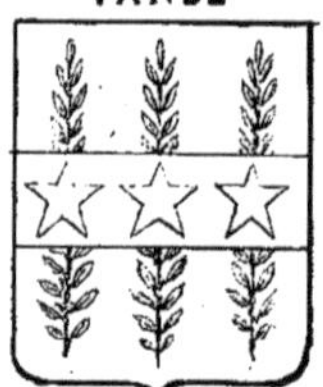

D'or à 3 rameaux rangées en pal de sinople a une fasce d'arg.t ch.ée de 3 étoiles de gueules brochante.

**VANDEL**

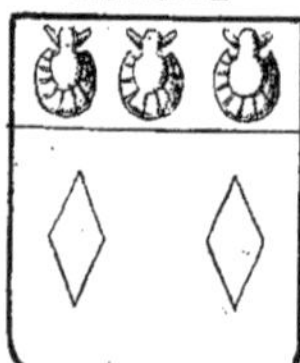

D'or a 2 losanges de gueules au chef d'azur ch.é de 3 coquilles d'or

**VANDER KABEL**

D'azur a la bande de gueules ch.ée de 7 etoiles d'or, accp.ée en p.te d'un lion de sable

**VANELLE**

D'azur au vol d'argent surm.té d'un croissant du meme; au chef d'or ch.é d'un lion passant de gueules

**VARENARD**

De sable au chevron d'or accp.é de 2 étoiles d'argent et d'un mouton passant du meme

**VARENNES**

Losangé d'argent et d'azur

**VARENNES**

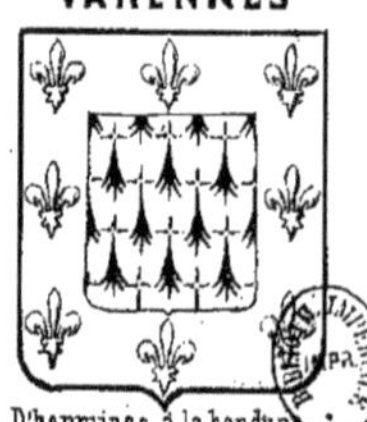

D'hermines à la bordure de France.

**VARENNES**

D'azur à 2 trangles d'or accp.é de 3 demi vols d'arg.t

**VARÉY**

D'azur à 3 jumelles en bande d'or; au chef d'argent ch.é de 3 merlettes de sable

F. 63

VARINIER

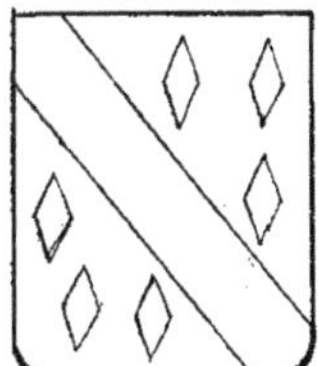

D à la bande d
accpᵗᵉ de 6 losanges en orle

VASSALIEU

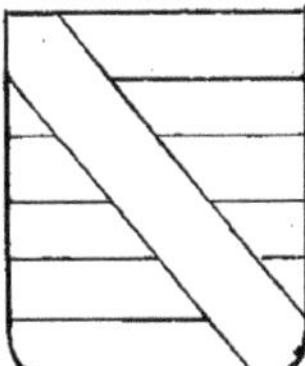

Fascé d'or et d'azur à la bande de gueules brochante

VAUBERET

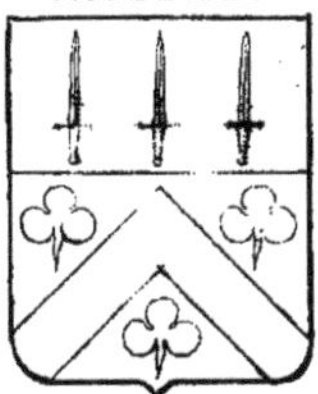

D'argᵗ au chevron de gules accpᵉ de 3 trèfles de sinople au chef de gules chᵍᵉ de 3 épées en pal garnie d'or

VAUBERTRAND

D'azur au soleil d'or accpᵗ en chef de 3 étoiles rangées du même et enpᵗᵉ d'un croissant d'argᵗ soutenant un épi à dextre et un raisin de pourpre à senestre

VAUBOREL

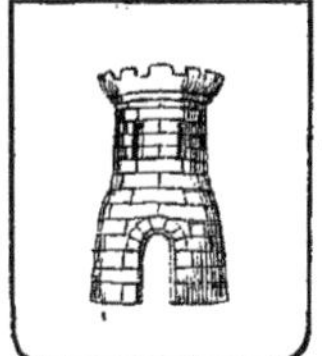

D'azur à la tour d

VAURION

De sable au chevron d'argent

VAUX

D au lion d

VAUZELLES

De gueules à la bande d'argent chᵍᵉᵉ d'un demi vol de sable.

VAUZELLES

D'azur à 3 demi vols d'argent au chef d'or

VAUCHE

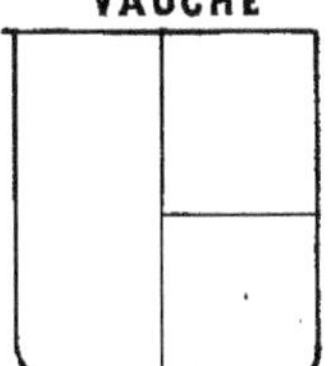

Parti mi-coupé d
d et d

VENDE

D'azur au sautoir d'or cantonné de 4 coquilles du même

VERD

D'argent au lion de sinople armé et lampassé de gueules

VERDAN

D'azur a une tour d'or sur une butte du même

DU VERDIER

D a 3 pals d
celui du milieu d'hermines au chef d chᵍ de 3 étoiles d

VERGERS

D'argent au verger de sinople; au chef d'azur chᵍᵉ de 3 étoiles d'argent

VERGEY

D au chêne d
au chef d chᵍᵉ d'un lion passant d

| LA VERNADE | VERNAYS | VERNE | DU VERNET |
|---|---|---|---|
|  |  |  | 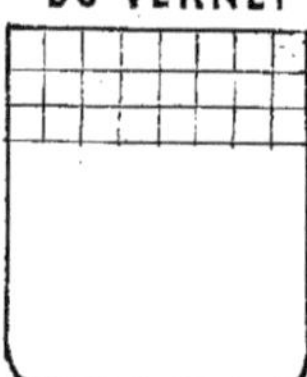 |
| De gueules à l'arbre d'or accsté de 2 étoiles du même à la bordure componée d'or et de gueules | De gueules au chevron d'or accpé de 2 fleurs de pensées au naturel et d'un croissant d'argent | D'argt au verne de sinople accsté de 2 chevrons alaisés et renversés d      au chef d'az. chgé de 3 étoiles d | De gueules au chef échiqueté d'or et de gueules de 2 traits |
| **DU VERNEY** | **DES VERNEYS** | **VERNINAC** | **VERNOILLES** |
| 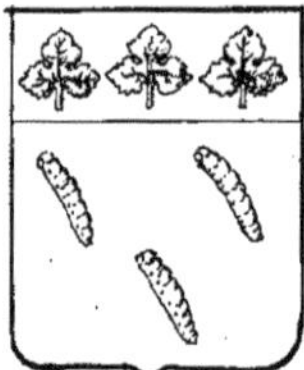 | 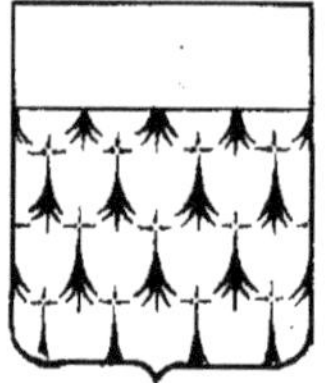 |  |  |
| De sinople à 3 vers à soie d'argent posés en bande 2 et 1. | D'hermines au chef de gueules | D'argt au chevron de gules accpé d'un verne de sinop. au chef de gules chgé d'une étoile et de 2 croissants d'argent | D'or à la croix ancrée de gueules |
| **VERNOUX** | **VERO** | **VERS** | **VERSAD** |
|  | 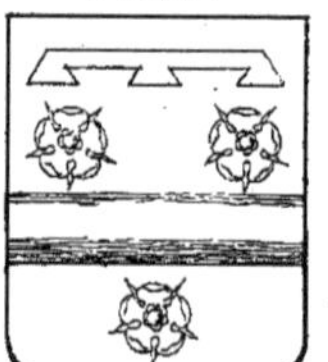 | 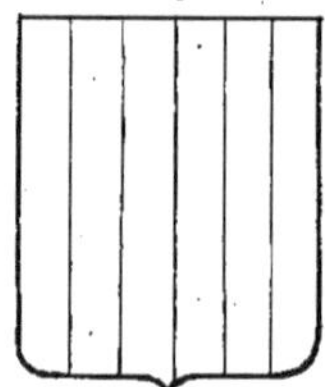 |  |
| De gueules à la tour d'argt surmtée de 3 étoiles d'or rangées en chef | D'az. a une fasce arrondie d'or accpé de 3 roses d'argt et un lambel de 3 pendants d'or en chef | Pallé d'or et d'azur. | D      au chevron d de 3 têtes d'aigle d |
| **VERTAMY** | **VESPRE** | **LA VEUHE** | **VEYRON** |
| 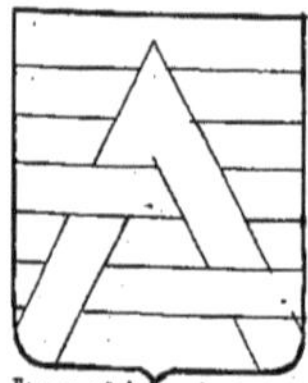 |  |  | 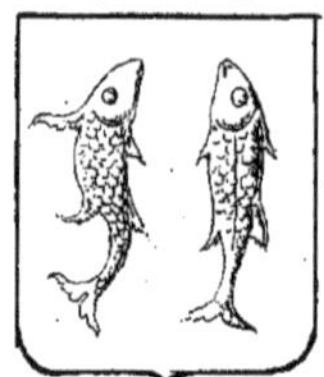 |
| D'azur à 3 fasces d'argent entravillées d'un chevron d'or | D'azur à une étoile d'or et un croissant d'argent posés en bande | D'azur à l'aigle d'or fixant un soleil du même au franc canton | D      à 2 poissons en pal affrontés d |

**VIAL**

D'azur à la fasce d'or chgée de 3 yeux de faucon de sable, accpée de 2 étoiles et d'un croissant d'argent

**VIAL**

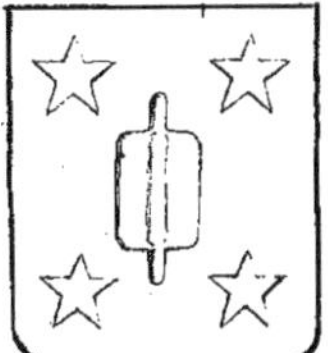

D'argent à la quintaine de gueules cantonnée de 4 étoiles d'azur

**VIAL**

D'argent au chevron de gules et un tourteau du meme en pointe

**VIALARD**

D'azur au sautoir d'or cantonné de 4 croix ancrées du meme

**VIALIS**

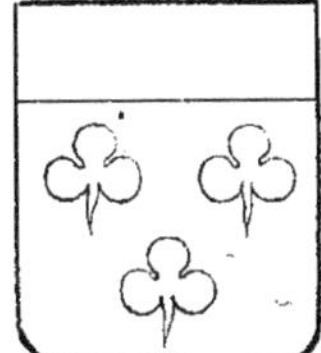

D'argent à 3 trefles de sinople au chef d'azur

**VIALLIERS**

D'azur au chevron d'or accpé de 2 étoiles du meme et d'un croissant d'argt. et surmté d'un lambel de 3 pendants du meme

**VIANAY**

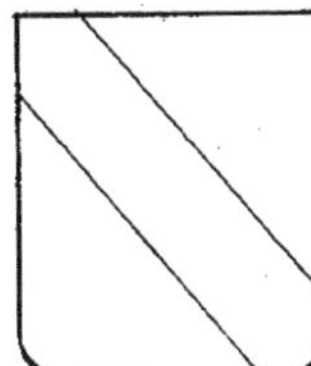

D'azur à la bande d'or

**VIAUX**

De gueules à la bande d'or accpe de 6 merlettes du mê-me en orle

**VICHY**

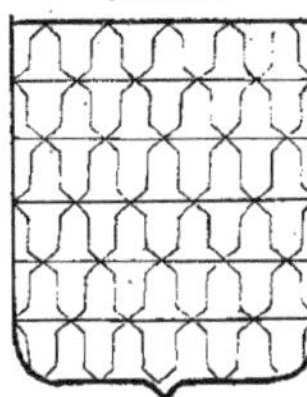

De Vair

**VIDAUX**

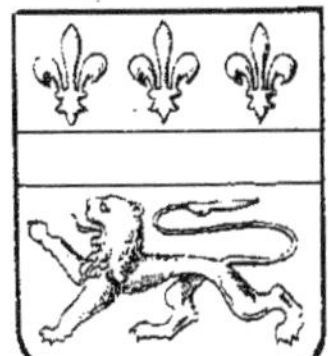

D'az. au lion passant d'or surmté d'une fasce et de 3 fleurs de lys du meme

**VIEGO**

D'hermines à 3 chevrons de sable

**VIGENOT**

D      à la fasce d
chgée d'un soleil d

**VIGIERS**

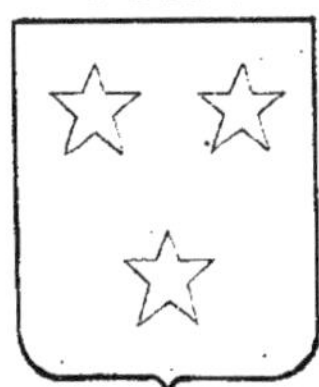

D'or à 3 étoiles d'azur.

**LA VIGNE**

De sinople au chevron d'or accpé de 3 raisins feuillés du meme

**VILLARS**

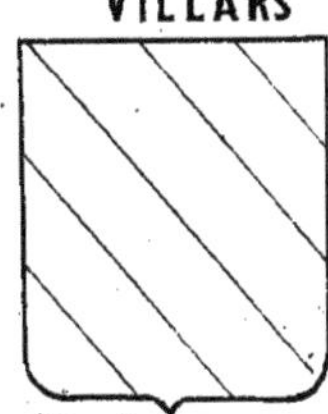

Bandé d'or et de gueules

**VILLARS**

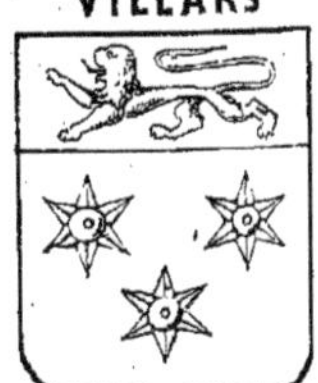

D'azur à 3 molettes d'or au chef cousu de gueules chgé d'un lion passant d'argt.

**DE VILLE**

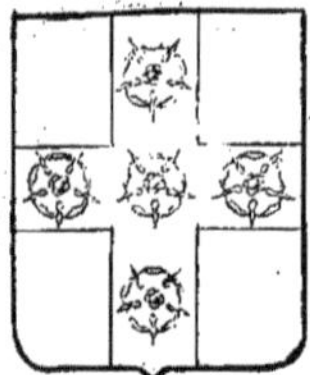

D'or à la croix de gueules ch^gée de 5 roses d'argent

**DE VILLE**

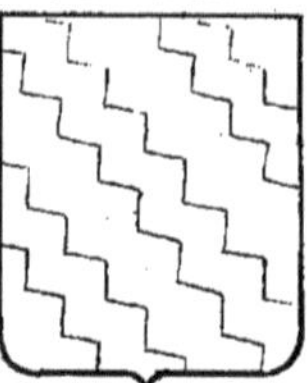

D'azur à 3 bandes vivrées d'or

**VILLECHÈZE**

D'azur à 3 pommes de pin d'or

**VILLECOURT**

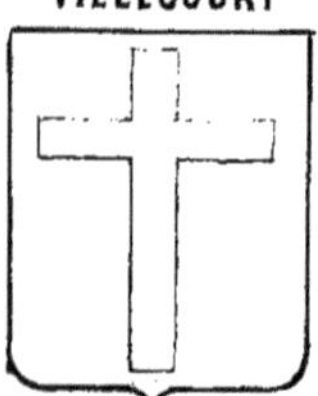

D'azur à la croix du Christ alaisée d'argent

**VILLENEUVE**

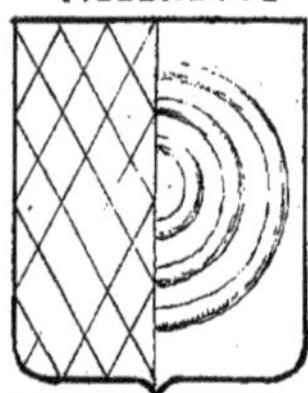

Parti au 1^er losangé d'or et d'azur au 2^e d'argent à 3 demivires de gueules

**VILLEPLAINE**

D'azur au château d'or surm^té d'une épée d'or et d'une tige de lys au naturel passées en sautoir

**VILLION**

De gueules au sautoir d'or

**LE VIN**

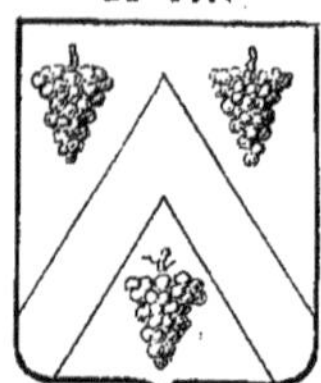

De gueules au chevron d'or accp^é de 3 raisins d'argent

**VINCENT**

De gueules au foudre d'or les carreaux d'argent liés de gueules

**VINCENT**

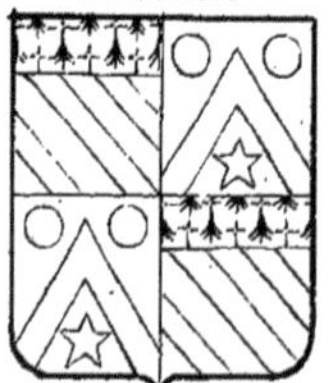

Ecartelé au 1^er et 4^e de gu^les à 3 bandes d'arg^t au chef d'hermines au 2^e et 3^e d'az. au chevron d'or accp^é de 2 besans et d'une etoille du même

**VINCENT**

D'azur au chevron d'or surm^té d'un soleil et accp^é de 2 raisins du même et d'une tour couronné d'argent en pointe

**VINCENT**

D'argent à 2 palmes en sautoir de sinople au chef d'azur ch^gé de 3 étoiles d'argent

**VINOLS**

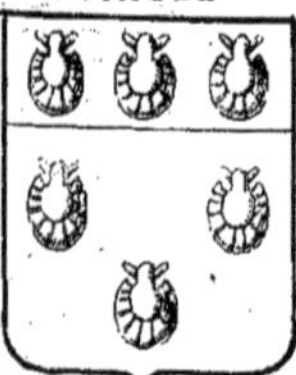

D'argent à 3 coquilles de gueules, au chef du meme ch^gé de 3 coquilles d'or

**VINOLS**

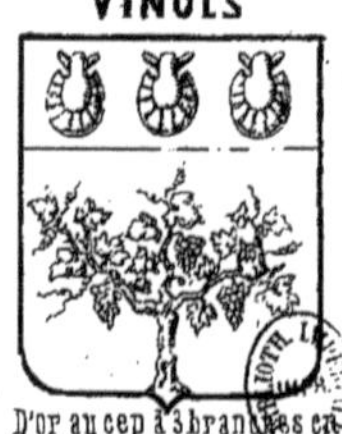

D'or au cep à 3 branches en espalier de sinople au chef de gueules ch^gé de 3 coquilles d'or

**VIONNET**

D'azur a 3 serres d et une étoile en chef d au chef d ch^gé d'une aigle d

**VIONNET**

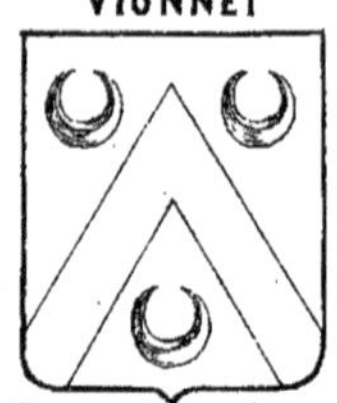

D'azur au chevron d'or accp^é de 3 croissants d'argent

| LE VISTE | VITRIERS | VITRY | VIZE |
| --- | --- | --- | --- |
| 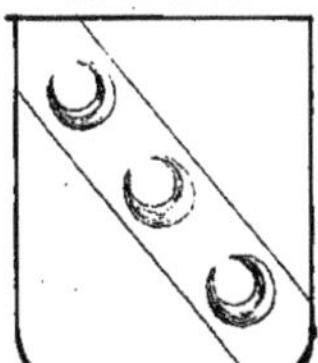 | 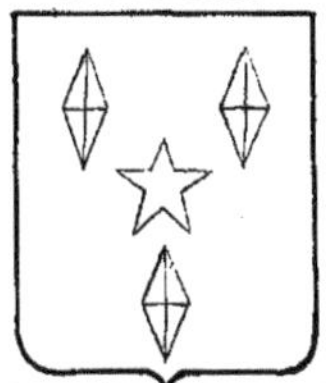 |  |  |
| De gueules à la bande d'azur chée de 3 croissants d'argent | D'azur à l'étoile d'argent accpée de 3 diamants en losange d'or | D'azur au lion d'or armé, lampassé et couronné de gueules | D'azur au chevron d'or accpé de 3 croissants d'argent, au chef d'or chgé de 3 étoiles de gueules |
| **VOGAUSE** | **VOIRET** | **VOISIN** | **VOUTY** |
|  |  |  | 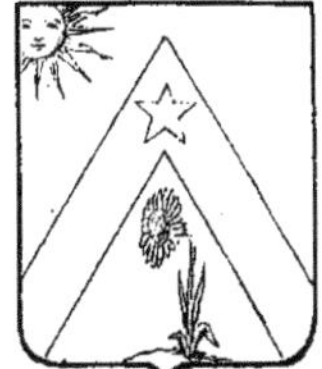 |
| De gueules à 3 heaumes d'argt | D'or à l'arbre de sinople à un lévrier courant d'argent lié de gueules à l'arbre brochant | D'argent à une aigle essorant de sable sur un tertre de sinople au chef d'azur chgé d'un soleil d'or | D'azur au chevron d'or chgé d'une étoile de gules accpé en pte d'un tournesol d'argent et d'un soleil d'or mouvant du frc canton |
| **LA VOYPIERE** | **VOYSIN** | **VUARTY** | **LA VULPINIÈRE** |
|  |  | 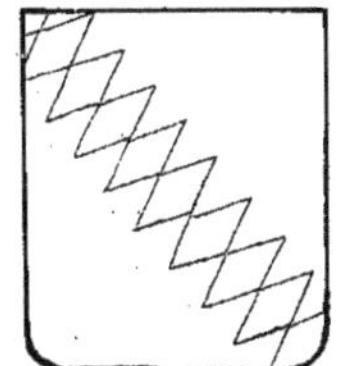 | 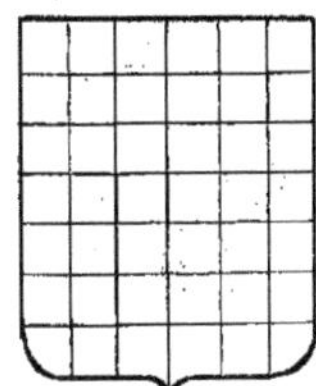 |
| D'azur au lion dragonné d'or | D'argent à l'étoile de gueules au chef de France chgé d'un lambel de 4 pendants d'argent | De gueules à la bande losangée d'or | Echiqueté d'azur et d'argent |
| **VYAL** | **WIGARDEL** | **YON** | **YVERNOGEAU** |
|  | 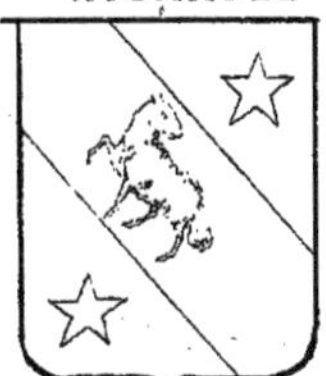 |  | 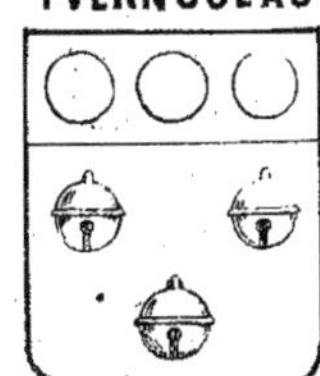 |
| D'argent à la bande de gules remplie d'or au chef de l'Empire | D à la bande d chgée d'un agneau d et accsée de 2 étoiles d | D'azur à la montagne d'argt chgée de 3 pensées au naturel mal ordonnées | De sinople à 3 grelots d'or au chef d'argent chgé de 3 tourteaux de gueules |

# TABLE DES NOMS

COMPOSANT

# L'ARMORIAL GÉNÉRAL DU LYONNAIS, FOREZ ET BEAUJOLAIS.

**Aboin,** anciennemt Albuyn, famille chevaleresque, sgrs d'A. ou Alboen (Périgneux) en F., fief aliéné au 18e s.; de Cordes (Firminy) par alliance avec l'héritière de la maison de ce nom, en 1560. RN 1668. EGF 89. Outre un de ses membres qui périt sur l'échafaud en 1793, cette famille comptait 3 autres représentants en 1789 dont la destinée est inconnue (*LL*; *MN*; *TV*.) — *LL* blasonne leurs armes: *parti d'argt. à 3 fasces de sa. et de sa. à 3 fasces ond. d'argt.*

**Abrial** (le cte) sénateur; un lieutenant général de police à L., sous l'Empire, orig. d'Annonay (*CP*). — Sous la Restauration il quitta le *franc canton de comte sénateur* et lui substitua un *chef d'az. chargé d'un soleil d'or.*

* **Acarie** P., cler de v. en 1270.

* **Acre** (d') « *d'Acra* » ou « *d'Accon* » sgrs de Magnieu-Hauterive, Dancé, St-Paul, Amions en F., aux 13e et 14e s., branche de la maison de Brienne qui avait pris le nom de la ville d'A. en Palestine; établis en F. dès 1239; en 1250, Guy V, cte de F., fit don à Guill. d'Acre, son cousin, de la moitié de la seigneurie de Magnieu. La parenté des ctes de F. avec cette famille venait probablement d'Alix de Chacenay, femme de Guy V, et qui était issue d'une branche cadette de Brienne. Les sgrs de Magnieu s'éteignirent en 1356 à la bataille de Poitiers, leur terre passa par alliance aux La Bastie, c'est donc à une autre maison qu'appartenait André de Magnieu, moine de l'Ile-Barbe en 1186. Berard d'A., chanoine de L., testant en 1249, fit une fondation pour l'anniversaire de Ponce de Brienne, son oncle, qui avait été aussi chanoine de la même église en 1209. — On connait les armes de Brienne et il est possible que les d'A. les aient portées; on pourrait conjecturer aussi que la *croix ancrée* des La Bastie était le blason des d'A. qui l'auraient transmis avec leur seigneurie.

**Actes** à L. au 17e s. Il y avait un chanoine de Saint-Nizier qui, en 1696, portait ce blason (*AG*).

* **Acton**, EGL 89. Le personnage dont il s'agit pourrait bien appartenir à une famille poitevine de ce nom qui portait: *d'argt. à 5 fleurs d'az. rangées; au franc canton de gueules, chargé d'un croissant d'or*, ou selon Vertot (*Histoire de l'ordre de Malte*) *d'argt. semé de fleurs de lis d'az.; au franc canton de gueules* (*FP*).

**Adamoli,** orig. de Varèse en Milanais, établi à L. en 1646, naturalisé Français en 1673. P. A., membre de l'Académie de [illegible] légua à [illegible] société sa bibliothèque, qui [illegible] formé le fonds de [illegible] du Palais Saint-Pierre. Il existait à L. en 1785, un [illegible] de change appelé A. (*PL*) cimier: une aigle; supts: 2 [illegible] En 1664 il n'y avait pas de *chef* et le champ de l'écu était *d'argt.*; sur un cachet de 1760 il n'y a qu'un *arbre arraché, tortillé d'un serpent et un chef chargé d'une aigle.*

**Adine**, orig. de Bourgogne, receveur général des fermes à L. en 1755, sgr du Crozet, fit aveu du fief, en 1767, pour des rentes sises à St-Antoine et à la Platière. — Spts: 2 lions ou une Diane, dont le nom est l'anagramme de celui d'A.

**Affaux** (d'). V. Daffaux.

**Aglié (St-Martin** d'). V. St-M.

**Agniel** de Chenelette, sgrs de Ch. en B., par acquisition, en 1740; de Grandpré et de la Vernouse. Cette famille a fourni 2 trésoriers de France au 18e s., et P. échevin en 1724; EGB 89. Représentée à L. par MM. de Ch. (*MN*). On trouve en 1721 leurs armes: *d... à un agneau pascal d... et un soleil mouvant du franc canton...* (cachet).

**Agnin** à L. au 17e s.

**Agnot** de Champrenard, orig. de Biscaye, établis en B. et sgrs de Ch. depuis 1480, par le mariage de J. A., dit l'Ecuyer Basque, avec la fille unique de Luccare, héritier par sa femme des Montchervet. Eteints en 1649 dans les Rambaud (*LL*).

**Aguirau** de Bellegarde, secrétaire de la ville de Chazelle en F. en 1692; possessionnés au 18e s. à Bellegarde où ils tenaient la rente noble de Jussieu, etc. Les armes reproduites dans la planche d'après l'*AG* sont inexactes; elles étaient: *d... à une main mouvant du chef et tenant une couronne de laurier d.... au chef d.... chargé de 3 étoiles d....*

**Aigliers**, ancienne famille chevaleresque du L., possessionnée à Chasey, Marcilly, Sivrieu, Losanne, Dommartin, St-Clément de Valsonne, l'Arbresle, etc., aux 13e et 14e s. Elle a fourni un abbé d'Ainay, depuis archevêque de Naples et un abbé du Mont-Cassin devenu cardinal. (*LL*).

* **Aibraud** ou **Aybraud** de Riverie, sgrs de Senevas, portèrent cette terre aux d'Arod, au commencement du 15e s. A. d'Iseron à Chateauvieux, 13e et 14e s., possessionné aussi en F. Il y avait en 1209 un chanoine de L. de cette famille qui est ét.

**L'Aigne** (de), famille dauphinoise à laquelle pouvaient appartenir Antoine de l'A., cler de v. en 1449 et J. échevin en 1587-90. (*GA*; *CD*). Ordinairement on ajoute une *onde d'argent en chef*; *LL*. les écartelle *d'argent à 3 fasces ondées d'azur* qu'il dit être de Mions; on les trouve encore: *coupées au 1er*, comme dans notre planche, au 2e, *d'argent à 3 fasces ondées d'azur.*

**Aiguebelle** (d'), étrangers à nos provinces.

**Aigueperse** (d') à L., orig. du B.

**Ainay**, ancienne abbaye de Bénédictins à L., sécularisée au dernier s.

* **Aix** (d'), le fief d'A. (St-Marcel d'Urfé) en F. qui appartenait à la fin du 14e s. aux Bonnefond, donna son nom à une famille dont l'héritière, femme d'André du Peschier, en fit hommage en 1441 et 59; il passa plus tard aux La Chaise.

**Alamani**, Florentins établis à L. au 17e s., leurs armes se blasonnent de différentes manières: *bandé d'argent et d'azur*, tantôt de 6 pièces, tantôt de 4, ce qui se rapproche plus de la vérité; ailleurs elle sont: *tranché: au 1er d'argent, au 2e d'azur à la bande d'argent*, la version que nous donnons et qui devrait se traduire: *tranché d'argent et d'azur à une bande de l'un à l'autre*, est justifiée par les monuments. V. *Storia delle monete della Republica florentina data in luce da Ignazio Orsini.* Florence, 1760, in-4o, fig.

**Albanel** de Cessieux. Gasp. échevin en 1716, sgr de Bataillou (St-Marcellin) en F., de 1719 à 1736. — EGL. 89.

—**Albene** (d'). V. Arbent (de l').

**Albepierre** (d'), cler en l'élect. en 1664. Cette famille parait orig. de Ternant où elle existait au 16e s.

* **Albert**, sgr de Montceaux, c. à L. à la fin du 17e s., roig. de Mâcon, éteints au commencement du dernier s. : *d'azur au lion d'or lampassé de gueules (F.M.)*

* **Albis** (d'), orig. du Rouergue. Représentés à L. : *d'az. au cygne d'argt. accompagné en chef d'un croissant du même, accosté de 2 étoiles d'or.*

**Albisse**, en italien **Albizy**, Florentins établis anciennement à L. Eteints. Seigneurs d'Ivours au 16e s. Robt, cler de v. en 1525.

**Albon** (mquis d'), l'une des plus illustres familles du L., d'où elle s'est répandue en F. et en B., sgrs de Curis au Mont-d'Or, dès les premières années du 13e s., puis de Saint-Forgeux. Ils se divisèrent en plusieurs rameaux ; la branche aînée s'éteignit à la fin du 17e s. ; la 2e des sgrs de Châtillon-d'Azergues se fondit au milieu du 15e s. dans les Balzac ; la 3e ne posséda que peu de temps la seigneurie de Pollionay ; la 4e, des sgrs de St-André en F., dont les biens passèrent, au 16e s., aux d'Apchon ; la 5e a formé les mquis de St-Forgeux et princes d'Yvetot, éteints au commencement du 18e s. ; la 6e, sgrs de St-Marcel, par alliance avec les Galles, compte encore de nombreux représentants ; un 7e rameau, formé au 17e s. de la branche aînée, a donné les sgrs de Monthault. Cette maison s'est illustrée par les armes et les fonctions ecclésiastiques et a fourni, outre un grand nombre d'abbés à Savigny, à l'Ile-Barbe, d'officiers généraux, de chevaliers de Malte, de pairs de France, un archevêque de L. et le célèbre maréchal de St-André. *(LL. ; LM. ; PA.* ; *MO. ; CT. ; MM. ; LC. ; BA. ; CP. ; LO. ; MC.*, etc.) — dev : *à cruce victoria*, cimier : une tête de chien. A partir de la fin du 16e s. on trouve souvent leurs armes écartelées au 2e et 3e *d'or au dauphin d'az.* La similitude du nom d'A. avec celui des ctes d'A., devenus dauphins de Viennois, avait fait imaginer à Paradin que nos d'Albon du L. descendaient de cette maison, et ce fut pour consacrer cette opinion que cette écartelure fut adoptée. Sur une cloche des Jacobins, fondue en 1661, chacun des quartiers portait 2 *dauphins adossés* au lieu d'un seul. La branche des sgrs de Châtillon et Bagnols brisait d'une *cotice raccourcie et finissant au cœur de la croix* et celle de St-André d'un *lambel de 3 pendants.*

**Alby** ou **Le Blanc**. P. cler de v., 1270. Guille, 1270-85, I. et Th., 1294. Il y a eu une famille de ce nom en F. (*LM.*)

**Alcanon**, sgrs de Chassereux et de la Roche, près Roanne, famille de robe. Eteints au milieu du 17e s. dans les Du Palais-la-Merlée. J. A. était notaire à Néronde en 1347 ; un autre not. du même nom existait à R. au 15e s.

**Alléon** du Lac (F.), actuellement à Constantinople. M. de La Tour-Varan blasonne leurs armes : *d'argent à 5 alérions de gueules ailés d'azur posés 3 et 2* (*TV.*)

**Alessier**, éc., 1692 (*AG.*)

**Alex** de la Rousselière, sgrs de la R. (Cuinzié) en L. au 18e s.

**Alexandre**, bourgeois de L., 1664.

**Aligre**, lisez **Alègre**, famille qui a été feudataire des ctes de F., mais pour des possessions situées hors du F.

**Alix**, bon de l'Empire. . . . .

* **Alizon**, sgr de Vaures-lès-Montbrison en F., en 1474. — A. inc.

**Allard**, P. sgr du Sardon (Rive-de-Gier) en L., éch. en 1607, † en charge sans laisser d'enfants, il était né à Rive-de-Gier, ainsi que Gasp. A. élu en l'élect. de L. en 1602 et devait descendre des d'A. du F., dont un rameau s'était fixé à Rive-de-G. C'est sans doute pour cette raison que l'*Eloge hist. de L.* écartelle ses armes de celles des autres d'A., mais il ne les portait pas ainsi, comme on peut le voir sur l'épitaphe de sa femme qui est encastrée dans le mur d'une maison qui fait le côté ouest de la rue Mandelot ; cette épitaphe surmontée des armes parties d'A. et de Baraillon est ainsi conçue :

| | |
|---|---|
| *Margaritæ Joannis* | *voluptatem dene* |
| *Baraillon Regis in* | *garat natura ipsis* |
| *Præfectura lugd. consil* | *naturæ legibus* |
| *et Baronnat filiæ* | *immaturo funere* |
| *preclare et ineunte* | *VIII id. Dec. CIƆ DC* |
| *ætate institutæ* | *obsequenti* |
| *fide et pietate cons* | *Petr. Allard consil* |
| *picuæ cui apprime* | *reg. conjugi chariss.* |
| *optatam liberorum* | *mærens posuit.* |
| *partus et educationis* | |

**Allard** (d'), sgrs de Monteille au 16e s., et, en 1754, des Tournelles de la Pierre et du Lac, puis de Chazelles sur Lavieu. Cette branche se fixa à Montbrison, où elle s'est ét. récemment en la personne de M. d'A., fondateur du jardin botanique et du musée de cette ville. EGF 89. — Cette famille, quoique fixée à Saint-Etienne dès les premières années du 16e s. se faisait remonter aux d'A. du Dauphiné et en portait les armes (*CH ; D'H ; LC ; MN ; TV*). On voit à Montbrison une grande pierre sculptée, du dernier s., portant les armes d'A. *écartelées d...... à 2 fasces d....*

**Allegrain** à L. au 17e s., il y avait un sacristain de St-Nizier de cette famille, les armes qui sont figurées sur notre planche ne sauraient lui convenir, ce sont celles d'une famille qui a donné un chancelier de France et un gouverneur du Dauphiné, mais ne doit avoir aucun rapport avec les A. du L. — V. *DC.*

* **Alleman** « *Alamani* » Jaquinet et Girard, clers de v. 1270.

* **Allemand**, en latin *Alamandi*, famille ancienne du Dauphiné dont plusieurs rameaux se sont répandus en L. et en F., sgrs de Roche-la-Molière, Gresolles, Poncins, de Vaudragon, au 15e s., par alliance avec les Lavieu. — RN 1668. (*GA ; CH ; LL ; BA*) — *de gueules semé de fleurs de lis d'or à la bande d'argent sur le tout.* Cimier : un paon ; devise : *Altissimus nos fundavit.*

**Allery** (d'), sgr d'Espeisses (Orliénas) en L., 1699.— Au lieu d'un *chef* il faut un *chevron* ; devise : *vivit post funera virtus.*

**Allier** de la Fressanges. V. **Saignard**.

**Allier** d'Hauteroche, sgr d'H. (Oullins) en L., 18e s., un garde des sceaux de la chancellerie de L. L. A. d'H., antiquaire, † 1827.

**Allois** d'Herculais, orig. du Dauphiné, représentés à L. par M. le cte d'H.

**Allut**, orig. du Languedoc, représentés à L.

* **Altoviti**, Florentins qui s'étaient établis à L. (*MP*)— *de sa. au loup rampant d'argt.* ; devise : *Et avi numerantur avorum.*

**Amanzé** (d'), orig. du Mâconnais, ét. au 18e s., possessionné en B. dès le 14e ; une branche cadette, dite de Chauffailles, brisait *d'une bordure d'or* et posséda au 17e s. les seigneuries d'Arcinges et de Noally en B. Il y a eu aussi de cette famille un sgr de Laval en L., il brisait *d'un lambel de 3 pendants*. RN 1668. (D'Hozier et Palliot : *la généalogie et les alliances de la maison d'Amanzé au comté de Masconnois*, Dijon, 1659, in-fol. ; *LL ; MM ; LQ ; CT ; GM ; LC ; MC*). — On voit leurs armes à St-Jean, sur la tombe de deux chanoines de cette métropole, dans la chapelle du St-Sépulcre, aujourd'hui de St-Vincent-de-Paul et dans celle du clocher, contre-parties à celles des Sémur.

**Amat**, orig. de Provence. RN 1668. (*MP ; CH ; HI ; LC ; AP*).

**Amaulry**, libraire à L. au 17e s. (*AG*).

**Ambournay** (d') à L. au 17e s., possessionné à Brignais dans le même temps et au s. dernier ; il y a eu un d'A. recteur de la Charité en 1694; on trouve au 14e s. un Th. Bonjour d'A., possessionné à Colonges, B. serait le nom patronymique et d'A. celui d'origine.

**Amelot** de Chaillou, intendant à L. en 1630, d'une famille orig. de l'Orléanais, illustrée dans la magistrature de Paris. (*MO; HM; DA; LD; LC; SA*).

**Amiot** (Clément), cler de v. en 1531; bons d'Albigny, sgrs de Bully, Layes, Vomas, etc., ét. depuis deux s.; un maître des requêtes au parlement des Dombes, 1651 (*GD PL*). — Une faute du copiste fait lire *billetes* dans *GD*, erreur que découvre la devise: *Mori potius quam fœdari.*

* **Ampuis** (d') très-ancienne famille chevaleresque du L. qui tirait son nom du village d'A.; elle a été connue depuis la fin du 11e s. jusqu'au 15e, elle a possédé en F. le fief de Rosey, de la Garde d'Ampuis, au 14e s., et d'autres possessions; Raoul d'A., dans un acte de 1335, est surnommé Calaburdin. Et. dans les St-Symphorien au 15e s.

* **Amyons** (d') sgrs du dit lieu en F. aux 13e et 14e s., ét. à cette époque; c'était, suivant les conjectures de La Mure, un rameau de la maison d'Acre.

* **Andrault-Langeron**, orig. du Nivernois, sgr de Chevrières en F., de 1723 à 1782, par alliance avec La Veuhe (*LC HI*) — *écartelé au 1er et 4e d'az. à 3 étoiles d'argt., au 2e et 3e de gueules à 3 fasces vivrées d'argt. et une bande de France brochant.*

**André** (d'), sgr de Fromentes (St-Didier-au-Mont-d'Or) en L., de Vaumas, Belair en Bourbonnais et de Fleurieux sur l'Arbresle en L., au 17e s. et au commencement du 18e. Hug. d'A., éch., 1658.

**Andrevet-Corsant.** Etrangers à nos provinces.

**Andriol**, contrôleur des aides à L., 1692 (*AG*).

* **Androl** à L., 1690, il y avait alors à St-Nizier un chanoine de ce nom — *d'azur au chevron d'or, accompagné de 3 glands du même et surmonté d'une étoile d'argt. (AG).*

—**Angerez** ou **Angérieux** (d'), sgrs de St-Bonnet-les-Oules en F., du 13e au 16e s., de La Lande et de St-Marcellin, par alliance avec la famille Blanc, vers 1330. Cette famille existait déjà au commencement du 11e s., au 17e elle était passée en Vivarais où sa noblesse fut reconnue en 1668 et y possédait la seigneurie du Moin. LL l'appelle Augerez et blasonne mal ses armes, comme nous les avons reproduites sous ce nom; elles sont exactement figurées sous le nom altéré d'Augirieux, f. 3, vo.

**Angeville.** Etrangers à nos provinces.

* **Anglès**, orig. du Dauphiné, secrétaire de l'intendance de L. à la fin du dernier s. J.-J. A., chef de bureau à la préfecture de L. sous l'Empire et la Restauration: *d'azur au chevron d'or, accompagné en chef de 3 étoiles rangées d'argt. et en pointe d'une colombe du même, tenant en son bec un rameau d'olivier de sinople.*

**Anglure** (d'), orig. de Champagne, sgrs de Chandon, Mussy, La Chassagne, etc., en L. et B. aux 13e et 14e s. (*Généalogie de la maison d'Anglure*, 1659, in-12, *GM; RC; LQ; MO; CT; LC*).

**Anisson**, sgrs du Perron et d'Hauteroche. Laur., éch., 1670; Jq. en 1711, orig. de L., établis à Paris où ils sont encore représentés (*PL; HM; LD*).—Avant d'arriver à l'échevinage ils portaient: *d'azur au vol d'argt., au chef du même, chargé d'une croisette de gueules, accostée de 2 vanets de sa.* Laur. changea les émaux de cet écusson qui, plus tard, éprouva une nouvelle modification par la suppression de la croisette.

* **Anse** (d'), P., cler de v. en 1294.

**Anselmet** des Bruneaux en F., orig. de St-Germain-Laval, sgrs des B. acquirent Roche-la-Molière en 1677 et St-Just en Velay, en 1683, des Capponi. Et., fondus en 1753 dans les Charpin de Genetines (*MN*).

* **Anseu** ou **Anzeu**, ancienne famille du L., qui possédait en 1193 la viguerie de Tassins et d'autres seigneuries au 14e s., à Chasey, Marcilly, Losanne, Sivrieu, etc.

**Antholne**, élu en l'élect. de L. en 1632, capitaine pennon du Puits-pelu en 1658.

**Antigny.** Etrangers à nos provinces.

* **Anzie** (d'). Et. cler de v. 1270.

**Apchier** (d'), orig. d'Auvergne, feudataires des ctes de F. au 14e s. (*PA; LC; LD; AP; BO*).

**Apchon** (d'), orig. d'Auvergne, sgrs de Soutrenon en F., dont ils cédèrent leur part au cte de F. en 1311; fondus au commencement du 15e s. dans les St-Germain qui en continuèrent le nom et les armes (*PH; DH; BO*).— Leurs armes contreparties à celles des St-Germain se voyaient aux Cordeliers de Montbrison; elles existent encore à Chénereilles et à Montrond, parties de celles d'Albon-St-André. V. St-Germain.

**Apinac** (d') ou **Espinac** (d'), nom adopté au 15e s. par les St-Priest du surnom de Maréchal. — Cette branche a donné un archevêque de L. à la fin du 16e s. (*LM; MC*).

* **Appensat** à St-Galmier en F. aux 13e et 14e s. (*CT*). Cette famille qui était riche et puissante ne s'éleva pas néanmoins jusqu'au rang de la noblesse, ses membres ne portèrent jamais d'autre qualification que celle de bourgeois, mais ils avaient des armes qui étaient *d... au lion d...*, (sceau de 1320).

**Arbent** (de l') ou **Larbent** ou **Albent** « *de Albanco* » Nizier, cler de v. en 1270; Olivier, 1364. Et., 1411; André, 1529; à cette famille appartenait peut-être Jaquemet d'Albenc, recteur de l'hôpital de Ste-Catherine en 1350.

**Arces** (d'), en Dauphiné, sgrs de Lissieu, en partie de Condrieu en L. et du Bosc en B. aux 15e et 16e s., par héritage des Lambert, fiefs vendus ensuite aux Boissat (*GA; CD; LL; D'H*). Leur tombeau était dans l'église de Condrieu. Emblème: un buisson de buis; devise: *le tronc est verd, les branches sont arses.*

**Archis, Arcis** ou **Arcies**, sgrs de Coutouvre, Boyé-la-Varenne, La Tour d'Essertines, etc., en B., aux 17e et 18e s., ancienne famille noble, ét. au milieu du s. dernier dans les Damas d'Andour, elle se faisait remonter à une famille du midi de la France qui florissait au milieu du 13e s., et avait des armes semblables, comme on le voit par le sceau de J. d'Arcies, sénéchal de Toulouse en 1251, qui portait: 6 *annelets posés* 3, 2 *et* 1 (*Éléments de Paléographie*, par M. Natalis de Wailly; Paris, 1838, 2 v. in-fol., pl.—*Histoire générale du Languedoc*, par dom Jo. Vaissette et dom de Vic. Paris, 1730-45, 5 vol. in-fol., pl.)

* **Arcieu** (d'), sgrs de la Farge (Combres) en B., aux 15e et 16e s., possédaient aussi une maison au château de Chazay qui passa à la famille des Communes. On rattache cette maison aux d'Arcy d'Ailly.

* **Arcis** à L., au milieu du 18e s., tenait en franc alleu une maison située au nord du clocher de l'église de la Guillotière: — *d.... à un arc posé en fasce, surmonté de 6 étoiles d.... rangées 3 et 3.*

**Arcy** (d'), sgrs puis ctes d'Ailly (Parigny) en R.; sgrs de Bussière (Notre-Dame de Boisset) au 16e s.; de Montfriol (Chamelet) et Thoyri (Lacenas) en B. aux 17e et 18e s. RN 1668. Et. (*HI; LC*). — Leurs armes se voient à Marol sur un tableau représentant sainte Catherine. — Un membre de cette famille, reçu chevalier de Malte en 1685, présenta les quartiers suivants: d'A., de Bussières, Cambray de Montrodes, Montraulx, Gilbertèz, Brac, Talaru, des Escurions; La Motte, du Mas, Chambaud, La Vaize, Bion, d'Albon, Fay, Beaumont.

**Arcy** (d') Hugues, évêque d'Autun, administrateur au diocèse de L. en 1267 (*MC*). — Il a existé un grand nombre de familles qui ont porté le nom d'Arcy: Hug. d'Arcieu ou d'Arcy était possessionné en 1395 à St-Jean de Thurigneu en L., à Trévoux et à Reyrieu en Dombes.

On trouve aussi une maison d'A. dans l'Auxerrois (*CT*). En outre, il faut observer que des branches d'une même famille sont désignées quelquefois sous différents noms pour les distinguer les unes des autres et par exemple les Chateauvillain qui sous le nom de Sémur et d'Arcis ont été possessionnés dans nos provinces.

* **Arcoliers**, orig. de Savoie, alliés aux Chastillon et après eux sgrs du Solleillant en F. : *de gueules à une épée en pal d'argent, accostée de 2 fleurs de lis d'or.* — 2 écussons, sculptés au Solleillant et dont nous devons la communication à M. L.-P. Gras, attestent la possession de ce fief par cette maison. L'un est écartelé au 1er et 4e d'A. ; au 2e de Chastillon ; au 3e *d'azur à 3 fasces ondées d'or.* L'autre aux armes d'A. est accolé d'un écusson *d... à un chevron d... accompagné de 2 rameaux et d'une rose d...*

* **Arconsat** (d'), tiraient leurs noms d'un fief sis à Cervières en F., et paraissent s'être fondus dans les L'Eschalier au milieu du 15e s.

**Arenton**. Etrangers à nos provinces.

**Argental** (d'), ancienne famille chevaleresque qui se fondit dans les Payen qui en prirent le nom. Ceux-ci, sgrs d'A. de la Faye, de Mays, de Retourtour, etc., se divisèrent en plusieurs branches, celle des sgrs d'A. s'ét. en 1362, leurs parents de Retourtour en héritèrent.

**Arlos** (d') de la Servette, en Bugey, sgrs de la Barollière, St-Victor-sur-Loire, Entremont et Etrat, en F., au 18e s. Représentés en Bugey (*GB; LC ; AM; LO*).

**Arnal** (d'), orig. du Languedoc. — EGL 89.

* **Arnaud** de Montarchier et de Chabanes en F., ancienne famille chevaleresque. Et. depuis longtemps, sgrs de M. et Ch aux 13e et 14e s. — A. inc.

**Arnaud** Laurt, éch. en 1679.—En 1664 ils portaient *d'argt. au sautoir paté et échiqueté d'argt. et d'az. surmonté d'une étoile de gueules et chargé d'un écusson du même à un monde d'or croisé de sable.*

**Arnolfini**, famille florentine qui a été établie à L.

**Arod**. Il y a eu 2 familles de ce nom qui portaient les mêmes armes quoique leur origine et leur antiquité ne fût pas la même. Les 1ers possessionnés anciennement en F., sgrs de Riverie, de Senevas, par alliance avec les Aibraud, au commencement du 15e s., de St-Romain en Jarez. Et. en 1657 et qui formèrent les sgrs de Lay et de Mezieu, qui existaient encore à la fin du 17e s. RN 1668. (Sceau de 1340. Tombe de P. Arod « *Arodii* » de Riverie, † en 1313, enterré aux Jacobins). — Les autres d'A., beaucoup moins anciens, ne remontent qu'aux premières années du 16e s. Ils formèrent 2 branches ; 1° les sgrs de la Fay, ét. au milieu du 16e s. P. cler de v. en 1536 ; 2° les sgrs de Montmelas, Clervaux, Ronzières, Ars et Serrefavre, mquis de M. en B. EGB 89. Et. en 1828 dans les de Tournon (*LL; CH*), — devise : *sans rien feindre.* — En 1714, Bent A. de Montmelas, reçu chevalier de Malte, présenta les quartiers suivants : A. Signolles, Gletteins, Gaspard, Talaru, d'Apchon, Champier, Chabeu ; Capponi, Gadagne, Augeroles, Clavières, du Peloux, Boyas, Dupuy, Villars.

**Arras** (d') Guill., éch. en 1506. Il était peut-être de la famille d'un certain Janin **Hoquet**, dit d'Arras, enterré à St-Paul et dont les armes gravées sur sa tombe étaient *d... à une bande chargée de 3 rats*, que Chaussonnet aurait changés en marteaux de sa propre autorité.

**Arric**, famille chevaleresque du L., possessionnée anciennement à Rochefort, Riverie, Dargoire, Mornant, etc.; elle a fourni un chanoine de St-Jean et elle existait encore au 15e s. Un de ses membres est nommé dans un titre du 13e s. A. de Riverie. — (*LL*). — Un armorial manuscrit des ctes de L. lui donne des armes inexactes qui rappellent celles des Alric du Vivarais. — Sceau de 1276.

**Ars** (d') ou **Arts**, famille de la Dombes, ét. au 16e s., et dont il y a eu des chanoines de L. ; des d'A. ont été possessionnés à Chasay et à Sivrieux en L. et d'autres sgrs du Bost en B. ; ils appartenaient probablement à cette maison. (*LL ; GD*).

* **Ars** (d'), sgrs de la Durrete et de la Raffonière en B.

**Artaud**, famille chevaleresque, ét. possessionnée à St-Julien, à Tourzy, dans le mandement de Chatelus, etc., en F., 13e et 14e s., on trouve aussi des d'A. possessionnés au 13e s. en L. dans l'obéance de St-Andéol-le-Château. — A. inc. Les armes figurées dans la planche sont celles des de La Salle, dont un a porté le prénom d'Artaud.

**Artaud** de Bellevue, ctes de la Ferrière, orig. de la Grave, sgrs du B. de la Feuillade, Messimy, Epcy (Fleurieu), Rontalon, etc., en L., 17e et 18e s., appelés de la Ferrière par substitution aux Masso de la F. J., éch. 1662. And., sgr de Bellevue, éch., 1677, EGL 89. Représentés à Paris et en Normandie (*MN*).

• **Arthaud** de Neschers, orig. d'Auvergne, sgrs de Viry et de Claveyson (Claveysolles) en B., par alliance avec les Viry au 16e s. Et. à la fin du 17e s. et fondus dans 5 familles différentes : Arthaud de St-Germain, qui suivent, Lestra de Prandières, Thy de Milly, Bidard de Thoissey et du Buisson (*BO*).

* **Arthaud** de St-Germain, de Viry et de Chantois, orig. de St-Germain-Laval en F., appelés de Viry par alliance avec les Arthaud, héritiers des anciens de V., divisés en 2 branches ; les aînés établis en Auvergne au milieu du 18e s. et les A. de Viry-Chantois restés en F. ; 2 lieutenants en la châtellenie de St-Germain-Laval, au 17e s. ; un s. du R. au parlt de Provence, au 18e s. EG d'Auvergne 89. Représentés en Auvergne et en F. (*Titres originaux ; BO*) — *d'az. à 3 tours d'argt. ajourées et maçonnées de sa.* (*AG d'Auvergne*) ; devise : *A virtute viri.*

**Arthuisie** (de l'). V. Guillermy.

**Arvillon** (d'), sgr de Charly, cler en l'élect. en 1664.

* **Asergues** (d') en B., au 15e s. J. d'A. dam. fit hommage, en 1400, au duc de Bourbon, à Villefranche, dans la maison de P. de la Bessée, de la maison de Buffardans (St-Martin-la-Sauveté) et de celle de Chantois, sise dans le château de Grésolles, fiefs qu'il tenait au nom de sa femme Beat. de Ch. Il possédait aussi la maison de Mars en B. Cette famille, selon *LL*. serait la même que celle de Faverges.

**Assier** (d) ou **Dacier**. P., cler doyen au parlt de Dombes, orig. de Valenches en F., où cette famille paraît dès 1330 ; sgrs dudit lieu et de Lurieq. Représentés à L. et en F. (*III; BA*). — On voit à Marols l'épitaphe suivante, dont nous devons la transcription à M. L. P. Gras.

TOMBEAV D.. DASSIER ECVIER DE VALLENCHE 1605

Il y a eu en Languedoc des sgrs d'A., éteints dans les Crussol et en Angoumois une famille Da. dont *D'H* a donné la généalogie et qui portaient les mêmes armes.

* **Assier** (d') de la Chassagne, bon de la Ch. en L., par érection en 1672, sgrs de Marzé ; un s. du R. en 1663 ; un major brigadier des armées du R. au 18e s. Et. en 1816. — On leur attribue une origine commune avec les d'Assier de Valenches, qui ont les mêmes armes (*MN ; Eloges nécrologiques.* Lyon, L. Perrin, in-8, 1856, blas.)

**Astorg** (d'), cte d'Aubarède, receveur municipal à L., 1858, orig. du Languedoc (*GA ; AP; LC; AM*).

**Athiaud**, sgrs de Villeneuve, du Plat, de Lissieux, de Montchanain et Chamarande, en L. ; du Péray (Lay), en B , aux 16e et 17e s. Math., éch. en 1543. Ls. A. de Montchanain, en 1688 ; une chapelle avait été fondée par eux aux Minimes, en 1593 ; au dernier s. ils passèrent en R. (*PL*).

**Athiaud** de Montchanin, A. données par M. de la Carelle.

***Athose** (d'), sgrs de la Motte de Monts (St-Nizier), près Charlieu en L., au 18e s. — EGL 89. — A. inc.

**Aubarède** (d') Paul, éch., 1677, sgrs de Bellegarde, en F., 1690.

**Aubépin** (de l'), ancienne famille de la Bourgogne, qui a été possessionnée en F. depuis le 14e s. Elle a fourni plusieurs chanoines de L. et s'est éteinte au 16e s. dans Mouchet de Batefort. (*SJ; LL; LC*). Une famille étrangère à celle-ci, appelée de l'Aubépine, s'était attribué ce blason qu'elle portait écartelé avec ses propres armes.

**Aubépin** (de l'), ce sont les armes des Sémur dont écartelaient les Ste-Colombe de l'Aubépin.

**Aubernon** à L., 1692. (*AG*).

**Aubert**. P., éch., 1699. (*PL*).

**Aubert** à L., notable, 1664.

***Aubert**, famille d'Auvergne, qui a donné un sgr de Bouthéon en F., au milieu du 15e s., sa fille transmit cette terre aux Joyeuse. — *De gueules au lion d'argt. et une bande d'az. brochante au chef de gueules soutenu d'az. et chargé de 3 coquilles d'argt.* (*BO*).

***Aubigny** (d'), sgrs de Chalain d'Uzore, en F., en 1283. Le fief d'A. à Sury-le-Comtal avait donné son nom à cette famille; on trouve en Bourbonnais, une maison de ce nom qui portait: *d'or à la bande de gueules chargée de 3 lionceaux d'argt.* V. *Armorial du Bourbonnais*, par M. le cte G. de Soultrait.

**—Aubigny** (d'). V. Henrys.

**Aubria** ou **Aubry**. Ces armes, contre-parties à celles de Régnier, se voient sur une dalle tumulaire conservée au Musée lapidaire et provenant de l'ancien cimetière des pestiférés à l'hospice de la Quarantaine; l'épitaphe explique la présence de cette tombe dans ce lieu, elle se lit ainsi:

*DOM*
*PM*
*Isabellæ Aubriæ piissimæ et optimæ*
*fœminæ et Felicis Reynerii*
*quondam conjugis castissimæ*
*ingenti clade quæ Lugduni*
*anno superiori crassata*
*est ad IIII calendas septembris è*
*medio sublatæ atque in*
*hoc communi peste*
*affectorum cœmeterio*
*conditæ, sedata lue*
*clementissimæ matri parens*
*Fœlix Reynerius filius*
*anno Domini MVIXXX*
*VI die XXVIII augusti.*
*Disce mori.*
*requiescat in pace.*

**Aubusson** (d'), victe d'A., duc de la Feuillade, pair et maréchal de France, d'une des plus anciennes et plus illustres familles du royaume, orig. du Limousin; mquis de Boisy en R. et duc de R. depuis le milieu du 17 s., par héritage des Gouffier; sgr de Cervières, par acquisition, en 1686. Ces terres, après avoir passé, par substitution, entre les mains de différentes branches de cette maison, échurent définitivement aux d'Harcourt à la fin du dernier s. (*TH; LQ; PA; CT; MO; HM, HI; LC; SA; AM*).

***Audebert** ou **Odebert** J., cler de v. en 1418, Math. en 1423, 25, 28, 33, 36, 42, 45, 48, 49, 52, 53, 56, 57 et 61, J. en 1493. Ils avaient leur tombeau dans la chapelle du St-Esprit, qu'ils avaient fondée à St-Nizier. — *D'or à la fasce de gueules.* — Il existait une famille du même nom à Montbrison et qui y possédait en franc alleu une maison sise dans l'enceinte du château en 1400.

**Audoin** Ant., éch., 1517. — Un écusson portant des armes semblables, mais sans indication d'émaux, est sculpté sur un bénitier du 17e s. dans l'église de N.-D. de Montbrison, accolé d'un autre blason *d... à une colombe la tête contournée, perchée sur une branche et accompagnée en chef d'une croisette.... au chef d.... chargé d'un croissant d...*

**Audras** Laurt, éch., 1711.

**Audras** de Béost.

***Audry** And., cler de v., 1467.

**Augerez**. V. Angerez. — Ces armes sont inexactes.

**Augirieux**, ou Angérieux. V. Angerez.

***Augny** (d') Ph. Et. éc., sgr de Rillieu, tenait en fief, au nom de sa femme, fille unique de Cl.-Paul Javoy, éc., une maison sise rue Ste-Hélène, ci-devant Basses-Brayes, 1733.

**—Augerolles** (d') « *de Algirollis*, » ancienne famille chevaleresque, connue dès les premières années du 11e s., divisée en 2 branches; 1º les d'A., sgrs de St-Polgue, depuis le 12e s. Et. au 14e s.; leurs nom et armes furent continués par les du Vernet, qui finirent eux-mêmes tragiquement, en 1584, et dont les biens passèrent aux St-Pulgent, aux Murat de l'Estang et aux Capponi; un rameau de cette branche, les sgrs de Commieres, en R., subsista jusqu'au 17e s.; 2º les d'A., sgrs d'Yvours, en L. Et. au 14e s. (*LL; TV*). Le fief d'A. (St-Romain d'Urfé), qui avait donné son nom à cette famille, appartenait, au 15e s., à une maison étrangère, les La Forge, et dès 1238 le cte de F. acquérait des Maumont, A. et Farges. Le surnom de Boissonnier a été porté par les d'A.— Cri: *St-Polgue;* cimier: une tête de bouc (sceau de 1314; *Guill. Revel*). On a souvent mal blasonné les armes de cette famille. La branche de Commières, au 16e s., écartelait au 2e et 3e de Thélis, en souvenir de l'alliance de Cath. de l'Espinasse, dame de St-Léger, en 1380; au 17e s. ils écartelaient de Lavieu-Iseron et sur le tout de Thélis. V. les armes ci-dessous, à Aulgerolles.

**Augustins**, religieux établis à L. au commencement du 11e s.; ils se fixèrent d'abord à Villeurbanne, puis à la Guillotière, puis enfin dans un emplacement situé hors des murs de la ville, mais qui se trouve depuis longtemps compris dans leur enceinte; ils ont donné leur nom à un quai et leur chapelle sert actuellement d'église paroissiale. Leur belle bibliothèque, dont les livres portent à l'intérieur les armes de l'ordre, fut confisquée à l'époque de la Révolution et forme une notable partie de celle de la ville.

***Aujard**, à Villefranche, aux 16e et 17e s., leurs armes, d'après un jeton publié par M. Morel-Fatio, étaient *d... à une étoile accompagnée de 3 trèfles...* (*Revue numismatique*. Paris, in-8º, fig. t. 13, 1848).

**Aulas** de Moleyse, en L., 18e s., possessionnés à Moleyse, Charly et Millery, en 1720. Un s. du R., en 1754; un trés. de F. (*MN*).

**Aulgerolles**. V. Augerolles.

**Aulhon** (d'), bons de Boujols, J., cler de v., 1429; autre J. en 1520, 25, 31, 36, 41. Ce doit être le même que noble J. d'Houllon, qui fit hommage, en 1520, de la maison forte de Chiel, près d'Anse, car on n'est pas bien fixé sur l'orthographe du nom de cette famille.

**Aumaistre** Math., bon de St-Marcel, éch., 1691, orig. du Bourbonnais (*AM*). — L'*AG*. de Moulins lui attribue d'autres armes que la famille porte encore aujourd'hui et qui sont: *d'az. à la fasce d'or, accompagnée en chef de 3 étoiles rangées d'argt., et en pointe d'un croissant du même.* Ce blason nous semble avoir été forgé et inscrit d'office par les employés chargés de l'enregistrement des armoiries comme ils l'ont fait souvent; du reste, les armes que nous donnons sont justifiées par un jeton frappé, lorsque Math. était en charge et qui a, par conséquent, une autorité irrécusable.

**Aumont** (d'), sgrs de Cenves, en B., aux 16e et

17e s., par héritage des Rochebaron, dont ils ajoutèrent le nom au leur. Les d'A. sont d'une famille célèbre, orig. du Beauvoisis (*TH; LQ; HM; HI; PA; CT; SM; MO; LC; CP*).

**Aure** (d'), abbé d'Ainay.

* **Aurelle** (d') de Terreneyre, sgrs de Montarcher et La Chapelle, en F., de 1669 à 1675; sgrs du Bost (Blacé), en B., 18e s., orig. d'Auvergne (*AP; BO*). Jq. d'A. de Montbardon, reçu chevalier de Malte en 1788, présenta les quartiers suivants: d'A., Perrein, Navette, Boullieux du Mazel, du Prat, Fedides de Chalandre, Bournat, Ducrox; l'Hospital, Bosredon, Boffetie, Berthelat, Fretat, la Ville, Bernard de la Gravière, Courtin. — On a mal écrit leur nom: Daurelle, au fol. 22, et de plus on leur a attribué les armes des d'A. de Colombine; les leurs sont: *d'az. au lion d'or armé et lamp. de gueules, accompagné de 2 étoiles et d'un croissant d'or.*

* **Aurillon** (d'), éc., sgr de Changy, en F., 1600. — A. inc.

**Auriol** J., éch., 1755. — EGL 89.

**Aussel** And., éch., 1707.

**Austrein**, sgrs de Jarnosse, par alliance avec Gayan, Hi., éch., 1576-82; P., P. des M., 1614; — sgrs de Morland (Coutouvre), en B., 1604. Et. dans la seconde moitié du 17e s. (*GD*).

**Autun**, évêché suffragant de l'archevêché de L.

**Auxerre** (d'), premier président au parlt de Toulouse, acquit des Rébé, en 1579, la seigneurie de Rochefort (Amplepuis), en B., revendue en 1606 aux de Pomey. En 1582, un Ant. d'A. vendit à la ville de L. une maison appelée de la Ferratière, pour le service des pestiférés. Il y avait aussi J. d'A., lieutenant-général en 1587, puis juge de F. en 1592.

**Aveine** (d') Ed., cler de v. 1562. Jq., 1571, 76, 81, 88, 90, sgrs de Chavannes, en L., 17e et 18e s.

**Aveine** (d'), ces armes sont celles que portait J. d'A., cler de v. cité à l'article précédent, elles sont ainsi sur un jeton qu'il fit frapper en 1582 comme trés. de France. Les émaux n'y sont pas indiqués, ils ont été rétablis, en partie, par induction.

* **Averes** (d') Andisie, dame d'A., possédait en 1334 la moitié de la maison d'A. et une autre maison sise dans l'enceinte du château de St-Galmier.

* **Aydel**. Et. cler de v. en 1416, 19, 22 et 31.

**Aymar**, ancienne famille, qui a donné un moine à l'île-Barbe, en 1250.

**Aynès** en B.

* **Ayvra** (de la), J., cler de v., 1352-55.

**Baboin** de la Barollière, à L.

* **Bachod** (de), famille du Bugey, dont un rameau, Et. au milieu du 17e s., posséda la seigneurie de la Forest, en L. (*GB; LC*) — *d'az. à un mont de 3 pointes d'or, surmonté d'une étoile du même, accostée de 2 croisettes d'argt.*

—**Badol** de Forcieux, en F., bons de Rochetaillée, fief acquis en 1645, érigé en baronnie en 1657, sgrs du Monestier par acquisition, en 1649. Et. en 1709 (*MN; TV*).

**Baffie**, ancienne famille d'Auvergne qui obtint, en 1244, les châtellenies de Pressieu, Villedieu, Jullieu et Cremeaux en échange des droits qu'elle prétendait avoir sur le comté du F., par suite d'une alliance avec une fille de Guy III. Le nom de B. est resté à un hameau voisin de St-Germain-Laval. (*CT*. Baluze: *Histoire de la maison d'Auvergne*, et La Mure: *Histoire des ducs de Bourbon et des comtes de F.*)

**Bagié**. Etrangers à nos provinces.

**Baglion**, ctes de la Salle, orig. de Pérouse en Italie. Etablis à L. au 16e s., sgrs de la Salle, par alliance avec les Henri, héritiers des Bellièvre, terre érigée en comté avec Vaux et Quincieux, en L., en 1654; sgrs de Saillant, de Dargoire, de Combelande; bons de Jons au 17e s., par alliance avec les Guerrier. Une branche établie dans le Maine a formé les sgrs de la Dufferie, au 16e s. Et. en 1759 dans les Grimoard du Roure. P. dit. Bello, cler de v., 1550; P., sgr de Saillans, bon de Jons, P. des M., 1600; Eléonor, P. des M., 1638; F., cte de la Salle, bon de J., sgr de S., P. des M., 1658. (*SI; TG; CH; LC; SA*). Cette maison a fourni, en outre, deux évêques, l'un d'Arras, l'autre de Tréguier. RN 1668; EGL 89. — Les fleurs de lis seraient une concession de François Ier, devise: *omne solum forti patria est.*

* **Bagnols** (de), en L., au 14e s., alliés aux Villeneuve. Il existe en L. un village du nom de B., — *d'argt. à 3 bandes losangées d'or et d'azur.*

* **Baillard** de St-Méras, sgrs du Piney, en F., au milieu du 18e s., possédaient aussi des biens à Vaures et à Prunerie; branche d'une famille du Vivarais; un s. du R. au commencement du 18e s. Et. en 1769 dans les Demeaux. (*DH; LC; MN*): *d'or à 3 palmes réunies sur une seule tige de sinople.*

**Baille**, en latin *Bajuli*, famille chevaleresque en L. et en Jarez, au 15e s. On trouve aussi André B., cler de v. à L., en 1358. Les armes sont celles des B. de Beauregard, du Nivernais.

**Baillet**, capitaine du château de Condrieu, 1692.

**Baillif**, libraire à L. en 1692 (*AG*).

**Baillon**, intendant à L. en 1762.

**Bailly**, sgrs de Chameyré (St-Jean-la-Bussière), et de Limas-sous-Chamelet, au 16e s. — A. inc. C'est par méprise qu'on leur a donné les armes d'une famille de Dombes, appelée Builly.

**Bailly**, à L., en 1692 (*AG*).

**Bais** (de) de Digoine, orig. de St-Symphorien-le-Château. Et. au 18e s.; leurs biens passèrent aux La Guiche-Sivignon. Une dame de Gresolles, † en 1652, portait le nom de B.; Jq. de B., éch., 1615; en 1259 vivait un P. Bays, de L., que l'on a dit être de la même famille. — RN 1668. — (*PL*). On blasonne quelquefois les pièces qui chargent la fasce: 3 *tourteaux de sa. ajourés d'argt.* On voit ces armes dans l'église de St-Symph.-le-Chât.: *écart.: au 2e et 3e d... à un chevron surmonté d'une étoile et accompagné de 3 lions d... au chef d... chargé de 3 bandes d...*

**Bais**, orig. de Brabant, établis à L. au commencement du 17e s. René B., éch., 1664.— On a mal blasonné leurs armes, d'après Menestrier, en indiquant une plante de corail, ce sont 2 tiges d'épines posées en sautoir, ainsi qu'elles se trouvent sur un cachet de 1721; les armes de ce cachet n'ont pas de lambel; cette brisure était propre à l'éch.; cimier: deux disques, le 1er *d'argt. à la croix de sa. cantonné de 4 croisettes d'or;* le 2e *d'az. à une roue de sainte Catherine, d'or, traversée d'une épée en pal du même;* devise: *Lumma*, ce mot est le nom latin de cette sorte d'épine qui compose le blason et dont le nom flamand est le même que celui de cette famille.

**Baland** d'Arnas, de Chambarcy, sgr d'A. en B., 18e s. Un s. du R. au 17e s.; un cler au Présidial de L. en 1772. — EGB 89. — On trouve encore une famille Balan, alliance des Deschamps, qui portait *d'az. à une main d'argt. mouvant d'une nuée du même, au flanc sénestre et tenant une balance d'or.* — Un certain Guille B. fut anobli en 1447.

**Balarin**, anoblis en 1464, sgrs de Polionay, fief transmis par alliance aux Cremeaux, vers 1600, et de Rontalon, en L., 16e s.; P. B., cler de v., 1438; ils avaient fondé une chapelle dans l'église de Ste-Croix, en 1452. — B. de Foudras, RN 1668. — B. de Foudras portait: *parti de B. et de Foudras.*

* **Balbani**, Lucquois qui ont été établis à L. : *fascé d'argt. et d'az., l'az. chargé de 6 alérions d'or, posés* 3, 2 et 1.

* **Balbiani**, famille italienne qui a résidé anciennement à L., *de gueules au barbeau d'argt. couronné d'or.*

* **Balbigny** (de), anciennement Barbigny, famille chevaleresque, qui tirait son nom du village de B., en F., et qui florissait au 13e s.

**Baley**, à L., en 1692 (*AG*).

**Balif**, ens. pen. du quartier du Port du Temple, au 17e s.

**Balley**, à L., au 17e s. (*AG*).

* **Balme** (de la) de Versey, famille du Bugey, sgrs de la Forest, en L., à la fin du 16e s. Et. à la même époque; le fief de la F. passa aux Bachod, — *de gueules à la bande d'argt. bordée d'or, accompagnée de 6 besans d'argt. en orle* (*GB*).

**Balme** (de la) sgrs de Longeval (Chambost), en B., en 1551. P. de la B. était sgr de Pommiers en 1400. Le blason qu'on leur attribue est celui des La B.-Montchalin, du Dauphiné; mais il y a eu en Bresse, en Bugey et en Dauphiné plusieurs familles de ce nom. — Nic. de la Balme, prieur d'Ainay, fut enterré, en 1542, dans la chapelle de N.-D.-des-Anges, au cloître, son épitaphe, en capitales romaines, a été conservée, elle se voit actuellement dans l'intérieur de l'église d'Ainay, après avoir figuré longtemps sur la façade.

* **Balme** (la), — *d'azur à 3 roses tigées mouvantes d'un cœur, accompagnées en chef d'une étoile, et en pointe d'un croissant, le tout d'argent.* Alliance de Duguet de Bullion.

**Balmes**, sgr de la Bermondie (Longes), en L., au 17e s. — RN 1668.

* **Balmont** P., cler de v. au 13e s.

**Balzac** (de), orig. d'Auvergne, sgrs de Châtillon-d'Azergues, par alliance avec les d'Albon, vers 1464. Et. au 16e s. (*GM; PH; PA; MO; LC; BO; BA*). — Leurs armes sont sculptées au château de Châtillon et gravées sur la tombe de Rauffet de B., † en 1517. Elles sont aussi peintes à Ambierle, chargées en cœur des armes d'Albon.

**Bancou**. Lisez Bénéon.

* **Bandini**, Florentins qui s'étaient fixés à L., *d'az. au lion d'or et une bande de gueules brochante*, aliàs : *bandé d'argt. et d'azur.*

**Bannes** (de) Guill., cler de v., 1427. J., 1436. J. de B. fonda, en 1455, une chapelle dans l'église Ste-Croix, où était son tombeau. — Les armes figurées dans la planche sont celles d'une famille du Dauphiné qui porte le même nom; la ville de Lyon attirant à elle un grand nombre de familles riches des provinces voisines, cette attribution est assez vraisemblable.

**Babtalin**, ou mieux **Battalin**, à L., 1664, notable bourgeois.

* **Bar** (de), ancienne famille qui existait à Montbrison, au 13e s.

* **Bara** H., cler de v. en 1362, il ne se trouve pas dans la liste donnée par Menestrier et reproduite par Brossette, parce que les nominations de cette année et de quelques autres se sont perdues ; nous avons découvert un extrait de celles de 1362 dans un document original de l'époque, qu'il ne sera pas sans intérêt de transcrire ici dans sa forme primitive :

« It(em) que alechalendet m ccc lxij furont helie p(our)
« consoliours de la vila de Lionne si qui sensegant isy
« apres et p(our) metros dou meities lxxxvj qui sensegont
« celuy memoart.

« Premerement Humbert Bara, Gilet de Cuses Matiou de
« Fuer Guill(au)me Piguet Matiou de Fuire Juhent de
« Mo(n)tion Guihonet Chiure Peronnin de San Re(m)bert
« Humbert de Varey Guill(au)me de Varey dit Plotun
« Juhan San Tervert Humbert del Puey.

« It(em) que la velly de notre Dama de la Chandelura
« m ccc lxij fut huuria j taly p(ar) lo metros dou meties
« de la plus grant part et dou conseliour p(our) la plus
« gran part de vim flu(rins); li quala fut fety p(our) lo rey
« de Francy p(our) la composytiont qui fut fety p(our)
« les entres de la sita de Lionne cui Diou gart et sont li
« plus de grant pert et fut hordenas p(our) la fere Guil-
« l(au)me de Varey dit Plotun et Humbert del Puey et
« Bochant panetier et Peronet Loy becolier et sension icy
« apres qui consentiront de la fere et li nunt de selos. »

**Barallon** Aimé, P. des M., 1616. Gaspard, sgr de la Combe, P. des M., 1689; J. B., sgr de Nantas, trés. de F., cette famille formait 2 branches au 18e s. — RN 1668; EGL 89. (*PL*). — Une famille **Barallon**, orig. de St-Genis-de-Malifaux, établie à St-Etienne et éteinte récemment, portait les mêmes armes (*TV*), ainsi qu'un B. B., sgr de Neuville, † en 1552, et enterré dans l'église des Cordeliers de Paris. — On voit le blason des B. à Nantas (St-Jean-de-Bonnefont), en F., accosté de 2 autres écussons.

**Barancy**, trés. de F. en 1673; un B., éc., possédait la rente de Sandars, à Limonest, en 1717.

**Barberon** P., cler de v. en 1499.

* **Barbier**, ancienne famille bourgeoise de Montbrison, dont un membre, notaire, acquit, en 1353, le château du Verdier, en F., de Bernard de St-Bonnet, vendeur au nom de Marguerite de Montesquieu.

**Barbier** Ph.-Nic., éch., 1743.

**Barbier**, à L., en 1692 (*AG*).

**Barbier** des Landes, sgrs de Charly, possessionnés à Moleyse, Millery, en L., au 18e s.; un s. du R., en 1750. EGL 89. Représentés en F. par M. de Ch.

* **Bardonenche**, riche famille de négociants de St-Etienne, issue d'un ouvrier de la même ville, vivant en 1515. Et. en 1637. La similitude de noms lui a fait attribuer les armes d'une famille chevaleresque du Dauphiné, qui porte : *d'or au treillis de sable, cloué d'or* (*TV*).

* **Baret** de Selette, en B., a fourni un cler au Parlt de Dombes, en 1694 ; possessionnés à Irigny. — *D'az. au chevron d'or accompagné d'un croissant d'argt. en pointe ; au chef du même chargé de 3 étoiles de gueules.*

* **Barge** de Certeaux, à L., anobli en 1784.

**Barge** (La), famille d'Auvergne qui a été établie en F. au 14e s. et y a possédé, entre autres, la maison de la Pra, dans le mandement de Malleval; elle a fourni plusieurs chanoines au chapitre de L.; on voit la tombe de l'un d'eux, avec 3 écussons d'alliance, dans la chapelle de St-Vincent-de-Paul, à St-Jean. (*CH; LL; BO; MC*).

**Barges** (de), famille chevaleresque du F., divisée en 2 branches, 1o les sgrs de Ste-Agathe, Et. dans les de Mars; 2o les sgrs de Merlieu, fondus en 1467 dans les Tremolles (*LMm*). — Les armes sont quelquefois parties au lieu d'être écartelées et cette différence distinguait peut-être les 2 branches de cette famille; cimier : une tête de lion; (sceaux de 1270 et 1314; La Diana).

**Bargues**, à L., aux 17e et 18e s. (*AG*).

**Baritel**, libraire à L., en 1692 (*AG*).

**Barjot**, orig. du B., sgr du Sauzay (Avenas) et d'Orval, en B., au 16e s.; B. de Carville, sgr de la Varenne, en F., au commencement du 18e s.; à la même époque, on trouve des B. mquis de Moussy et de Rancé, en Tourraine, et portant les mêmes armes (*NT; FM; LC*).

**Barlet**, capitaine-pennon du quartier de Confort, en 1658 et 1664.

* **Barmont**, à L., 18e s., *d... à 2 palmes en sautoir cantonnées de 4 étoiles d... au chef d... chargé d'un dragon ailé d...* On voit dans une maison de la rue Tramassac,

près de la place de la Trinité, un écusson avec des armes à peu près identiques, sauf que les palmes ne sont pas accompagnées d'étoiles. Il est mort récemment à L. un personnage de ce nom qui passait pour noble et a publié, en 1841, une brochure bizarre, intitulée : *Réflexions sur la terre et ses mouvements qui produisent les jours et les nuits ainsi que les saisons.* Lyon, une demi-feuille in-8°.

**Barnier**, s. du R., à L., 18e s.

**Baroundeau** Jq., cler de v. en 1496, 7, 8, 1501 et 2. Celui qui fut cler de v. en 1501 différait ce semble de celui qui l'avait été précédemment, car on voyait à l'Hôtel-Dieu l'épitaphe de Jq. B., citoyen de L., † en 1498.

**Baronnat**, sgrs de Fontcrainne, acquis en 1537 des La Bessée et transmis par alliance aux La Chambre; de Bussy (St-Georges-de-Reneins) en B., au 16e s. et jusqu'en 1645 ; de Martizière, de La Mure, au 16e s. ; de Poleymieux, au 17e s., en L. ; de Jaz, en F., en 1557. Ennemond, cler de v. en 1429 ; J., 1433, 37, 41 ; André, en 1435, 50 et 51 ; Millé en 1460 ; Guille, 1469, 75, 81 ; André, 1483, 87 et 89; Guille, 1485, 90 et 94; Jq., 1499, 1500, 1, 4 ; Geof., 1525, 31. 36 et 42 ; Cl., 1526 et 31 ; Nic., 1545. — RN 1668.— Une branche se fixa en Dauphiné et subsistait encore au 18e s., alors que ceux du L. étaient éteints déjà. (*MM; CH; AP*). — Devise : *vertu à l'honneur guide.* — On voit leurs armes sur les vitraux du collatéral nord de l'église de Chessy et dans le chœur *écartelées d'argt. à 3 chevrons de gueules.* On blasonne et l'on figure mal d'ordinaire ces armoiries en indiquant des guidons ou des drapeaux à pointes; ces armes sont parlantes : Baron, noble qui avait le droit de porter bannière.

**Baroud** L.-J., éch. ; 1784.

***Barral**, ancienne famille bourgeoise de L. Et. en 1310, fondus dans les Hugues ou Huon, qui en prirent le nom.

***Barral** (de), mquis, sgr de Limonest et de St-André-du-Coing, au 18e s., orig. du Dauphiné, *de gueules à 3 bandes d'argt. (SA).*

***Barricaut** à L., au 17e s. ; le blason est mal placé sur la planche.

**Barruel** de St-Pons.

***Barsailles** (de), de Genay, éc., possessionné à Sivrieux, au 13e s. Cette famille pourrait être celle de Vassalieu, qui est nommée quelquefois Varsailles.

**Barthe** (la) ou **Labarthe**.

**Bartholy**, Florentins établis à L. au 16e s. Th., éch., 1604. Et. P. des M., 1691 ; cette famille s'est fondue peu après dans les Regnault. — RN 1663. — Leurs armes, contre-parties à celles des Regnault, se voient à une retombée de voûte d'une chapelle de l'église de Saint-Paul; supts : deux lions ; cimier : une aigle issante ; devise · *Nel cielo mia speranza (PL).*

**Baschi** ou **Basqui** Ed., cler de v., 1476.

**Basset** de la Pape et de Châteaubourg ; de Lestra Ch., éch., 1710. — Cette maison est orig. du F., où la branche aînée est représentée à Roanne. J.-M. B. fut éch. de R., en 1731 ; à la Révolution, un membre de cette famille fut mis en état d'arrestation : « comme cy devant noble et n'ayant rien fait en faveur de la Révolution. » Un s. du R. au parlt de Grenoble, en 1775. — EGL 89: — Représentés à L. par M. de La Pape ; en Poitou par M. de Châteaubourg et à R. (*PL ; AM*). — Le lambel appartient aux B. de Lyon, les aînés ne le portèrent pas, comme on le vérifie sur des cachets du dernier s.

**Basset** F., éch., 1646.

**Basset** Cl., éch., 1686. — Ses armes sont gravées sur un élégant cachet en acier, incrusté d'argent et à 3 faces; le second côté porte un blason *d... à 3 losanges d... au chef bandé....* et le troisième les initiales enlacées de Cl. B.

**Basseti**, orig. du Piémont, à L., au 17e s.

**Bastero**, orig. du Piémont, établis à L. vers 1660. F. Malte, éch., 1698.

**Bastet** de Crussol, ducs d'Uzès très-ancienne famille de Languedoc. Au 14e s., ils furent sgrs de Cornillon, de Beaudiner, de Fay et en partie de Fontanès et de Saint-Germain-Laval en F. Ils avaient aussi des possessions à Ampuis, à Condrieu, etc. en L.; mais ils aliénèrent bientôt tous ces biens. Plus tard, au 17e s. ils possédaient Valfleury en L. (*Histoire de Saintes*, par André Maichin ; Saint-Jean-d'Angely, 1671, in-fol. *HM ; SM ; PA ; MO ; LD*). — Il existe, dans l'église de Saint-Jean, la tombe d'un chanoine de cette famille ; il n'en reste qu'un fragment d'inscription qui a été transcrit inexactement dans *Lyon ancien et moderne* (Lyon 1838 et 43 2 v. in-8, fig.) Les ducs d'Uzès écartelaient : *au 1er et 4e parti de Crussol et de Lévis ; au 2e et 3e contr'écartelé, 1 et 4 d'az. à 3 étoiles d'or en pal ; 2 et 3 de gueules à 3 bandes d'or; sur le tout, d'or à 3 bandes de gueules.*

**Bastiant**, Procureur à Lyon, 1740. — Dans le dessin des armes, la muraille du château devrait toucher les deux bords de l'écu.

**Bastie** (de La) une branche de la maison de Chavannes qui portait le nom de La B., paraît être la souche des La B. sgrs de Magnieu-Hauterive, par alliance avec les d'Acre, au milieu du 14e s. Et. dans les Dubost en 1583 (*LL*), on trouve aussi des La B. sgrs de Lavieu qu'ils cédèrent en 1330 au cte de F. ; de Piney, St-Jodard et Bellegarde après les Piney; ils possédaient aussi le Rousset qu'ils transmirent par alliance, vers 1319, aux Lautons. Une branche brisait d'une *cottice de gueules.* On voit leurs armes sculptées sur la porte latérale de l'église de Magnieu et à Chandieu.

***Bastier**, ancienne famille consulaire. Et. dans les Sala. Guich. cler de v., 1432, 35, 52. Aymé, 1442.

**Bataille** de Mandelot en Bourgogne.

***Batailly** anciennement **Batailleu** (de), ancienne famille chevaleresque, qui tirait son nom du fief de B. (Cublize) en B. ; elle florissait aux 14e et 15e s. On la trouve possessionnée au 13e s. près de St-Clément-de-Valsonne en (L). — A. inc.

**Bathéon** de Vertrieux. Léond de B., éch., 1678 ; un C. en la cour des monnaies ; un trés. de F. au 18e s. ; EGL 89. — Représentés à L. par M. de Vertrieux, (*MN*). — Au 17e s., ils portaient deux rameaux en sautoir, comme on le voit sur un jeton de Léond éch. ; plus tard on le remplaça par un sautoir engrêlé qui parut sans doute plus héraldique.

**Battant** de Pommerol en F. et à L., sgrs de la Goutte (St-Maurice-en-Gourgois), au 18e s. un juge des traites de St-Bonnet-le-Château, en 1692 ; au s. suivant, la charge de lieutenant particulier au bailliage de Montbrison fut héréditaire dans cette maison. — Les armes figurées dans la planche d'après l'*AG* sont fausses, elles doivent se blasonner : *d'argt. à 3 fasces de gueules, au chef d'az., chargé de 3 besans d'or.*

***Bauceure** (de) ou **Bosseure**, sgrs de la Tour, famille chevaleresque du F. 14e s.

***Baudard**, EGL 89. — Une famille de ce nom, en basse Normandie, portait : *d'az, à 3 fasces ondées d'argt.*

**Baudet**, sgrs de Boistrait (St-Georges) en B., au 15e s. fondus dans les Maréchal qui en héritèrent en 1519. — Les armes qu'on leur attribue appartenaient à une maison qui existait à Villefranche au 17e s., ce pouvait être une branche des sgrs de Boistrait.

***Baulme** (de La), dlle Cl. de La B. dame de Salagny (Vauxrenard) en B. ; en 1539, elle appartenait probablement aux La B. Fromente de Dauphiné : *d'or à la bande d'azur (GB).*

***Baume** (de La) de Luze, sgrs de Luppé en F. en 1678,

orig. du Dauphiné : *d'or à 3 chevrons de sable ; au chef d'azur chargé d'un lion issant d'argt. couronné d'or* (*CH LC*).

* **Baume** (d'Hostun de la). V. H. et Gadagne.

* **Baudin**, à St-Étienne, au 17e s. : *d'or au chevron d'az. chargé de 3 cœurs d'or ; au chef de gueules abbaissé sous un autre chef d'argent denteté de sable.* (*AG*).

**Baudinot** de la Salle, sgrs de la Brosse ; les de S. de Toursie et du château de Crozet en R. 1674.

— **Baudrand**, famille chevaleresque orig. de Condrieu, sgrs de Longes et de Lacombe en L., aux 14e, 15e et 16e s. Ils prirent plus tard le nom de Lacombe, le dernier que l'on connaisse était Guill., attaché à l'ambassade du Levant, en 1603. (Cochard, *Statistique du canton de Ste-Colombe*). V. Lacombe.

**Baudrant** de Pradel, en L. et en Dombes, un Cler au parlt de Dombes. — D'après d'*H* cette famille descendait de la précédente ; il faudrait alors supposer qu'il y a eu dérogeance au 17e s. — Ils écartelaient au 1er et 4e de Pradel, par substitution (*D'H ; LC ; SA*).

**Baudrier**, orig. de Provence. Représentés actuellement à L. par M. B. cler à la Cour ; les diverses branches de cette famille, en Provence, portaient des armes différentes (*AG*. d'Aix *AP*.) — Il ne doit y avoir que 2 roses, une en chef et l'autre en pointe de la fasce.

* **Bauzac** (de), famille d'Auvergne, possessionnée en F. au 14e et 15e s. ; sgrs de Lurice, par alliance avec les Prunerie : *de sable au sautoir d'or cantonné de 4 étoiles d'argt.* (*BO*).

**Bay** de Curys, à L. ; 17e s. Trés. de France.

**Bayard** de St-Jullien, sgrs de Ronzières, (Ternand) de Combe-Robert (Chamelet), de St-Jullien (St-Mamez), 16e s. Ét. au commencement du 17e s. ; fondus dans les Chapon. — A. inc., le blason de la planche est celui d'une famille du Bourbonnais alliée aux Rollat, aux d'Aubigny, etc.

**Bayle**, Ch. éch., 1628.

**Baylle**, famille du Velay, divisée en plusieurs branches ; les B. de Chantemule, sgrs de Villeneuve, par alliance avec les Parchas de St-Marc. Ét. au milieu du 17e s. ; les B. de Foy, sgrs de Batie possédaient Bonneville en F. qu'ils cédèrent, en 1674, aux la Rochette et les B. de Malmont à St-Just en Velay, au 18e s. RN 1668 ; EGF 89. (*AP ; MN*).

* **Bazin** de Bezons, ve d'Aubusson, ctesse de la Feuillade, victesse de Mably, dame de Commières en R., 1754, d'une famille orig. de Normandie (*PA ; LC ; IH*). *d'az. à 3 couronnes d'or.*

**Béal**, not. à L., 1692 (*AG*).

**Beaubérard, Beau de Bérard** (de la) ou mieux **Labau** de Bérard, bons de Maclas en F. ; sgrs de la Vennerie (Pouilly le Châtel) en B. — EGB. F. 89.

**Beaucamp** de St-Germain, à L., un s. du R. en 1711 ; ils possédaient le domaine de Port-Masson (St-Germain au Mont-d'Or) en L. ; divisés en plusieurs rameaux dont l'un se fixa à Paris ; la branche aînée s'éteignit en 1759 (Titres du château de Cordon, communiqués par M. de Valous). — EGL 89. — Leur tombe était dans l'église St-Paul, ils avaient une maison rue de l'Arbalète.

* **Beaudiner**, sgrs de Cornillon au 13e s. ; fondus au commencement du 14e s. dans la famille de Poitiers (*TV*) — *D.... au chef d.... chargé de 3 fleurs de lis d....* (Sceau de 1314).

* **Beaufranchet** (de) orig. d'Auvergne, feudataires des Rochebaron au 14e s., pour des possessions situées dans la mouvance de Montarcher en F. : *De sable au chevron d'or, accompagné de 3 molettes du même* (*HI ; LC ; LD ; BO ; LO*). V. Pelet.

* **Beaujean**, P., cler de v. 1423, 25, 28, 31, 34, 42 ; P. dit Aynard, en 1449 ; celui-ci fonda, à St-Nizier, la chapelle Ste-Anne, aujourd'hui de Ste Catherine. A la voûte du collatéral correspondant à cette chapelle, on voit des armes : *d'azur au lion d'or issant d'un nuage d'argt. mouvant du canton sénestre de la pointe*, nous croyons que ce sont celles de B. ; en effet ce blason entre dans les écartelures des armes des Thomassin et l'on trouve que ceux-ci, en 1608, étaient en possession de la chapelle Ste-Anne par héritage des B. v. Thomassin.

**Beaujeu** (de). Les anciens sgrs de B. passent pour avoir été une branche des premiers comtes du Lyonnais. La première lignée se fondit au milieu du 13e s. dans les ctes de Forez, dont un cadet hérita par sa mère de la seigneurie de B. ; ce second rameau s'éteignit à la fin du 14e s., et le B. échut à Ed. de B. sgr de Perreux qui mourant sans enfants, céda ses droits au duc de Bourbon. Ces deux maisons ont formé plusieurs branches cadettes ; la 1re lignée a donné naissance aux B. sgrs de Montpensier et de Monferrand en Auvergne. Et. au 13e s. la 2e a formé les sgrs de Perreux, cités ci-dessus et les sgrs d'Amplepuis et de Linière. Et. au milieu du 16e s. (*PA ; MO ; GH ; CT ; LB ; LC ; GD ; Art de vérifier les dates ; BR ; Histoire du Beaujolais*, par M. de La Roche la Carelle, Lyon, 1853 ; 2 vol. in-8o, fig. ; *Histoire des ducs de Bourbon et des comtes de Forez*, par J.-M. de La Mure, Lyon, 2 vol. in-4o, fig., en cours de publication). — On a cru que les sires de B. tenaient leurs armoiries d'une alliance avec la maison de Flandres, cela est inexact, puisque Sibylle, d'où venait cette alliance, ne portait pas les armes de Fl. mais celles de Hainaut, (sceaux de sa sœur Yolande, 1212) ; mais comme il était de tradition que la maison de B. était issue d'un cadet des anciens ctes de L., pour rappeler cette origine, cette famille prit avec brisure les armes qu'avaient portés ces ctes, ou qu'on leur attribuait. Les sgrs de Montpensier supprimaient le *lambel* et à la place brisaient d'un *semé de billettes*. Ht de B. Montpensier, connétable, porta *un semé de fleur de lis* au lieu de *billettes* à cause de sa dignité, et conserva *le lambel* qu'il chargeait de 3 *châteaux sur chaque pendant* ; un cadet de cette même famille portait outre le *semé de billettes* une *bordure engrêlée* comme sous-brisure. (Sceaux des 13e et 14e s.) — Il y a eu plusieurs familles du nom de B. qui n'ont aucun rapport avec ceux-ci, entre autres les sgrs de B. sur Saône, qui portaient d'*hermine à une croix d.... brisée d'un lambel d...*

**Beaujeu** (Chapitre de).

**Beaujeu** (de) Aymard, cler de v. en 1426 et 1437, J. en 1491. Aynard, en 1510, Aymard, en 1534. Leur tombe était à St-Paul.

* **Beaune** (de), sgrs de Chambarandes (St-Sulpice) en F. au 14e s.

**Beaupoil**, mquis de St-Aulaire, sgr d'Arcinges en B. au 16e s. Orig. du Périgord (*D'H ; MO ; LC ; LD ; SA ; LA ; FP*). Fs de St-A. fut reçu chevalier de Malte, en 1742, sur les preuves suivantes : Beaupoil, Carbonières ; Jaserand Chazais, Montluc ; Chauvigny de Blot ; Du Saix ; Veni d'Arbouse, Epinac.

**Beaurepaire** (de), éc. à L., 1668.

**Beauvoir** (de), en latin *de Bellovidere* ou *Bellovisu*, sgrs de la Palu, de Villeneuve-de-Marc de Varassieu, etc., en Dombes. Ét. à la fin du 15e s., dans les de Virieux. Il y a eu un commandeur de Malte de cette famille. Il fit bâtir la commanderie de St-Georges à L., que l'administration actuelle vient de faire démolir ; il avait aussi fait édifier l'église où ses armes se voient encore sculptées aux clefs de voûte, alternativement avec celles de l'ordre de St-Jean de Jérusalem. — C'est à cette famille qu'appartenait, selon *LL*. Amédée ou Aymard de B. qui possédait, en 1344, par alliance avec les Jarez, quelques biens provenant de cette maison, et peut-être aussi Bernard de B. qui tenait, en 1314, le château de Pouilly, en B. ; mais il est assez difficile de les distinguer des autres sgrs du même nom de B. et particulièrement des suivants (*LL*).

**Beauvoir.** Le fief de B., à Verrières d'Ecotay en F., donna son nom à une branche de la famille d'Ecotay, fondue, à la fin du 14e s., dans les Rochefort qui prirent aussi le nom de B. jusqu'à leur extinction, au 16e s. — Il existe, dans l'église de Sury-le-Comtal, un blason sculpté qui pourrait être celui de cette famille, ces armes ont assez d'analogie avec celles de Rochefort.

* **Bec-de-Lièvre** (de), mquis de Penhouet, sgrs de la Sarra (St-Genis-Laval) en L.; fin du 18e s., orig. de Bretagne. Représentés à L. (*RB; MO; IH. Les Tablettes de Thémis*. Paris, in-32 1755).— *De sables à 2 croix treflées au pied fiché d'argt. et une coquille de même.* Supports: 2 lions; devise: *hoc tegmine tutus*.

**Beck** (de), ancienne famille chevaleresque du F. et du B. divisée en plusieurs branches: 1° les sgrs de Rilly, à la fin du 14e s. et au 15e s.; 2° les B. de La Garde, sgrs de Laye et possessionnés à Perreux en B., au milieu du 15e s.; 3° les sgrs de St-Vincent-de-Boisset, branche des sgrs de Rilly, sgrs de La Motte-St-Vincent, depuis le 15e s. et de La Bussière, de Crozet, de La Valsonnière par alliance avec les Rancé de Gletteins, en 1631, divisée en 2 branches, les sgrs de Crozet, ét. au 18e s., et les sgrs de La Valsonnière, d'Aveyne en L., de la Coste et de Fontville en B. qui existaient encore à la fin du dernier s. EGL 89. — Des armes identiques, mais dont les couleurs ont disparu sous le badigeon, sont sculptées à une clef de voûte de l'église de St-Laurent-d'Oingt. Sur un cachet de 1776, les armes de B. sont accolées d'un écu *d... à 2 massues en sautoir d... surmontées d'une couronne de laurier d....*

**Beget**, sgrs de Flachat; famille du Velay, possessionnée en F. Ét. au 18e s. RN 1668. (*MN*).

* **Belays** (de) J., cler de v., en 1387 et 89.

**Belichon**, à L., 17e s. — Il faut 3 étoiles rangées en chef.

**Bellaclat**, à St-Étienne, au 17e s. (*AG*).

**Belle** (de), RN 1668.

**Bellesmes** (de), archevêque de L., au 11e s. (*MC*).

**Bellet**, victes de Tavernost, bons de St-Trivier et d'Argental, à L.; cette famille qui existe actuellement à L., remonte à Ant. B., éch. en 1667; elle a fourni un premier président au Parlt de Dombes, en 1695 et un cler au Parlt de Bourgogne, en 1783, des sgrs de Tavernost, Cruix (Thesé et Jarniost) en L., depuis la seconde moitié du 17e s. de la Plaigne (Dracé) de Boistrait (St-Georges-de-Reneins) en B., au 17e s. de Prony (St-Laurent-d'Oingt), en L., et d'Argental en F. au 18e s.— EGL. F.B. 89.— En 1664, ils ajoutèrent une *étoile et un croissant de gueules sur la bande;* il existe dans la nef méridionale de l'église de St-Laurent-d'Oingt, la tombe, à demi effacée, d'un sgr de Prony, † vers 1730; en haut sont gravées les armes de B.

**Belleville**, petite ville en B.

**Bellièvre**, famille lyonnaise qui se transplanta à Paris où elle a brillé dans les charges de la haute magistrature. Orig. de St-Jean-de-Chaussand en L., établie à L. au commencement du 15e s. Hugonin, éch. en 1463, 75 et 78; Bthy en 1493, 97, 98; 1501, 2, 7, 8, 13; Cl. en 1523 et 27. Ét. en 1657. Cette famille a fourni en outre, un chancelier de France et deux archevêques de L. (*Œuvres d'Abel de Ste Marthe;* Paris, 1632, in-4°; *Eloge de la maison de Bellièvre*, par G. A. de la Roque; Paris, 1633, in-f°; *DC; BP; PA; MO; LC; LD; MC*).—Leur tombe à L. était dans l'église de St-Pierre-le-Vieux; une maison de la rue des Farges leur a appartenu; elle est encore reconnaissable à leurs armes sculptées en deux endroits et supportées par des anges. Ces deux blasons ont été dessinés, l'un dans le *Précis historique sur J. Cléberger;* Lyon, 1842, in-4, fig., où il a été pris à tort pour les armes de Cléberger; l'autre a été reproduit dans l'*Inventaire des titres recueillis par Guichenon;* Lyon, 1851, in-8°, fig.

**Belloy** de Maison-Neuve, branche d'une famille noble de l'Ile-de-France, orig. de Picardie, qui a fourni un sgr de la Maison-forte et de la Sarra (St-Genis-Laval) en L., dans la première moitié du 18e s. † sans enfants mâles. (*Généalogie de la maison de Belloy*, par le mquis de Belloy; Paris, 1747, in-4°, *TC; RC*). — Supports deux sauvages.

**Bely** (de) Cl., éch. en 1683, J.-B. en 1693.—Avant d'arriver à l'échevinage, ils portaient: *d'azur à un rocher de trois pointes d'argt surmonté d'une couronne d'or.*

* **Benaulx** ou **Beno** (de), ancienne famille dont il est fait mention en F. aux 13e et 14e s.; elle pouvait être la même que celle qui a fourni plusieurs clers de v. Mtin en 1396, 389, 1400, 3, 4, 6, 8, 9, 11, 12, 14 et 15; Jq, 1431, 53 et 54.

**Benayton**, à L.

— **Bénéon**, sgr de Chatelus (St-Denis-sur-Coise) en L., au 17e s. bon de Riverie; J. sgr de Ch. et de St-Denis-sur-Coise, éch. en 1676; Fs bon de R., sgr de Ch., éch. en 1681. Ét. peu après dans les Grimot qui en prirent le nom. — Fs brisait d'une *bordure engrelée d'or.*

— **Benéon**, recev. de la ville, 1673: *d'argt. au phénix d'az. sur son immortalité de gueules, au chef d'az. chargé d'un soleil d'or.* Ces armes appartiennent aux B. de Chatelus et de Riverie qui les portaient avant d'arriver à l'échevinage.

**Benoît** de la Chassagne, sgrs de la Ch. depuis la fin du 16e s., et de Chantemerle (St-Didier-au-Mont-d'Or) au 18e s. Cl. éch. en 1551 et 57; Fs en 1577, 87 et 97.— Ils avaient droit de sépulture aux Célestins, dans la chapelle St-Joseph.

**Benoit** J. Ls, éch. en 1782. — EGL 89.

* **Bérard** de Charpinelle, ancienne famille du L. et du F., connue dès le commencement du 11e s., sgrs en partie de Cyvene, près Feurs et de Dargoire, aux 13e et 14e. Fondus vers 1320 dans les Talaru; ils ont donné un chanoine et un doyen du Chapitre de St-Jean en 1193 et 1205. —*d'argt. à 3 fleurs de lis d'azur* (?). V. Charpinelle.

**Bérardier** de Grézieu et de la Chazotte, sgrs de Grézieu (St-Jean-de-Bonnefond) depuis 1674 et de la Ch.— Un sec. du R. en 1662. EGF 89. Une branche de cette famille s'éteignit au milieu du 17e s. dans les Murat de l'Estang (*MN*).

**Bérardière** (la) La Vaure R. N. 1668.

* **Béraud**, greffier au siége présidial de L. en 1664; *d'argt au chevron de gueules accompagné de deux trèfles de sinople et d'un mont de 6 pointes de sable.*

* **Béraud**, recev. des rentes de l'Hôtel de-Ville, 1658; *d'azur à l'aigle d'or.*

**Béraud**, sgr de Fétans et de Forquevaux à L., 1664.

**Béraud** de Resseins, sgr de R (Nandas) en B. depuis 1625, de la Gillière (St-Chamond) au 17e s., de Marcilly, Noailly le petit, Villers (Balmont), de Boyé, etc., en L., au 18e s. — Cette maison a donné plusieurs trés. de F. au 17e s. — EGLB 89.

* **Béraudière** (de la) à L. au 17e s.; *écartelé: au 1er et 4e d'azur, une croix alesée et danchée par les bouts d'argt., au 2e et 3e d'or à l'aigle à 2 têtes couronnée de gueules* (*AG*).

**Berchoux**, orig. de St-Symphorien-de-Chamousset. J. éch. de Roanne, en 1726. A cette famille appartenait l'auteur du poëme de *La Gastronomie;* les armes qui sont douteuses se sont trouvées sur l'empreinte d'un cachet en losange qui fermait une lettre de cet écrivain.

**Bererd.**

**Bererd.** Ces deux blasons appartiennent à une même famille du B., qui a donné un gouverneur du château de Thizy, au 15e s.; un chevalier de Malte, et Rémond B., éch. en 1655. — Ce dernier portait le second écusson; mais, sauf les émaux, il doit se blasonner plus correctement *de gueules à deux fasces d'argt. au chef du même, chargé d'un lion issant d'az. (GM).* — On trouve encore Jacob B., c[ler] d. v., 1415, 18, 20.

* **Berger** du Sablon en L. et en B.; un sec. du R. en 1761 : EGL 89; *d'azur à un chevron accompagné en chef d'un soleil et en pointe d'un léopard, le tout d'or.*

**Berger**, receveur des consignations et sg[r] de Rochecardon, à la fin du 18e s.

**Bergiron** du Fortmichon, sg[r] de Fontenailles, au 18e s.

**Berjon** Ant., c[ler] de v., 1492, 95, 96, 97, 98, 1501 et 1502.

**Berland**, procureur, 1692 (*AG*).

**Berlhe.**

* **Bermes** (de) Guill., c[ler] de v. en 1396-98, 1400 et 1424.

**Bernard** Ponson, éch. en 1592.

**Bernard** de la Vernette et de St-Maurice, sg[rs] de Gorze (Germolles) en B. à la fin du 18e s.; après les Berthet de G.; branche cadette des B. de Marbé, famille du Mâconnais, ét. à la fin du 16e s.; EGB 89. Représentée en Mâconnais (*FM*).

**Bernard**, c[ler] au présidial, en 1686.

* **Bernard**, capitaine-pennon du quartier de la rue Haute-Grenette et Dubois, en 1658, — *d'az. à un mont de 3 points d'argt. soutenant une roue ouverte d'or.*

P. Bernard, lieutenant particulier, à L.; fut anobli en 1651.— Dans la chapelle basse de l'église de Saint-Jean, on lit l'épitaphe suivante, qui doit se rapporter à un membre de l'une des familles citées ci-dessus; dans la transcription on n'a pas tenu compte de la forme des caractères ni des abbréviations :

*Ut possis stare propriam mortem meditare : cerne quod ignoras, loca, tempus mortis et horas et quod damnaris si cum culpâ moriaris ; ducem judicii magni perpende futuri. Hic jacet D. Joannes Bernardus capellanus perpetuus ecclesiæ Lugdunensis. Orate pro eo. Obiit 3 februarii, anno 1647 ætatis suæ 98.*

**Bernard**, de Montbize en Languedoc.

* **Bernardi**, Lucquois qui s'étaient fixés à L.; *d'az. à 2 haches adossées, passées en sautoir et liées d'une chaîne d'argt.*

**Berne.**

**Bernico** P., éch., 1606, autre P. en 1631; un trés. de F., 1664.

* **Bernier**, en L., c[ler] au Parl[t] de Dombes: *d'az. à 3 pals d'argt. à un écusson de gueules chargé d'un lion d'argt. sur le tout.*

**Bernigaud** de Sercy, lieutenant assesseur au bailliage de B. en 1784.— Le nom et les armes se rapprochent assez de celles de Bernico.

* **Bernoud**, bourgeois de St-Étienne, au 17e s.; *d'az. au chevron d'or accompagné de 2 étoiles du même et d'une ancre d'argt. (AG).*

**Bernoud** de la Bernarie et des Farges, b[on] de Rochetaillée et de Nantas en F., par héritage des Badol en 1748, un s. du R. du grand collége en 1668, EGF 89. (*MN*).

* **Bernoud**, en L.; sg[rs] de St-Didier, Formand, Marcieu, au 17e s.; un c[ler] au Parl[t] de Dombes, en 1630: *d'az. à 3 fasces ondées d'argt, au chef cousu de gueules chargé de 3 larmes d'az.*

**Berny** (de) L., éch., en 1593.

* **Beron** Audinet, c[ler] de v. en 1358.

**Bérouse**, alliance de Regnault.

**Bertaut**, sg[r] de Vaux et de Cintré, au 16e s.

**Bertet** Bthy., c[ler] de v. en 1504.

* **Berth**, sg[r] de St-Germain-Laval, aux 17e et 18e s.

**Berthaut** de Taluyers, sg[r] de la Vaure, de Prapin, du Coin (Taluyers, Orliénas, Chassang) de Rongefert (St-Nizier et Pouilly sous Charlieu) en L., au 18e s. — Un s. du R., en 1730; un c[ler] en la cour des monnaies, en 1740. EGL 89 (*MN*).— En 1721, on trouve leurs armes accolées d'un écusson *d'az. à une tour d'où naît une tête de chèvre d...*

* **Berthaut** de la Chapelle, sg[r] de la Ch. et la Faye et de Tortorel en F., au 17e s. — *écartelé: au 1er et 4e échiqueté d'argt. et d'az. à la bande d'or brochant; au 2e et 3e de gueules à l'aigle d'or.*

**Berthelas** d'Arfeuillette, sg[r] d'A. (St-Haon-le-Vieux) et de Chancé (Renaison) en B., aux 17e et 18e s. — EGF 89 RN 1668. — Il faut blasonner leurs armes *d'az. à un lion léopardé d'argt.*

**Berthelon** de Brosse, à L.; président de l'élect. en 1678; un s. au Parl[t] de Dombes, en 1742.

~~**Berthelot**~~ ou **Barthelot** de Rambuteau, d'une famille orig. de Mâcon, qui a eu un s. du R., au milieu du 17e s.; un membre de cette maison acquit, en 1774, des Damas d'Andour, le fief de Bonvert (Mably) en F.: — *d'az. au chevron d'or accompagné de 3 trèfles du même (FM).*

**Berthet** ou mieux **Bertet** de Gorze, mquis de G. orig. de la Bourgogne, sg[r] de la Martelière et Combes, de Gorze, de la Salle (Lentigny), Fleuri, Nagu (Trades, Tramoye, Cenves, St-Antoine d'Auroux et Germolles) en B., aux 17e et 18e s. (*DH; FM*).

* **Bertholet**, à L., 18e s.; un s. du R. en 1766.

**Bertholon** M.-Ant., éch., 1789 — EGL 89.

**Bertholon**, à L.

**Bertholon** Et., c[ler] de v., 1531.

* **Bertholon**, enseigne de la compagnie du quartier du Gourguillon, en 1664; *d'argt. au chevron de gueules, accompagné de 2 chevrons de sable et en pointe d'une rose de gueules tigée et terrassée de sinople.*

**Berthon** ou **Berton**, à L., au 17e s., un c[ler] au présidial, sg[r] de Beaufort et de Plasse, en 1664.

**Bertin** de Villars, sg[r] de V. en B., orig. de Villefranche. Aimé, éch. en 1754, F. en 1771.— EGB 89.(*PL*).

* **Bertin**, c[te] de Bourdeilles, intendant à L. en 1754, orig, du Périgord : *écartelé au 1er d'az. à une épée en pal d'argt. garnie d'or, au 2e et 3e d'argt. à 3 roses de gueules tigées de sinople mouvantes d'une terrasse de sinople, au chef d'az. chargé de 3 étoiles d'or; au 4e d'az. au lion d'or (LG).*

**Berton** de la Gardière, sg[r] de Flacé, du Villars, de Nécudois, au 17e s.; de l'île de G. en face de Seyssel au 18[e] s. — Ét. éch. en 1667. — Supports: 2 lions; cimier: un lion issant dans un vol d'hermine. On ignore à quelles familles appartiennent les diverses armoiries qui composent ce blason; il a été figuré dans l'*Eloge historique* d'après une grande gravure signée : N. Auroux.

* **Bertrand** (de) Léon[d] sg[r] d'Essalois (Chambles), en F., fit construire, en 1580, le château d'Ess.

**Bertrand**, sg[rs] de Champronet et de Montgay (Fontaine en Franc-L.), 18[e] s.— Ils avaient adopté les armes d'une famille chevaleresque du même nom en Normandie alors éteinte; le lion doit être couronné comme il est sur un cachet de 1721.

**Bertrand**, enseigne en 1658, puis lieutenant, en 1664 de la compagnie du quartier de la rue Haute-Grenette.

**Bertrand** du Mey, trés. de F. en 1629, orig. du Dauphiné (*CH*).

* **Bertrand** Ant., chanoine de St-Paul, official de L., curé de Nantua, † en 1489 — *de gueules à 6 grelots d'or.* — Ces armes sont peintes sur un missel de L., manuscrit donné par ce personnage, comme le témoigne la note suivante inscrite dans le calendrier, à la date du 30 septembre : « *Hac die fiat anniversarium R. p. d. dni Anthoni*

« *Bertrandi qui dedit hunc librum sue cappelle Ste-Crucis;* « *qui erat decretorum doctor, canonicus Sti-Pauli, offi-* « *cialis Lugd. et curatus Nantuaci et dedit pro suo anni-* « *versario decem octo grossos solvendos per rectores dicte* « *sue cappelle Ste-Crucis de quibus XVIII grossis percipiu-* « *tur tres grossi tam pro luminari quam pro suâ missâ die* « *d.... v.... dicta sua cappela et dicatur missa de Sto-* « *Jheronimo et dicti rectores qualisquisque duos grossos* « *et undecim grossi dividantur inter presbiteros ville* « *Nantuaci predicte et adiuvantes. Et obiit die octava* « *marcii ano dni m° cccc° octuagesimo octavo; et fuerunt* « *primi rectores dicte cappele dns Glaudius Goyffonis* « *et dns Anthonius Montilleti nepos dicti dni Anthonii* « *Bertrandi.* »

Il y a quelques années on découvrit dans la rue Six-Grillets un écusson qui, d'après la description qu'on en a donnée pourrait bien se rapporter aux armes de B. ou à celle d'Yvernogeau.

**Bertucat**, maître des eaux et forêts en B., en.....

* **Béruchet** Jacq., c[ler] de v. en 1381 et 83.

**Bérulle**, intendant à L. en 1687, orig. de Champagne (*CL; LC; CP; BA; IH*).

* **Besse** de la Richardie, d'une ancienne famille d'Auvergne, sg[r] de St-Pal en Chalençon en F. après les Reynaud de Mons, au 18e s.— EGF 89. — *Écartelé: au 1er et 4e d'az. au lion d'or armé lampassé et couronné de gueules, au 2e et 3e de gueules à la bande d'argt. chargé de 3 étoiles de sable* (*LC; LD; BO; etc.*)

**Bessée** (de la), orig. de Villefranche, d'une famille bourgeoise, au 15e s., qui a donné plusieurs éch. à cette ville, de 1398 à 1506. La seigneurie de Reneins ayant été confisquée en 14... sur Edouard, sire de B., fut donnée au sg[r] de la B. en compensation du rapt de sa fille commis par le sire de B. éc. sg[r] de Brameloup (Arnas) en B. au 16e s.; une branche de cette famille s'établit à L., et une autre à St-Étienne. Un sire de la B. périt victime de la St-Barthélemy, on ne trouve plus dès lors de traces de cette maison (*TV*). — Leurs armes sont sculptées sur une maison de la fin du 15e s., à Villefranche.

**Besset** de la Valette, orig. de St-Étienne, sg[r] de la V. par acquisition en 1622. Ét. à la fin du 17e s.; les Pianelli en héritèrent (*TV*). — Il y avait une tombe des B. de la V. aux Jacobins.

* **Bessey** ou du **Becey**, ancienne famille forézienne dont il est fait mention au 14e s. On trouve d'autre part à L., Guill. B. éch. en 1445-47 et 48.

**Bessey** (du) de Contenson, sg[rs] de C. de Praix de Villechèze (St-Julien-la-Vêtre) en F., de Malleval (Denicé) en B. au 18e s. — Un c[ler] au Parl[t] de Dombes. EGL 89. — Représentés à Cercié en Bourgogne.

**Bessié** de la Fontaine en L. orig. du B. fondus dans les Bottu, au milieu du 17e s.; sg[rs] de Montauzan (Lacenas) en B. aux 16e et 17e s.

* **Bétencourt** (de), *d'az. à un B et un K enlacé d'or*, ces armes sont données par *G.* à Cath. de B. femme de Math. Mathurin.— Il existe des familles nobles de ce nom.

* **Bethenot**, à St-Chamond en L., au 18e s.; un s. du R. au Parl[t] de Grenoble, en 1760.

* **Bezeins**, à L. au 17e s.: *d.... à un chevron d... accompagné de* (3) *étoiles d....* Sur une tombe portant la date de 1626 et à demi effacée, qui sert de pavé, avec plusieurs autres, dans la cour de la sacristie de l'église St-Paul à L. On ne distingue parfaitement qu'une seule des étoiles.

**Bezin**, B. éch. en 1619.

**Bezines**, J., c[ler] de v. en 1556.

**Bielet**, trés de F. en 1766. — La fig. principale de ce blason qui rappelle le jeu de la marelle paraît faire allusion au nom de B.

**Bifardi**, famille chevaleresque, à Vaux en Dauphiné, près de L.; Ses armes se voyaient autrefois sur leur maison (*LL*).

**Billy** (de), orig. du Mâconnais, établis en B. au 16e s. sg[rs] de Chantemerle.

* **Binet**, bourgeois de Paris, sgr de Chamousset en L., 1660.

**Biragues** (de), gouverneur du L., orig. du Piémont (*SI; IG; HT; PA; LC; AM; etc.*) — On blasonne ces armoiries de différentes manières, ainsi quelquefois le champ est de gueules, les fasces d'argt. et les trèfles sur le champ; il n'y a qu'une chose à observer, c'est que les fasces sont contrebretessées et qu'il y a un trèfle dans chacun des espaces ou des créneaux formés par les bretèches.

**Birouste** D., éch. en 1733.

**Bissuel** de St-Victor, sg[rs] de Ronno, de St-Victor et de Thizy en B. depuis 1710; ils possédaient aussi une rente à St-Victor (Ternand) en L., au 17e s. Cette famille a pris le nom de St-V. de cette dernière localité qui est son berceau; un c[ler] au Parl[t] de Dombes EGL. B. 89. — Représentés à L. par MM. de St-V. Au lieu de *pomme de pin* ce doit être un *mont de 3 pointes*; on blasonne aussi ces armes *d'argt. à 2 chevrons de sable, accompagnés en pointe d'un croissant du même, au chef d'az. chargé de 3 étoiles d'or.*

**Blachon** en F., au 17e s. (*AG*).

* **Blanc** « *Albi* », famille chevaleresque qui possédait aux 13e et 14e s. le mas de Seyssel, dans le mandement de St-Bonnet et les maisons de St-Marcelin et de la Laude en F. Cette famille a donné un chancelier de F. en 1327. Ét, dans les d'Angerieu. Une branche a donné les sg[rs] de Fay près St-Chamond, au 13e s.; il ne faut pas la confondre avec celle du même nom qui existait à L. v. Alby.

* **Blanc** Math.: *d'argt. à la bande de gueules accostée de 6 fleurs de lis mises en bande du même* (*G*) — en 1705 Mlle-Th[se] le B. femme de F. Bargues fit hommage pour le fief de Crusol (Lentilly) en L.

**Blanchard**, famille orig. de Condrieu, à laquelle appartenait J. B. peintre célèbre né en 1600. — En 1260 Ponce B. possédait les brotteaux du Rhône....

* **Blanchery**. Floris B., aumônier de P. d'Épinac, archevêque de L. et chanoine de l'Ile-Barbe; il fit faire quelques réparations aux édifices ruinés de l'abbaye où ses armes sont placées; la date de 1591 qui les accompagne, la devise et la nature même du blason qui est parlant ne laissent pas douter qu'elles ne lui appartiennent. Il mourut en 1636, âgé 80 ans, comme l'apprend son épitaphe à demi effacée et terminée par une sentence qui joue aussi avec le prénom de ce personnage: *Vir laberis ut flos; d... à 3 fleurs de lis florencées d... au chef d... chargé d'une fleur de lis accostée de 2 roses d....*; devise: *candore et odore.*

**Blanchet**, sg[r] de Pravieux et la Combe (Chaponost) en L. au 18e s. — J. Cl. éch., 1731; EGL 89.

**Blanchet** de la Chambre, sg[r] de la Ch. (St-Haon) en R. au 17e s. — RN 1668. — Ils portaient, en 1668, leurs armes: *parti d'or à 3 fasces de gueules.* On leur attribue aussi un blason différent: *de gueules à une croix à 8 pointes d'or, cantonnée de 4 étoiles du même.*

**Blanchet**, armes inexactes.

* **Blandin**, sg[r] du Roquet, Ambérieu, Anse, Lucenay, première moitié du 18e s. — *de gueules au daim d'argt. sur une terrasse de sable, au chef cousu d'az. chargé de 3 étoiles d'or*; sur une empreinte de cachet de 1721, le champ est d'azur et le chef d'argent ce qui paraît préférable.

* **Blassieu** (de), J. c[ler] de v. en 1427.

**Blauf**, orig. d'Issoire en Auvergne, sg[r] de la Maison forte (Vourles) et la Côte (Brignais) dans la 2e moitié du

17e s., la Maison forte passa à Jne-Mie Pollo, veuve Ducret, en 1734, v. P. — Ant. éch. en 1634, Hug. en 1651, Ant. en 1668 et 90; Ant. cler en la cour des monnaies qui paraît avoir été le dernier de sa famille (*BO*).

**Blé** (du), d'Uxelles; v. **Dublé.**

**Bletterans** (de), orig. de Bourgogne, anoblis en 1388, établis en L. aux 15e et 16e s.— Imbert ou Humbert, cler de v. en 1433 et 35. Cette maison a donné aussi un premier président au parlt de Toulouse (*GB; LC; etc...*) *GD* blasonne: *écartelé de gueules à l'arbre d'or et de gueules, à 3 étoiles d'or.*

**Bletternas.** Ce nom et ces armes se trouvent dans la généalogie de la maison de Mont-d'Or, mais peut-être tout cela ne vient-il que d'une mauvaise lecture qui a fait mettre ce nom au lieu de Bletterans. Les armes paraissent forgées à plaisir.

* **Blondel**, sgr de Roquencourt † en 1588, fit bâtir dans la rue St-Jean une maison qu'il légua à l'Hôtel Dieu.— A. inc.

* **Blondel**, en B. cler du R. en l'élect. de B. 1696. Représentés à Juliénas et en Poitou, à Belle-Isle-en-Mer — *d'az. au chevron d'or accompagné de 3 tourterelles ou blondeaux de même* (*LO*).

**Blosset** ou **Blozet**, sgr de Marnais (Vaux) et de Martorey (Mardore) en B. au 16e s. On leur a donné les armes des Bl. de Normandie et de Nivernois qui portent: *écartelé au 1er et 4e de gueules à 2 pals d'or au chef du même chargé de 3 roses de gueules*, aux 2e et 3e comme ci-dessus.

**Blot**, enseigne de la compagnie du quartier St-Pierre, en 1664.

**Bloud**, Marc-Ant. éch. en 1777.

**Blumeinstein** (Kaïr de), sgrs de la Goutte en F., par acquisition en 1753 des Mallet de Vandègre. Orig. d'Allemagne, anoblis en 1678, par l'empereur Léopold qui, par des lettres de noblesse, fixa les armes et changea le nom de K en celui de B; cet anoblissement fut confirmé en France, en 1767; les K. de B. s'étaient fixés en L. et en F. pour y diriger des exploitations minières métalliques; ils ont passé aussi en Auvergne — EGF 89 (*PL; BO*). Le blason est parlant avec le nom de B.: Fleur du rocher.

* **Bochard**, de Meximieux, famille chevaleresque possessionnée en B. et à Tourzie en R. aux 13e et 14e s., v. Maréchal et Meximieux.

**Bochard** de Sarron de Champigné, intendant à L. en 1645 et 1658, orig. de Champagne, anoblis en 1446 (*HM; BP; DA*)

* **Boches**, ancienne famille noble, à Riverie en L., 15e s.

**Bochetail** en F., au 17e s., représentée actuellement à St-Bonnet. — Les armes figurées dans la planche d'après *AG* sont fausses, les autres nous sont inconnues.

— **Bocsozel**, orig. du Dauphiné, sgrs de Charly en L., par alliance avec les Miribel et des Charpennes (*CH; LL; LC*) — Cette maison compte un chanoine de L. en 1310 et un chevalier de Malte, reçu en 1685, présenta les quartiers suivants: B., Bressiers; Borel d'Hauterive, de Clauzon; Francon, Morard; du Faure, Dalphas.— Devise: *Quoiqu'il en advienne.* Les armes ont été placées à tort à la planche 10, sous le nom altéré de Boscozel.

**Boen**, ville du F., ces armes inexactes sont données par l'*AG*.

**Bœuf** de Curis, sgrs de C. au 18e s.— Honoré, éch. en 1773 EGL 89. — Représentés à L.

* **Bœuf**, famille chevaleresque à Croset en R. 14e s.

**Bois** La Claire (du), sgrs de la Cl. près de L. au 17e s. J. éch. en 1614.

* **Bois** (du). V. D.

**Bois Boissel**, vicaire-général du diocèse de L. au 18e s.; orig. de Bretagne (*MC*)

**Boissat** (de) puis par corruption **Boissac**, sgrs de Lissieu, Losanne, etc., en L. au 17e s.; orig. du Dauphiné, anoblis par Henri IV (*CH*). — Ils ont donné leur nom à une rue de L. où ils possédaient un hôtel.

**Boisse** ou **Boesse**, sgrs de la Tenaudière (La Rajasse) en L. au 18e s. — P. éch., 1668, EGL 89.

**Boisset** de Montrond en F., château qui passa, avec Poncins, aux St-Germain d'Apchon, par alliance avec les Lavieu d'Iseron. — Les armes, qui sont celles des B. de Hault, en Picardie, ne peuvent se rapporter à cette seigneurie.

**Boissieu** (de), un trés. de F. en 1771 — EGL 89 — de B. le célèbre graveur à l'eau forte était de cette famille qui est représentée à L.

* **Boissière**, orig. de Durfort en Cévennes, établis à Paris, à Marseille et à L. au 18e s. Et. alliance de Villas et Brölemann — *d'az. à 3 boisseaux d'argt.*

* **Boissonelle** (de). Le fief de B. à St-Just en Chevallet avait donné son nom à une famille forézienne à laquelle appartenait Hug. de B., doyen de Montbrison et tuteur de J. Ier cte de F. *LM* a cru que cette famille s'était ét. dans les d'Augerolles qui, selon lui, ont porté le nom de B., mais il s'est trompé, le surnom des d'A. était Boissonier et les de B. paraissent s'être fondus, vers 1317. dans les Dubos de Paladuc qui devinrent co-sgrs de B. (*LM*). M. *BO* cite une famille du même nom qui se serait appelée ainsi d'un fief situé près de Billon, en Auvergne, elle portait: *d'argt. au lion d'or* (?) nous ignorons s'il y avait quelque rapport entre ces deux maisons (*BO*).

**Boisvair**, famille orig. de Pouilly, qui s'était enrichie et élevée au milieu du 14e s, par la magistrature, devenue noble peu après; sgrs de Pelucieu (Pouilly-les-Feurs), de Boisvert aux 14e 15e et 16e s., possessionnés également à St-Just en Chevallet, Savignieu-lès-Montbrison, St-Bonnet-le-Château, la Tourette, Magnieu-Hauterive, St-Germain-Laval, Marclop, St-Laurent-la-Conche, etc. (*MN*).

**Boisy**, famille bourgeoise de St-Haon-le-Châtel qui a donné un évêque d'Amiens, à la fin du 14e s. Il fit construire, ainsi que son frère, le château de B.; ils possédaient aussi le château de Pierrefite qui leur venait des La Grange. Ils s'éteignirent au commencement du 15e s. (*LM; BP; LC*).— Les armes sont mal placées au recto de la planche.

**Boitier**, sgr de Villeneuve, au commencement du 17e s. — Cl. cler de v. en 1551; Chr. en 1570.

* **Boleyron** ou **Bolleron** de Tholigny, famille chevaleresque possessionnée à St-Galmier, au 14e s.

**Bollioud** Mermet, de Chanzieu, de Fétan, etc., sgrs de Ch. de F. de Lorette, de Millanay, au 18e s.— Alex. éch. 1610, P. 1657, Guill. B. Mermet en 1678, Cl. B. de Fétan, en 1725 RN 1668 — branche de la famille suivante. — Le P. Bussière blasonne leurs armes: *d'az. à la bande d'argt. remplie de sinople, accostée d'un lion et de 3 roses d'argent.*

**Bollioud** de St-Julien, sgrs de St-J. Molin Molette, Bourg-Argental et Monchal, par acquisition d'Harenc, en 1539, famille orig. de Bour-Argental, au 15e s. divisée en plusieurs branches. 1º Les ainés, ét. au milieu du 17e s. 2º les B. de Grandmaison, subdivisés en B. de Granges, sgrs de St-Julien et de Bourg-Argental, B. de la Roche fixés à L. et B. de Tartaras sgrs de Brogieu; 3º les B. de Fétans et de Chanzieu qui ont formé les B. Mermet; l'article précédent leur est consacré; 4º les B. de Mary; 5º les B. du Regard, le dernier fut anobli; 6º B. de Lamponil et Montchal. Toutes ces familles sont éteintes; les sgrs de St-Julien et ceux de Montchal qui ont subsisté plus longtemps, ont fini au milieu du 18e s. (*DH; TV*).

* **Bollyat**, famille chevaleresque qui possédait, au 13e s. un fief à Fontaines, appelé la Motte du Mont-d'Or.

**Bolozon** Vespasien, éch. en 1635, le P. Bussières

lui donne pour armes : *de sable à la fasce de gueules chargée d'un soleil et accompagnée de 3 étoiles rangées en chef d'argt. et d'un croissant du même en pointe.*

**Bombes** de Villers, à L. 17e s.

**Bombourg** (de) ou Debombourg, à L. 17e s., à cette famille, qui existe actuellement, appartenait l'auteur d'un petit opuscule sur L.; ce personnage est cité par Spon dans sa liste des *Curieux de Lyon*. Il a publié également : *Table perpétuelle pour l'augmentation et diminution des jours et des nuits... servant pour gouverner les horloges et montres de poche, vingt-cinq lieues aux environs de Lyon.... composé par le sieur Jean de Bombourg, maistre horloger et ingénieur aux instruments de mathématiques à Lyon et se vend en feuille chez l'auteur, en rue de Flandre, à la sphère d'or.* (Lyon, sans date, Marcellin Gautherin; 8 pages in-8o).

***Bonafous**, à L., M. le commandant Despine, dans l'*Eloge historique du chevalier Math. Bonafous* (*Annali della reale Academia d'agricoltura di Torino*, 1853), rattache cette famille à une maison chevaleresque du Languedoc et lui en donne les armes.

***Bonald** (Mgr de), actuellement archevêque de L., orig. du Rouergue : *écartelé au 1er et 4e d'az. à l'aigle d'or; au 2e et 3e d'or au griffon de gueules* (*CP; BA*).

**Bonardel**, bourgeois de L., 16e s. (*AG*).

**Bonat** du Pérex. J. B., éch. 1751; EGL 89.

***Bonau**, sgrs du Sardon (Rive-de-Gier) en L. 1719. — Sur un cachet apposé à un aveu de fief on distingue seulement un orle de losanges et un chef chargé d'une croix pleine.

***Bondy** (Taillepied de), v. T.

***Bonfranchet** (de), peut-être Beaufranchet, sgrs de Marcieu (St-Rambert) et possessionnés dans les mandements de Miribel, St-Bonnet, St-Victor; etc., première moitié du 14e s.

**Boniel** Janton, éch., 1642. Il appartenait sans doute à une famille de même nom et armes en Dauphiné (*CH*).

**Bonin** (de) de Favières, Hy., cler de v. 1380. André en 1382. 86 et 90. — Ant. 1543, 48, 53, 59, sgr de Servières, 1564, 65, 66. — Leurs armes se voient sur la façade d'une élégante maison de la rue Juiverie.

***Bonnay** (de), sénéchal de L. en 1416, *d'az. au chef d'argt. au lion de sable brochant.*

***Bonne** de Lesdiguières, sgrs de Lafarge (Propières) en B. au 17e s.; orig., du Dauphiné (*CH; GA; LC; CP*), *de gueules au lion d'or, au chef cousu d'az. chargé de 3 roses de gueules*; supports : deux sauvages; cimier : un anneau soutenu par deux têtes et cols de cygne affrontez; devise : *nihil nisi a numine.*

***Bonnefond** (de), cette famille chevaleresque pourrait être orig. de St-Jean-de-Bonnefond en F., ils héritèrent au commencement du 14e s. de la maison de Mably, qui leur venait d'Alix de la Marche, veuve d'H. de Lespinasse, ils possédaient aussi la maison forte d'Aix (St-Marcel) dans le mandement de St-Just, le fief de Bonvoir, acquis de la famille de ce nom, et des rentes à Tourzie et à St-Bonnet-des-quarts dans le mandement de Crozet en R.; d'autres B. qui doivent être de la même maison, avaient, au 15e s., des biens à St-just-d'Avray, St-Cyr-de-Favières, Aiguilly, Vougy, Villeneuve et St-Vincent-de-Boisset en B. Et. en Ste-Colombe au 16e s. — A. inc.

***Bonnefond** de Varinay, sgrs de V. (Pouilly-sous-Charlieu en R.) 17e s.; — *d'az. à 3 fasces bretessées et contrebretessées d'argt. accompagnées en pointe d'un filet du même.*

— **Bonnel** (de) J., éch. 1702; ses armes sont figurées à la pl. 22, sous le nom de Debonnels.

**Bonnerue**, bourgeois de Villefranche, 17e s (*AG*).

**Bonnet** Poncet, éch., 1569; H. en 1602, à la même famille appartenaient vraisemblablement Hugonin, cler de v. en 1432, J. en 1435, P. en 1461,62,63,65 et 66.

**Bonnet**, lieutenant de la compagnie de la côte de St-Sébastien, en 1658 et 64, les *Forces de L.* blasonnent ses armes : *d'az. à 3 bourdons d'argt. au chef cousu de gueules, chargé de 3 étoiles d'or.*

**Bonnevie** de Montaignac (St-Hylaire), sgrs de M. en F. aux 13e 14e 15e 16e et 17e s., ét. à la fin du 17e s. — RN 1668. — Une famille du même nom et portant des armes analogues existe actuellement en Auvergne, on la rattache à celle du F. sa séparation d'avec la souche principale doit être antérieure au 15e s. (*LMm; LA; BR*). — Les B. du F. connus à la fin exclusivement sous le nom de M. portaient, au 17e s., un chef de France, au lieu des 4 fleurs de lis de gueules que leur donne Guill. Revel; cimier : un buste de femme vêtue de rouge. Cri : Montaiguat.

**Bonnot** de Mably, sgrs du Solleillant en F., acquis de Martinières en 1720. — Un s. du R. et un Prévo des maréchaux de France à L., dans la première moitié du 18e s. — Cette famille est représentée par M. B. de M. officier de chasseurs à cheval.

***Bonvaldi**, Guill. cler de v. en 1269.

***Bonvert**, famille chevaleresque, dont le surnom était Rochein, sgrs de B. (Mably) en F. jusqu'en 1399 qu'ils cédèrent ce fief aux Bonnefond.

***Bonvin**, famille chevaleresque possessionnée à Trellin en F. et qui hérita plus tard, à la fin du 14e s., du fief de Marcoux (mandement de Marcilly-le-Château) qui leur venait des de Sury.

**Bonvisi**, Luquois qui ont été établis à L., aux 15e 16e et 17e s. . . . . . . . . . . . .

**Bonvoisin** F., éch. en 1575. — Les gravures de Chaussonnet sont si mal exécutées qu'il est difficile de déterminer les figures qui chargent le chef, ce sont ou des fers à cheval ou des cornières.

**Bonzi**, famille Florentine qui a résidé longtemps à L. (*MO; LC*; etc.)

***Borde** du Châtelet, EGL 89. — *Parti mi-coupé : au 1er d'argt. à 3 fallots de sable allumés de gueules, au 2e d'or au cheval issant de gueules; 3e de sinople à une étoile à 6 rais d'or.* — En 1780 Ph. J. B. du Ch. fut reçu chevalier de Malte et présenta les quartiers suivants : B. Miette, de Villette, Bolcaz, Doyonaz, Bouvard, Grenand du Voyage, Lumagne; Mont-d'Or, Perret, Salemard, Gramont, Garnier, Basemont, Gimel, Madière.

**Bordes**, trés. de F. en 1697 (*PL*).

**Bordes** (des), éc. sgrs de Treschin (Joux-sur-Tarare) 16e s.

***Borel** de Varissan, sgrs de V. et St-Martin-de-Cornas en L. à la fin du 18e s.

**Borghèse**, trés. de F. en 1667.

**Borgia**, gouverneur de L., d'une famille d'Espagne qui est célèbre (*MO; LC*).

**Borne** de Gagères. Léond éch. en 1713; J. en 1715. — Ils possédaient le fief de Buisson, à St-Martin-de-Fontaines, dans la première moitié du 18e s.; ils passèrent ensuite en F. — EGF 89.

**Bose** (du). Ces armes sont celles d'une famille de Normandie qui a donné un chancelier de France et un gouverneur du Dauphiné (*DC*), mais qui n'a rien de commun avec notre province. V. Dubois et Dubos.

— **Boscary** de Villeplaine, orig. de L. établi à Paris, annobli par Louis XVIII pour sa belle conduite au 10 août 1793. † sans postérité (*Notice sur Boscary de Villeplaine*, par M. d'Aigueperse. Extrait des mémoires de l'Académie de Lyon). Le château figuré dans le blason est celui des Tuilleries, en mémoire du fait qui a motivé l'anoblissement; v. les armes pl. 65, à Villeplaine.

**Bosco**, à L. au 17e s.

**Boscozel**, v. Bocsozel.

* **Bosselle**, avocat au Parlt, sr de Rappetour (Thézé) en L. 1722.

* **Botigues**, sgr de Malleval (St-Héand), par investiture du comté de F. en 1277; ce fief passa aux Rochefort.

**Bottu** de Limas, de St-Fonds, de la Balmondière, etc., sgrs de L., de Montgré (Glaizé), par acquisition des du Sou, de Marzé (Marcy-sur-Anse), par alliance avec Fyot, de la Fontaine par alliance avec Bessié. — Cette famille compte plusieurs éch. de Villefranche, au 16e s. P. B. fut éch. de L. en 1395 et 99, et Math. en 1401, 12 26; mais on ignore s'ils appartenaient aux B. de Beaujolais (*LB*). EGL.B. 89. — Représentés à L. par M. de Limas. — Les armes anciennes étaient plus compliquées; le chevron était *accompagné en chef de 2 roses d'or* comme le lion et le chef *d'argt.* était *chargé de 2 croissants de gueules* (ex libris), les armes de B. se sont trouvées aussi : *écartelées au 1er de B au 2e et 3e d'or semé de roses de gueules à un lion d'az. brochant* qui paraît être de *Dextre au 4e de Bessié*; supports : 2 lions (dessin manuscrit et colorié), ailleurs les supports sont deux sauvages portant au cou des médaillons, l'un aux armes de B. l'autre à celles de Bessié (gravure grand in-4°); cimier : une tête de léopard surmontée d'une rose; devise : *Servabit odorem.* Les Botu de Verchères, famille du Dauphiné représentée à Tournon (dépt de l'Ardèche), différents de ceux du B. portent : *d'or au chevron de gueules, accompagné en pointe d'un raisin feuillé de sinople ; au chef d'az. chargé d'un croissant et d'une étoile d'argt.*; devise : *Uva Noë.*

**Boubée** (de), de la Bastie et du Ponthet, orig. de Lectoure en Gascogne, établis en F. au 18e s., anoblis en 1755 pour services militaires EGF 89. — Représentés à L. et en F. (*IH; MN*).

**Bouchage** Ant., éch. 1703. — On blasonne aussi *de vair* ou *vairé d'argt. et de gueules*, armes que porte un jeton anonyme.

**Bouchard**.

* **Bouche**, *d... à un bouc d... rampant contre un arbre d.... et surmonté d'une étoile....* 1632 tombe qui était à St-Paul.

**Boucher** d'Argis, orig. du L. Cette famille a rempli des charges dans le Parlt de Dombes et dans celui de Paris. — Représentée à Montbrison. — L'armorial de la ville de Paris leur donne pour armes : *d'argt. au chevron d'az. accompagné en chef de 2 têtes de maures de sable tortillées d'argt. et en pointe d'une gerbe de sinople.*

**Bouchers** (corporation des) de Villefranche.

* **Bouchet**, sgr du Fieu et Tiranges en F. au 18e s.

**Bouiller** de la Faye en F.

**Bouillot**.

**Boulard** de Gatelier, sgrs de G. (St-Denis-de-Cabanne) Du Mont (St-Nizier-sous-Charlieu), de Genouilly (Chandon) en L., de Caluire et de Cuire, la Croix-Rousse en Franc-L., de Ruyères (Monsols) en B.; etc., au 18e s. — Sim. Cl., éch. 1778 EGL 89. — Représentés à L. par M. de Gatelier; — On a toujours mal blasonné ces armes qui sont parlantes. elles ont été dessinées scrupuleusement d'après divers cachets; supports : 2 levriers.

**Bouquet** d'Espagny, de la Grye et de Linières. — EG du Bourbonnais, 89. originaire d'Ambierle. — Une branche de cette famille de la Grye s'étant fondue dans cette maison lui a apporté ses principaux fiefs en Bourb. et en F. (*Armorial du Bourbonnais* par M. de Soultrait). Représentée à St-Etienne par M. d'Espagny, receveur-général du département de la Loire.

**Bourbon** (de). Cette famille, à coup sûr la plus illustre par son ancienneté, sa puissance, sa noblesse, les grands hommes et les princes qu'elle a produits est trop connue pour qu'on ait rien à en dire. La branche aînée a possédé le comté de Forez et la seigneurie du B. après l'extinction des possesseurs de ces provinces; les B. de Montpensier ont eu aussi le B., et ceux d'Orléans, issus de la maison royale, l'ont eu après eux, au 18e s. — Il existe un grand nombre d'ouvrages sur cette famille, nous citerons seulement l'*Histoire des ducs de Bourbon et des comtes de F.* de La Mure, Lyon, 2 vol. in-4° fig., en cours de publication et le *Tableau généalogique des Rois de France*, par M. Perrault-Maynand. La maison de France est actuellement représentée à l'étranger. — Les armes de B. étaient primitivement *semé de France à une bande de gueules.* Les fleurs de lis ont été réduites à trois, la bande est devenue une cottice, puis un simple filet; une tradition bourbonnaise rapporte que peu de temps avant que les B. parvinssent au trône, la foudre tomba sur le château de Bourbon l'Archambaud et effaça la cottice qui brisait les armes de France; au 17e et 18e s. la bande fut réduite à un simple bâton alésé. (V. *Essai sur la numismatique du Bourbonnais*, par M. le comte G. de Soultrait, Moulin, in-12, 18.., fig.) Les armes de B. se voient en beaucoup d'endroits à L. en B. et en F.

**Bourbon**, sgrs de Deau, le Rosay (St-Didier-au-Mont-d'Or) au 18e s. — Jq., éch. 1748, EGL 89. — Cette famille existe.

**Bourbon**, sgr de Limas en B. — Un trés. de F. en 1694.

**Bourck** (le cte de), sgr de la Rigaudière (St-Julien) en B., 1760. — La croix de ce blason devrait, ce semble, brocher sur le coupé.

**Bourdeaux** de Lurcy, trés. de F. 1741.

* **Bourdicot**, trés. de F. 1695 : *d'or à un dextrochère de carnation vêtu de gueules, tenant une branche de sinople et accompagné en pointe d'un croissant d'az.* — Il y avait autrefois, dans l'église de St-Paul, la tombe d'un B. bourgeois de L. † en 1612, avec ses armes telles à peu près qu'elles viennent d'être blasonnées.

**Bourdin**, capitaine-pennon de la compagnie du quartier Bon-Recontre, en 1664, dans les *Forces de L.*, il y a au lieu d'un bourg et d'une tête de daim, un daim passant.

* **Bourdon** ou **Bordon**, famille chevaleresque de St-Nizier sous-Charlieu, qui fut possessionnée en F. au 14e s. par alliance avec les Balbigny. Une branche de cette famille a pu donner naissance à celle qui suit.

**Bourdon**, sgrs de Malleval, St-Victor-sur-Loire, la Fouillouse et la Chazotte en F. aux 16e et 17e s.; établis à St-Étienne dès 1460 et dans une position honorable. — RN 1668. — Cette famille ruinée au 18e s. existe encore, mais dans une condition infime (*TV*). — On conserve dans l'église d'Ainay un écusson sculpté en pierre aux armes de B. surmonté d'un bâton prieural et accompagné de la date 1631, ce sont celles de Th. B., sacristain de l'abbaye d'Ainay, qui y fit exécuter de nombreuses réparations et avança même des sommes dans cette intention.

**Bourreliers**. Corporation.

**Bourg**, sgrs de la Faverge (La Rajasse) en L., 1687, 1719, par alliance avec Mazery; Jq., éch. 1712.

**Bourg** (de ou du), sgrs de Trezette (Thizy) en B.; Peronin, cler de v. 1337; P. 1500, 2; Gonin, 1547, 51, 57; Cl, 1551; Hugonin 1627. Et. au commencement du 17e s. dans les Dulieu et Dugué de Morancé (*PL*).

**Bourg** (du) de St-Polgue, sgrs, ctes puis mquis de St-P. sgrs de Trezette, de la Bussière (Joux-sur-Tarare) en B. au 17e s., de la Roue Paillerez, St-Hylaire, St-Bonnet près Charlieu, Chantois, Cherchau, etc., en F. au 18e s. Cette famille orig. du Languedoc ayant hérité des Du Cros par alliance, en 1714, à cause de cela avait passé du Vivarais en F. où l'appelaient ses importants domaines; EGF 89.—

(*CD; BP; PA; RC; MO; LC; W; BO; BA*). Un chevalier de Malte de cette maison portait: *écartelé au 1er et 4e de Du Cros, au 2e et 3e d... à un lion d... et sur le tout de Du Bourg.*

* **Bourg-Argental**, petite ville en F., — *d'or au lion d'az. accompagné d'une couronne et de 3 fleurs de lis d'or.*

**Bourgelat**. P. éch. 1706, son fils, créateur des écoles vétérinaires, mourut sans postérité, en 1779.

**Bourgeois**, receveur de la généralité du L. 1692.

* **Bourgeois**, d'une famille de Paris, sgr d'Arcon en R., première moitié du 13e s.

**Bourges** (de), sgr de Myons. J., cler de v. en 1495, 99, 1507, 8, 16, 17; Cl. en 1525, 33, 37, 58, 99. Ils avaient dans la rue Bonneveau une maison que Cl. de B. général du Piémont, fit reconstruire et qui valut à cette partie de la rue le nom de rue des Générales; le percement de la rue Impériale a fait disparaitre l'une et l'autre. J. de B. appartenait, en 1487, à la confrérie des merciers qui fonda alors, dans l'église St-Nizier, une chapelle sous le vocable de Sainte Marie du Christ, aujourd'hui de Sainte Elisabeth.

* **Bourgneuf** (de), famille chevaleresque possessionnée à Orliénas en L., au 13e s.

**Bourlier** d'Ailly, de Glatigny, de St-Hilaire, sgrs d'A. (Parigny) en R., depuis 1755 après les d'Arcy, de St-H. et de G. au 18e s. (*HI*) — Ph. éch., 1719, un trés. de F. EGB 89. Représentée en F. par M. le bon d'Ailly.

**Boursier** (de) F. éch. 1509.

**Boutaud.**

**Bouthéon** (de), famille chevaleresque qui avait pris le nom du fief de B. en F. dont ils étaient sgrs, au 13e s. mais qui ne leur appartenait plus au s. suivant; sgrs de Masson au 15e s. par alliance avec les Chavannes, possessionnés à Veauche, St-Galmier et dans le mandement de St-Bonnet où ils avaient la grange de Fraisseut. — Et. (*MC*) cimier: un faucon issant. — Leurs armes se voient sur la porte de l'ancien prieuré de St-Thomas et sur un tryptique provenant de St-Romain-le-Puy et qu'un prieur de cette maison avait fait peindre; on les voit aussi sur sa tombe presque entièrement effacée, parties de du Chevallard, à cause d'un de ses oncles prieur de Rosiers. — Goussancourt ayant donné mal à propos pour armes à Claude de Gadagne, de Bouthéon, dame de Caulaux en Vivarais, un blason *d'az. au croissant d'argt. au chef d'or*, le César armorial a reproduit ces armes sous le nom de B. comme si c'était celles des anciens B., mais comme nous l'avons dit, le fief n'était plus à eux depuis longtemps, il passa successivement dans les maisons du Fay, de Chalus, d'Aubert, de Joyeuse, de Montboissier, de Bourbon et de Gadagne; ces derniers en prirent le nom, la famille était éteinte, et cela a causé l'erreur que nous venons de signaler.

* **Bouvier** P., cler de v., 1478.

**Bouy**, bourgeois de L. 17e s. (*AG*).

**Boye**, à L., 17e s. (*AG*).

**Boyer** ou **Bohier**, sénéchal de L., en 1526, d'une famille orig. d'Auvergne (*GM; RC; BO*).

* **Boyer** P. et Guill., clers de v., en 1269, P. 1294.

**Boyer** de Rerice et du Montcel, sgrs du M. de Bataillou et de la Lande (St-Marcellin) en F., au 18e s. par acquisition des Badol. Orig. de la Cruzille, à St-Jean-Soleymieux; connus dès le 14e s. Cette famille a donné, à partir de la fin du 16e s., plusieurs lieutenant-généraux au bailliage de Chaufour. EGF 89. Représentés en F. (*MN*).

**Boyer** de Montorcier et de Sugny, sgrs de M., au 18e s., de S. par acquisition des Phelypeaux de Pontchartrain, en 1757; un cler au Parlt de Dombes EGF 89. Cette famille passe pour une branche de la précédente, détachée de la souche principale, à la fin du 15e s. — Représentés en F. (*MN*). On blasonne aussi leur armes: *d'az. à une tour d'argt, et une fasce d'or brochant; au chef de gueules chargé de 3 étoiles d'or.*

**Boyer** de Ruffey, sgr de Trades en B., au 17e s. et à partir de 1620, par le mariage de J. B., juge-mage de Cluny, avec Anne Charton, dame de Trades. Famille du Mâconnais ét. au commencement du 18e s.; le dernier de cette maison était s. du R. On trouve leurs armes: *de sable au chevron d'argt. accompagné de 3 larmes renversées du même* (*FM*). Sur un cachet d'un commandeur de Malte de cette famille, elles sont telles que nous les donnons.

* **Boyer**, bourgeois de L. tenait un fief aux Massues, en 1788.

**Boyron**, cler au Présidial de L., 1664.

* **Boyron**, bourgeois de Montbrison, famille existante; on trouve des B. bourgeois de M. dès le 14e s.: *d'az. à une balance d'argt.*

**Brac** de la Perrière, sgr de Châteauvieux, de la Perrière et la Pilonière (St-Lager), de Montpiney (Ranchal) en B., par acquisition au 18e s. — F., éch., 1736; P. Suzanne en 1775; EGB 89. — Représentés à L. par MM. de la Perrière et de Bourdonel (*BA*). — L'*AG* leur donne des armes presque identiques à celles de Barjo; l'autorité de l'Armorial des échevins et des jetons frappés durant leur administration est plus concluante.

**Brac**, notaire à B. au 17e s. (*AG*), famille différente de la précédente.

* **Brancet**, famille chevaleresque de St-Chamond qui possédait, au 15e s. les tènements de Chazelet et du Montcelet (mandement de St-Bonnet-le-Château) en F.

* **Brayer**, de Toulon en B., médecin du Roi, anobli en 1623.

* **Brebant** (de) Thavenet, cler de v. 1437.

* **Breni**, Lucquois à L. au 17e s.: *d'az. à une main tenant un mors de bride d'argt.*

**Brenon**, ancienne famille forézienne de magistrature, au 14e s., anoblie plus tard et possessionnée à Chazelles, au 15e s.

**Bressolles**.

**Bretonnier**, à L., famille de magistrature, possessionnée à Montrotier et à St-Jean-de-Touslas en L., 18e s. (*PL*) — Les émaux des armes varient: *d'az. au chevron d'or etc*, (cachet de 1760).

* **Bretteville** (de), sgr de Rongefer, fin du 17e s.: *d'or au lion de gueules dans un trescheur de sable, au chef échiqueté d'az. et d'argt. de 3 traits* (*AG*).

**Brevillier**, notable bourgeois de L., en 1664.

**Briailles** (**Chandon** de), v. Ch.

**Briaut** André, médecin de Louis XII et cler de v. en 1518; il ne laissa qu'une fille mariée à Noel Neyret (*PL*).

**Briasson.**

**Brienne**, célèbre famille de la Champagne, dont les sgrs ont été feudataires du Chapitre de L. Elle a donné des rois de Jérusalem et des Empereurs de Constantinople. De cette maisons étaient issus les sgrs de Chacenay et probablement aussi la famille d'Acre

**Bricito**, curé de Neuville, archiprêtre des Dombes acquit de J.-M. Sabot veuve de Ruolz le fief des Trois-Fourneaux (Massieu) qu'il possédait en 1731. Cl. Boyron, veuve de J. Vielhe, bourgeois de L., le tenait aussi la même année.— Le 2e et 3e quartier peuvent se blasonner: *d'argt. à 3 fourneaux de sable* qu'il avait pris sans doute à cause de son fief.

* **Briendas** (de), bourgeois de Villefranche, dont le nom venait du château de B. en Dombes, possessionné à Villeneuve et à Meximieux, dans la même province, en 1473-78. Il y avait, en 1482, un de B. qualifié noble, sgr

dudit lieu, qui paraît être de la même famille qui aurait été anoblie.

* **Brionnet**, éc., sgr de Givray, possédait Maniviéux (St-Martin-de-Cornas) en L., à la fin du 17e s.

**Brioude**, capitaine-pennon du quartier de la Grand'Rue, 1658.

**Bron** (de) orig. du lieu de ce nom, en Dauphiné, sgrs de Chassagny, possessionnés à Soucieu, Rochefort, St-Martin-en-Haut, Riverie, etc., en L.; fondus au 16e s. dans les Rougemont, sgrs de la Liègue qui en perpétuèrent le nom et les armes (*MM; AP; MC*).

**Bron**, famille lyonnaise qui a donné, au 18e s., un suffragant de L., évêque d'Egée. — Et. éch., 1755.

**Bronod**, à L., 17e s. (*AG*).

**Broquin**, sgr de Chantemerle; J. éch., 1534; Lambert, en 1626.

* **Brosse** (de la), famille chevaleresque qui existait en F. aux 12e, 13e et 14e s.; le fief de la B. était situé à Valcilles près du Solleillant.

**Brosse** (de) ou mieux des **Brosses** de la Barge d'Escrots, sgrs d'E. (les Etoux), de Malleval, de Chevagny (Aigueperse) en B.; de la B. par alliance avec Charrier, de Bruyère, etc., aux 17e et 18e s. — Un trés. de F., au 17e s. EGL. B. 89. — Cette famille existe (*FM; LC; SA*). — Les armes se blasonnent aussi *d'or au cerf de gueules passant sur un tertre de sinople*. Bergiron les écartèle : *d'az. à 3 gerbes ou brosses d'or liées de gueules*.

**Brosse** (de la) du Verdier, famille du Charollais

**Brosses** (de), ctes de B., actuellement en Bourgogne — RN. 1668. — Cette famille a donné à L. un gouverneur de l'arsenal au 17e s., et un préfet du département du Rhône, sous la Restauration. Elle compta aussi un premier président au Parlt de Bourgogne, en 1775.

**Brosset**, marchand à L. au 17e s. (*AG*).

**Brosset**, à L. au 17e s. (*AG*).

**Brosset**, J. cler de v. en 1512 et 18.

**Brossette**, sgrs de Varenne et de Rapetour (Thézé) en B., au 18e s. — Cl. éch. en 1730, il s'est acquis de la célébrité par ses liaisons avec Boileau.

**Brossier** de la Rouillière et de Bessenay, sgrs de la R. (Montrotier), le Mas, Bessenay, St-Julien-sur-Bibost en L., un s. du R. au 18e s. (*DH*). — D'Hozier blasonne leurs armes : *d'az. au chevron d'or accompagné de 2 étoiles du même et d'un croissant d'argt.*; mais le blason que nous donnons est justifié par d'anciens cachets.

* **Brouillat** (de), sgrs de B. et de Sallain (Chamelet) en B., au 16e s.

* **Brun**, sgrs de Masson (Arcon et Reneysons) en F., au 14e s.; famille chevaleresque. Le voisinage de l'Auvergne et du Bourbonnais pourrait faire supposer qu'ils appartenaient aux B. du Peschin qui portaient : *Coupé d'argt. et d'az. à une croix ancrée d'argt. sur l'az. et de gueules sur l'argt.* (*BO*). — Il y avait, en 1274, un chanoine du Chapitre de St-Jean appelé B.

* **Brun**, notable à L., 17e s.; *d'or à l'ours de sable armé et lampassé de gueules* (*AG*).

* **Brun** de Villeret, orig. du Languedoc. Représentés à L. par M. Ch. B. de V., cler à la cour. — *D'az. à la tour d'argt. accompagnée en chef d'une étoile et de 2 croissants du même.*

**Brunçne**, sgrs de Montauran, trés. de F. au 17e s. ses armes rappellent celles de B. du Gévaudan qui portaient : *de gueules à la tour d'argt. soutenue de 2 lions d'or et un croissant d'argt. en pointe; au chef cousu d'az. chargé d'une rose d'or accostée de 2 étoiles du même* (*AP*).

* **Bruneton**, — *d'az. à 3 roses d'argt. boutonnées de gueules 2 et 1, et un croissant d'or en chef* (*G*).

**Bruniéard**, J. cler de v. en 1435, 42, 47, 52 et 53. J., en 1557, 62 et 64.

* **Brunier** de Magnieu-Hauterive, 14e s., ont été alliés avec les Chaussonnières d'Essertines. F.

* **Brunier**. P. J., cler de v. en 1429, 32, 45, 48, 53, 54, 57, 58, 69, 73, 82, 83, 86, 87 et 91.

**Brunot** Jq., cler de v. en 1577.

**Bruyas**, orig. de Mornand, en L. possédaient au 17e s. la Levratière et Cenas (Mornand). — On trouve leurs armes blasonnées : *d'azur à 3 pals d'or retraits en bas.*

* **Bruyère** (de la), en latin *de Brugeria*, sgrs de Chazalet (mandement de Saint-Bonnet-le-Château), famille chevaleresque possessionnée aussi à Sury-le-Comtal et dans le mandement de Cervières; ils cédèrent Chazalet aux Châteauneuf, au commencement du 15e s.

**Bruyère** (de la), lieutenant-général du B. en

* **Bruyères** (de). Janin, cler de v. en 1447, 62, 66 et 67; J. en 1448 70 et 75.

**Bruyères** Fs-Mie, éch. en 1767.

**Bruyzet** de Sure et de Maniviéu, sgrs de M. (Saint-Martin-de-Cornas) en L., au 18e s.; un s. du R. en 1760; un trés. de F. en 1764, EGL 89. Représentés à L. — Les armes vérifiées sur des cachets du dernier siècle sont les mêmes que celles des B. du Bugey dont *GB* a donné la généalogie.

**Buatier**, ancienne famille lyonnaise ét. en 1660. Odet, cler de v. en 1398, 1401, 3, 5 et 8; Laurent, en 1406; Michelet, en 1422, 24, 27, 33 et 36; Michel, en 1441; Catherin, en 1446, 51 et 52; J., en 1454, 55, 64, 65, 68, 73, 76, 80, 82, 85, 90 et 93; Ant., en 1496 et 97; Bent, en 1499, 1500, 1501, 4, 8 et 14; J., en 1523, Seguin, en 1552 et 69 (*MC*). — Devise : *Immundus cedit honesto*. Leur blason est sculpté au-dessus de la porte de l'Antiquaille accolé d'un autre écusson à leurs armes écartelées : *d... à une étoile et un croissant mis en bande*. V. Sala.

**Bueil** (de). Étrangers à nos provinces.

* **Buffard**, sgrs de Tavernost, au 15e s.; famille chevaleresque. — A. inc.

* **Buffard**, à L., au 17e s. *d'az. à la croix alaisée et dentelée par les bouts d'argt.; au chef d'or* (*AG*).

* **Buffardans** (de), fief à St-Martin-la-Sauveté, en F. qui a donné son nom à une ancienne famille. V. Chantois.

* **Buffeet**, sgr de Crozet (Cezay) en F., depuis 1776, par héritage des Honorati de L., EGF 89. — A. inc.

**Buffevent**. Famille du Dauphiné.

* **Buisson**, à L., 17e s., *d'or au buisson de sinople*. — Il y a eu à L. et dans les autres parties du gouvernement, plusieurs familles de ce nom et de celui de Dubuisson, nous avons rangé tous ces derniers sous la lettre D, quoique cette orthographe ne soit pas toujours exacte.

**Buisson**, notable bourgeois, en 1664; à en juger par le blason, il aurait appartenu à une famille de ce nom, en Dauphiné (*CH*).

**Buisson**, capitaine-pennon du quartier de Bon-Rencontre. Tombe à St-Bonaventure, 1740.

**Bullioud**, sgr de Cossieu, lieutenant du quartier de la rue Trois-Marie, 1664.

**Bullieu** (on prononce actuellement Bully), famille du F., selon *LL* qui par conséquent la supposait orig. de Bully en R., mais il semble qu'il s'est trompé, car l'existence de cette famille forézienne n'est établie sur aucun titre que nous connaissions, tandis qu'il y a eu une famille lyonnaise de ce nom orig. de Bully en L. et remontant jusqu'au 14e s. Cette maison avait été alliée à celle de Varennes et c'est probablement par suite de cette alliance qu'elle possédait, au 14e s. la seigneurie de ce nom, aussi les armes que LL. donne à ces B. du F. et qui sont les mêmes que celles qu'il attribue aux Varennes anciens, confirment notre hypothèse qu'ils appartiennent réellement au L.

* **Buillon**, sgrs de la Forest en Auvergne, possessionnés en F. a Néronde, etc., au 14e s. (*BO*).

**Bullioud**, ancienne famille lyonnaise dont le nom primitif paraît avoir été de Besson — P. cler de v., 1427; Guil. 1470; Amé 1493, 97, 98, 1507, 8, 12, 20; P. 1597. Amé fut contraint, en 1520, par ordonnance royale, d'exercer le consulat ; à cette maison appartenait Symphorien B. évêque de Glandevez, gouverneur du Milanais, ambassadeur de Louis XII et mort évêque de Bazas et de Soissons ; en 1533 (*PL*).— Leurs armes figurent sur la porte d'une maison de la rue St-Jean et sur une tombe conservée au Musée lapidaire; elle provient d'une chapelle de l'église de St-Georges que les B. y avaient fondée, en 1504 sous le vocable de la Ste-Vierge.

* **Bully**, orig. de Dombes, sgrs de Marzé en B. et de Morancé en L., au 16e s. — *écartelé au 1er et 4e d'or à une fasce ondée d'az. surmontée d'un annelet du même ; au 2e et 3e de Marzé,*

* **Buonacorsi**, famille italienne qui a été fixée à L., *d'az. au lion d'or tenant une fleur de lis du même.*

**Bureau** de Puzy, préfet du département du Rhône sous l'empire. Une rue de L. porte le nom de Puzy en mémoire de ce personnage.

**Buret**, sgrs de la Forest (St-Romain-la-Motte) en R. Cette famille chevaleresque connue dès le 13e s., a possédé l'ancien fief de la F. depuis 1322 environ jusqu'en 1362, qu'elle le céda aux Damas, sgrs de Cousant ; elle avait en même temps des droits sur St-Haon, tout cela a dû lui venir par alliance avec les La Perrière. Les B. étaient aussi possessionnés en Charolais.

* **Burlamachi**, Lucquois établis à L. anciennement; *d'or à la croix d'az.*

**Burlet** ou **Buelet** Ph., cler de v. en 1433 ; Pht, en 1434 ; Pht, en 1455 et 56; Rolet, en 1461, 62 et 63 ; Fs, en 1470, 75, 80, 85, 91, 94 et 95.

**Buron**, sgr de la Pinay (Lay) en B., au 17e s.

* **Buronne** (de), éc. sgr de la Bourgonière, au 17e s., à St-Jean-de-Touslas et St-Martin-Lestra, au 18e s.— EGF 89. Représentés à Montbrison par Mme de B.: — *tiercé en fasce: au 1er d'or à l'aigle de sable, au 2e d'az. à 3 fleurs de lis d'or, au 3e de gueules.*

* **Burret**, chevalier, président au bureau des Finances de L., sgr de Grigny, en 1720.

**Burtin**, à L., au 17e s., la croix est quelquefois *patée* et *alésée*.

**Burtin** de la Rivière, de Vaurion, sgr de V. et de Chamelet en B., depuis 1772. — Un s. du R. à Aix, en 1760 ; un trés. de F. en 1779, EGB 89.

**Bussière**, enseigne-pennon du quartier de Bourgneuf, 1658, 64.

**Bussière** (de), famille du B. qui a donné des éch. à la ville de Villefranche, sgrs du Châtelard, aux 17e et 18e s.— Et. — Le P. de B., jésuite, était de cette maison.

**Bussière** (de la) en B., ancienne famille qui possédait le fief de la B. (Joux sur Tarare) en B.. qui passa depuis aux de Beck.

* **Bussières**, fief (N.-D.-de-Boisset) en B., qui a donné naissance à une famille chevaleresque qui en portait le nom et qui se fondit dans les d'Arcy, dans la première moitié du 16e s. Elle a été possessionnée aussi à St-Igny-de-Vers sur les limites du B. et de la Bourgogne, en Charollais, par alliance avec du Châtel et en F. — Le nom de B. et la B. est fort commun, il est difficile de démêler les différentes maisons de ce nom.

**Bussillet** (de), sgr de Messimieux près d'Anse, de la Rivière et de Vénissieux, au 17e s. — Fs de B., chevalier de St-Michel, chevalier d'honneur du Parlt de Dombes, était capitaine-pennon du quartier de la rue des Trois-Marie, en 1658, 64.

* **Bussy** (de), sgrs de B., Allieu, jusqu'en 1259, qu'ils le cédèrent à Renaud fils de Guy cte de F., sgrs de St-Maurice en R., de Marclop en F., possessionnés à St-Vincent-de-Boisset, etc. en B., au 15e s. Ét. à la fin du 16e s.

**Buthy**, sgr du Pas (St-Loger) en B.

**Buyer**, ancienne famille lyonnaise ét. à la fin du 17e s. — Guil., syndic de la communauté de L., en 1290; P. cler de v., en 1438, 42, 47 et 48 ; Barth., 1482 et 83 ; Jq. 1491, 97, 98, 1505, 6 et 1510. Barth. a eu la gloire d'introduire l'imprimerie à L., vers 1470; il avait fondé, en 1465, une chapelle dans l'église de St-Nizier, sous le vocable de St-Barth., aujourd'hui de St-François de Sales. on y voit encore une longue inscription en caractères gothiques relatives à cette fondation. Ce monument épigraphique qui méritait au moins une mention, n'avait jamais été signalé ; il vient d'être publié par M. Ant. Péricaud, dans la 4e partie de sa *Bibliographie lyonnaise du XVe siècle*. Lyon, in-8o, 1859. C'est également dans cette chapelle que nous avons retrouvé les armes véritables de B. que Chaussonnet, sans se donner la peine de les rechercher, avait blasonnées : *de gueules à la croix d'argt. cantonnée de 4 molettes du même.*

**Caboud**, sgrs de St-Mars, en L., au 18e s., Ill, co-sgr de la Motte, éch. 1617.

* **Cacenède** à L., 18e s., — *d.... à un arbre d... surmonté d'une croix à 12 pointes, entre deux étoiles d...*

**Cachet**, ctes de Garnerans et de Rérieux, sgrs de Balmont, la Poype, Lurcy, aux 17e et 18e s., orig. de la Dombes, anoblis en 1620, par Mlle de Montpensier. — Cl., sgr de la Poype, Lurcy, éch., 1669. Bent C., de Montezan, chevalier, cte de G., sgr de B., la P. et L.; P. des M., de 1704 à 1707. Cette famille a donné aussi un président au Parlt de Dombes (*PL*.).

**Cachot** Ch., éch., 1714.

**Cadier**, à Condrieu, au 17e s. (*AG*). Il existait dans l'église de St-Paul, une chapelle appelée autrefois de la Cadière, son nom ne lui venait pas de ce Cadier de Condrieu, mais d'une famille du même nom, qui existe en Bourbonnais. V. Luards.

**Caille** André, cler de v., 1364 ; Léonard, en 1387, 89, 91, 93, 1404, 6, 8, 1412, 14, 16, 19, 21, 23, 25 ; J., 1415 et 17 ; Fs, 1446, 47, 53, 54 ; Jq., 1456, 57, 62, 67, 68, 73, 75 ; J., 1486, 87, 93 ; Simon, 1527. Ce dernier fut aussi prévôt des maréchaux de France. Jq. C. et Huguette Balarin, sa femme, cédèrent, en 1474, à la ville, la chapelle St-Laurent ; on voit encore l'arc à demi enfoui de la façade de cette chapelle, qui fut reconstruite alors, pour servir à l'hôpital établi en cet endroit. — Les armes sont blasonnées dans *BR*.: *d'argt. à 3 cailles de sable.*

* **Caillet**, famille chevaleresque de Mornant, en F., 14e et 15e s. — A. inc.

**Caillet**, Ch., sous-maître à Saint-Jean de L., † en 1681. Ses armes sont gravées sur sa tombe, qui est dans la chapelle du clocher, avec cette devise, aujourd'hui presque complètement effacée : *Obducunt lumina punctum.* Et. Caillet était cler de v.. en 1457.

**Calvi**, traduction latine de Chal ou Chaux. V. ces noms.

* **Calendrier**, H., cler de v., 1470.

**Cambray**.

**Camet** P., cler de v., 1531.

— **Camion** de Villars, v. V.

**Campredon** P., échev. 1766. Dubuisson donne ces armes à un C., sgr de Passavant. — Nous ignorons si M. C., de Goutelas en F., † il y a peu de temps, était de cette famille. — Au lieu de trois gourdes, blasonnez : trois coquilles.

**Camus**, orig. d'Auxonne, établi à Lyon, dès le 16e s., et passé ensuite à Paris et ailleurs. Cette famille a formé huit branches : 1° de Chavagnieu ; 2° de Perron ; 3° de St-Bonnet ; 4° de Bagnols, sgrs de B. : 5° d'Yvours ; 6° d'Arginy ; 7° de Châtillon ; 8° de Pontcarré ; dont un premier président au Parlt de Provence. — J., cler de v., 1523, 34, 42 ; Cl., sgr d'Arginy, 1568 ; Ant., 1557 ; Ant., sgr du Perron, P. des M., 1608 ; Ant., bon de Riverie, trés. de F., 1582 ; Cl., sgr d'Arginy, Châtillon-d'Azergues, Bagnols et la Roche de Veize (Roche-Cardon), trés. de F., 1582 ; J., échev., fut aussi s. du R., en 1549 ; son fils se fixa à Paris, où il forma une branche qui a donné des magistrats au Parlt. — Cette famille a possédé en F., le seigneuries de Boen, Arthun, Montharboux, Palognieux, qu'elle céda aux Punctis en 1752, et celle de Fontanès, aliénée en 1736 aux Philibert. RN 1668. Représentés à Paris (*MO* ; *HM* ; *PL* ; *LC* ; *LD*.).

* **Camyer**, un cler au Présidial, au 18e s. — *D'argt. au chevron d'az. chargé d'un cœur d'argt.*

* **Cannaye**, sgrs de St-Héand et de Malleval en F., par alliance avec Fautrier en 1642, orig. de Paris. Et. en 1732, les Droullin de Menilglaize en héritèrent et vendirent cette terre aux Ravel de Montagny, en 1787 (*LC* ; *LD*.) *d'az. au chevron d'argt. surmonté de 3 étoiles mal ordonnées d'or et accompagné en pointe d'une rose tigée du même.*

* **Cantarel**, sgr de Dommartin en L., au 18e s., — *d.... à un lévrier passant d..... au chef d'az. chargé d'une croix ancrée d....*

**Capella.**

**Capponi**, célèbre famille florentine établie à L. au commencement du 16e s. naturalisée en 1534, sgrs d'Ambérieu ; bons de Feugerolles par acquisition des Lévis, en 1589, sgrs de Roche la Molière, par alliance avec les d'Augerolles, RN 1668, divisée en deux branches, la 1re, fondue en 1672, dans la famille de Charpin ; la 2e, ét. à la fin du 18e s., devise : *Post tenebras lux*. — Leurs armes se voient encore au château de Feugerolles et sur deux dalles tumulaires du 16e s., provenant de l'ancienne église des Jacobins et qui pavent maintenant l'allée du n° 2 de la rue de la Reine. Le blason des C. y est formé de deux plaques de marbre noir et blanc ; l'un des écussons est *parti de Gadagne*, on distingue aussi sur l'une des dalles, les armes de la ville de Florence. (*MN* ; *TV* ; *BO* ; *LO*).

**Careavy**, orig. de L., fixés à Paris au 17e s. (*PL*).

* **Cardeurs** de soie de L. corporation : *d... à un... de cardeur d..... surmonté de 3 étoiles chargées d......* ces armes sont gravées sur un petit coffre en fer portant pour inscription :

LA BOISTE
DES MESTRE
CARDEVR
DE SOYE DE
LYON, LAN
1599.

**Cardin** le Bret, intendant à L., 1686. *LC.* donne pour armes à cette famille : *d'or au sautoir de gueules, cantonné de 4 merlettes de sable, à un écusson d'argt. en abîme, chargé d'un lion de sable.*

**Cardon**, bons de Sandrans, sgrs de la Roche de Vaise, qui porta depuis le nom de Roche-Cardon ; orig. de Lucques. Horace, sgr de la Roche, habile imprimeur, éch. 1610, Jq. 1636 ; représentés à Paris. (*PL* ; *SA* ; *LO*).

**Carenton.**

**Carie**, Gonin C., dit le Bourg, cler de ville, 1542. Les armes que lui attribue Chaussonnet, et que nous avons reproduites, sont celles d'une famille Carion de la Bresse, dont *GB.* a donné la généalogie.

**Carlat** en B.

**Carmes**, ordre religieux. — Cimier : Un bras tenant une épée flamboyante.

**Carnazet**, sgrs de Milly (St-Étienne-la-Varenne), B. au 18e s. EGB 89. *LQ* leur donne des armes un peu différentes, où est figuré au lieu d'une guivre, un *écusson burellé, à la bordure componnée d... et d...* Représentés en B., par M. le cte de C.

**Caron**, orig. du Dauphiné, représentés actuellement à L. Les armes sont celles des Le Caron, famille dont la noblesse fut reconnue en Picardie, lors de la Recherche.

**Carra** de St-Cyr, de Rochemur et de Vaux, sgrs de St-C. et de V. en B., de Laye, la Bocardière (Dardilly), en L., au 18e s. — EGB 89. — Un cachet de 1771 porte leurs armes accolées d'un écusson *d'az. à un monde cintré et croisé d..... surmonté d'une couronne à l'antique d.....* (*LD* ; *MA*).

* **Carronier** Léon, cler de v., 1380, 82, 87, 82, 91, 93.

**Carret**, bourgeois de L., au 17e s., sgrs de Janzé (Marcilly) en L., fin du 17e et commencement du 18e s., possédaient une maison en franc-alleu, rue Bourchanin, en 1726.

**Carrette**, J., éch. 1669. Avant d'être éch. il portait : *d'argt. au chevron de gueules, accompagné de 3 fusées d'artifice de même ; au chef cousu d'az. à un lion issant d'or.*

**Carrier** de Monthieu, à St-Étienne, S. du Roi, acquit en 1779, le Vernet des d'Espinchal.

**Carrige**, sgrs de la Carelle (Ouroux) en B., fief, transmis en 1610 aux Magnin.

**Cartelier**, prêtre à Charlieu, en 1741 ; devise : *Egenis non sibi* (*Ex libris*, gravé).

**Cartier**, d'après une tombe de 1666, qui existait autrefois aux Jacobins. Cette famille pourrait être la même que la suivante.

**Cartier** de L., sgrs de Sermézy (Charantay) B., au milieu du 17e s.

**Cartiers**, corporation (*AG*). Les véritables armes nous sont inconnues.

**Carton** des Estivaux en F.

**Cassard**, famille existant en Dauphiné au 17e s., et qui a donné un archevêque de Tours, cardinal, † 1237, sa sépulture était dans l'église des Jacobins, devise : *sans venin*. Rolet de C., cler de v., 1294 (*CH*).

* **Castellane**, famille chevaleresque, très-ancienne en Provence ; le maréchal cte de Castellane, commandant la division militaire de Lyon. — *De gueules à une tour donjonnée de 3 pièces d'or*, devise : *May d'honour que d'honours* (plus d'honneur que d'honneurs). — (*AP* ; *CP*).

**Castes** (de), A. N. 1668.

**Castillon**, famille du Condomois, qui a donné un prieur de St-Irénée, à ce titre sgr de Bressieu, en 1750. (*D'H* ; *CP* ; *SA*).

**Castiglione**, primitivement **Castiglioni**, orig. de Milan. J. B. échev. 1719. (*AP*).

**Catalan** de la Sarra, en L., un cler au Parlt de Dombes. EGL 89.

* **Catherin** Ant., cler 1475. — A. inc.

**Caton**, v. Cotton.

**Caton.**

* **Cazaux** (de), ou **Chazaux** « *de Casalibus*, » famille chevaleresque possessionnée à la Valette en F., au commencement du 14e s.

**Caze** (de), orig. d'Italie, établie à L., au commencement du 16e s., en Languedoc, en Provence et à Paris, sgrs de la Roche St-Didier-au-Mont-d'Or, 1789 ; une branche s'était fixée à Montbrison, au milieu du 16e s., où elle remplit des charges administratives ; elle passa de là à St-Étienne et fournit un receveur général des finances de

L., en 1783 : RN 1668. EGL 89. — Le duc de Cazes, pair de France, ne paraît pas avoir été de cette famille. (*AP ; MP ; HI ; LD ; TV*).

**Cazenove**, orig. de Genève, représentés à L. — Les armes sont les mêmes que celles d'une famille du Languedoc, dont la noblesse fut reconnue lors de la Recherche, v. *AP*.

* **Célestins**, ordre religieux qui a donné son nom à un quartier de Lyon; ils avaient remplacé, dans cette ville, les Templiers ; leur église et le couvent ont été détruits; *d'az. à une croix longue enlacée d'une S et accostée de 2 fleurs de lis d'or*.

* **Celles Duby**, sgrs de l'Ollagnier (Riotor) en F: EGL 89.— *D'argt. à un croissant comété de gueules ; au chef d'az. chargé de 3 étoiles d'or*.

**Cervières**, petite ville en F.

* **Cenami**, Lucquois, établis à L. au 17e s., *d'or au lion de gueules*.

* **Chabannes** (de), marquis de Curton, famille célèbre, orig. du Limousin, sgrs du Palais-lès-Feurs, de Jas, du Chevalard, au 17e s., par alliance avec les Rivoire. — *De gueules au lion d'hermines*. (*AP ; LC ; BO ; etc.*).

**Chabanassis** de Marnas, représentés à Lyon.

**Chabert**, orig. du Dauphiné, représentés à L. (*CH*); le P. Ménestrier ajoute à leurs armes une molette au canton sénestre du chef.

* **Chabet** de Marcilly, orig. de Montbrison, un s. du R. en 1730, représentés en F.— Le nom de Ch. est ancien en F. on le trouve dès le 14e s. — A. inc.

**Chabeu** de Becerel, famille de la Bresse, ét. au 17e s., qui a donné une prieure de St-Thomas-la-Garde en F., † en 1592, et un lieutenant-général de B., au 16e s. (*GB*).

**Chabrié**, not. à Lyon, au 17e s. (*AG*).

* **Chaîne** (la) « *Cathena* » ou l'**Enchaîné** « *Incatenatus* » ancienne famille chevaleresque du L., possessionnée dans l'obéance de Chazelles, aux 12e et 13e s. Et., la Chaîne fit hommage à l'archevêque Héraclius, pour les mas de la Clète, Vilzunet, des Archiers, Tirepan, le Tremblay, Arora (?) Maysé, la Plitte, Foudra, etc. — A. inc.

**Chaintré**, famille mâconnaise, ét. au 16e s., et qui a donné un bailly de B. (*LB*).

**Chaize** (de la), d'Aix, ctes de la Ch., ancienne famille forézienne, existant à Cordelle au 14e s., à Boen au 15e, anoblis plus tard ; sgrs de la Ch., d'Aix et de la Trémolière, depuis le 16e s. des Perrichons, etc., en F., acquirent, en 1670, Trouilleur et le fief de la Douze (Odenas) en B., auquel ils imposèrent leur nom ; ils y firent bâtir un château et obtinrent l'érection en comté de cette terre unie à celles des Cloux, de Nièvre et des Tours. Cette famille s'est fondue, en 1724, ~~dans celle des Pellevé, ctes de Flers, ét. peu de temps après~~ — Le P. de la Chaize, confesseur de Louis XIV, appartenait à cette maison.

**Chaize**, bourgeois de L., sieur de la Coste (Brignais), L., fin du 17e et 1re moitié du 18e s. Cette famille a donné un premier président en l'élection de L.

— **Chal** ou **Chaux** « *Calvi*, » famille chevaleresque qui paraît orig. de St-Romain-la-Motte, possessionnée à St-Georges-Hauteville en F. ; à Conches et St-Victor en B., 13e et 14e s., possessionnée à Montbrison, sgrs du Palais-lès-Feurs, par alliance, vers 1329, avec les Posols qui possédaient ce fief, des Farges en B. au 15e s. Cette famille pourrait avoir quelque affinité avec la suivante ; cependant, la présence de la particule change complètement la nature du nom qui, dans le dernier cas, est un nom de terre.— Les armes sont dessinées à la planche 13, sous le nom de Calvis, altération du latin *Calvi*. V. de Sail.

* **Chal** (de) ou de la **Chalx** « *de Calce*, » sgrs de la Ch. (Cordelles), possessionnés à St-Romain-la-Motte, à St-Haon et à St-Marcel de Félines, 13e et 14e s., quelques membres de cette famille furent appelés de St-Marcel, fief qui passa plus tard aux Talaru. — A. inc.

**Chalamont** (de) *de Calvomonte*, famille chevaleresque, possessionnée à Sarcey en B., Chazay en F., etc., au 14e s., et qui a donné un courrier de l'église de L., un bailli des terres du chapitre, et un capitaine de la ville d'Anse. — Les armes qu'on lui attribue sont celles des sgrs de Ch., en Bresse.

**Chalençon**, ancienne famille du Velay; la branche aînée qui subsiste de nos jours dans les Polignac, relevait du comté de F. depuis le 14e s., pour la seigneurie de St-Pal. EGF 89 ; une branche cadette hérita, au milieu du 15e s., des seigneuries de Rochebaron et s'éteignit au 17e s. (*LC ; CP ; LD ; SA ; BO*) ; Vital Ch., d'une famille différente, était juge de F. en 1523. — Sceaux ; la Diana.

**Chalant**, P. de Ch., cler de v., au milieu du 13e s. — Les armes données dans la planche, sont celles d'une famille chevaleresque de la Savoie, qui n'a aucun rapport avec ce personnage.

**Challaye** (de), en F., famille de robe, orig. de Montbrison, au 17e s., un cler au Parlt de Dombes, en 1760, EGF 89. — Le cler au Parlt de Dombes écartelait : *Au 1er et 4e losangé d'or et d'az., à la fasce de gueules chargée de 3 étoiles d'or ; au 2e et 3e, d'or à 2 lions affrontés de gueules et sur le tout de Ch.*

**Chalmazel** de **Marcilly** (de), ancienne famille chevaleresque du F., qui a porté les deux noms de ses deux fiefs principaux; elle s'éteignit, en 1370, fondue dans les Talaru. Un cadet de cette maison en a perpétué le nom et les armes jusqu'à nos jours. — D'après un sceau de 1257, les Ch. portaient pour armes, un massacre de cerf, v. Marcilly ; le lion doit être couronné, il est ainsi au château de Ch. et dans les caveaux où sont enterrés les T. Ch. ; ceux-ci, d'après ces écussons anciens, dessinés par M. L. Gras, ne portaient, au XVIe s., que les armes de Ch., sans le blason des T. qu'ils reprirent plus tard. Un écusson en marbre blanc, dans la rue des Farges, à St-Irénée, porte écart. au 1er et 4e de Ch., au 2e et 3e de Lavieu Feugerolles et sur le tout de T., ce doit être le blason de Cl. de T. Ch., doyen de St-J., † en 1611, qui était aussi sculpté de cette manière, dans le cloître de St-Jean, du temps de Quincarnon (*LL ; MC*).

**Chalom**, orig. de Cervières, en F. famille de robe, qui a donné, du 15e au 17e s., des dignitaires ecclésiastiques à l'église de L. Théodore Chalom, bon de St-Trivier, par alliance avec Cléberg, donna cette seigneurie à Jq. Moiron (*LM ; MC*).

**Chalons** (de) Blanche, abbesse de St-Pierre, au 14e s.; de la famille des ctes de Ch.

**Chalus** d'Orcival, orig. d'Auvergne, mquis de St-Priest en F., par donation de Ls de St-P., en 1672, et de Corsan, ils vendirent en 1724 St-P., aux Peirene de Moras, et Corsan aux Lusy, en 1736. RN 1668. (*LL ; MN ; BO*). — Les armes offrent des variantes, le brochet est quelquefois en pal ; un cachet du 17e s. le représente sur une *bande*.

**Chalus** d'Entraigues, orig. d'Auvergne, sgrs de Bouthéon en F., au 17e s., acquirent, en 1590, St-Bonnet-les-Oules de P. d'Angérieux, possessionnés à la même époque à Feugerolles, St-Jean-de-Bonnefond, etc. (*BO*).

* **Chalus**, orig. de St-Benoît-en-Bugey, établis à L., au 17e s. La branche aînée, ét. en 1760, s'était anoblie par charges. Un autre rameau, fixé à Paris, possédait, au 18e s. le Fay et Villebois. (Titres des archives du château de Cordon, communiqués par M. de Valous).

**Chalvet**, bon de Trisac, trés. de F., à L., au 16e s.

— Les armes données dans la planche, sont un quartier de celles des Chalvet Rochemonteix, famille du Languedoc, qui portait : *écartelé : au 1er et 4e*, comme ci-dessus ; *au 2e et 3e de gueules au levrier passant d'argt.* (*PA ; D'H*).

**Chaly.**

* **Chambarau** (de) ou **Chambéran**, famille du Dauphiné, dont une branche, fixée en F., y a possédé les seigneuries de Pommier, de la Goutte, la Guillanche ; et au 16e s. la Bernardière (Longes), en L. Elle s'est éteinte récemment à St-Germain-Laval. EGF 89 — *d'or à la bande de gueules chargée de 3 étoiles d'argt.* (*CH*).

* **Chambarlhac** (de), orig. du Languedoc. EGF 89, *d'az. au chevron d'or, accompagné de 3 colombes d'argt.* (*AP ; LD ; SA*).

**Chambaud.**

**Chambaud.** Étrangers à nos provinces.

* **Chambéon** (de), famille chevaleresque du F., possessionnée à St-Laurent-la-Conche, Violeys, etc. — 14e s. — A. inc.

* **Chamble** (de), famille chevaleresque du F., sgrs de Ch. à Ch. (Mandement de St-Bonnet). 14e s. — A. inc.

**Chamboduc** (de) Magnieux, de la Garde et de St-Pulgent, sgrs de M., la G. (St-Didier-sur-Rochefort) et de St-P. (St-Martin-la-Sauveté), acquis en 1712 des Reinaud de Gripel. Cette famille compte un s. au Pt de Dombes, en 1717. EGF 89. — Leurs armes actuelles qui sont imitées de celles des anciens St-Pulgent, ont été mal figurées dans la planche. Les 1er et 4e quartiers doivent être à la place des 2e et 3e, *et vice versa*, d'après un cachet et une peinture du dernier s., communiqués par M. V. Durand. Le blason primitif nous est inconnu. v. St-Pulgent.

* **Chambon,** Guill., cler de v., 1383, 86, 90.

**Chambre** (de la), ctes de Savigny, orig. de la Savoie, sgrs de Bussy (St-Georges-de-Reneins), de Foncraine (Beligny), au 17e s., par alliance avec les Baronnat.

* **Chambre** (de la), le fief de ce nom, à St-Haon-en-R., avait donné son nom à une ancienne famille chevaleresque qui le possédait aux 13e 14e et 15e s., et qui parait s'être ét. au milieu de ce même s. Nous ignorons si elle avait quelque parenté avec la famille précédente. — A. inc.

* **Chameyré** (de), anciennement Chamayrieu, famille chevaleresque, sgrs de Ch. (St-Jean-de-Bussières), de la Motte-d'Aix, de Clavelières, fief qui passa aux Chantois, de la Varenne, d'Epeisses (Cogny), du 13 au 16e s. Ch. appartenait au 16e s. aux Bailly. Cette famille avait une chapelle à Contouvre. — A. inc.

**Chammartin,** ancienne famille lyonnaise, ét. depuis fort longtemps. Elle possédait le fief de Laye et des biens à Rive-de-Gier. Elle a donné des chanoines à l'Eglise de Lyon, parmi lesquels un doyen, en 1280.

* **Chamosset** ou **Chamossin,** P. cler de v., au milieu du 13e s. J. en 1364.

— **Chamousset** (de), v. St-Symphorien.

**Champagny** (Nompère de), v. N.

**Champeron** de Cucurieux en B.

**Champlenay,** sgrs de Presle, bailly du B., en 1457.

**Champier,** armes primitives adoptées par Symp. Champ.

**Champier,** famille orig. de St-Symphorien-le-Château en L., et qui dut son élévation à Symp. Ch., médecin et homme de lettres anobli au commencement du 16e s.; il fut aussi cler de v. en 1520 et 33. Cette famille se répandit en B. et en Bresse, où elle posséda les seigneuries de Bionnay, par alliance avec les Thierry, de la Faverge, de Feillens, de Juys et de Vaux, etc. Elle passa ensuite en Bourgogne, où elle existait encore au commencement du 18e s., représentée par les ctes de Chigi (*GB ; LL ; Etudes biographiques et bibliographiques sur Symphorien - Champier*, par M. P. Allut; Lyon, 1859, in-8o, fig.) — Symphorien Ch. avait d'abord adopté le blason précédent, qui est gravé en tête de quelques-uns de ses ouvrages ; il prit ensuite une seule étoile à 6 ou 8 rais, comme on les dessinait anciennement. C'est pour rappeler cette forme primitive que, par la suite, l'étoile moderne à 5 rais fut représentée renversée. — Devise : *Tu ne cede malis'sed contra audentior ito.*

**Champs** (de), bon, titré sous la Restauration.

**Chanains,** sgrs de Laye, fief passé par eux aux Nagu, en 1472, de Montgré (Glaisé) en B.; par héritage des Portebœuf, de La Chartonière (Ouilly), au 14e s. ; fief transmis par alliance aux Rosset, au commencement du 15e s.

**Chana,** trés. de F., à L.

* **Chanal** (de la), ancienne famille chevaleresque, à Chazay en L., aux 12, 13 et 14e s. M. de Soultrait a découvert, dans l'église de Charnay, et signalé la tombe d'un ecclésiastique de cette famille, qualifié dans son épitaphe de chanoine de Lyon et curé d'Anse. Les armes étaient malheureusement effacées.

**Chanay,** v. **Chancey.**

* **Chance** (la), sgrs des Hayes en L., aux 14e et 15e s., fondus dans Du Choul (*Statistique du canton de Ste-Colombe*, par Cochard.)

— **Chancey** (J. Matth.), éch., 1774 (*MN*). — Les armes sont mal placées sous le faux nom de Chanay.

**Chanet,** procureur de v., 1507, 8, 12. 26, 33.

**Chandeliers** de Lyon ; corporation.

**Chandieu,** famille chevaleresque, orig. du Dauphiné, établis en B., sgrs de Proprières, la Tour et Fougères, par alliance avec les Proprières. (*LB ; CH ; GA ; LC ; BO*).

**Chandon** de Briailles, orig. de Charlieu en L., passés en Champagne, ét. au dernier s. Une branche existerait actuellement en Mâconnais (*RC ; LO*). — Il y a des variantes dans les émaux de ce blason.

**Changy** (de), famille chevaleresque de Sail en F., sgrs de Ch. (Cordelle) en R., Durbize, Crozet et le Vergier, ils avaient aussi des terres à St-Maurice, St-Bonnet et Malleval à l'Argentière. 13e 14e 15e et 16e s. Et. au commencement du 16e, dans les Fay, sgrs de la Vaure, les sgrs de Vaux, et les Siran, sgrs de Clérieu. — A. inc. Il ne faut pas confondre cette maison avec celle des Chaugy de Bourgogne, dont on a donné par erreur les armes sous le nom de Changy.

* **Chanlon** en F. : *coupé endenté de gueules à une étoile d'or et d'argt.*

**Chanoine,** à L., 17e s. (*AG*).

**Chantelauze** (de), orig. de la Tour-Goyon, au diocèse de Clermont. N., fils de J., notaire de ce lieu, s'établit en 1677, à Montbrison. Représentés à L. et en F. Cette famille a donné un ministre d'Etat sous la Restauration.

**Chantemerle** de La Clayette, branche d'une famille de Bourgogne qui hérita, au milieu du 15e s., de Vergy en B., des Molles. Et. au s. suivant. — Il ne faut pas confondre cette famille avec celle des sgrs de Flavacourt en Beauvoisis, qui portaient : *d'az. à la fasce d'argt, chargée de 3 coquilles de gueules*, ni avec les Ch. du Poitou, dont les armes sont inconnues. (Palliot : *Généalogie d'Amanzé ; GM ; FP*).

* **Chantois,** sgrs de Ch., de Buffardans, (St-Martin-la-Sauveté) en F., par alliance avec Lauton, en 1316; de Clavelières en R.; acquis des Chameyré. 13e et 14e s. Fondus, en 1400, dans une famille d'Azergue ; Ch. appartint plus tard aux Rollat. — A. inc.

**Chantre**, bourgeois de L., sieur de la Madeleine (Guillotière), 18e s. — Cachet de 1722.

* **Chapelain**, à St-Etienne, 17e s. : *d'az. au soleil d'or, accompagné de 3 chapelets couchés de même.* (*AG*).

**Chapelle** (de la), André conseiller de v., 1572. P. Geof., éch. 1748. Il était possessionné à Pierre-Bénite.

* **Chapelle** (de la), sgrs de Vaudragon en F.; par acquisition du cte de F., en 1327. Cette famille, qui a donné un chanoine de L. † 1372, et un abbé de St-Pierre de Vienne, paraît s'être ét. à la fin du 14e s. dans les Poilfort de Janziec. — Leurs armes sont blasonnées dans le *Tableau des comtes de Lyon : de gueules à la croix d'argt.* Mais un archevêque de Vienne qui appartenait vraisemblablement à cette maison, portait, d'après Charvet, (*Histoire de la sainte église de Vienne.* Lyon, 1761, in-4o, fig.) un lion dans son sceau. (*LM*).

**Chapon** de la Bottière, sgrs de Razcy (Ouroux), vendu en 1700 aux Grosbois (St-Mamez) B, par alliance avec les Bayard de St-Julien, en 1635, une fille héritière de ces familles porta en 1652 cette terre aux Fautrières.

**Chappe** de St-Marc de Brion (Marc-Ant.), éch. en 1740. Ils tenaient, vers le même temps, une maison en franc-alleu, dans la rue Bourgchanin. EGL 89.

**Chapponay** (de), l'une des plus anciennes familles consulaires de Lyon; connue dès la fin du 12e s. Ponce de Chapponai, appelé aussi de Lyon du nom de sa ville natale, obtint des sauf-conduits de la ctesse de Châlons en 1209. Vers le même temps, se trouvant à Constantinople, il fut chargé par l'empereur Henri de porter à l'archevêque de Lyon des reliques destinées à l'église de St-Jean, et pour cela il reçut de lui des lettres de créance qui commençaient ainsi : « *Henricus Dei gratia fidelis in Christo* « *imperator venerabili et amico karissimo R (ainaldo)* « *eadem gratia Lugdunensi archiepiscopo totiusque ejus-* « *dem ecclesiæ capitulo, salutem in Domino. Noveritis* « *quod reliquiæ quas dilectus et familiaris noster Poncius* « *de Lugduno, quarum nomina subscribuntur, vobis trans-* « *mittit, verissimæ sunt,* etc. » Cette famille a donné depuis cette époque un grand nombre de conseillers de ville et de magistrats municipaux. P. et Ht, 1294; Math., 1320; Jaquemet, 1358; Math., 1380, 82, 84, 87, 89, 91; Ant., 1041; Giraud, 1404, 8; Aymard, 1416, 20, 22; J., 1431, 35, 38, 59; Pht, 1467, 68, 70; Ch., 1304; J., 1522; Nic., sgr de Fezin, 1533, 64, 65; Nic., sgr de l'Isle, 1583, 88, 90; P., 1592; Fs, sgr de Feysin et Bellegarde; P. des M., 1628; Balthazar, sgr de Plémeau; P. des M., 1677. — Cette famille a fourni en outre des moines de l'Ile-Barbe, des chevaliers de Malte, aux 16e et 17e s.; un intendant de L., des trés. de F., des membres de la Chambre des comptes du Dauphiné, etc. EGL 89. Représentés actuellement par M. le mquis de Ch. (*GM; CH.* Menestrier : *Abrégé méthodique de l'art héraldique. LL. Gazette de Lyon* des 7 et 16 octobre 1859). — Devise : *Gallo canente spes redit.* On voit les armes de Ch. aux voûtes de l'église de Saint-Nizier. Alex. de Ch., reçu chevalier de Malte, en 1673 présenta les quartiers suivants : Ch., Scarron, St-Julien, Monteynard, Loras; Du Pré, de Villars, de Lange.

* **Chapponay**, famille chevaleresque de Vaugneray en L., au 14 s. *LL.* admet que la famille précédente ait pu être une branche de celle-ci; mais en tous cas, il ne faut pas les confondre avec d'autres Ch. du Dauphiné, d'une noblesse chevaleresque et qui portaient pour armes : *d... à une croix d... cantonnée de 4 coqs d...* (Tombe de P. de Ch. † 1289, autrefois aux Jacobins). Il y a eu, en 1150, au Chapitre de L., un Ponce de Capponay, que *LL.* donne à ceux de Vaugneray, et le *Tableau des comtes de L.* à ceux du Dauphiné.

**Chappuis**, lisez Chapponnay, famille dauphinoise qui n'a rien de commun avec notre province.

* **Chappuis**, famille chevaleresque de Condrieu, sgrs de la Bernardière (Longes) en L., 14e 15e et 16e s. Et. — A. inc.

*DH* rattache à cette maison toutes les familles du nom de Chappuis ou Chappuy de notre province et même ceux de Bienassis en Dauphiné, ce qui est invraisemblable, autant à cause de la vulgarité de ce nom qui est fort répandu, que de la diversité d'anoblissements et de lieu d'origine de ces différentes maisons. Ce fait du reste n'a pas été reconnu, ni même allégué par les intéressés, dans les productions des titres pour l'ordre de Malte, faites en 1749, par Marc-Ant. de Mons, dont la mère était une Chappuis de la Goutte. — Nous adoptons une orthographe rationnelle et uniforme pour tous ces noms, quoique, dans les planches, on l'ait donnée de différentes manières, parce qu'en réalité elle a varié non pas suivant les familles, mais selon le temps.

* **Chappuis**, Ls, cler de v., en 1414; on trouve des Ch. à Morancé, à la fin du 15e s.

**Chappuis** de Foris de Villette, de la Goutte, etc.; cette famille orig. du F., doit remonter à des Ch. demeurant à la Bouteresse et à Montverdun et qui ont donné des prévots de Marols, de Marcilly, des Clercs, etc., au milieu du 14e s. Divisés en plusieurs branches : 1o Les Ch. de Foris, fondateurs des Ursulines de Montbrison. Et.: 2o les Chappuis de la Salle qui ont formé les sgrs de Grézieu et de Nervieu. Et. leurs biens passèrent aux Ch. de Maubou et les sgrs de Clérimbert; 3o les Ch. de la Goutte, subdivisés en Ch. de la G., sgrs de Maubou et la Bruyère; de Roche-la-Mollière, par alliance avec les Giraud de Nervieu et de Grézieu, par héritage des Ch. de la Salle. EGF 89. Représentés à L. et en F.; et en Ch. de la G., sgrs du Sapey, de Laval, de Charlieu-lès-Montbrison, bons d'Iseron, sgrs d'Hoirieux, etc. EGL 89. Et. (*DH; MN*).

**Chappuis**, Ls, éch., 1642, tige des Ch. de Margnolas, de la Fay et de Courgenon, qui ont formé trois branches distinctes; la première des sgrs de Margnolas, bons de Thizy, mquis de Miribel en Dombes, a donné un président au Parlt de Dombes, en 1649; il était fils de Ls. Ses descendants gardèrent les armes de l'éch. Ils possédaient, vers 1760, le bel hôtel qui fait l'angle des rues de Boissac et Sala. (*GD; MN*). — Supports : un griffon et un lion. — Les deux autres branches qui adoptèrent des armes différentes sont rappelées plus loin.

**Chappuis**, Fs, bourgeois de L., éch., 1650. — Famille différente, destinée inconnue.

**Chappuis** de Courgenon et de la Fay. Cette famille a pour tige deux frères, Math., éch., en 1651, et Fs, éch., en 1663; ils auraient été fils de Ls, éch. en 1642, et auraient adopté des armes différentes. Ils ont formé chacun une branche; Math., celle de Courgenon. Et. Fs, celle des sgrs de la Fay, de l'Aubépin et de la Rajasse. EGF 89 (*MN*).

**Chappuis**.

**Charasson**, bourgeois de L. possessionné à Millery, au 18e s. (cachet de 1769).

**Charavet**, enseigne-pennon du quartier de la Pêcherie, 1658.

**Charbonneau** (*G*).

**Charbonnier** J., cler de v., 1584, 89.

* **Charbonnières** (de), sgr de Ch. (Sals) en F., mandement de Cervières, 13e et 14e. — A. inc. Le fief de Ch. passa, au 15e s., aux d'Essertines qui en prirent le nom.

**Charcot**, à L., 17e et 18e s. EGL 89.

* **Chardon** du Bost, en F., au 18e s. — A. inc.

**Chardonnay** de Laye, sgrs d'Odenas et de St-Lager en B., par alliance avec les de Laye; cédèrent St-L. aux Jordan, en 1720. — RN 1668.

**Charcisieu**. Orig. de Mornant en L., où on trouve des Ch. en 1498, établis plus tard à L., sgrs de la Paponnière, 17e s., de la Pilonière (St-Lager), B. par alliance avec les Janson, au 18e s.

**Charisieu** de la Cristinière, bourgeois de L. possessionnés à St-Sorlin et Mornant en L., en 1716 ; même famille que la précédente, avec une variante dans les armes.

**Charité** (hospice de la) à L., fondé au 16e s. sous le nom d'Aumône Générale. On vient de démolir, à l'angle de la place des Carmes, l'hôtel où cet établissement avait d'abord été fondé ; on lisait au-dessus de la porte :

LE BVREAV DE
L'AVLMOSNE
16 GÉNÉRALE DE LION 70

**Charlet**, bourgeois de L., au 17e s., qui avaient donné leur nom à la rue Port-Charlet. On voyait dans la rue Ferrandière, avant le percement de la rue Centrale, leur maison avec leurs armes ; elles ne portaient pas un char antique mais une charrette : un *char laid*.

**Charlieu**. Il y a eu un fief de ce nom près de Montbrison, la ville de Ch. en L. a pu donner aussi son nom à quelque famille. On en trouve une possessionnée aux 14e et 15e s., dans la châtellenie de Semur en Brionnais. Jne de Ch. était prieure de Beaulieu en 1402.

**Charmette**, sgrs du Montet (Cublize) en B., par achat, au commencement du 17e s.— Cette famille pourrait être la même que celle de Chermette de la Tour.

**Charnay** (de), ancienne famille chevaleresque qui tirait son nom du village de Ch. en L.; elle était possessionnée à Chazey, Sivrieu, Marcilly d'Azergues, Losanne, Chacelay, Lissieu, Donmartin, etc., 13e et 14e s. — Et. à la fin du 14e s., fondus dans les Thélis. Elle compte des chanoines de L.

* **Charnay** (de), Guille cler de v., en 1294.

* **Charpentiers** de L. Corporation. — *d... à un fer de bisaigue en pal surmonté d'un compas ouvert en chevron et accosté d'une hache et d'une équerre addossées d...*

* **Charpentiers** de Villefranche. Corporation. — *d'az. à une équerre d'or surmontée d'un compas ouvert en chevron du même.*

**Charpin**. Orig. de St-Symphorien-le-Château, anoblis en 1446, sgrs de Montellier et de l'Espinasse ; de la Forêt-des-Halles par alliance avec les Rostaing, en 1582 ; bons de la Garde, ctes de Souzy ; bons de Feugerolles, sgrs de Roche-la-Mollière par alliance avec les Capponi, en 1676 ; mquis de la Rivière par alliance avec les Riverie, 1722 ; sgrs de Chambon, de St-Romain-les-Atheux, Jonzieu et des Bruneaux par alliance avec Anselmet, en 1753 — RN 1668 ; EGF 89. — Représentés actuellement en F. — Une branche cadette qui possédait la seigneurie de Genetines, par héritage des La Forge, au 15e s., portait une molette au lieu d'une étoile ; elle s'est éteinte en 1828 ; elle avait formé un rameau, ét. aussi en 1853, et qui portait la croix anilée comme sous-brisure. — Cette maison a donné des chanoines de L. et un évêque de Limoges ; il y eut aussi de ce nom un chapelain perpétuel de l'église de St-Jean, † en 1360 et mentionné en ces termes dans l'obituaire de l'église : *VIII kal. novembris obierunt Madabulfus presbiter..... et discretus vir Dns Bartholomeus Charpini capellanus perpetuus in ecclesia Lugdunensi, qui sepulturam suam elegit in claustro ecclesie Lugdun. et voluit quod ponatur supra tumbam suam unus lapis operatus more solito. Item voluit ordinavit et precepit quod in ecclesia Lugdun. fiat unum anniversarium singulis annis die obitus sui et quod omnibus presentibus in matutinis mortuorum cuilibet canonico incorporato et simplici sacerdoti sex denarii viennenses librentur ; cuilibet clerico tres denarii ac cuilibet clericulo duo denarii dentur. Et sic eodem modo et forma voluit et ordinavit librari etiam presentibus in missa dicti anniversarii sui. Quod quidem anniversarium assignavit et allocavit dictus dominus Bartholomeus super donum suam sitam in palacio quam emit ab Andrea Becheti et Johanneta ejus uxore quam domum pro dicto anniversario voluit perpetue obligatam esse. Obiit dictus dns Bartholomeus XXXa die mensis Octobris anno domini mo ccco xo Cujus anima per misericordiam Dei requiescat in pace. Amen, amen.*— Devise : *In hoc signo vinces.* (*MN ; BA ; FV ; LO ; MC ; MA*).

**Charpinel** (Bérard de). v. B.— Les armes que l'on a donné dans la planche, sont celles d'une famille de la Touraine, du nom de Bérard, qui n'a rien de commun avec celle du L.

**Charretier**, lieutenant de la maréchaussée du L., F. et B., au 17e s.

**Charreton** de la Terrière, éc. sgrs de la Salle de la Terrière (Cercié) en B. de Joursah, du Trembley, au 16e s., de la Douze (Odenas) en B., par acquisition des de Thy, en 1573. Et. au 18e s.— Cette famille a donné deux clers au Parlt de Dombes ; on trouve aussi Barth. Ch., cler de v., en 1294 (*LB*).

**Charreton**, variante des armes de la famille précédente, d'après les titres de Malte.

**Charrey**, à L., au 17e s. (*AG*).

**Charrier** de la Roche. Orig. d'Issoire en Auvergne, fixés à L. à la fin du 16e s.; bons de la Roche et de Sandrans, sgrs de Jullié, Julliénas, Vaux, etc. en B.; sgrs de Grigny en L., par alliance avec les Durret, de la Rochette, de la Barge, etc., 17e et 18e s.— Ant., cler de v., 1589, 92; Guille, 1596 ; J., sgr de la Rochette, P. des M., 1636 ; Gaspd P. des M., 1664 ; J., sgr de la Barge, bon de Sandrans, P. des M., 1671. Cette famille compte aussi un trés. de F. — EGL 89. Et. au commencement de ce siècle, dans la personne de Ch. de la R. évêque de Versailles. (*Recueil des Lettres de noblesse de MM. Charrier de Lyon...* recherchées par Aimé Charrier ; in-4o, sans date : *Etrennes à la noblesse*, 1778 ; *LC ; LD ; LA ; BO ; MC*). — Guille. Gaspd et le trés. de F. brisaient d'un lambel ; J. de la Barge de Sandrans écartelait : au 1er et 4e de Boyer (*d'or au lion de sable au chef d'az.*), au 2e et 3e de Mignard (*d'hermines au pont à 3 arches de gueules*), sur le tout de Charrier.

**Charrin** (Le cte de), titré en 1842. Les armes sont mal blasonnées ; les anneaux doivent être enlacés et non croisés.— On trouve à St-Chamond, un Ch. s. du R. à L., en 1740.

**Charron** (le), famille de Paris.

**Charron** (le), famille consulaire du L. qui a donné un lieutenant-général à L., en 1506, podestat pour le Roi de France à Milan, en 1507 ; Pâquet, cler de v., 1436, 14, 46, 47, 50, 51 ; Cl. 1497, 98. Et. (*LL ; PL*).— Les armes étaient simplement tranchées sans bordure ni croissant, qui sont des brisures d'un cadet dont *G.* donne le blason.

**Charrons**. Corporation à L.

* **Charton**, à L., au 18e s.; un s. du R., en 1765.

**Chartres**, lieutenant de R. à L. Les armes sont celles d'une ancienne famille de Beauvoisis, ét. au 15e s., et qui ne devait avoir rien de commun avec celles du personnage en question.

* **Chartres**, à L., 17e s. : *de gueules à la croix ancrée de vair et une bordure engrêlée d'argt.* (*AG*).

**Chartreux**. Ordre religieux.

**Charvin**, à L., au 17e s., enseigne-pennon du quartier de Bon-Rencontre, en 1664.

**Chassagne** (de la), bailli de B.

* **Chassagne** (de la), sgrs de la Ch. près Cervières en F., 14e s. Et. dans les la Farge. — A. inc.

* **Chassan** ou **Chassagni**, famille chevaleresque possessionnée à Ternand en L., au 13e s. — A. inc.

**Chassain**, orig. de St-Germain-Laval, où ils existaient dès l'an 1307 ; sgrs de la Vernade et de Marcilly en F., par acquisition en 1645 ; un procureur-général à R., en 1409 ; un cler du R., en 1697 ; un s. du R., en 1730. — EGF 89. Représentés en F.

**Chasseing**, sgrs du Plantin, de Chasselay et des Chères en L., fin du 18e s.; Geof., éch., 1753 ; un cler au parlt, en 1789. — EGL 89. — Supports : 2 levriers.

* **Chasse** (de la), — *de gueules à 3 aiglettes d'argt.*

**Chasset**, à Villefranche, noblesse de l'Empire.

**Chastard**, J., cler de v., 1337.

**Chastel** (*G*).

**Chastellier**, trés. de F.

* **Chastenay**, sgr du Crozet (Joux-sur-Tarare) B., au 16e s. — *d'argt. au coq de sinople, armé, becqué, crêté, barbelé et couronné de gueules.*

**Chastillon** (de), sgrs du Solleillant (Verrières d'Écotay) en F. depuis le milieu du 16e s., de Montherboux, Palogneux et de Lésigneux par parenté avec les Paulat, 17e s., une branche s'était fixée à L. Guille cler de v., 1441; Jérôme de Ch., président au Parlt de Dombes, cler de v., 1577 (*Mémoires de l'abbé de Marolles*, Paris, 1655, in-4°, fig )

**Chastillon** (de) en Bassois, famille chevaleresque du Nivernois, ét. sgrs de Montarchier et Leniec en F. par alliance avec l'héritière de St-Bonnet, fin du 13e et première moitié du 14e s. — *Losangé d'or et d'az.*

**Chatagnier**, à L., 18e s., armes douteuses.

* **Chatard** en L., feudataires du Chapitre de L., 15e s.

**Châteaumorand**, branche cadette des Châtelus de la Bourgogne, qui prit le nom du fief de Châteaumorand en F., dont ils étaient sgrs dès le 13e s. Et. au 15e s., dans les Lévis qui en héritèrent.

**Châteauneuf**, ctes de Rochebonne, sgrs de Lenicq, Montarchier, etc. depuis le 13e s., bons, victes puis ctes d'Oingt en L., et sgrs de Chambost près Chamelet en B., depuis le 16e s. par alliance avec les Fougères ; ét. au 18e s. Cette famille a donné un archevêque de Lyon, au 17e s. J.-B. de Ch. R. fut reçu chevalier de Malte en 1697 et présenta les quartiers suivants : Ch., Chenillac, des Serpens, Rostaing, de Suze, Ventadour, Layre de Guiffray, Tholon-de-St-Jaille ; — Grignan, de Carsse, d'Ancezune, Sassenage, d'Ornano, Pontevez, Montlord, Maubec (*PA ; LC ; MC*).

**Châteauneuf**, à L., au 17e s. (*Prompt. armorial*).

* **Châteauvieux** (de). Et., cler de v., 1352 ; P. 1383.

**Châtel** (du), Tanneguy, gouverneur de L., au 15e s. Les armes figurées dans la planche sont inexactes. Cette famille bien connue de la Bretagne portait : *fascé d'or et de gueules* (*LC ; etc.*)

**Châtelain** d'Essertines de Bellcroche, sgrs de B. (Limas), par alliance avec les Noyel de Bionnay (Lacenas) en B., fin du 18e s. Représentés à L.

* **Chatel Perron** (de), famille chevaleresque du Nivernois dont une branche, les sgrs de Montagny, a possédé une partie de R. par alliance avec l'héritière des sgrs de R., à la fin du 13e s.; et la seigneurie de Thizy en B., qu'ils aliénèrent aux de Marzé, en 1283. Cette branche brisait d'une bordure engrêlée. (Sceau de 1314).

* **Chatelus** (de), famille de la Bourgogne, sgrs de Chanlong (Villerez) de Boisvair de Mauverney et de Pangus en F., 13e et 14e s.: *de gueules au lion d'argt.* — Les Ch., sgrs de Châteaumorand, cadets de cette famille, brisaient en portant 3 lions au lieu d'un seul. — V. Châteaumorand. — Il ne faut pas confondre ces Châtelus avec une autre famille du même nom, qui portait : *d'az. à une bande d'or accompagnée de 7 billettes de même.*

* **Chatelus** (de), famille de robe, sgrs de Gotolen (Ste-Colombe) en F., au 15e s. — A. inc.

**Chauderon** d'Ecotay, v. **Ecotay.**

* **Chauderon** de la Ferté en Nivernois, sgrs d'Estaing et de Piney en F.; co-sgrs de R., au 13e s.; ils aliénèrent Piney à Renaud de F., en 1263 : *d'or au chef de sable.*

**Chauffestein** ou mieux **Schauffestein**, capitaine-colonel de la garde suisse à L., au 17e s., orig. des Grisons.

* **Changy** de Roussillon, famille de la Bourgogne qui a été possessionnée en F., aux 13e et 14e s.: *écartelé d'or et de gueules.* — La Diana. — On ne doit pas confondre cette maison avec celle de Changy, citée plus haut.

**Chausse**, Jérôme, éch., 1652 et 79. Les *Forces de Lyon* lui donnent pour armes : *de gueules au chêne à 3 branches d'or, terrassé de sinople au chef d'az., soutenu d'argt. et chargé de 3 étoiles d'or.*

**Chaussecourte**, famille d'Auvergne (*BO*).

**Chausson**, Robin, cler de v., 1519.

* **Chauvet** de la Villette, *d'argt. à 3 fasces d'az. accompagnées de 9 merlettes de gueules en orle.*

**Chauvet**, sgrs de la Bruyère en F., 16e s. (*LM*).

**Chavagnac**, famille d'Auvergne qui a possédé en F. les seigneuries de Verney, St-Marcellin, au 17e s.; passées aux d'Espinchal. (*DH ; BO. Documents historiques sur le Gévaudan*, par M. Gust. de Burdin, Mende, 1846, 5 vol in-8°). — C'est par méprise que l'on a ajouté au chef de leur blason les armes d'une autre famille du même nom.

**Chavannes** de Rancé ; Ant., de Mont-d'Or en mariant sa fille, à Et. de Rancé, lui donna la terre de Ch. à charge d'en porter le nom et les armes. Cette nouvelle maison a formé les sgrs de la Brosse, de Ronzière, du Rey, de la Valsonnière et a donné un cler au Parlt de Dombes, en 1648. Elle paraît s'être ét. à la fin du 18e s. (*GD*). — Ils écartelaient de Ch. et de R.

**Chavannes**, famille chevaleresque du L., orig. de Givors ; sgrs de la Bâtie près Rochefort, possessionnés à Vourles, à Irigny, etc., établis ensuite à Collonges. Et.; on trouve encore des Ch. sgrs de Veauche en F., au milieu du 14e s. et feudataires du cte de Brienne duc d'Athènes. Cette maison a donné un doyen de L. qui fit construire la chapelle de Fourvières, au 12e s. Les Rochefort de la Valette et les de la Bâtie du F. paraissent être sortis de cette maison (*LL*).

* **Chavanne** (de), sgrs de Bostgrand (St-Jean-la-Bussière) en B.; un s. du R., un greffier en chef au Parlt de Grenoble, en 1789. — A. inc.

**Chaverie** (de), Guille cler de v., 1442, 46, 47, 50, 51, 55 et 56.

**Chauvirey**, famille de la Bourgogne qui a donné un gouverneur de Lyon. (*CB. Mémoires pour l'histoire de Bourgogne*).

* **Chazal**, à Montbrison, au 18e s.; un cler à la Cour des aides de Paris, en 1754. — A. inc.

* **Chazelet** (de), sgr de Ch. (la Chapelle d'Aurec) en Velay, de la Rivière et de St-Julien, établis à Bas en Basset, en F., au 16e s., à Firminy par alliance, en 1624, avec une maison de ce lieu appelée Filhe. EGF 89. Et. à la fin du 18e s. (*MN ; TV*). — *De sinople à la bande d'or chargée d'un lion de gueules.*

**Chazelles**, sgrs de Colombette, par acquisition des Rochefort et de Villedieu (Dardilly) en L., fin du 18e s.

* **Chazeron** de Peluceiu, sgrs de la Pra (Montagny) en F., au 17e s.; orig. d'Auvergne (*BO*) — *d'or au chef denché de 3 pointes d'az.*

* **Chazette**, un s. du R., en 1770. EGL 89. Un cachet d'une dame Ch. Ve Assada, en 1762, porte : *un chevron surmonté d'une étoile et accompagné de 2 épées et d'une billette.*

* **Chenal** ou **Chanal**, Bent, cler de v., 1442, 45, 51, 52, 56 et 57.

**Chenevoux** (de) « *de Canabio,* » famille forézienne qui remontait à un juge de Forez, au 14e s. Et. à la fin du 15e s., dans les Merle Rebé ; cimier : une tête de chien colletée d'une couronne

— **Chef** (du) ou Duchef, sgrs de Grégnieu en F., au 15e s, après les Sourd dont ils paraissent avoir hérité. Cette famille pourrait descendre de J. Duchet, de Sury-le-Comtal, clerc de la Cour de Forez, en 1410. Cimier : une tête de lion. — Les armes sont placées sour le nom de Chier (du).

* **Cheneviers**, J., cler de v., 1364, 80, 88, 90, 94, 96, 98, 1400.

**Chermette** de la Tour, sgrs de la Riorges, St-Clément-de-Valsonne, Dienne, St-Appolinaire, St-Loup, Darcizé et Avenue à Tarare, au commencement du 18e s. ét. dans ce même siècle ; v. Charmette. — Leurs armes étaient gravées sur une tombe, dans l'église des Jacobins.

— **Chersala**. *Caro salita, Carnissalada,* très-ancienne famille chevaleresque, orig. du B., passée ensuite en F. où elle acquit, entre autres possessions, la seigneurie de St-Priest-la-Roche ; elle prit aussi le nom de Monteux et se fondit, au 14e s., dans les Ste-Colombe. V. les armes, à Monteux.

**Chervin**, à L., 17e s., capitaine-pennon du quartier de la rue Thomassin.

**Chesnard** de Mauzerand et de Layé, orig. du Mâconnais, sgrs de Layé, Vinzelles, St-Léger, au 17e s, de la Forest (Thizy) par acquisition des Beaudesson, en 1750. Cette famille a donné un s. du R. au 17e s., et un président au Parlt de Bourgogne, en 1710. Elle serait encore représentée à Thizy (*FM; PB*). — Les armes qui sont parlantes, sont figurées de diverses manières, quelquefois l'arbre est terrassé, ailleurs il n'y a pas de chef; enfin Dubuisson donne le champ d'or, mais d'après les dessins les plus anciens il doit être d'argt.

**Chevalard** (du), sgrs de ce lieu (Essertines) en F., famille chevaleresque ét. à la fin du 15e s., dans les de l'ivoire. — Leurs armes se voient sur une crédence du 15e s.

* **Chevret**, J., cler de v., 1394, 98.

**Chevrier**, famille du Dauphiné.

* **Chevrier**, Hi, cler de v., 1320, autre Hi, 1379, 81, 86, 88, 90, 92; Perronin 1336, 37; J. 1392, 1400, 4, 8, 9, 16. P. Ch. de Juirie, 1394, 99; Hi 1400, 23; André 1403, 12, 14, 19, 42, 45, 52, 53. On trouve aussi Barthélemy Ch., cler de v. en 1294, dont le nom est orthographié par un S à la fin, ce qui l'a fait confondre avec les Ch. de St Mauris. Il serait fort possible, malgré les généalogistes, que ces deux familles n'en eussent fait qu'une.

— **Chevrières** (Mitte de), v. M.

**Chevriers** de St-Mauris, *de Caprariis ;* ils portèrent aussi le surnom de **Libres**, ancienne famille que les généalogistes rattachent à une famille chevaleresque, existant au 12e s., mais qui paraît avoir été une famille bourgeoise anoblie par des charges de magistrature, au 15e s. Leurs alliances anciennes et bien prouvées avec les de Feurs et les de Bletterans, qui étaient dans la même position, justifient cette hypothèse. Sgrs de St-Mauris en Mâconnais, du Thil (Vauxrenard) en B., par héritage des Ste-Colombe de Flechères, par alliance avec les Parange, en 1584. Guille de Ch., qualifié éc. *domicellus* par les généalogies, était possessionné à Condrieu, en 1454. — Et. au 18e s. (*Généalogie des Libres, sgrs de St-Mauris, du nom et armes de Cheuriers*, une feuille in-plano ; Papire Masson ; Menestrier : *Abrégé méthodique ; MO ; PL*). — Cl. Jph fut reçu chevalier de Malte, en 1685, et présenta les quartiers suivants : Ch., de Varennes-Rappetour, Maisonseule, Royraud du Villars ; de Parange, de Rancé de Gletteins ; de la Tour de Gournay, de Pierres.

**Chiel** (de), ancienne famille chevaleresque de L.. connue dès la fin du 11e s., sgrs de Ch , près d'Anse et de Beaulieu en L., sgrs de Chauves en Bugey, ét. au 16e s. (*GB; LL*). — Devise : *Ny tot ny tard.*

**Chier** (du), v. **Chef** (du).

* **Chirat** de Montrouge, sgrs de M. (Savignieu) et de la Pomière (Précieu) en F., au 18e s. orig. de Montbrison : —*d'az. à 3 roses d'or, au chef cousu de gueules, chargé de 3 étoiles d'argt.* — Ant. Ch. de M. de la P., reçu chevalier de Malte, en 1783, présenta les quartiers suivants : Ch. Montaigne, Boyer de Montorcier, Chassain ; Duguet de Bullion, Balme, Boyer, Tamisier.

**Chirat**, bourgeois de L., cachet apposé à un aveu de fief de 1715.

**Chirat** de Souzy, J. Ant., éch., 1778. EGL 89. — Rep. en F.

**Chirurgiens** de Lyon ; corporation.

* **Chirurgiens** de St-Etienne ; corporation. —*D'az. à un St-Côme et St-Damien d'or, avec leurs attributs du même.*

* **Choeart**, cler de v. 1448, 49.

**Choignard**, Ph., éch. 1783, EGL 89.

**Choisity**, André, éch. 1692.

**Chol** de Clercy. Cette famille qui, à en juger par ses armes, descendait ou plutôt prétendait descendre des du Choul, a donné un prévôt général de la maréchaussée à L., anobli en 1768, et Fs, éch. en 1779. Sgrs de Néronde en F. par acquisition en 1775, ét. au commencement de ce siècle. — Un cachet du 18e s. porte : *fascé d'or et de gueules, au chef cousu d'argt. chargé d'un lion issant de gueules.*

**Chollier** de Cibeins, bons d'Albigny, ctes de Cibeins, orig. du B., établis à L. au commencement du 17e s. Sgrs de Buysante (Limas) en B au 16e s. Sgrs d'Albigny (Montrotier) en L. Montromand, Bully, Le Breuil, etc. en L. 18e s. Cette famille a donné 3 clers au Parlt de Dombes, au 16e s., 2 clers à la Cour des Monnaies de L.; Alexandre, éch. 1618 ; P. en 1647 ; P., cte de Cibeins, président à la Cour des Monnaies, lieutenant particulier, assesseur criminel en la sénéchaussée de L.; P. des M., de 1716 à 1723. — EGL 89.—Représentés à L. (*PL*).

**Chomat**, sgrs de Varissan, au commencement du 17e s. — Les armes reproduites sont celles d'un notaire de L., à la fin du 17e s. Il ne faut pas les confondre avec les Julien de Villeneuve, qui ont porté le nom de Chomat.

**Chomey**, enseigne du quartier du Puits du sel, 1658.

* **Chorsim**, ancienne famille chevaleresque ét. depuis longtemps, et dont le nom est resté à une localité où existait un ancien château, près de Sauvain en F. Le seul souvenir qui restât des sgrs de ce lieu, était l'usage où l'on était dans cette paroisse de recommander dans les prières Guille de Ch. et Dauphine de Pralong, sa femme, qui avaient fait une donation pour le luminaire de l'église.

**Choul** (du), anciennement **Chol** (du), sgrs de Juracy-les-Longes et de la Motte en L., depuis le 14 s., possessionnés aux Farges, à St Just. Et. au commencement du 18e s. (*Statistique du canton de Ste-Colombe*, par M. Cochard). Ils avaient fondé une chapelle dans l'église de Ste-Croix, à Lyon. Les armes doivent se blasonner : *de gueules, à 2 fasces d'argt surmontées d'une tête de lion arrachée d'or,* tenants : 2 femmes vêtues de blanc à l'antique, l'index posé sur la bouche ; cimier : un lion issant ; devise : *Honor sine honore beatus.* Elles sont gravées dans le *Discours sur la Castramétation des anciens Romains,* d'Ant. Du Choul. Nous les avons vues dessinées et peintes avec beaucoup de soin sur un ouvrage imprimé au 16e s.

**Chovet** de la Chance en F., sgrs de Chevrières, acquis des Langeron en 1782. Co-sgrs de la Faye, acquis avec les Courbon des Gaux, des Clermont de Chaste en 1742; orig. de Bourg-Argental. Un s. du R. en 1742. EGF 89 (*MN*). — Les armes se blasonnent : *d'argt à 2 arbres terrassés de sinople, au chef d'az., chargé d'un soleil* (et non une rose) *d'or*.

**Chrestien**, à L., au 17 s. (*AG*).

**Chrestien**, à L., au 17e s. (*AG*).

***Christin** Poncet, cler de v. 1379, 81, 83, 86, 89, 91.

***Christin**, orig. du Bugey, établis à Lyon au 17e s. Le dernier de cette famille, † en 1755, fut le fondateur de la Société de Beaux-Arts de L. — *d'az. à la fasce d'or chargée* (*surmontée*) *de 3 oiseaux du paradis d'argt et accompagnée en pointe d'une croix du Christ, du même*. (*PL*).

**Christot** (**Dubuisson** de), v. D.

**Cibérans**, sgrs de Boyé (La Gresle) et de Jarnosse en B. de la Montagne, aux 16e et 17e s. Cette famille a donné un Custode de Ste-Croix, chancelier de St-Just et de St-Paul, † en 1372; un cler du Parlt de Dombes et des baillis de Mâcon. — D'ordinaire on blasonne mal ces armes; Dubuisson a interverti les émaux. Elles se voient au château de Boyé; sur un vitrail de l'église de Chessy est dessiné un blason analogue, mais sans indication de couleurs.

**Cinier**. Un bourgeois de L. de ce nom, possédait au 18e s. le château de la Feuillade (Messimy).

**Civrieu**, ou mieux **Sivrieu**. v. S

**Cizeron**, à L., au 18e s. possédait Janzé (Marcilly d'Azergues) en L.

***Cizeron**, à St-Etienne, au 17e s. : *d'argt à 6 hérons de gueules posés 3 et 3*. (*AG*).

**Clapasson** de Valière, Fs, éch. 1759.

**Clapeyron** du Buisson, orig. de St-Chamond, établis à L. en 1648. Un trés. de F. en 1730; un prévôt général de la maréchaussée en 1789. Et. Il y avait des Cl. à Montbrison à la fin du 17e s.

***Clapeyron**, à L., au 17e s. — *De gueules à une montagne de 6 copeaux d'argt*.

**Clapisson**, orig. de Dargoire, établis à L. au commencement du 17e s. Fs, sgr de La Duchère, La Tour-Montanay, Layer, Monténard, éch. 1607. Cette famille a eu aussi un s. du R. en 1698. (*PL*).

**Clapperon** du Milieu, famille qui a donné un cler au Parlt de Dombes.

**Claret** de la Tourrette et de Fleurieux, sgrs de la T. et de Fl. et de Sommoi (Sourcieux-sur-St-Bel) en L., au 18e s. — Blaise, éch. 1687, J. en 1689, Jacques Annibal Cl. de la Tourrette, sgr de Fl., président à la Cour des Monnaies, lieutenant-général criminel à la sénéchaussée de L. P. des M., de 1740 à 1744. EGL 89. Cette famille s'est divisée en deux branches : celle de la T. et celle de Fl. Cette dernière est représentée actuellement à L. — Supports : 2 aigles.

**Clavel**, Guille, cler de v., 1558.

**Clavel**, à L., au 18e s.

**Clavel**, à L.

**Clavel**, à L.

***Clavel**, notaire à L., † en 1469 et enterré à St-Paul : les armes gravées sur sa tombe sont une *H gothique terminée supérieurement par un clou et accostée de 2 étoiles en chef*. Hugonin, cler de v., 1442.

**Clavier**, à Lyon, au 17e s.

***Clavières** (de), famille chevaleresque possessionnée à Renaison en F., au 14e s.

**Clavières** (de), sgrs de Jarniost et Ville-sr-Jarniost, en L., à la fin du 18e s.; Fs, éch., 1754; J. Fs, en 1770; EGL 89, représentés à L.

**Cléberg**, primitivement **Cléberger**, orig. de Nuremberg, sgrs de Champs, de Châtelard et de Chavagneux, bons de St-Trivier en Dombes, aux 16e et 17e s. J., le premier qui s'établit à L., fut cler de v. en 1546. Sa grande bienfaisance l'a rendu populaire sous le nom du *Bon Allemand*. Il fut le principal fondateur de l'hospice de la Charité. — Le peuple, par reconnaissance, s'était habitué à donner son nom à une vieille statue dont l'origine nous est inconnue, et qui existait sur un rocher au bord de la Saône. Renouvelée de génération en génération, elle s'était conservée jusqu'à nos jours; un zèle indiscret et inopportun, en faisant disparaître ce modeste monument de son gigantesque piédestal, a détruit tout le caractère et le sentiment de la tradition et anéanti la fête populaire. David, fils du bon Allemand, acquit d'importantes seigneuries; il possédait, en outre, à Bourgneuf, une terre dite le Champ St-Paul, pour laquelle il devait un cens au Chapitre. Cette famille s'est éteinte au 17e s. dans les Sageot et Chalom. (*GD*). — Le sceau armorié de David Cl. est conservé aux archives de la Charité.

**Clerc**, victe, général sous l'Empire.

***Clerc** (Le), Cl. G., avocat à Grenoble et à L., 1806. — *Parti : au 1er bandé d'az. et de sinople au chef d'argt. chargé de 3 fers de hallebarde* (?) *de gueules; au 2e d'argt. à un dextrochère mouvant d'une nuée au naturel, du flanc dextre, tenant une fleur de gueules tigée et feuillée de lis : au chef d'az. chargé d'un soleil d'or mouvant du chef*. (*ex libris* gravé).

**Clerico** de Janzé, sgr de J. (Marcilly d'Azergues, en L., fin du 18e s.; un s. du R. au 18e s. EGL 89.

***Clérieu** (de) ou Clairieu, famille chevaleresque, possessionnée en F. au 14e s. Valbonnais a publié (*Hist. du Dauphiné*) un sceau de Robert de Cl., dont les armes étaient : *parti d... à 2 clefs d... et échiqueté*.

**Clermont**, ancienne famille chevaleresque du Dauphiné, dont une branche, les Cl. de Chaste, a possédé en F. les seigneuries de St-Just-en-Velay au 17e s., et celle de la Faye au 18e s. Elle brisait ses armes d'*un écu d'az. à une fleur de lis d'or*. (*CH; LH; AP; HM; PA; LD, SA; CP;* etc.)

**Clot**.

**Clusel** (de), famille chevaleresque possessionnée à Chastelus en F. au 14e s.; sgrs de la Colonge, de Thoisgny (Lacenas) en B., au 16e s., par alliance avec les Nagu. Il y a eu plusieurs familles de ce nom en Bourbonnais, en Auvergne et en Velay. Nous ne savons à laquelle appartenaient les de Cl. du F. et du B.

**Cochard**, à L., au 17e s. (*AG*).

**Cochardet**, trés. de France, au 17e s.; Et., éch., 1654.

***Cœur** (Jacques), le célèbre argentier de Charles VII, a possédé, en R. les seigneuries de Roanne, de St-Romain et de Boisy. On voit encore sa devise : A COEVRS VAILLANS RIEN IMPOSSIBLE sur ce dernier château; mais les armes de Gouffier ont remplacé les siennes. En L., il fit exploiter les mines de St-Pierre-la-Palud et de Chessy. De vieilles girouettes détruites depuis peu et qui surmontent la porte des bâtiments d'exploitation de Chessy, étaient ornées de cœurs. — *D'azur à la fasce d'argt., chargée de coquilles de sable et accompagnée de 3 cœurs de gueules*.

**Cognet** des Gouttes, de la Maisonfort et de Marclop, sgrs de M. des G. de Poncins, au 18e s. Cette famille pourrait descendre de J. C., docteur ès lois, à St-Galmier, en 1376. EGF 89. — Représentés à L.

**Cogniat** de la Vaure, Jq., sgr de la V. et du Marais, éch., 1672. Il écartelait de C. et de la V.

**Cohade**, sgrs de la Versonnière et de la Brosse; de Villeneuve, fief transmis par alliance aux la Vaissière, au

18e s. Famille dont la noblesse fut reconnue lors de la recherche. — Sur un portrait de Paul de C., grand-vicaire de L., au 18e s., et cité par M. Morel de Voleine, le lion était de *gueules*.

**Coin** (du), à L., au 17e s.

**Coin**, alliance de Burtin.

**Coing** (du), sgrs de Verneaux, au commencement du 17e s., lieutenant de la compagnie du Puit-Pelu, en 1664. Les *Forces de Lyon*, blasonnent : *de gueules à 3 cyprès terrassés de sinople et un cœur d'argt en chef, surmonté d'un soleil d'or*.

**Colbenchelag**, ou mieux **Kolbenschlag**, orig. d'Allemagne. Armes parlantes.

* **Colau**, à L., au 18e s.; un s. du R. à Grenoble en 1780.

* **Colau**, famille chevaleresque du Forez, que nous avons trouvée à la fin du 14e s., mentionnée seulement comme censitaire d'un riche bourgeois de St-Galmier.

**Collabaud** de Juliénas, sgrs de J. en B., depuis 1727, par alliance avec les Janin. — Durand, éch. en 1593 et 1605; Jq. en 1696. — Devise : *Sine macula*.

**Colomb** d'Hauteville, EGF 89.

* **Colomby** ou **Colomb** de Villefranche, anoblis en 1383. — A. inc.

**Colombet**, trés. de F. — La colombe doit porter au bec un rameau d'or.

**Colombier** (Simon), cler de v., 1441, 50; autre S., 1487, 88. — Les armes sont celles d'une famille alliée aux Mandelot et qui a donné un chanoine de L. en 1571, ce qui rend douteuse l'identité de ces deux maisons. (*AP*).

**Colonge** (de la); famille chevaleresque en B., au 11e s. — Les armes figurées dans la planche sont celles d'une famille de Bourgogne.

* **Colonges**, Ét., cler de v. 1475.

* **Colonges** (de), ancienne famille chevaleresque, sgrs de la Maison forte en Bresse. On trouve, en 1370, André de C., éc. châtelain de Marcilly. Cette maison a donné des dignitaires à l'Église de Lyon, entre autres, Arnoul de C., doyen, qui fit faire les vitraux de la rose septentrionale où il est représenté, tenant une image de ce vitrail, avec cette légende : LI DOYEN ARNOVL ME FECIT FACERE, au milieu une figure allégorique de l'Église est peinte au milieu de la rose, tenant un calice et un gonfanon armorié, d'après lequel on a blasonné les armes de cette famille : *parti au 1er d'or. à 3 croix de gueules en pal, au 2e d'argt. à 3 fasces de sable*, mais les traits que l'on a pris pour fasces, sont les lignes qui indiquent les pendants du gonfanon, quant aux croix, se sont probablement des emblèmes religieux; en tout cas, il aurait fallu blasonner ces armes : *d'argt. à 3 pals de sable au chef d'or, chargé de 3 croix de gueules*.

**Combe** (de la), enseigne pennon du quartier de Bellecour et de la rue Bourchanin, en 1664. — La croisette doit être pâtée.

**Combet**, capitaine-pennon du quartier de la Pêcherie en 1658. — Le chef doit être *chargé d'un croissant d'argt. entre 2 étoiles d'or*.

**Combet** de la Mitonnière, famille bourgeoise du L., au 17e s., alliance des Montdor. — Les armes se trouvent autrement : *d'az. un cœur de gueules surmonté d'une croix potencée d'argt. fichée dans le cœur, chargé d'une bande d'argt. à 3 coquilles de gueules, les oreilles en bas* (*MC*).

**Combet** J., cler de v. 1563.

**Combles** (de), sgrs d'Anthon et de Chavagnieu. Cette famille représentée actuellement en Dauphiné, a donné un s. du R. du grand Collége, en 1741; et un cler à la Cour des monnaies en L. — Le blason est celui d'une famille de Lorraine établie aussi en Bretagne et en Champagne (*DH*).

**Comborn** (de), gouverneur de L., au 15e s., ancienne famille du Limousin. Ét.

* **Combres** (de). On trouve, au 14e s., une famille de C., possessionnée en F., près de St-Just-en-Chevallet, ce doit être la même que celle de Thélis, qui possédait, dès la fin du 13e s., les seigneuries de C. sur les limites du F. et du B.

— **Commières** (de), v. Vieux.

**Commarmond**, famille bourgeoise de L., possessionnée à St-Symphorien-le-Chat. Pomeys, Aveyse, la Chapelle, Saint-Denis-sur-Coise, Chatelus, Duerne et St-Martin-en-haut, au 18e s., elle s'est éteinte en la personne de M. le Dr C., conservateur du musée des Antiques de L. — Les armes, plus anciennement, portaient un cœur entre les 2 croissants.

**Commerce** (Chambre de) de Lyon.

* **Communes** (des), ancienne famille chevaleresque. On trouve, en 1438, Margte des C., dame de Charnay, qui possédait aussi une maison dans le château de Chazay, venant des d'Arcis. — A. inc.

**Compagnon**, à L.

**Compaing**, à L., dès les 1res années du 17e s. Il y a d'autres familles de ce nom portant des armes analogues : *d'az. à un rencontre de cerf d'or surmonté d'une fleur de lis d'or* (*Ménestrier; LA*: Reconnaissance de la noblesse du Poitou) et *d'az. au rencontre de cerf d'or surmonté d'une tête de léopard, et celle-ci d'une fleur de lis de même* : (Segoin : *Mercure armorial*). Le blason que nous donnons est gravé sur le plat de plusieurs volumes donnés à la bibliothèque de la maison de la retraite des PP. jésuites, en 1667, par Gaspd et Ant. C.

* **Condessie** (de), J. cler de v., 1425.

**Confalon** (société du). Confrérie religieuse établie à L., au 16e s, à l'imitation de celles qui existaient en Italie. Sa dénomination qui fait allusion aux bannières « gonfalon ». sous lesquelles étaient rangées ces confréries, rappelle aussi cette origine. La chapelle où elle tenait ses assemblées religieuses a été détruite, et on a élevé sur son emplacement une halle aux blés, devenue le Mont-de-Piété. — Nous avons blasonné les armes d'après un sceau où la croix paraît écartelée, mais sans autres indications de couleur que celle du champ, elles ne sont point de même sur des plaques brodées que portaient les confrères; le champ est *d'argt.* et la croix *écartelée en sautoir de gueules et d'az.*, de telle sorte que le montant perpendiculaire de la croix est de gueules et les deux traverses qui en forment les bras d'az.

**Congnain** Isaac, éch. 1649. Il existe, à St-Nizier, la tombe d'un chanoine de cette église, membre de cette famille, laquelle a donné aussi un officier au présidial.

**Constant** Ant., éch., 1697. Une autre famille du même nom a donné un s. du R., au 18e s. EGL 89.

**Conte** (de), lieutenant du quartier de la Fontaine-St-Marcel et de la place des Terreaux, les *Forces de Lyon* mettent une épée d'argent à la patte dextre du lion.

* **Conte** (le) ou mieux **Lecomte**, un s. du R., receveur des tailles à Montbrison, 18e s. EGF 89.

**Copet**, enseigne du quartier St-Paul, en 1664.

**Copet**.

—**Coqure**, v. **Cucurieux**.

**Coral**, famille bourgeoise de L. dont il y a eu un libraire qui portait : *d'or à une tige de corail de gueules*, devise : *Nec herba, nec arbor*. Les armes telles que nous les donnons étaient figurées sur l'imposte en fer d'une maison de la petite rue Mercière ; il faut y ajouter : *2 étoiles et un croissant d'argent*.

* **Corbeaux** (de), orig. du Dauphiné, sgrs de St-Héand, en F., dans la première moitié du 18e s., acquirent

aussi St-Bonnet-les-Ou'cś des Bartholy, en 1720 — *d'or à 3 fasces de sable (CH; LC; IH; AM).*

* **Corbeisson** (de), famille chevaleresque possessionnée à St-Germain-Laval, en F., au 14e s.; sgrs de Portebœuf en B., au 15e s.

**Corcelles** (de), sgrs du Montet (Mardore) en B., au 16e s.

* **Cordeil**, famille chevaleresque, sgrs de Montabert (St-Christophe et Grandmont), possessionnés à St-Cyr-de-Favières, St-Symphorien, au Vernet, à Fontaneys, etc., en F., 14e s.

**Cordellier** (le), orig. d'Artois, établis en F. au milieu du 17e s. (*Généalogie de la maison de Cordellier et de ses alliances*, 1630, in-4o, *GM; RC; TV*).

* **Cordier** Jq., cler de v., en 1380; J., 1382.

* **Cordonniers** de Lyon, corporation, *d'az. à une main mouvante d'une nuée du flanc dextre d'argt. tenant un carrelet surmonté d'un tranchet et d'une alêne du même et 3 fleurs de lis d'or rangées en chef.* Les escoffiers, tanneurs et cordonniers, avaient fondé, dans l'église de St-Nizier, une chapelle sous le vocable de l'Assomption, aujourd'hui de St-Joseph; son architecture élégante, originale et pleine de caractère, a été totalement défigurée dans les derniers travaux de restauration dont St-Nizier a été l'objet. — Dans la liste des maîtres des métiers on a travesti les Escoffiers, marchands de peaux, en estoffiers, nouveau mot sous lequel on a voulu sans doute indiquer les fabricants d'étoffes.

* **Cordonniers** de Montbrison: *de gueules à un carrelet en pal, accosté de 2 palmes en sautoir et surmonté d'une couronne de laurier, le tout d'or.*

* **Cordonniers** de Villefranche: *d'az. à un tranchet en pal d'argt. manché d'or.*

**Corent**. Orig. de Bresse, sgrs de Tancy en B., au 15e s. Et. au 16e s. (*GB*). — Nous ne savons si les armes qu'on leur attribue sont bien exactes, mais Jq. de C., chanoine de L., au 13e s., était représenté sur sa tombe tenant un livre marqué de 3 besans, ce qui ressemblait fort à un écusson, ce pouvait n'être aussi qu'un ornement.

**Corlin** de Blazet, à Villefranche, au 17e s.

* **Cornetou** Aymon, cler de v., 1270.

**Cornillon** en F. Le château de ce nom, dès le 13e s., était passé en d'autres mains.

**Cornillon (Laire** sgrs de), v. L.

**Cornillon** Pht, cler de v., 1565; ce blason fut adopté au 18e s., par les Jaquier de C.

**Cornon** (de) Péronne, fille de Guille, sgrs de C., veuve et héritière de J., sgr de Rochefort, porta la seigneurie de R. par mariage aux d'Urfé, en 1412. — Les armes sont celles d'une famille du Charollais.

**Correard.**

**Corrompt**, officier de la cour des monnaies de L., fin du 17e s.

**Corsant**, famille chevaleresque, orig. de Bresse; sgrs de Chiel, en L., au 16e s., (*GB; GD*). — Ils écartelaient ordinairement au 1er et 4e *d'az. à 3 étoiles en pal d'argt.*, au 2e et 3e *d'or à 3 bandes de gueules et sur le tout de Corsant*, à cause d'une alliance avec les Gourdon de Genouillac, au 16e s; devise: *Altius* ou *Court sans cesse.*

**Corteilles** de Vauxrenard, sgr de V. en B., au 18e s. Cette famille a donné un cler au Parlt de Dombes EGB 89.

**Costard** Noël, éch., 1656.

**Costard** (de), sgr de Ronzière (St-Forgeux) en L., au 18e s.; Fs, éch., 1703.

**Coste** Ben., éch., 1777; EGL 89; représentés à L. — Il faut ajouter aux armes: *un chef d'az. chargé de 3 étoiles d'or.*

**Coste**, enseigne du quartier de la rue Grenette, au 17e s.

**Coste**, orig. du Beaujolais. A cette famille qui avait occupé des emplois dans la magistrature, appartenait M. le cler Coste, bibliophile distingué, dont la Bibliothèque lyonnaise a été acquise par la ville. Possessionné en Bresse et à Lyon, propriétaire du château des Brosses (Caluire) en L. — Supports: 2 lions.

* **Coste** (de la), ou **Côte**, famille chevaleresque de Chasselay en L., 13e s. Une famille du même nom était possessionnée en F. au 14e s. — A. inc.

**Cotelle**, à L., au 17 s. Il y avait à cette époque un chanoine de St-Just de cette famille. (*AG*).

* **Cottin**, à L., au 17e s.: *d'az. à 2 piliers d'or.*

**Cotton** (de), sgrs de Valfray, au 17e s. Jérôme, éch., 1635; Louis en 1674, orig. de Villechenève, branche de la famille suivante, établie à L. vers 1530. Jér. fonda, en 1610, une chapelle sous le vocable de St-Sabin, dans l'église du collége; c'est la cinquième du côté de l'évangile. En 1622 il obtint, pour lui et sa femme, Anne d'Osseris, par un privilége spécial, dû sans doute à leur parenté avec le P. Cotton, l'autorisation de s'y faire enterrer. La sépulture ordinaire de la famille était à St-Nizier où, en 1612, ils firent « poser et graver leurs armes sur un vas de « pierre..... à la croisée de la nef du cousté de bize, « au devant des autels de St-Cicaire et de la chapelle « barrée de fer; entre le vas de feu le sieur baron de « Vaux et celui des Pasquelets. » Ils obtinrent aussi le droit d'avoir « un banc de noyer contre le mur proche de ladite tombe... entre les bancs desdits sieurs de Vaux et desdits Pasquelets. » C'était en face de la chapelle actuelle de St-Pothin; on voit en cet endroit plusieurs tombes mais toutes effacées. — Cette famille est représentée à L. — Devise: *Dulcedine vel fortitudine*: Cimier, un lion issant tenant un écusson aux armes des Cotton de Chenevoux (jeton de Ls, éch. en 1674).

**Cotton** de Chenevoux, sgrs de Ch. (Néronde) en F., au 17e s., orig. de Villechenève, anoblis en 1610 pour services militaires, fondus dans les Dulieu. A cette famille appartenait le P. Cotton, confesseur de Henri IV.

**Couchard**, à L., au 17e s.

**Couchaud**, à L., 18e et 19e s. (*Eloge d'André Couchaud, architecte*, par M. Martin Daussigny; Lyon, in-8o, 1849).

**Coulau**, à L., au 17e s.

* **Coulaud** Cl., cler de v., 1582: *de gueules à 3 besans d'or, au chef d'argt. chargé d'un lion issant de sable.*

**Couleurs** (de), sgrs, puis vctes d'Arnas en B., au 17e s.; seigneurie passée plus tard aux Baland. Cl., sieur d'A., éch., 1633; Ph. de C. de Tinam, victe d'A., chevalier des ordres du R., président des trésoriers de France.

**Coulon**, à L., au 17e s. — On trouve un Gérard C., anobli en 1690.

**Coupier** de Claveyson, sgrs de Cl. (Claveysoles) en B., par acquisition des Thy de Milly, au 18e s.; un cler au présidial en 1759, EGB 89. Et. en 1829 dans la personne de J. P., cler à la cour d'appel et député du Rhône. — Les armes ont varié: les plus anciennes sont celles que représente la planche. On trouve ainsi, sur un acte de 1723, accolées *d... à 3 pommes de pin de d... 2 et 1 et 3 étoiles d... 1 et 2.* En 1734, il y a 3 coupes au lieu d'une seule, et *le chef est abaissé sous un autre chef d'or à l'aigle de (sable)*, en outre il paraît, d'après un cachet du dernier représentant de cette famille, que le champ doit être *d'argt.*

**Cour** (La), R. N., 1668.

* **Courageot**, à L.: *d'az. à une bande de gueules*

*chargée des insignes de la Légion d'honneur, et accostée en chef d'une épée en pal entre 2 étoiles d'or, en pointe d'une pyramide d'argt.*

**Courbon** de Montviol.

**Courbon** des Gaux et de St-Genest, orig. du F.; un s. du R. vers 1750; deux présidents-lieutenants en l'élection de St-Etienne, EGF 89. Représentés à L. (*MN*).

**Cours** (de), sgrs de la Chambre en F., par héritage des la Ch., au 15e s. — A. inc.

**Court** Bobt, cler de v., 1421, 23, 26, 32, 38; Ht, 1435; Simon, 1526, 31, 36, 39, 43, 48, 50, 54, 74.

**Court** (de) de Pluvy, mquis de la Claire, orig. de St-Symphorien-le-Château en L., sgrs de Pluvy dès le 16e s. Ils avaient fait construire ce château en 1573. Sgrs d'Huringue (Pomey) en L., au 18e s. EGL 89. Pl. est passé depuis aux Noblet. (*Statistique du canton de St-Symphor.-le-Château*, par M. Cochard). — Supports : 2 palmiers. — Ces armes sont apposées à un aveu de fief fait en 1783 par J.-B. de C., officier de cuirassiers pour le château de la Garde et St-Pierre-le-Noaille en Charollais. On leur donne ordinairement les armes précédentes.

**Courtil** (Du), ou **Ducurtil**. Et., clerde v. 1270. Un chevalier de l'église de L. en 1368. (*PL*). Il existait à St-Paul une tombe de Fs Regnault et de sa femme Hélène, où étaient gravées les armes de cette famille. Nous les avons mal figurées d'après la description de Quincarnon; un dessin conservé dans les manuscrits de Gaignières l'interprète autrement. On distingue aussi en pointe, des larmes. Ce blason est identique avec celui que nous reproduisons à la planche, d'après Goussancourt, sous le nom de **Ducurty**, ce qui prouve que ces deux noms appartiennent à la même famille.

**Courtin** de St-Vincent, de Rilly et de Neufbourg, sgrs de Sallain (Chamellet), par acquisition des d'Olifant, en 1630; de la Motte-St-Vincent en B.; de Villechèze; de Changy; de Riorges et de Rilly, probablement par alliance avec les La Mure de Rilly. Cette famille, qui était divisée en 2 branches au commencement du 18e s., les sgrs de St-Vincent et ceux de Rilly, parait être une branche des bons de Rozay, dont *PB* et *SA* ont donné la généalogie. Fs C., éc. lieuten.-général au bailliage de R., témoin, en 1678, du testament de Fse de La Mure, portait : *écartelé : au 1er et 4e de C., au 2e et 3e d'az. au lion d'or, accompagné de 3 roses d'argt.*, comme le bon de Rozay dont les armes sont insérées dans l'armorial de Segoing. Le 1er que l'on trouve en R. est Nic. C., cler au Parlt de Paris en 1650. Il est mentionné dans les généalogies qui ne donnent pas sa descendance; il est probablement la tige de la branche forézienne. Il y avait encore, vers le même temps, 1631, noble J. C., cler du R., procureur et assesseur en l'élection de R. Cette famille a donné des chevaliers de St-Louis et un vicaire général de l'ordre de Cluny, supérieur de St-Martin-des-Champs, † sur l'échafaud en 1793, EGF 89. Représentés en F. (*MN*). — Des écussons peints dans l'église des Cordeliers de Charlieu, semblent constater l'alliance des C. avec les La Mure de Rilly : *le 1er est de C.; le 2e est parti de La Mure et d...*

**Courvoisier**, famille orig. de Poligny, et que les événements politiques amenèrent à L. au 16e s. (*CB*).

* **Cousan** ou **Cosant**, château et 1re baronnie du F., qui avait donné son nom à une famille ancienne, mais qui, dès l'époque où elle est connue, n'était plus en possession de la seigneurie de C., qui appartenait aux Damas, par alliance, à ce que l'on suppose, avec l'héritière des sgrs de C. Il ne faut donc pas confondre les D, sgrs de C., avec les C. proprement dits, ceux-ci paraissent s'être éteints au 14e s. Une branche avait fini plus anciennement en la personne de Guy de C., † en 1236, ne laissant que 2 filles. Il y a eu un Arnoud de C., chamarier de l'église de L., vivant en 1223. — V. Damas.

**Cousin** Jq., clerde v., 1505; Fs, 1565.

* **Coutenson** ou **Contenson** (de), ancienne famille chevaleresque qui tenait son nom du fief de C. en F., et dont les biens et le nom passèrent depuis aux Du Bessey.

**Covet**, bons de Montribloud, orig. de Bresse, dont une branche s'établit en Provence et y posséda les seigneuries de Marignane, de Trets, et le marquisat des Iles-d'Or; l'autre resta en Bresse en Dombes et en L. Sgrs de Montribloud en Dombes, au 16e s. : de St-Bernard, de St-Olive, de Gardanne, de La Mure, etc., aux 17e et 18e s.; Martin, bon de M., cler de v., 1592; R. N., 1668; EGL 89. (*EP; CD; PL; BR*). — Devise : *Unio fortis.*

**Coyaud** J., clerde v., 1500, 2, 10, 16.

* **Coyse** (de), ancienne famille chevaleresque du L., établie, au 12e s., près de St-Symphorien sur Coyse.

**Coysevox**, sculpteur célèbre, né à L. Sa famille était d'origine espagnole. — Les armes, qui paraissent douteuses, sont les mêmes que celles de la Corporation des Peintres de Paris.

* **Cozon**, ou mieux **Coson**, sgrs de C., famille chevaleresque du F., possessionnée au 14e s. dans les mandements du Châtelus et de Fontaneys. — A. inc.

**Cozon**, à L., au 17e s.

* **Cozon** de Bayard, à St-Etienne, au 18e s. Et. en 1744; fondus dans les Frotton d'Albuzy. (*MN*). — *De gueules au chevron d'or, accompagné de 3 hures de sable.*

* **Cozon**, à St-Etienne, au 17e s. : *d'or à 3 fasces d'az. au lion d'argt. brochant.*

* **Cremeaux** (de), anciennement **Cromeux**. village et château en F., qui ont donné leur nom à différentes maisons : la première, au commencement du 14e s., était une famille de magistrats qui portaient ce nom parce qu'ils habitaient ce lieu et y prélevaient quelques cens, mais la seigneurie ne leur appartenait pas et ils devaient hommage au sgr du lieu qui était alors le sgr de Mont-St-Jean, puis plus tard, vers 1373, à celle du Thil. Ces anciens C., différents des suivants, semblent être de la même famille que les Favre ou Fabry; il parait au moins qu'ils se seraient fondus dans ceux-ci.

**Cremeaux** (de), sgrs de Symphorien, par alliance au 16e s. avec la famille de ce nom, de St-Germain-Laval; de Mons et Le Bois en Velay, par alliance avec les Prunel, mquis d'Entraigues, en Auvergne, par alliance avec les d'Urfé, ctes de St-Trivier, par alliance avec les Grillet en 1622. D'autres branches ont fourni les sgrs de La Grange et de Pollionay, possessionés en L. et en B. Ancienne famille de robe dont le nom primitif était Vernin, et qui remonte à P. V., juge de F. à la fin du 14e s., que Guichenon qualifie à tort de chevalier et de sgr de Cremeaux. Cette terre n'entra que plus tard dans cette maison, et P. V. n'était point noble; c'était néanmoins un personnage riche et considéré. Il fit de nombreuses acquisitions en F. et épousa Cath. de Mars, d'une famille noble, dont il eut cinq enfants : Arnulphe, J., Ant., Denise et P. Guichenon s'est également trompé sur cette alliance. P. V. avant d'être marié avait été chanoine de Chartres. Ses descendants parvinrent bientôt à la noblesse et occupèrent un rang distingué; ils fournirent en outre plusieurs chanoines de Lyon. RN 1668. Cette famille s'est éteinte à la fin du 18e s., et la seigneurie de C. est passée aux d'Apchon, sgrs de Montrond. (*GB; LMm; LD; MC*). — Au milieu du 15e s. ils portaient : *écartelé au 1er et 4e de C.; au 2e et 3e de Serrières* : cimier, une tête de chien; cri : *Serrières !* L'alliance qui a donné lieu à cette écartelure est restée inconnue aux généalogistes. Ils ont porté aussi :

*écartelé de C. et de St-Symphorien.* Dans une chapelle de l'église de St-Jean, un chanoine de L. de cette famille, † en 1689, est gravé sur sa tombe, vêtu de ses ornements sacerdotaux et la mitre en tête; son blason est : *écartelé de C. et de Merle-Rebé.* Les armes de C. sont aussi peintes sur un missel écrit en 1401 par Gérard Lombard, sur l'ordre de P. Venin, juge du Forez, qui le donna à sa chapelle de St-Pierre, à St-Germain-Laval. Ce manuscrit appartient à Mgr le cardinal de Bonald.

* **Crespinges** (de), famille chevaleresque sgrs de Grandris (St-Bonnet-de-Courcaux), possessionnée aussi dans le mandement de Châtelneuf en F., 14e s. V. Grandris. — A. inc.

* **Creulx** (du), sgrs de la Roche et de la Merlée en F., 17e s. : *de gueules à 3 coupoles d'or.*

**Croix** (de La) de Laval, sgrs de Laval, Dardilly, Marcy-le-Loup, La Gontière (Anse) en L., au 18e s. Cette famille a donné un trés. de France et 2 clers à la Cour des Monnaies de L., au 18e s. EGL 89. Représentée à L. (*MC*).

**Croix** (de La) de Castries, intendant à L. au 18e s., a laissé son nom à une rue de cette ville; famille orig du Languedoc et existant encore. (*MO; AP; DA; DH; CP; LO*). Devise : *Fidèle à son roi et à l'honneur.*

**Croix** (de La) d'Azolette, orig. de St-Symphorien-le-château, anoblis en 1815. (*SA*).

**Croizat**, à L., au 17e s. (*AG*).

**Croppet** de St-Romain, de Varissan, etc.; famille orig. de Cologne, établie à L. en 1480, anoblie en 1615 pour services militaires et par charges d'échevinage; sgrs d'Irigny par acquisition de l'archevêque P. d'Epinac, à la fin du XVIe siècle. Seigneurs de Varissan, par acquisition des Chomat, seigneurs de Bagnols, de Marzé, du Bois, d'Oingt, de Frontenas par alliance avec Hesseler, de La Font et de La Vernée. — Cette branche s'est ét. au 18e s.; elle compte Justinien, seigneur d'Irigny, éch. en 1656 : il *écartelait au 1er de C., au 2e et 3e d'az. à 5 fasces ondées d'argt., au chef d'or chargé d'étoiles de gueules.* La branche de St-Romain et de Couson, ét. au milieu du 18e s. dans les Dugaz, portait : *de C. à un chef d'az., chargé de 3 croisettes de sable.* Elle s'était fixée en F.; J. C. de St R., éch. en 1701. Les C. de Pontournis se fondirent dans les Camus; Ph. de Pontournis, éch., 1650, écartelait comme Justinien. Le rameau des C. de St-Romain s'est éteinte dans les de Murard. (*PL; MC*).

**Croquet** de Béligny en B. Les armes sont celles d'une famille qui occupa, à Paris, de hautes charges municipales. — Le blason est mal placé sur la planche, à la 2e ligne.

**Croc** (Du) et non *Cros* (Du), orig. d'Auvergne, sgrs du C. du Fieu; de St-Polgue, de La Goutte et de La Bouteresse en F., par une double alliance avec les St-Pulgent en 1797, divisés en deux branches : les sgrs de La Goutte et de La Bouterese, fondus à la fin du 17e s. dans les Mallet de Vandègre et les sgrs de St-Polgue. Et. en 1714 dans les Du Bourg. (*SA; BO*).

* **Croc** (Du) de Montmars, orig. de St-Germain de Calberte, dans les Cévennes, sgrs de Goutelas de Marcoux, etc., en F., par alliance avec les Papon, en 1692, et héritage de cette famille, dont ils ajoutèrent le nom au leur. EGF 89. Et. — A. inc.

* **Cros** (de) « *de Croso*, » famille bourgeoise de Montbrison, anoblie à la fin du 14e s., sgrs de Curèse, par alliance avec la famille de ce nom; de Précieu, par acquisition des Montbellet et des Mont-St-Jean, Du Fornel, fief situé dans l'enceinte du château de Cervières ; 14e et 15e s. Curèse, qui appartenait, en 1451, à Cath. de C., dame de ce lieu, passa peu après aux Lavieu, dont une branche en prit le nom, et plus tard aux Lévis. — A. inc.

Ch. de Cro du F., reçu chevalier de Malte, en 1623, portait : *d'az. à 3 chevrons d'or, accomp. de 3 coquilles du même.*

**Crozet** (Du), famille forézienne alliée, au 15e s., aux La Vernade, et dont les armes étaient peintes sur un vitrail de l'église de Notre-Dame de Montbrison. Sgrs de Gregnieu en F., de Montmelas en B., par acquisition, fief aliéné, en 1524, aux Beaujeu-Lignières. Un trés. de B. en 1514.

* **Crozet** (Du), famille chevaleresque qui tenait son nom du fief du C., à Cezay en F.; elle a fourni deux chanoines de St-Jean, au 14e s.; leur tombe se voit encore dans cette église. Leurs armes sont blasonnées par le *Tableau des comtes de Lyon : d'az. à une vache passant d'or et un lambel de 5 pendants de gueules.*

* **Crupisson**, trés. de France : *d'or au chevron d'az., accomp. de 2 étoiles et d'un croissant de gueules.*

— **Crussol** (de), v. **Bastet**.

**Cublize.**

**Cuchermois** (de), Hl, cler de v. 1492; Jq. 1509, 14, 22. Celui-ci fut auteur d'un roman de chevalerie imprimé en 1530.

**Cucurieux** (de), château sur les limites du F. et du B., qui a donné son nom à une famille ancienne qui le possédait; appelés indifféremment dans les anciens titres *Cucure, Coqure, Cocurey Coquereux*, sgrs de Monthermé (Perreux), par alliance avec l'héritière de la maison de ce nom, de Ronno; puis au 15e s. de Pesseley, par acquisition. Fondus dans les St-Symphorien qui en héritèrent, en 1434. La sépulture de cette famille était, soit dans l'église de St-Symphorien-de-Lay, dans la chapelle de Notre-Dame, soit dans une chapelle fondée par les C. dans l'église de St-Cyr de Favières, du côté de l'Evangile. (*LMm*).

**Currèze** (de), ancienne famille bourgeoise de Montbrison qui portait le nom du fief de C. à Pressieu en F. Elle se fondit dans les Du Cros, autre maison bourgeoise de la même ville, qui hérita de la seigneurie de C. en 1339, et en perpétua le nom.

* **Curnieu** (de), famille chevaleresque du F., possessionnée dans les mandements de la Tour en Jarez et La Fouillouse, aux 13e et 14e s.; elle existait à la fin du 16e s.

* **Cusieu** (de), sgrs de C. (Craintillen) en F., au 14e s, famille chevaleresque ét.; leur seigneurie passa aux Laire. — A. inc.

**Cusset**, J. B., éch., 1724.

**Cusin**, lieuten. assesseur au bailliage de B., sgr de Jasseron (St-J.-d'Ardières) en B, 18e s. Sa famille porta ce fief aux Joleau, par alliance.

**Cutty**, trés. de France.

* **Cuizel** (de), Guill., cler de v., 1320; Gillet, 1364, 79; Guill., 1393; P. 1391, 93, 95, 97; 1401, 3, 7, 9, 11, 15, 17, 18, 20, 22, 25.

**Daboyet** (*G*).

— **Daffaux** de Glatas et de Ruffieu, sgrs de St-Lager en B., 18e s., par alliance avec les Jourdan, en 1760, EGF 89 (*IH*). On lit encore dans l'église de St-Louis deux épitaphes qui portent le nom de cette famille, voici la première :

D. O. M.
CY GIT
HONORABLE DAME JEANE
MICHAV EPOVSE DE NOBLE
CLAVDE DAFFAVX ECVIER
CONSEILLIER SECRÉTAIRE
DV ROY MAISON ET CORONE
DE FRANCE SEIGNEUR DE
RUFFIEVX EST DÉCÉDÉ LE
15 OCTOBRE MIL SEPT
CENT DIX-NEUF.
REQVIESCAT IN PACE.

La seconde inscription qui est l'épitaphe de Cl. D., reproduit littéralement les termes de la précédente à partir des mots : noble Cl. etc., excepté la date qui indique : le premier may 1720, époque de la mort de Cl. V. Affaux.

**Daléchamps**, célèbre médecin orig. de Normandie, fixé à L., et mort dans cette ville en 1588, il fut enterré dans l'église des Jacobins, son épitaphe est actuellement conservée au Palais St-Pierre.

**Dallichoux**, Armand, éch., 1652.

**Dallier**, à L., au 17e s., N. D.; éc. sgr de Bellecroix, prévôt-général du L. F. B., 17e s., portait écartelé : *au 1er et 4e d'az. à une croix ancrée d'or ; au 2e et 3e de gueules au lion d'argt.*

**Damas**, *Dalmatii*, ancienne famille chevaleresque, orig. du F. Très-puissants déjà au 11e s., ils s'étaient répandus dans le Charollais. A la fin de ce siècle, Hugues D. approuva, avec Gui de Thiers et Geoffroy de Donzi, une donation faite par Adélaïde, ctesse de Châlons, à l'abbaye de Marcigny ; vers le même temps il fut arbitre avec son frère Geoff., d'un différent survenu au sujet de l'église de Dio (Cartulaire de Paray-le-Monial). Un titre du Cartulaire de Savigny, montre qu'il était aussi possessionné en F.

Les D., que l'on appelle aujourd'hui : de D., quoique leur nom ne vienne pas d'une seigneurie, mais d'un prénom qui était donné habituellement aux aînés de cette maison, se sont divisés en plusieurs branches.

1° Les sgrs de Cousan, de Sauvain, de Boen et de Durbize ; co-sgrs de R., par alliance avec les la Perrière. Cette branche s'est fondue dans les Lévis, en 1423.

2° Les D., sgrs de Marcilly, victes de Châlons, subdivisés en plusieurs rameaux : les sgrs de Fleury la-Tour, de 1340 à 1444, ceux de Montaigu, de 1360 à 1575, desquels sortirent les sgrs de Brèves, Rogny, etc., les mquis d'Anlezy, par alliance avec les d'Avenières, ét. en 1763, mais dont un rameau, les D. Crux, a subsisté jusqu'à nos jours et dont le dernier représentant porte le titre de duc et pair, et les mquis de Thianges, par alliance avec les Digoine, de 1550 à 1708.

3° Les sgrs de Vanoise, Vertpré, St-Riran, etc.; ét. au 17e s., sgrs de St-Bonnet, par alliance avec l'héritière de cette maison ; ils aliénèrent ce fief, en 1288, au comte de F. Ils ont formé les sgrs de Barnay et d'Audour, de 1540 à 1780 ; ceux de la Bâtie, sgrs de la Pilonière en B., par alliance avec les Lavieu, en 1479, sgrs du Rousset, depuis le milieu du 16e s. par alliance avec l'héritière de Sugny; ils passèrent en Bresse où s'établirent les rameaux du Rousset et de Colombettes, sgrs Dubuisson et de Trédieu; les bons de Chevreaux, ctes de Ruffey, mquis d'Antigny devenus pairs de France existent encore, c'est aussi d'un rameau des la Bâtie que sont sortis les sgrs de Velleret. Et. en 1750, les D. du Rousset existent aussi, ainsi que ceux de Colombettes qui sont représentés en Angleterre.

4° Les D. de la Bazolle, ét. au commencement du 15e s.

5° Les D. Digoine et de la Clayette qui remontaient à la fin du 14e s. et se sont fondus, 300 ans plus tard, dans les maisons de Dio et de la Guiche, après avoir formé un rameau, les D. d'Estingue, légitimés en 1491, sgrs d'E. (Cours) en B.; par alliance avec les Lavieu, en 1496, et ét., en 1613, dans les d'Amanzé. (*GB ; GD; Manuscrits de la Bibliothèque de L.; MM ; LMm; FM ; PA ; MO; AP ; HA ; W; LD; CP; LA ; NM; LO*). — Les Cousant avaient un sceau équestre, leurs armes se voient aussi à la Diana et sur une ancien sceau de la cour de Durbize ; les sgrs de Marcilly brisaient primitivement d'une cottice (sceau du 13e s, tombe de 1301, à la Ferté-sur-Grosne), ils supprimèrent ensuite la cottice et chargèrent la croix d'un croissant en cœur ; supports : 2 griffons (sceau de 1405). Ceux de Montaigu brisaient d'une cottice fleurdelisée, cimier: une tête de lièvre (sceau de 1383). Un D. de Thiange écartelait en 1577, au 1er de D., au 2e de Rochechouart, armes de sa mère, au 3e de Digoine, à cause de son aïeule, et au 4e de Mello, blason de sa bisaïeule. Les D. de la Vanoise et de Vertpré écartelaient de St-Haon (sceau de 1428). Les de la Pilonière, sgrs du Rousset, écartelaient de Sugny depuis leur alliance avec cette maison. Les sgrs de la Bazolle brisaient d'un lambel de 3 pendants (sceau de 1312). Ceux de Digoine avaient un lambel de 5 pendants (sceau de 1383), qu'ils abandonnèrent plus tard ; ils écartelaient de Digoine en mémoire de leur alliance avec cette famille (sceau de 1549).

***Damien**, sgrs de Mongaland (St-Symphorien-de-Laye), par alliance avec une famille Dubois, au 17e s. — A. inc.

**Dandré**, sgrs de Fromentes (l'Arbresle) en L., 18e s.

***Danicourt**, sgrs de Charmes (Denicé) en B., au 18e s. — *D... à un lion d.... addextré d'une épée et surmonté d'un croissant d...* — Ce blason était sculpté dans les anciens bâtiments du fief de Ch. On croit cette famille représentée à Paris.

**Dard**, bourgeois de St-Étienne, 17e s. (*AG*).

**Dard** de la Raffinière. (Mal placé sur la pl.)

**Darde.**

**Dareste** de Sacconay, de la Chavannes etc. en L., sgrs de Cossieu (St-J. de Touslas) par héritage, en 1725, de J. Gayot de C., très. de F., de Saconay en L., d'Aveize en F. (Chazelle-sur-Lyon); co-sgrs de St-Martin-en-Haut et d'Albonne acquis des Gimel, en 1734 et de la Terrasse (Fontaine). B.-J., éch., 1699; Guille 1758, EGF L. 89. Représentés par M. D. de la Chavanne.

**Daron.**

— **Darras** ou mieux d'**Arras**, v. ce nom.

***Datte**, Turinois établis à L. au 17e s.: *d'az. à 3 bandes d'or.*

**Daudé**, sgrs du Poussey, éch. en 1759, sa noblesse était plus ancienne, comme il résulte des lettres de confirmation datées de 1755 (*LD*) EGL 89. — Représentés à L.

— **Daulhon**, **Doulhon** ou d'**Aulhon**, v. d'A.

**Dauphin** de Vernas, orig. du Dauphiné. Représentés à L. — On trouve à L., à la fin du 15e s., des maîtres de métiers de ce nom.

**Daurelle**, v. **Aurelle** (d').

**David** de la Tour de Chapponay, en Dauphiné.

**David** de Vallière, sgrs de V. (St-Georges-de-Reneins) en B., par donation, en 1640, du sgr de l'Arthuisie dont il était le valet de chambre, sa fille le porta par alliance aux Monspey.

**David**, à St-Etienne, un D. cler honoraire au bailliage de Montbrison, s. du R., est nommé dans la liste préparatoire des EGF 89.

**Davillon**, à L. au 17e s.

**Davit** (le sieur), *G.*

**Debert**, à L. au 17e s.

**Debonnels** ou **Bonnel** (de), v. B.

***Debrou**, à L., 18e et 19e s. — *d'az. au chevron d'or accompagné de 2 besans et d'un peuplier terrassé du même ; un chef d'argt. chargé d'un lion issant d....*

***Debourg**, à R. au 18e s.: *d'argt. au chevron d'az. accompagné de 3 cignes (?) de....* communiqué par M. V. Durand, d'après un cachet du 18e s.

***Déchaux** (le) **Deschaux** ou **Lideschaz** en latin *Discalceatus*, ancienne famille chevaleresque de la Bresse; appelés aussi de **Gireu**, à cause de leur principale seigneurie. Ils étaient feudataires des sires de B., au 14e s., pour des possessions à Luzy et leur seigneurie de la Motte d'Aix, près Villefranche ; une famille de ce nom, sgrs de la Boironne (mandement de Malleval), se fondit à la fin du 14e s. dans les du Sablon. — *fascé d.... et d....* (tombe aux Jacobins).

**Decroix** Ht, éch., 1780. EGL 89.

**Degraix** ou **Degray**, J.-Mie, éch., 1789. EGF 89.

— **Delaroa** ou **Roa** (de La), v. R.

**Delandine**, orig. du B.; elle a donné un cler au bailliage en 1688. Et. récemment à L.; à cette famille appartenait M. D. de St-Esprit, auteur d'ouvrages historiques et anobli en 1815, pour le courage dont il fit preuve pendant les cent jours, en combattant au Pont-St-Esprit, dans les troupes commandées par le duc d'Angoulême. Il était fils de M. D., auteur du catalogue des manuscrits de la Bibliothèque de Lyon.

**Delbene**, orig. de Florence, établis à L., dès le 13e s. (*LH; AR; PL; MO*).

* **Delessert**, orig. du canton de Vaud, établis à L. au 18e s. Représentés à Paris. — *D'az. à 2 étoiles et un croissant d'or posés 2 et 1, et une fleur de lis du même en chef.*

**Delglat**, sgrs de la Tour-du-Bost, trés. du F. en 1749. EGL 89.

**Delor**, à L., au 17e s. — V. Niergues.

**Delphin**, à L.

**Demeaux** de Châtillon, au 17e s.; famille orig. du B., remontant à Guille D., avocat et bourgeois de Villefranche, en 1470, divisée en deux branches: 1° Les D. de Villefranche. 2° Les D. de Châtillon, subdivisés aussi en deux rameaux: 1° Les D. de Ch., sgrs de Ch., la Douze, Marbé et St-Lager, par alliance avec les Bernard, en 1578, d'où un président-mortier au Parlt de Dombes, au commencement du 18e s.; de cette branche se détacha un rameau, au 17e s., dont le chef, s. du R. au Parlt de Dijon, en 1704, s'établit en F.; ses descendants y occupèrent la charge de lieutenant au bailliage, héritèrent des Puy-de-Perier, par alliance, en 1724, et acquirent, à la fin du 18e s., les seigneuries d'Urfé et de St-Just. EGF 89. Représentés en F. par M. le cte de Meaux. 2° Les sgrs de Chanaux, fixés à L., Fs éch., 1653. Cette branche s'est éteinte au commencement du 18e s. (*FM; MN*).

**Denault.**

**Denys** de Cuzieu, sgrs de C. en F, par acquisition en 1735; Blaise, éch., 1733. — EGF 89. Représentés à L. — Leurs armes se voient à Unias.

* **Deridal**, sgrs de Montessuy en L., au 17e s., anoblis en 1658, par Mlle de Montpensier, dame de Dombes — *d'or à l'aigle à deux têtes couronnées de sable et un écusson du même en pointe*

**Deroche** de Longchamps. EGB 89. Cette famille a donné un lieutenant particulier au bailliage de B.

**Dervieu** de Goiffieu, de Varey, de Villars et de Villieu, bourgeois de L. dès 1610; divisés en 3 branches: 1° les D. de Villars et de Varey qui ont donné Fs éch., en 1706; un commandant de la Garde nationale de L. en 1790, † lieutenant-général. Cette branche existe. 2° les D. de Villieu qui ont fourni des chevaliers d'honneur à la cour des monnaies et des lieutenants-généraux d'épée en la sénéchaussée de L. 3° les D. de Goiffieu et de la Chance qui comptaient Ch., subdélégué de l'intendance, éch. en 1757, des contrôleurs généraux des finances, un cler en la cour des monnaies, etc. Le dernier de cette branche, lieutenant des gardes Wallonnes, décoré des médailles de la constance et de la fidélité, du mérite militaire de Charles III et de St-Ferdinand d'Espagne, périt sur l'échafaud en 1822, victime des agitations révolutionnaires de l'Espagne. Cette branche est représentée par Mmes de Forcrand et de Billy.

**Dervieu**, lieutenant du quartier de la Boucherie-de-St-Paul, 17e s.

**Deschamps** Fs, éch., 1746.

**Deschamps** Th., éch., 1762.

**Deschamps** de Talencé et de Meximieux, orig. de Villefranche, sgrs de T. (Denicé) en B. au 17e s. Cette seigneurie passa ensuite aux Lemau, d'Epeisses (Cogny), fief aliéné en 1758. Nic. D. s'établit en Savoie et y fut anobli, 1668. Cette maison compte aussi un cler au Parlt de Dombes, EGL 89. Chaussonnet met de cette famille Fs D., cler de v., en 1516, et lui donne le même blason. — Les armes des D. de T. se voyaient dans l'église de Cogny avant sa démolition.

* **Deschaux**, à L., à la fin du 18e s.: *écartelé: au 1er de gueules, au château à 3 tours d'or; aux 2e et 3e d'argt. à 3 bandes de gueules, au 4e d'az. à une fleur de lis d'or, une croix échiquetée de ... et d... de 2 traits sur l'écartelé*, (cachet de 1787, accolé de Gondard).

**Descorches** de Ste-Croix, EGL 89. — Les armes sont celles d'une famille de Normandie (*LD*).

**Descrivieux** de Genost; orig. du Mâconnais, sgrs de G. en Bresse, divisés en deux branches; les sgrs de G., ét.; l'autre fixée en F., au commencement du 18e s. EGF 89. (*FM; MN*). — Il y a eu encore deux autres familles du même nom et auxquelles on donne le même blason: les D. du Bugey, famille chevaleresque ét. au 16e s. (*GB*), et les D. de Charbonnières, famille de robe, du Mâconnais, ét. à la fin du 17e s. (*FM*).

**Desfours** de Grange-Blanche et de Maison-Forte, sgrs de Grange-Blanche (Ecully) en L., 18e s. Orig. d'Italie établis à L. à la fin du 17e s.; un s. du R. en 1733 (*MN*). EGL 89.

**Desgouttes** de la Salle, sgrs de la S. et de la Rontalonière (Thurins) en L., au 18e s.; de Longeval en B., fief acquis au 17e s. EGL 89.

**Desgrands**, à L.

**Deshayes**, St-Etienne, au 17e s. (*AG*). Un nommé D. tenait en franc alleu, au nom de sa femme, Catherine Bruyat, une maison, dans la rue Bourgchanin, à l'enseigne du *Tonneau d'argent*, en 1715. — V. Janin.

**Desperrichons**, v. **Gemier** des Perrichons.

* **Desportes**, sieur de la Forest (St-Laurent-d'Oingt) en L., fin du 18e s.

**Desroys** J.-Ls, éch., 1767.

**Desvernays**, sgrs de Viricelles en F.; de Mongaland en B., au 18e s. (EG.LFB 89).

**Desverneys**, à St-Etienne, au 17e s. (*AG*).

**Dethy**, v. **Thy** (de).

* **Devarennes**, bourgeois de L., possessionnés à Craponne, à la fin du 17e s., et à Brignais, au commencement du 18e s.

* **Dextre** en B., au 17e s.; un châtelain de Charlieu en L.: *d'or semé de roses de gueules, à un lion de sable*. v. Bottu.

**Deyrieu.**

**Deyriou** de Messimy, terre érigée en baronnie en 1699; un cler au Parlt de Dombes.

**Diacetto**, orig. d'Italie, à L., au 17e s.

* **Dian**, à L., orig. de St-Cyr au Mont-d'Or; un s. du R. au 18e s. EGL 89. Représentés à L. —*D'az. à la montagne d'or, accompagnée au franc canton d'une étoile du même.*

**Dignoscyo** (de), orig. de Calabre, fixés en Provence à la suite du roi René, établis à L. depuis 1815. Noble seigneur Agricolo de D. fut nommé par le roi René procureur général du comté de Provence, le 24 janvier 1473. —Ces armes devaient être primitivement écartelées, les 2e et 3e quartiers (qui sont les armes d'Anjou, les émaux intervertis) étant les chefs des 4e et 5e quartiers. Dans *LC: Recherches sur les fleurs de lys*, on a omis d'indiquer les fleurs de lis qui terminent les ailes de l'aigle et sont fort apparentes sur les cachets anciens.

**Digoine**, famille chevaleresque du Charollais, mquis du Palais, sgrs de Bonvert en F., au 17e s.; fief passé par eux aux Damas, sgrs de Propières en B. au commencement du 18e s. EGL 89. Représentés en Provence. (*CP; LD; HI; DH; AM*). Rémond de D. fut reçu chevalier de Malte en 1712 et présenta les quartiers suivants : D. Busseul, Villers-la-Faye, Brancion, Ste-Colombe, La Forest-Clair-Matin, Villeneuve-le-Martin, Seneret, Drée-la-Serrée, Vaudre, Geland, Damas-Thianges, Thiard de Bissy, Montgomery, Busseul, Gorrevod; d'Albon, St-Chamond, Galles, La Liègue, Damas-du-Breuil et du-Rousset, Sugny, Nagu-Varennes, Mitte-Chevrières, Namy de la Forest, Damas d'Esticugue, Montjournal, l'Aubépin, Damas d'Esticugue, Montdor, Damas Vertpré, Choiseul. — Tenants : 2 anges.

**Diguaron**, bourgeois de Saint-Etienne, au 17e s. (*AG*). — Armes parlantes en patois stéphanois.

**Dilbert**, à St-Etienne, au 17e s. (*AG*).

* **Dinache** de la Roche, en latin « *Dinaci*, » famille chevaleresque, sgrs de la Liègue, par alliance avec les Mauvoisin, possessionnée dans le Mandement de La Tour en Jarez, 14e s.—A. inc.

**Dinet** J., éch., 1613; J.-P.-Mie, 1625.—Un Guille Din. était prévôt de Croset en F. en 1411.

**Disdier**, à L.

**Dodieu**, ancienne famille lyonnaise qui remonte au 13e s.; un D. était apothicaire à Lyon en 1417. Sgrs de Chaneins en B., par acquisition, en 1494, d'Espercieu en F., au 16e s.; Th. et Guille, clers de v., 1270; J., 1294; J., 1397, 1401, 5, 7; Rémond, 1404, 16, 19; J., 1434; Jannet, 1449; Rémond, 1452; Guill. 1468, 73; J., 1500, 20. J. D., évêque de Rennes, ambassadeur de France auprès de Charles-Quint, en 1531. Et. au milieu du 17e s. (*LL*). Quelques-uns ont porté, au 16e s., le surnom d'Estuleugen, au lieu de D. Ils avaient leur sépulture à St-Paul et à Ste-Croix, où Jq. D. avait fondé une chapelle, en 1521. Ils firent aussi des dons à l'hôpital de Lyon, mentionnés dans les inscriptions suivantes, dont la poésie mérite d'être conservée :

A la louange de Dieu le Créateur,
Père éternel de nostre Rédempteur !
Les Dodieus ont fondé à l'hospital
Six livres, ô Dieu les garde mal;
Pour sustenter les pauvres miserables
Et repenties à Dieu moult agréables.

—

Premièrement vénérable personne
Messire Jean Dodieu, docteur chanoine
De St-Paul et sacristain de St-Just,
Qui a fondé quinze livres tout just
Un chascun an perpétuellement
A l'Hôtel-Dieu pour nourir doublement
Le jour de Pasques, Pentecoste et Noë,
Tous les pauvres; dont Dieu en soit loué !

—

Dame Marguerite Porte a fondé
Quinze livres aus pauvres et donné.
Monsieur l'eslu Jaques Dodieu
Autres cent livres au mesme lieu;
Et Jean son fils deux et demye.
Jean Dodieu ne s'oublie mye
Car il a fondé cinquante sols;
De Dieu soit yls tres absous.
*Amen !*

* **Dodieu** « *Daudiaci*, » famille bourgeoise du F., citée dès le 14e s. Sgrs de Villotte, d'Arson, de la Charpinière, de Chambœuf, au 18e s. Un s. du R. à Grenoble, en 1761. Et. à la fin du 18e s. (*MN*). — A. inc.

**Dominicains, Jacobins** et **Frères Prêcheurs**, ordre religieux, connu sous ces différentes dénominations, établis à Lyon d'abord au lieu dit la Madeleine, à la montée du Gourguillon, puis dans le quartier qui a conservé leur nom. Leur église a été démolie sous la Restauration; le couvent, après avoir servi de préfecture, vient d'être abattu à son tour, malgré l'élégance de sa construction et le grandiose de ses aménagements intérieurs. —Les armes rappellent le costume des religieux, et le chien qui tient un flambeau est un emblème de saint Dominique, fondateur de l'ordre.

**Donin** de Rozières, représentés à L.

* **Donnet** (Mgr), archevêque de Bordeaux, orig. du diocèse de L. : — *d'az. à la bande d'or, accostée en chef d'une rose tigée et feuillée d'argt. et en pointe d'une tour du même.*

* **Doreau**, à L., au 17e s. : *d.... à une tour d....* (Tombe aux Jacobins).

* **Dorches** (de) *de Durchiâ*. J., cler de v., 1294; Guille, 1320; Aymon, 1336; J., 1352, 55; J. dit Bulloti, 1355; Ant., 1355; Guille, 1364, 80, 82, 84, 86, 88, 90, 93, 95, 1412, 14; J., 1415, 17, 18. Et. de D. avait un moulin, en 1317, sur le ruisseau de Scaravay, à Vaise. Ce ruisseau est mentionné dans l'accord du cte de F. et de l'archevêque de L., en 1173, comme limite de la ville de L. Il est nommé aujourd'hui l'Oiselière. Les D. étaient possessionnés à Grigny vers la même époque; Guille de D. fut enterré en 1335 dans la chapelle du Christ aux Cordeliers, dotée par J. Ogier dont il fut l'héritier. Il existe encore dans cette chapelle deux écussons répétés quatre fois en différents endroits, et aux voûtes du bas côté correspondant, l'un porte *un sautoir cantonné de 4 fleurs de lis*, l'autre 3 *roses*. On ne peut pas dire d'une manière bien certaine quel est celui des de D. Il est vrai que Millin a publié (*Antiquités nationales*, Paris, 1792, 5 vol. in-8°, fig.) la tombe d'un Ant. de D., écuyer de la reine Marguerite, † en 1288 et enterré dans l'abbaye de Maubuisson, et dont les armes étaient un *sautoir*; mais il y a eu plusieurs familles du nom de D., et cette qualification d'éc. de la Reine suffirait pour faire rejeter l'identité de ces deux maisons. Les de D. paraissent s'être fondus au milieu du 14e s. dans les Hugues ou Huon, V. Ogier et Hugues.

**Dorigny** (*G*).

**Dorlin** Nic., cler de v., 1579. — Ces armes se voient encore sur l'imposte d'une maison de la place des Jacobins, dont l'architecture date du 17e s.

* **Dos** P., cler de v., 1270.

**Doucette**, officier du siége Présidial de Lyon, au 17e s.

**Dougny** ou **Donguy**, sieur de Marsengy ou de Marchengy (St-Pierre-la-Noaille) en L., au 18e s. Un s. du R., 1736.

**Douhet**, ou mieux **Douet**, orig. du Bourbonnais, anoblis par une charge de cler au Parlt de Dombes, en 1722; sgrs de Charmeil, par acquisition des St-Germain d'Apchon, de Vichy, etc. Une note que nous avons trouvée sur les marges d'un cahier des registres paroissiaux d'une commune voisine de Charmeil en Bourbonnais, donne des détails curieux sur cette famille qui est éteinte, et justifie la place que nous lui donnons dans l'*Armorial du Lyonnais* :

« Le sieur Gabriel Doüet, qui se dit maintenant seigneur « de Charmeil, de Vichy, de St-Germain des Fossés, de « Beauregard, étoit le fils de Charles Doüet, qui a été « longtemps petit employé dans les gabelles de Vichy, et « qui avoit tout pour bien un vigneronage qu'on appelle

« Crote et une petite, mais petite maison à Vichy : tout le « monde le connait aussi comme moi. Ledit Gabriel Doüet « que l'on dit estre mort à Lion il y a trois ans, a fait une « fortune et a aquit tant de bien, tant en terres seigneu- « riales qu'en meubles, que tout le monde qui le connoit « en sont étonnés. Il a laissé deux fils : l'un se nomme le « sieur de Vichy et l'autre de St-Germain. J'ai ecris cecy « afin que la postérité se souvienne dont est sorti ledit « Doüet. J'ai vu batir la maison de Charmeil qui coute « bien près de cent mille francs. Ledit Doüet étoit sous- « fermier des fermes generales à Lion, fermier de Monsieur « l'archeveque de Lion, de Neufville de Villeroy et de « Monsieur le maréchal de Villeroy, gouverneur dudit « Lion. — Fait le 22 feuvrier 1734. — Burnicart, curé de « Vendat. »

Il ne faut pas confondre cette famille avec d'autres du même nom dont l'origine et les armes sont différentes, et particulièrement une de Moulins en Bourbonnais, qui a donné un président au Parl^t de Bourgogne au 16^e s. *AG* de Moulins blasonne autrement les armes de D. de Vichy. Nous avons adopté la version de Dubuisson. V. *Armorial du Bourbonnais*, par M. le c^te G. de Soultrait.

**Doylin**, (*G*).

* **Doyreu** ou **Doyrieu**, famille chevaleresque de Vaugneray en L., sg^rs de Vanairieu, 13^e et 14^e s. — A. inc.

* **Doyssel**, famille chevaleresque du F., 14^e s., dans les Mandements de Montbrison et de St-Romain.

**Drappier**.

**Drappiers** de L. Corporation.

**Drée** de la Serrée, mquis de D. depuis 1767, sg^r de la Farge (Propières) en B., c^tes de Bozolles à Mayssilly, de Fragny à Belmont en L , au 18^e s. Famille chevaleresque, orig. de Semur en Auxois, EGLB 89. (*LD*; etc.) — Anciennement les merlettes étaient disposées telles que nous les avons figurées dans la planche, mais la forme carrée des écussons modernes les a fait placer plus tard en sautoir pour mieux remplir le champ de l'écu.

**Dreux** (de), Mauclerc, famille de Bretagne qui a donné un sénéchal de L. au 13^e s. et a possédé en partie la seigneurie de R., cédée en 1293 au c^te de F., et celle de Perreux, aliénée au sire de B., d'où relevaient les sg^rs de Châtelperron, de Châtelus, de Châteaumorand, de Morillon, d'Isserpens et de Chitoin.

**Dreux** d'Aubray, intendant à L. en 1637.

**Drivon**, notable b^s de L. en 1664.

* **Dru**, à L., au 17^e s. — *D'az. au phénix d'or.*

* **Dublé** Nic., c^ler de v., 1445 ; Guill., 1494, 99, 1504, 8, 13. — Il ne faut pas confondre cette famille avec celles de **Blé** d'Uxelles, comme Chaussonnet qui a donné les armes de celle-ci à nos conseillers de ville. V. ce blason à la pl. 8, verso, sous le nom de Blé (du).

**Dubois**, à L.

* **Dubois**, au 17^e s. — *D'az. à la croix ancrée d'or.*

**Dubost**. Ce nom, dont l'orthographe a varié suivant le temps et s'est écrit **du Bost**, **du Bosc**, en latin *de Bosco*, littéralement Du Bois, a été porté par plusieurs familles différentes qu'il est assez difficile de distinguer les unes des autres.

Le premier blason appartient aux D. de Curtieux, sg^rs Du Bost (St-Nizier d'Azergues) en B., au 18^e s.; successeurs dans cette seigneurie d'autres Du Bost. EGL 89.

**Dubost** de la Blanche, sg^r de Letrette (Lestra) en B., au 18^e s. Fief transmis aux de Launay.

* **Dubost** ou **Dubos**, sg^rs pour un quart de Villechaise (Monviancy). Mandement de Cervières en F. Ils tenaient leur nom ou l'avaient donné au fief Du Bost, (Nulise) en F., qu'ils possédaient aux 14 et 15^e s. : *d'or au chêne de sinople glanté d'or.* — M^r *BO* donne ce blason à une ancienne famille d'Auvergne du même nom : il n'est pas impossible qu'il y ait eu parenté entre ces deux maisons, mais il est certain qu'Antoine D., qu'il cite d'après Guill. Revol, n'était pas Auvergnat, mais Forésien et sg^r de Villechaize, et que c'est à lui qu'appartiennent ces armes. Cimier : une tête de cerf. En 1789, il existait deux familles de ce nom en F. Les D. de Chaussecourte, sg^rs de St-Priest le Vêtre, de Tremolin (St-Just) et possessionnée à Noirétable, lieux voisins de Villechaize, EGF 89 ; et les D. de Boisvert, sgrs de B. (Epercieu), par héritage de J^ne-Marie de Riverie, en 1674, EGF 89. Enfin on trouve des D. de Codigniac qui se fondirent, en 1583, dans les de La Bastie, et dont ils prirent le nom. Et. au commencement du 17^e s.

**Dubost** ou **Dubosc**, sg^rs de Peisselay (St-Symphorin de Lay), par héritage en 1473 du Moulin-lez-Châteauneuf, Viry, Cerbué et du Bost (St-Nizier d'Azergues) en B., 15, 16 et 17^e s. Cette famille qui est éteinte, parait remonter à Henri Du Bost « *de Bosco*, » sg^r Du Bost à Luzy, fils de Perrot de Thil en 1315 ; selon d'autres, elle ne serait qu'une branche de la précédente. Elle a donné plusieurs chevaliers de Malte. (*MN*).

* **Dubost** ou **Dubois**, sg^rs de Paladuc en F., cosg^rs de Boissonel (St-Just-en-Chevallet), par alliance avec cette famille, orig. de St-Germain-Laval, passée en Bourbonnais au 14^e s. — Guill. Revel donne les armes de trois familles Dubost ou Dubois, possessionnées en Bourbonnais au 15^e s. Nous ne savons à laquelle appartiennent les nôtres.

* **Dubosc**, lieut. de la compagnie du quartier du Puits de sel, au 17^e s. : *d'az. au lion d'or, au chef d. . ., chargé de 3 étoiles d. . . . .* Les *Forces de Lyon* donnent ainsi ces armes, mais elles les blasonnent : *d'az. au lion d'or, accompagné en chef de 2 étoiles du même.*

**Dubruel (Vincent)**, v. V.

**Dubuisson**, famille du Bourbonnais qu'il ne faut pas confondre avec les suivantes.

* **Dubuisson**, anciennement **Del Boisson**, sg^rs du B. et de St-Pulgent en F., par alliance avec la famille de ce nom, en 1560, orig. de Clermont. Et. au 17^e s. dans les Dames. Au commencement du 15^e s., ils étaient déjà possessionnés en F. à St-Bonnet des Quarts : *d'or au buisson de sinople.*

* **Dubuisson** en L., au 16^e s : *d'or à 3 lauriers* (ou buissons) *arrachés et rangés en fasce de sinople.* Cette famille a donné un chevalier de Malte en 1636.

— **Dubuisson** de Christot, éc., orig. de Normandie, établi à L. vers 1740. — Rec. de noblesse de la province de Normandie ; jugements de 1696, 1702 et 1703. Lettres de bourgeoisie accordées pour Lyon en 1761. — Représentés à Lyon. — Les armes sont figurées à la planche 18, sous le nom de Christot.

**Dubuisson** (*G*). Il est très-difficile de distinguer les différentes familles du nom de Dubuisson ou Buisson (Du) qui sont fort nombreuses en diverses provinces, et que les généalogistes ont eu le tort de ramener à une même origine, v. *LC* ; *LD* ; *SA* ; *LO* ; *BO*.

**Duc**, à L., au 17^e s.

**Duc**, à Lyon, au 17^e s. (*AG*).

**Duchamp**, à L.

**Duchier**, à L.

* **Ducret**, orig. du Mâconnais, sg^rs de Trades en B., par acquisition en 1806. — A. inc.

* **Ducreux**, sg^rs de Trezette (Thizy) en B., au commencement du 18^e s. : *d'az. à 2 mains de justice en sautoir d'argt., et un lion d'or hochant.*

**Ducurty** (*G*) ou **Curtil** (Du), v. C.

**Dufaure**, à L., aux 17 et 18^e s.

* **Dufêtre** (Mgr), évêque de Nevers, né à L. : *d'az. au lévrier courant sur un monde d'argt. mouvant de la pointe, tenant à la gueule une torche du même allumée de gueules, au chef cousu de gueules, chargé de 3 étoiles d'or.*

**Dufour** J.-B., c^ler^ de v., 1576, 86, v. — Un D^lue^ D. enterré à St-Paul au 17^e^ s. portait : *d... à un chevron, accompagné de 3 trèfles d...*

* **Dufour**, orig. de St-Hippolyte en Cévennes, établis à Leipsick et à L. Et.; alliance d'Arlès-Dufour et de Platzmann. — *D'az. au chevron d'argent, accompagné de 2 étoiles d'or et d'un cygne d'argt., au chef cousu de gueules, chargé d'une couleuvre d'argt.*

**Dufournel.** — Ces armes sont inexactes. — V. Fournel (du).

**Dugas** de Bois-St-Just, orig. de Thurins en L., sgrs de B. St-J., de Savonnost, Quinsonnas, Thurins, La Tour-des-Champs, Orliénas, Le Souzy, etc. en L. 17 et 18e s. Ls, sgr de Favonost; et B. St-Just., éch., 1657. Il brisait *d'une ancre de sable sur le sautoir*. Ls, éc., sgr de F.; et B. St-J. en 1680. Le même P. des M., de 1696 à 99; Laurent P. des M., de 1724 à 29; P., pr. des Mds, 1750, ét. (*PL*).—Supports : 2 lions.

* **Dugad** (Lambert Cl.), curé de St-Saturnin, à L., au 18e s. : *d'az., à 3 fasces ondées d'argt.* (*Ex libris*, gravé).

**Dugas** de Varennes, de la Catonnière, etc.; de Chassagny, mquis Du Gast, sgrs de La C. et de Ch. en L. Un trés. de Fr. EGL 89. Représentés à L.—Quelquefois l'écu est écartelé au lieu de coupé. Les armes primitives de la famille doivent être l'arbre, et l'autre partie de l'écu viendrait d'une alliance. Les armes des D. sont à Grésolles; on les trouve également dans ce même lieu, *écartelées au 1er et 4e de D. (l'arbre terrassé de sable) au 2e et 3e de gueules à 3 pommes de pin d'or.* (Communiqué par Mr L.-P. Gras).

**Dugué** de Bagnols, orig. de Moulins en Bourbonnais. Un trés. de Fr. à L., en 1650; un intendant de la même ville, en 1666. Cette famille a rempli aussi des charges au Parlt de Paris. (*HM*; *DA*; *LD*).

**Duguet** de Bullion, sgrs de B. (Chambéon) en F., au 18e s.; possessionnés également à St-Cyr-les-Vignes et à Montbrison; divisés en deux branches, dont une anoblie en 1717, EGF 89. Plusieurs c^lers^ au bailliage de Montbrison.

**Duguet**, à L., au 17e s. (*AG*).

**Dujat**, éc., tenait un franc-alleu dans la rue Noire, à l'enseigne de l'*Ecu de Gênes*, 1741. (Cachet).

**Dujast** d'Ambérieux, sgr d'A. en Bugey, au 18e s.; un s. du R. en 1740.

**Dulac** de Ponchon, sgr de La Pierre, (Durette) en B.

* **Dulart** Michel, c^ler^ de v., 1451, 52, 55, 56, 59, 60, 63, 64, 68, 75, 85; Ant. 1481. Un chanoine de St-Paul, en 1488. Il était représenté sur les verrières de la chapelle qu'ils avaient dans cette église. Famille éteinte. — *D'az. au sautoir d'or, chargé de 5 tourteaux de gueules.* (*PL*).

**Dulieu** de Chenevoux, sgrs, puis bons de Charnay; sgrs de la Rigaudière et de Genouilly près Charlieu en L., 17 et 18e s.; sgrs de Chenevoux par héritage des Cotton; de Néronde; de Pravieux, par héritage des Sacconins en F., 18e s. J.-B. P. des M., 1692. Il écartelait : *au 1er et 4e contrécartelé : au 1er et 4e d'az. au lion d'or, 2e et 3e de gueules à 3 palmes d'or; 2e et 3e de D.* EGLF 89. — Représentés en Forez. — Supports : 2 lions. Leurs armes étaient sur une belle bretagne de fonte, provenant d'une maison démolie à Lyon pour l'établissement de la rue Impériale.

—**Duligier**, v. Legier et Ligier.

**Dumaret** de la Vernouse, sgrs de Chassagny en L., milieu du 18e s.; un trés. de Fr. en 1757. — Ls, éch., 1747; orig. de St-Etienne, établis à Lyon au commencement du 18e s.

**Dumas**, lieutenant du quartier de St-Nizier, 17e s. — Les pensées doivent être représentées mouvantes d'un tertre.

**Dumas** de l'Isle, bailly de B. en 1476.

**Dumas**, sgrs de Vavre (Jullié) en B. — Les armes paraissent être celles d'une famille de ce nom qui compte un c^ler^ à la quatrième chambre des enquêtes du Parlt de Paris, au 17e s. (*HM*).

* **Dumas**, sgr de St-Bonnet-des-Quarts, en F., 1597.

* **Dumont**, famille représentée actuellement en F.; un châtelain de Montbrison en 1761. Il portait : *d'az. à un mont d... surmonté de 3 étoiles rangées d..* (Communiqué par Mr V. Durand). Un Gaspard D., au nom de sa femme, Marie Marignier, fit aveu de fief pour une maison dans la rue Confort, à l'enseigne du *Singe qui pesche*. Il portait sur son cachet : *Un mont de 2 pointes, surmonté d'une aigle et celle-ci de 3 étoiles.* Le rapport de ces deux blasons ferait supposer qu'il s'agit de la même famille.

**Dumyrat**, sgr de Vertpré, de Bonvert, de La Salle, de Genouilly et de Chanlon en F., au 18e s.; un s. du R. au commencement du 18e s. EGF 89. — A cette époque cette famille formait trois branches : de La Salle, de Chanlon et de Vertpré.

**Duon**, bs de St-Etienne, au 17e s. (*AG*).

**Duon** de Roche, trés. de France, sgr de Roche-la-Molière, acquis des Charpin, en 1683, et revendu, en 1719, aux Perrin de Vieux-Bourg. Cette famille s'éteignit, en 1703, en la personne de ce trésorier de France, qui ne laissa que des filles.

**Dupleix** Daniel, éch., 1751.

**Dupleix** Gilbert. (*G*).

**Duplessis** de Favonnières, trés. de France.

**Dupont**, v. **Duport**.

**Dupont** de Dineschein (et non Duport), orig. de Charlieu, sgrs de Lienne et de D.; un lieuten.-général en l'élect. de R. (*SA*).

**Dupont** de Chavagnac. Représentés à L.

—**Duport**, trés. de France. — La figure des armes est mal placée au verso de la pl. 24, sous le nom de Dupont, et le blason a été mal figuré. Les 10 pièces du pallé contre pallé comprennent dans leur nombre le total des pals supérieurs et inférieurs, ce qui donne dans le dessin de la planche 20 pièces; il faut donc réduire ce nombre de moitié.

* **Duprat** de Chassagny en L.; un maître de requêtes au Parlt de Dombes, en 1661. — *D'az. à la bande d'or, chargée de 3 aiglettes de sable.* (*GD*; *PL*).

**Dupré** ou **Pré** (Du), victes de Bayeux, bons de Bourgoin, sgrs de Champagneux, de Châtelbarret, du Châtellard, d'Arcieu, de La Grange, etc., 15 et 16e s. Et. au commencement du 17e s dans les de Loras; P. Duprat (Dupré ?) c^ler^ de v., 1399; J., 1436, 42, 46; Robinet, 1483; Fs, 1526, Fs, victe de Bayeux, 1522; Nic., 1551. (*LL*.) — Au lieu d'un *cornet*, lisez un *huchet*, c'est-à-dire un cornet sans courroie, selon les héraldistes modernes.

* **Dupré** ou **Pré** (Du) J., éch., 1630.—*D'argt. à un paon de gueules, le Vol plié; au chef du même, chargé de 3 étoiles d'or.*

**Dupuis**, sgrs de Grézieu, firent hommage au Chapitre, en 1362. — Le blason est celui des D. Montbrun du Dauphiné, auxquels ces sgrs de G. peuvent avoir appartenu; mais il ne faut pas, comme Chaussonnet, l'attribuer à D. de La Mothe, c^ler^ de v., au 15e s.

**Dupuis** d'Eclène, EGL 89.

* **Dupuis** J., c^ler^ de v., 1270 ; J., 1446.

—**Dupuis**, sg^r^ de La Sarra, au 17^e^ s.; famille piémontaise; v. les armes à la planche 50, sous le nom de Pozzo.

**Dupuy.** Ce blason qui est sculpté à la clef de voûte de la chapelle fondée dans l'église de St-Bonnet-le-Château, par F^s^ Du P., général des Chartreux, est attribué par *LM* à la famille de ce religieux, qui était une branche de celle des Du Puy de St-Germain, mais une tombe gravée qui existe dans la même église et dont nous devons la connaissance à M^r^ L.-P. Gras, leur donne un blason *d... à un chevron d..., accompagné de 3 pommes de pin d...* v. Puy (Du).

**Duque** (M.-J.), ou **Dugué** (*G*).

**Durand**, enseigne du quartier de Bon-Rencontre et de la rue Grolée, 17^e^ s.; Armand, éch., 1781.

**Durand**.

**Durand** de Bayères, de Châtillon, de La Flachères, sg^rs^ de Châtillon d'Azergues, de La Flachères (St-Vérand), de Sandars, Charnay, Dorieu, etc., 18^e^ s.; un s. du R., 1750; un trés. de F., 1769, EGL 89.

**Durand** P., éch., 1534. — Plus anciennement on trouve J., c^ler^ de v., 1424, 26, 28 et 31.

**Durand**, sg^r^ de Pesselay (St-Symphorien-de-Lay) en B., par acquisition de Dufournel.

**Durre**, lisez **Urre** (d'). Cette famille est étrangère à notre province.

**Durret**, à L., au 17^e^ s. (*AG*).

**Durret** ou **Duret** de Grigny, sg^rs^ de G. et d'Estours en L. Un président au bureau des finances, en 1770; fondus dans les Charrier, dans la deuxième moitié du 18^e^ s.

* **Durret** ou **Duret**, orig. du F., divisés en plusieurs branches : une restée à Roanne, les autres passées en Bourbonnais, en Bourgogne, à Annonay et à L. Celle-ci établie à L. dès 1504, a donné des trésoriers et des présidents de trésoriers de F. La branche foresienne a fourni au 16^e^ s. un médecin, des magistrats et un cosmographe. — *D'az. au rocher d'or* (*PL*). — La branche lyonnaise portait les armes que donne la planche.

* **Dury**, à St-Etienne, au 17^e^ s. : *d'argt. à une gerbe de riz de sinople, surmontée d'un duc de sable becqué et membré d'or.*

* **Dusolier** J.-L^s^, c^ler^ de v., 1428.

**Dutreuil** ou **Treul** (Du) J.-P., éch.; 1731 ; Ant., 1741. (*PL*).

* **Duval**, EGL 89.

—**Duverney**, v. **Verney** (Du).

**Duxio**, enseigne du quartier de St-Just, 1658; élu en l'élect. de L., en 1664. Sg^rs^ de La Prosty, possessionnés à Vaugneray et à Pollionay en L., fin du 17^e^ et commencement du 18^e^ s.—Leurs armes se voient dans une maison de la rue Juiverie.

* **Ecluse** (de l') Perronet, c^ler^ de v. 1270.

* **Eldin** Et., c^ler^ de v., 1270.

—**Eltouf** (d') ou **Etouf** (de l'), v. **Letouf.**

—**Enchaîné** (L'), v. **Chaîne** (La).

**Entraigues** (d') *de Interraquis*, ancienne famille qui a donné un moine de l'Ile-Barbe, en 1271. Il y avait une terre d'E. près de la Pacaudière en F., qui avait donné son nom à une famille éteinte. E. d'E., b^s^ de Souvigny en Bourbonnais, fut trésorier du duc de Bourbon, au commencement du 15^e^ s., et fit de nombreuses acquisitions en F. et spécialement à Montbrison. Une autre maison du même nom, orig. du Languedoc, est citée avec les mêmes armes. Nous ignorons ce qu'il peut y avoir de commun entre ces diverses familles. (*LL; LD*).

* **Entrecolles** (d'), famille lyonnaise, au 18^e^ s. — A. inc. (*PL*).

**Epiciers** de L. Corporation.

* **Ervard** Guil., c^ler^ de v., 1320 ; autre Guill., 1379, 81, 86, 88, 91, 94, 96, 98.

—**Escalier** (de l') ou **Eschalier** (de l'), v. **Leschallier.**

**Escotay** (d'), ancienne famille chevaleresque dont le surnom était **Chauderon**, sg^rs^ d'E. de Beauvoir, de Goutelas, de Précieu, des Deux-Ouches, de la Salle, etc., possessionnés aussi à St-Just en Chevallet, à Grézieu et Sury-le-Comtal, 13 et 14^e^ s. Divisés en deux branches, les sg^rs^ d'Ecotay, dont les biens passèrent aux Lavieu, et les sg^rs^ de Beauvoir, fondus à la fin du 14^e^ s. dans les Rochefort, qui prirent le nom de Beauvoir. — L'ancien blason d'E. était un chaudron, armes parlantes avec le nom primitif (sceau de 1263), v. pl. 17; des armes semblables étaient portées, vers le même temps, par Arbert de La Forest, chancelier du F., ce qui ferait supposer qu'il appartenait à la même famille.

* **Escotay** de la Pomière, en F., au 17^e^ s.; famille de robe différente de la précédente. — *De sinople au chef émanché d'argt., à la bordure de gueules.*

* **Escoubleau** (d') de Sourdis, sg^rs^ de Sury-le-Comtal, au 17^e^ s. par alliance avec les La Veuhe, orig. de la Touraine. (*ST; LC; FP*). *Parti d'az. et de gueules, à une cotice d'or brochante.*

**Escourtils** (d'), bailli de B., en 1784, Ch. d'E., anobli en 1702.

* **Espagnol** (l'), famille chevaleresque, co-sg^rs^ de Boisvair, possessionnés à Balbigny, 14 et 15^e^ s. Cette famille paraît être la même que celle des de Vaissieu.

* **Espeleu** (d'), co-sg^rs^ de Soutrenon et de St-Julien d'Odes en F., au 14^e^ s. Cette famille a donné un évêque de Clermont, en 1338. (*LM*).

**Esperville** (d'), écuyer du Roi à l'Académie de L., 18^e^ s.

—**Espinac**, v. Apinac, Marechal, Jarez, St-Priest.

**Espinas** (d') et non Espinasse (de l'), orig. de Gênes, où elle portait le nom de Spinassi, établis à L., au 16^e^ s. Naturalisés Français en 1595, sg^rs^ de Sury-le-Bois en F., 1718, R. N., 1668. — Ils écartelaient *au 1^er^ et 4^e^ d'az. à l'aigle d'argt., tenant dans ses serres deux masses d'or* (qui est Mortara); *au 2^e^ et 3^e^ d'or à la bande échiquetée d'argt. et de gueules de trois traits* (Centurioni), *et sur le tout*, d'Espinas. (*PL*). — Ce blason et le suivant sont mal placés sur la planche.

**Espinay** (d'), archevêque de L., au 15^e^ s. D'une ancienne famille de Bretagne (*DP;* Kaerdaniel; *Abrégé généalogique de la maison d'Espinay. TS; MC*, etc.) C'est par méprise que *LM* a blasonné : *de Bourbon*, l'écu placé sur le front, ce qui serait inexplicable : il était *de Milan*, comme le porte le sceau du Prélat.

**Espinay** de Laye, sg^rs^ de L., d'Arbain (Arnas), etc. en B., au 18^e^ s. EGB 89.

* **Espinasse** (de l'). Outre le fief de l'E., à St-Cyr de Vallorges en B., qui appartenait aux Thélis, il y avait, sur les limites du F. et du Brionnais, une seigneurie de ce nom qui a donné son nom à une ancienne famille chevaleresque, que l'on suppose être la souche de différentes maisons du même nom : 1° les sg^rs^ de St-André en R., de St-Léger, d'Aveize, de Villerez, Pouilly, Riorges, de Comières, par alliance avec la famille de ce nom, en 1350. Divisés en deux branches : l'une ét. au 15^e^ s. dans les d'Augerolles, l'autre fondue dans les d'Albon qui en héritèrent et prirent le nom de St-André; 2° les sg^rs^ de Changy et de Thoury; Ét., et d'où sont sortis les d'E. Langeac, qui sont encore représentés; 3° les sg^rs^ de La Clayette en B., ét. en 1473, et qui ont donné naissance à

la branche de Sivignon, sgrs d'Essertines, ét. au 14e s. (Dom Plancher : *Histoire de Bourgogne*, Paris, 1741, 4 vol. in-fol., fig.; *CP; LD; BO*). — Les de l'E Langeac portent : *écartelé au 1er des Dauphins d'Auvergne, au 2e des comtes d'Auvergne, au 3e de La Tour-d'Auvergne, au 4e de Combronde; sur le tout : fascé d'argt. et de gueules; et sur le tout du tout, de gueules à la bande d'argt. et un lambel de 3 pend. du même* qui est l'Espinasse. On attribue le même blason, avec différentes brisures, aux sgrs de St-André et de St-Léger, à ceux de Changy et de La Clayette, ce qui ne peut être exact. M. le Cte de Soultrait a déjà fait remarquer cette erreur, en signalant le blason de Ph. de l'E., sgr de Thoury, qui portait : *d'argt. à la bande de sable.* (*Guill. Revel*). Il faut donc ou que la parenté entre ces différentes branches ne soit pas aussi certaine qu'on l'a prétendu, ou bien qu'elles se soient distinguées par des armes diverses. On remarquera que ce *fascé d'or et de gueules* est le blason des Thélis, dont il y a eu une branche qui a porté le nom de l'Espinasse. Nous ne connaissons aucun monument héraldique relatif aux l'E. de St-André. Pour les autres, nous avons la tombe de Simon de l'E., enterré à Paray, en 1306, où était gravé un *écu fascé de 8 pièces*, et celle de Dalmas de l'E., † en 1270 et enterré aux Jacobins de L. avec sa femme Béatrix, où se trouvaient deux écussons : l'un *écartelé*, le 2e *de... à 3 fasces d...* L'épitaphe était ainsi conçue : *Hic jacet Dominus Dalmasius miles dominus de l'Espinasse qui obiit anno Domini, MCCL... mense Augusti quo ivit Ludovicus rex Francorum Tenicium. Item Beatrix uxor ejusdem militis.* En 1344, Raoul de l'Espinasse et sa femme, Alix de Ver, firent hommage à J. de Bleynost « *de Blanosco*, » sgr d'Usselles. (Titre original communiqué par M. Dufêtre).

**Espinchal**, orig. d'Auverne, sgrs du Verney, de St-Marcellin en F., par héritage des Chavagnac, au 18e s. EFG 89. (*HI; LC; MN; LD; SA; BO*).

**Essertines** (d') ou **Sartines** (de), sgrs d'E., par acquisitition au com. du 14e s., de Fromentalet, d'Arche, relevant du sire de B. Essertines, dont cette famille portait le nom, était situé dans la châtellenie de Semur en Brionnais. Il ne faut donc pas la confondre avec la suivante.

***Essertines** (d') ou **Sartines** (de), famille forézienne qui tenait son nom du château d'Ess. en Donzy, nom qu'elle donna à un autre fief, près de Montbrison, appelé E. en Châtelneuf. Sgrs d'E. de Crintilleu, aliéné en 1300; de La Vaurette, par alliance avec la maison de Sals, à la fin du 14e s.; de Charbonnières (Sals), au 15e s., dont ils prirent le nom; de Thorigny (Bibost) en L., 13e s.; de Charly et de Vourles en L., 14e s. Il y a eu un abbé de l'Ile-Barbe de ce nom, à la fin du 13e s. *LL* le fait venir de la famille précédente, puisqu'il le dit d'une famille beaujolaise, mais il était bien Forézien, puisqu'il était frère de Robert d'E., dont les armes, d'après un sceau de 1267, étaient *d... à un faucon empiétant une colombe d...*

***Eschat** Aynard, cler de v., 1473.

**Estaing** (d'), orig. de Rouergue, sgrs de Poncins en F. (*RC; LC*). Cette maison a donné des chanoines au Chapitre de St-Jean. Les armes de l'un d'eux, Fs, se voient sculptées sur une maison de la rue St-Jean, qu'il avait fait édifier à la fin du 15e s. pour servir de logement au chamarier.

***Esteret**, fief à Colombier-le-Jeune, en F., dont le nom était porté à la fin du 18e s. par M. d'E. de St-Cierge, ancien officier de cavalerie qui assista aux EGF 89. Le nom véritable de ce personnage nous a échappé; on aura recours, pour combler cette lacune, à la publication que prépare M. d'Assier de Valenches, et dont nous avons déjà parlé.

**Estienne** Rémond, éch., 1720. — L'ordre de ces blasons est interverti sur la planche.

**Estival**, sgrs de La Garde en F., commencement du 18e s.; J. éch., 1708.

**Eurard**, lieut.-général en B., 1307.

***Euvet** Etienne, cler de v., 1379, 81, 88, 90, 92, 94, 97.

**Evesque** (l').

**Eynard**, médecin à L., possédait en 1723 la rente noble de Crusol (Lentilly) en L., comme donataire de Marie-Th. Le Blanc, femme séparée de biens de Fs de Bargues. — Le *LO* mentionne une famille Eynard, établie à L., au 17e s., et existant actuellement en Suisse et en Allemagne. Il lui donne pour armes : *de gueules au lion d'or.* Le blason reproduit dans la planche est empreint sur le cachet apposé à l'acte que nous avons cité.

**Fabre**, à L., au 17e s. Cette famille comptait à cette époque un chanoine de St-Nizier (*AG*).

**Fabre** (*G*).

**Fabre** du Verney, sgrs du Petit-Perron (St-Genis) en L., 18e s. Le blason est mal placé sur la planche après le suivant.

**Fabry** du Lys, orig. des Dombes, sgrs de la Barre (Limas) en B., anoblis en 1659, par Mlle de Montpensier (*GD*). — Devise : *Candidè et securè.*

***Fabry** J., cler de v., 1294; v. Favre.

**Fagin**, greffier des élus à L. (*G*).

***Falatier** ou **Falastreu**, famille chevaleresque; sgrs de Luppé, possessionnés à Virignieu, St-Julien, Le Colombier, 14 et 15e s. acquirent, vers 1393, le mas de Charentone (mandement de Malleval) des la Barge, ét. en Gaste (*LL*). — A. inc.

**Falconnet** André, sgr de St-Gervais, éch., 1667. — Devise : *Dirigit et firmat.*

***Faletz** (de) ancienne famille à St-Martin-la-Plaine en L., au 13e s.; elle a eu un chanoine de L., en 1193 — *de gueules au sautoir d'or.*

***Fanerieux** (de), famille chevaleresque de Mayssimy en L., 18e s. — A. inc.

**Fantet** de Lagny, un s. de R., 1660, un mathématicien habile à L., au 18e s.

**Farconnet**, orig. du Lungdoc. Représenté à L.

***Farge** (de la) ou **Forge** (de la), orig. d'Auvergne, établis en F. et sgrs de la Chassagne (mandement de Cervières), par alliance avec la famille de ce nom, 15e s. Il y a eu aussi des la F. sgrs de la Varenne, au 16e s., et une famille de la Forge ou la Farge qui a porté par alliance, le fief de Genetines aux Charpin. — *D'argt. à 3 marteaux d'az., à la bordure de gueules.*

***Farge** (de la), sgr de Vougy, en 1750. Orig. du R.

**Farges**, ces armes sont celles d'une famille de Provence qui n'a rien de commun avec les familles de ce nom qui existaient dans notre province (*PV; AP; LC; etc.*)

***Farges** (de), famille chevaleresque du B., sgrs des Prés (Vougy), 15e s. — A. inc.

***Farges**, sgrs de Montchervet, de Ronzières (Ternand) en L., de Martorey (Mardore) en B., 17e et 18e s. Ils prétendaient descendre de la famille précédente, mais ils étaient orig. de Ternant où il y avait un notaire de ce nom en 1599. F. était capitaine-châtelain de Ternant, procureur du conseil de la sénéchaussée de L., en 1611; Cl. sgr de Montchervet, en 1612, etc — *Ecartelé : au 1er d'or à un if de sinople, au 2e d'az. à un agneau d'argt. attaché à une colonne du même, au 3e d'az. au lion d'argt., au 4e de gueules à la cloche d'argt.* (*LC*).

**Farges**, ou plutôt **Farge**, en 1782, faisait aveu du fief pour une maison sise dans la rue Confort, à l'enseigne de *La petite Notre-Dame*. — Supports : 2 levriers.

**Farjot**, sgrs de St-Hylaire, 17e s. J.-B., éch., 1654.

***Farnay** (de) ancienne famille chevaleresque de L. qui tenait son nom d'un fief créé en sa faveur, à Doysieu, par le Chapitre de L.; possessionnée à Longeval, à Givors, etc., 13$^{e}$ et 14$^{e}$ s. Il y a eu un chanoine de L. de cette maison, en 1275. — A. inc.

* **Faucon** de Ris, intendant à L., 1643. Orig. de Florence, établis en France à la fin du 15$^{e}$ s. Représentés en Normandie et à Paris (*LC; LD*); — *de gueules à une patte de lion d'or en bande.*

* **Faujart** ou **Fougeart**, sgrs d'Aveize et de Mongeffon, du 15$^{e}$ au 17$^{e}$ s. — *d'az. à un chevron d'argt. accompagné de 3 étoiles du même.*

* **Faujat** Ch., éch., 1648 — *d'az. à la bande d'or chargée d'un croissant d'az. entre 2 étoiles de gueules et accostée de 2 trèfles d'or.*

**Faure**, à L. aux 15$^{e}$ et 16$^{e}$ s.; alliance avec Regnault.

**Faure** ou **Favre**. Rolin, cler de v., 1528; J., 1533-37; Ht, 1539, 40, 45, 51, 61; J., 1542; Th., 1566, 67, 77; Guille 1568, 74, 86. Plus anciennement on trouve: P. Favre, cler de v., 1382. 84, 86, 88, 90, 91, et J., en 1405. — Guille F., fut enterré avec sa femme, Jne Regnier, dans l'église des Célestins.

* **Faure**, notaire à L., enterré à St-Paul, ses armes gravées sur sa tombe étaient: *parties mi-coupées, au 1er un lion surmonté d'un arc mis en bande, encoché d'une flèche en contre bande, et un croissant au franc canton...., au 2e un chevron accompagné de 3 étoiles; au 3e un mont en pointe et 2 étoiles en chef.* — A la même famille appartenait peut-être une alliance des Guillardy, dont le blason était: *d'az. au chevron d'or accompagné de 3 étoiles du même.* — Le nom de Faure est des plus communs et de plus, dans les anciens titres, il se confond avec celui de Favre, par la similitude du V et de l'U.

* **Fauron**, famille bourgeoise de Cervières, anoblie à fin du 15$^{e}$ s.; sgrs de la Gouttenoire (Salles), ils possédaient aussi une maison sise dans le château de Cervières et des biens à Arcousat, Montvianeys, St-Victor, St-Remy, Noirétable, etc., 14$^{e}$ et 15$^{e}$ s. — A. inc.

**Fauron**, à L., au 17$^{e}$ s. (*AG*).

**Fautrières** (de), ctes de F., sgrs de Billy, de St-Julien (St-Mamert) en B., par alliance, en 1654, avec les Chapon de la Bottière. Ancienne famille du Charollais, Anthelme *Faltrerii* est cité dans une charte du Cartulaire de Paray-le-Monial, charte passée par Guy de Thiers, sur le point de partir pour la Croisade (1096), EGF 89 (*LC*). Michel, cte de F., lieutenant du R. dans le Charollais, écartelait: *au 1er et 4e de F., au 2e de Châtillon, au 3e de Courtenay.* — Supports: 2 lions, cimier: un lion issant tenant une épée; devise: *Tendre et féal.*

**Favard**, à L., au 17$^{e}$ s. (*AG*).

* **Faverges** (de), *de Fabricis*, sgrs du Breuil et de Cendars en L., de Cendars par héritage d'un de Varennes, divisés en deux branches, au 16$^{e}$ s.; l'aînée, des sgrs du B., s'éteignit aussitôt; la cadette, des sgrs de Thizy, par acquisition, en 1578, revendu en 1614 aux Favre de B.; de la Gardette, par alliance aux Meyré, 1565, ayant hérité des Merle-Rebé, en continua le nom et les armes jusqu'au commencement du 18$^{e}$ s., époque de l'extinction de cette maison, dans les Maine du Bourg. (*LL; LB; MB; PV; AP; MC*). Les F. portaient: *de gueules à 3 chevrons d'argt.*; après leur alliance avec les M., ils écartelaient au 1er et 4e de Mauvoisin-Rebé, au 2e et 3e de Merle et sur le tout de F. — V. Merle et Rebé.

* **Favier** en F., Mle F. ve de Morel, châtelain de Lavieu portait au commencement du 18$^{e}$ s. *d. à une fasce d..... accompagnée en chef de 3 roses rangées d.... et en pointe de 2 étoiles et d'un croissant posé 2 et 1....* (d'après un cachet communiqué par M. V. Durand).

**Favre** de Berlize, sgr de Thizy en B., première moitié du 17$^{e}$ s.

**Favre** « Faüre », enseigne-pennon du quartier du Puit-Pelu, 1664. — V. Faure.

* **Favre**, ancienne famille de robe en F.; sgrs de la Chaise (mandement de Châtelneuf), possessionnés à Arconsat, St-Marcel, St-Germain-Laval; St-Maurice, St-Polgue, etc., 14$^{e}$ s. Le lieu de résidence de cette famille paraît avoir été Soutrenon. — Ce nom de Favre, rendu en latin par *Fabri*, est si commun qu'il est impossible de distinguer entre elles les différentes familles qui l'ont porté.

**Fay** bons de Sathonay, sgrs d'Albonne (Notre-Dame-de-Fontaine) en Franc-Lyonnais, 1789; Bart., cler de v., 1542; J.-Cl., éch., 1742; Ant., bon de S, P. des M., 1776 à 1784. — EGL 89. — Et. (*MN*). — Lainé met dans les armes une fouine au lieu d'un chien.

**Fay**, famille chevaleresque du Vivarais dont deux branches différentes ont été possessionnées en F.: 1° les F. Péraut, sgrs de Virieu, par alliance avec les Varey, en 1574. Et.; 2° les F. de Latour-Maubourg, sgrs de La Garde (St-Thomas) et de Montchal, 17 et 18$^{e}$ s. RN 1668. (*GM; MM; AP; LC; LD; CP; BO; MC*). Un membre de la famille de Latour-Maubourg, entre autres, reçu chevalier de Malte, présenta, en 1684, les quartiers suivants: de F., du Peloux, la Roche-de-Chamblas, Chapteuil de Bonneville, la Motte, de Chamblas, de Bron-la-Liègue, de Fay; Palatin de Dio, de Pradines, Damas-Thianges, de Dio, Damas-Digoine, Barno, Bouton de Chemilly, Bréchard.—Le sgr de Virieu en F. écartelait: *au 1er et 4e d'az. à la croix d'argt., au 2e et 3e fascé d'argt. et d'az. de 8 pièces, au lion de gueules brochant, et sur le tout: de Fay.*

**Fay** (de La) Jq., cler de v., 1505; J., 1506; Ht, 1394; André, 1404; dit Nantua, 1419; J., 1475; Dauphin, 1478, 83, 84, 88, 89.

**Fay** (Du), ancienne famille chevaleresque, sgrs de Bouteon en F.; de Chassagny, près L., 14$^{e}$ s. — Sceau de 1314, la Diana.

* **Fay** (de). On trouve mentionnée aux 14 et 16$^{e}$ s. une famille de ce nom, sgrs de La Vaure près St-Chamond, qui pouvait être celle des Blanc, sgrs de Fay, v. B.

* **Faye** en L., au 17$^{e}$ s. — *D'az. au cerf d'or.* (*Prompt. armorial*).

* **Faye-Pollin**, sgrs de Cornillon en F., au 17$^{e}$ s.— *Parti de gueules à 3 fleurs de lis d'or, et échiqueté d'argt. et de sable.*

**Fayard**, notable bs, 1664., éc., sgr de Champagneu, commencement du 18$^{e}$ s. Ses armes sont sculptées sur une pierre conservée au Musée lapidaire de L.; elles sont aussi gravées sur une tombe, devant la chapelle St-Pothin, à St-Nizier. L'épitaphe, en partie effacée, ne laisse lire que ces mots:

....
......DRAPIER
DE LYON....
DÉCÉDA LE....
1628
ET HONORABLE
FEMME DAME
IZABEAV TRUNEL
SA FEMME
LAQUELLE
...... 3
AOUST 162.
POUR LUY ET
LES SIENS.

* **Fayard**, avocat, enseigne pennon, du quartier de la Baleine, 1664.—*D'or au fayard* (hêtre) *de sinople.*

**Faye** d'Epeisses, mquis d'E. (Orliénas) en L. Cette famille, qui remonte à P. F., sgr d'E., capitaine du château de Thizy, en 1430, a donné un magistrat au Parl^t de Paris ; P., c^ler de v., 1504, 11, 16, 17 ; J., 1508, 13, 19, 25, et des chevaliers de Malte. (*GBP* ; *LC* ; *LD* ; *BO* ; *MC*).

* **Faye** (La), en L., au 17e s. — *D'argt. au cerf au naturel, accompagné de 3 arbres de sinople.* (*Prompt. armorial*).

* **Faye**, orig. de Grasse en Provence, établis à L., au 18e s. Alliance des familles Ponteaux, Clavier et Lombard. — *D'az. au fayard, soutenu d'un croissant et accompagné en chef de 3 étoiles mal ordonnées, le tout d'argt.*

**Fayeul**, sgr de La Grue ; un châtelain de St-Héan en F., commencement du 17e s.

**Fayolle** Cl.-Fs, éch., 1787.—Les figures doivent être des faux plutôt que des pioches.

* **Faysine** (de) Michelet, c^ler de v., 1337.

* **Federy** de Vaux, sieur de Ste-Colombe-lès-Vienne, de St-Romain en Gal, à L , fin du 18e s.—A. inc.

* **Fedricieu**. *Parti de gueules au sautoir engrêlé d'or et d'az. à 2 bars adossés d'or au chef du même.*

* **Feillens** (de), orig. de Bresse, établis à L., au 18e s. (*LC* ; *MN*). — *D'argt. au lion de sable, armé, lampassé, couronné et vilainé de gueules.*

**Fenouillet**, trés. de F., en 1736.

**Fenoyl** (Du), sgrs de Souzy, Tourville, La Forest-des-Halles, sur les limites du L. et du F. Ils devaient descendre d'Et. F., notaire à Tarare, en 1329. J., c^ler de v., 1448 ; Jq., 1491 ; 1506, 10, 14, 22, 25, 31, 36, 40, 47, 52 ; Cl. 1385. Fondus en 1694 sous les Gayardon de Tiranges qui en ont continué le nom sous le titre des mquis du F. — (*Généalogie de Fenoyl Thurey.... ou.... de la véritable origine de la famille des Fenoyl de Lyon* ; Lyon, in-fol. *GB* ; *LC*). Leurs armes se voient à la voûte de l'église de St-Nizier.

**Ferlays**, famille de la Bresse, possessionnée à Rochetaillée, Fontaines et Fleurieux en Franc-L., aux 13e et 14e s.; ét. au 15e. (*GB* ; *LL* ; *LC*).

**Ferraris**, Piémontais, à L., 1664.

**Ferraris**; noble patrice de Buzala, inscrit au livre d'or, établi à Lyon à la fin du 16e s., naturalisé Français et reconnu noble par les lettres de naturalisation, ne laissa qu'un fils mort jeune, sans alliance. Leur tombeau se voyait dans la sacristie de la chapelle des Carmes des Terreaux, couvent de L., actuellement détruit. Il ne faut pas confondre cette famille avec la suivante, comme l'ont fait *LC* et *PL*.

* **Ferrary**, c^te de Romans en Bresse, orig. du Milanais, établis à L. au milieu du 17e s.; César, éch., 1712. *EGL* 89. — Cette famille adopta les armes de la précédente. (*Mémoire pour M. de Jacob de la Cottière, gentilhomme de la province de Bresse, contre M. Est.-Lamb^t Ferrari de Romans, écuyer, chevalier de St-Louis.* (1761). Bourg en Bresse. *PL* ; *LC*).

* **Ferrier**, sieur de Bussières (Notre-Dame-de-Boisset) en B., 18e s. : *d'az. à 3 fers de cheval d'argt.*

**Ferrières**, ancienne famille de la Bourgogne, sgrs de Cenves en B., de 1474 à 1539, seigneurie qui avait été confisquée sur les Rochebaron et leur fut rendue ; un bailli de B., 1471. (*Vie de Jean Ferrières, vidame de Chartres, sr de Maligny*, par un membre de la Société des sciences historiques et naturelles de l'Yonne. (Le c^te Léon de Bastard, Auxerre, 1858, in-8°, portr. — Supports : 2 dragons ; cimier : 2 têtes de cigognes affrontées (sceau de Guill. de F., 15e s., appartenant à M. le c^te G. de Soultrait).

* **Ferriol**, sgrs de Pont-de-Vesle en Bresse et d'Argental en F., 18e s.; un président honoraire du Parl^t de Metz, † 1737. — *D'az. semé de roses d'argt. à une bande d'or, chargée de 3 lionceaux de sable.* (*Mémorial généalogique et historique*, 1757 ; *LC*).

**Ferrus** de Plantigny, sgrs de P., par alliance avec les Prohingues de Vandranges et de Cucurieux, 18e s. — Barth., éch., 1637 ; autre Barth., 1660 ; EGEF. B. 89 ; ét. (*MN*).—Dans les *Forces de Lyon* les émaux sont différents. le champ *d'argt*, la tour *de sable*, le rocher *d'or*, et les palmes *de sinople*.

**Ferrus**, famille du Dauphiné. (*CH*).

**Fesch** (le cardinal), archevêque de Lyon sous l'Empire, d'une famille de Bâle, oncle de Napoléon Ier. (*MC*). Sous l'Empire ses armes furent changées comme celles de toute la famille impériale, dont chacun des membres portait le blason adopté par Napoléon, avec l'initiale de son nom, sur un petit écusson d'argent. Le nom de Bonaparte « Buonaparte » est fort commun en Italie, en Provence, en Espagne, et cela a donné lieu aux généalogistes d'établir une généalogie fabuleuse. La famille impériale est orig. de Corse, d'une noblesse municipale, et ne remonte pas au delà de 1567. Ses armes étaient fausses, selon les héraldistes modernes : *de gueules à une bande d'az. accostée de 2 étoiles du même*, ce qui occasiona quelques difficultés auprès de Chérin, lors des preuves faites par N. B. pour son admission à l'école militaire ; elles furent modifiées *de gueules à une bande d'or, accostée de deux étoiles du même.* (*BR*).

**Fessy**.

**Feurs**, ville en Forez, qui a donné son nom à cette province.

—**Feurs** (de), sgr d'Estours et de la Batie en Mâconnais, acquirent, en 1259, du Chapitre de L., la seigneurie de Pollionay, cédée, en 1293, aux d'Albon. Le surnom de Panissières, qu'ils portaient au 13e s., ferait supposer qu'ils étaient orig. de ce lieu, mais ils avaient déjà acquis droit de cité à L. dès cette époque : Math., Barthy et Hug, c^lers de v., 1270 ; Bern^d , 1294 ; J., 1395 ; anoblis au 14e s., époque où ils cessent de figurer parmi les c^lers de v. Ils ont donné un doyen du Chapitre de L., reçu chanoine en 1449. Et. au milieu du 16e s. dans les Nanton. (*GB* ; *LC*). Leurs armes se voyaient parties de celles de Chevriers dans le cloître de St-Paul ; qu'ils avaient fait bâtir, et au château du Palais-lès-Feurs, en F., ce qui joint au nom a fait soupçonner à *LM* qu'ils étaient orig. de cette ville. Leur blason est dessiné à la planche 28, verso, sous le nom de Fuers, qui était l'ancienne orthographe de Feurs.

**Fèvre** (Le) d'Ormesson, intendant à L., en 1602, famille anoblie par des charges de magistrature, à Paris. (*HM* ; *HI* ; *MO* ; *DA* ; *LC* ; *MS* ; *LD* ; *BO*).

* **Fialin** de Persigny, éc. en F., au 17e s. Représentés à Paris par M. le c^te de Persigny, ministre et ambassadeur sous le gouvernement actuel (*IH*). — *D'argt. à la bande d'az., chargée de 3 coquilles d'argt* ; l'*AG* donne à cette famille des armes inexactes : un chevron chargé d'un losange.

**Ficler**, v. **Fitler**.

**Filhastre** (*G*). — Raimond F. fut c^ler de v. en 1270 et 1294. Il ne paraît pas qu'il fût de la même famille ; ce nom est fort commun.

**Fillet** de la Curée, sgrs du Croset, de la Curée, de la Roche (Toursie) au Mandement de Croset, de la Saile en F., possessionnés également à St-Vincent, Arcon, Arfeuilles, etc.; 13, 14, 15, 16 et 17e s. La Curée et leurs possessions de St-Vincent, d'Arcon et de Toursie, avaient été acquises à la fin du 14e s. des Ronchevol, qui les tenaient des Rochefort. (*LM* ; *LD*).—Cri : *la Curée*. Jques F.. au milieu du 15e s. portait pour cimier, la figure de son patron, St-Jacques le Majeur.

**Fillon**, enseigne, puis lieut. pennon du quartier de la Grand'-Rue, 17e s.—Le champ doit être *de gueules*. C'est sans doute par méprise que le texte des *Forces de Lyon* blasonne ces armes : *d'az. à une comète d'or, mouvante* *du côté dextre*, puisque le dessin qui accompagne cette légende est conforme au dessin que nous donnons.

**Fin** (de la), famille du Bourbonnais, qui a donné un abbé de la Bénisson-Dieu, dont les armes sculptées sur les anciennes stalles de l'église présentent une difficulté. Elles y sont écartelées : *au 1er et 4e d..., à 3 chevrons d'hermine.* Ce n'est pas une écartelure d'alliance, puisque le même blason se trouve sans celui des de La Fin surmonté de la crosse, sur un autre panneau de ces stalles. Il n'est pas probable que ce soit celles de l'abbaye ; ce seraient donc celles d'un prédécesseur, P. de la F., dont il aurait été coadjuteur. On rencontre quelquefois des faits de ce genre, mais alors ce personnage est inconnu, car Hug. Tardinat, qui précéda, portait des armes différentes.

**Fischer**, Ant., éch., 1711.

**Fisicat** de Beauregard, sgrs de B. de Bellièvre (Oullins), possessionnés à St-Genis à Laval en L., sgrs de Rochebaron en F., 18e s. EGLF 89. Anoblis en 1655 pour services militaires. Et. (*HC ; CP*). — La bordure fleurdelisée est une concession royale, en 1661. L'écusson à une fleur de lis est aussi une concession de 1665, pour des actions d'éclat à la bataille de St-Gothard.

—**Fitler**, orig. de St-Gall, en Suisse, établis à L. en 1685. Ils tenaient en franc-alleu une maison rue Buisson et le fief de Dargoire (St-Cyr au Mont-d'Or), etc. Représentés à L. (*PL*).—Les armes sont mal placées sous le nom de Ficler ; elles se blasonnent : *d'az. au chevron renversé d'or, accompagné en chef d'une étoile du même.*

**Flachat**, sgrs de St-Bonnet-lès-Oules, 18e s. P., éch., 1736 ; David, 1749 ; J.-B., P. des M., de 1753 à 63. (*MN*).

**Flachat** d'Apinac, famille chevaleresque, sgrs de F., dans le Mandement de Rocheblaine, dès 1325, de Saint-Romain en Jarez, de Chenevoux, par alliance avec la famille de ce nom, au commencement du 15e s. ; de La Varenne, par alliance avec les La Forge, en 1522 ; de Jas, par alliance avec la famille de ce nom, au milieu du 16e s. ; d'Apinac, par alliance avec les St-Priest d'A., en 1589 ; de Legnieu ; La Roue, etc., au 18e s. RN 1668. EGF 89. (*LL ; MN*).

**Flacheron**, à L. au 17e s.

**Flachon** de Barrey, sgs de la Jomarière (Brignais) en L., 18e s. P., éch., 1760, EGL 89.

* **Flameuch** Gaudemar, cler de v., 1294.

**Flandrin**, enseigne du quartier des rues Confort et Paradis, 17e s. — En 1771, un prêtre du même nom possédait le fief de Chantemerle, à St-Didier, au Mont-d'Or en L.

* **Fléchère** (de La), orig. de Nion (canton de Vaud). Représentés à L. — *D'az. au sautoir de sable cantonné de 4 aiglettes du même.*

**Fleur de lys**, à L.

* **Fleurieu** sur l'Arbresle (de), ancienne famille chevaleresque appelée ainsi du village de ce nom, en L., possessionnée à Sorieu en L., au milieu du 13e s. — A. inc.

**Fleury** [illegible], au 17e s. Alliance des Covet, des Dupuy, etc. — *De sinople au chevron d'or, accompagné en pointe d'un lis d'argt.*

**Floratis**, éc. de l'Académie de L., 1692.

**Floris**, à L., au 17e s., orig. du Dauphiné. (*CH*).

**Floris** ou **Flory**, éc., sgr de Versailleu, possessionné à Lozanne, 18e s.

**Floris**. — Armes de la même famille, d'après un cachet de 1723 : au lieu d'un *levrier*, il faut mettre un *lièvre*.

* **Flotte** de Revel, sgrs de Maymont de Torent, (diocèse de Vienne), de Nervieu, (diocèse de Lyon) et de Vaures-lès-Montbrison, par alliance avec les Roussillon de Veauches. Première moitié du 14e s. ; ancienne famille d'Auvergne, ét. en 1382. — *Fascé d'or et d'az.* (*LC ; BO*).

**Flurant** de Rancé, sgr de R. et de Gauteret (Genay) de la Chartronières (Millery) en L., 18e s. — *De gueules à la fasce d'argt., chargée de 3 coquerelles de sinople.* (Cachets de 1722 et 1778).

**Font** (de la), sgr de Pougelon (St-Etienne-la-Varennes) en B., au 17e s. — On trouve vers le même temps Jacob de la F., bs de L., sieur de la Maison-Forte de la Tour-des-Champs, dite de la Belle-Allemande, possédant une grange et des bois dans la paroisse de St-Vincent, hors des murs de L., 1776.

* **Fontanelle** (de), sgrs de F., Mandement de Néronde en R. Des F. ont possédé des fiefs à Chasey en L., aux 13 et 14e s.—A. inc.

**Fontanès** (de), branche de la famille de St-Priest, surnommée ainsi d'une seigneurie qu'elle possédait en F., depuis le 14e s. RN. 1668. — Cl. de F., reçu chevalier de Malte en 1676, présenta les quartiers suivants : F., de Poncins, de Vaux, de Village, de Parade, de la Baume, de Gabriac, d'Assas ; de St-Georges, des Escurres, de Fougères, de la Forest, de Cremeaux, de Prunet, d'Urfé, de Sugny.

* **Fontanès** (de) de Chemé, autre famille qui tenait plus anciennement son nom du même fief, mais qu'elle ne possédait plus depuis longtemps ; bons de Maclas, sgrs de Chemé, de la Valette, du Buisson, etc. : elle a donné un chanoine de L., reçu en 1697, et que l'on a confondu avec ceux que nous venons de citer. — L'ignorance où nous sommes de sa filiation et de ses armes, ne nous permet pas de dire si cette famille n'est pas la même que la suivante.

**Fontaine**, lisez **Fontanès** (de) « *de Fontanis*, » famille chevaleresque de L., possessionnée à St-André-la-Côte et à Greysieu-le-Varennes, au 13e s. On trouve encore des F. à St-Symphorien-le-Château, St-Etienne, Châtelus, La Rajasse et St-Romain en Jarez, 13 et 14e s. Une autre famille, appelée de F. par les généalogistes, était anciennement possessionnée en L. et en Dombes, mais on peut croire que son nom était de Fontaines ; village en Franc-L. — Sceau de 1276.

**Fontaine** de Bonnerive. Un s. du R., au 18e s. EGL 89. Représentés à L.

**Fontaine** (de la), famille de la Bresse (*LL*).

**Fontenaille**.

**Forcade** (de la), notable bourgeois, en 1664.

**Forcieu** (**Badol** de). — Les armes données ici, d'après l'*AG*, sont inexactes ; v. B.

**Forcrand**, famille de la Bresse.

* **Forendal** (Henri), orig. de Lille en Flandre, établi à L., au 17e s., fonda dans l'église du Collége une chapelle sous le vocable de la Ste-Vierge (la 4e à gauche), où se voient ses armes sculptées ; il avait aussi une maison sur le quai St-Vincent, dans laquelle s'établirent les religieuses de St-Benoît. — *Coupé mi parti : au 1er d... à une aigle d... au 2e d... à une tour d... au 3e d... à une tour d...* (Peut-être que la partie supérieure de l'écusson n'est qu'un chef auquel on a donné de trop grandes dimensions).

* **Forest** (de la), en F., famille ancienne ; Arbert de la F., chancelier de F., sur un sceau de 1259 porte un chaudron dans ses armes, ce qui ferait supposer qu'il appartenait à la famille des Chauderon d'Ecotay. Le fief de la F., aujourd'hui appelé de la Motte, à St-Romain en R., appartenait dès les premières années du 14e siècle aux La Perrière. — Il y a eu anciennement une autre famille de ce nom en F., habitant à St-Marcel et possessionnée à Balbigny, dans le mandement de Cervières, elle n'était pas noble.

**Forestier** (le), de Villeneuve.

**Forêt** (de la), enseigne pennon du quartier de la Pêcherie, 17e s. V. Laforest.

***Foreys** (de), J. et Zacharie, cler de v., 1294; J., 1320; autre J., 1364, 79, 83, 87, 89, 92, 94, 96, 98, 1400; Guill., 1397; P., 1399.

**Forez**, ancienne province, dont les seigneurs portèrent le titre de comte. Les premiers qui l'ont possédé, du 10e au 12e s., avaient aussi le comté de Lyon; on leur donne des armes particulières (V. Lyon, Beaujeu). Leurs biens passèrent par alliance à un cadet des Dauphins de Viennois, qui brisait les armes de sa famille par la différence des émaux; cette seconde branche s'éteignit en 1372 et le Forez passa à la maison ducale de Bourbon jusqu'à la confiscation des terres du connétable, au commencement du 18e s., époque où cette province fut réunie à la couronne. Elle fit depuis partie de la généralité du L. Le F., outre le F. proprement dit, comprenait aussi le pays de Jarez et le Roannais, qui en étaient des subdivisions. (*Art de vérifier les dates: Histoire des Ducs de Bourbon et des Comtes de Forez*, par La Mure). — Dans quelques anciens sceaux, le dauphin est représenté avec une nageoire dorsale continue; un ancien auteur qui a traité du blason (Upton, *De re militari officio*, Londres, in-4, 1654), l'appelle à ce propos dauphin du Nil, et dit que c'est un de ces dauphins dont parle Solin et qui, au dire de cet auteur, étaient munis d'une nageoire de fer avec laquelle ils éventraient les crocodiles.

—**Forge** (de la). V. **Farge** (de la).

**Forget**, intendant à L., 1596, orig. de Touraine. RN 1668 (*PB; BO*).

**Forissier**, à L., au 17e s.

***Formond**, J., cler de v., 1449, 50, 55, 56, 60, 63, 64, 67, 68, 70.

***Fornel** (du) du Roure et du Montet, sgrs de Soleillant (Valeilles), en F.; EGF 89, orig. du Puy en Velay (*MN*) *d'azur à un chien d'argt. courant sur une terrasse de sinople.*

**Foudras** (mquis de), ancienne famille chevaleresque du F. et du B., sgrs de Baignaux, 14e s., de Contenson; du Pinet; d'Ogerolles, de Courcenay (Mardore), en B., Soutrenon, en R., de la Farge (Propières) de Blacé, en B., etc., possessionnés à St-Just-en-Chevallet, St-Priest-le-Prugne, St-Romain-sous-Urphé, Sail, etc., au 14, 15, 16, 17 et 18e s. EGFB 89. Il y a eu un chanoine de L. de cette maison en 1254. Vers le même temps, Guill. de F. était possessionné près de Letra et de Chamelet. Cette famille existe. Fs de F., reçu chevalier de Malte en 1703, présenta les quartiers suivants: F., du Peloux, Fougear, Bertaud, la Poype, Montferrand, Laye, Seyturier, Revol, Chavans, Gallien de Chabans, Vachon, d'Hyères, Rivoire, la Poype, Montferrand. (*MM; LC*).

**Fougeres** (de), ancienne famille chevaleresque du B., connue dès le 12e s. Tenaient leur nom du château de F. (St-Nizier-d'Azergues), sgrs, puis victes d'Oingt, par alliance avec l'héritière de cette maison, à la fin du 14e s.; de Chambost, par alliance avec les Montdor, au 16e s., cette branche s'éteignit en 1577 et les biens passèrent par héritage aux Châteauneuf. Une autre branche a formé les sgrs de F., sgrs de l'Etoile, par alliance avec les Trezette au 15e s.; de Montceaux, co-sgrs de Crotte, près Vichy. Et. à la fin du 16e s. (*LL; LC*). — Sur une tombe à Poulle en B., d'un membre de cette famille, † en 1272, on voyait un écusson chargé d'un rosier. Les armes mieux connues sont celles que nous donnons et qui se voyaient autrefois à St-J. dans une chapelle édifiée par un chanoine de ce nom; elle sert actuellement d'entrepôt.

—**Fougerolles** (de). V. Lavieu.

***Four** (du), lieutenant du quartier du Port-du-Temple au 17e s. — *De gueules au cygne d'argt., au chef cousu d'az. chargé d'une étoile d'or.*

***Fourgon**, sgrs de la Maison-Forte (Vourles) en L., 18e s.; un s. du R.; un cler à la Cour des Monnaies; EGL 89; (*MN*) *d'az. au chevron d'argt., au chef du même, chargé d'un lion passant de gueules.*

***Fournas** de la Brosse, orig. du L., établis en Languedoc, anoblis en 1615 pour services militaires. — *D'argt. à 3 fasces d'az. à un griffon d'or armé, lampassé et couronné de gueules brochant.* (*AP; DH; LD; SA*).

**Fournel**, à L., au 16e et au 17e s.; un premier président au Parlt de Dombes, lieutenant en la sénéchaussée de L., en 1551, puis président au Présidial de la même ville, en 1557; son fils † sans enfants, procureur général de la Communauté du L. Fondus dans les Péroul (*GD*).

***Fournel** (du), sgrs de Poleymieux, de Pesselay; Fs, sgr du Breuil, éch., 1704. Et. dans les Laurencin. Au milieu du 18e s.; on trouve, en 1750, des sgrs de Champagneux et du Moulin-à-Vent en L. de ce même nom. — *De gueules au chef d'argt. chargé de 3 bandes de sa.*

**Fournier**, sgrs de Montagnac et du Colombier en F., fin du 17e s.; un lieutenant particulier au Bailliage du F. EGF 89.

**Fournier**, notable bourgeois à L., 17e s.

**Fournier**, notable bourgeois à L., 17e s.

**Fournier**, RN 1668, famille du Vivarais. On trouve leurs armes écartelées: *au 1er de gueules au lion d'argt., à la bordure cousue d'az., chargée de 5 quintefeuilles d'or, au 2e d'or au chef de France, au 3e de gueules au rocher d'or, au 4e d'az. à la bande d'or et une étoile du même; sur le tout d'az. à un gerfaut d'argt., empiétant sur un héron d'or.* (*AP*).

***Fournier**, famille lyonnaise qui a donné un 1er président au Parlt de Bourgogne, † 1525. Son frère avait fondé une Académie à L., qui fut rétablie par Nic. de Langes. Et.—Péronin, cler de v., 1380, 84, 86, 99, 1401, 3, 5, 7, 9; Nic., 1427, 31; R., 1458, 59, 60, 65, 66, 73, 82, 85. — *D'argt. au chevron d'azur, accompagné de 3 oiseaux, ceux du chef affrontés, surmontés chacun d'une étoile; celui de la pointe posé, becquetant, surmonté d'une fleur de lis au pied nourri, au chef de gueules chargé d'un levrier poursuivant un lièvre d'argt.*—En 1423, Péronin F. qui possédait une maison dans la Grande Rue Grenette « *in magna carreria Granataria*, » voulut être enterré à St-Nizier, devant la chapelle de la Ste-Vierge, et ordonna que pendant le service de ses funérailles on mit sur son cercueil un drap d'or « *pannum aureum* » à ses armes. Chaussonnet donne pour armes à cette famille: *de gueules au chevron d'argt., accompagné de 3 roses du même.* Nous croyons néanmoins qu'il s'est trompé, là comme dans beaucoup d'autres circonstances, et que la famille des clers de v. est la même que celle du président.

**Fournillon** de Butery, sgrs de l'Espinasse et de B., de la Verpillière (St-Symphorien de Lay), depuis le 16e s.; de Chervé (Perreux) en B., 18e s., connus depuis 1467. Le nom patronymique de cette famille était *Voisin*. Et. à la fin du 18e s. (*LC; MN*).

**Fourvières** (St-Thomas de), Chapitre. Il existe au même endroit un célèbre oratoire dédié à la Ste Vierge et objet de nombreux pèlerinages. La chapelle primitive avait été construite au 12e s., par un doyen de St-Jean, Olivier de Chavannes.

**Foy** de St-Maurice, Troissereux, Beaulieu, etc.; cte palatin, cler d'Etat, président honoraire à la Cour des Monnaies de L., 18e s. Et. (*PL*). Cet auteur lui donne pour armes: *d'az. à une foy d'or.* — Devise: *Justus ex fide vivit.*

**Fraisse**, à L., au 17e s.

**Franchelins**, ancienne famille chevaleresque de la

Dombes, qui a été possessionnée aussi en B.; entre autres, sgrs de Rétis, et a donné un bailli de cette province. Et. en 1382, leur nom et leurs armes furent perpétués par une branche des Glettems. (*GB*). — On leur donne pour armes un lion au lieu d'un griffon, mais sur une tombe de 1301, existant autrefois aux Jacobins, l'écusson était tel que nous le donnons ; d'autre part un sceau du 14e s. porte le lion.

**François** Guille, cler de v., 1500, 5. — Les armes que lui attribue à tort Chaussonnet, sont celles des Fs des Alymes, en Bugey.

**François**, à L., au 17e s.

* **Frans** (de), famille chevaleresque qui tenait son nom d'un village de la Dombes, possessionnée aussi en B., 14e s. — A. inc.

* **Frasconi**, Milanais, à L., au 17e s. — *D'argt. à une tour donjonnée de 3 pièces de gueules, au chef d'az. chargé d'un faucon essoré d'argt.*

* **Frasse** (de la) de Cénas, sgrs de Sury le-Comtal en F., par acquisition de La Rochefoucault, en 1735; orig. de L.; un cler à la Cour des Monnaies; un s. du R. du grand collége, en 1683. — *D'az. au chevron de gueules, accompagné en pointe d'un lion issant du même, au chef d'az. chargé de 3 étoiles d'or.*

* **Fredeville** (de), « *de Frigida villa,* » famille chevaleresque qui a donné un châtelain de St-Germain-Laval en F., 1347. Il appartenait probablement à une ancienne famille d'Auvergne, établie près de Thiers, et qui portait : *d'argt. à la croix engrêlée de gueules.* (*BO*).

**Fréminville** (Poix de), orig. de la Bourgogne; représentés à L.

* **Frénier**, ancienne famille de Perreux en B., 15e s., sgrs de Bonvers (Vougy), 16e s. — A. inc.

* **Freppier**, famille chevaleresque, sgrs de Pesselay (St-Symphorien de Lay) et de Combres, 1457. — A. inc.

**Frère** P., cler de v., 1566, 67, 68 ; Fs, 1573 ; sgrs de Charfestain (Bruilioles) et du Jobert (Bessenay) en L., 16e, 17e et 1re moitié du 18e s.; un bailli de Dombes ; un 1er président au Parlt de Dauphiné et lieut.-général, au 16e s.; sgrs de Chamburcy, par alliance avec Anne de Poget, dame d'Arnas et de Ch., au 16e s.

**Fresse**, lieutenant du quartier de la rue Lanterne, 17e s.

* **Freydière** (de La), famille chevaleresque, sgrs de Cervière en F., et dont les biens passèrent, en 1349, aux de Laire. — A. inc.

**Froncet** (du), à L., au 17e s.

**Frotton** de la Sablière, par alliance avec une famille de ce nom; d'Albuzy, par alliance avec les Gentialon de Chatelus; de Landuzière, orig. de St-Etienne-de-Beauvoir en Dauphiné, établis en F., au 17e s.; un s. du R. au Parlt de Dombes, en 1722. EGF 89. (*MN*).

**Fructus** (de), orig. du Comtat-Venaissin ; représentés à L. — Ces armes se trouvent aussi : *parti : le 1er* comme dans la planche, *le 2e coupé : d'argt. à 2 épées en sautoir de gueules et d'az. à l'arbre d'argt.*

**Fuers** (de), prononcez **Feurs**. C'était anciennement l'usage de transposer ainsi les lettres de certaines syllabes. V. Feurs.

**Fulchiron** Ant., éch., 1762. Et. en 1857.

**Fuzeaud** de Fontanelle, un cler au Parlt de Dombes. EGL 89.

**Fuzellier**. Un s. du R., en 1764. EGL 89.

**Fyot**, sgrs de Montgré, fief en B., acquis des Chevrières, en 1650, et transmis ensuite par alliance aux Bottu ; orig. de Bourgogne. Il ne faut pas les confondre avec une famille de la même province qui portait : *d'az. au chevron d'or, accompagné de 3 losanges du même.* (*LC*).

**Gabet**. Cette famille a donné un directeur de la Monnaie, au 18e s. EGL 89. Représentée à L.

**Gabiano** (de), orig. d'Italie, sgr du Buisson et de Vourles, 17e s. Luxembourg, cler de v., 1539, 43, 48, 53; Henri, 1561, 63. — Sur un exemplaire imprimé sur vélin du *Breviarum camere lugdunensis ecclesiæ*, sont peintes les armes d'un G, *brisées d'une bordure dentelée d'or sur le gueules, et d'argent sur l'azur*, et, pour tenants, deux Faunes terminés en gaîne. On lit en tête la note suivante, d'une écriture du 16e s. :

« L'an mil cinq cens quatre vingtz et deux, et le vingt « huitiesme jour du moys de novembre à unze heure et « ung quart deure du soir est alle de uie a trespas, noble « homme mons. Hugue de Gabiano, conseiller du Roy « es cours et siege presidiaul de la seneschaucée de « Lyon. »

**Gabrion** de l'Argentière.

**Gacon** P., éch., 1714.

**Gadagne**, orig. de Florence, établis à L. au 15e s., sgrs de Bouthéon, de St-Bonnet-le-Château, Beauregard, St-Galmier, Virigneux, Marclop, Le Poyet (Chazelles), Périgneux, etc., en F., 16e s. Thomassin, sgr de Beauregard, cler de v., 1536. — Et. en 1591 dans les d'Hostun. (*LMrs ; LC; LD*; etc.) — Support : un dragon ; cimier : une tête de licorne ; devise : *Exaltabitur*. Leurs armes étaient sculptées sur leur maison à L. avec 2 anges pour supports et un buste d'homme sauvage en cimier.

**Gadis** ou **Gaddi**, famille florentine qui a donné un abbé d'Ainay, au 16e s.

**Gaillat** Math., sgr de Fourquevaux et la Chana, trés. de F., éch., 1616.

**Galand** Ph., cler de v., 1575.

—**Galles** (**Raybe** de), v. R. Il ne faut pas confondre cette famille avec celle d'Ant. Galb..., possessionné dans la châtellenie d'Usson en Auvergne et qui portait : *de sable à 3 coqs d'or crêtés et barbelés de gueules à la bordure d'argt. frettée de gueules* (Guille Revel).

* **Gallet** de Montdragon, mquis de St-Chamond, sgrs de le Valla en F., par acquisition des La Vieuville, à la fin du 18e s.; orig. d'Anconne, près Montélimart en Dauphiné. EGF 89. Représentés à Paris. — *D'az. au chevron d'or, accompagné de 3 étoiles du même, au chef d'argt. chargé de 3 trèfles de sinople.*

**Gallier** Mathurin, éch., 1605.

* **Gallois** de La Tour, sgrs de Durbise en F., 18e s.; orig. du Bourbonnais : un président au Parlt de Provence, un président au Parlt de Paris, etc. EGF 89. (*HM : Tablettes de Thémis; LC*). — *De sable au sautoir d'or.*

**Gallon**, trés. de F., 17e s.

* **Galochin**, surnom des la Bastie.

**Galtier**, trés. de F. Représentés à L.

**Gangnières**, **Gagnières** ou **Galgnières**, bons, puis ctes de Souvigny, sgrs de Grézieux-la-Varenne, de St-Vincent d'Agny en L., 17e et 18e s.; orig. d'Orléans, anoblis, en 1645, pour services militaires. RN 1668. Représentés à L. — La seigneurie de Grézieux-la-V. fut érigée en comté, en faveur de cette famille, sous le nom de Souvigny, en 1671.

**Gapaillon** Cl., cler de v., 1563.

**Garadeur** de l'Ecluse, sgrs, puis mquis de l'E. (St-Jean-d'Ardières) en B., dès l'an 1400. — Et. au 18e s. (*LC*).

**Garbot** J., cler de v., 1540 ; André, 1543.

**Garbot**, peut-être de la même famille que les précédents, et sgrs de Châtenay, de Charpieux (Vaugneray) en L., 18e s. RN 1668. — On voit des armes semblables sur une maison du commencement du 17e s., qui fait l'angle des rues Mercière et de la Monnaie. — En 1503, Denys G. fut obligé de soutenir un procès contre la ville, qui ne voulait pas consentir à l'enregistrement de ses lettres de noblesse.

**Garbuzat**. Leur armes, sans légende, se trouvent au revers des jetons de J. de la Forcade, éch.

**Garde** (de La), sgrs de la G. de Chassaigny, etc., 14e 15e et 16e s., orig. du F., établis en Bourbonnais et en Mâconnais (*LMm*).

* **Garde** (de la), sgrs de la G. (St-Didier-sur-Rochefort), de la Boeri (Nérondc), possessionnés à St-Haon, Renayson, Noailly, St-Colombe en R., 13e et 14e s., fondus, en 1441, dans les Gaudet. Cette famille portait, au 14e s., le surnom de Genetines. — A. inc. — Les de Beck paraissent avoir emprunté à cette maison le surnom de la G. qu'ils ont porté quelque temps.

* **Garde** (de la), sgrs de la G. (St-Thomas), en F., fief aliéné, en 1311, au cte de F. et cédé par celui-ci aux du Vernet, qui en prirent le nom. — A. inc. — Il a existé dans nos provinces d'autres fiefs appelés de la G. qui ont pu donner leur nom à des familles ; mais il ne nous a pas été possible de démêler bien clairement ces différentes maisons.

**Gardel**, sgrs de Courbeville, 1725 : un s. du R. en 1770. Représentés à L.

**Garil** en B., au 17e s.

—**Garin** du Buisson, sgrs du B. (Fontaines), 18e s. EGL 89. — Les armes ont été mal placées à la dernière ligne du folio 30. — J. G , d'une autre famille, sans doute, fut cler de v. en 1423, 34.

**Garnier** de Chambros, J.-B., éch., 1750. EGL 89. Représentés à L.

**Garnier** des Garets, sgrs des Garets (Béligny), érigé en fief en faveur de cette famille, en 1595; du Colombier (St-Julien) en B., 17e et 18e s.; orig. de Villefranche : plusieurs échevins et un capitaine de cette ville, en 1582 ; un cler du siége présidial de L., en 1587. EGB 89. Représentés à L. (*LB; LC*).— Cimier : *une Fortune*. Devise : *Para, io ciega* (gare, je suis aveugle).

* **Garnier** J., cler de v., 1437, 46, 52, 53 ; André, 1475, 85. Et., 1480, 82, 87, 91 ; Cl., 1492.

* **Garnier**, à L., au 17e s. — *D'az. au lion d'or, au chef bandé d'or et de gueules*. (*Prompt. armorial*).

* **Garnier** de St-Laurent, à L., maintenue de noblesse, en 1668 et 1761. — *D'az. au chevron d'argt., accompagné en chef de 2 étoiles d'or*.

* **Garnier**, famille de L., issue d'un doyen au Collége de médecine, † en 1681 ; une branche s'établit à Paris, une autre existait à L. au milieu du 18e s. — *De gueules à la fasce d'or, accompagnée en chef de 3 étoiles rangées d'argt. et en pointe, d'un croissant du même* (*PL*).

**Garon** Cl., cler de v., 1555.

**Gaspard**, famille de robe, orig. de Dombes, divisée, au commencement du 16e s., en deux branches : 1° les sgrs, puis mquis du Breuil, sgrs du Buisson, subdivisés en trois rameaux, les sgrs du Br. et du Buis., d'Arbain, de Chiel, par alliance avec les d'Aulhon, en 1567. Et. au 17e s. dans les Corsant et les Damas ; les sgrs du Breuil, au 16e s.; et les sgrs de Pravains et de Fléchères ; 2° les G. du Sou, qui ont formé les sgrs du S. et du Breuil en L.; et les sgrs de Bionney, sgrs de Marcilly, par alliance avec les Martel de M., de Tirons. (*GB, GD*).

**Gaste** (de) de Luppé, anciennement **Gastonet**, orig. du Vivarais, sgrs de L., par alliance avec Falatier ; et de St-Julien-Molin-Molette en F., au 15e s. Fondus, au 16e s., dans les Groléc-Meuillon. Cette famille a donné un doyen du Chapitre de L., au 15e s. (*LM; GA*). — Quelques héraldistes ont pensé que ces armes, qui sont fausses, comme on dit fort improprement, avaient été mal vérifiées, et on a voulu les corriger ; mais elles se trouvaient ainsi sur les verrières d'une chapelle de St Jean, et on les voit de même sur un manuscrit du 15e s.

**Gattel**.

* **Gaudet**, sgrs de La Garde (St-Didier-sur-Rochefort) en F., par alliance avec la famille de ce nom, au milieu du 15e s. ; possessionnés aussi à Chalain, St-Bonnet et St-Just.—Le fief de la G. leur fut disputé par le sgr d'Ecotay.

**Gaudin**.

**Gaudin**. — On trouve des G. en F., sgrs de Jas et Feurs, au 18e s. EGF 89, et des G., sgrs de Malleval (Montrotier) en L., à la même époque.

**Gaufridy**, famille de robe, orig. d'Anse, ét. depuis longtemps. — A. inc. (*LL*). Le blason que présente la planche est celui d'une famille noble de la Provence qui n'a rien de commun avec la nôtre. (*PC*).

**Gaulne**, sgr de La Fayotte (St-Martin-d'Estraux) en F., 1re moitié du 18e s. : un cler en l'élection de R. — Cachet de 1732 ; le champ est *d'az.*

**Gaultier** de Pusignan, P., éch., 1725. Et. (*MN*). Ces armes ont varié : les plus anciennes sont celles que nous avons données. L'éch. supprima la rose en pointe du chevron et porta, au lieu d'*une aigle à deux têtes*, une *aigle issante*. (Cachet et jetons du 18e s.)

**Gaultier** de Coutances. Représentés à L.

* **Gaultier**, bs de L., sgr de Cénas (Châteauneuf) en L., 1725. On trouve beaucoup d'autres G. dans cette même province, dont les armes nous sont inconnues.

* **Gautier** aliàs de **Bosseure**, famille chevaleresque, possessionnée en F. et en B., 14e et 15e s. — A. inc.

* **Gauzat**, ancienne famille noble de Condrieu en L., 14e s. — A. inc.

**Gavinet**, orig. de Beaune en Bourgogne, établis à L., où ils tenaient en franc-alleu une maison appelée de la *Caille d'or*, à l'angle des rues Mercière et Thomassin. La profession de pharmacien est, pour ainsi dire, héréditaire dans cette famille depuis plus d'un siècle. (*PL*).

**Gavinet**. Armes sur un cachet apposé à un aveu de fief, fait par un membre de la famille précédente ; mais ce blason ne doit pas leur appartenir. Le premier est exact.

**Gay**, sgrs de Marzé en B ; fief acquis des Nanton, en 1548, par J. G., avocat au Parlt ; un cler au Parlt de Dombes.

**Gay** Léonard, éch., 1784, EGL 89.

**Gay**. — On trouve encore J. Gay, cler de v., en 1270.

**Gayant**, sgrs de la Roche (St-Julien), de La Tour (Denicé) en B.; de Jarnosse, au 16e s.; famille qui doit remonter à Perrin G., secrétaire du duc de Bourbon et officier de la Chambre des Comptes de B., en 1373. Une branche passa en Dauphiné, au commencement du 17e s.— Leurs armes se voient à Jarnosse.

**Gayardon** (de) de Grésolles, de Tiranges, mquis du Fenoyl, ctes de Grésolles, etc.; sgrs de Luré, Bordes, depuis le commencement du 16e s.; de Grésolles, Buffardans, St-Nizier, Le Prée, etc.; une branche cadette formée au milieu du 17e s , sgrs de Tiranges, Boisset, etc., existe encore. Elle hérita, à la fin du 17e s., par alliance avec les du Fenoyl, des terres de Souzy, Tourville, la Forest-des-Halles, érigées en marquisat en 1720, sous le nom du F. RN 1668. EGL. F. 89. Admis à monter dans les carosses du Roi, sur preuves faites en 1788 (*LM; DH; LC*). Représentés en F. — Les G. du E. écartelaient . *au 1er et 4e de G., au 2e et 3e de F.*; tenants : 2 *hommes sauvages*; devise : *Ecce vicit leo de tribu Juda*.

**Gaybit**.

**Gayet** de Lancin.

**Gayon** en L., au 18e s. (*Dubuisson*).

**Gayot** de la Bussière, c^tes de Châteauvieux, sg^rs de La B. et du Crozet (Joux-sur-Tarare), orig. de St-Chamond, divisés en deux branches dès le 16e s. — L^s, P. des M., 1681 ; Marcelin, éch., 1704. EGL 89. Représentés à L. — Leurs armes sont sculptées au-dessus de la porte d'une maison de la Grande Rue Mercière. (*Notice sur la Gayot-Mascrani de la Bussière,* par M. Ludovic d'Assac, Lyon, 1848, in-8°).

**Gayot** de la Rajasse et de Pitaval, sg^rs de La R. P. et de La Claire, 17e s. ; branche de la famille précédente, ét. en 1755. — J. J., sg^r de La R., éch., 1683 ; Ben^t, sg^r de La Cl., 1685. Une autre branche, celle des sg^rs de Cossieu, s'éteignit en 1725. Ses biens passèrent aux Dareste par héritage. (*PL*).

**Gayot**.

* **Gayot**, *d'argt. à l'aigle de sable et 2 étoiles de gueules en chef.*

**Gazanchon**. Ces armes, apposées à un aveu de fief de 1753, n'appartiennent pas aux G. — V. l'article suivant.

**Gazanchon**, à L., sieurs de Chavannes, Trianon (Courzieu) en L., 18e s.

**Garin** du Buisson. Armes mal placées. — V. plus haut.

**Géffon** (*G*).

**Gelas** (de), Cl., c^ler de v., 1522, 58, 83 ; Guill^e, 1592. On trouve Bernon G., curé d'Ecully, en 1237 ; Cl G., archidiacre d'Agen, né à Condrieu en 1591, † en 1630.

* **Gelas** en F., au 17e s. : *d'or au pal de gueules, chargé de 3 croisettes d'argt. et soutenu de 2 lions d'az.*

* **Gemeaux**, sg^r de Jauzé (Marcilly) en L., 1770. — A. inc.

—**Gemier** des Perrichons, sg^r des P. en F., par acquisition des La Chaise d'Aix, en 1697 : un s. du R. en la Chambre des Comptes de Provence, en 1746. EGF 89. (*MN*). — Les armes sont à la pl. 22, v°, sous le nom altéré de Desperrichons.

* **Geminiani**, Lucquois, à L., au 17e s. : *d'argt. à 3 roches de sable mouvantes de la pointe, surmontées d'une fleur de lis florencée de gueules.*

**Genas** (de), à L., au 15e s, F^s, c^ler de v., 1480, 83, 86, 87, 92. J. Biricu, *aliàs* de G., fit construire, en 1412, la chapelle de St-Fabien, dans l'église de Ste-Croix, à L. — Les armes sont celles d'une famille du Dauphiné passée en Provence et ailleurs, mais qui doit être différente de la nôtre.

**Genay** (de), ancienne famille du Franc-L. Et au 16e s. (*LL*).

**Gendre**, b^s de St-Etienne, au 17e s. (*AG*).

**Gendre** (Le), b^s de St-Etienne. Ils s'étaient attribués des armes analogues à celles d'une famille du même nom, bien connue, mais étrangère à nos provinces.

* **Genest** de Pujol. V. P.

* **Geneste** de Sénujol et de St-Didier en F., famille de Velay répandue en Auvergne, en Bourbonnais et en F., sg^rs de Nérestang, St-Didier et Aurec, par acquisition, en 1734, de St-Pal en Chalencon, par héritage des Besse de La Richardie (*MN*; *BO*; *LO*). — Hug. de Jenestet, 33 ans, natif d'Aurec, demeurant à Cleppé, ci-devant officier d'infanterie, ex-noble. (*Liste des contre-révolutionnaires mis à mort...*) — *D'az. au cœur d'or ailé d'argt.* *LO* blasonne leurs armes : *d'az. au lion d'or, accompagné en pointe d'un croissant d'argt.* D'après le même ouvrage, cette famille serait représentée à St-Chamond.

* **Genetines** (de), sg^rs de G. (Bessay) en F., et de G. (St-Romain-sous-Urfé) en F., au 14e s. Cette famille portait le surnom de Charbonnères. Le fief de G. en F. passa, au 15e s., aux La Forge, qui le transmirent, en 1479, aux Charpin. — Une famille de G., du Bourbonnais, portait : *d'argt. à 3 aiglettes de sa.* — (M. le c^te de Soultrait : *Armorial du Bourbonnais*). Le nom de G. a été porté par les la Garde du F.

**Genêve** (de), J.-F^s, éch., 1753. — On remarquera sans doute qu'il avait pris le blason de la république de Genève.

**Genevié** Gaspard, éch., 1686.

* **Genevois**, sg^rs du Buisson en L., au 16e s. — A. inc.

**Genevrier** (*G*).

* **Genis**, « *Genesius*, » famille chevaleresque, sg^rs de Pitaval, fin du 12e s. — A. inc.

**Genost**, orig. de Bresse. Et. ; sg^rs de Fontraine (Béligny) en B., par alliance avec les St-Amour, en 1412 ; fief qu'ils revendirent ensuite aux Bessié. (*GB* ; *LC*). — Les armes sont blasonnées quelquefois : *d'az. au chevron de pourpre* ; *GB* assure qu'elles doivent être : *d'az. au chevron d'argt.*

* **Genoud**, orig. de L. : un s. du R., en 1616 ; un c^ler à la Grande Chambre, à Paris, au commencement du 18e s. — *D'or à 5 bandes ondées d'az.* (*HM*).

* **Genoux**, à L., aux 16e et 17e s. Les sépultures de cette famille étaient dans l'église de St-Paul ; on y voit encore celle de J^ne Courtois, veuve d'Ant. G., † en 1597 ; P. G., chanoine de St-Paul, † en 1602, avait pour blason ou plutôt pour emblème, sur sa tombe, une tête de mort, d'où sort un épi de blé, avec cette devise : *Nisi gramen frumenti cadens in terra.* Malgré une légère différence dans l'orthographe du nom, il est probable que cette famille était la même que la précédente.

**Gentil**, ancienne famille b^se qui a donné son nom à une rue de L. André G. fut enterré, en 1501, dans la chapelle St-André, à Ainay.

* **Geoffroy**, « *Gaufridi*, » famille chevaleresque de St-Chamond en L, 13e s — A. inc.

**Geoffroi**, ancienne famille lyonnaise qui a donné un podestat de Milan, pour le roi de France, en 1508, et des chevaliers de Malte. — Le blason mal placé sur la planche avait appartenu à une autre famille existant à L. au 17e s.

* **Georges**, famille chevaleresque en L., au 14e s. — A. inc.

**Gérando** (de), possessionnés à Millery, à Oullins, etc., 18e s. : un s. du R., en 1770 ; un officier à la Cour des Monnaies. EGL 89.

**Gérente** (de), par corruption **Jarente**, famille de la Provence qui a donné un abbé d'Ainay au 18e s. ; une rue de L. porte son nom. (*PV* ; *MP* ; *LC*, *LD*).

**Gérentet** de Salunau, orig. du F., sieurs de S., par acquisition, en 1746, de La Varenne, par alliance avec les du Vernet : un président en l'élect. de Montbrison. — Représentés à L.

**Germain** de Montauzon, sg^r de M. (Lacenas) en B., 18e s.

**Germanet**, sg^rs de la Plaigne (Dracé) en B., depuis 1430 ; fief passé par alliance aux Naturel, en 1539. — La planche porte mal à propos Germain.

**Gerson**, famille lyonnaise à laquelle appartenait un curé de Quincieux en L., en 1692. (*AG*).

**Gerson**, personnage célèbre, chancelier de l'Université sous Charles VI, mort à Lyon. Son frère é ait prieur du couvent des Célestins de la même ville. — Ce blason est gravé en tête d'une édition des Œuvres de G., imprimée au 16e s. Les émaux n'y sont pas indiqués, on les a supposés.

**Gervais** de St-Laurent, sg^rs de St-L.-d'Oingt, de Combefort (Chessy), de Rapetour, etc. en L., 18e s. : un

s. du R., en 1721. — Supports : 2 *aigles*. (Cachet du 18e s.)

* **Gesse** de Poisieux, sgr de Janeyriat en Dauph., etc.: un s. du R. au Parlt de Provence, en 1740 ; un lieutenant-général en la sénéchaussée de L., au 18e s. Et.—Plusieurs cachets apposés à des actes publics de ce fonctionnaire, prouvent qu'il avait adopté le blason des anciens de Poisieux de Passage, qui sont : *de gueules, à 2 chevrons d'argt., surmontés d'une trangle du même ;* les armes véritables nous sont inconnues.

* **Getz** (de), Jq., cler de v., 1395.

* **Gilbert** des Voisins, famille de robe, orig. de Paris, sgrs de St-Priest, à la fin du 18e s., par héritage des Peirenc de Moras. — *D'az. à la croix denchée d'argt., cantonnée de 4 croissants d'or.* (*LC; DA ; LD; SA*).

**Gilbert, Gelabert, Gilabert** ou **Gilbert**, ancienne famille chevaleresque d'Orliénas en L., possessionnée à Doysieu, à Fontaneys en F. et à Annonay, 14e s.— Le champ de l'écusson doit être blasonné *fretté*, au lieu de chargé de losanges. (Sceau de 1273)

**Gilliquin** en B.

**Gillet** de Valbreuse ; Cl., éch., 1738 ; J. P., 1744. Représentés à L.

**Gillet** en B.

**Gimbre** Ht, cler de v., 1524, 36, 47.

**Gimel** (de), branche d'une famille orig. du Limousin, établie en Auvergne ; sgrs d'Albonne (St-Martin-de-Fontaines), à la fin du 17e s. et au commencement du 18e. (*BO*).

**Gimel** (de) du Colombier : un cler au Parlt de Dombes. — Les armes se trouvent aussi : *coupé : au 1er d'azur, à une étoile d'argt. au 2e d'argt. à une croix longue de sable, accostée de deux têtes de Maures du même, surmontée d'une trangle de gueules.*

**Girard** Fs, cler de v., 1585. Dans les alliances de la maison de Fenoyl, à la fin du 16e s., on trouve une famille G. qui paraît être la même, et dont les armes sont : *d'or à la bande d'argt., accompagnée en chef d'un lion d'or, et en pointe d'un trèfle du même.*

* **Girard**, Math., éch., 1734 : *d'or au chevron d'az., accompagné en chef de 2 lions affrontés de gueules et en pointe d'un cœur du même.*

* **Girard** de la Charbonnière, sgr de la Fayotte et de la Gaudinière (St-Martin-d'Estraux) en L., 18e s. EGL 89. — A un aveu de fief en 1777, est apposé un cachet dont les armes sont presque entièrement effacées : le champ est d'or et on aperçoit, au franc-canton, un objet que nous n'avons pu définir.

**Girard** de Colombettes, de Beauvoir, de Vaugirard, etc.; sgrs de Trécies, Grandris, Vaugirard, Colombettes, de Beauvoir, etc. en F., 17e et 18e s.; anoblis en 1609. RN 1668, EGF 89. Représentés à L. La branche des Colombettes et des Beauvoir s'est éteinte au 18e s. Les de Rochefort en ont hérité. (*LM*). — *LM* blasonne le chef *d'or à 3 roses de gueules*. Devise : *Spes alteræ vitæ.*

* **Girard**, orig. de St-Etienne, sgrs de Roche-la-Molière, par acquisition, en 1745, des Perrin : un s. du R. en 1740. Fondus, en 1753, dans les Chappuis de Maubou qui en héritèrent.—A. inc. (*TV*).

**Girard**. Armes données par Ciaconius au cardinal Girard ; V. l'article suivant.

**Girard** de Greysieu, ancienne famille chevaleresque du L. et du F., sgrs du Pas, de-Greyzieu, possessionnés à Ampuis et à St-Symphorien-le-Château, 13e 14e et 15e s. Cette maison a donné un cardinal né à St-Symphorien, au 14e s. — Ses armes, telles qu'elles sont figurées ici, se voient encore dans l'église de St Symphorien. (V. Duchesne, *Histoire des Cardinaux français*).

**Girard** de Beauvoir. Armes inexactes.

* **Girardin** P., cler de v., 1330 ; autre P., 1392, 1417.

**Girardon**.

—**Girardon**, capit. pennon du quartier de l'Hôpital, au 17e s. — Les armes ont été placées, planche 54, sous le nom de Roc, qui est le prénom du personnage en question.

**Giraud** de Montbellet et de St-Try, sgrs de Montbellet, de St-Try (Pommiers), de Chambost près Chamelet en B., d'Alix, de Frontenas, de Bagnols, du Bois-d'Oingt en B., de la Font et la Vemée (Courzieu), de Légny en L., par alliance avec les Coppet, 17e et 18e s. : un cler à la Cour des Monnaies, en 1706. J. B., sgr de St-Try, éch., 1673 ; J., sgr de St-Oyen, en 1694. EGL. B. 89. Représentés en L.—Supports : 2 levriers ou 2 licornes. Devise : *Etiam indomitos domat.*

**Giraud** Maurice, éch., 1764.

**Giraud** de Montbellet. Armes inexactes ; v. ci-dessus. — Il y a eu une autre famille G., à L., au 15e s., qui a donné Guille, cler de v., 1459, 60, 66, 67.

* **Giraud**, sgrs de la Varennes (Quincié) et de Belleroche, acquis des Nagu, en 1769 : un s. du R.

— **Gireu** (de), v. Le Deschaux.

**Girié**. Un cler au présidial de L., au 18e s.

**Giron**, enseigne-pennon du quartier de la rue Neuve. 17e s. Le bras doit être mouvant du flanc senestre ; *les Forces de Lyon* le blasonnent *d'argt.*, ainsi que le croissant et la palme *de sinople.*

**Giroud**, sgr de Lapra (Montigny) en B., acquis des Chazeron, au 17e s., et revendu plus tard aux Létouf.— Il y a eu un Geof. G., cler de v. en 1270.

**Giry**, bons de Vaux et de St-Cyr, sgrs de Rochebaron, Bas en Basset, acquis, en 1741, des La Rochefoucault, de la Maison-Forte (Vourles) en L., de V. en B , acquis, en 1771, du Clappier près de St-Etienne, orig. de L. : un abbé de St-Martin-de-Pontoise. (*MN*). Le dernier représentant de cette famille est crocheteur à St-Etienne. (Note de M. de La Tour-Varan).

* **Givors**, ancienne famille qui tenait son nom de G. en L., seigneurie qui appartint, après l'extinction de cette maison, au Chapitre de L., sans doute par donation. Elle comptait un chanoine de L., en 1193.—Un certain Guille de G., reclus, avait fait bâtir, à Givors, une chapelle dont l'abbé d'Ainay réclama la suppression. L'affaire ayant été portée devant Renaud II, archevêque de L., il décida, en 1213, que la chapelle subsisterait jusqu'à la mort du reclus et serait supprimée alors. Sa tombe existe à Ainay, gravée sur une petite plaque de marbre blanc, en capitales romaines d'une forme grossière :

HIC : IACET : VILEM9 : DE : GIVORC
QI : DEDIT : NOBIS : XV : SOL' :

On voit, par ces faits, que ce reclus était un personnage riche et considéré. On peut donc supposer qu'il fut le dernier de cette ancienne maison, car on ne la retrouve plus à partir de cette époque.

**Glarens**, par corruption **Lyarens** ; bâtards des Villars. L'ancienne famille de Gl. s'étant fondue dans cette maison, elle en prit le nom, au 14e s. — Et. au 15e s. (*LL ; GB*).

**Glasthoud**, substitut du procureur du R., adjoint royal des enquêtes, enseigne-pennon du quartier St-Georges, 17e s.

**Glatigny** (de), orig. de Bayonne ; Gabriel, éch., 1696 ; Math., 1742 ; établis ensuite à Paris. (*PL*).

**Gletteins** (de), famille chevaleresque de la Dombes, divisée en plusieurs branches, 1° les sgrs de Garnerans et d'Epeisses, par alliance avec une famille du nom d'E. Et.

dans les Ponceton; 2° ceux qui continuèrent, par substitution le nom et les armes de Franchelins, sgrs de Combes, Et. au 16e s.; 3° les sgrs de Jarniost, Et. à la fin du 16e s.; 4° les sgrs de Biard en Dombes, Et.; 5° une autre branche fondue vers 1380 dans les Nagu (*LL*; *GD*).

**Gobue** (M. le greffier), de Brignais. (*G*).

**Godefroy**, trés. de F.

* **Godeschaux**, famille chevaleresque de Condrieu en L., 13e et 14e s. : *d... à un massacre de cerf d...*

**Godinot**, famille orig. de Reims, fixée à L. à l'époque de la Révolution. Les 3 représentants que cette famille comptait au commencement de ce siècle portaient chacun un blason différent; celui qui est figuré dans la planche appartient à l'un d'eux, adjoint à L., et qui fit les fonctions de maire, en 1814, au milieu des difficultés créées par l'occupation étrangère. Le 2e, général sous l'Empire, portait: *d'argt. au chevron brisé d'az., accompagné de 3 merlettes de sable, au canton de baron militaire.* La branche qui subsiste encore à L. porte: *d'or au chevron d'az. accompagné de 3 merlettes du même.*

**Goiffon**, sgrs de Bramafan (St-Foy-lès-L.), au 18e s., orig. de Cerdon en Bugey; J. B., éch., 1717. Fondus dans les familles Allut et de Vernas. (*PL*).

— **Gombault**, Mie G., veuve Fleury Pitrat, fit aveu de fief pour une maison rue Grolée, 1774. A cet acte était apposé un cachet aux armes que nous donnons (mal placées sur la planche). L'attribution de ce blason est douteuse.

**Gondard**, à L., fin du 18e s.

**Gondi**, orig. de Florence, établis à L. en 1516, passés ensuite à Paris; Ant., sieur du Perron, cler de v., 1537. (*Histoire généalogique de la maison de Gondi*, par M. de Corbinelli...... Paris, 1707, 2 vol. in-4°, fig. *MO; PA; BP; TS; SM; LC; PL, LD;* etc.) — Leur maison, à L., portait au dernier siècle, le nom de Maison de la Propagation de la Foy; elle existe encore à la montée St-Barthélemy. On voyait aussi leurs armes parties de celles de Pierrevive, sur une maison de l'ancien pont de pierre aujourd'hui démoli.

* **Gondin** Entremond, cler de v., 1442; Et., 1466, 1467.

* **Gonet**, sgr de Montpinet (Ranchal) en B., 18e s. — A. inc.

**Gonin** de Lurieu et de la Rivoire, famille de robe orig. de Montbrison, divisés en deux branches, dont une établie à L. à la fin du 17e s.; sgrs de L., par héritage des Chauvon; de Montarcher et de Marandères, du Palais-les-Feurs, acquis des Chabannes-Curton; de Collonge et la Merlée en F., 18e s; P. Th., éch., 1758 : deux s. du R., 1756 et 56. EGL 89. (*PL; MN*).

**Gonon**.

**Gontal**, RN 1668.

**Gombault**, v. ci-dessus.

* **Gontier** Ht, cler de v., 1390, 92, 94, 96, 98, 1400, 4, 6, 7, 8, 12, 14; J., 1411, 22, 24; Guille, 1416, 21, 34, 37, 41.

* **Gorse** (de La), ancienne famille noble du Vivarais, sgrs d'Auriol et de Revirant, par alliance avec la famille d'A., au 17e s.; d'Odes, près de St-Germain-Laval, etc., 14e s. — A. inc. (*BO*).

**Gouffier** de Boisy, orig. du Poitou, sgrs de B., La Motte, Villeneuve et Roanne, co-sgrs de St-Haon, par acquisition, en 1456, terres qui furent érigées en marquisat en leur faveur, à la fin du 15e s. Cette terre, après l'extinction de cette famille, au 17e s., passa aux d'Aubusson. (*Recueil des plus nobles et illustres maisons vivantes et esteintes en l'estendue du diocèse d'Amiens*... Par M. Adrian de la Molière... Amiens 1630, in-4°; *GM; SM; LM; TS; MO; LC; FP*). — Les armes de G. se voient encore au château de B., seules et parties d'écusson d'alliance; dans certains endroits elles ont remplacé le blason de Jacques Cœur, mais sa devise est restée; cimier: un lion issant. Supports : 2 sauvages. Sur un sceau de la fin du 16e s., à la Bibliothèque de R.; les supports sont 2 griffons. On voyait autrefois, dans l'église de R., leurs armes accompagnées d'un tronc d'arbre pour devise, dont l'âme était : *His terminum hæret.*

**Goujaust**, bs de L., tenait en franc-alleu une maison sise à la Guillotière. (Cachet de 1722.)

**Goujon** J., éch., 1617.

**Goulard** des Landes, de Currèze, sgrs des L., de C. Pressieu, Chalain-le-Comtal, etc. en F., 18e s.; Fs G. des L.. sgr de C. P., Ch. le C., éch., 1702. EGF 89.

* **Gour** (du), sgrs de Challiouvres et de la Brosse. Cl., cler de v. en 1550. — *D'az. à la fasce d'or, chargée d'une étoile de gueules et accompagnée de 3 coquilles d'argt.* (*GD*).

**Gourgouillat**, à St-Etienne, au 17e s.

**Goutelas** (de) en F. Et. — Il ne faut pas les confondre avec une famille Gotelenz du R.

**Goutte** (de la). V. St-Pulgent.

**Goutte** (de la). V. St Pulgent.

* **Gouttes** (des) Alexandre, sous-maître à St-Jean, † en 1628; ses armes sont sur sa tombe, voisine de celle de Ch. Caillet. — *D.... à une bande d.... accostée d'une étoile et d'un croissant d.....*

**Goy**, erreur, ce sont les armes modernes des Gaultier.

**Goy** Abraham, éch., 1722.

* **Goyet** de Livron, orig. de St-Etienne, établis à R., sgrs de Beaucresson et Taron, acquis des Damas, en 1761 : de Magnieu Hauterive, par acquisition des Montaigne; de Poncins, en 1776; un s. du R. au 18e s. EGF 89 (*MN*). — *D'argt. à une pomme de pin de sinople, accompagnée de 3 ancholies du même.*

* **Goyon**, ancienne famille chevaleresque existant en F. aux 13e et 14e s. — A. inc.

**Goysne**, notable bourgeois de L. au 17e s.

* **Graigny**, sgrs de G., famille chevaleresque. Et. au milieu du 14e s. dans les de Laire (*LL*).

**Grailhe** de Montaima, bons par lettres données en 1814; un s. du R. au 18e s. EGF 89. Représentés à L.

* **Graisieu** Nizier, cler de v. 1416, 27, 29; P., 1463, 64.

— **Grandris** (de) dit de Crespinges, famille chevaleresque qui tenait son nom de G. (St-Bonnet-de-Coureaux), en F. V. Crespinges.

**Grandris** en B, famille bourgeoise de Villefranche. Et. dans les St-Amour.

* **Grandval** (de), famille chevaleresque, sgrs de G. et la Boorie (Marcilly et St-Bonnet), en F., 14e s. — A. inc.

**Grange** (de la), famille qui a donné un cardinal, † en 1402 et sur laquelle les auteurs ne sont pas d'accord. Selon Duchesne (*Hist. des Cardinaux français*), le nom de cette famille serait Bouchamage, sgrs de la G., et le cardinal serait né à Germolles en Charollois; d'après *MO*, il aurait appartenu à une famille du B., existant encore du temps de cet écrivain. Au dire de *LM*, il serait Forésien, né à Pierrefite en R. et frère d'Et. de la G., président au Parlt de Paris; son opinion est appuyée sur des titres du Prieuré d'Ambierle. Et. de la G., que l'on vient de citer, acquit, en 1395, la maison de la Tour de la Vaure en F. — D'autres familles de ce nom, en Berry et en Limousin, portaient des armes semblables (*DH; TH*).

**Granges**.

**Grangier**, Intendant à L. en 1625. — Une famille lyonnaise de ce nom a donné un s. du R, au 18e s.

* **Granier**. EGL 89. — A. inc.

**Grant** Ant., c$^{ler}$ de v. 1419; Gonon, 1441; J., 1451, 52, 56, 57, 59, 60.— Tombe de 1474, à St-Paul.

* **Gras**, orig. de Montbrison; un trés. de F. à Grenoble au 18$^{e}$ s. EGF 89. Représentés à Montbrison et à L. — A. inc.

**Grassay**, sg$^{rs}$ de Diors, Bailli de B. en 1509.

* **Grassot**. EGL 89. — A. inc.

**Graulée** (la).

**Gravier** de Pramol, capitaine pennon du quartier de la Pêcherie, 17$^{e}$ s.

**Gravier**.

**Greffet** (du), orig. de la Provence, établis à L. au commencement du 17$^{e}$ s. Et. en 1720.

**Gregaine** J., sg$^{r}$ de Chevrigny, éch., 1674.

* **Grenier** Guill., c$^{ler}$ de v., 1294.

* **Grésolles** (de) sg$^{rs}$ de G., possessionnés à Marcilly, St-Germain-Laval, St-Just en Chevallet, à Arconsat, etc., en F., ainsi qu'en Bourbonnais. Et. au commencement du 14$^{e}$ s. dans les Lavieu. — A. inc. (*BO*).

* **Griboldi**, famille de Chiers, en Piémont, qui a donné un abbé d'Ainay, archevêque de Vienne, au commencement du 18$^{e}$ s. D'après les généalogistes, G. serait le nom primitif de la maison de Broglie et les G. seraient une branche de cette maison qui, en effet, porte les mêmes armes.— Le blason de Vespasien G., abbé d'Ainay, est peint sur un pontifical mss. de la Bibliothèque de L., écrit de 1490 à 1510 environ; il portait écartelé : au 1$^{er}$ et 4$^{e}$ de Balbiani, armes de sa mère, au 2$^{e}$ et 3$^{e}$ *d'or à 3 fasces de sable*, et sur le tout de G. *d'or au sautoir ancré d'azur*.

**Griffet** de la Baume, orig. du Bourbonnais, EGF 89. — Le blason est mal placé sur la planche.

* **Grigneu** Guill., c$^{ler}$ de v., 1294; J., 1294; Hugonin, 1336, 37.

—**Grigny** (de). V. Miribel.

**Grillet**, orig. de Bresse, c$^{tes}$ de St-Trivier, etc., passés en Provence. Nic., sieur du Bessay, c$^{ler}$ de v. 1544. (*GB; PV; LC*).

**Grillet**.

**Grimaud** (de) Jq., c$^{ler}$ de v., 1569; F$^{s}$, éch., 1608.

**Grimod** de Chatelus, de Bénéon, de Riverie, de la Reynière, d'Orsay, etc., orig. de L., établis à Paris, b$^{ons}$ de Riverie, sg$^{rs}$ de Clérimbert, de Cornillon, de St-Just-en-Velay, de la Faverge (La Rajasse) en L., au 18$^{e}$ s. Une bonne partie de leurs seigneuries leur venaient des Bénéon, dont ils adoptèrent le nom et les armes. Un s. du R., en 1689. Et. — Devise: *quieti et musis;* F$^{s}$-Jq. G. de B. scella un aveu de fief, en 1767, d'un cachet aux armes des Bénéon.

**Grive** (la).

* **Grognon**, sg$^{rs}$ de Sénoches (St-Romain-la-Motte), de Praix (Lentigny), possessionnés à Villemontays, Renaison, St-Haon, St-Julien-d'Odes, St Germain-Laval, en F., 14$^{e}$ s., famille chevaleresque.

**Grolée** (de), très-ancienne famille chevaleresque, orig. du Bugey, établie aussi en Dauphiné. Elle a donné 2 sénéchaux de L. aux 12$^{e}$ et 14$^{e}$ s. Un membre de cette famille peut être considéré comme le fondateur du couvent des Cordeliers de L. Il y fut enterré et l'on voyait, sur sa tombe, ses armes parties de celles de sa femme qui appartenait aux de Miribel-Ornacieux et que Guichenon n'a pas comprises. (*GA; TS; GB; LC; LD*).

**Grollier** du Soleil, de Servières, vic$^{tes}$ d'Aguisy, mquis de Treffort, etc., sg$^{rs}$ du Bois-d'Oingt, de Belair, du Soleil, de Fleury, de Thil, de Pont-d'Ain, en L., B. et en Bresse, orig. d'Anse et de l'Arbresle en L. Et. c$^{ler}$ de v., 1495, 1500, 2; Ant., 1509, 14; Cl., 1522; F$^{s}$, 1546, 59, 61, 59; Georges, sieur de Cazaut, 1575; Ant., sieur de Servières, 1578, 85; H$^{t}$, sieur du Soleil, 1580, P. des M., 1673. Ils ont donné, en outre, 3 trés. de F., plusieurs chevaliers de Malte, un nonce du pape, etc., EGL 89. La branche des vic$^{tes}$ d'Aguisy, qui comptait un trés. général du duché de Milan et le célèbre bibliophile, s'est ét. au commencement du 17$^{e}$ s.; celle des mquis de G. existe en Touraine. — On trouve un nommé Adam, dit Grollier, anobli en 1394. — Une branche cadette brisait anciennement d'un lambel à 2 pendants, mais Le Laboureur ayant fait observer, dans sa querelle avec le P. Menestrier sur le blason, que les lambels les plus anciens portaient un plus grand nombre de pendants, ils ajoutèrent un 3$^{e}$ pendant depuis cette époque (*MM; GB; PL; LC; AA*). — Cimier: un groseillier; devise : *nec arbor nec herba*.

**Gros** de St-Yoire, orig. du Piémont, établis en France sous Charles IX; César, c$^{ler}$ de v, 1553, 58, 64, 65, 66, 70. (La Mure: *Abrégé de la vie du pape Clément IV, originaire de l'ancienne et illustre famille des Gros*. Lyon, in-8, 1674). — Sur une pierre conservée au Palais St-Pierre on voit leurs armes parties *d... à un chevron d... accompagné de 3 poires d.... au chef d....* et cette devise: *A Domino factum est istud*. — Le pape Clément IV portait: *d'or à 6 fleurs de lis d'azur*.

**Gros** de Boze, famille lyonnaise ét., qui a donné un membre de l'Académie française, au 18$^{e}$ s. Le nom de B. était celui de sa mère (*HI*).

**Gros** (Antoine) à L., à la fin du 16$^{e}$ s., † en 1602 et enterré aux Jacobins; ce blason était gravé sur sa tombe avec cet anagramme: GAI EN MON ART.

**Gros**, enseigne pennon du quartier de la rue Lanterne, au 17$^{e}$ s.

**Gros**, notaire à L., à la fin du 17$^{e}$ s. (*AG*).

**Grosbois** (de), sg$^{r}$ de G. (Ouroux) en B., érigé en fief en faveur de cette famille; anoblis en 1697. Et. au commencement du dernier s.

**Groseillier** de Chenereilles et de la Chapelle et d'Essertines, sg$^{rs}$ de Lerigneu, Ch. la Ch., la Farge, par alliance avec les Perrin de Ch.; un s. du R., en 1732. EGF 89.—On a mis par erreur, dans la planche, les armes de Perrin de Ch. au lien de celles des G., qui sont: *d'az. à 3 aiglettes d'or*.

**Grozellier**.

* **Grubié**, enseigne pennon du quartier du Port St-Paul: *d'or au chevron de gueules, accompagné de 3 annelets de sable, au chef d'az. chargé d'un lion passant d'argt*.

**Grumel** de Montgaland, sg$^{r}$ de M. (St-Symphorien-de-Lay) et de la Pinay en B.; un s. du R. au 18$^{e}$ s., un c$^{ler}$ au Présidial de L., 1759. EGB 89.

**Grye** (de la), sg$^{rs}$ de la Bruyère (Barray) en Bourbonnais, orig. d'Ambierle, en F.; à cette famille appartenaient Et. de la G., sieur de la B., l'un des 200 hommes d'armes de la garde de Louis XIII, puis maréchal-des-logis, vétéran des chevaux-légers de la reine et un gentilhomme servant du prince de Condé, en 1661; la branche des sg$^{rs}$ de la B. s'est fondue dans les Bouquet; une autre existe à R. et une 3$^{e}$ s'est fondue récemment dans différentes familles, entre autres dans celle de Chantelauze.

**Guérin**, ancienne famille de Villefranche en B. Et. Elle a donné plusieurs éch. de cette ville. (Jeton publié par M. Morel Fatio. *Revue de Numismatique*).

* **Guérin** de Tencin, famille de robe, orig. du Dauphiné et qui a donné un archevêque de L. au 18$^{e}$ s.; *d'or à l'arbre de sinople, au chef de gueules chargé de 3 besans d'argt*. (*LC; MC*).

* **Guérin** éc., c$^{ler}$ au Parl$^{t}$ de Grenoble, sg$^{r}$ de Liergues (Pouilly le Monial) en L., comme mari d'Elisabeth Daillon, héritière des Montconys, 1686, fief passé plus tard par alliance aux Rabot de Buffières. — *D..... à 3 trèfles d....*— Malgré cette différence d'armoiries, il y a lieu de croire que ce personnage appartenait aux G. de Tencin.

* **Guérin** Laurent, c^ler de v., 1391, 93, 97, 99. Et., 1406, 9, 11, 15. 22; F^s, 1453, 54, 59; P., 1469; Jq^t, 1473.

**Guérin**, officier de la Monnaie, capitaine-pennon du quartier Bourgneuf, 17^e s.

**Guérin** F^s, c^ler de v., 1511, 62.

**Guérin** de la Colonge, lieutenant-général en B.

**Guerin** de Guérin. EGL 89.

**Guérin**, prêtre de St-Paul à la fin du 17^e s. (*AG*).

* **Guérin**, notaire à L., fin du 17^e s. — *D'argt. à une gerbe d'az. liée de gueules, accompagnée en pointe* d'un *croissant d'az.; au chef du même chargé d'une croix d'or entre 2 étoiles d'argt.* (*AG*).

* **Guérin**, *d'az. à la fasce d'or, chargée de 3 étoiles de gueules* (*AG*). Le nom de G. est fort répandu: il est difficile de démêler entre elles les différentes familles qui le portent.

**Guerric** de Laval et de St-Marcel-sur-Loire, famille chevaleresque, possessionnée à Néronde et à St-Marcellin, en F., au 14^e s. Et. et fondue dans les Thorigny.

**Guerrier**, sg^rs de Combelande, b^ons de Jons, au 16^e s. Et. c^ler de v., 1393, 95, 97, 99, 1401, 3, 5, 7, 9, 11, 15, 17, 18, 20, 23, 25, 26, 27, 29, 32, 34, 45, 48, 49, 54, 55; Cl., 1466, 70, 84, 85, 88, 89, 90, 93, 95; Cl., 1498, 79; Et., 1502; Guill., 1504; Jérome, 1531, 36, 41, 47 et 53; F^s, 1556; Cl., 1565, 66; F^s, sieur de Combellande, 1564, 65, 72; Cl., 1576; F^s, sieur de Jons, 1588, 94. Et. au 16^e s. dans les Baglion. — Leurs armes se sont trouvées gravées sur une petite plaque de bronze et entourées du collier de St-Michel. (Cabinet de M. l'abbé Gault).

**Guerry**, lieutenant du quartier de la Pêcherie, 17^e s.

**Gueston** ou **Gueton**, c^tes de Châteauvieux, b^ons de Fromentes et de Vaux, fief acquis des Champier, sg^rs de la Bussière et de la Duchère, orig. de Retornat en Velay; Ph., éch., 1641; un trés. de F. en 1664 (*PL*).

**Gueytard**.

* **Gui** « *Guidonis* » sg^rs de Chabannes, famille chevaleresque d'Auvergne, alliée aux de Thiers et par eux possessionnée en F., à St-André, à Renaison, à St-Haon et à St-Germain-Laval au 14^e s.

**Guibly** (*G*). V. de Quibly.

**Guichard** de Riveric, sg^rs de la Tour-en-Jarez, possessionnés à Fontaneys, la Fouillouse, St-Martin-la-plaine, Rive-de-Gier, Coyse, etc., en L. et en F. au 14^e s., famille chevaleresque qui a donné un chanoine de L. — Sceau du 13^e s.

**Guichard** Laurent, éch., 1729.

**Guichard** de la Salle. RN 1668. — Les armes mal blasonnées sont celles des de la Salle, sg^rs de Pelussieu en F., Guichard n'est qu'un prénom.

**Guiche** (de la), ancienne famille de la Bourgogne, qui a donné un sénéchal de L. au 15^e s.; un gouverneur de la même ville, à la fin du 16^e s. et un chanoine de St-Jean reçu en 1569. (*GM; MO; AP; LC; BO*, etc.)

* **Guidi** (de), orig. d'Italie. Représentés à Naples et à L. par M. le c^te de G., docteur en médecine, inspecteur de l'Académie de Lyon, et qui a introduit en France la doctrine homœopathique. — *Écartelé en sautoir, d'argt. et de gueules, à un lion de l'un en l'autre.* (*Albéro e storia della famiglia de conti Guidi*, Florence, 1515, in-fol.; *HT; SI; LO*).

**Guignard** de St-Priest, vic^tes de Saint-P., ducs d'Almazan, b^ons de Jons, sg^rs de Bellevue, etc., établis à L. en 1602; J., éch., 1621. — Il ajoutait, en pointe du chevron, un coutelas qui fut supprimé depuis et mis en cimier tenu par un bras; Jq., sg^r de Bellevue, vic^te de St-P., P. des M. 1654 à 57; il écartelait, au 1^er et 4^e, de Richard; au 2^e et 3^e, de Maridat et sur le tout de G.; passés ensuite en Languedoc, puis en Russie. Représentés à Paris. (*CH; LC; SA; LA, AM*).— Devise: *Fort et ferme.*

* **Guigou** de Foris, sieurs de F. des Granges et de la Rivière en F., 18^e s. — A. inc.

* **Guigou** J., c^ler de v. 1407.

**Guiguet** de Vaurion, sg^rs de Vaurion (Chamelet), en B., de 1751 à 72, par acquisition. Un trés. de F. en 1747 et un chevalier de St-Louis. Représentés à L.

* **Guillard**, sg^rs de la Goutte et de Montmartin (Amplepuis) en B., au 17^e s.; un trés. de F. en 1664; — *d'az. à une flèche renversée d'or tortillée d'une guivre d'argt. la tête en bas.*

**Guillardy**, alliance de Cochardet, au 17^e s.

**Guillems**, sg^rs de Montjustin, par alliance avec les Sala, orig. du diocèse de Cahors, établis en Provence, puis à L. au 16^e s. Michel, c^ler de v., 1536; un c^ler au Parl^t de Dombes (*PV; GD*).

* **Guillenche** (de la), ancienne famille, ét., qui tenait son nom du fief de la G. en F. — A. inc.

**Guillermin** de Nuzières, sg^rs du Mont-la-Motte (St-Nizier-sous-Charlieu), de Montpiney (Ranchal), acquis au commencement du 18^e s., puis revendu aux Brac de Courcenay (Mardore) en B., du Colombier et les Combes (Mars) en L., 18^e s. EGLB 89. — On trouve aussi les armes avec un *chef de gueules*, *chargé d'un croissant d'argent.*

* **Guillermin** de l'Artuisie, orig. de Gascogne, établis en B. à la fin du 16^e s., sg^r de Valière (St-Georges-de-Reneins) en B., fief cédé par donation aux David.

**Guillet** de Chavannes et de Chatelus, sg^rs de Chatelus en F.; un s. du R.; Annibal, éch., 1708; un trés. de F. EGLF 89. Représentés à L. et en F.

**Guillet**. Il existait dans une chapelle d'un cimetière près de Charlieu un écusson en bois sculpté et peint à ces armes, paraissant dater du commencement du dernier s.

**Guillet** de Moidières. Etrangers à nos provinces.

**Guillin** du Montet, d'Avenas et de Pougelon, sg^rs du M. d'A., de Pougelon (St-Etienne-la-Varenne) en B.; Aimé G. du M., éch., 1761; Ant., 1769, EGLB 89, divisés en 2 branches, les G. de Pougelon et ceux d'Avenas, représentés en B. et en Bourgogne. Le dernier sg^r de Poleymieux, qui périt dans une lutte héroïque qu'il soutint contre une bande de paysans ameutés, en 1793, avait servi dans la marine depuis l'âge de 9 ans, était devenu chevalier de St-Louis, à 16 ans, puis, en passant par tous les grades, capitaine de vaisseau et enfin gouverneur du Sénégal.

**Guillon** de la Chaux et de l'Oise, sg^rs de St-Jean-des-Vignes, possessionnés à Colonges, St-Cyr-au-Mont-d'Or, etc., en L., 17^e et 18^e s.; Maurice, sieur de la Ch., éch., 1630. RN 1668; EGL 89. Représentés en Bresse. — Cimier: un pélican; supports: 2 pélicans; devise: *mihi non sum natus.*

**Guillot** J., c^ler de v., 1534, 36; Gaspard, 1539.

**Guillot** (*G*). Ces armes pourraient appartenir à la famille précédente, car celles que lui donne Chaussonnet nous semblent inventées à plaisir comme bien d'autres du même auteur.

* **Guillot** à L., au 18^e s.; un s. du R. au Parl^t de Grenoble en 1770. — A. inc.

* **Guimpiers** de L., corporation: *d.... à un lion rampant, couronné d... sur une terrasse d...*; devise: *Fortitudini corona debetur.*

**Guinet** de Montvert.

* **Guinet** en L. au 18^e s., un maître des requêtes. — *De sable à 3 fontaines d'argt.*

**Guinigi**, Lucquois à L., au 17^e s. — Cimier: une licorne issante.

* **Guiole** (de la) à L., s. du R. du Grand-Collége, en 1730. — A. inc.

**Guistard** en F., au 15e s.

***Guizeu** (de), ancienne famille de Vimy (aujourd'hui Neuville) en Franc-L., possessionnée à Montaney, fondue, vers 1417, dans les de Sure, qui en héritèrent à charge d'écarteler leurs armes des leurs. Cette famille a donné un prieur de Salt-en-Donzy en 1340 (*LL*). — A. inc.

**Guyet**, mquis de Bautange, intendant à L. en 1701, orig. de Bourgogne (*LC*).

***Guyn**, famille chevaleresque, sgrs de Chazalet-Grivel (St-Maurice), mandement de St-Bonnet-le-Château, fief acquis d'un nommé du Deneys « dal Deneys, » à la fin du 14e s., possessionnés avant cette époque à Donzy en F.— A. inc. — On trouve au milieu du 14e s. une Agnès de *Guya* et non de Guignes, qui portait *d... à 4 aigles d...* (sceau de 1364).

**Guyot** de Lissieu.

**Habitant** (L').

**Haete.**

***Harcourt** (de), ducs de H. très-ancienne famille orig. de Normandie; alliés aux d'Aubusson et par eux sgrs de R., de St-Maurice, de Cornillon, de Cervières, de Salles-lès-Cervières en F., de Maltaverne (Briennon) en L., au 18e s. EGF 89. La dernière dame de Villars, de Roussillon, d'Annonay, etc., au commencement du 15e s., appartenait à cette famille; elle fut enterrée dans l'église de St-Jean, chapelle de N. Dame du Haut-Don (aujourd'hui du St-Sacrement), où se voit encore un petit monument dont l'inscription, actuellement effacée, rappelait les fondations pieuses qu'elle avait faites. — *d'or à 2 fasces de gueules*. (La Roque : *Hist. de la maison d'H.* Paris, 1662, in-fol. *HM; LQ; MO; PA; LC*).

**Harenc** (d') de la Condamine, mquis d'H., sgrs de La C. dès le commencement du 15e s.; de La Rochette (Longes), par alliance avec les Du Choul, au 17e s.; d'Ampuis, à partir du milieu du 18e s; de Trocésar, etc. en F. et en L. RN 1668. EGF 89. Représentés à Paris. — On trouve un Simon Arenc, à Sury-le-Comtal, en 1410. (*AP; CP; LA; LO; HI*). — Cimier : un lion issant. Supports : 2 lions. Devise : *Nul bien sans peine*.

**Harrins** (d'), ancienne famille chevaleresque du L., sur laquelle les renseignements nous font défaut.—Sceau de 1276.

**Hedelain.**

**Henrys**, famille consulaire de L. qui a formé plusieurs branches toutes éteintes : 1° des sgrs de Crusol (Lentilly), de Jarniost, etc. Et. en 1657; Guille, cler de v., 1500, 2; autre Guille, 1550, 56, 91; Roland, 1599. Ce dernier, cadet de la famille, portait *d'az. à un lion d'or accompagné de 3 étoiles d'argt. au chef du même, chargé d'un cœur de gueules, marqué du nom de Jésus d'or*; 2° les sgrs d'Altessan en Piémont, de Crémieu, de Quincieu et de La Balme en Dauphiné, de Feurs et de Donzy en F.; fondus au commencement du 17e s. dans les de Provane, Guyot H., tige de ce rameau, fut cler de v., 1528, 33, 38, 45. *LL* le qualifie de cte de Crémieu, mais, dans un titre de 1543, il est simplement appelé marchand à L.; 3° les sgrs de La Salle, d'Ecossieu, de Bourgoin, Vaux et Quincieux; J., cler de v., 1553, 58; Ant., 1594; Artus, P. des M., 1604. Le nom de la famille finit en celui-ci qui ne laissa que des filles. (*LL; LC; MC*). — Devise : *Dedit illi nomen quod est super omne nomen*. Autre devise : *Toujours en ris, jamais en pleurs*. Leurs armes se voyaient à St-Vincent, église aujourd'hui disparue et qui, ayant été ruinée, en 1562, par les Calvinistes, avait été relevée, en 1582, par les paroissiens, comme le témoignait une inscription placée au-dessus de la porte. Le même blason, parti de Gabiano, existe encore à Jarniost et dans la chapelle du château de Crusol, qui leur appartint depuis la fin du 15e s. Ce fief passa ensuite aux Le Blanc, Eynard, Reynaud, Roux. Après la Révolution, il est devenu successivement la propriété de MM. de Boissieu, Charvin et Brun-le-Gros. — Les armes des H., telles qu'elles se voient à Crusol, n'ont pas de chef. Il aura été ajouté, à une époque postérieure, ou plutôt les héraldistes se seront permis de le supposer; un écu parti d'H. et de Villars aura pu donner lieu à cette modification. Les autres blasons qui décorent la chapelle de Crusol ne sont pas faciles à déterminer, l'un porte un *chevron* qui semble accompagné en pointe d'une pièce peu distincte; le second a un *arbre accosté de 2 croisettes*, le 3e est *échiqueté*.

**Henrys** d'Aubigny, sgrs d'A. de Grézieu (Pressieu), Charlieu-lès-Montbrison, Beaulieu, de Chavassieu, Châteauneuf, Néronde, etc. en F. — Représentés en F. : un membre de cette famille établit, en 1624, les Oratoriens à Montbrison. — L'opinion qui fait descendre cette famille de la précédente est rappelée par Sonyer du Lac (*Fiefs du Forez*, manuscrit original), qui mentionne un certificat donné en 1784, par le P. des M. et les éch. de L. Déjà, en 1678, dans les lettres de confirmation de noblesse, les armes des H. du F. sont écartelées de celles des H. de Lyon, placées aux 1er et 4e quartier. On peut remarquer du moins qu'au 16e s. Guyot H. était possessionné en F.

**Henry** des Tournelles et de Bellevue. Représentés à L. : un officier de la Cour des Monnaies, en 1748.

***Henry** de Manivieux, à L., au 18e s.; possessionnés à Chassagny, St-Didier et St-Martin-de-Cornas, St-Andéol-le-Château, St-Romain en Gier; ils tenaient aussi en franc-alleu à L., la maison de la *Caille d'or*, faisant l'angle sud-ouest de la rue Thomassin. — *D.... à un loup passant d... sur une terrasse d..., au chef d'az., chargé d'un soleil d'or*. (Cachet de 1728.)

***Henry**, orig. de Paris, ancien trés.-gén. des galères du Roi. Sa fille épousa P. Dilbert, sgr de La Valencières (La Fouillouse), où se voyaient encore ses armes contre-parties à celles de Dilbert. Ce sont celles que nous avons données, pl. 39, sous le nom de Jovin.

**Hérard.**

***Hérail** de Pierrefort, orig. de Rouergue, sgrs de P., par alliance avec la maison de ce nom; de la Roue, St-Anthème, la Chaux, Montpeloux, par alliance avec les de la Roue en 1543. Et. à la fin du 17e s., fondus dans les St-Martin d'Aglié. — *Ecartelé : au 1er et 4e d'az. à la bande d'or accompagnée en chef d'un lion du même; au 2e et 3e* de la Roue; *sur le tout d'or au chef de sinople* qui est d'H. (*BO; TV*).

**Herbouville** (d'), orig. de Normandie : un préfet de L. (*LC; CP*).

***Hermite de la Faye** (l'), sgrs de la F. en F., du 13e au 16e s. — *D'or à la fasce de gueules* (*BO*).

***Hermuzière** (de l'), orig. du Vivarais, sgrs de Legnieu en F., au 18e s.; fief vendu, en 1747, aux Flachat d'Apinac. — *D'az. à une fleur de lis d'or, à une fasce de gueules chargée de 3 étoiles d'or, au chef d'argt. chargé d'une aigle de sable*. (*AP*).

**Hesseler**, bons de Bagnols, de Marzé, d'Oingt, de Thezé, d'Alix et de Frontenas, au 17e s.; fondus, en 1738, dans les Croppet et les Cholier.

**Hesseler**, notable bs, au 17e s.

***Heurtaud**, notaire à L., fin du 17e s. — *D'az. à la fasce d'or chargée d'une foy de carnation, accompagnée en chef d'un lis d'argt. fleuri d'or et en pointe d'un cygne du même*. (*AG*).

**Hindret**, sgrs de Beaulieu, possessionnés à Morancé, fin du 17e s., orig. de Paris. Cl. H. était quartinier de cette ville, en 1638. Et. au 18e s.; fondus en Wicardel.

**Hodieu.** — Ben^t-H., c^ler à la Cour des Monnaies, fit hommage, en 1737, pour le château de Montgay (Fontaines) en Franc-L., acquis de Nic. de Migieu et de sa femme, M^lle-Madeleine Martinet de Beaufort. — Le cachet dont il scella cet aveu du fief porte un écu *d'az. au chevron d'or, accompagné de 2 étoiles et d'une ancre d....*

**Hoirieux** (d'H).

**Homme** (l').

**Honorat** ou **Honorati**, b^ons de Vaux, sg^rs de Janzay en L., au 17^e s.; de Croset et de Boëne en F., orig. de Florence; divisés en deux branches : une en F., ét. en 1755; une autre en Bresse : un c^ler au siége présidial; Barth., éch., 1647. RN 1668. (*SA*). — Supports : 2 licornes. Cri : *Libertas.* — Le P. Bussières donne leurs armes : *d'az. à une bande tranchée d'or et d'argt.*

**Honorati.**

* **Hostun** (d'), mquis de la Beaume, orig. du Dauphiné. Cette famille ayant hérité des Gadagne, à la fin du 16^e s., en perpétua le nom et les armes. C^tes de Verdun par la même voie, et sg^rs de Bouthéon, Meys, Périgneux et Miribel en F. Et. au commencement du 18^e s. dans les de Pons. (*LC; CP; BO*).

**Hôteliers** de St-Etienne. Corporation.

**Hubert**, b^ons de St Didier, sg^rs de St-Didier-de-Fournas, acquis des Baraillon au commencement du 18^e s.; de Riottiers, de La Rochette (Cuires) en L.; J., éch., 1705; deux trés. de F., un syndic général du Petit Franc-L. EGL 89. Représentés à L.

**Huc** de La Curée, de La Blanche et de La Tour, sg^rs de La C. en F., du Bost en B., 18^e s.: un s. du R., un lieut.-général au bailliage de R. EGLFB 89. —Représentés à L. — Les 2^e et 3^e quartiers sont les armes des Dubost de La Blanche.

**Hugalis**, enseigne des arquebusiers, 17^e s.

**Hugonin**, enseigne du quartier des Cordeliers, 17^e s.

**Humblot** en B., au 17^e s.

* **Huon** ou **Hugues**, « *Hugonis*, » B^d, c^ler de v., 1294; autre Bd., dit Barral, 1336; H^t, 1355.—Ancienne famille consulaire de L., ét. en 1373, fondue dans les de Foreys; elle avait pris le nom de Barral, par alliance avec la famille de ce nom. Nous avons dit que les armes qui sont dans la chapelle du Christ devaient être celles des Dorches et d'Ogier. On pourrait néanmoins y chercher aussi les blasons des Hugues-Barral; puisque cette famille avait sa sépulture dans cette chapelle. Ainsi, en admettant que les armes au *sautoir cantonné de 4 fleurs de lis* soient celles d'Ogier, fondateur de la chapelle, l'écusson aux *trois roses* appartiendrait à son héritier, Guill^e de Derches; et les deux écus accolés à la clef de voûte, constateraient l'alliance des deux familles, tandis que celui de la deuxième travée rappellerait le mariage de Claire de D. avec H^t Hugues, mariage par lequel sans doute les biens des D. passèrent aux Barral; et ceci pourrait d'autant mieux se soutenir que les 1^er et 4^e quartiers de ce dernier blason portent 3 *bandes* qui conviendraient parfaitement comme armes parlantes aux B.

**Huvet**, sg^rs de Molaise (Charly); possessionnés à Millery et à Francheville en L., 17^e s.; F^s, éch., 1682.

**Huvet**, enseigne du quartier de la Haute-Grenette, 17^e s.

**Ile-Barbe** (abbaye de), près de L.

**Imbert-Colomès**, J.-M^ie, éch., 1778; Jq., 1788. EGL 89. Et. en 1852. — Sur un cachet ces armes sont parties : *d'argt. à un arbre de (sinople), au chef d'az. chargé d'un croissant entre 2 étoiles d...* On trouve un Imbert s. du R. en 1760.

**Im-Hoff**, famille de la Franconie, qui a été représentée à L. au 17^e s.

**Inguimbert** de Pramiral, orig. de la Provence, établis à L. au 17^e s.; sg^rs de Bayère et de Châtillon-d'Azergues, par alliance avec les Pernon du Fournel; du Sardon, etc. en L. 1^re moitié du 18^e s. Fondus dans les Foudras, au milieu du 18^e s. (*PV; MP; AR; EP; LC*).— *LC* blasonne mal leurs armes : *d'az. au lion d'or, à une fasce ondée de gueules et surmonté de 3 étoiles d'or.* Tous les cachets que nous avons pu voir portent les armes figurées dans la planche.

* **Irigny**, village en L. Il y a eu une famille de ce nom qui a donné un chanoine de L. en 1254.

**Isaac**, lieutenant du quartier St-George, 17^e s. — *D'az. à un dextrochère mouvant d'une nuée d'argt.*, etc.

—**Isserpens**, v. Serpents (des).

**Izeron**, lisez **Izerand** (d'), famille du Dauphiné, étrangère à notre province.

**Jacob** J., éch., 1772.

**Jacoud.**

**Jacquet.**

**James.**

**Janin** de Chassigneules, sg^rs de Juliénas et Vaux en B., acquis en 1712 et transmis ensuite, par alliance, aux Collabau : un c^ler au Parl^t de Dombes.

**Janin**, sg^r de Combe-Blanche (la Guillotière), médecin anobli sous Louis XVI. Sa fille porta ses biens aux Nicod, qui ont pris par suite le nom de Combe-Blanche.

**Jannon**, orig. du Languedoc, établis à L. à la fin du 17^e s.; Hug., éch., 1717 : un président au Parl^t de Bourgogne, 1777. — Leurs armes se voient dans une maison du quai St-Antoine, n^o 35, appelée anciennement *hôtel du Languedoc.* Elles y sont écartelées d'un blason qui paraît être celui des Bonzi. Cette maison appartient actuellement à M. Marc-Ant. Péricaud, qui a bien voulu rechercher et nous faire connaître les titres à l'aide desquels il a été possible de fixer l'attribution de ce blason.

**Jannoret** ou **Janorey**, J., éch., 1634.

**Janson** de Joffrey, sg^rs de La Pilonière (St-Lager) en B.; fief acquis des Damas et transmis plus tard aux Charésieu.

* **Jauzé** (de), anciennement Janziec (de), famille chevaleresque dont le nom était Poilfort « *Piliforlis*, » sg^rs de J., de La Chapelle, probablement par alliance avec la famille de ce nom, à la fin du 14^e s. Ils aliénèrent plus tard ce fief aux Verd, en 1413.—A. inc.

**Jaquemin**, curé de Chasselay, à la fin du 17^e s. (*AG*).

—**Jaquemeton**, sg^rs de La Menue, à H^te-Rivoire et Meys en F., au 18^e s. EGF 89. — Il ne faut pas confondre cette famille avec les La Menue de St-Privé, qui portaient *de gueules au griffon d'or.* Les armes que nous donnons à la pl. 42, sous le nom de La M., étaient gravées sur un cachet apposé à un acte d'aveu de fief de 1776.

**Jaqua** (de), à L., au 15^e s.—Tombe de Julien de J., enterré aux Jacobins, en 1470.

* **Jaquemont** du Moncel, sg^rs de La Prade. EGF 89. — A. inc.

**Jaquet**, sg^rs de La Verrière, dès la fin du 14^e s.; de La Collonge, de Limas (Chamelet) en B., 18^e s.; Jq., c^ler de v., 1578, 85, 92, 98 : un s. du R. en 1602. Il y a eu aussi un Jq. J., anobli en 1594.

—**Jacquier** de Cornillon, orig. de L., acquéreurs, en 1687, avec Bernoud, de la terre de C., aliénée par les de Fay; sg^rs de C. et de Paulin, par acquisition des Genestet de Nérestang : un s. du R. en 1689. Et. en 1724, fondus dans : 1^o les Grimod de Châtelus, héritiers de la seigneurie de Cornillon; 2^o les Punctis de la Tour; 3^o Yon de Jonage; 4^o Giry de Vaux; 5^o Saget, famille de Toulouse. (*MN; TV*). Voir les armes à Cornillon.

**Jaquier** de Terrebasse, orig. de Bourgogne, à L., en Dauphiné et à Paris. — On blasonne ordinairement ces armes : *d'az. à deux billettes coupées d'aplomb et mises en bande d'or.*

**Jaquier**, bs de St-Etienne, au 17e s. (*AG*).

—**Jarente** (de), v. Gérente

**Jarez** (de), ancienne et puissante famille chevaleresque qui tenait son nom du pays de Jarez où elle avait ses principaux domaines ; sgrs de St-Chamond et de Rochetaillée, au 13e s. Ils possédaient aussi, en 1173, le château de Fougerolles, qui passa plus tard aux Lavieu ; et celui de St-Priest, qui appartenait, dans la seconde moitié du 13e s., aux d'Urgel, ce qui a fait supposer aux généalogistes que cette seigneurie était entrée par alliance dans la maison d'Urgel ; mais déjà antérieurement, en 1209 et 1193, on trouve, possédant St-Priest, une famille qui n'était plus la branche directe des Jarez. Quoi qu'il en soit, les Jarez s'étant éteints, au commencement du 14e s., les dernières possessions de cette famille échurent par alliance aux d'Urgel, déjà maitres d'une partie de ce riche héritage, et une branche de cette maison continua le nom de J. St Priest, tandis que l'autre perpétuait celui de J. St-Chamond jusqu'à leur extinction. Trois autres familles du nom de St-Priest prétendaient se rattacher aux Jarez ; toutes portaient des armes analogues. Les Jarez : *parti d'azur et d'argt.* Les d'Urgel : *cinq points d'argt. équipollés à 4 d'az.* Les St-Priest : *écartelé : d'argt. et d'az.* On blasonne aussi le métal *d'or*, ce qui est incertain et difficile à déterminer. (*LM ; LL ; MB ; MC ; TV*).—Selon St-Julien-Baleure (*Mélanges historiques*), un aîné de la maison de J. ayant voulu contraindre son cadet à porter une brisure, celui-ci préféra quitter les armes paternelles et prit un écusson *d'azur plein* ; la fasce qui charge une des partitions de l'écu est peut-être une brisure ; du moins cette pièce est moderne, et on ne la trouve pas sur les sceaux anciens, qui sont simplement partis. Hugues de J., chanoine de L., † en 1294, brisait d'un *lambel à 5 pendants*, de même que Jaquemet de J. (Sceaux de 1297 et de 1314). *LM* a confondu les armes de Jarez avec celles d'Urgel, erreur dans laquelle n'est pas tombé *LL*, et que condamnent les différents monuments que nous citons. V. St-Priest et Urgel.

***Jarroles** (de), ancienne famille de Valsonne en L., connue dès le commencement du 13e s., passée en Dombes et de là en Auvergne, par alliance avec une famille de La Chassaigne.—A. inc. (*LL*).

**Jaz** (de), sgrs de J. (Chambost) en F., aux 13e, 14e et 15e s. ; famille chevaleresque passée en Bourbonnais, où elle existait au 17e s. Une demoiselle de cette maison fut reçue à St-Cyr, en 1686, sur preuves remontant à Tholomée, sgr de J., auquel Renaud de Forez fit une donation en 1260. (*LC*).

**Jarrige**, prêtre de St-Nizier de L., à la fin du 17e s. (*AG*).

**Jerphanion** (bons de), orig. du Velay. Représentés à L.

**Jessé** (de), orig. du Languedoc. Représentés à L. (*AP*).

**Jo** (de), famille chevaleresque du F., sgrs de la Villette (Mandement de Donzy), par alliance avec une famille de Curraize, au commencement du 14e s. ; possessionnés à St-Julien, St-Germain-Laval. Sgrs de Vernoilles (Pommiers), par alliance avec la famille de ce nom, 14e s. (*BO*). —Les armes sont celles que M. de La Carelle donne à un lieut.-général du B.

**Jobert** ou **Joubert** Ben., éch., 1675. — Au 18e s. les armes furent modifiées, et un *chevron* remplaça le *joug*.

**Joffroy**.

**Johannin**.

***Johannon** J., cler de v., 1420, 22, 27, 31, 33.

**Jolleau** de St-Maurice, sgrs de Jasseron (St-Jean-d'Ardières) en B., par alliance avec les Cusin, au 18e s. : un cler au Parlt de Bourgogne, en 1776. (*PB*). — Il s'est trouvé un cachet en argent à trois faces, gravé au 17e s., et portant d'un côté les armes de J., de l'autre un blason : *d... à une chapelle d... et un soleil mouvant du franc-canton*, et sur la troisième face, une figure allégorique de la Victoire.

***Joly** J.-J. fonda, en 1401, la chapelle de la Madeleine (aujourd'hui du Christ) à St-Nizier. Ses armes seraient alors celles que l'on voit à la voûte de cette chapelle et sur un des contreforts extérieurs : *d... à une bande d... chargée de 3 (alérions) d... et accostée de 2 (roses ou besans) d...*

**Jolyclerc**, sgrs de La Bruyère ; Jq., éch., 1763. EGL 89. Représentés à Lyon. Cimier : un lis. Devise : *ex candore decus.*

***Jomar**, ancienne famille bourgeoise de St-Galmier, très-riche et très-considérée aux 13e, 14e et 15e s.—A. inc.

**Jonquet** P., éch., 1727.

**Jonquière** (de La) : un receveur des aides à L., sgrs du Perrier (Chazay) en L., au 18e s.— Supports : 2 anges. (Cachet apposé à un aveu de fief de 1772.)

**Jons** (de), orig. de J. en Dauphiné. Une branche s'établit près de St-Symphorien-le-Château en L. Et. depuis plus de deux siècles. (*LL*).

**Jordan** de Sury, Ant.-Hi, éch., 1779. EGL 89. Représentés en F. et à L. — Cimier : un bras armé tenant une épée. Devise : *In veritate virtus.*

***Josserand** J., cler de v., 1414.

**Joubert**, lieutenant du quartier de la Grenette, au 17e s. — Le rapport des armes montre que cette famille est la même que celle qui est citée ci-dessus sous le nom de Jobert

***Joubert**, enseigne du quartier de la Grand'-Rue. — *D'az. au cœur de gueules bordé d'or, surmonté d'une croix de Malte du même, accostée de 2 palmes d'argt. et 3 étoiles rangées en chef d'or.*

***Jourda**, ctes de Vaux, orig. du Velay, anoblis en 1676, sgrs de Retournat et de La Roche en Régnier ; de Champe, par alliance, en 1703, avec les St-Germain-de-Champ et du Brettel. Cette famille a donné un maréchal de F. au 18e s. EGF 89. (*MN ; SA ; IH*).—*D'or à la bande de gueules chargée de 3 croissants d'argt.*

**Jourdan**, bons de St-Lager et de Cercié en B., sgs de la Thibaudière (la Guillotière), acquis de Bélichon, en 1693 ; St-Lager, acquis des héritiers de Chardonnay en 1720 ; un trés. de F. en Provence. Et. en 1745. Les filles de cette maison en portèrent les biens à différentes familles : les Bertholon de Brosse, les Mignot de la Martizière, les Trocu qui eurent la Thibaudière, les Daffaux, St-Lager, les Chappuis et les Chivallet. (Archives du château de Cordon).

**Jovin** des Fayères, des Hayes, etc., orig. de St-Amadin en Auvergne, établis à St-Etienne en 1725, passés à Paris au commencement de ce siècle. Cette famille compte deux échevins de St-Etienne, un recteur de la Charité de cette ville, un secrétaire greffier du point d'honneur. Le titre de baron héréditaire a été accordé à M. J. des F., secrétaire d'ambassade, par ordonnance du 6 décembre 1846. — Nous avons déjà dit que le blason figuré sous le nom de J. est celui d'Henry de Paris ; les armes primitives nous sont inconnues. Celles qui furent accordées par les lettres royales sont : *de gueules à la bande d'argt., chargée de 3 merlettes de sable et accostée en chef d'une étoile d'or, et en pointe de 3 créneaux de tour d'argt. maçonnés de sable.* Devise : *Dieu donne force.*

**Jouvencel** P., éch., 1737.

**Joyard**, à L., tenait en franc-alleu une maison, rue Grolée, 18e s. — Cachet de 1754.

***Joyeuse** (de), orig. du Vivarais. Une branche de

Les armes des Jouvencel, sculptées sur un caveau dans la cathédrale de Saint-Jean de Maurienne et à l'hôtel de ville de Chambéry, ont été modifiées au XVIIe siècle, par une branche cadette, dont font partie les représentants actuels ; le chef fut ajouté à cette époque.

Armes : *D'or à deux palmes de sinop[illegible] [illegible]es d'un croissant de gueules; au ch[illegible] chargé d'un soleil du premier, acc[illegible] étoiles d'argent.*

cette famille a possédé la seigneurie de Bouthéon en F., par alliance avec Aubert, au commencement du 15e s.; co-sgrs de St-Didier, aussi par alliance, vers la même époque. Et. à la fin du 15e s. Bouthéon passa aux Montboissier. (*Vie du Cardinal de Joyeuse*, par Aubery. Paris, 1654, in-4o, *PA*; *DH; LC*). — *Palé d'or et d'az. de 6 pièces, au chef de gueules chargé de 3 hydres d'or.* D'après l'Armorial de Berry, ils écartelaient aux 1er et 4e de St-Didier.

**Juge** (Le), sgrs de La Gardette, au 17e s., par alliance avec Minet, anoblis en 1300 par Philippe VI; Guille, cler de v., 1527. — Les armes que nous avons données, d'après Chaussonnet, sont celles de Greffet; il faut les blasonner: *de gueules au chevron d'or, accompagné de 2 roses et d'un lion d'argt.*

**Juilleron**, lieuten. du quartier de la rue Confort, 17e s. Il y a eu, de cette famille, un imprimeur célèbre, qui fut nommé imprimeur du roi Henri IV, pour avoir payé de ses deniers, pendant la Ligue, les Suisses qui étaient à la solde du Roi. Et. au 17e s. — Leurs armes avaient été inspirées par l'enseigne de l'imprimeur: *aux Deux Vipères*, et qui était elle-même imitée de la marque des de Tournes, prédécesseurs de Juilleron.

**Julien** du Vivier et du Colombier: un secrét. de la Chambre du R.; un cler au Parlt de Dombes, en 1677. EGL 89. Représentés à L.

**Julien-Chomat** (de) de Villeneuve et du Bessy. D'après la tradition, cette famille descend d'un cadet de la maison des Julien de Bourgogne, qui a donné deux clers au Parlt de cette province, au 16e s., lequel serait venu s'établir en F. Il ajouta, au nom de J., celui de Ch., d'une terre qu'il avait acquise. Sgrs de Vaux et de Villeneuve, par alliance avec les Parchas de St-Marc, en 1725; un s. du R. au Parlt de Dombes, en 1680. EGF 89. Représentés à L. La filiation de cette famille a été mal donnée: elle commence à Jq. de Julien-Chomat, qui épousa, en 1604, Suzanne Gendre, père de Cl. de J. Ch., marié en 1647 à Madel. de Thomas, père de Ant. J. Ch., marié en 1694 à Fse Virginie de Treméolles de Barges, etc. (*LC. Mémoire manuscrit de la fin du 18e s.*, communiqué par M. Nicolas. *LD; CP; SA*). — Supports: 2 licornes. La partie supérieure du coupé est le blason des J. de Bourgogne. Les armes de J. Ch. de V., mutilées, sont sculptées sur une maison à St-Etienne.

* **Julien** Guille, cler de v., 1379, 84, 87; 1404, 14; J., 1412, 14; P., 1423, 25, 28, 32, 35. — Cette famille appartenait probablement à Fs J., qui, fit construire en 1497, dans le cloître d'Ainay, la chapelle de N.-D. des Anges, appelée aussi du Chapitre, aujourd'hui détruite. Le jardin de l'hospice des jeunes Incurables occupe une partie de l'emplacement de cette chapelle. Une dalle tumulaire, que l'on a eu la fâcheuse idée de placer sur le seuil de la porte de l'hospice, pourrait bien avoir été celle de ce personnage, qui avait été enterré dans cette chapelle. On lit encore le commencement de l'épitaphe, qui serait entièrement lisible, si on en avait fait un usage plus convenable à sa destination première: « Cy gist honorable..... »

* **Julien**, lieut. du quartier de l'Herberie, 17e s.: *d'az. au chevron d'or, surmonté d'un triangle d'argt. à un soleil en chef et une gerbe du même en pointe.*

* **Julien**. Il y avait encore d'autres familles de ce nom: noble Henri J., sgr de Ferlay, était châtelain de Rive-de-Gier, en 1445; Laurent J., chapelain [illegible] St-Jean, orig. de St-Genis-les-Ollières, mourut en 1380; et F. P. J. possédait, en 1457, le Pré-Regnault, dans la châtellenie de Sury-le-Comtal.

**Juncte**, orig. de Florence, établis à L. Cette famille a fourni d'habiles imprimeurs. — Leurs armes se voyaient sur la tombe élevée à J... J., en 1546, par ses filles, aux Jacobins. — Les armes sont mal placées sur la planche.

**Jussieu** (de), sgrs de Senevier, Combelande (St-Julien-sur-Bibost), Monteynans, Marnay à St-Julien-sur-Bibost, Courzieu, Savigny, St-Bel en L., 17e et 18e s. Cette famille a donné cinq membres à l'Académie des Sciences et deux au Conseil d'État. Représentés à L. — Devise: *Pius atavis.*

**Jussieu** (de), sgrs de Montluel: un cler au Présidial. Quoique ses armes soient différentes, ce personnage appartenait à la famille précédente. On trouve en effet Fs-Jph Mamert de J., sgr de Montluel, cler au Présidial, fils de J., sgr de Marnay et de ... Chol.

* **Justet** Guille, cler de v., 1393, 95, 97, 99; 1401, 3, 7, 12.

## K

—**Kayr** de Blumenstein, v. B.

* **Koupfeschin** de Vermont, sieur de Pallier, possessionné à Charlieu et à St-Bonnet de Croy. Et. en 1734.

## L

—**Labau** de Bérard. V. Beaubérard.

* **Labbé.** *D'az. au chef d'or, chargé de 3 tourteaux de gueules.*

**Lablanche** (de), sgrs de Brouillat (Chamelet) en B., 1686.

**Laborier**, sgrs de Thoiry (Lacenas) en B., 17e s.

**Laboureur** (le), à cette famille appartenait l'auteur des *Mazures de l'Ile Barbe*, né à Montmorency, près de Paris.

**Lacombe** (de), ce blason donné par *G* est probablement celui des anciens Baudrand, sgrs de Lacombe.

**Lacombe**, bourgeois de L., tenait en franc alleu une maison dans la rue Grolée, au milieu du 18e s. — Cachet de 1752. — V. aussi Combe (la).

**Lacour** J.-B., éch., 1763. EGL 89. Représentés à L.

**Lacroix**. V. aussi Croix (la).

**Lafont**, sgrs de Curys et de Juys; Math., éch., 1690. Cette famille était divisée en plusieurs branches, au milieu du 18e s. (*PL*).

**Lafond** d'Aubonne et de la Moussière tenait en franc alleu une maison, dans la grande rue Mercière, à l'enseigne de *l'Espérance* (aujourd'hui no...), 18e s.

**Lafond.**

**Laforest** ou plutôt **Forest** (de la), J.-B., éch. en 1693.

—**Laire**, orig. du Dauphiné, sgrs de Cuzieu et de Cornillon en F., par alliance avec les Salzat, au commencement du 15e s.; de Grigny en L., par alliance avec l'héritière de la famille de ce nom, au 14e s. Et. au commencement du 16e s. dans les Mitte. (*TV*). —Les armes ont été placées à la planche 20, sous le nom de Cornillon. — On trouve, en 1349, P. de Laire « *de Aera,* » paroissien de Sals, possédant des biens à Cervières, légués par Margte, fille de Jeannin de la Freydière, chevalier.

**Laisné**, directeur de la Monnaie de L., 18e s.

**Laissus**, sgr de L. (Vauxrenard) en B. Et. à la fin du 16e s.

**Lallié.**

**Lallier.**

* **Lambert**, sgrs de Lissieu, de la Roche, près St-Symphorien, 13e, 14e et 15e s.; de la Cène en B., par héritage des Marzé, famille chevaleresque, orig. de Condrieu. Et., ses biens passèrent aux d'Arces. — A. inc.

**Lambert** de Lissieu, sgrs de L., 18e s.; Jq., consul d'Espagne, éch., 1759. EGL 89. — Les armes doivent se blasonner: *d'argt. à 2 lambels, l'un sur l'autre d....; au chef de gueules chargé d'une tour donjonnée de 2 pièces d.... et accostée de 2 étoiles d....*; supports: 2 lions, (cachet de 1779).

**Lambert** d'Herbigny, intendant à L., 1694, orig. de Normandie, anoblis en 1686 (*HM; LC*).

**Lamet** P., c^ler de v. 1541.

* **Lanay** (de), ancienne famille chevaleresque du L., connue depuis la fin du 11e s., orig. de la Vallée d'Azergue, possessionnée à Sivrieu, Chasay, etc., 14e s.; une alliance avec les Chauderon d'Ecotay, à la fin du 13e s., leur valut des héritages en F. — A. inc.

**Lancry** de Pron le Roy, sgrs de la Varenne (Coutouvre) B., 18e s. EGB 89.

— **Lande** (de la), en F. V. d'Angerez.

**Landry** Guille, cler de v. 1510; P., éch., 1614; Ls., 1622; un cler au Parlt de Dombes, en 1625.

— **Landuzière** (de). V. Frotton.

* **Langeac** (de), anciennement **Langhac**, famille chevaleresque, l'une des plus anciennes et des plus illustres de l'Auvergne; sgrs de Pramenou en B., par alliance avec la famille de la Queuille, en 1733. EGB 89. Et. pendant la Révolution (*LC; BO*). — *D'or à 3 pals de vair.*

**Langes** (de), sgrs de Cuires (la Croix-Rousse), 17e s., orig. du Nivernois; Nic., cler de v. 1573; un lieutenant-général du L. Et. au commencement du 17e s. dans la personne de Nic., qui ne laissa que deux filles (*GD*). — Les armes des L. se voient au château de L., à St-Parize-le-Châtel en Nivernois, *écartelées au 2e de Bellièvre, au 3e de Vinols*, qui sont les blasons des deux femmes de Nic. (*Statistique monumentale de la Nièvre*, par M. le cte G. de Soultrait. Nevers, 1852, in-12, tome Ier).

**Langes** (de), armes données à la branche nivernaise des sgrs de Château-Renault, dont la postérité se serait continué par Ph., mquis de Ch.-R., sgr de la Tour-Chevenon, Marcy, les Chardonières, la Croix-Rousse, marié à Lyon, en 1598, à Eléonore de Langes, sa cousine au quatrième degré. (*LC*).

* **Langlois** H., cler de v. 1270.

* **Langlois**, lieutenant particulier en la sénéchaussée de L. en 1623; deux clers au Parlt de Dombes, au 17e s. — *d'argt. à 2 serres d'aigle en sautoir de sable, au chef d'azur, chargé d'une tête d'aigle, arrachée d'argt., accostée de 2 étoiles d'or.*

**Lapierre** de St-Hylaire. V. **Pierre** (de la).

**Lapimpie** ou **Pimpie** (la) de Granoux, sgrs de Poncié (Fleurye), en 1789. EGB 89, orig. du Bourbonnais, passés en Vivarais, au 16e s. (*Nécrologe des hommes célèbres*, par P. Dupuis, 1774; *LD*). — On blasonne leurs armes: *parti: au 1er comme ci-dessus; au 2e d'az. à un levrier passant d'argt. accompagné de 3 fleurs de lis d'or.*

**Larcher**, famille de robe de Paris; un intendant de L. en 1563 (*HM; RC; MO; LD*). — L'intendant brisait d'une *bordure endentée d'argent et de sable* (*G*).

**Larderet** à St-Etienne, 17e s. (*AG*).

**Laube** (de) de Bron, J., cler de v. 1563. RN 1668. — Un membre de cette famille fut reçu chevalier de Malte, en 1703, et présenta les quartiers suivants: L., Rouvel, la Porte, Masso, Naturel, Bissot, Chavet, Musy; Flutelot, Roquelère, Jacotot, Gondran, de Sireday, Tremisat, Reguier, du Blé.

**Laube.**

**Laube.**

— **Laube** (Lyonnet de). V. Lyonnet.

**Launay** (de), sgrs de Letrette (Létra) en B., acquis, en 1769 des Dubost.

**Laure**, orig. du Milanais, établis à L. au commencement du 16e s.; César, éch., 1649, fondateur des Pénitents de la miséricorde. Et. en 1714. (*PL*).

**Laureau** Jq., éch., 1715.

**Laurencin** (ctes de), ctes par érection en 1742, bons de Riverie, sgrs du Châtelard; Fontanès en F., ancienne famille consulaire du L., 5 clers de v. Et. 1470, 78, 82, 83, 86, 87, 91, 92, 95; Cl., 1498, 99, 1504, 8; Bthy., 1510; P., 1517, 23; Cl., bon de R., 1512, 16, 18, 27, 33, 49, 54, 58, 63; 3 chevaliers de Malte et 3 chanoinesses de l'Argentière et de Neuville. — Cette famille a fourni plusieurs branches: 1° Les L. Prapin qui n'avaient pas quitté L.; 2° les L. de la Bussière, fief qu'ils tenaient d'un Paffi, cette branche s'est subdivisée en 3 rameaux; le 1er fixé à Naples, le 2e à Avenas, sgrs d'Av. Et. dans les Laurencin de Beaufort; le 3e des sgrs de Chaerzé. EGL 89. — La 3e branche, celle des sgrs de Persange (Savigny) est passée en Franche-Comté, où elle acquit la seigneurie de Beaufort. Elle y est encore représentée. — Outre les seigneuries déjà citées, les L. ont possédé celles du Pilat, d'Yvours et du Péage (Irigny); Riveric, Châtelus et Fontanès avaient été vendues, en 1515, à Cl. L. par Anne de France. — Devise: *Lux in tenebris* et *Post tenebras spero lucem*. Leurs armes sont sculptées à la voûte du collatéral sud, dans l'église de St-Nizier; en 1530, un L. fut enterré dans cette église, à l'entrée du chœur. A Taluyers, en L., sur un tabernacle élégant du 16e s., on voit aussi leur blason, parti de Bullioud; il indique que c'est un don d'un L., prieur de Taluyers. Ce petit monument a été publié par l'*Institut catholique*. (*MM; LC; LD; SA*).

**Laurent**, sgrs de la Saara, 16e et 17e s.; Edouard, cler de v. 1569; André, 1595.

**Laurent.**

**Laurès**, orig. de Béarn, établis en Agénois, à L. et de là à Paris. Le premier qui vint se fixer à L. était chirurgien de l'armée d'Italie, sous Catinat, et mourut en 1702. (*PL; DH*).

**Lauridcau** J., cler de v., 1519.

**Lauris.**

**Lautons** ou **Lothons** en F., sgrs de Buffardans (St-Martin-la-Sauveté), fief qui passa par alliance aux Chantois, vers 1316; sgrs du Rousset (St-Jean-Soleymieux), par alliance, à la même époque, avec une famille de la Bâtie, 14e et 15e s. Et. en 1511, les Sugny en héritèrent. Sonyer du Lac et d'autres auteurs ont confondu cette famille, inconnue aux historiens du Forez, avec celle de Létouf de Pradines. — Leurs armes se voient à St-Jean-Soleymieux, sur la porte de l'église et ailleurs.

* **Lauzol** Ls, cler de v. 1451.

* **Laval** (de), orig. du F. passés en Bourbonnais, au 16e s. — *D... à une aigle d... et une cottice d... brochante.* Ces armes sont gravées sur une tombe de 1587, encastrée dans le mur de clôture de l'ancien cimetière d'Iseure, près Moulins, qui sert actuellement de cour d'entrée au collége des PP. Jésuites; le même blason est répété: *parti de L. à une tour d... soutenue de (2) lions d...*, armes d'une famille de Steukling de Buckingham, dont l'alliance avec celle de Laval est constatée par le texte de l'épitaphe (*Armorial du Bourbonnais*, par M. de Soultrait; *Notice sur Ant. de Laval* dans les *Portraits d'Auteurs fôrésiens*, par M. R. de Chantelauze).

**Lavieu** (de) « *de Laviaco*, » l'une des plus anciennes familles du L. et du F. et dont les premiers sgrs portèrent la qualité de vicomte, titre qu'ils perdirent avec la terre de Lavieu, à la fin du 11e s.; d'après la tradition, ils en auraient été dépouillés à cause de l'assassinat commis par un sgr de L. sur un cte de F.; à partir de l'époque où cet événement a dû arriver, la terre de L. n'appartint plus en effet à la maison de ce nom et le titre de victe ne se retrouve plus. Cette famille se divisa en plusieurs branches, dont les deux principales sont seules bien connues: 1° les sgrs de Roche-la-Molière, Boisset, Iseron, Et. en 1383 et dont les sgrs de St-Nectaire relevèrent le nom et les armes jusqu'à la fin du 15e s., qu'ils se fondirent dans les Damas-d'Estiengue et les d'Augerolle; cette branche donna naissance aux L., sgrs de Poncins, la Brosse, les Fernanches, fondus, en 1508, dans les St-Germain; 2° les sgrs de

Fougerolles, de Chantois, Escotay, Chalain, Curaize, Cornon, etc. Et. au milieu du 15e s.; les Talaru en héritèrent (*LMm; BO; TV*). Outre ces 2 branches on trouve encore celle des sgrs de la Chapelle et Aveize, sgrs de Pizay, au 13e s. et d'autres L. qui, à la même époque, avaient d'importantes seigneuries en L., entre autres Grésieu-la-Varenne. — Ces diverses branches ont porté des blasons différents; les plus anciennes armes étaient une *bande* (sceau de 1089) que la branche des sgrs de Roche-la-Molière et d'Iseron conserva, mais *engrêlée;* on ajoute ordinairement, comme dans notre planche, un *diapré de gueules* dans le champ, parce que cet embellissement, qui fut fort en vogue, à une certaine époque du moyen-âge, se trouvait sur une tombe d'un L., enterré, au 14e s., dans l'église des Cordeliers de Montbrison, mais, nous le répétons, ce n'est qu'un enjolivement qui n'est pas essentiel. Les L. Fougerolles prirent, à partir d'une époque qui n'est pas déterminée, mais que nous croyons relativement récente, un blason différent: *de gueules, au chef de vair,* dont l'origine est contestée. Ces armes ne peuvent être celles du fief de F. puisqu'il n'y a pas eu de famille de ce nom en F., et que du reste les L. n'héritèrent pas de cette terre, mais en firent l'acquisition. Les L. n'ont donc pris ce blason que par suite d'une alliance restée inconnue ou par fantaisie, ce qui arrivait souvent. A ces deux points de vue, une explication se présente naturellement. Les L. et les d'Urfé, d'après une tradition rendue vraisemblable par quelques titres anciens, pensaient avoir une origine commune. Il est donc fort probable que les L. F. aient voulu rappeler cette parenté, que peut-être ils avaient ravivée par quelque alliance oubliée aujourd'hui; des faits de ce genre étaient communs autrefois et il suffit de comparer les blasons des plus anciennes familles, par exemple: de la Bretagne, de la Bourgogne, du F. ou du B., etc., pour reconnaître que les maisons qui avaient eu entre elles des alliances, ou qui s'attribuaient une origine commune, adoptaient des armes analogues, pour consacrer des traditions qu'elles tenaient à conserver; nous pourrions même citer des preuves littérales de ces faits; il nous suffira de renvoyer, entre autres auteurs, à Jques de Hemricourt, écrivain du 14e s. (*Miroir des nobles de Hasbaye*, Bruxelles, 1673, in-fol.) Les cadets de L. F. brisaient d'une *étoile d'or* sur *le gueules* (*Guill. Revel*, écartelure des Talaru Chalmazel) et non pas d'un *chevron* comme l'a avancé M. Renon (*la Diana*, Montbrison, in-8o 1844, atlas *in plano*), qui a pris les armes des Montgascon d'Auvergne pour celles des cadets de Feugerolles. Ces armoiries ne sont pas les seules que portèrent les L.; le premier blason de la planche 38 donne la figure des armoiries qu'avait adoptées P. de L., chevalier, de la branche de ceux qui étaient possessionnés en L. (sceau de 1276, dont la légende parfaitement lisible est ainsi conçue: S PETRI DE LAVIEV MILITIS), le sceau de Girin de L. apposé au même acte est chargé d'une aigle.

**Lavieu-Iseron.**

**Lavieu-Feugerolles.**

**Lay** à L. au 17e s.

**Laye** (de), sgrs de Meximieux en Dombes; cette famille a donné un châtelain d'Anse en L. et un bailly de B.; elle s'éteignit à la fin du 16e s., le nom en fut continué, par Barthy. de la Porte, héritier dont la postérité se fondit, au s. suivant, dans les La Poype de Vertrieux.—Supports: 2 chevaux; cimier: un cheval naissant. (*LL; GD;* St-Julien-Baleure).

* **Laye** (de) de St-Lagier, passait pour être une branche de la famille précédente, sgrs de St-L. en B., par acquisition du sire de B., vers 1339, de Franchelins et St-Trivier en Dombes, 15e s., fondus dans les Chardonay, au 16e s. (*LL; LB*). — A. inc. *LL* ne les donne pas, mais il dit seulement qu'elles diffèrent de celles de L. Meximieux.

* **Laye** (de), sgrs de Lurcé et de l'Ecluse en B., 15e s. — A. inc. (*LL*). — On trouve encore des de Laye sgrs d'Arbain (Arnas), par alliance avec les Rosset, en 1460, fief aliéné, en 1600, aux Gaspard du Breuil, et des de L., sgrs de Buffardans, terre qu'ils transmirent par alliance aux Ste-Colombe, au milieu du 15e s.

* **Layé** du Loché, sgrs d'Arcis en B. au 18e s.

**Lebeau**, lieutenant des arquebusiers, 17e s.

**Leclerc** du Frêne, de la Verpilière, sgrs d'Irigny en L., de la V. (St-Symphorien-de-Lay) en B., à la fin du 18e s., anoblis en 1672; J. J., P. des M., de 1764 à 71. EGL 89. Représentés en Bugey; sur un jeton du P. des M., le chevron n'est pas brisé et au lieu d'annelets ce sont 3 bagues, le chaton en haut.

**Leclerc**, trés. de F.

**Lee** en F. au 15e s. (Guill. Revel).

**Legat.**

**Legendre**, trés. de F.

* **Legière** de Testenoire, sgrs de Bacot et St-Christophe-la-Montagne en B. Fondus, en 1624, dans les Sacconay. — *De gueules à la fasce d'or.* — On blasonne aussi leurs armes: *d'az. à 3 flèches en pal d'or, accompagnées en pointe d'un cœur du même; au chef d'argt. chargé d'une tête de sa., accostée de 2 étoiles d'az.*

**Lemau** de Talencé, sgrs de la Barre (Limas), de T. (Denicé) en B., 18e s. EGB 89. Représentés en B.

**Lemoyne** Cl., éch., 1785.

**Lempereur.**

**Lempereur.**

**Lemps** (de). Etrangers à nos provinces.

**Lenoir**, sgrs du Montet (Cublize), de Laye (St-Genis) en B., fief vendu aux d'Espinay, 18e s.

**Lentigny** (de Praix à), en F., 17e s.

**Lepileur** ou **Pileur** (le) de Brévane, sgrs de Boistrait (St-Georges-de-Reneins) en B., par alliance avec la famille Petit de Villonière, au 18e s. EGB 89. Orig. de Provence; un s. du R. 1560; un quartinier de Paris, en 1597. (*LC*).

**Lescallier** à L., au 18e s.; un consul-général de France aux Etats-Unis (*LD*); d'après un cachet de 1734, les armes doivent se blasonner: *de gueules à une tour sur un rocher d... au chef cousu d'az. chargé de 2 étoiles d....*

**Leschallier**, famille chevaleresque, connue depuis le 14e s., sgrs de Vernoilles et d'Arconsat (Cervières) en F., au 15e s.

* **Lescot** à L. au 18e s. — *De gueules à.... au chef d'azur chargé de 3 étoiles* (cachet de 1774).

**Lesgallery** du Taillou, à St-Etienne et à Montbrison.

—**Lestrange** (de). V. Romanet

* **Lestra** de Prandières, ancienne famille connue depuis le 14e s. et dont on trouve des aveux pour le fief de P. (Cezay) depuis 1604. Ils avaient fondé, en 1442, une prébende dans l'église de C., dans une chapelle qui servait de sépulture à la famille. — *D'az. au chevron d'argt. chargé d'une billette de gueules* (*AG*).

**Létouf** de Pradines, famille chevaleresque, orig. du B., divisée en plusieurs branches: 1o les sgrs de Recey, les Motiers, Montreuil; 2o les sgrs de Poinson et Poincenot. Et. au 17e s.; 3o les sgrs de Pradines, qui ont formé les sgrs d'Audour et les bons de Sirot. Et. à la fin du 17e s.; 4o les sgrs de Semotier, bons de Conflans, d'où sortirent les sgrs de Tenance et Pouilly. (*TS; RC; Mémoires... de M. Cl. de Létouf... baron de Sirot...*, Paris, 1683, 2 vol in-12, fig. *SM; HI*). — Cimier: un buste de vieillard; tenants: 2 vieillards vêtus de long. Les 2e et 3e quartiers seraient les armes d'une famille de Pradines dont, suivant la tradition, les L. tenaient la seigneurie de P.

**Leugyn** (Jq. de) ou **Leugny** (*G*).

***Leuillon** (de) de Thorigny, sgr de Th. (St-Julien-sur-Bibost), etc., Montfroid (Courzieu) en L., 18e s.; un maître des requêtes au Parlt de Dombes; un assesseur criminel en 1771. EGL 89. Représentés à L. — *D'az. à un aigle au vol abbaissé sur un mont, fixant un soleil mouvant du franc canton, le tout d'or.*

**Leusse** (de), orig. du Dauphiné. Représentés à L. — Jph.-Aug. de L., reçu chevalier de Malte, en 1770, présenta les quartiers suivants: de L., Pelisson, Chabon, Sibuet de St-Ferréol; de Laube, des François, de Laube, de Menon de Ville. Devise: *Onore in terra, lo spirito nel cielo.*

**Levasseur**, bs de L., tenaient en franc-alleu une maison à l'angle sud-est des rues Ferrandière et du Puits-Pelu, et des biens à St-Martin-de-Cornas; première moitié du 18e s. — Cachet de 1736.

***Levetton**, dame de la Verpillière (St-Symphorien-de Lay). EGB 89. Selon l'almanach de L., de 1789, c'est à Desverneys de Grézieu qu'appartenait cette seigneurie.

**Lévis**, très-ancienne famille chevaleresque, orig. des environs de Paris, établie en Languedoc à la suite de Simon de Montfort, au commencement du 13e s., et dont plusieurs rameaux se fixèrent en F. Les L., sgrs de la Roche en Rénier, par alliance avec la famille de ce nom, en 1339, formèrent 2 branches principales:

1° Les bons de la Roche, victes, puis ctes de Lautrec, par alliance avec cette maison, au 14e s.; ctes de Villars, sgrs de Roussillon et d'Annonay, par alliance avec les Villars, en 1372; sgrs de la Voulte, par alliance avec les d'Anduse, en 1402; ils se divisèrent en 2 rameaux: 1° les ctes de Lautrec, bons de la Roche. Et. à la fin du 15e s., et qui aliénèrent la plupart de leurs seigneuries, en 1472, au duc de Bourbon, cte de F.; 2° Les L., sgrs de Chateaumorand, par alliance avec cette famille, en 1422, ils formèrent 2 branches: les sgrs de Voulte et de Vauvert, sgrs, puis ducs de Ventadour, par alliance avec la famille de ce nom, en 1472. Et. en 1717, et dont un rameau, les L. Charlus, rentra en possession de la seigneurie de Chateaumorand. RN 1668. EGF 89; la 2e branche qui avait été apanagée de la seigneurie de Chateaumorand, s'était ét. en 1548, et le fief était passé aux Le Long de Chenillac.

2° Les L. Florensac, sgrs de Cousan, par alliance avec les Damas, en 1423, et qui formèrent: les sgrs de Florensac, fondus en 1451 dans les Crussol, et les Cousan, sgrs de C.; de Lugny, du Plessis, de Chalain d'Usore, Nervieu, Grégnieu, la Perrière, Villeneuve, Boisy, la Motte et R.; en partie, ces derniers fiefs venaient des La Perrière; sgrs de Curèse, par alliance avec les Lavieu-Fougerolles, etc., fondus au commencement du 17e s., dans les St-Priest; un autre rameau forma les bons de Lugny. (*GM; LM; LMm; HM; AH; PA; LQ; LC; LD; CP; TV; BO*).

— Les bons de la Roche portaient: *bandé d'or et de gueules* et un écusson de Lévis en cœur. Les sgrs de Charlus écartelaient: *au 1er et 4e de gueules au lion d'or, au 2e et 3e de L., sur le tout d... à une bande d... accompagnée de 6 besans d...* Les sgrs de Chateaumorand écartelaient des armes de cette famille; ceux de Ventadour écartelaient de Ventadour; les L.-Florensac *brisaient d'un lambel de 3 pendants de gueules, chargés chacun de 3 besans d'or.* Les sgrs de Cousan écartelaient de Damas et de Lavieu-Fougerolles; ils portaient aussi quelquefois, sur le tout, le blason des Montmorency-Marly.

***Leydier**, famille chevaleresque, possessionnée à Feurs en F. et en Bourbonnais, 14e s. — A. inc.

**Lezay** (de) Marnésia.

**Liatard** J., cler de v. 1364; Ls, 1380, 83, 87, 89, 91, 1412; on lui a donné à tort le blason d'une ancienne famille chevaleresque, qui a eu un chanoine de L., † en 1275; on voit encore sa tombe ornée de ses armes dans l'église de St-Jean. Cette maison est étrangère à notre province.

**Licessoan**, lieutenant du quartier du Gourguillon, 17e s.

**Liègue** (la), fief à St-Cyr-les-Vignes en F., possédé d'abord par une branche des Mauvoisin, qui le transmit par alliance aux Dinache, vers 1321; il passa plus tard aux Rougemont qui prirent le nom et les armes de la L.; ces armes étaient celles des premiers possesseurs, les M., qui brisaient les armes de leur famille par changement d'émaux (La Diana).

***Ligier** à L., aux 15e et 16e s.; Th.-J. L., de la paroisse de la Platière, testant à L., en 1500, voulut être enterré dans le couvent des Carmélites et ordonna que son nom fût gravé sur sa tombe. *Messire Pierre Ligier, prébendier de St-Laurent*, † en 1694, est enterré dans l'église de Chazay; les armes gravées sur sa tombe sont: *d... à une flèche en bande d...., accostée de 2 roses d...* — On a donné aux Legière de Testenoire, sous le nom de Duligier, des armes qui ont un rapport éloigné avec celles-ci.

***Limas** (de) ou de **Limans** en B. Il y a eu une famille qui portait ce nom: N. de L., chanoine de St-Paul, au 14e s., possédait une maison à Millery.

**Limosin** Cl., cler de v. 1517.

***Lingendes** (de), famille qui a donné un éch. de R., en 1689, et qui pouvait se rattacher à une famille du même nom en Bourbonnais. — *D'az. au chevron d'or, accompagné de 3 glands du même.* (*Armorial du Bourbonnais*, par M. le cte G. de Soultrait). — Ces armes sont gravées à Iseure, sur une tombe de 1629, parties de Laval.

**Linières** (de) ou **Lignères**, orig. du Berry, sgrs de Rochetaillée et de Jarez, par mariage avec Florie de J., en 1345. Et., en 1432, dans les Beaujeu-Amplepuis. (*TH; PA; LC; BO; TV*).

***Linières**, de la paroisse de la Celle, au diocèse de Clermont, sgrs de la Borjate (St-Julien-la-Vêtre), en F., au 14e s. (*BO*). — A. inc.

**Lion** (maître), le peintre (*G*).

**Lionnet** (*G*).

**Lions** à L., au 17e s. (*AG*).

**Liotaud**, magistrat du siége présidial, au 17e s.

—**Lissieu** (de), *LL* distingue une famille de L., différente de celle des Lambert, sgrs de L. et qui se serait fondue dans celle-ci; mais il paraît s'être mépris. En effet, le moine de l'Ile-Barbe, qu'il attribue à cette maison primitive, vivait en 1309, et déjà, en 1288, la terre de L. appartenait aux Lambert, et de plus, nous voyons qu'à cette époque, Guill. L., sgr de L., prenait indifféremment l'un ou l'autre de ces noms.

**Livet**, enseigne, puis lieutenant du quartier de la rue Mercière, en 1658 et 64. — Dans *l'Entrée du Cardinal* le lion est *issant; les Forces de L.*, blasonnent ces armes: *d'az. à la croix (pleine) d'or cantonnée de 4 trèfles d'argt. au chef cousu de gueules, chargé d'un lion passant d'or.*

**Livron** (de), famille du Pays de Gex.

***Lombard** Math., cler de v. 1270.

***Long** (le) de Chenillac, famille du Berry et du Bourbonnais, qui a donné des sgrs de Chateaumorand, au 16e s., par alliance avec les Lévis, fief légué plus tard, au commencement du 17e s., par Diane Le Long, dame de Ch., marquise d'Urfé, aux Lévis-Charlus. — *D'azur au chevron d'or, accompagné de 3 étoiles d'argt.*

***Longueil** (de), famille de robe, orig. de Normandie, un intendant de L. en 1567 (*PB*; *Le Palais de la Gloire*, par le P. Anselme. *MO; LC*, etc).

**Loras** (mquis de), sgrs de Montplaisant, Bel-Accueil, Pollionay, en L., 18e s.; de Vassalieu (Chambles); au 17e s., de la Merlée, par alliance avec les du Palais, en 1761; orig. du Dauphiné (*CH; HI; LC*). — Supports : 2 anges; devise : *un jour l'auras*. Catherin de L. reçu chevalier de Malte, en 1745, présenta les quartiers suivants : L. du Pré, Villars, Lange, David de la Tour, du Vivier, Gayot, Seigle de Gadoche, du Palais la Merlée, Charpin de Genetines, Alcanon, Petit-Bois, Cochardet, Perrachon, Guillardy, Faure.

**Lorgue** (de), famille chevaleresque du L., qui a donné des chanoines de St-Jean, au 14e s., possessionnée à Chazey, Morancé, Chasselay, Lissieu, Losanne en L., Vaudragon, St-André, Néronde, Fontanelle, St-Just-la-Pendue en F., St-Cyr-de-Favières en B., sgrs de Villars, de Copier (Lay), de l'Aubépin, 13e, 14e et 15e s. Et. dans les de Ste-Colombe. — *De gueules au chevron d'or, accompagné de 3 étoiles du même.*

**Lorme** (de), ou mieux **Horme** (de l') de l'Ile. (*Ex libris gravé*). Les feuilles doivent être couchées.

**Lhospital**, ou plutôt **Hospital** (l'), famille qui a donné un éch. de St-Etienne.

***Lostange** de la Bermondie et de Béduer, co-sgrs de Jarniost en L., dans la première moitié du 18e s., avec la Motte Flomond, Sirot et Beauvoir-St-Paul, orig. du Périgord (*MO; LC*). — *D'argt. au lion de gueules armé, lampassé et couronné d'az., accompagné de 5 étoiles de gueules en orle.* Ce blason a été dessiné, par méprise, à la pl. 58, v°, sous le nom de Sirot.

**Loubat**, bons de Bovène, Fs, cler de v. 1568, 72, 80. Hug., 1602; P., P. des M. 1640; un trés. de F. au 17e s. RN 1668. — Le trés. de F. écartelait, au 2e et 3e : *d'or au lion d'az., tenant une croix longue au pied fiché de gueules.*

***Loup** Fs, cler de v., 1420, 22, 26, 28, 38; Denis, 1454, 55, 58, 59, 65, 66, 67.

**Loupon** (*G*).

**Lovat** ou **Louvat**, brigadier des armées du R. (*Chevillard*).

**Loys**, armes d'une famille de la Suisse (*LC*).

**Loyset**, sgr de Trezette (Thizy) en B., 1539. — Le blason dessiné dans la planche, sous le nom de Loysel, n'appartient peut-être pas à cette famille, s'il faut s'en tenir à l'orthographe rigoureuse du nom. Un Loysel avocat fut anobli en 1585; il portait : *d'az. à une colombe d'argt.* (*DA*).

**Luards** (des), noble Catelan des L., épousa, en 1507, dans l'église de St-Paul, Sibille Cadier. Ils eurent pour enfants J. des L., Me en la Chambre des comptes de Grenoble, cler du R.; et Lse de L., femme de Jq. Séguier, et mal appelée Stuard, par Blanchard (*BR*, Généalogie de Cadier). — *Fascé d'or et de sable.* — Sibille C. était veuve en 1525 et mourut vers 1546; c'est elle probablement qui donna son nom à une chapelle de l'église St-Paul, appelée de la Cadière et dont la fondation est restée inconnue aux auteurs qui ont écrit sur cette église.

**Lumagne**, sgrs d'Arcuis, orig. des Grisons. Fs, éch. 1663. Le grand-père de Colbert, marchand-drapier à Troyes, en 1586, s'étant associé avec Lumagne, Parfait, Saintôt et le Camus, pour l'établissement, à Paris, de manufactures de draperie et d'étoffes d'or et de soie, ils furent tous anoblis en 1603 (*HM; DA*). — Le chef à une fleur de lis est une concession royale de 1624.

***Lussertat** (de), famille connue en F. depuis le 14e s. D'après une ancienne tradition, un Roi de France se trouvant en F. et s'étant égaré à la chasse, aux environs de la Fouillouse, aurait été recueilli par un nommé L. et en reconnaissance l'aurait anobli, lui et sa postérité.

**Luzy** (de) Couzan et Pélissac, orig. du Charollais, sgrs d'Espercieu, par alliance avec les Dodieu, en 1642; de C. en F. par acquisition des Chalus-St-Priest, 1656; de Champs vendu aux La Mure, en 1779; de la Valla; de St-Just-en-Bas, aliéné aux Girard de Vaugirard, en 1782. RN 1668. EGF 89. — En 1668, ils portaient : *parti au 1er d'or, à la fasce échiquetée d'argt. et de gueules de 2 traits, au 2e de L.* — Ls-Gilbert de L., reçu chevalier de Malte en 1775, présenta les quartiers suivants : de Luzy-Cousan, de Pothiers, d'Estuleugen-Dodieu, Sève, Portail, Bossu, Barbezière, Brunau; la Roche-Lambert, Ducra, Chavagnac, Royau du Villars, Boulier de Montpencier, Beaufort, Beaufort, Rybère.

**Lyon**, ville capitale du L. et de la généralité du L. — La ville de L. n'a pas eu de blason, avant de s'être constituée en commune, ce qui arriva à la fin du 13e s. Elle prit alors pour armes un lion, emblème parlant de la cité, et une fleur de lis pour marque de son union à la monarchie et de la suzeraineté du roi de France. Hyp. Leymarie a donné aux armes de L. une origine fabuleuse qui malheureusement a été adoptée avec trop de confiance par M. Monfalcon. — Bréghot du Lut : *Notes sur les Armoiries de Lyon* dans les *Archives historiques... du département du Rhône*, 1827, t. VII. — Hyp. Leymarie : *Du Blason au XIXe siècle, et spécialement des Armoiries de la ville de Lyon*, *Revue du Lyonnais*, avril 1841. — Monfalcon : *Armoiries de la ville de Lyon*, in-8°, fig., 1846, dans son *Histoire de Lyon*. — Morel de Voleine : *Des Armoiries de la ville de Lyon*, *Revue du Lyonnais*, novembre 1855. — L. Charvet : *Essai d'une Monographie des Armoiries de la ville de Lyon*, *Revue du Lyonnais*, mai 1860.

***Lyon** (du), sgrs de Julliénas en B., 16e s., d'une famille parlementaire de Paris : *d'or au lion d'azur.*

**Lyonnet**. V. **Lionnet**.

**Lyonnet**.

**Lyonnet** (Mgr), évêque de Valence, orig. du diocèse de L.

**Lyot**, curé de St-Vincent, possessionné à Millery, 1747. (Cachet).

**Mabiez** de la Tour-de-Rouville, sgrs de Malleval (Denicé) en B., 17e, 18e, s. D'après d'autres renseignements, leurs armes auraient été un mat mis en bande, c'est-à-dire de biais.

***Mably** (de), en F., ancienne famille chevaleresque ét.

**Machard** J., chanoine de St-Paul, orig. de Bourg en Bresse, † en 1518. Il fonda dans l'église de St-Paul la chapelle de N.-D.-de-Grâces, aujourd'hui de St-Louis-de-Gonzague; l'arc de cette chapelle est orné d'anges sculptés avec délicatesse, deux d'entre eux portent chacun un écusson aux armes du chanoine; ce même blason est répété à l'extérieur de la chapelle; il était également gravé sur sa tombe, néanmoins nous ignorerions les émaux, si nous n'avions rencontré le même blason peint sur un missel appartenant à Mgr le cardinal de Bonald; il a été écrit, en 1495, par Henri de Beaujardin; *de gueules à la bande d'az., chargée de 3 besans d'or;* la devise de ce chanoine était un rébus répété à profusion sur le missel : c'est un cerf entouré d'une banderolle sur laquelle est écrit : *vostre* (cerf) *viteur*. — Ce nom est mal placé sur la planche.

***Macherin** (J. de), sénéchal de L. au 14e s. — *D... à 3 annelets d... et un lambel de 3 pendants....* (sceau de 1313).

***Macibo** d'Arcon, famille chevaleresque, possessionnée en F., mandement de Crosel. — A. inc. — Les d'Arod ont porté le surnom de Macibo.

***Mâcon** (de), Rolin, cler de v. 1441 et 45.

***Maçons, tailleurs de pierre, platriers, marbriers, paveurs** de L. Corporation. — *De gueules à un trophée des instruments du métier, formé d'un fil à plomb surmonté d'un compas et entravaillé, à dextre, d'un marteau de tailleur de pierre, d'une équerre et d'un maillet; à sénestre, d'une truelle, d'un pied de Roi fermé et d'un......... au chef cousu d'azur, chargé d'un* *lion passant d'(argent), accompagné de 3 fleurs de lis d('or) mal ordonnées.* (Cachet du 18e s.)

**Macors,** bourgeois de L. au 18e s.

**Madières** (de), sgrs de Milly (Arbuissonas), de Corcelles (St-Etienne-la-Varenne), de la Carrière (St-Martin-en-Haut) L. et B., 17e et 18e s.; Cl., éch., 1664.

**Madières** (de), cler au Présidial de L., 1696.

* **Madières** (de), bourgeois de L. 1696. — *D'or à l'arbre de si. (AG).*—Il y a eu aussi, en F., des M., sgrs de Vernoilles (Pommiers), au 18e s., fief transmis par alliance aux de Pommerol.

* **Madeleine** (de la) Ragny, orig. de Charollais, sgrs de Montgré (Glaizé), la Chartonnière par alliance avec les Rosset, fief vendu aux Fyot; de Corcelles, aliéné aux Tircuy; d'Arcis, de la Chartonnière, Portebœuf, par alliance avec Rosset; de la Terrière (Cercié) en B., 15e et 16e s. *(LC).* — Cette maison a donné aussi 2 prieurs de Charlieu en L., à la fin du 15e et au commencement du 16e s.; le 1er portait les armes pleines de la M., avec 2 hommes sauvages pour tenants; le second écartelait: 1er *et 4e de la M.; 2e et 3e d... à la fasce d... chargée de 3 étoiles d...;* tenants; 2 anges. Sur un portrait d'Erard de la Madeleine, gravé, en 1664, par N. Auroux, sous la direction du P. Menestrier, on voit les blasons des alliances de la M., qui sont: la M. Marcilly, Damas, Halvin, Odebert Ragny, Rabutin, Gouffier, Niécy, le Roy, Laulage, Gondard, Choiseul, Montier, Neveu, Saillan. — Devise: *Ayez l'amour de la Madeleine. — D'hermines à 3 bandes de gueules, chargées de 9 coquilles d'or 2, 5, 2.* Cette famille, au 17e s., écartelait des armes de ses principales alliances: *Damas* et *Bourgogne.*

**Madinier,** lieutenant du quartier de Bourgneuf. — Il y a eu de ce nom un homme qui a joué un rôle assez important pendant le siége de L. en 1793.

—**Magnieu** (de), Magnieu Hauterive, en F., était une seigneurie qui a donné son nom à plusieurs familles; André de M. était moine de l'Ile-Barbe, en 1186; Guille d'Acre reçut, en 1250, du cte de F., la moitié de M. Hrive; les la Bastie en héritèrent au milieu du 14e s.

**Magnin,** bourgeois de Lyon, au 14e siècle (tombe conservée au Musée lapidaire de L.)

**Magnin** de Pierreux, sgr de P. et la Carelle (Ouroux) en B., par alliance avec les Carrige, vers 1610, vendu aux la Roche-Poncié, en 1719.

**Maigre** de la Motte *(SA).*

**Maillot** *(G).*

**Maindestre,** sgrs de la Sarra, 18e s. Et., éch., 1726. EGL 89.

**Maine** (du) du Bourg, ctes du B., victes de Montezat, bons de l'Espinasse, sgrs de Changy, la Motte, St-Bonnet-des-Quarts, 17e et 18e s., orig. du Languedoc. RN 1668.

* **Mains,** chanoine de St-Paul, 1696. — *D'az. au chevron d'or, accompagné de 3 étoiles du même (AG).*

* **Maisonneuve,** à St-Bonnet-le-Château, au 17e s. — *D... au chevron d..., accompagné de 2 étoiles et d'un cœur d....; au chef d ... chargé de 3 étoiles d....* — Blason sculpté à la clef de voûte de la chapelle St-Eloy à St-B.-le-Ch., et sur le *tombeau du sieur Pierre Maisonneuve, capit. perpétuel de la confrérie de St-Eloy, et pour les siens,* 1655. (Communiqué par M. L.-P. Gras).

**Maistre** (le), ancienne famille consulaire de L., qui paraît remonter à Gérard le M, juge du ressort de L. (*LL* l'appelle, nous ne savons sur quelles preuves, juge des Appeaux de F.) en 1392; Guille, cler de v., 1412, 15; J., 1473, 78, 83, 84, 87, 88, 89, 91, 92; P., 1494, 1500, 2, 3; Th., 1518; Guille, 1642. Leur sépulture se voyait à St-Paul *(LL; PL).*

* **Maistret** Jq., évêque *(in partibus)* de Damas, né à L. en 1534. — *De sable à un soleil d'or;* devise: *Lux in tenebris (MC).*

**Maladière** (la), famille Dauphinoise. RN 1668. *(LL).*

* **Malcarre** J., cler de v., 1294.

* **Malet** de Vandègre, orig. d'Auvergne, sgrs de Laval, la Goutte, la Bouteresse, les Salles, etc., en F., par alliance avec les du Croc, 17e et 18e s. EGF 89. — *D'az. à la fasce d'or, chargée de 3 fleurs de pensée au naturel et accompagnée de 3 mains d'argt. (LC; BO).*

**Maleyzieux** J., cler de v. 1562.

**Maleyzieux** *(G).* C'est probablement la même famille que la précédente, à laquelle Chaussonet aura forgé des armes. *G* donne les blasons de 3 frères du même nom, qui vivaient de son temps. L'aîné les portait pleines, le cadet les brisait d'un *lambel de 3 pendants d'argt.,* et le plus jeune. Jph., d'une *fasce de sable engrêlée en bas, brochant sur le tout.*

**Malherbe,** enseigne du quartier de l'Hôpital et de la rue Bourgchanin.—*Les Forces de L.* blasonnent: *d'or à une fleur impériale au naturel.*

**Mallet,** sgrs de Merèges, 17e s.; un cler au Parlt de Dombes, 1664; P., éch., 1676. — Cette famille existait encore au commencement de ce siècle. — On blasonne aussi *la fasce d'argt.* et les *aiglettes de sable.*

**Mallet,** *les Forces de L.* donnent ce blason au cler au Parlt de Dombes, que nous venons de citer.

**Mallet,** chanoine de St-Paul, 1696 *(AG).* — On observera que l'ordre de ces blason est interverti sur la pl. avec ceux de Malmont, Malo, etc.

**Malmont,** capitaine-pennon, 1668.

**Malo** Ant., éch., 1613.

**Malomon,** lisez **Maumont** (de), « *de Malomonte.* » V. ce mot.

**Malon** ou **Maslon,** intendant à L., 1684.

* **Malon** Bernard, cler de v., 1270.

* **Malte** (ordre de), primitivement de St-Jean de Jérusalem, puis de Rhodes. — *De gueules à la croix d'argt.* La langue d'Auvergne, dont le siége était à Lyon, portait ce blason *parti d'azur au dauphin d'or.* (Cachets du 17e et du 18e s.)

* **Malyvert** (de), sgrs de Nellière (Pomeys) en L., 18e s., orig. de Bresse. — *Bandé d'argent et de gueules.*

**Mandelot,** gouverneur du L., 1569. — Son tombeau est dans l'église de St-Jean, à L., et ses armes sculptées avec celles de sa femme, Eléonore de Robertet, au-dessus de la porte du Dépôt de Mendicité, autrefois abbaye de Chazeaux.

**Maniquet,** de St-Paul-en-Jarez; un s. du R. au dernier s. EGL 89 Représentés à L.

**Manis** J.-J., éch., 1693.

**Manissier** P., cler de v. 1529, 34, 39.

* **Marandères** (de), sgrs de M. (Montarchier) en F., 14e s. — A. inc.

* **Marbœuf** (de), famille de Bretagne qui a donné un archevêque de L. à la fin du dernier s. — *D'az. à 2 épées en sautoir d'argent, garnies d'or, les pointes en bas. (LC; MC).*

**Marchamp,** sgrs de M., près Beaujeu, de Propières, Piseys, la Farge en B., possessionnés à Anse, St-Germain-au-Mont-d'Or, Curis, etc., en L., famille chevaleresque connue dès le 12e s. Et. en 1451. Elle a donné des chanoines de L. au 14e s. *(LL).*

**Marchand,** célèbre organiste, né à L., † à Paris, 1734 *(PL).* — On trouve des Marchamp sgrs de Champrenard et de Salles en B., au 18e s., qui ont eu un s. du R. en 1731.

* **Marchand,** sgrs de Brégades (Amplepuis) en B., au 16e s. — A. inc.

***Marchands** et **Fabricants** d'étoffes d'or, d'argent et de soie, de L. Corporation. — *D'azur à une fleur de lis d'or, accompagnée en chef d'un ..... et d'un rabat de veloutier à dextre et à sénestre, d'une pince et d'une paire de forces et en pointe d'une navette.*

***Marche** (la) en L., au 17e s. — *D'argt. au lion de gueules et une cotice d'az. brochante (Prompt. Armorial).*

***Marchisse** Guille, cler de v., 1384, 89, 91, 94.

**Mareilly**, sgrs de M. de Chalmazel, château construit par l'un de ces sgrs, en 1231, de la Ferrière (Néronde), possessionnés à Violeys, St-Marcel, etc., en F. Et. au 14e s. Les Talaru en héritèrent par alliance, vers 1370; cette famille est connue aussi sous le nom de Chalmazel. (*LM; LL*). — Sceau de 1257.

***Mareilly**, famille bourgeoise de Montbrison, qui a donné un doyen du Chapitre de cette ville, au 14e s. (*LM*).

**Maréchal**, sgrs de Meximieux en Bresse de Montgay en Franc-L., de Varennes (Quincié) en B. Et. au 16e s. dans les de la Chambre. — Une branche, celle des victes de la Val-d'Isère a subsisté (*GB; LC*).

**Maréchal** de Sénozan, sgrs de Boistrait (St-Georges-de-Rencins) B., par héritage des Baudet, 1519, porté peu après, par alliance, aux Mitte Chevrières.

***Maréchal** d'Apinac, sgrrs d'A., du Colombier (St-Marcellin), de Cressanges en F., de Rosey (Ampuis) en L., possessionnés à St-Marcellin, Montbrison, St-Héand; famille chevalereresque. Et. au 14e s. dans une branche de St-Priest, qui en perpétua le nom et les armes et prit, à la fin, le nom d'Espinac, corruption d'Apinac. V. Apinac, Jarez, St-Priest. — V. les armes à Apinac, pl. 2, vo.

**Maréchaux** de Villefranche, corporation. — Le blason est mal placé sur la planche.

***Marennes** (de), J., cler de v., 1414, 18, 21.

**Maret** en R., divisés en 2 branches, les aînés représentés à R. et les cadets sgrs de St-Pierre-la-Noaille, qui comptent aussi des représentants. Cette famille a donné des châtelains de St-Haon, au 15e s., et un lieutenant-général-criminel au bailliage du R. au commencement du 18e s.; leurs armes sont sculptées dans une chapelle de l'église de St-Haon. Le croissant est une addition moderne, sorte de concession honorifique accordée par la ville de R. au 18e s. — Supports : 2 ceps de vigne. Les sgrs de St-P. portaient le champ de *sable* pour brisure (cachet de 1759). — La colombe doit être *d'or* et les coquilles *d'argt.*

**Margaron** de St-Véran, sgr de St-V. au 18e s.; un s. du R., 1759. EGL 89. — Sur un cachet de 1779 cet écusson est accolé d'un autre *d .. à un dextrochère tenant une épée en contrebande d... au chef d..., chargé d'une aigle couronné d...*

***Marel**, capitaine-pennon, 1668 : *d'az. au col d'argt. sommé d'un marc d'or.*

**Margonet**, notable bs, 17e s.

**Maridat** (de) en L., au 17e s. : un s. du R., 1610. — Tenants : 2 nègres. Devise : *Dextera Domini fecit virtutem.*

***Marion** de La Tour : un s. du R., en 1760, EGL 89. (*MN*).

***Marines** (de), bs de L., qui contribua à la construction de l'église de St-Nizier. On lui attribue des armes qui se voient à la voûte et sur les contreforts extérieurs du chœur : *d... au chef chargé de 3 étoiles d...*

**Maritz**, sgrs de la Barolière (Limonest) en L., de La Rigaudière (St-Julien) en B., 2e moitié du 18e s. EGB 89. Et. — J., commissaire d'artillerie en Alsace et en L., accompagnait son blason d'attributs militaires. Il ne faut pas confondre cette famille avec les Marit du Berry, qui portent : *d'argt. à la croix patée de gueules.*

—**Marquemont** (Simon de). V. S.

**Mars** (de), famille chevaleresque, orig. du B., sgrs de La Goutte (Amplepuis) en B., de La Court en L., de La Batie, Ste-Agathe en F., par alliance avec les de Barges. (*AP; BO*). Cette famille a donné des chanoines de St-Jean, un, entre autres, reçu en 1545, et dont le père portait : *écartelé : au 1er d'argt. au lion couronné de gueules, au 2e de M., au 3e d'or à la fasce de sable, au 4e de gueules au soleil d'or.*

**Marteron**, tenaient en franc-alleu une maison dans la rue St-Jean. Il y a eu un chanoine de St-Paul de cette famille. — Cachet de 1753.

***Martin** Ls, cler de v., 1473.

**Martin** de La Porte, orig. de Montélimart. Représentés à L. : un s. du R. au Parlt de Toulouse.

**Martin**, bs de L., 1696. (*AG*).

***Martin**, libraire-imprimeur, tenait en franc-alleu une maison rue Belle-Cordière. — *D'argt. à une branche de chêne de sinople, au chef de gueules chargé d'un croissant entre 2 étoiles d...* (Cachet de 1720).

***Martinet** Pignatelli de Beaufort, sgrs de Montgay (Fontaines) en Franc-L., 18e s.; fief transmis aux de Migieu. — *D'az., au sautoir d'or, cantonné de 4 besans d'argt.*

**Martinière**, orig. du R., sgrs du Solleillant (Valeille) en F., fin de 17e et commencement du 18e s.

**Marzé** (de), ancienne famille chevaleresque du L. et du B., possessionnée à Anse, Pommiers, Lucenay, Béligny; sgrs de M. (Alix) en L., et d'un autre M. (Glaizé) en B.; de Chizy, au 13e s., de Belleroche, fief acquis des de Poitiers, en 1317; de Grézieu et de Champs en F. Et. au 16e s. Leurs biens passèrent aux Nagu. Une branche posséda les seigneuries de Cogny en B. et de de Varennes près d'Anse en L., et fut connue au 14e s. sous ce nom de Varennes. La seigneurie de M. passa en 1437 aux Rosset, par l'extinction d'un autre rameau. (*LL; BO*). — Jean, chanoine de L., au 17e s., brisait d'une *cottice componée.* (Sceau de 1341).

**Mascrany** ou **Mascarany**, orig. des Grisons, établis à L. vers 1580, naturalisés français en 1622; sgrs de Thunes et de La Verrière (St-Genis-Laval) en L., mquis de Paroi, 1685, ctes de Château-Chinon; Alexandre, P. des M., 1640; Paul, P. des M., 1670, RN 1668; passés plus tard à Paris. EGF 89. (*LC*). — Ils avaient fait reconstruire l'église de St-Laurent, à L., où était enterré Gerson. — *LC* met le chef *d'azur*. L'écusson fleurdelisée est une concession royale de 1635. N. M., chevalier de Malte, portait le chef de la Religion (*de gueules à la croix d'argt.*), à la place de celui de ses armes dont les pièces étaient disposées dans le champ : l'aigle en pointe, la clef et le casque à dextre et à senestre.

**Masso** de La Ferrière, sgrs de la F.; St-Médard en F., de St-André du Coing, Limonez, Chasselay, Le Plantin, Lissieu en L., de La Vierrie, du Trembley en Bresse; Hi, cler de v., 1542, 48, 54. (*Il brisait en chef d'un lambel de 8 pendants d'argt., en pointe, d'un croissant du même*). Guyot, 1572; J., 1576, 83; Ant., 1581; Philib., maréchal de bataille, sgr de Plantin, P. des M., 1675, 76; RN 1668; un sénéchal de L., au 18e s.; deux abbés de Valbenoîte en F., etc. Et. — Fondus dans les Artaud, au 18e s. Ils écartelaient : *au 1er et 4e de M., au 2e d'argt. à 3 fasces de sable et une bande de gueules brochante, au 3e d'argt., à un arbre de sinople fruité d'or.* (*GB; LC; MN*).

**Masson** (Papire), auteur forézien, né à St-Germain-Laval, en 1544, d'une famille commerçante.

***Masson** Léonard, cler de v., 1406.

***Masson** (de), orthographié anciennement Maczon; fief à Arcon en F., qui avait donné son nom, au 14e s., à une famille dont le nom patronymique était Brun. V. ce mot.

**Mastin** de la Merlée, sgrs de La M. (Noirétable), de Villeneuve (St-Bonnet-le-Château), possessionnés à St-Julien-la-Vestre, Renaison en F., et à Thiers en Auvergne, 14e, 15e et 16e s. Cette famille a donné un abbé de Moustier près de Thiers, et un abbé de Valbenoîte, prieur de l'Hôpital-sous-Rochefort, en 1484. Ses armes sont sculptées sur une cheminée de l'ancien prieuré, et dont nous devons un dessin à l'obligeance de M. V. Durand. Cimier : une tête de chien.

* **Mathé** de Balichard, sgrs de B. (Villemonteix) en F. : un s. du R., en 1760, EGF 89. — Fondus dans les du Bessey. — A. inc.

* **Mathevon** de Curnieu, orig. de Villars en F., établis à St-Etienne, sgrs de Curnieu depuis 1670. — On voit dans l'église de Villars la tombe du colonel M., bon de Curnieu, † en 1812, pendant la campagne de Russie. (*TV*). — *D'az. au lion d'or, au chef cousu de gueules.*

* **Mathieu**, Ht, cler de v., 1492, 96, 1502, 7, 8, 13. —*D'azur à la fasce d'argt., chargée d'un vol de gueules.* Ces armes sont celles de P. M., cler et historiographe du Roi, orig. de Poligny, né en 1563, établis à L. et député de cette ville, près d'Henri IV, en 1595. (*CB*).

**Mathon** de La Cour, de la Garinière, de Forgère, sgrs de Sauvain, acquis, en 1772, des Luzy; orig. de Bourg-Argental, divisés en deux branches, les M. de la C. et ceux de Forgère. — Un cler au Parlt de Dombes. EGFL 89.

**Maton** ou **Mathon**, enseigne du quartier St-Marcel ou des Terreaux, 17e s.

**Mathurin** (Math.), dit Adam, et sa femme Cath. de Bétheneourt. (*G*). V. Béthencourt.

* **Matre** (de La), famille chevaleresque, sgrs du Colombier en F., 13e et 14e s. Ils avaient aussi des prétentions sur le château d'Annonay. — *De sable à la bande d'or, accompagnée de 6 étoiles du même.*

* **Mauclerc**, sacristain de St-Nizier, 1681. — *D'or à la croix ancrée de gueules.*

**Maugiron**, ancienne famille du Dauphiné, sgrs d'Ampuis en L., depuis le 14e s. RN 1668. Et. (*CH; LC*).

* **Maumont**, « *de Malomonte.* » Ancienne famille chevaleresque de l'Auvergne, qui tenait son nom du château de M., relevant de la châtellenie de Thiers. Agnès de M., femme de Guill. de Thiers, fut par lui dame de Th. de Châtelus de Bussy, de St-Germain-Laval, en F., et de St-Maurice, en R., aliénés, en 1320, au comté de F. — *Fascé d... et d...* (sceau de 1314). — Il ne faut pas confondre cette maison avec une autre du même nom, en Limousin, et qui portait *d'az. au sautoir d'or, cantonné de 4 tours d'argt.*

**Maupetit** (Le baron), général de brigade, noblesse de l'Empire. Représentés en Bugey.

**Maure**, sgrs de Martorcy (Mardore) en B., 17e s.

**Maurice**, lieutenant du quartier St-Vincent, au 17e s.

* **Mauteville**, libraire à L., au dernier siècle. — *D'az. à 3 tours rangées d... celle du milieu plus élevée, et chacune sur un mont d'or.* (Cachet).

**Mauverney** en B. : un cler au Parlt de Dombes.

**Mauverney**, receveur-général, en 1748, tenait en franc alleu la maison dite du *Grand-Palais*, traversant de la rue St-Jean à la rue du Bœuf.

**Mauvoisin** en F., ancienne famille chevaleresque, connue depuis le commencement du 11e s., divisée en 3 branches toutes éteintes : 1o les M., sgrs de Chevrières, fondus au 14e s. dans les Mitte de Mons; 2o les sgrs de Rebé (Amplepuis) en B., du 13e au 16e s., et dont les biens passèrent aux Merle; 3o les M., sgrs de la Liègue, déjà mentionnés : ceux-ci brisaient en changeant les émaux. (Sceaux du 13e s. La Diana. Armorial de Berry). Dans ce dernier recueil la fasce est vivrée au lieu d'être ondée, différence assez fréquente dans les anciens blasons du même genre et dont les armes des Bouthéon, entre autres, offrent aussi des exemples.

**Mauzeille** Gab., éch., 1623.

—**Mayerne** (Turquet de), v. T.

**Mayeuvre** de Champvieux et de Chazournes, orig. de R., établis à L., en 1655. Laurt-Félix, éch., 1740. EGL 89. (*MN*). — En 1777. Et. M. de Chaz. portait : *un chevron accompagné de 3 roses.* — Supports : deux aigles. (Cachet).

* **Maymont** « *de Magnomonte*, » M., fief vendu au cte de F., en 1238, cédé par celui-ci aux Baffie, et de nouveau transmis par eux aux d'Oliergues. Sgrs d'Oliergues, pour lequel ils étaient feudataires du sire de Cousan. Et. au 14e s. — *De sable à 3 molettes d'argt.* (Baluze. *Histoire de la maison d'Auvergne*. Paris, 1705, 2 vol. in-fol. fig. ; *BO*).

**Mayol** de Luppé, sgrs de L. en F., au 18e s. : un lieutenant au siége de Bourg-Argental, 17e s.; un président des trésoriers de F., à Lyon, en 1710. EGFL 89. Représentés à Paris. (*MN*). — On trouve des Mayol en F., au 15e s.

**Mayosson**, trésorier de F.

**Mays** (de), sgrs de Cussieu, de Ste-Agathe, de St-Marcel en F., du 13e au 16e s. Le fief de M. (Chazelles-sur-L.), d'où cette famille tenait son nom, ne lui appartenait plus, dès le commencement du 14e s.; il était possédé par les (Payen) d'Argental, et en 1322, Paulette de Clermont, dame de M., donna en dot à sa fille Béat., ce château qu'elle a transmis à son mari, Jq. de Jarez. (*LL*).

**Mazard**, tireur d'or à L., 1696. (*AG*). — Le soleil est mal placé au canton sénestre du chef. Et. M., né à L., en 1660, fit une fondation de 1,500 l. à la Charité, pour élever de pauvres filles que l'on appelle encore les *Mazardes*. Cette famille s'éteignit en lui. (*PL*). — Il y a eu plus tard, du même nom, un sieur de La Bozonière en L., 1789.

**Mazenod** de Pavesin, sgrs de Chenereilles, fief acquis des La Rochefoucault et revendu aux Perrin, en 1667 ; de St-Georges, de St-Thomas, Montsupt, Boisset en F., de La Bernardière (Longes) en L., 18e s.; Ls, cler de v., 1517; Marc-Ant., éch., 1659 : un cler à la Cour des Monnaies ; deux trésoriers de F. EGLF 89. Représentés à L. Une branche s'était fixée en Provence. (*LC; IH*).

**Mazolini**, Piémontais, fixés à L., au 17e s.

**Mazuyer**.

* **Mazuyer**. Cette famille compte deux trés. de F. et un cler au bailliage de F. Représentés à L. et en Berry. — *Parti : au 1er d'az. au chevron d'argt., surmonté d'une fasce d'or et une rose d'argt. en chef; au 2e écartelé : au 1er et 4e d'argt. à l'aigle couronnée de sable, au 2e et 3e d'az. au lion d'argt., au chef du même, chargé de 3 trèfles de sable.*

**Mazy**. — On trouve des M. de La Farge possessionnés à St-Germain-Laval en F., en 1711.

**Méallet** de Fargues, famille chevaleresque, orig. d'Auvergne, qui a donné un maire de L., député de cette ville sous la Restauration, † en 1818. (*LC*; *SA*; *CP*; *BO*).

**Meaudre** de Paladuc et de Sugny en F. : un s. du R. au Parlt de Grenoble, en 1750. EGF 89. Représentés à L.

* **Médicis**. La célèbre maison de Médicis a été représentée anciennement à L. Ses armes se voyaient dans la chapelle primitive des Jacobins. Il y a eu aussi en F. une famille de robe du nom de Médici, mais qui ne devait pas être de la même maison.—Le blason des M. était anciennt : *d'or semé de tourteaux de gueules*, qui furent réduits à six, mis en cercle; plus tard, par concession de Louis XI, le

tourteau du chef fut peint *d'az. à 3 fleurs de lis d'or*. Ces armes étaient peintes sur un beau manuscrit de la Bibliothèque de L. (nº 1240) avec celles de Tornaboni et la devise de cette maison : des plumes entourant une bague dont le chaton est un diamant, et ce mot : *semper* c'est-à-dire : *semper adamas in pennis*. Ce manuscrit a donc été exécuté pour Pierre Ier de M., qui épousa Lucrèce Tornaboni et gouverna Florence, de 1465 à 1469. Le blason des M. a été effacé par quelque ennemi fanatique qui avait enlevé le manuscrit lors du pillage de la maison des M., et l'aura emporté à L., après la défaite de son parti, mais il a respecté celui des Tornaboni. (*HT; SI; TS; GH; LC; etc.*)

**Megret** d'Estigny, orig. de L., établis à Paris. Cette famille a donné un président à mortier au Parlt de Paris, en 1521, et un auteur qui publia en 1550 une grammaire où il prétendait que l'on devait écrire comme on prononçait. — Il y a eu un M. de St-Remy, anobli en 1383. Nous ne pensons pas qu'il fût de cette famille. (*BP; PL; LD*).

**Mélian**, intendant à L., au 18e s.

**Mellier**, sgrs de Changy et Cruis, 1602 : un lieutenant-particulier, à L.; Ben., député aux Etats généraux, sous Ch. VIII, et cler de v., 1516. Il fut enterré à St-Nizier ; P., éch., 1655.

**Mellier**, cler au présidial, 1696. (*AG*).

* **Ménard** (Fse Lacour, veuve de J.), fit aveu de fief pour La Chaudenière, à St-Irénée et Tassins, en 1788. — *D... à un arbre d..., au chef d..., chargé de 3 étoiles d...* Supports : deux lévriers. (Cachet).

**Ménardeau** de Journieu, famille de Bretagne, sgrs de Jarniost en L., commencement du 18e s.

**Menon**.

**Menue** (Jaquemeton de La), v. J.

**Mer** (La), ctes de Matha, orig. du Bourbonnais, sgrs de Rochefort (Amplepuis) en B., 1539 ; de Gatelier et de Mars en L., 1724. (*BO*).

**Méraud** Léonard, cler de v., 1563.

**Mercier**, trés. de F., au 17e s.

**Mercier** (l'abbé) de St-Léger, savant bibliographe, † en 1799.

* **Mercier** (Hugues Le), fils de Bernd Le M. de Villefranche fut confirmé dans sa noblesse, en 1378. (*DA*). — Comme il y a plusieurs Villefranche, et que l'auteur que nous citons n'a pas spécifié à quelle province appartenait ce bien, nous ne pouvons rien dire sur l'origine de ces personnages.

**Merle** (de), sgr de Grigny : un trés. de F. au 17e s.; F., P. des M., de 1618 à 1620.

**Merle**.

**Merle** du Bourg.

* **Merle-Rebé**, orig. de Dombes, dont une branche, sgrs de Rebé (Amplepuis) en B., par alliance avec les Mauvoisin, au commencement du 15e s.; de Chenevoux en F., par alliance avez la famille de ce nom, en 1467; de Varennes, par héritage de Cl. de V., en 1473 ; fondus au 16e s. dans les Faverges, qui continuèrent le nom de Rebé et les armes de Merle. (*LL; GD*). — *D'or, à 3 merlettes de sable*. Ils écartelaient au 2e et 3e de Mauvoisin. (Sceau de J. Merle, abbé de Cruas, 1530). V. Faverges.

**Merle** (Mr Le), secrétaire de Mr de Mandelot. (*G*).

**Merlin**. (*G*).

**Mermier**, trés. de F., sgrs de Moleise et de Lissieu en L., 1789 : un s. du R., en 1770. Représentés à L. — Supports : deux lions. Les bras de la foy ne doivent pas atteindre jusqu'aux flancs de l'écu.

* **Méras** (de), P., cler de v., 1270.

**Meschatin**, orig. du Bourbonnais, sgrs du Sauzey et d'Avenas, au milieu du 17e s. (*AP; MC*).

**Messier** Jq., éch., 1684.

**Mesmes** (de), famille de robe, orig. de Mont-de-Marsan, sieur des Arches, intendant à L., 1571. (*BP; MO; HM; LC*).

**Métrat** de Rouville, sgrs d'Aveize et de Ste-Foy-l'Argentière en F., 18e s. — Supports : deux aigles. Cimier : une aigle. (Cachet de 1760).

**Meusnier**, lieutenant du quartier de la Boucherie de l'Hôpital. Les étoiles doivent être posées 1 et 2.

* **Meximieux** (de). Il y a eu une famille appelée « *de Maximiaco*, » possessionnée au 11e s., en L., à Ternand et à Oingt, mais il est difficile de déterminer de quel lieu elle venait, car le nom latin s'applique à différentes localités du L. et de la Dombes, dont le nom actuel est Meximieux ou Messimy.

**Mey** de Challes en F., au 17e s.

* **Mey**, à L., aux 17e et 18e s. Sgrs de Morland (Coutouvre) en B., 18e s. Une rue de L. porte le nom d'Octavio M., qui introduisit à L. l'art de lustrer les soies. — *D'az. à une tour d'argt. sur un mont d'or*. Ant. M., not., fit un aveu de fief en 1671 pour la maison de Terrenoire (Moyré) en L.

**Meyssonier**, à L. et en Dombes, au 17e s. — Devise : *Ex semine messis*.

* **Meynier**, à Chavanay en F. au 18e s.—*D... au chevron d... bordé en chef de 3 étoiles et 4 besans ou tourteaux alternés d... et accompagné en pointe d'une merlette surmontée d'un besan d...* (Cachet communiqué par M. V. Durand).

**Meyzé**, sgrs de La Gardette (Grandris) en B., 14e et 15e s., fief transmis par alliance aux Rebé-Faverges, en 1563.

**Michalet**.

**Michel** du Villars, sgrs de La Tour-des-Champs (Belle-Allemande), 17e s. Et. en 1731 dans les Montdor et les de Sacconay, qui vendirent le fief de La Tour à d'autres Michel, auxquels Brossette donne les mêmes armes, et *PV* un blason *d'az. à 3 bandes d'or*. Jq., sieur de La Tour-des-Champs, éch., 1660 ; J.-B., 1722. (*PL*).

**Michel**, sgrs de Rozay. Bonaventure, éch., 1622. — Il y a eu un M., not., sieur de Chavannes (St-Just en Chevallet) en F., 1724. On trouve aussi des M. de La Brosse à Valeilles et St-Maurice en Gourgois.

**Michel**, Elu à L., au milieu du 17e s.

**Michon** de Vougy de La Farge, sgrs de V. Aiguilly, Montrenard, Bonvert, La Farge en B., fiefs érigés en comté, sous le nom de Vougy, en 1766. Jaquemet, cler de v., 1415 ; Léonard, éch., 1721. EGL 89. (*AG*). — Ils portaient, avant 1721 : *d'az. à la fasce d'or, accompagnée de 3 besans d'argt.* — Plus tard, ils écartelèrent de Bathéon.

* **Michon** de Pierreclos, sgrs de Cenves en B., par acquisition des d'Aumont, au 16e s. : un trés. de F. EGB 89 : — *d'az. au losange d'or, accompagné de 5 besans du même*.

* **Michon**, lieut. du quartier du port St-Paul, 1664. — *D'az. à la fasce d'or, accompagnée de 3 oiseaux du même, tenant au bec chacun une plante de fresne de sinople*.

**Micollier** en B., au 17e s.

* **Micoud**, sgrs du Bourron (Vauxrenard) en B., fief vendu aux La Roche. — *D'az. à 3 têtes de renards d'or*.

**Migieu** (de), mquis de Savigny, sgrs de Montgay à Fontaines en Franc-L., par alliance avec les Martinet de Beaufort, 18e s., orig. du Bugey : un président aux requêtes du Parlt de Dijon, Et. — Les armes dessinées dans la planche sont apposées à un aveu de fief de 1736 ; mais les de M. du Bugey, auxquels se rattachaient cette famille portaient : *de sable à 3 étoiles d'argt*. (*GB; LC; PB*).

**Mignot** de Bussy, sgr de B. (St-Georges-de-Reneins), de La Martizière (Belleville), acquis en 1645 ; du Châtelard

(Lancié), par alliance avec les de Bussière, au 18e s. du Sou (Lacenas), par acquisition, en 1760, de Villié, etc. EGB 89.

**Milet**, lisez **Millet** en L., au commencement du 17e s. (*G*). Ces armes se trouvent gravées sur la tombe de cette famille, dans l'église de Chazay.

**Millanais** de la Thibaudière de La Salle, sgrs de La Th. (Lucenay) en L., de La Salle (Lantigné) en B. : un secrét. du R., directeur de la Monnaie, à L. EGLB 89. Et. (*MN*).

* **Millet**, professeur au collége de la Trinité, au 17e s. — *D'argt. à deux tiges de millet en sautoir au naturel, au chef d'az. chargé d'un soleil d'or.*

**Millière**, sgrs de La Terrière (Cercié) en B., 18e s. EGB 89.

—**Milly** (de), v. Thy (de).

**Mimerel**, sculpteur lyonnais, au 17e s.

**Minet**, sgs de La Gardette, 17e s. J., éch., 1644.

* **Minimes**. Ordre religieux. — *D'az. au mot CHARITAS d'or en 3 syllabes l'une sur l'autre, dans un cercle rayonnant du même.*

**Miolans** (Mgr), archevêque de Toulouse, orig. du diocèse de L., † en 1859.

**Mioland**, v. Mitte.

**Mipont**, sgrs de Frouges en B., sur les limites de la Bourgogne, famille orig. de Bourgogne. Devise : *Mipont, difficile à passer.*

**Miqueli**, Lucquois, à L., au 17e s.

**Miribel**, **Miriboll**, ancienne famille chevaleresque de Givors et de Charly, sgrs de Grigny, possessionnés à Vernaison, Grigny et St-Genis-Laval, 13e et 14e s. Et. en 1360 dans les de Laire. Il ne faut pas confondre cette famille avec celle de la Bresse, appelée Miribel (de). — Un cadet brisait de deux merlettes en chef. (Sceaux de 1276).

**Miron**, orig. de Perpignan, passés à Paris, famille de robe, qui a donné un intendant de L., au 16e s., et un archevêque de cette ville au 17e (*Mémoires de Castelnau. MO; HM; DA, MC*).

**Mitte** de Monts, sgrs de Mitte, St-Hilaire en Forez, lieu d'origine de cette famille, sgrs d'Anjo par alliance avec les sgrs d'Anjo; de Chevrières, par alliance avec les Mauvoisin, vers 1360; de Cusieu, par alliance avec les de Laire, en 1487; ctes de Miolans, par alliance avec la famille de ce nom; mquis de St-Chamont, par alliance avec les St-Priest, au 16e s.; sgrs de Boistrait en B., par alliance avec les Maréchal; fief vendu plus tard au Bellet. Et., et fondus en 1685 dans les La Vieuville. RN 1668. Cette famille a donné plusieurs chanoines de L. : un, en 1214, et un doyen au 16e s. (*GM; LQ; MO; LM; PL; LC; BO*). — Ils écartelaient de Miolans comme ci-dessus, et sur le tout de St-Chamond (Jarez, de St-Priest).

**Moidières** (Guillet de), V. G.

**Moiffons**, famille de la Dombes. (*LL*).

**Moignat** de l'Ecluse et de Liergues, sgrs de l'E. (St-Jean-d'Ardières en B., de Liergues, en L., 18e s. : un trés. de F., 1755. Ennemond, éch., 1738. EGLB 89. Divisés en deux branches à la fin du 18e s., les M. de l'Ecluse et les M. de Liergues,

**Moiron**, bon de St-Trivier en Dombes, sgr de Chavagnieux, bs de L., lieut.-général de la sénéchaussée de L., né en 1564 de parents obscurs, † en 1656 sans postérité; il institua l'hospice de la Charité héritier de son immense fortune. (*PL*).

**Moles**, (de) sgrs de Vers, possessionnés à Montmelas, Chamelet et Vougy, aux 14e et 15e s. Et. à la fin du 15e s. Une branche cadette des Chantemerle en hérita. (*LL*). Cette famille, selon *LL*, avait possédé aussi la seigneurie de Vougy, sans doute par héritage de la famille de ce nom qui serait éteinte, de 1401 à 1450.

* **Molin**, trés. de F. — *D'or au lion de gueules.*

* **Molin**, à L., au 17e s. — *D'az. au moulin à vent d'argt.*

* **Molon** (de) Barthélemy, clerdc v., 1320, 64, 81, 83, 87.

**Mondon**, famille de robe, à Feurs, qui doit remonter à un notaire de Néronde, vivant en 1458. Représentée en F. — Dev.: *Sol unicus mundi adest.*

**Monery**, famille du Milanais, établie à L. et éteinte depuis plus d'un siècle. Leurs armes étaient peintes sur les vitraux de la chapelle de l'Enfant-Jésus dans l'église de Ste-Croix, à L., détruite à la Révolution. Cette fondation était constatée par l'inscription suivante :

*Ad æternam Rei memoriam anno Redempti orbis*, MDCXXII, *aprilis* II, *pontificatus Gregorii XV, secundo et regni Ludovici XIII, Galliæ Navarraque Regis christianissimi undecimo, hoc Joannis Baptistæ sacellum, nobilis Joannis Monerii fundatoris rogatu, Illustrissimus ac reverendissimus Do. Dionisius Simon de Marquemond, Lugdun., archiepiscopus Galliarum Primas inauguravit et quadraginta indulgentiarum dies singulo anniversario concessit.*

**Mont**. Armes mal placées. V. plus bas.

* **Monin** Jq., éch., 1680. — Dev.: *A malo bona.*

***Monin**, chanoine de St-Just, en 1696. — *D'az. à une fasce d'argt., accompagnée de 2 étoiles et d'une montagne du même.* (*AG*).

* **Monget**, à L., au 16e s. — *D... à une tour d'où sortent 2 palmes au chef d..., chargé d'un cœur entre 2 étoiles d...*, (Tombe de 1592 qui existait aux Jacobins).

* **Monicault**.—*D'argt. à 2 palmes de sin. en sautoir, cantonnées de 4 têtes de léopards de sable.*

**Monlong** J., éch., 1760. EGL 89.

**Mons** (de), orig. de la Flandre. Représentés à L. par M. de M., professeur à la Faculté des lettres.

**Monspey**, sgrs de Vallières (St-Georges-de-Reneins) en B., par alliance avec les David; orig. de Bresse. EGL B89. Représentés à L. (*GB; HL; LC; CP; AH*). — Cimier et supports : lévriers. Devise : *J'en rejoindrai les pièces.*

—**Mont**.

—**Mont** (du), « *de Monte*, » famille qui a donné un abbé d'Ainay, au 14e s. On l'a confondue à tort avec celle de Mont-St-Jean. (Sceau de 1384). Le dessin des armes est mal placé sur la planche.

—**Montagnac** (de), v. Bonnevie.

* **Montagnat**, orig. d'Italie, établis en Savoie, en 1463, à la suite du duc de Savoie; en Bugey, à la fin du 15e s.; et à L., au 17e. Qualifiés bourgeois de L. dans des titres du 17e et du 18e s. Sgrs de Douvres en Bugey, possessionnés dans le Mandement de St-Rambert, où ils possédaient le fief de La Barre. Ls M., cler du R., élu en l'élection de Belley, au commencement du 18e s.; Cl., auteur d'ouvrages de médecine estimés; Ch., prieur en Franche-Comté. Représentés à L. et à Avignon. — *D'or, à un agneau paissant d'argt., sur une terrasse de sinople, addextré d'une montagne du même; au chef d'az., chargé d'un soleil d'or à dextre.* (Cachet du 18e s.)

—**Montagny** (de), v. Châtelperron.

* **Montaignat**, Léonard, cler de v., 1522. — *De sable à 3 fasces ondées d'argt., au chef de France.* Ces armes, données par Chaussonnet, nous paraissent avoir été imaginées par lui, d'après les armes de Bonnevie de Montagnac, et à cause de la conformité de noms.

**Montagne** de Poncins, sgrs du Cogniet; fief acquis des Salemard, au 17e s., de P. et de Jas. par héritage des Cognet, de Magneux-Hauterive, Rochefort, par acquisition, en 1771, de St-Didier-sur-Rochefort, etc., 18e s. : un cler au Parlt de Dombes, EGF 89. Représentés en F. — Guille M. était clerc de la cour de F., en 1410.

* **Montaignon**, aux 16e et 17e s. — *D'argt. à un mont de 3 copeaux de sinople, au chef de sable.* (Armes dessinées à la main, avec les dates de 1593 et 1638, sur un missel de L., de 1510).

**Montaigu** (de), sgrs de la Chaise (Odenas), EGF 89. — Le blason est celui d'une famille du Poitou; cette maison est donc différente de la suivante.

* **Montaigu**, sgrs de Sombernon en Bourgogne, sgrs de Montmelas en B., par acquisition, en 1378, d'Éd., sire de B. et de Perreux. Ét. à la fin du 14e s. — *Bandé d'or et d'az., à la bordure de gueules, au franc-canton d'hermines.*

* **Montaigu**. Les familles de ce nom sont très-nombreuses : nous ne savons à laquelle rattacher un personnage dont il est fait mention en ces termes, dans l'obituaire de l'église de Lyon :

« *XII Kal. octobris, obiit nobilis vir Dominus Henricus* « *de Monte acuto miles qui multum diligenter laboravit* « *circa expeditionem ville Anse quam tenebant inimici* « *Regni Franciæ occupatam, suis viribus et expensis :* « *Orate pro eo.* »

Ces ennemis du royaume, qui occupaient Anse, sont évidemment les Tard-venus qui s'en étaient emparés en 1364.

—**Montarchier** (de), v. Arnaud.

* **Montazet** (**Malvin** de), famille orig. du Languedoc, qui a donné un archevêque de L., au 18e s. Une place de la ville porte son nom. (*DH*; *MC*). — *Ecartelé au 1er et 4e d'az. à 3 étoiles d'or ; au 2e et 3e de gueules, à 2 balances l'une sur l'autre d'argt.*

* **Montbellet** (de), orig. de Bourgogne. Co-sgrs de Crémeaux en F., à la fin du 14e s., par héritage des Mont-St-Jean.

* **Montboissier** (de), ancienne famille d'Auvergne, sgrs de Bouthéon en F., à la fin du 15e s. Ils cédèrent cette seigneurie au duc de Bourbon. — *D'or semé de croisettes de sable, au lion du même* (*LC*; *BO*).

**Montbrison**, ville, capitale du Forez et ancien chef-lieu de préfecture du dépt de la Loire. — Supports : deux chênes ; cimier : une balance.

**Montbro** (Jehan). *G.*

**Montceaux**, lieutenant-général en B., en 1376 et 1383.

* **Montcellar** (de), famille chevaleresque, à Ecotay en F., au 15e s. Il y a eu de ce nom une prieure de St-Thomas-la-Garde, † en 1578.

**Mont**. Armes mal placées, appartenant à un abbé d'Ainay. V. ci-dessus.

**Montchanin** (de), à L., au 17e s.

* **Montchauvet** (de), sgrs de Marzé, possessionnés à M., Jons et St-Julien en B., 1314. Famille qui a donné un doyen du Chapitre de Notre-Dame de Montbrison. (*LM*).

* **Montchenu**, orig. du Dauphiné. Une branche a donné des sgrs d'Argental, 1re moitié du 15e s.; fief transmis avec Beausemblant, par le mariage de Marguerite, héritière de cette branche, d'abord avec B. de Brion, et ensuite avec Cl. Louvat, vivant en 1463. Beausemblant venait des Montrevel (*noms féodaux*). Une autre branche de cette maison est représentée à L. — *De gueules à la bande engrêlée d'argt.* Devise : *La droite voie.*—Ces armes sont gravées sur la tombe de Geoffroi de M., chanoine de L., † en 1472, et enterré dans la chapelle du St-Sépulcre, aujourd'hui de St-Vincent-de-Paul.

* **Montchervet** (de), sgrs de Champrenard (Blacé) en B. Fondus dans les Lucare. — A. inc.

**Montconys** (de), de Liergues, sgrs de L. et de Poully-le-Monial, depuis le 16e s. jusqu'en 1789. Cl., cler de v., 1544, 49, 54, 59; sieur de L., 1570; Ben., 1573, 79, 86; P., sieur de L.; et de P., P. des M., 1623; Gasp., éch., 1652. Plusieurs Maîtres des Requêtes au Parlt de Dombes. Cette famille prétendait se rattacher à une maison de Bourgogne du même nom et en portait les armes.

**Montdor** (de), famille chevaleresque du L., divisée en plusieurs branches : 1o les sgrs d'Hoirieux, par alliance avec la famille de ce nom, en 1397; de Chavannes, Boyé, par alliance avec les de Marzé, 1467; de Montragier, St-Laurent-de-Vaux. Représentés à la Guadeloupe; 2o les sgrs de Collonges, ét. en 1449; 3o les sgrs de Rontalon, par alliance avec les Ruffieu, au 14e s.; ét. au siècle suivant; 4o les sgrs de Chambost en B., de 1400 au commencement du 16e s.; 5o les sgrs de Châteauvieux et de Cherpieux, depuis 1700 environ, ét. il y a peu d'années; une 6e branche se fixa en Suisse; une 7e s'est ét. au milieu du dernier s.; 8o celle des sgrs de Montragier. (*LL*; *DH*; *LC*; *MC*). — Deux chevaliers de Malte de cette famille présentèrent les quartiers suivants : l'un en 1760; de M., des Gouttes, Perret, Laurencin, Croppet, Foudras, Fonjard, la Poipe, Laye, Regnaut, Bérouse, Bantholy, Monery, Bernard, Tréméolle, Perrin, de la Corée, Fayeul, Baronnat : l'autre de 1773; de M., Perret, Salemard, Gramont, Burtin, Coin, Soisson, Thomé, Michel du Villars, Bouchard, La Haye, Palleron, Page, Roch, Fastilles. — Cimier : un bras armé tenant un cornet. Supports : deux griffons.

* **Montellier**, possessionnés à St-Martin-la-Plaine, et Saint-Maurice-sur-Dargoire, au 18e s. Deux aveux de fief donnés par des personnes de ce nom, portent : l'un des armes *d... à 2 cœurs accolés, surmontés de 3 trèfles rangés en chef* (1731) ; l'autre, 3 *fasces ondées* (1744).

**Monteux** (de), v. Chersala.

* **Monteynard** (de), mquis de Montfrin, famille chevaleresque, orig. du Dauphiné, sgrs de Souternon en F., de 1755 à 1780. — *De vair, au chef d'argt., chargé d'un lion issant de gueules.* (*CH*; *BO*; *Cartulaire de Domène*. Lyon, in-8, 1860, fig.)

* **Montfriol** (de), sgrs de M. (Chamelet) en B., au 16e s.

**Montgolfier**. Cette famille, représentée actuellement à Annonay, à L., en Espagne et en Italie, est celle du célèbre inventeur des aérostats. Une branche de cette maison exploitait des papeteries à St-Didier-sur-Beaujeu, aux 17e et 18e s.

**Montherot** (de), actuellement à L. : un cler au Parlt de Bourgogne, 1778. (*BP*).

* **Montis** (de), J. de M., de L., anobli en 1557.

* **Montlivet** (de), à L., au 17e s. — *D'az. à 3 fasces d'or.* (*AG*).

* **Montluel** (de), ancienne famille chevaleresque qui portait le nom d'une petite ville de la Bresse, possessionnée à Montancy, Bussy et Fontaines. Ils jouissaient aussi de la juridiction de Cuires en Franc-L., où ils avaient le droit de coucher à leur passage tous les ans une fois ; 13e et 14e s. — *Burelé d'or et de sable de 10 pièces à un lion couronné d'argt. brochant sur le tout.*

**Montolivet**.

**Montholon**, orig. de Bourgogne : un intendant à L., en 1607. (*BP*; *MO*; *LC*; *Tablettes de Thémis*).

* **Montoux** (de), J., cler de v., 1355,

**Montrenard**, sgrs de La Place (La Gresle), etc. en B., fiefs dont ils furent dépossédés au 16e s.

**Montrichard**, sgrs de La Brosse (St-Igny-de-Vers) en B., depuis la fin du 16e s.; de St-Pierre-la-Noaille en L., au 18e s. EGL 89. — Une famille M., sgrs de Flamerand en Charollais, au 17e s., et qui pourrait être la même que celle que nous venons de citer, portait : *d'az. à la croix d'argt. cantonnée de 5 points d'or en sautoir dans chaque canton.*

* **Mont-St-Jean** (de), ancienne famille de Bourgogne, qui a donné des sgrs de Crémeaux en F. Et. vers 1333; les de Thil, de Montbellet et de La Tour, paraissent en avoir hérité. — *De gueules à 3 écussons d'argt.*

* **Moraisé-Boissi** (de), « *de Morasio*, » sgrs de Grézieu, possessionnés à Ampuis, Châteauvieux, etc. en L., 14e s. — A. inc.

* **Morancé** (de), ancienne famille du L., sgrs de ce lieu, au 13e s. Il y a eu un chanoine de St-J. de ce nom, en 1209. — A. inc.

**Morand**, capit.-pennon du quartier de la rue Grenette, au 17e s.

**Morand** de Jouffrey : un proc. du R. au Bureau des Finances, titré sous l'Empire. — Les armes sont celles d'une famille du même nom en Normandie.

**Morange** (de), famille qui a donné un vicaire-gén. du diocèse de L., † en 1703. (*MC*).

**Mordelles**, à L., au 15e s. — Tombe de 1474, à St-Paul.

**Morel** de Voleine, d'Oisy, d'Epeisses et de Rambion ; Cl.-Ant., éch., 1732; un s. du R. en 1736 ; un cler à la Cour des Monnaies; un chanoine d'Ainay. EGLB 89. Représentés à L.

**Morel**, à Brignais, au 15e s.

* **Morel**, de L., architecte paysagiste, au 18e s. — *D'argt. à une morelle* (oiseau) *de sa., au chef de gueules, chargé de 3 besans d'or.*

* **Morel**, *d'or au lion de sable, armé et lampassé de gueules.*

* **Morel**, prêtre à L., 17e s. — *D'argent à un arbre de si., accosté de 2 molettes de sa.*

* **Morel**, châtelain de Lavieu, au 18e s., qualifié noble. — *D.... à 3 morelles* (fleurs) *d....* (armes gravées sur une cuvette d'étain et communiquées par M. V. Durand).

**Morestin**, en F., sgrs de Ressein (Nandax), en B., 17e s. P. M. était chantre de Fourvières vers 1370; famille ét. — On blasonne leurs armes autrement : *de gueules à la bande d'argt., accostée de 2 croissants du même; au chef cousu d'azur, chargé de 3 croisettes d'or.*

**Morges**, étrangers à nos provinces.

**Morgué**, à L., 18e s.— Ces armes sont sur un cachet de 1716, un autre de 1720 porte un *bœuf passant sur un tertre;* ces différences suffisent pour ôter toute certitude à ces armoiries.

**Mori**, à L., au 17e s. — Blason gravé sur une tombe qui existait aux Jacobins. — Les armes sont mal placées au recto de la pl. 44.

**Moriau**, orig. de L., établis à Paris au 17e s.

* **Morin-Pons**, orig. de Dieu-le-Fit. Représentés à L. — *D'or au chevron de gueules, accompagné de 3 têtes de mores de sable.*

* **Morlot**, orig. de Berne, en Suisse. Représentés à L. — *D'az. à la fasce d'or, chargée d'une tête de Maure de sable.*

* **Mornant**, village en F., qui avait donné son nom à une famille existant au 14e s.

**Mornay** J., cler de v. 1529. — Les armes sont celles d'une famille chevaleresque de la Picardie, on peut juger par là de la manière dont Chaussonnet a formé son armorial.

**Mornieu** (de), orig. de Belley, sgrs de Grandmont, le Chanaud, la Forest de Roussillon, Prony (St-Laurent-d'Oingt), etc., 17e s.; André, cler de v., 1567, 68, 72, 78, 94. RN 1668.

* **Moschons**, famille chevaleresque de Givors, qui a donné un chanoine de L. en 1307. — A. inc.

**Mothe** (de la), possessionnés à Cours, en B., au 16e s.

**Mothe** (Mme de la) **Dupuy** (*G*).

* **Mouchot** tenait une maison en franc-alleu dans la rue Bourgchanin. — *D... à la croix d..., cantonnée de 4 étoiles d...* (cachet de 1726).

**Mouleeau** (de), sgrs de Grigny, de la Galée (Millery), du Mas, etc. J., éch., 1645; Th., sgr du Mas, P. des M., 1679, 80. (*PL*).

**Mouton-Fontenille**, naturaliste, membre de l'Académie de L., 19e s.; devise : *Cunctis prodesse at nocere nemini.*

* **Mouton-Duvernet** (le général), commandant à L. pendant les Cent-Jours, fusillé en 1816. — *D'az. à un mouton d'argt. couché sous un oranger, terrassé de si., fruité d'or ; au canton de baron militaire.*

**Muguet** de Varanges, de Champalier, décoré du titre de bon en 1810; un s. du R. en 1760 ; Fs, éch., 1776; Jq., sieur de Montgaland, 1782. EGL 89. Représentés en Berry (*LD ; LA ; LO*).

* **Mulat** Cl., cler de v., 1478; Cément, 1484.

* **Mullin** J., cler de v., 1420, 23, 25, 34.

**Murard** (de), sgrs d'Espagnieu de Montferrand ; de St-Romain, par alliance avec les Croppet, orig. de Crest en Dauphiné ; Pons, cler de v., 1574, 81, 86; J.-B., sgr d'Espagnieu, éch., 1616 ; un trés. de F. en 1626; une branche de cette famille s'établit en Savoie et une autre à Paris, où elle a rempli des charges au Parlt. (*HM ; PL ; LC*). — *Les Forces de L.* mettent une *fasce d'az. bretessée ;* dans l'Eloge historique, les flammes ont été supprimées; la branche de Paris brisait d'une *bordure de gueules.* — Les armes de M. se voient à la voûte de St-Nizier, contreparties de celles de Varey et sculptées sur les boiseries du chœur de la chapelle St-Thomas, à Fourvières; devise : *Foris sed mugis intus.* — Cette famille avait fondé une des chapelles de l'église de l'Hôtel-Dieu.

* **Murat** de l'Estang, famille du Dauphiné, qui a donné un commandeur de Malte à Montbrison, en 1513, dont les armes se voient sur la porte de l'ancienne Commanderie de cette ville (*LC ; BO*). — *D'az. à 3 fasces d'argt. crénelées, la 1re de 5 pièces, la 2e de 4, la 3e de 3 et ouverte à une porte.* Cette gradation dans le nombre des créneaux a été amenée par la forme des anciens écussons, qui étaient primitivement beaucoup plus étroits en bas qu'à la partie supérieure.

* **Mure** (de la), famille consulaire de L., aux 13e et 14e s.; Guy. et Math. de la M., clers de v., 1294 ; J., 1337, 58 ; les la M. du F. se rattachaient à ceux-ci, ce que *LL* n'admettait pas quoiqu'il leur attribuât les armes de ceux du F.

* **Mure** (de la), ancienne famille forézienne, d'orig. bourgeoise et qui prétendait être un rameau des La M., de Lyon, séparé en 1269, ce qui n'est point prouvé, non plus que leur prétention de descendre d'une famille chevaleresque; on trouve des la M., en F., dès le milieu du 14e s., et leur filiation, qui remonte au commencement du 15e s., les fait orig. du R. Ils ont formé plusieurs branches : 1o les aînés, sgrs de Chantois. Et. au commencement du 18e s., et qui avait formé la branche de Changy ; 2o les sgrs de Biénavant ; 3o ceux de Rilly, qui paraissent s'être fondus dans les Courtin ; 4o une branche fixée à Montbrison, à laquelle appartenaient, ce semble, les sgrs de Magnieu-Hauterive, du Poyet et de Champs, au 18e s., qui parurent aux EGF 89 et portaient les mêmes armes, sauf que le champ des 1er et 4e quartiers était de *gueules* (cachets, vaisselle d'argent, plaque de fer d'un portail) ; cependant on trouve dans cette dernière famille un s. du R. en 1750 (*PL ; LC ; MN*). — *Ecartelé au 1er et 4e de sa., à 3 fasces d'or ; au 2e et 3e d'az. à 3 croissants d'argt.* Dans l'opinion de cette famille, les 1er et 4e quartiers étaient les armes des Chantois, dont ils auraient hérité, par alliance, en 1385, ce qui est inexact; ils prenaient du reste, pour

le blason de l'ancienne maison de Chantois, celui des Rollat qui avaient possédé quelque temps cette seigneurie. Les armes de La M. se voient dans une maison comprise dans l'enceinte du château de St-Maurice-sur-Loire, écartelées au 2e et 3e *d.... à une bande accostée de 2 étoiles d....* On conservait aussi dans l'église du même lieu une généalogie ancienne formant une sorte de pancarte; ce curieux document, qui existait dès le commencement du 17e s., a disparu il n'y a que peu de temps.

**Mussino** (de), sgrs d'Aiguebelle; P., cler de v., 1582; Fs 1598.

**Muthin** (*G*).

**Mutin** J., cler de v., 1570. — Les armes véritables sont vraisemblablement celles qui précèdent, et qui nous paraissent appartenir à la famille consulaire, quoique *G* ne le dise pas.

**Muzy** de Truchy, sgrs de Vauzelles (St Bonnet-des-Bruyères), par alliance avec la famille de ce nom; de la Forge (Propières) en B., de Sathonay. EGB. 89.— *L'aigle* doit être *d'argent.*

**Nagu**, mquis de Varennes, par érection, en 1618, orig. de la paroisse d'Ouroux en B., où existaient les ruines d'un château du nom de N., sgrs de V. (Quincié), par alliance avec les Gletteins, en 1397, fief vendu en 1769 aux Giraud; de Magni et Fragni, par donation du sire de B., en 1374; de Faulain, par alliance avec les de Bleynost; de Quincié, Marchampt, Chezeaux, Monternoux, etc.; de Laye, par alliance avec les Chaneins, en 1472; bons de Lurcy, en Dombes, par alliance avec les St-Romain, en 1505; sgrs de Marzé et Belleroche, par alliance avec les Mitte de Chevrières, en 1542; de Saint-Germain-la-Montague, etc., du 14e au 18e s. Cette maison a formé différents rameaux qui ont peu duré: les sgrs de Faulain; ceux de Monternoux, la Valette. Et. dans les de Loges, mais les biens firent retour à la branche principale des N., par alliance avec les de Loges, en 1571; les bons de Lurcy, etc. — Pt de N., reçu chevalier de Malte en 1685, présenta les quartiers suivants: N. Mitte-Chevriers, des Loges, Nagu, du Blé, Cercy, Beauffremont, Patarin; d'Hostun de la Baume, Gramont, Gadagne, Sugny, Tournon, la Tour-Turenne, la Rochefoucault, de Roye. (*MB; LC; GD*). — Supports: 2 aigles; cimier: une tête de bélier (sceau de 1401).

**Namy** de la Forest (de), famille de robe, orig. de Thizy, anoblis au commencement du 16e s., sgrs de la Forest par acquisition. Et. et fondus, au 17e s., dans les d'Albon-St-Marcel (*LL*). Une branche a donné les sgrs d'Espeisses (Cogny), au 16e s.; fief transmis, au 17e s., aux Tournier. — *LL* blasonne mal leurs armes: *d'az., à la fasce d'or, accompagnée de 3 étoiles du même.* Le blason que nous donnons est justifié par les preuves de Malte, de Martial, de N., reçu en 1577, et par d'autres titres. On les voit sculptées à Cogny, en pierre et en bois, sur des écussons de la forme du 16e s.

**Nanton**, orig. du Mâconnais, sgrs de Nobles, par alliance avec les Marchamp, au 14e s.; de Crusille, de Pisey et d'Arcis, par alliance avec les de P., en 1342; d'Estours, la Batie, Vas, Serrières, etc., par alliance avec les de Feurs, au milieu du 16e s.; de Marzé, par alliance avec les Rosset; de Bully, co-sgrs de Chintré, par alliance avec les Virieu-Beauvoir. Et., à la fin du 16e s., dans les Ste-Colombe. (*PV*).

**Naturel** de la Plaine, orig. de la Bourgogne, sgrs de la Pl. (Dracé), en B., par alliance avec les Germanet, en 1545; fief transmis par alliance, en 1615, aux St-Julien-de-Balcure; de Gravenie, Collonges, de Courcelles, etc., du 16e au 18e s. (*HI; LC*).

***Naturel** (Et.), anobli, en 1594, pour services rendus pendant la Ligue, pour la réduction de L. — *D'or, à la bande de gueules, chargée de 3 coquilles d'or.*

**Navallo** (le capitaine). (*G*).

**Navarre**, famille bourgeoise de L., qui a donné un suffragant de L., évêque de Cydon, † en 1753. (*PL; MC*).

**Navergeon** Cl., éch., 1621. — Le P. Bussière ajoute en pointe, outre le croissant, une *étoile d'azur.*

**Navette** (de). RN 1668. — Il y avait une famille de ce nom en Auvergne (*BO*).

**Nayme** de St-Julien, de Cuiseaux, des Orioles; un cler garde des sceaux au Parlt de Bourgogne, lieutenant particulier au bailliage de Bourg-Argental, en 1777, EGF 89.

***Nayret**, capitaine-pennon à L., 1696. — *De gueules au lion d'or, tenant un guidon d'argt.* (*AG*).

**Nérestang**, mquis de N., sgrs d'Auriec, la Chapelle d'Aurec, Oriol, érigés en marquisat, en 1619; St-Ferréol, vendus aux Genestet de Sénujol, de St-Victor, Entremont, Chapponoz, Aps, la Duchère-en-Velay, F., Vivarais et L., orig. d'Auvergne. RN 1668. Et. au 18e s. — Cette famille compte une abbesse de la Bénisson-Dieu, en F., et plusieurs grands maîtres de l'ordre du Mont-Carmel; c'est en l'honneur de cet ordre que Pht de N. aurait ajouté 3 étoiles dans son écu avec cette devise: *Stellæ manentes in ordine suo* (*LM; LC; BO*).

**Nervaux** (de), ou **Nervo**, sgrs du victé d'Oingt, en L., au 18e s., un s. du R. et cler au Présidial, en 1756. EGL 89. Représentés à L. (*MN*).

***Nesme**, sieur de Fourrières à Morancé, Charnay et Lozanne, en L., 18e s. — A. inc.

***Nettancourt** (de), ctes de **Vaubecourt**, famille orig. de Champagne, qui a donné un abbé d'Ainay, au 18e s.; une rue de L. porte son nom (*CP*). — *De gueules au chevron d'or.* Cimier: une tête de chien; supports: 2 griffons.

**Neufville** (de) de Villeroy, ducs de V., mquis d'Alincourt, famille orig. de Normandie, anoblie à Paris, au 16e s. Elle a donné un archevêque de L., des maréchaux de France et tous les gouverneurs du L., depuis la fin du 17e s.; plusieurs rues ou quais de L., portent leur nom, et une petite ville voisine changea, au 17e s., son nom de Vimies contre celui de N. (*SM; HS; HM; LQ; MO; LC; DA; MC*, etc.)

***Neyrat** Ant., éch., 1783. EGL 89. — *D'az. semé d'étoiles d'argt.*

**Neyret** Ant., sieurs de Bellevue, éch., 1631, établis ensuite à Paris; un cler à la Chambre des requêtes à Paris, famille connue à Lyon dès le 14e s. On conservait dans l'église des Augustins de L. une épine de la couronne de J. C., apportée, en 1491, par J. N., bourgeois de L.; une rue de L. porte le nom de cette famille. (*PL; HM*). — D'Hozier transpose les 2 parties du *coupé* et blasonne un rocher au lieu d'une nuée.

**Neyron** de St-Julien, sgrs de la Roche-la-Molière, en F., au 18e s.; un s. du R., 1768. EGF 89. Représentés à L. (*TV*). — Le héron doit être posé sur *une terrasse de sinople.*

**Nicolau** de Montribloud, orig. du Languedoc, établis à L. au commencement du 18e s.; un trés. de F. (*DH; PL; LC*). — D'Hozier blasonne mal une *barque* au lieu d'un *nid*; les armes sont parlantes: Nid, coq, l'eau.

**Niergues** (Delor de). RN 1668. — On trouve noble Cl. Delore, à Longes, en L., au 16e s.

**Nièvre** (de), orig. de Bresse, près de Montluel; J., cler de v., 1337, 52, 58; Perronin, 1379, 81, 83; Aymé, 1384; J., 1392, 93, 95, 1404, 7, 9, 12, 14, 16, 19, 21, 23, 25, 27, 28, 29, 33; P., 1392, 93, 1417, 28, 32; Aymé, 1417, 20, 24, 26, 33; P., dit Mandron, 1419, 22, 24, 34, 36; Péronin, 1422, établis ensuite en Dauphiné, puis en Savoie. Et. au 16e s. (*LL ; CH*). *LL* ne dit pas que la famille dauphinoise soit la même que celle des clers de v. ; il semble même que les de Nièvre du Dauphiné, existant au 17e s., étaient une maison différente des de N. de Bresse et du L.

**Niset**, sgrs de Deaulx (St-Julien), en B.

* **Noailly** (de), famille chevaleresque, qui a donné un chan. de L., en 1106, et qui tirait son nom du village de N., en R. Possessionnés à Rilly (Cordelle et St-Cyr), en F., au 14e s. — A. inc.

**Nobili**, orig. de Florence, à L., au 17e s. Il y avait, en 1715, un J.-B. Nobily, banquier à L.; il n'est pas certain qu'il fût de la même famille.

**Noblet** de Chenelettes, mquis d'Anglures et ctes de la Clayette, en B., orig. du Mâconnais ; sgrs des Prés (Ardillat), dès le commencement du 16e s.; de Chenelettes, par acquisition, à la fin du 16e s. ; d'Anglures, Montchanin, Montgeffon, Avaize, par alliance avec les Fougeard, de Grandvaux, terres érigées en marquisat sous le nom d'A., en 1715 ; de la Clayette, érigée en comté, en 1730 ; d'Avenas, de Pinvy, aux 16e, 17e et 18e s. Représentés en L. (*LB ; LC ; LD*). — Ant. de N., reçu chevalier de Malte, en 1700, présenta les quartiers suivants : N. Barjot, Foujeard, Bertaut ; Foujeard, Cloche, Ste-Colombe, Ronchevol.

**Noirat** Ch., éch., 1593, et 1604. — On voit des armes analogues, timbrées d'un casque, sculptées au-dessus de la porte de la maison qui forme l'angle sud-ouest des rues Mercière et Tupin.

**Nolhac** (de), sgrs des Garets (Béligny), en B., 18e s.; Marc-Ant., éch., 1775. EGL 89. Représentés à L.

**Nompère** de Champagny, duc de Cadore, par ordonnance impériale, en 1806 ; sgrs de Pierrefite, Nantillies et Champagny (St-Haon-le-Vieux), en R., 17e et 18e s. EGF 89. Cette famille a donné un ministre sous le premier empire (*DH ; LC ; LD ; CP*). — Le ministre ajoutait à ses armes *un franc canton de ministre et un chef de duc brochant*. — V. les armes à Champagny, pl. 15. Elles sont aussi blasonnées sous le nom de Nompère, mais le dessin, par méprise, porte le blason de Neyrat.

* **Nouvel** Mtin, cler de v., 1380, 87 et 1400.

**Noyel** de Bérins, de Sermézy, orig. de Villefranche, sgrs de la Noirie (Joux-sur-Tarare), dès le 16e s.; de Belleroche (Limas), de Bionnay (Lacenas), par acquisition, de Sermezy, par alliance avec les Cartier, en 1672, de Vieuxbourg (Vernaison), au 18e s., L. et B. ; Fs, éch., 1727. EGLB 89. Représentés à L.

**Noyelles**, élu au 17e s. — La tour du milieu doit être plus élevée que les autres.

**Noyerie** (de la), sgrs de la N. (Joux-sur-Tarare), ancienne famille qui existait encore à Lyon au 17e s., mais dans une très-médiocre condition. (*LL*). — Une faute typographique fait lire dans *LL* : *paissans*, au lieu de *passants ;* ailleurs on a mis mal à propos des chevraux pour des chevaux.

—**Noyerie** (Silvestre de la). V. S.

* **Nulise** (de), sgrs de N., dans l'obéance de Condrieu, à la fin du 13e s.; famille sur laquelle nous manquons de renseignements. — A. inc.

* **Nuzières** (de), à L., à la fin du 17e s. — *D'az. au chevron d'or, chargé d'une larme de sa.* (*AG*).

—**Nuzières** (Guillermin de). V. G.

**Oberkampf**, orig. de Prague, anoblis en 1587, par l'empereur Rodolphe II, naturalisés français en 1859. Représentés à L. On connait une famille Oberkampf anoblie par Louis XVI dans la personne de Christ. Ph. O., à qui la France doit l'industrie de l'impression des tissus. Nous ignorons s'il y a parenté entre ces deux maisons. — La différence qui existe entre le dessin de la planche et le texte héraldique, existe dans les lettres originales de noblesse ; le dessin est conforme au blason peint dans ces lettres et notre texte donne la traduction exacte de l'explication allemande qui accompagne la peinture. — Devise : *Ober Kamp für Ewigkeit* (Toujours vainqueur).

**Obreth** Georges, cler de v., 1567.

—**Odebert** ou **Audebert**. V. A.

* **Odinet**. En 1498, P. O., notaire, obtint l'autorisation de faire construire, dans l'église de St-Pierre, une chapelle sous le vocable du saint Esprit et de saint Christophe. Il n'existe à Saint-Pierre que deux chapelles qui puissent appartenir à cette date ; dans l'une est une dalle tumulaire très-usée, où sont gravés deux personnages, le mari et la femme, en costume de bourgeois, de la fin du 15e ou du commencement du 16e s. La légende, en gothique minuscule, ne donne que les prénoms de ces deux personnes ; elle était écrite en latin rimé :

*Sub hoc lapis tumulo Jacent corpora duo Anthonius et Claudia conjuges ...................... de hac valle miserie reddiderunt nature debitum.............. gaudia vite, amen.*

A la clef de la voûte est un écusson portant un *coq*.

* **Odoard** à Firminy, en F., au 17e s. — *De gueules à 3 molettes d'or, au chef du même, chargé d'un lion passant de sa.* (*AG*).

**Offrey**, capitaine-pennon, au 17e s. Il y a eu un cler de v. de ce nom au 15e s.; P., en 1460, 64, 68 et 73.

* **Ogier**, « *Ogerii,* » ancienne famille consulaire ; J., cler de v. en 1294 ; vers le même temps, existait à Montbrison une famille du même nom, qui possédait la terre de Charlieu-lès-Montbrison. J. O. de L., † en 1328, sans enfants, avait fondé, dans l'église de St-Bonaventure, une chapelle où il fut enterré, en 1331, par les soins de son héritier Guill. de Dorche, qui veilla à l'exécution de ses dernières volontés et voulut aussi être enterré dans cette chapelle. On y voit, comme nous le disons plus haut (v. Dorches), 2 écussons qui doivent être ceux d'O. et de D., et une inscription qui mentionne différentes particularités relatives aux deux fondateurs. Elle a été omise par M. Pavy dans *les Grands Cordeliers de Lyon*. (Lyon, 1835, 1 vol. in-8, fig.)

*† hic est introitus mo*
*numenti in quo jacent johannes*
*Ogerii civis Lugdunensis qui obiit*
XXIIa *die mensis Februarii an*
*no Domini* Mo CCCo XXo VIIo *et fuit t*
*ranslatus una cum ossibus domine devi*
*ete matri sue a claustro in hoc*
*monumento anno Domini* Mo CCCo XXXI
*carta die mai et ea*
*dem die fuit dicta cape*
*lla consecrata. Eorum anime*
*requiescant in pace. Amen. dictus*
*vero Johannes reliquit suo tes*
*tamento tam pro fabrica ecclesie quam pro pre*
*dicta capella consecranda duo*
*millia et ccc libras viennenses quas*
*Guillelmus de Durchia heres dicti Jo*
*hannis solvit in testamento et pro.... et*
*ipse Guillelmus heres elegit hoc*
*monumentum pro se et suis et*
*fuit sepultus* XXI *maii*
*anno Domini* MoCCCoXXXV.

Cette chapelle devint ensuite la sépulture de la famille Hugues, par alliance sans doute avec les Dorches.

* **Oingt**, ancienne famille chevaleresque, qui tenait

son nom du village d'O., en L., sgrs d'O. de St-Forgeux et de Châtillon d'Azergues, Bagnols, St-Marcel-sur-Tararc, etc., en L., fondus, au 14e s., dans les de Fougères et les d'Albon; ceux-ci en eurent St-Forgeux et Châtillon; les de F. furent héritiers de la seigneurie d'O., à charge d'en continuer les armes et le nom. — *D... à la fasce d..., chargée de 3 étoiles d...*

**Olifant** (d'), orig. d'Ecosse, établis en France comme archers de la Garde écossaise du roi, sgrs de Sallain (Chamelet), en B., au 16e s., jusqu'en 1630, que la dernière de cette famille aliéna ce fief aux Courtin.

**Olivier** de Sénozan, orig. de Jauzières, près de Barcelonette, sgrs de Montagny en L., fief transmis aux Ravel; de Virieu; de Maleval, en F., par alliance avec les Grolée-Viriville, en 1754; David, éch., 1697; autre David, 1735. EGLF 89. Divisés en 2 branches, qui ont fourni chacune un éch.; 1° O. de S., sgr de Rosny et de Tauligneu, président au Parlt de Paris; 2° O. de Montluçon, établis à Paris au 18e s. (*PL; LC*).

**Olivier** en B.

* **Olivier** (le cardinal Séraphin). — *Ecartelé au 1er et 4e d'argt. à l'olivier de sinople; au 2e et 3e de sable, au chef de France, brisé d'un lambel de 4 pendants de gueules.*

**Ollagnier**, famille bourgeoise de Montbrison, — Ces armes sont sculptées sur une tombe à Chandieu; l'épitaphe qui nous a été communiquée par M. L.-P. Gras se lit ainsi:

ICI GIST LE CORPS DE
NOBLE JEAN OLLAGNIER
PRÉSIDENT AV GRENIER A SEL
DE MONTBRISON
1652

**Ollier**, intendant à L., en 1617.

* **Ollière**, sgrs de Montviannneys, en F., au 14e s. — A. inc.

**Orcival**, bourgeois de L., au 17e s. (*AG*).

* **Orfévres** de L., corporation. — *D'az. à la croix d..., cantonnée au 1er d'un marteau; aux 2e et 3e de 3 besans, au 4e d'un maillet; au chef de France* (cachet).— M. Paul Lacroix a blasonné (*Histoire de l'Orfévrerie.... Paris, 1850, grand in-8, fig.*), leurs armes comme celles des orfévres de Paris, ce qui est inexact.

**Orlandini**, sgrs de St-Trivier, Mazorard, Montpensier et Vesenay, orig. de Florence; un trés. de F. à L., au 17e s. Et. dans les le Maitre et Villeneuve-de-Joux; une autre branche est représentée à Valence, en Dauphiné. (*PL; LC*).

**Ormot**, sgrs de Salles (St-Just-d'Avray), en B., 16e s.

**Ornaison** (du Terrail, sgr d'). V. T. — Les armes données dans la planche sont celles des Ornaison-Chamarande, en Champagne; il ne faut pas non plus confondre cette famille avec les d'Oraison de Provence.

* **Orsel**, de Châtillon; un s. du R. en 1770; un cler au Présidial, en 1772.— EGL 89.

**Orset** de la Tour, orig. du Bugey; un magistrat au Parlt de Dombes. EGL 89. Représentés à L.

**Ossaris** (d'), ou **Ausseris** Martin, éch., 1612.— Il contribua à l'achèvement de l'église de la Guillotière, comme le prouve une pierre trouvée dans cette église et publiée par M. Crépet (*Notice historique et topographique sur la ville de la Guillotière*. Lyon, in-4°, fig., 1845).

**Oysel** (d'). V. Doyssel.

**Paffy** (de) J., dit Bellot, cler de v., 1540, 48, 53; sgr engagiste de Cleppé, en F., au milieu du 16e s. Les armes sont dessinées à la planche 47, sous le nom altéré de Pasty.

**Pagnini**, Lucquois, à L., au 17e s.

—**Paisseller**, sieur de Chazournes (Collonges), en L., 18e s. (Cachet). — Le dessin des armes a été placé par erreur à la planche 47.

**Palais** (du) de la Merlée, sgrs de la M. (St-Julien), en F., 17e s., etc., fief transmis par alliance aux Loras, en 1761. RN 1668.

**Palerne** de Savy, sgrs de la Porchère, en F., au 17e s., Ch., éch., 1730; J.-Mie, 1739. EGL 89. Et. — Leurs armes sont sculptées sur une des voûtes de l'église de St-Nizier, en 1575; un chanoine de cette église, appartenant à cette famille, y fit des fondations et fut enterré à l'entrée du chœur.

**Pallu**, intendant à L., d'une famille qui occupait des charges au Parlt de Paris. (*FP; LC*).

**Palluat** du Besset, famille de St-Etienne; un s. du R. en 1730. EGF 89. (*MN*). Les armes figurées dans la planche sont celles d'une famille de la Bresse; les P. du F., qui sont d'une souche différente, portaient: *de gueules à un lion d'or, et un griffon d'argt. affrontés, soutenant un fer de lance renversé, à un croissant du même en pointe; au chef d'azur, chargé d'une rose d'argt., entre 2 étoiles d'or.*

**Palmier**, famille consulaire du L., P., cler de v., 1401, 8; J., 1428, 41, 73; Pen., 1491, 94, 99, 1500, 21, 24, 26, 32, 36; un député aux Etats généraux de Tours, en 1483; un premier président au Parlt de Grenoble; un archevêque de Vienne, etc. — Leurs armes se voient dans la cathédrale de Vienne, dans l'église St-Paul, à L., où ils avaient leur sépulture. Ils avaient fondé une chapelle aux Célestins. (*PL*).

**Palurbet** (*G*). Ces armes sont contre-parties à un autre blason: *d'or, au chevron de gueules, chargé de 3 huchets d'or et accompagné de 3 hures de sa.*

**Panciatici**, orig. de Florence, d'une famille noble, dès le 14e s. Etablis à L. au 16e s. Barth. P. avait fondé aux Jacobins une chapelle vulgairement appelée *Panchati*; lors de la démolition de l'église, on trouva dans les fondations de cette chapelle une médaille de bronze, portant d'un côté l'effigie de Barth. P., avec ces mots: BARTHOLOMEVS PANCIATIC CIVIS FLORETI, et de l'autre ses armes et la suite de la légende: HANC. CAPPELLAM FVNDAVIT ANNO DNI MDXVII.

**Panissot**, trés. de F.

**Pannier**, sgrs d'Orgeville, orig. de L., Ant., éch., 1745; la branche d'O., fixée à Paris, a donné un intendant de l'Ile-de-F., ministre plénipotentiaire près de l'électeur de Cologne, au 18e s. Les P. avaient fondé, en 1434, aux Célestins, la chapelle des 10,000 martyrs, appelée plus tard des 11,000 vierges. — Il doit y avoir 3 étoiles en chef du chevron, posées 1 et 2. (Cachet de 1722).

* **Panolliat** Guill., cler de v., 1383, 87, 90; Guill., 1422; Jq., 1436, 41, 47, 48, 54, 55.

* **Panse** Jérôme, cler de v. en 1524; Gérardin, 1540, 45, 60, 64; Justinien, 1575. — *Coupé: au 1er bandé d'argt. et d'az.; au 2e d'az., à 3 étoiles d'or rangées et une fasce d'argt. sur le coupé.*

* **Panthot**, peintre lyonnais, au 17e s. — *D'az. au chevron d'or, accompagné de 2 mouchetures d'hermines, d'argt. et d'un besan d'or.*

**Paparin**, sgrs de Chaumont en F.; de Château-Gaillard (Mornand) en L., 16e et 17e s., anoblis en 1578. RN 1668. Une branche s'établit en Provence. Cette famille compte un lieut.-partic. au bailliage de F., et un évêque de Gap au 16e s. (*LM, EP; MP*).—Supports: deux aigles. Cimier: un buste d'homme.

**Pape**, mquis de St-Auban, famille de robe, orig. de L., établie à P., ét. en 1752. Une branche, qui se serait expatriée, après avoir adopté le luthérianisme, existerait actuellement dans les Pays-Bas. (*EP; PL; MC; LO*).

On trouve un Pape « *Papa*, » cler de v. en 1369. Nous

donnons ici la liste des $c^{ler}$ de v. de cette année, ainsi que celles de 1368, 1370 et 1371, qui sont inédites, et dont nous devons la communication à M. de Valous.

1368, furent conseillers pour le dit an : Henris Chevrez, Gilles de Cusel, Antoine Brenel, Matheus de Chaponay, Matres Madriz, Anthoine de Sivreu, Péroz San Trivier, Michiel Chenever, Guiénos Roichefort, Jehan de Forcys, Girars Matre.

1369, à la Nativité N. S. furent conseillers: Henri Cordier, Aynars de Villenove-le-Grans, Perrenin du Nyevro, Jame Marit, Bartholomee de Molon, Andrieu Bonin, Guillaume Panoliat, Jehan de la Verge, Jehan de Villars, L. Papa, Thomas du Varey, Henry Moisart.

1370, à la Nativité N. S. courant, furent conseillers : Aymes de Nevro, Aynars de Villenove-le-Grant, Gilet de Cusel, maistre Jehan du Plaistre, Matheus de Chaponay, Jehan du Vergier, maistre Amadri (?) Jehan de Toseis, Guillaume de Varey, dit Plotun, Guillaume de Durchi, Michiel Chenevez, Martin Novel.

1370, à la Nativité N. S. courant, furent conseillers: Henry Courdier, Peranin de Nevro, Jaquemo de Varey, Huet de Larbene, Lois Glaitars, Thomas de Varey, Aynart le Jones, Franceis Paqual, Andrevet Quailli, Johannin de la Verge, Thenen Joly, Pierre Chastelviez.

**Papon** de Goutelas et d'Orgeval, orig. de Crozet, connus dès le 15e s., anoblis en 1577, sgrs de Marcoux, de Goutelas, La Motte-Barrin (Marcilly) en F. Une branche a donné les sgrs d'Orgeval et de Cerbué (Perreux) en B. RN 1668. Et. en 1727 ; les du Croc de Montmars en continuèrent le nom. (*ML ; LM*; *LC*). Il ne faut pas confondre cette famille avec les Papon de Beaurepaire en Bourbonnais, qui portent : *d'az. au chevron d'or, accompagné de 3 losanges d'argt., posés 2 et 1, et de 3 étoiles du même, 1 et 2.* (M. le comte G. de Soultrait : *Armorial du Bourbonnais*). — Ils écartelaient : *au 2e et 3e d'or, au pin de sinople.* On blasonne mal d'ordinaire les armes de cette famille, soit en mettant un chef denteté, soit en faisant brocher le chef sur la croix; notre dessin est conforme à celui des lettres de noblesse de la famille, qui existent à la bibliothèque de Montbrison. (*MN*; M. R. de Chantelauze : *Portraits d'auteurs foréziens...*) Devise : *Non quod acuero sanguine dentem.*

**Pâquelet** Cl., $c^{ler}$ de v., 1516, 17, 22, 27. Il fonda, en 1526, la chapelle du Saint-Sacrement ou du *Repositoire*, dans l'église de St-Nizier.

**Pâquet** J.-B., éch., 1648. Et. au 18e s. — Il y a, à L., la place Croix-Pâquet, dont le nom vient de cette famille.

**Paradin** de Cuiseaux, famille de Bourgogne qui a donné des dignitaires au Chapitre de B., au 16e s., et dont l'un est le plus ancien historien lyonnais.

**Paradis**, sgrs de Chiel, 17e s.; des Jonchai, près d'Anse en L., par alliance avec Raymondis, au milieu du 18e s.; Ls, sieur de Ch., éch., 1609, EGL 89. Représentés à L. — Supports : 2 lévriers.

* **Paradis**, s. du R., à L., 1770.

**Paranges** (de), sgrs de Flachères en L., au 18e s.

—**Parcat**, sgrs de Villette, v. V.

**Parchas** de Villeneuve, de St-Marc et de Larzelière, famille orig. de Langeac, et dont le nom primitif était Balmont, établis à Firminy en F., au milieu du 15e s.; divisés en quatre branches : 1o les sgrs de Villeneuve et de Malmont, au 16e s.; 2o les P. de St-M., ét. en 1733 ; 3o les P. de Larzelière et de La Murette (St-Didier-sur-Rochefort), ét. en 1761 ; et une 4e ét. en 1743. — Ceux de St-M. brisaient d'un *lambel de 3 pendants d'az., chargé d'une étoile d'argt.*, armes qui sont sculptées au château de Villeneuve. (*TV*).

* **Parent** de la Tour en Jarez, ancienne famille chevaleresque en L., sgrs d'Espeisses (Orliénas), de Tournadieu, Vourles, etc., possessionnés à Montaigny, St-Symphorien, St-Andéol, 13e, 14e et 15e s.; sgrs de Villette, par alliance avec les de Tarare, vers 1327. Cette famille a donné un chanoine de L. en 1305. — *D'argt. à la fasce de sable et un lion issant de gueules.*

* **Paret**, à L., au 17e s. — *D'az. à la fasce d'or, accompagnée de 3 étoiles d'argt.* (*AG*).

**Parisot**, trés. de F., 18e s. (*PL*).

**Particelli**, sgrs de Ste-Colombe, Loir, St-Cyr et St-Romain en L. et d'Emery; orig. d'Italie, établis à L. à la fin du 15e s. Cette famille a donné un trés. de F. et un ministre intendant des finances, sous Mazarin. Il ne laissa qu'une fille.

* **Pascal**, à L., au 17e s. — *D'az. au lion d'or, et une bande componée d'argt. et de gueules brochante.*

* **Pascal**, libraire à L., en 1696. — *D'az. à un agneau pascal d'argt., au chef cousu de gueules, chargé de 3 trèfles d'or.* (*AG*).

**Passard** Jq., $c^{ler}$ de v., 1581.

**Passerat**, bons de Silans, orig. du Bugey, anoblis en 1567 par le duc de Savoie. EGL 89. (*SA*). Supports : deux aigles.

**Passerat** de la Chapelle. Un officier de la Cour des Monnaies, en 1738 ; un $c^{ler}$ d'honneur, au Présidial de L., en 1770.

* **Passinges**. Famille qui a donné un éch. de R., en 1683. — *D... à une gerbe d..., surmontée d'une abeille d...*

**Pasturel** (de), Ls, éch., 1688.

**Pasty**, v. Paffy.

**Patarin** ou **Paterin**, sgrs de Croy et de Vareilles (St-Symphorien-de-Lay) en B., possessionnés à St-Just, faubourg de L., 16e s.; J., $c^{ler}$ de v., 1417, 29, 32 ; Laurent, 1461, 62, 63, 67, 68. Un président au Parlt de Bourgogne. Et. au milieu du 16e s. dans les Senneçay. (*PB ; LC*). — Au lieu d'une roue, on trouve quelquefois une molette; le président au Parlt de Bourgogne écartelait des armes de sa mère Denise Baronnat, que Palliot et Pernety ont mal blasonnées sans les reconnaître.

* **Patron**, capitaine-pennon du quartier de la rue Belle-Cordière, en 1690. — *D'argt. à 2 pattes d'ours de sable en sautoir, cantonnées de 4 tourteaux d'az.* — En 1737, un bs de L. de ce nom possédait le fief de la Chardonnière, à Ecully.

* **Paulat**, orig. de St-Etienne, sgrs de Monterboux, Palogneux et Chorigneux, par acquisition des St-Polgue, en 1656; fief transmis par alliance aux Chastillon; sgrs de Collonges en Mâconnais. Et. au 17e s.; une seconde branche, ét. en 1603, se fondit dans les Cozon de Bayard. — A. inc. (*TV*).

**Paulini**, Lucquois, établis à L., au 17e s. Fs, éch., 1732.

**Paultrier**, orig. de Barcelonnette, établis à L., à la fin du 17e s. Ant., éch., 1750; P. des M., 1752. Représentés à L. (*PL ; MN*).

**Paulze** d'Yvoy : un fermier-général, né à Montbrison, guillotiné à L., en 1793. Un préfet du département du Rhône en 1830. Représentés à Paris. — Ajoutez aux armes : *accompagné de 3 serres d'aigles d'az.* (M. L. P. Gras : *Les anciens Préfets de Lyon*, dans le journal *Le Progrès* du 22 février 1860).

**Pause**, lieutenant du quartier de Confort et de la rue Paradis, 17e s.

* **Pavie** à L., au 17e s. — *D'az. au chevron d'or, accompagné de 2 colombes affrontées et d'un croissant d'argt.; au chef cousu de gueules, chargé de 3 étoiles d'or* (*AG*).

—**Pavie** (de Rovédis de), v. R.

—**Payen**, ancienne famille chevaleresque, sg^rs de Miribel, Mays et Cusieu; sg^rs d'Argental, par alliance, au commencement du 12^e s., avec la maison de ce nom, dont ils perpétuèrent le nom; sg^rs de Retourtour. Cette famille compte un Grand-Maître de l'Ordre du Temple. V. Argental, Retourtour, Mays.

* **Payen**, lieutenant-général en B., 1463. — *D'or au chevron de gueules, chargé de 3 étoiles d'argt., et accompagné de 3 têtes de sable tortillées d'argt.* — Il y a eu, des cl^ers de v. de ce nom : Bertrand, 1433, 37; Grég., 1450; Georges, 1457; Ennemond, 1469.

**Payre** en F. Cette famille compte un cl^er au Parl^t de Dombes. Et. à la fin du 18^e s.

**Paisselier**. V. plus haut.

**Pazzi**, famille puissante de Florence, établie à L. après le triomphe définitif des Médicis; ils avaient, dans l'église des Célestins, leur tombeau en marbre, que la reine, Cath. de Médicis, fit mutiler à son passage à L.; une rue de cette ville porte leur nom. Les P. portaient : *d'az. semé de croisettes pometées et de dauphins d'or alternés;* autrement : *d'az. semé de croisettes recroisetées au pied fiché d'or, à 2 dauphins addossés du même.* (*HT; LC*, etc.)

**Pécoil** de Villedieu (Dardigny) de la Thénaudière, mquis de Septèmes, sg^rs de V. Montverdun, de Reveux, de la T. et de Choulet, 17^e s. Etablis à Paris : un s. du R., en 1662; Cl., sg^r de L. et M., éch., 1673; P. des M., 1685; Math., sieur de la T. et de Ch., éch., 1695 : un Maître des Requêtes du Parl^t de P. Et. dans les Cossé, au commencement du 18^e s. (*HM; LC*). — Supports : deux hommes sauvages.

**Pecoul**, sg^rs de Cosieu; Dominique. éch., 1640.

* **Peillon**, à L., au 17^e s. — *D'or à 3 aigles de sable.* (*AG*).

**Peirenc** de Moras, orig. du Vigan; orig. de St Priest en F., au 18^e s.; fief acquis des Chalus et revendu à Gilbert des Voisins : un bailli de F., au 18^e s.

* **Pel** Guill^e, cl^er de v., 1460, 61, 64, 65.

—**Pelet**, nom patronymique de la famille de Beaufranchet et de celle de Sury.

**Pelletier** Hug., cl^er de v., 1270; J., 1580, 87, 95. — On trouve des Pelletier de Montsalve à St-Germain-Laval en F., au 14^e s.

**Pellissier** de Villebœuf, famille qui a donné des éch. de St-Etienne. Représentée dans cette ville. (*TV*). Il y a eu une famille de la Provence qui porte : *d'az. au pélican d'argt.*

**Pellot**, sg^rs de Pont-d'Ain, de Sandras, mquis de Ferrière, 17^e et 18^e s. Cl., éch., 1611; Cl., 1662; autre Cl., P. des M., 1632 : un envoyé plénipotentiaire à Cologne; un premier président au Parl^t de Rouen. (*PL*).

**Peloux** de St-Romain, orig. du Vivarais, sg^rs de la Rigaudière (St Julien), par alliance avec les Maritz. EGF 89. (*GM; AP*).

* **Pelussins** (de), sg^rs de P. en F., 14^e et 15^e s. — A. inc.

* **Penech**, de la ville de L., anobli en 1629.

* **Penet** de Monterno et de Châtelard, sg^rs de Chassignoles (Chénas) en B. : un cl^er au Parl^t de Dombes.—*D'az. au vol d'or, au chef du même.* Devise : *Tendunt ad celestia pennæ.*

—**Penhouet** (Bec de Lièvre de), v. B.

* **Pénin** Et., cl^er de v., 1449; Ant., 1450, 61, 62, 63.

**Pénitents blancs** de Villefranche. (*Confrérie religieuse*).

* **Pénitents de la croix**, à L. Confrérie religieuse dont la chapelle a donné son nom à une place où elle était située. — *D'az. semé de larmes d'argt., à une croix longue de sable, chargée d'une couronne d'épines et plantée sur un tertre, addextrée d'une lance et senestrée d'une perche portant une éponge, brochant sur les bras de la croix.*

**Péricaud**, à L., au 17^e s.

* **Péricaud** de Gravillon, actuellement à L. — *De gueules au lion d'or, au chef d'argt., chargé de 3 étoiles d'az.* (*AM*).

**Périer** (du), L^s, cl^er de v., 1486, 87, 91, 92, 97, 98, 1501; F^s, 1537, 42, sieur d'Ouzeilles, 1549. — Les armes sont celles d'une famille de la Provence, du même nom, et à laquelle nos cl^ers de v. peuvent avoir appartenu. (*W; MP; LC*).

**Périer**.

**Pernetti** (le général), noblesse de l'Empire.

**Pernon** du Fournel. Elu au 17^e s.; un s. du R., en 1740, député du Commerce, EGL 89. Ce blason, placé sur l'imposte en fer d'une maison (n° 34) de la rue Tramassac.

* **Perrache**, orig. de Provence, établis à L. au 18^e s. C'est à un membre de cette famille que l'on doit la création du quartier de L., conquis sur les deux rivières, et qui porte son nom. Et. — *Ecartelé : au 1^er et 4^e d'az. à la grue d'argt., au 2^e et 3^e d'or, à une guivre tortillée en pal d'argt., au chef de gueules.* (*AP; ... MP; PL; LC*). — Leur tombe existait à St-Bonaventure : la maison que traverse le passage Pazzi, porte le nom de Per., et leurs armes sont sculptées au Vernet (Caluires) près L.

**Perrachon**, b^ons, puis mquis de Senozan, de Miron; sg^rs de St-Maurice, d'Arbain (Arnas), par acquisition, en 1653; orig. de Quiers en Piémont, sg^rs de la Sarra; de Laye (St-Georges) en B. Ils possédaient aussi à L. l'hôtel Chevrières, sur la place St-Jean; divisés en deux branches. Et. Fondus au commencement du 18^e s. dans les Pichon et de Brion. (*PL*). — Supports : deux sauvages.

* **Perouze** (de la) en F., au 15^e s. — *Fascé de cinq pièces au 1^er et 4^e d'az., à une fasce vivrée d'argt., au 2^e de sable à 2 besans d'or, au 3^e d'or, au 5^e d'argt. à un tourteau de gueules* (*Guil. Revel*).

* **Perret**, cl^er en la maîtrise des eaux et forêts du L., 1770. — *D'az. à la fasce d'or, accompagnée de 3 étoiles d'argt.*

**Perret** Simon, cl^er de v., 1533; Nic., 1555.

**Perret**, v. **Penet**.

* **Perret**, capitaine-pennon, 1696. — *D'or, à une tour d'az., au chef de gueules, chargé d'une étoile à 8 rais d'argt.* (*AG*).

**Perrette**, b^s de L., sieur de Buffavent (Denicé) en B., 17^e s.

—**Perrier** Guill^e, éch., 1671. — Les armes sont placées par erreur à la pl. 48, ligne 3^e.

**Perrière** (de la), famille chevaleresque, orig. de la Bourgogne, sg^rs de La Forest (aujourd'hui de La Motte), de Chalaing-d'Usore, co-sg^rs de Roanne, par alliance avec les de St-Haon, à la fin du 13^e s. Les de la P. de F. s'éteignirent en Eudes de la P., abbé de Cluny, ✝ en 14... Les biens passèrent aux Cousant. (*LM*). (Sceau du 14^e s.) Leur blason se voyait autrefois sur la tombe d'un sg^r de cette maison, enterré au prieuré de Beaulieu, aujourd'hui complètement ruiné.

**Perrichon** P., éch., 1700; Camille, P. des M., 1730. Et. au 18^e s. dans La Frasse de Cénas et Basse. — Le P. des M. portait ses armes simplement *écartelées* et non pas *en sautoir* comme l'éch.

**Perrin** (Fleury) b^s de L., tenait en franc-alleu une maison à Orliénas, en L., au 18^e s., par sa femme, Marie Girardel. — Les armes de celle-ci étaient *d'azur à 3 besans d(e argt.), chargés chacun d'une tierce-feuille (?) d...* (Cachet aux armes accolées, 1721).

**Perrin**, à L., au 17e s. (*AG*).

**Perrin** Ant., cler de v., 1559, 63, 65, 56. Daniel, éch., 1626. — Dans les *Forces de L.* le champ de l'écu est de *gueules*.

**Perrin** Ant., éch., 1698.

* **Perrin** de Vieuxbourg et de Roche, sgrs de V. (Vernaison) en L., de Roche-la-Molière en L., acquis en 1719 et revendu aux Girard en 1745. — J. éch., 1718. — *D'az. au chevron d'or, accompagné de 3 trèfles d...* (Cachets de 1748 et de 1754). L'un de ces cachets porte un écusson d'alliance : *d... à un arbre d..., tortillé d'un serpent..., au chef d..., chargé d'une aigle à 2 têtes d...*, qui est Adamoli.

**Perrin** de Bénévent, sgrs de B. (Vaugneray) en L., au 18e s. Représentés à L. Il y a eu un chevalier de Malte de cette famille.

**Perrin** de la Corée, des Thevenets, sgrs de la C., de Montsupt, de Villechaise, en F., divisés en deux branches, anoblies en même temps, en 1609. (Lettres originales, communiquées par M. V. Durand). Et. — Ces armes ont été souvent mal blasonnées dans la peinture qui accompagne les lettres de noblesse, les roues ne sont pas *clouées de gueules*. La branche cadette brisait d'un *lambel de 3 pendants d'or*. Leur blason se voit sculpté sur une maison à Montbrison et dans l'église de Chandieu, gravé sur une tombe d'un membre de cette famille et *parti d... à 3 bandes d...*

**Perrin** à L., au milieu du 17e s.

**Perrin** de Noailly en F., orig. de Pouilly-lès-Feurs, sgrs de N. et de Buéry, par héritage des Froget : un s. du B., au 18e s. EGF 89.

**Perrin**, à L., au 17e s. Représentés par M. le docteur Théodore Perrin et M. Louis Perrin, l'habile imprimeur lyonnais. A cette même famille appartenait Mlle Adélaïde Perrin, fondatrice de l'œuvre des Jeunes Incurables.

**Perrin** de Précy, orig. du Dauphiné, passés en Bourgogne. A cette famille appartenait le général de Précy, qui commandait les Lyonnais pendant le siége qu'ils soutinrent contre la Convention, en 1793. Il est enterré dans la chapelle funéraire des Brotteaux. Ses armes sont sculptées sur son tombeau, accompagnées pour devise de ces mots qui lui furent adressés par Louis XVI, le 10 août 1789 : *Ah ! fidèle Précy !*

**Perrier**. V. ci-dessus.

**Perrinet** (André), ancien maître de la communauté de Septême, faisait aveu de fief, en 1732, pour l'île de la Gardière. — Cachet. Armes douteuses.

**Perrodon**, enseigne-pennon du quartier de la rue Tramassac, 17e s.

**Perronet** de Molines, trésorier de France, en L.....

* **Perussier** J., cler de v., 1392, 95.

* **Peschier** (du), orig. d'Auvergne, sgrs d'Aix, par alliance, au milieu du 15e s. — A. inc. (*BO*).

**Pestalozzi**, orig. des Grisons, établis à L., au 16e s. Ils y existaient encore en 1755. (*PL*).

**Petit** de Vilemière, sgrs de Boistrait (St-Georges-de-Reneins) en B., fief transmis par alliance aux Repiteur.

**Petit**, à L., au 17e s. (*AG*).

* **Petit-Bois**, sgrs de Dineschin, au 17e s. — *D'az. à la fasce d'or, accompagnée de 3 bœufs du même.*

* **Petitchet**, à L., 17e et 18e s. — *D'or au chevron d'az., accompagné en pointe d'un oiseau au naturel, au chef de gueules, chargé de 3 têtes de lion d'or.* (*AG*).

**Petitot**, cler à la Cour des Monnaies, au 18e s., orig. de Dijon. (*PL*).

**Pétrequin**, à L., au 17e s. — Les armes sont celles d'une famille de la Champagne, appelée Piétrequin. (*LC*).

* **Pétrot**, à L., au 17e s. — *D'az. à une montagne d'où sortent 3 flammes de gueules.* (*AG*).

**Pettolaz** (de), famille patricienne de Fribourg, en Suisse, établie à L. depuis la fin du dernier siècle. Cimier : un demi vol de sable. Devise : *Ubi fides vir.*

**Peyrat** (du), sgrs du Perron, Villeneuve ; du Plat à Bellecour (Lyon) ; d'Yvours, par acquisition, à la fin du 16e s. J., cler de v., 1478, 84, 85, 88, 89, 91, 92, 93, 1505 ; André, 1527 ; Maurice, 1580 : un président au Parlt de Dombes. Et. au commencement du 17e s. Une rue de L. porte leur nom. Leur sépulture était à St-Paul, dans la chapelle du crucifix, qui appartint plus tard aux Pécoil. (*GD ; PL*).

**Peyrieu**, éc., sgr de La Coust (Emeringes) en B., au 16e s.

**Peyron** J., cler de v., 1508 ; André, 1527.

**Peyronny** (de), en Guyenne, en Normandie et à L. — *D'argt. à 3 tours de sable.*

**Peyrouse** (de).

**Peysson** de Bacot, sgrs de B. et de St-Christophe, par acquisition, en 1734 ; de Trades en B., acquis en 1780 ; J., éch., 1717.

**Peyssonneau**, à L., 17e et 18e s., sieur de la Collonge (Marcilly d'Azergues) en L., 18e s. — Supports : deux sirènes. (Cachet de 1783). — L'*AG* lui donne des armes analogues à celles des Peyssonnel de Provence.

**Phélines** (de), orig. de Perreux en B. Ph. de Ph. était capitaine en 1540, établis à Villefranche en 1580 ; sgrs de la Charlonnière (Ouilly), depuis 1630 ; du Martelet (Pommiers), aux 16e et 17e s. ; fief transmis par alliance aux La Roche Poncié de Ruyère (Monsols), par acquisition, en 1667, jusqu'au milieu du 18e s. (*LB*). — Leurs armes se voient à Espeisses (Cogny)......

**Phély** ou **Philix**, magistrat du siége Présidial de L., au 17e s. : un cler au Parlt de Dombes, en 1634. — Les armes doivent être : *bandé d'or et de sable au chef de sable.*

* **Phélypeaux**, mquis de Pontchartrain, famille de robe de Paris, sgrs du comté de Nervieux, acquis des d'Albon, en 1748, aliéné en 1751. — *D'az. semé de roses d'or au franc canton d'hermine* (*HS ; MO ; DA ; LC ; LD ; AM*).

**Philibert** Cl., cler de v., 1517.

**Philibert**, sgrs de Fontanès, acquis des Camus de Chavagneux, 1736 ; de Clérimbert, de Chamousset, La Fay, de Brullioles, etc., au 18e s. : plusieurs trésoriers de F., 1664. J.-Fs, éch., 1671. EGL 89. Représentés en F.

* **Philibert** (Melchior), orig. de St-Chamond, anobli en 1722, comme commerçant habile, et pour avoir été trésorier des hôpitaux dans des temps difficiles. (*PL*). — A. inc.

**Philippe**, à L. (De Noinville : *Recherches sur les fleurs de lis*, dans *LC*).

**Pianello** ou **Pianelli** de La Valette. Cette famille était orig. d'Italie et se disait descendre des Planelli de Bitonto, dans la Pouille, qui portaient : *de gueules au loup passant d'argt., accompagné en chef d'une fleur de lis d'or, et en pointe d'une rose d'argt.* Cimier : une tête de loup. Devise : *Inter bella fides.* Ils enveloppaient leur écu d'un manteau rouge semé de K couronnés, « et disent « que Charles d'Anjou donna son manteau, en 1265, « à Bernard Planelli, son connestable du royaume de « Naples. » Sgrs de La Valette en F., par alliance avec Besset ; de Maubec en F., de Charly et Vernaison en L., 18e s. : un trés. de F., au 18e s. ; Laurt, P. des M., 1687. EGL 89. Et. (*LH ; PL ; Notice historique sur la bibliothèque La Valette*, par M. Aug. Bernard ; Lyon, 1854, in-8°). M. Aug. Bernard a signalé d'autres écartelures de cette famille.

entre autres un écusson : *écartelé au 1er et 4e d'argt., à 2 lions affrontés d'or (?) soutenant un annelet de sable à un lambel de 4 pendants de gueules et une bordure de France, au 2e et 3e de Besset, sur le tout de Pianelli.*

**Piarron** de Chamousset, à L., aux 17e et 18e s. : un trés. de F.; un cler au Parlt de Dombes; un au Parlt de Paris.—L'*AG*. leur donne un blason de fantaisie : *d'or à une pie de sable sur un A d'az., accompagné de 3 tourteaux* (ronds) *de sable*. Le *DA* mentionne un Lambert P., anobli en 1699.

**Piazzone**, de Bergame, à L., au 17e s.

**Pichin** J., cler de v., 1567.

* **Pichon**, cler au Présidial de L., en 1664. — *Ecartelé : au 1er et 4e, échiqueté d'argt. et de gueules au chevron de sable, surmonté d'une fasce en devise d'argt.; au 2e et 3e d'az., à la fasce d'or, chargée de 3 losanges de gueules et accompagnée de 3 colombes d'argt.; sur le tout d'az. au chevron d'argt., accompagné de 3 colombes du même, au chef d'or.*

* **Piédoux** (de) de Chassigné, à L., au 18e s. : un chanoine de St-Just de ce nom, en 1757, portait : *d'az. à 3 pattes d'oie d'or.*

* **Pierre** (de), Aynard, cler de v., 1437.

* **Pierre** (de La).

* **Pierre** (de La) de St-Hilaire, sgrs de Valprivas en F., au 18e s. : un s. du R., en 1731. EGB 89. — Les armes sont dessinées à la pl. 37, sous le nom de Lapierre; la bande doit être *bretessée*, mais non pas *contre-bretessée*, comme l'a figurée Dubuisson. Supports : 2 leviers. (Cachet).

**Pierrefite**, ancienne famille chevaleresque du F., sgrs de P. en R. Leur juridiction s'étendait sur Ambierle, St-Haon, St-Biram et Champagny. La sépulture de la famille était à Ambierle. Et. Fondus au commencement du 14e s. dans les La Grange. — Sceau de 1270.

* **Pierrefort**, famille orig. du Gévaudan, fondue en 1508 dans les d'Hérail, qui en prirent le nom. — *Pallé d'hermine et de gueules ; aliàs : écartelé au 1er et 4e d'or au lion de gueules, au 2e et 3e d'hermine à 3 pals de sable.* (*BO ; TV*).

* **Pierrelas** (de), « *de Petra lata*, » famille chevaleresque du R., 14e et 15e s.

**Pierrevives** (de), Nicolet, cler de v., 1508. Cette famille a possédé, en Auvergne, les seigneuries d'Authezat et de Lézigny. (*BO*).

**Pignardi**, orig. d'Italie, établis à L. au 17e s.; fondus dans les Goiffon au 17e s. (Cachet en argent, aux armes de Goiffon et de P.)

— **Pignatelli** de Beaufort (Martinet), v. M.

**Pilheotte**. sgrs de La Pape et de Messimy, au 17e s.; J., éch., 1643 ; Jq., Maître des Requêtes au Parlt de Dombes.

**Pilhotte**, ens.-pennon du quartier de Porte-Froc, 17e s.

* **Pin** (du). — *D'argt. au pin de sinople.* — Il y a eu Et. du P., cler de v., 1464.

* **Piochet** Ant., cler de v., 1490.

* **Pins** (Mgr de), évêque d'Amasie, administrateur du diocèse de L., de 18.. à 1840. — Orig. de la Catalogne.— *De gueules à 3 pommes de pin d'or.* (*CP*; .....),

**Piquet** Ant., éch., 1625.

**Piron**. Un s. du R., au 18e s.

**Piston** (le général bon).—Représentés à L. (Noblesse de l'Empire).

**Pitini**, éc., sgr de Belleroche, capit. de la compagnie de l'archevêque de L., en 1664.

**Pitiot**.

* **Pitrat**. Un s. du R., en 1760, à L. — A. inc.

**Pizays** (de), famille chevaleresque, sgrs de P. (St-Jean-d'Ardières), d'Arcis (Ouroux), de Ceuves en B. Et. au commencement du 15e s. Leurs biens passèrent aux Nanton. Il y a eu, de cette famille, un doyen du Chapitre de L., en 1275.

* **Place** (de La), famille de robe, à Villemonteys en F., au 14e s., possessionnée à........., par le mariage de Jne de Marzé, dlle, avec P. de La P., clerc. Ce fief venait d'Isabelle, fille de Guille des Prez, fils de J. de La Chapelle, éc., et de Yolande leur fille, 1395.

* **Plagne** (de La), famille chevaleresque du F., qui a porté aussi le nom de La Brosse, par alliance avec la famille de ce nom, au milieu du 14e s.; sgrs de Vaux en R., par alliance avec les de Vaux, vers 1395. Ils paraissent s'être éteints au milieu du 15e s.

* **Plagnard**, libraire à L., 1696. — *D'az. à la fasce d'argt., accompagnée en chef d'une tête de chérubin d'or, et en pointe d'une croix patée d'argt.* (*AG*).

**Plantier** (Mgr), évêque de Nîmes, orig. du diocèse de L.

**Plantey** (du), famille de la Dombes. (*GB ; LL*).

**Platel**, sieurs de Vaux, au 16e s.; Cl., cler de v., 1551, 56, 61, 67, 68, 72; 77, 83; Fs, 1589, 92.

**Platière** (de La) Guich., cler de v., 1294. — Le blason est celui d'une famille du..., qui n'a aucun rapport avec celle de L.

* **Platière** (La), prieuré à L. — *D'az. à la croix d'or, cantonnée au 1er et 4e d'une flamme, au 2e et 3e d'une rose d'argt.*

* **Playe** (de La) Robinet, cler de v., 1380, 82, 84, 88, 90.

* **Platzmann**, orig. de Leipsig, en Allemagne. Représentés à L. — *D'argt. à une colombe d'az. perchée sur un rameau du même, la tête contournée et tenant au bec une branche d'olivier.*

* **Plessis-Richelieu**, (Alphonse du), archevêque de L., au 17e s., frère du célèbre ministre; d'une famille orig. du Poitou. (*GM ; HS ; SM; LC ; DA ; MC ; FP*).

* **Pluvys**, famille chevaleresque, sgrs de P. (St-Symphorien-le-Château), fief passé, au 16e s., aux Court, de Lysernos ; possessionnée à Coyse, La Rajasse, etc. en L., 13e et 14e s. (*Notice historique sur le canton de St-Symphorien-le-Château*, par Cochard, .....

**Poculot** André, cler de v., 1453, 54, 78 ; Hugues, 1480; Cl., 1583, 88, 90; Maurice, 1600.

**Poge**.

* **Poget** du Jouxtecrot, procureur du R. en B...— *D'az. au pal d'argt., chargé de 3 mouchetures d'hermines de sable.*

**Poggi**.

**Poile**, intendant à L., 1551.

— **Poilfort** de Janziec. V. J. — Nous avons, par erreur, confondus dans cet article le fief de la Chapelle en la Faye, qui appartenait aux de J., avec celui de la Ch. en Vaudragon qui avait donné son nom aux la Ch. De cette erreur est résulté la supposition, toute gratuite, que cette dernière famille avait dû transmettre la Ch. aux de J.

— **Poix** de Fréminville. V. les armes à F.

**Poitiers** (de) de St-Vallier, ctes de Valentinois, puissante et ancienne famille du Dauphiné. Sgrs de Beaudiner, Cornillon en F., par alliance avec les Beaudiner; de St-Ferréol, Auriol, La Fay, etc. en F., au 14e s.; de Belleroche en Montagne en B., fief vendu aux de Marzé, en 1317, passé aux Nagu, en 1542, par héritage; un gouverneur de L., en 1498. (*Art de vérifier les dates ; PA ; LC*, etc.)

**Poivre**, intendant de l'Ile-de-France, au 18e s ; célèbre voyageur, orig. de Lyon, anobli par Louis XVI. — Support : un griffon. (Cachets).

**Poizat** (du), sieurs de la Sarra, (St-Genis-Laval) en

L., commencement du 18e s., ens.-pennon du quart. de Porte-Froc, 1658.

***Polignac**, ancienne et illustre famille du Velay, fondue à la fin du 14e s. dans les Chalencon, qui en perpétuèrent le nom et les armes. Possessionnés en F. au 14e s. — *Fascé d'argt. et de gueules* (*LC ; CP ; BO* ; etc.).

**Polinière** (bon de), titré en 1844 médecin-administrateur de l'Hôtel-Dieu de L., orig. de Normandie. (*LO*).

**Pollaillon**, sgrs de Villars et de Bousols, bons de Glavenas, orig. du Velay. Représentés en Auvergne et à St-Chamond en L. Alex., cler de v., 1577, 86, 94; P., éch., 1603. (*BO ; LR*). — On blasonne aussi : *d'az. à 3 bandes d'or, au chef d'az, à 3 étoiles d'or, abbaissé sous un autre chef de gueules au lion d'or.*

**Pollet**, trés. de F. à L

**Pomey** (de) de Rochefort, sgrs de La Goutte (Amplepuis); fief acquis des Rebé, en 1593, cédé en 1624 aux Guillard; de Rochefort, acquis des d'Auxerre en 1616, des Sauvages, de Rancé, de Combefort, etc. en L. et B., 17 et 18e s.; Bent. éch., 1627; J., 1636; Hug., P. des M., 1660. EGF 89. Représentés en F.

**Pompierre** (de), sgrs de Pollionay en L., 15e s ; Péronin, cler de v., 1336; P., 1337; C., 1382, 88, 1416, 17, 19, 21, 25; Eustache, 1431. En 1368, le Chapitre de L. permit à P. de P., de prendre des pierres des fortifications que les Tard-Venus avaient élevées près d'Anse (*PB*). — Cimier : un lion hissant (Sceau de Claude de P., 15e s.)

**Ponard** Ls, cler de v., 1582.

**Ponay** (Mr). *G.*

**Poncet** Ennemond, cler de v., 1533.

***Poncet** de Maupas. — *D'az. à la fasce d'or, accompagnée en chef d'une épée en pal d'argt. garnie d'or, et en pointe d'une ancre d'argt.*

***Poncet**, à L., 1696. — *D'or au lion de sable.* (*AG*).

***Poncet**, allionce des Dupuy.— *D'az. à une gerbe d'or, surmontée d'une étoile du même.*

**Ponceton** de Franchelins., sgrs de F., par alliance, en 1505, avec la famille de ce nom; de Fontaines en Dombes, de Laye (Taponas), acquis de la Merlée en 1483, de Vuris en B., 16 et 17e s.; famille qui remonte à Guil. de P., sec. de Pierre II, duc de Bourbon. Elle existait encore en 1789, mais dans un état si médiocre, que ses derniers représentants qui avaient embrassé diverses professions, demandèrent au corps de la noblesse des secours nécessaires pour faire rechercher leurs titres. (*GB ; GD;* M. de La Carelle : *Hist. du Beaujolais*). — Ils écartelaient : *au 2e et 3e d'argt., à 3 molettes de sable.*

***Ponchon**, bs de L., 1696. — *D'az. au chevron d'or, chargé de 3 coquilles de gueules et accompagné de 3 étoiles d'or.* (*AG*). — Il y a eu, d'une autre famille sans doute, Michel P., cler de v., 1358, 79, 81, 84, 89, 94, 96. 98.

***Pons** (de), Guillotin, cler de v., 1270.

***Pons** (de) d'Hostun, ctes de Verdun, sgrs de Bouthéon en F., au 18e s., par alliance avec les d'Hostun de Gadagne; Et., branche d'une ancienne famille princière de la Saintonge, éteinte en 1843. — *D'argt. à la fasce bandée d'or et de gueules* (*LC ; BO* ; etc.)

***Pons** (de), orig. du Briançonnois. RN du Dauphiné, 1668. Représentés en F. — *D'az., à 2 lions affrontés d'or soutenant un cœur de gueules, accompagnés en chef de 3 étoiles rangées d'or, et en pointe d'un croissant d'argt.*, au 18e s. Ils plaçaient cet écusson sur un autre échiqueté d'argt. et de sable. (*CH ; DH ; LC ; Notice sur la maison de Pons.* Roanne, in-8o, sans date, *IH*.)

***Pontevès** (de), sgrs de Pelucieu (Feurs), en F., aux 16e et 17e s., branche d'une ancienne famille de Provence. (*GM ; AR ; MP ; EP ; LC ; LD ; AM*). — *Ecartelé au 1er et 4e de sable au pont d'or ; au 2e et 3e d'azur au loup rampant d'or.*

**Ponsaimpierre**, (de) sgrs du Perron (St-Genis) en L., 17 et 18e s. Le nom patronymique de cette famille était Andretti. Orig. de Lucques, établis à L. en 1535, naturalisés français en 1599. Dominique, éch., 1661; Lambert, 1675; P. des M., 1683. Et. en 1755, fondus dans les Dugas et Regnaud de Parcieu.

**Ponthus** de la Bourdelière, un officier de la Cour des Monnaies et un cler de la Sénéchaussée. EGL 89. Représentés en F.

***Popul**, avocat à L., 1696. — *D'or à la croix ancrée de gueules.* (*AG*).

**Popule**, à R. : un lieutenant particulier à R., en 1507. Représentés actuellement à R. — Ce blason est sculpté sur la façade de l'ancienne chapelle de St-Jean à R., accompagné de la date de 1549.

**Poroni**, Piémontais, à L., en 1664.

***Portalenqui** Barthél., évêque *in partibus* de Troie, suffragant de L., au 16e s. — *D... à une bande d..., chargée de 3 roses et accostée d'une aigle et d'un lion d... au chef d..., chargé de 3 étoiles d...* (*MC ;* M. P. Allut : *Etude..... sur Symphorien Champier*).

**Porte**, ancienne famille consulaire de L.; Jacques, cler de v., 1415, 24, 26; André, 1437, 46, 63, 64; Ant., sieur de La Pradelle, 1526; autre Ant., sieur de St-Bernard, 1578. — Il y a eu, plus anciennement, un Barthél. de la P., cler de v., 1270.

**Porte** (de La) du Bartas, orig. de Provins. Amé, cler de v., 1516, 22, 26; Hug., 1529. 35, 39, 45, 50, 56, 66; J., 1548, 63; Antoine, sieur du B., 1580, 85. — Hugues soutint un procès pour ne pas remplir la charge de cler de v. à laquelle il avait été nommé.

**Porte** (de La), famille de la Dombes. (*LL*).

**Porte** (de La), sgrs de St-Nizier-d'Azergues en B., par acquisition, en 1757. RN 1668. EGB 89.

**Portebœuf**, famille de la Dombes, sgrs de Montgré (Glaizé) en B. Et. dans les Chanains. (*LL*).

**Posuel** de Vernaux, sgrs de V. et de Maison-Forte (Lucenay) en L., 18e s. J., éch., 1709 : un cler à la Cour des Monnaies. EGL 89. Représentés en F. — Supports : 2 lions.

***Potier** à L., au 17e s. — *D'az., à la fasce d'argt., chargée de 3 pots de gueules, accompagné en chef d'une colombe d'argt. et en pointe d'une foy du même vêtue d'or.*

**Pouchat**, lieutenant du quartier de l'Hôpital, 1664.

***Pouderoux**, sgrs de Bataillou et de La Lande en F., par acquisition, en 1691 : un lieut.-général de F., au 17e s. — *Ecartelé : au 1er et 4e d'az, à la bande d'argt., chargée de 3 mouchetures d'hermines de sable, au 2e et 3e d'az. à 3 fasces ondées d'argt.* Il existe, à St-Marcellin, une tombe qui porte le nom de cette famille.

**Pouilloux** de Feysins, RN 1668.

**Poulletier** de Nainville et de La Salle, intendant à L., 1718. (*LC*).

**Pournas** de la Piémante; Léonard, cler de v., 1557, 63, 64, 65.

***Pouteau**, médecin à L., 1696. — *Echiqueté d'or et d'az. à une pile ou poteau de sable.* (*AG*).

***Pouzol** d'Arçon, connus dans les Mand. de la Roche en Régnier en Auvergne, possessionnés à Montbrison, sgrs du Palais-lès-Feurs, fief transmis par alliance aux Chal, au milieu du 14e s. (*BO*). — A. inc.

**Poyet** (du), sgrs du P., près de Lavieu en F.; fief cédé par cette famille au comte de F., en 1312; famille chevaleresque qui a donné un doyen du Chapitre de Montbrison, en 1370. Et. (*LM*).—A. inc. Le blason qui est figuré dans la planche n'est pas celui de cette maison : il appartient à une famille angevine qui a donné un président au Parlᵗ de Paris. (*PB*).

**Pozzo**, nom italien de la famille Du Puis. — V. ce nom.

**Pracomtal** (mquis de), orig. du Dauphiné; sgrs de Sénevas, St-Romain en Jarez, Chagnon et Valfleuri, par alliance avec les d'Arod, en 1644, et donation en 1693, fiefs aliénés en 1733. (*DH*; *CH; LD*). — Ces armes se blasonnent mieux : *d'or au chef de France*. Ils écartelaient d'Arod.

* **Pradel (Austerin** de), famille lyonnaise qui a donné un cler au Parlᵗ de Dombes. Et. dans les Baudrand. — *De gueules à un écusson d'or; au chef d'argt. chargé d'un lion passant de gueules.*

* **Pradines** (de). V. Létouf.

* **Praelles** (de), famille chevaleresque de Charly en L. Aymon de P., engagea à l'abbaye d'Ainay, en 1200, des biens qu'il avait à Charly pour aller à Jérusalem, biens qui devaient rester à l'abbaye, dans le cas où il serait mort dans le voyage; il était de retour en 1224. — A. inc.

**Praire** de Terrenoire en F. : un s. du R., au 18e s. EGF 89.

**Pralard**, bs de L., à la fin du 17e s. (*AG*). — En 1721, P. P. faisait aveu de fief pour une maison sise dans la rue des Trois-Croissants.

* **Praloire** (de La), « *de Prato Ligeris*, » famille chevaleresque du F., qui était représentée, en 1334, par Isabelle de la P., qui fit hommage pour les biens qu'elle avait au territoire de la Praloire, sur les bords de la Loire. — A. inc.

**Pralong** (de) en F., au 17e s. : un s. du R. en 1700; un cler à la Cour des Monnaies.

—**Prandières** (de), v. Lestra.

—**Prat** (du), v. Duprat.

**Praye** (de La), de L., au 17e s. : un cler au Parlᵗ de Dombes; un trés. de F. Et. au 18e s.; fondus dans les Baglion.

* **Prenel**, à L., au 17e s. — *D'az. à la fasce d'or, accompagnée en chef de 3 étoiles d'argt. et d'un soleil d'or mouvant du franc-canton, et en pointe d'un demi-vol d'argt.*

**Prez** (Des), lieut. du quartier du Change, 17e s. — La barre est droite dans les *Forces de Lyon*.

**Presle**, sgrs de l'Ecluse (St-Jean-d'Ardières) en B., au 17e s.; de Cusieu et Unias, fief aliéné aux Pupil en 1716; P. éch., 1710.

**Pressavin** en B., 2 prévots de B., 17 et 18e s. Représentés à Charolles. — On blasonne ailleurs leurs armes : *d'or à un pressoir de gueules.*

**Pressieu** ou **Pressie**. J, cler de v., 1392, 96, 1401. Cette famille avait fondé, au 15e s., une chapelle dans l'église de St-Paul, à L.

* **Prêtre** de Vauban (Le), sgrs de Cublize en B., par acquisition des La Rochefoucault, au commencement du 18e s. EGB 89. Famille de la Bourgogne que le fameux ingénieur militaire de Louis XIV a rendue célèbre. — *D'az. au chevron d'or, surmonté d'un croissant d'argt., et accompagné de 3 trèfles du même.* (*PA; LC*).

**Prévide-Massara** (de) P. Paul Bernardin, éch., 1744. EGL 89. Ils tenaient en franc-alleu deux maisons contiguës dans la rue Bourgchanin, à l'enseigne de l'*Homme d'armes* et du *canon*. Les armes doivent se blasonner : *parti : au 1er de gueules à une massue d'or, au 2e d'or plein; au chef d'argt. chargé d'une aigle de sable.* Supports : 2 lions. (Cachet de 1772, accolé d'un écu aux armes de Mermier.)

* **Prévot** de Parrigny, famille chevaleresque, possessionnée dans la châtellenie des Perreux en B., au 15e s. — A. inc.

**Prévost**.

**Prévost** (Le) d'Herbelays, famille de robe, orig. de Bretagne : un intendant de L., en 1637. — Ajoutez aux armes : *une bordure de gueules, chargée de 8 besans d'or.* (*GM*; .....)

* **Prévost** Léonard, cler de v., 1428, 31; Bernard, 1438.

* **Primat** (Mgr), archevêque de Toulouse, sous l'Empire, né à L. — *Ecartelé : au 1er de comte sénateur; au 2e d'az. au lion gisant la gueule béante d'or; au 3e d'argt. à 3 violettes au naturel; au 4e d'az. à la croix pâtée d'or* (*MC*).

**Privat** à L., au 17e s. (*AG*).

**Prohingues**, éc., sgrs de Plantigny (Montmelas) en B. Et. au 18e s. dans les Ferrus.

**Propières** (de), sgrs de P. en B., de Fougères (Poulle), par alliance avec la maison de ce nom, à la fin du 18e s. Et. en 1420. Fondus dans les Chandieu. (*LB*). — Ils portaient *d... au chef de vair*. (Sceau de ....., de P., chanoine de L., en 13... Il brisait d'*une cottice d*.....).

Les armes que nous avons figurées dans la planche sur la foi des auteurs, paraissent avoir été empruntées à un ancien monument mal interprété : la première partition est évidemment le blason des Chandieu; la seconde porte les armes de Gletteins, que l'on a pris pour celles de la dernière héritière des Propières.

**Prost** de Royer. Fs, éch., 1752; Ant., 1773.

**Prost**, officier du Présidial de L., en 1664. Ce doit être la même famille que celle qui suit : il y a du rapport entre les blasons.

**Prost** de Grange-Blanche, sgrs de G. (Ecully), 17e et 18e s., fief passé aux Charret, puis aux Desfours, anoblis en 1584. Ls, cler de v., 1584, 89, 92; Jq., 1628; Nic., 1665. (*PL; DH*). — Jq. ajoutait : *un croissant d'argt. en pointe.*

—**Prunerie**, nom patronymique des sgrs de St-Maurice en Gourgois.

* **Prunet** de Vaissieu, surnommés quelquefois l'Espagnol, sgrs de la Salle, de Luriecq, Valenches, Chazalet, Crespinges, etc. Et. à la fin du 14e s. Le nom de l'Espagnol fut continué par une branche. — V. l'E. et V.

**Prunier** de Virieu, orig. de la Touraine, établis à L. et en Dauphiné au commencement du 16e s. (*CH*; Ménestrier : *Origine des Armoiries; LC*.)

**Puget** (de), trés. de F. à L.

**Puget** (de), famille de la Bresse. Hᵗ-Ls, prieur de la Platière, à L., au 17e s. (*GB*). Il avait fait construire des maisons démolies récemment et dont une inscription rappelait l'origine. (*Gazette de Lyon*, des 30 janvier et 1er février 1856.)

* **Pujol** (de), famille du Languedoc, sgrs de la Tourette, la Liègue et Guaite, près St-Bonnet-le-Château, par héritage des de Vinols, au 18e s., un s. du R. en 1670. EGF 89. — *D'argt., au lion de sable armé, lampassé et couronné de gueules* (*ER*).

**Puilata**, capit.-pennon du quartier de la Boucherie-St-Paul, 1658.

**Pulignieu**. Un cler à la sénéchaussée de L.; un s. du R., 1740. Représentés à L.

**Punctis** de Boën, sgrs de la Tour-Charette (Balbigny) en F., 17e et 18e s. : un s. du R. en 1724. EGF 89. Fondus dans les de Chabert. (*MN*).

**Pupier**, famille orig. de Chazelles en F., connue dès le 15e s., et qui a donné deux obéanciers de St-Just, à L., au 16e s. (*LM*). L'un d'eux fit frapper des mereaux en plomb à ses armes, dont nous n'avons vu qu'un exemplaire très-oxidé; leur blason était sculpté sur un pavillon dépendant autrefois de St-Just, et dans le flanc d'un cippe antique, ce qui lui a valu l'honneur d'être gravé dans le

Recueil des *Inscriptions antiques de Lyon*, par M. Alph. de Boissieu. (Lyon, 1846, gr. in-4o, fig.)

**Pupil** de Craponne, de Mions et de Sablons, sgrs de M. C. Courbes en L., de Cuzieu et Rivas en F., par acquisition, en 1716 ; divisés en deux branches : 1o les P. de Craponne (par alliance avec une famille de ce nom); de Mions, sgrs de la Tour-en-Jarez : un s. du R. du grand collége, en 1678 ; deux présidents en la Cour des Monnaies, et lieut.-généraux au Présidial de L., 18e s.; 2o les P. de Sablons, établis à Bourg-Argental, d'où un cler au Parlt de Dombes, au commencement du 18e s. Ét. (*MN*).

* **Purelles**, sieurs de Lestra (Arconsat) en F., fief transmis par alliance aux Ramey, en 1674 : un lieut. de la maréchaussée, à Montbrison, 17e s. — A. inc.

**Pures** (de), bons de Balmont, sgrs de Malassy, de Pracieux, de Chamfrey, orig. du Berry, établis à L. en 1587. Michel, cler de v., 1588, 90 ; Ant., éch., 1611 ; Ant., P. des M., 1634, 35. Les vers de Boileau ont popularisé le nom de cette famille, plus que ne l'ont pu faire ses titres et ses fonctions. — Leurs armes se voyaient aux Feuillans de L. (*PL*).

**Puy** (du) de Goysne, orig. de L., établis à Paris, au 15e s. (*SA*).

**Puy** (du) ou **Dupuy**. Les généalogistes rattachent à une même tige plusieurs familles de ce nom établies en F., en Bourgogne, à Lyon, à Paris, et les font venir de St-Galmier, d'où elles se seraient répandues dans ces différents lieux. A cette maison se rattachaient les sgrs de St-Germain-Laval en F. Et. au 17e s. Une branche fixée à St-Bonnet donna un général des Chartreux, † en 1521 ; à la 3e br. fixée à Paris, appartenait P., garde de la Biblioth. royale ; la 4e br. s'éteignit à L., en la personne de Hug., président au Parlt de Dombes, cler de v. en 1557, sgr de la Mothe (Guillotière), qui ne laissa qu'une fille ; la 5e br. est celle des sgrs de la Forge, du Châtelard et de St-Haon en F., qui fut admise aux EGF 89. Elle a eu un trés. de F. à Grenoble, en 1789. (*GM; Mémoire de Marolles; LM; LL; GD; SA; BO*). — On donne à ces diverses branches les mêmes armes ; cependant *LM* attribue au général des Chartreux un blason à la clef de voûte de la chapelle fondée par lui (v. pl. 25), et une tombe des du P. de St-Bonnet, qui nous a été signalée par M. L. P. Gras prouve que ceux-ci portaient : *d..... à un chevron, accompagné de 3 pommes de pin d...* Enfin le blason donné par *G*, sous le nom de Mme de la Mothe-Dupuy (pl. 44, vo), mérite d'être observé.

— **Puy** (du), v. **Dupuis**.

**Puy** « *Podii* ; » et non **Du Puy**) du Roseil, de Mussieu, de la Bâtie, des Périers, etc. ancienne famille de Montbrison qui a donné des doyens au Chapitre de cette ville, dès le 14e s. Elle remonte à Barthélemy P., chancelier de F. pour le duc de Bourbon, à la fin du 14e s. — Divisés en deux branches, la 1re de Rony et de Veyrins, établis à Paris. Cette famille comptait un cler au Parlt de Paris, sous Charles VIII. Et. La 2e branche est restée en F.; sgrs de Chazelles, des Périers, Charlieu-lès-Montbrison, de Merlieu, la Bastie en F., de Lay (Rive-de-Gier) en L., 17e et 18e s. EGF 89. Représentés à L. (*LM; LMm; LO*). — Ils écartelaient au 2e et 3e de Verd des Périers.

* **Puy** (du), orig. de Bresse ; un substitut du procureur du roi à L., sous la Restauration. Représentés à Belley et à Paris. — *D'az. à la fasce d'argt., accompagnée de 3 étoiles du même.* — Ces armes sont sculptées dans une chapelle de l'église de Chazey-sur-Ain.

**Quarré** de Champigny, sgrs de Trades en B., au 18e s., orig. de Bourgogne, anoblis en 1412. Cette famille a donné des membres au Parlt de Dijon. (*DH; LC; PB; LD; DA*).

**Quarrigues**, notable bs de L., 1664. — Les alérions doivent être couchés.

**Quatrefages** de la Roquette, sgr de la R. (St-André-de-Coisy), de Limonest en L., 18e s. : un s. du R. en 1741 ; un premier président au Bureau des Finances. EGL 89. — Supports : deux aigles. (Cachets de 1782 et 89.)

**Quélain**, intendant à L., 1564.

**Querrières**, sgs de Chambost, près Longesaigne, 17e s.; fief vendu aux Thélis en 1640.

**Quesnay**, à L., au 17e s. (*AG*).

* **Queuille** (de la), famille d'Auvergne dont une branche a formé les sgrs de Pramenoux (St-Nizier-d'Azergues) en B., par alliance avec les Ronchevol, à la fin du 17e s.; fondus dans les Langeac, en 1740. Cette maison est représentée en Auvergne. (*LC; W; CP; BO*, etc.) — *De sable à la croix dentelée d'or.*

**Quibly** (de) ou **Guibly**, gentilhommes florentins, établis à L. au 16e s. Cette maison a donné une abbesse de la Déserte, à L., au 17e s.

**Quincarnon**, famille de la Bourgogne à laquelle appartenait l'auteur de deux opuscules curieux sur les églises de St-Jean et de St-Paul de L.

* **Quincieu** (de), famille chevaleresque du 14e s., qui tenait son nom du village de Quincieu en L. — A. inc.

**Quinet**, à L., au 17e s. — Tombe de 1666 qui existait aux Jacobins.

**Quinson** (de). sgrs de Poleymieux, commencement du 18e s. : un président des trés. de F., en 1741 ; Roc., éch., 1729.

**Raberin** Vital, éch., 1614.

**Rabneau** en F., au 16e s. Et.

* **Raboens**, ancienne famille de F. qui a donné un religieux de l'Ile-Barbe au 12e s. — A. inc. (*LL*).

**Rabut**, bs de Villefranche, sieur de Montfriol (Chamelet), 18e s. (*AG*).

**Rachais** (de), famille chevaleresque, orig. du Dauphiné ; sgrs de la Buire et de Liergues en L., 18e s. (*GH; LC*). — *CH* blasonne leurs armes : *d'az. au lion d'or.* Mais il les corrige dans le supplément.

**Radix** de Chevallon et de Ste-Foix, au 18e s. — Sur une gravure, le lion est accroupi sur le train de derrière, et le tournesol contourné est dirigé du côté du soleil mouvant du canton sénestre.

**Raffelin** (Côme). *G*.

**Raffin**, sgrs de la Raffinière et du Montet (Cublize) en B., famille chevaleresque, ét. au milieu du 16e s. (*LL*). — Leurs armes sont blasonnées par *LL* : *d... à une étoile de 6 rays en pointe d...* Il fait connaître la source où il a emprunté ce blason : c'est un sceau de Josserand de R., prieur de Cleppé en F., en 1310 : il portait l'empreinte d'un saint Martin à cheval. « Il faut remarquer que la partie « inférieure de ce sceau, qui représente assez bien la « figure de nos anciens écussons, est chargée d'une étoile « de six rays, que je crois être le blason de la maison des « Raffin. » Des auteurs plus modernes ont ajouté les émaux, ce qui forme en somme des armoiries fort douteuses, comme on voit.

**Rambaud** (bon), sgrs de Champrenard, Blacé, Marsangues, 17e et 18e s.; fief aliéné en 1740 aux d'Espincy de Laye. J., cler de v., 1506 ; P., éch., 1657 ; EGL 89. — P. R. écartelait au 2e et 3e d'Agnot de Champrenard.

* **Rambaud** André, éch., 1678. — *D'az. à l'aigle d'or, au chef d'argt., chargé de 3 étoiles de sable.*

* **Ramey** de la Salle et de Sugny, sgrs d'Arfeuilles, de la Salle (Feurs), de Sugny, Grénieux ; de Genetines,

acquis en 1779, de Soutcrnon ; acquis en 1780 en F., de Pivolay (Chaponost) en L., 1789 : un avocat-général au Parl[t] de Dombes ; un c[ler] vétéran au Parl[t] de Metz. EGF 89. (*DH*). — *D'az. à la bande d'argt.* Ce blason a été changé ; il se blasonne : *écartelé : au 1er d'az. à une épée en pal garnie d'or, au 2e de gueules au lion d'or, au 3e d'or à la bande de gueules, au 4e d'az. à 6 étoiles d'argt.*

**Rancé**, sg[rs] de Gletteins, aux 15e et 16e s.; ancienne famille chevaleresque. Cette famille ayant reçu des Mont-d'Or, au 16e s., la terre de Chavannes, à charge d'en porter le nom et les armes, se conforma à cette clause, et fut connue depuis sous le nom de Ch. de R., v. Ch. — *LL* blasonne leurs armes : *d'az. à un losange d'argt., chargé d'un croissant d'az.*

* **Randin** (Marc-Antoine de), capit. d'infanterie, sg[r] d'Epeisses (Orliénas) en L., 1721. — A. inc.

**Randon**, notable b[s] de L., 1664.

**Ranvier** de Bellegarde, sg[rs] de B. en F., par alliance avec les d'Aubarède, au 18e s. Annet, éch., 1694 : un c[ler] à la Cour des Monnaies. EGLF 89. Représentés à L. Une branche cadette dite de la Liègue. Et. à la fin du 18e s. (*MN*.)

**Rassaine** (La). *G.*

**Rast** Math., éch., 1776. Ils tenaient, en franc-alleu, une maison dans la rue Tramassac. EGL 89. Cette famille est représentée à L.

* **Ratat** (de La). — *Fascé d'or et de sable.*

**Ratton** P., éch., 1641. — Le texte des *Forces de Lyon* est 3 bandes et le dessin donne 3 barres.

**Ravachol**, orig. de St-Chamond. J. M[ie], éch., 1746.

**Ravat** L[s], éch., 1685. Sg[rs] des Mazes ; P. des M., de 1708 à 1715. Il ne laissa qu'une fille mariée à N. de La Garde, président au Parl[t] de Paris.

**Ravel** de St-Didier, de Malleval, de Montravel et de Montagny. Sg[rs] desdits lieux, en F. et L., au 18e s. : un s. du R., en 1771. EGFL 89, orig. du F. Représentés à L. (*MN*).

**Raverat** (b[on]). Noblesse de l'Empire.

**Raverie**, sg[rs] de La Chaux, au 17e s. Cl., dit Dijon, c[ler] de v., 1557, 62, 68 ; J., éch., 1612.

**Ravier** de Magny. J.-Ambr., éch., 1787. EGL 89. Représentés à L.

* **Ravin**, à L., au 17e s. — *D'az. au lion d'or, chargé de 3 raves de gueules et accompagné de 3 têtes de brochet d'argt.* (*AG*).

**Ravot**, sg[rs] de Moiffons, au 16e s. J., c[ler] de v., 1577. — Les armes dessinées dans la planche, d'après Chaussonnet, sont fausses ; elles se blasonnent *d.... au pal d... accosté en chef de 2 étoiles et chargé en pointe d'une mâcle d...* (Cachets de 1572 et 1598).

* **Ray**, libraire, à L., au 17e s. — *D'az. au lion d'or, tenant de la patte dextre une scie d'argt. et rampant contre un mont du même.* (*AG*).

**Raybe** de Galles et de St-Marcel. Le nom de R., quelquefois Rébé « *Rabies*, » était le surnom primitif de la maison d'Urfé, qui le quitta pour prendre celui d'U. ; mais une branche cadette de cette famille, séparée de la tige principale, au 13e s., garda le nom de R. Sg[rs] de St-Marcel-d'Urfé. Et. à la fin du 16e s. et fondus dans les d'Albon. Cette famille a été connue aussi sous le nom de St-M. et de Galles. (*BO*). — On transpose quelquefois les émaux par erreur. (Guill. Revel.)

* **Raymond**, ancienne famille bourgeoise de L., possessionnée dans l'obéance de St-Clément-de-Valsonne en L. et en R., où elle tenait le fief de Vauvers, au 13e s.; à Feurs et à Montbrison, au 14e s. J., anobli en 1352, c[ler] de v., en 1294 et 1337. — A. inc. Il y a eu un chanoine de L. de ce nom, en 1335, auquel on donne les armes des R. de Modène de la Provence. (*AR*).

**Raymondis**, famille de robe, orig. de Provence, sg[rs] du Jonchai en L., au commencement du 18e s., fief transmis par alliance aux Paradis. (*AR ; MP ; DH ; LC*). — Supports : 2 griffons.

**Raynaud** (le P. Théophile), supérieur du collége de la Trinité de L., au 17e s. Il est auteur de l'*Hagiologium Lugdunense*.

* **Rebaud**, b[s] de L., 17e s. — *De gueules à la fasce d'argt., surmontée de 3 étoiles du même.*

—**Rébé**. Le fief de R. (Amplepuis) en B., qui peut-être tenait son nom des d'Urfé, mais était possédé, depuis le 13e s., par une branche des Mauvoisin, a transmis son nom aux familles qui l'ont possédé, et spécialement aux Faverges qui, depuis qu'ils en eurent hérité des Merle, n'ont pas été connus sous d'autre dénomination. (*LL*). — Le fief de R. n'avait pas de blason particulier ; les F. prirent le blason des Merle et des Mauvoisin. V. ces noms.

**Reboul**, sg[rs] de Villars, de Chariol, etc. en Auvergne. L[s], éch., 1781. EGL 89. Représentés en Auver. par M. de Fontfreyde. (*BO*).

**Reboulet** (de) d'Archinesches, famille noble du Dauphiné, dont le nom était Galbert, établie plus tard en Vivarais ; sg[rs] de la Bâtie, de Rocheblaine et Paillerest en F., 18e s. (*CH ; LL ; AP ; LR*).

* **Rechaigne** (de), sg[rs] de Bauvoir et de Mably, possessionnés à Cordelle, Renaison, etc. en F., aux 13e et 14e s.

**Reclaines**, sg[rs] de Lyonne en Bourbonnais.

* **Reffuge** (de), intendant à L., 1602, orig. de la Bretagne. — *D'argt. à 2 fasces de gueules et 2 guivres tortillées en pal, affrontées d'az.* Cimier: Hercule, enfant, tuant les serpents. Devise : *Victrix innocentia* ou *Prudentia animi est candor et ardor*. — (*Mémoires de Castelnau* ; *LC* ; etc.)

**Refuge**, et non Refregé, trés. de F.

* **Regin**, sieur de Chastier, lieut.-part. au Présidial de L., anobli en 1578. (*BO*). — A. inc.

**Regnard**, tireur d'or, à L., sieur de la Chaux et Crusol (Lentilly), de Terrenoire (Moiré) en L., 18e s. — Le champ de l'écusson est *d'azur*. (Cachet de 1747, accolé d'un écu : *d'argt. au chevron de gueules, surmonté d'un croissant contourné entre 2 étoiles d..., et accompagné en pointe d'une ancre d...*)

* **Regnard** ou **Reynard** de St-Ange et de Beaurevers, sieurs de B. et la Boulène en F., 17 et 18e s. — *D'az. au renard passant d'or.*

**Regnaud**, sg[rs] de Milly et d'Arlnissonas, en B., au 18e s. Et. Alexandre, éch., 1728.

**Regnaud**, (m[quis]) de Bellescize et de Parcieux, ancienne famille consulaire de L., divisée en quatre branches, dont deux s'établirent en Savoie, au 16e s. 1° les sieurs du Buisson et du Parcieu ; 2° les R. de Chassagne. Et. en 1724 dans les Mont-d'Or ; 3° les R. de Bellescize ; 4° les R. de Glarcins, fondus dans les Loubat. Ils ont possédé, en outre, les seigneuries de Vaudemar, du Perron (Saint-Genis), de Champagnieu, d'Oullins, etc.. en L. Cl., c[ler] de v., 1519, 42, 27, 44 ; P., 1533-46 ; Guill., 1549, 66 ; Jq., 1561 ; Ant., 1566 ; J.-B., 1592 ; Cl. Espérance, P. des M., de 1772 à 1775. Cette famille compte en outre un chevalier de Malte, un c[ler] à la Cour des Monnaies, un évêque de Saint-Brieuc, etc. RN 1668. EGL 89. Représentés à L. par MM. de Bellescize et de Parcieux (*PL*). — En 1674, R. de Glarcins, syndic de la noblesse de Bresse, portait : *d'or à l'aigle de sable, chargée d'un écu aux armes de R.* Devise : *Non mutor*. Leurs armes se voient à St-Paul, avec divers blasons d'alliance, tels que Bartholy, etc.

* **Regnaud** Joachim, éch., 1765. — *D'or à la fasce de gueules et une bordure d'az.*

**Régnier**, trés. de F., à L. — V. ci-dessus à Aubry.

**Regnold** de Chauvency, un c^ler au Parlement de Dombes. Représentés.

**Régny**, trésorier de la ville, en 1789. Un garde des sceaux près la Cour des Monnaies, 1737. EGL 89. Représentés à L.

**Regrais**, RN 1668.

**Relieurs** et **Libraires** de L. Corporation.

**Relogne**, sieur de la Plagne, famille de Sury en F., connue aux 16 et 17^e s.

* **Remilhe**, homme de loi, à L., en 1791. — *D'az. à 3 mains appaumées d'argt.*

* **Renaud**, P., c^ler de v., 1540; Guil., 1555.

**Renaud** de Lorette, Ben., éch., 1716. — Un marchand de L. avait, il y a peu de temps, deux grands écussons en fer, provenant d'une porte ou d'une barrière : l'un aux armes de R.; l'autre *d'az. à la fasce d'argt., accompagnée en chef de 3 croissants rangés du même, et en pointe d'un soleil d'or*, qui est de Soleil.

**Renaud**, armes attribuées à tort aux sg^rs de Milly, puisque cette terre appartenait, en 1775, à Poncian Alexandre Regnaud, fils d'Alexandre l'échevin.

**Renaud**, à L., au 18^e s. — *Ex libris* d'un dominicain qui portait ce blason contre-parti aux armes de son ordre.

* **Renevier**, à L., au commencement du 17^e s. — *D... à 2 étoiles et un cœur d..., au chef d..., chargé de 3 bandes componées d... et d...* Ce blason, chargé en outre des initiales C et R, est gravé sur une tombe conservée au Musée lapidaire de L. L'inscription est ainsi conçue :

CY GIST HONORABLE
HOMME CLAVDE RENÉ
VIER MARCHAN TAN
NEVR ET CITOYEN DE
CETTE VILLE DE LION
LEQUEL DÉCÉDA LE
29^e APVRIL 1607
ET JEANNE GRANT SA
FEMME LAQUELLE
DECEDA
LE......

* **Renouard**, c^tes de Villayer. P., c^ler de v., 1499. Il contribua à la construction de St-Nizier; Georges, 1560. Cette famille s'établit à Paris, où elle existait au 18^e s. (*PL*). — *D'argt. à une quintefeuille de gueules.*

**Requin**, à L.

**Résignan** (de) F^s, c^ler de v., 1554, 55, 62, 76.

**Résina**.

* **Rétis**, orig. de Lucques, établis en F. au commencement du 16^e s., sg^rs de Marsangues (St-Georges de-Reneins) en B., à la fin du 16^e s. Ils existaient encore vers 1660 (*LB*). — A. inc.

* **Retourtour** (de), branche de la famille Payen, qui prit le nom du château de R., au 14^e s. Sg^rs de St-Just, Beauchatel; sg^rs d'Argental, par héritage de leurs parents. Et. à la fin du 14^e s.; fondus dans les (Clermont) de Chaste et les Tournon.

* **Reverchon**, à L., au commencement du 17^e s.: un cap.-pennon à cette époque. — *D... à une tête de lion d..., accompagnée de 2 étoiles et d'un croissant.* (Tombes de 1612 et 1632, autrefois à St-Paul.)

* **Reverdy**, à L., au 17^e s. — *De gueules à un écusson d'argt., chargé de 2 bûches de chêne en sautoir de sinople, et une rose de gueules en abîme.* (*AG*).

**Reveroni** Joseph, éch., 1723. EGL 89. Représentés à L. (*PL*). — *PL* blasonne un joug au lieu d'un ver, mais les jetons frappés en 1723, portent bien un ver, comme il est dessiné dans la pl.

**Reveroni** St-Cyr, à L.

**Rey**, lieutenant de police à Paris, au 18^e s. Orig. de L.

* **Rhodes**, jésuite, professeur au collége de la Trinité, 17^e s. — *De gueules à la roue d'or.* (*AG*).

**Rhy** (du), libraire à L., au 16^e s.

* **Ribeyre** (de), orig. de Clermont en Auvergne, trés. de F., à L., 1601. — A. inc. (*HM*).

**Riccasole**, et non **Riccasale**, orig. de Florence, établis à L., au 16^e s.

**Ricci**. Florentins, établis à L. au 16^e s. — Tombe qui existait aux Jacobins : l'épitaphe portait, avec le nom de R., celui de sa femme Marie Riccasole; mais le blason, qui était gravé à côté de celui de Ricci, rappelait les armes de Tedaldi. — Les armes de Ricci se blasonnent mieux : *d'azur, semé d'étoiles d'argt.*, à 5 *hérissons d'or, posés* 2, 2 *et* 1.

**Richard** Vincent, éch., 1603.

**Richard** de St-Priest en Velcin, famille chevaleresque du Dauphiné. Sg^rs de Vaux, par acquisition des Tournon, au 16^e s. Et. au commencement du 17^e s. dans les Guignard. On rattache à cette famille, les R. qui possédaient le Jonchet en L., et avaient des biens en R., au 14^e s. — Guill. R. de St-Priest fit des dons à la chapelle St-Badulphe, à Ainay, en 1402; c'est l'abside méridionale de cette église. Barth. R. fut un doyen du Chapitre de L., au 13^e s.

**Richard**, lieut. du quart. de la rue Mercière, en 1658. — Dans le dessin des *Forces de Lyon*, le *chef* est séparé du *champ* par une *trangle d'argt.*

**Richard** de La Prade et de Potempérat, orig. du F. Représentés à L. par M. le docteur de La Prade, doyen de la Faculté de médecine de Lyon, et M. Victor de La Prade, membre de l'Académie française. (*Les Fiefs du Forez*, de Sonyer du Lac, publiés par M. d'Assier de Valenches).

**Richard**, à L., au 19^e s. — Ce blason, qui est celui d'un peintre de talent, † en 1852, est sculpté sur la porte d'une maison de la rue d'Algérie.

* **Richard** de **Soultrait**, orig. du Comtat-Venaissin, établis en Nivernais, au 15^e s.: un receveur-général à L., de 1855 à 1859. — Représentés à Lyon et en Nivernais. (*LO*; *BA*.) — *D'argt. à 2 palmes addossées de sinople, et une grenade de gueules en pointe.*

**Riche** de Prony, sg^rs de P. (Oingt), au 18^e s.: un c^ler au Parl^t de Dombes. EGL 89. — Le blason que nous donnons, d'après un cachet apposé à un aveu de fief de 1775, offre les premières armes de cette famille, qui furent changées sous l'Empire, par le baron R. de P.

**Riche** de Prony (le b^on). Blason moderne.

**Riche** (l'avocat Le), *G.*

**Riche** (Le), RN 1668.

* **Richelieu** (Du Plessis), v. Plessis.

**Richer** J.-B., éch., 1699.

**Richéri** F^s-Ph., 1749.

**Ricou**, sg^r de Riverie en L., 1696. (*AG*).

* **Rieu** (du) Ben^t, c^ler de v., 1487, 88, 89.

**Rieussec** F^s, éch., 1752. EGL 89. Représentés à L.

**Rigaud**, ancienne famille chevaleresque, possessionnée à St-Paul-en-Jarez, à Savignieu-les-Montbrison, dans le Mandement de la Tour-en-Jarez, du 12 au 14^e s. On la rattache à celle des R. de Ceresin en Dauphiné, qui ont donné un archevêque de Rouen au 13^e s. On croit que c'est de lui que vient le proverbe : *Boire à tire la Rigaud.* (*CH*; *PL*).

**Rigaud**, à L., aux 17 et 18^e s.: un avocat du R. à

la Cour des Monnaies. — Devise : *Donec optata veniant rigabo*. Simon R., libraire à L., vers 1630, ajoutait à ce blason : 2 *os en sautoir* dans le *champ*, et portait pour devise cet anagramme : *Dignus amoris*. On trouve des R., sieurs de Chaffaux en L., nobles à la fin du 17e s. des R. de Montaigny, à Magnieu-le-Gabion en F., vers le même temps; un Guill. R., lieut. criminel à L., anobli en 1613, et plus anciennement Hugonin, cler de v., en 1358.

**Rigioli**, ens. du quart. de la rue Juiverie, 17e s., orig. d'Italie. En 1660, un Jq. R. fut confirmé dans sa noblesse, quoique ayant trafiqué.

* **Rignem** (de), J., cler de v., 1294.

**Rigod** de Terrebasse, Julien, éch., 1747 : un cler au Parlt de Dombes; un trés. de F. EGL 89. Et. au comt de ce siècle.

* **Rilly** (de), anciennement de Rulli, sgrs de R. (Cordelles), au 14e s.; de Chares, au 15e s. La branche des sgrs de R. s'éteignit au 14e s. Ses biens passèrent sans doute par alliance aux de Beck qui en portèrent longtemps le nom. R. appartint ensuite aux La Mure.—A. inc.

**Rimond**.

* **Riondet** de Falieuse, Joseph, cler du R., contrôl. de la juridiction des foires de Lyon, en 1609. Orig. de Rouergue, établis à Lyon puis en Dauphiné. Cette famille existe. (*BR*; *IH*; *LO*). —*D'argt. à 2 chevrons de gueules, accompagnés de 3 merlettes d'az.*

* **Riols** (de), cler à la Cour, 1815. — *D'argt. à une plante de riz au naturel terrassée de sinople, au chef d'az., chargé de 3 étoiles d'or.*

**Rique**, sgr de Thésé et du vicomté d'Oingt en L., au 18e s. : un s. du R. au Parlt de Dombes. Supports : 2 lions :

* **Riquier**, éc., sgr de Laye (Rive-de-Gier) en L. : *d... à 2 fasces d ..* (Cachet de 1772.)

**Rivail** de la Levratière.

* **Rival** de Soleillant, sgrs de S. en F., au 17e s. — A. inc.

**Riverie** (de), « *de Riviria*, » anc. famille chevaleresque qui tenait son nom du village de Riverie en L., mais qui ne lui appartenait plus déjà au commencement du 13e s., époque à laquelle il était passé entre les mains des Vers, des Glane et des Roussillon. Cette famille existait encore au 15e s. — Sceau de 1276. Les étoiles sont à 6 rais, comme on les dessinait anciennement.

**Riverie** (de), famille bourgeoise de St-Symphorien-le-Château, anoblie au 17e s. Mquis de la Rivière; sgrs de Clérimbert par acquisition des St-Paul, en 1534; de Villechenève, St-Romain-en-Gier, St-Jean-de-Chaussant, d'Echalas, la Faverge, St-Jean-de-Touslas, etc. en L., de la Collonge en B., du 16 au 18e s. (*MM*). — Supports : 2 sauvages.

**Riverieulx** de Chambost et de Varax, sgrs, puis ctes de Ch.; fief acquis des Thélis, au commencement du 18e s.; de Varax, la Duchère, Plambeaux (Lissieux), de Marcilly-d'Azergues, Sivrieux, etc. Cl., éch., 1739; Hug. de V., P. des M., de 1745 à 1749; Cl. de Ch., P. des M., de 1776 à 1778. EGLF 89. Représentés à L. (*LC*).

**Rivière** (de La) Audibert était sgr de la Collonge (Affaux) en B., en 1539. — Les armes qu'on lui attribue sont celles des la R. Courvon, famille parisienne. (*LC*).

**Rivoire** (de), mquis du Palais, fief érigé avec Cenves, en 1626, en marquisat; branche d'une famille du Dauphiné, établie en F., par alliance avec les du Chevalard, sgrs de Jas, de Boën, acquis des St-Priest en 1634. RN 1668; fondus dans les Chabannes-Curton. (*CH*; *LMm*; *LD*; *LO*; *BO*.)

* **Rivoire** Fs, cler de v., 1485, 91.

**Rivoire** (de La), RN 1668, famille du Vivarais. (*AP*).

**Rivoire** (La), enseigne du quartier de la rue Mercière, en 1664.

**Rivoiron**, enseigne du quartier de Pierre-Scize, au 17e s.

* **Roa** (de La), famille de robe, orig. de St-Victor-sur-Loire, et qui a donné des échevins de St-Etienne. La branche cadette existe en F. — *D'argt. à une roue de sable surmontée de 3 étoiles rangées du même, et accompagnée en pointe d'un croissant d'argt.* (*TT*).

* **Roannais** (de) ou **Roanne**, ancienne famille chevaleresque de F., connue dès le 11e s. Sgrs de R. de St-Haon, de Pierrefitte, etc. Les sgrs de R. se fondirent, à la fin du 13e s., dans les Chatelperron, les de Dreux et de la Perrière. On croit que les sgrs de St-Haon, de Pierrefitte et de St-Maurice en R., étaient des branches de cette famille, quoique les armes de ces maisons soient différentes. V. ces noms. (*LMm*).

**Roanne**, ville du F. — Tenants : un Sylvain et un Neptune. Devise : *Silvis increscit et undis*.

* **Roannes** ou **Rouannes**, enseigne du quartier de la rue Thomassin, en 1658.—*D'az. à 2 épées en sautoir d'argt., cantonnées en chef d'un cœur enflammé d'or, en flancs de 2 étoiles du même, et en pointe d'un croissant d'argt.*

**Robertet**, ancienne famille de robe qui remonte au commencement du 15e s., orig. de Montbrison, établie plus tard à Paris. Et. au 16e s. Cette maison a fourni deux évêques et deux secrétaires d'Etat. (*LM*; *LL*; *MM*; *Mémoires de Castelnau*. *HS*; *LC*). — Leurs armes se voient dans l'église de Notre-Dame, à Montbrison et à L., au-dessus de la porte du dépôt de mendicité, contre-parties à celles de Mandelot.

**Robin** d'Orliénas en L., au 18e s. : un s. du R. en 1750. EGL 89. — Sur un cachet de 1769 le champ est *d'argt.*, le chevron et les étoiles *d...*, et le chef *d'az., chargé d'un soleil d'or*. Supports : 2 sauvages.

**Robin** de Barbentane. (*AP*; *LR*).

**Rocoffort** Fs, éch., 1781. EGL 89. Représentés à Paris.

**Roc-Girardon**, V. G.

**Roche** (de La) Poncié, sgrs de la R. de P., du Thillet en B. et en Mâconnais, du 16 au 19e s.; divisée en quatre branches à la fin du 17e s. : 1o les aînés sgrs de la R., de P. du Martelet, de Laissus, du Razey; de Grosbois, par alliance avec la famille de ce nom, en 1706. Et.; 2o les sgrs de Bussières et de Montclair, également ét.; 3o les sgrs de Nully, la Carelle et la Serve, qui, à la fin du 18e s., ont formé deux rameaux, subsistant actuellement; 4o les sgrs du Pardon, ctes de la R. P., subdivisés en plusieurs rameaux, dont deux sont encore représentés. (*CP*; *SA*; *DB continué*).

**Roche** (de La).

* **Roche** (de la) en Rénier, ancienne famille du Velay, possessionnée en F. Et. au 14e s. dans les Lévis, dont une branche en prit le nom. — *De gueules à 3 rocs d'échiquier d'or*, ou mieux : *parti d'argt. et de sable, à un chevron de l'un en l'autre*. (*BO*).

**Roche-Négly** (de L.), sgrs de Chambles en F., aux 15e 16e et 17e s., branche éteinte d'une ancienne famille d'Auvergne. — (*AP*; *BO*; *LR*. De Burdin. *Documents sur le Gévaudan*).

**Roche** (de La). V. Vernoilles.

* **Roche** (de La) en L., du 16 au 18e s., établis à Paris; divisés en deux branches : la cadette était distinguée par le nom de Perteville (*LC*) — *De gueules au rencontre de bœuf d'or.*

* **Roche** (de La), libraire à L., au 17e s.—*D'az. à une montagne d'argt., surmontée d'un poisson en pal de gueules, au chef d'argt., chargé de 3 rameaux de gueules.*

**Rochebaron** (de), ancienne famille chevaleresque, que d'anciens auteurs, tels que du Verdier, prétendent issus d'un bâtard de Forez. Divisée en 2 branches : 1° les sgrs de R., en F., de Montarchier et Leigniec, après les Châtillon, dès 1305 ; d'Usson Gotolent, St-Hylaire, Chazelles, etc., par acquisition des la Roue, au commencement du 15e s. Fondus vers 1440 dans une branche des Chalencon, qui en continua le nom et les armes jusqu'au commencement du 17e s., qu'elle se fondit dans les des Serpents ; 2° une branche établie en Bourgogne, sgrs de Cenves, Berzé, Plaines (Pradines), en B., aux 16e et 17e s. Et., ce rameau compte un évêque de Mâcon. (St-Julien, *Antiquités de Mâcon. LMm; BO*).

**Rochefort**, sgrs de R. St-Jean-la-Vestre, St-Pierre-le-Noaille, de la Curée, par donation du comte de F., vers 1290, de Montherboux, de Beauvoir, par alliance avec les d'Ecotay. Ancienne famille chevaleresque qui a donné des chanoines de L. au 13e s., et se divisa en plusieurs branches : 1° les sgrs de Rochefort, ét., et dont les biens passèrent aux d'Urfé ; 2° les sgrs de Montherboux, dont les Roncheval héritèrent ; 3° les sgrs de Beauvoir, qui se perpétuèrent dans ce nom jusqu'au 16e s. On a toujours confondu cette famille avec les Rochefort la Valette. — Sceau de 1314 ; Falcon, chanoine de L., † en 1261, brisait d'une *bordure engrêlée d...* ; Guill., aussi chanoine, † en 1326, portait la *bande* sans brisure. (Tombes existant autrefois aux Jacobins).

**Rochefort**, famille différente de la précédente et qui pourrait être originaire de R. en L., divisée en plusieurs branches : 1° les sgrs de la Valette, par alliance avec la famille de ce nom, en 1376, ét. au 17e s. (Ils écartelaient quelquefois de la Valette) ; 2° les sgrs de Cénas, ét. au 16e s. ; 3° les sgrs d'Espercieu, de la Fay, la Villette ; 4° les sgrs de Malleval, à St-Héand. Ils brisaient d'une *moucheture d'argt. sur le gueules*. Selon *SA*, les R. d'E. se seraient fixés dans le midi, en 1648, où ils seraient encore existants ; un rameau, demeuré à Feurs, aurait formé la branche des la Voirette (qui a donné une abbesse de la Bénisson-Dieu) et de Beauvoir ; sgrs de B., par héritage des Chappuis, au 18e s. Représentés par M. le général de R. (*GM ; LM ; LL ; SA*). — *LM* et *LL* se sont trompés sur les armes de cette famille, à laquelle ils donnent les armes de la Valette. *SA* leur a forgé un blason qui est également fautif. (*Guill. Revel, Anne d'Urfé, AG* ;) Tombe de J. de Rochefort de la Valette, 1500, citée par Charvet. (*Hist. de la sainte église de Vienne*, 1761, in-4°).

* **Rochefort** (de) Ht, cler de v., 1380, 90, 92, 97, 99 ; Cl., 1467, 88, 73, 76, 97 ; J., 1481, 84, 35, 91, 95, 99, 1500 ; Denis, 1504 ; Bent, 1517, 18, 24, 29, 34, 36 ; J., 1531, 38, 44 : un cler au Parlt de Dombes, en 1629. — *D'or au chêne de sinople fruité d'or*. — Devise : *Nec fulmen*.

* **Rochefoucaut** (de la), mquis de Langeac et d'Urfé ; branche d'une ancienne famille originaire de l'Angoumois ; subdivisée en plusieurs rameaux, entre autres les mquis de Langeac, sgrs d'Urfé, par alliance avec la famille de ce nom, en 1652. Et. en 1734. Les mquis de Rochebaron, par alliance avec les des Serpents, sgrs de Sury-le-Comtal, par alliance avec les d'Escoubleau. Et. (*LH ; PA ; LC ; CP ; BO ; BA*. Généalogies de la Rochefoucault, par Duchesne ; de la Marinière, de Roissac et P. d'Hozier). — *Burellé d'argt. et d'azur, de 10 pièces à 3 chevrons de gueules brochants, celui du chef écimé*.

**Rochemur**, famille étrangère à nos provinces, et dont le blason est en outre mal reproduit ici.

* **Rochetaillée** (de), famille chevaleresque du L., sur laquelle on a peu de renseignements, et à laquelle on attribue quelquefois le blason du personnage suivant.

* **Rochetaillée** (de), cardinal, au 15e s., né d'une famille obscure de R. en L. — *De gueules à la bande d'argt., chargée de 3 dauphins d'or*. Hug. de R., cler de v., 1270.

**Rochette** (de La), de Baubigneux, de Villedemont, de Montgillier, de Bonneville, etc. en F. ; Christophe, éch., 1756. EGF 89. Représentés en F. (*LC ; MN ; Notice historique et généalogique sur la maison de la Rochette*, par A. d'Assier des Valenches ; Lyon, Ls Perrin, in-8°, 1856, blas. ; *Appendice à la notice... de la maison de la Rochette*. Lyon, sept., 1859, in-8°). — Au lieu d'un *tertre*, on doit blasonner une *mer*. Devise : *Illæsa fluctibus*.

* **Roëre** (de La), à St-Etienne, au 17e s. — *De pourpre à 2 roseaux en sautoir d'argt., cantonnés de 4 trèfles du même*. (*AG*).

**Roger**, à L., au 17e s. (*Segoing*).

**Rogier**, trés. de F., à L.

* **Roissieu** (de), sgrs de Monteille en F., par héritage de la famille de ce nom, orig. de St-Etienne, établis à Paris, où ils occupèrent des charges. Et. au commencemt du 17e s. (*TV*).

**Rolland** de la Platière, d'après l'*AG*.

**Rolland** Ant., éch., 1690 ; Dominique R. des Places, 1722.

**Rolland**, sgrs de la Ducrie, près Charlieu, des Corgenants, St-Denis-de-Cabannes, St Pierre-la-Noaille en L. ; première moitié du 18e s. — Supports : 2 aigles (Cachets ; sur l'un d'eux, de 1733, les armes de R. sont parties de Dupont de Dineschin.) — Cette famille nous paraît être la même que celle des sgrs de la Platière (Thizy), en B., aux 17e et 18e s., à laquelle appartenait le célèbre Girondin.

**Rollin** de Montours, sgrs de St-Maurice (St-Just-d'Avray) en B., possessionnés à St-Clément-de-Valsonne et St-Laurent en L., 18e s. — Les armes sont celles d'une famille d'Autun, ét. au 17e s.

**Rollin** de Chamblas, receveur des domaines, à L., au 18e s.

**Romain** (Cl.), solliciteur de l'Aumône (*G*). Il appartenait probablement à la famille des sgrs de la Forest en L., au 16e s.

**Roman** des Rives, chanoine de l'Ile-Barbe, 18e s.

**Romanans**.

* **Romanet** (de) de Beaudisner, de l'Estrange et de la Porte, orig. de St-Bonnet-le-Froid. RN du Velay, en 1668. EGF 89. Ils héritèrent, en 1743, des de l'Estrange, dont ils ont continué le nom et les armes (*LR*). Le blason de R. est *d'az., au pal d'argt., chargé de 3 chevrons de sable et soutenu de 2 lions d'or*, celui de l'E., *de gueules à 2 lions rampants, addossés d'or, surmontés d'un lion passant d'argt*.

**Roncherolles**, famille de la Normandie.

**Ronchevol**, famille chevaleresque, orig. du F., établis en B., en 1375 ; sgrs d'Estaing (Virigneux), par donation du comte de F., en 1277 ; de Montherboux, la Curée, St-Pierre-la-Noaille, etc., par héritage des Rochefort, possessionnés à Marclopt, fief aliéné à J. de Vigènes, en 1375, par Guill. R., quand il passa en B., sgrs de Magnieu-le-Gabion, etc., de Pramenou, de la Gardette (Grandris), par alliance avec les Rebé, possessionnés à St-Cyr-de-Favières, Jarnosse, etc. Et. au 17e s. Une autre branche, sgrs du Poyet, par alliance avec les du Saix. Et. dans les Ste-Colombe et les La Mure-Chantois. (*LB ; LL*).

**Rondet** de Fontanières, anoblis en 1705.

—**Rongeat**, lieut. du quartier de la Boucherie-St-Paul, 1658. V. les armes à Rougeat.

* **Ronno** (de), sgrs de R. (Chamelet) en B., 14e s. — A. inc.

* **Roquette** (de La), s. du R. en 1760, à L.

**Rosier** (du), sgrs de la Bastie, famille du F., dont la noblesse fut confirmée, en 1657 ; sgrs du R., près de Feurs,

Magnieu-le-Gabion, acquis en 1687 ; de la Varennes, par acquisition, en 1773 ; divisés en deux branches, au 18e s. RN 1668. EGF 89. (*LC*).

**Rossat** (Mgr), évêque de Verdun, orig. du diocèse de L.

**Rosset** ou **Rousset**, famille chevaleresque du B., divisée en plusieurs branches ; sgrs du Tiret et d'Amarein, ét., sgrs de Montgré (Glaizé), de Chancins, de Portebœuf, la Chartonnière, par alliance avec les Chaneins ; fiefs transmis de même aux la Madeleine-Ragny ; sgrs de Bully, d'Arbain, de Marzé, par donation du duc de Bourbon, en 1437. (Titre original, communiqué par M. Dufêtre.) Et. dans les Nanton, à la fin du 16e s. La branche principale existait encore à la fin du 17e s. RN 1668. (*LL; GD*).—On a omis 3 *molettes de gueules sur la fasce.*

* **Rossignol** Th., cler de v., 1418.

**Rossignol**, intendant à L., au 18e s.

**Rostaing** (de), mquis de R., ctes de Bury, sgrs des Roches (Sury), de Veauchette, de Sury-le-Comtal, acquis en 1548, etc., divisés en deux branches, les sgrs de Veauchette et les mquis de R., ctes de B. et de la Guerche. RN 1668. EGF 89. Représentés à Montbrison. (*LC ; MC ; PA ; LL ; MB*). Tenants : 2 hommes sauvages.

**Rostaing** (de), à L., 18e s. : un chanoine d'Ainay, un lieut.-colonel au régt de Bourbon.

**Roue-Montpeloux** (de La), ancienne famille chevaleresque, dont la première tige se fondit, à la fin du 13e s., dans les de Solignac, qui en continuèrent le nom et les armes. Sgrs de la R. de M. Solignac, Aurec ; de Montarchier et Usson, par alliance avec la famille de ce nom, au 14e s. ; de l'Espinasse, etc. ; fondus, en 1557, dans les d'Hérail de Pierrefort. (*LM; LA; BO; TV*).

* **Roue** (de La), sgrs d'Argentière, de Milly (Brullioles) ; de Chavannes et Triamen (Courzieu), par alliance avec Lagier ; d'Amanzé (Jarnieux) en L. ; P., éch., 1689 ; J.-B., 1700. — *De gueules à la roue d'argt. clouée de gueules.*

**Rougeat**, v. Rongeat.

**Rougeaud**, capit.-pennon du quartier de la rue Grolée, 1658.

* **Rougeault**, à L., 17e s.—*D'or. à la bande d'argt., chargée de 3 roses de gueules.* (*AG*).

* **Rougemont**, sgrs de la Liègue en F., au 16e s. La maison de Bron s'étant fondue dans celle-ci, lui imposa l'obligation d'en continuer le nom et les armes, ce qui fut exécuté jusqu'à l'extinction de cette maison, à la fin du 17e s. RN 1668. Il y eut procès à l'occasion de l'héritage des R., entre les la Motte-Brion et les Fay de la Tour (*MC*). — Les Bron-Rougemont portaient écartelé : aux 1er *et* 4e *de la Liegue; aux* 3e *et* 4e *de B.* On ajoute quelquefois sur le tout : un écu *de gueules aux lion d'or*, qui est de R. en Bresse. *GB*, qui a donné la généalogie des R., ne mentionne pas la branche des sgrs de la Liègue.

**Rougier** Ch., éch., 1659. — Cette famille portait déjà ce blason au commencement du 17e s. (Cachet de 1605).

**Rougnard** : un cler au Présidial de L., 18e s.

**Roujoux** de Fécamp, sgrs de Montclair (Vernay) en B., fief transmis par alliance aux la Roche-Poncié.

* **Roullet**, à L., au 18e s.

**Rousselet** de la Pardieu, sgrs de Jonnage en Dauphiné, de la P. près de L., enfin mquis de Château-Renaud, ancienne famille consulaire de L. que l'on fait venir d'Italie sous le nom de Ruccelli ; établis ensuite en Touraine ; J., cler de v., 1462, 66, 67, 70, 76, 80, 83, 84, 87, 88, 89, 91, 96, 97, 98. Guill., 1490, 94 ; Fs, 1539, 47. (*MO ; PL ; LC*).

**Rousset**, RM 1668, v. Rosset. Claudine Brunand a mal blasonné des *coquerelles* au lieu de *roquets* ou fers de lance de joute. Gérard Rousset était cler de v. en 1417.

**Rousset** de St-Eloy, sgrs de St-El., de Grézieu ; fief aliéné, en 1775, aux Chappuis de la Goutte. Gilbt, éch., 1741 ; Joseph-Mie, 1768. EGL 89. Représentés à L.

**Roussillon**, ancienne famille chevaleresque du Dauphiné, divisée en plusieurs branches que tous les auteurs, excepté *LM*, ont confondues entre elles. Les deux tiges principales sont celle d'Anjo et celle des Roussillon, sgrs d'Annonay. Les R. Annonay ont possédé, en L., la seigneurie de Riverie, par alliance avec les de Glane, au commencement du 13e s. Leur filiation doit être rectifiée ainsi : Aymar de R. A., en 1271, père de Guill. R., épousa Béatrix de la Tour, dont il eut entre autres enfants, Artaud, père d'Aymard, qui de diverses alliances ne laissa qu'une fille qui transmit la succession des R. A., aux Villars Thoyre. Les sgrs d'Anjo ont formé la branche forézienne des sgrs de Veauche : Guy de R., en 1336, fut père de Girard de R., sgr d'Anjo, qui reçut en don, du comte de F., le château de Veauche ; son fils Robert fut sgr de V., et de celui-ci descendait un autre Gérard de Roussillon, sgr de V., qui fit hommage, en 1395 et 1410. C'est leur blason qui figure dans la planche, d'après un sceau de 1265, cité par *LM*. Le franc-canton pourrait être les armes d'Ecotay : la dime de ce lieu appartenait, au commencement du 14e s., aux R. V. Ce même rameau posséda, par alliance avec la famille Salvaing, les fiefs de Nervieu, Foris, Vaures-les-Montbrison, Torrent, transmis par mariage aux Flotte de Revel, et posséda, en Bourbonnais, la terre de Beaudéduit. Et. en Tournon et Bourbon. (*LL* ; *LM. Histoire des ducs de Bourbon* ; *MC; BO*).

* **Roussillon** de Beau-Retour ; orig. de Bresse, sgrs de Longeval (Chambost-sous-Chamelet) (*GB*). — *D'argt. à 2 fasces de sable.*

**Rouvel**.

**Rouvière**, sgrs de Malleval, au 17e s. Eustache, éch., 1632 : un trés. de F., † en 1752 ; il ne laissa que des filles mariées dans les familles Gayot de la Bussière et de Quinson. (*PL*).

**Rouville** Guill., orig. de Tours, cler de v., 1568, 73 et 78, libraire à L., ne laissa que quatre filles. (*PL*). — Les armes se voyaient, il n'y a pas longtemps, au-dessus d'un puits qu'il avait fait construire dans la rue de l'Hôpital. Il possédait, entre autres maisons, celle du *Phénix*, dans la rue Mercière, dont l'enseigne est encore visible.

**Roux**, « *Ruffi*, » sgrs de Cerbué (Perreux) en B. du 13 au 16e s. (*PL*). — Le blason est douteux.

**Roux**, J.-Ant., éch., 1769. EGL 89. Représentés à L.

* **Roux** de la Plagne en F., au 18e s. : un président au Parlt de Bourgogne (PB).—*D'argt. à la fasce d'az. chargée de 2 étoiles d'or, accompagnée d'un lion passant d'az., en chef et en pointe d'un croissant du même.*

* **Roux** de St-Céran : un s. du R. en 1750 ; sgrs de Cruzol (Lentilly), 1786. — *Coupé au* 1er *d'az. à 2 annelets d'argt., au* 2e *d...*. (Cachet.)

* **Roux** (Le), sgrs de Prunerie en F., au 16e s.

**Rovédis** (de), ou **Ravie** (de), bons de Fourquevaux, orig. de Pavie, dont ils portaient le nom, établis à L. au 15e s., puis en Languedoc ; sgrs de la Salle, près de Quincieu en L. (*PL ; MO ; AP ; DH*). Simon de R. ou de P., médecin de Louis XI et de Charles VIII, fit achever l'église de St-Bonaventure. Deux inscriptions du temps rappellent ce fait ; on voyait aussi ses armes sur la façade de l'église avant les réparations qu'elle vient de subir. Elles y étaient *vairées d'or et de gueules*, tandis qu'elles sont *vairées d'or et de sinople* dans la chapelle de la Ste-Vierge, à Ainay (actuellement de St-Michel), fondée, en 1485, par son fils, Guich. de R., prieur de Bellegarde. On trouve

P. de Pavie, c[lers] de v. en 1482. — Plusieurs auteurs blasonnent ces armes : *écartelées au 2e et 3e de gueules, à l'aigle à 2 têtes couronnées d'or, surchargée d'une aiglette à 2 têtes de sable*, armes qui seraient une concession faite, en 1403, par la république de Venise, selon les uns, ou par Michel Paléologue, selon les autres ; mais il suffit de lire le texte des lettres que l'on suppose avoir été données à cette occasion pour en reconnaître la fausseté ; au surplus, les anciens monuments héraldiques de cette famille ne présentent pas cette écartelure.

**Rovigliase** (de), Mercurin, c[ler] de v., 1566, 67. Etablis plus tard en Dauphiné et connus sous le nom de Revillase. (*GA ; DH*).

**Roville**. (*G*).

**Roy**, à L., au 17e s. (Tombe de 1625, aux Jacobins). Ces armes appartiennent peut-être aux R., sg[rs] de Perse, qui avaient, à la fin du 16e s., un tombeau à la Charité.

**Roy** (Le) du Molard, sg[r] du M. (Genay) en L. J., éch., 1754.

**Roy** (Le), notable b[s], 1664.

* **Roy** (Le), famille dont les membres, au service des Regnault, à la fin du 16e s., avaient leur sépulture à côté de leurs maîtres, dans leur chapelle, à St-Paul. — *D.,..à un croissant d..., supportant un rameau à 3 branches d...* (Tombe de 1607.)

* **Royer**, à St-Chamond, au 18e s. : un s. du R., à L., en 1772.

**Royers**, sg[rs] de la Matraville, de Rongefert près Charlieu, 18e s. Sur un cachet de J.-B.-Alph., en 1741, les armes sont accolées d'un écu *d... à un lion tenant une épée flamboyante d...* Ils étaient probablement de la même famille que Royer de la Valfenière, gentilhomme orig. de Provence, qui dressa les plans de l'abbaye de St-Pierre, à L., au 17e s., et qui portait des armes analogues, hormis que le champ était *d'azur*. (Nostre-Dame : *Histoire de Provence.....*)

**Royraud** du Villars. RN 1668. — Ce blason est mal placé en tête de la pl. 56.

**Roze**, anoblis en 1655. RN 1668, sg[rs] de Ste-Colombe-lès-Vienne. Représentés à L. — Sur un cachet de 1722, d'Amand-Scipion, R., chevalier du Mont-Carmel et de St-Lazare, les armes sont accolées de celles de Mazenod.

**Roze** (la), le capitaine La R. (*G*).

**Rozet**, bourgeois de L. au 18e s., tenaient en franc-alleu une maison dans la rue Bourgchanin, à l'enseigne du *Bras Durandal*.

**Rozier** (l'abbé), célèbre agronome à L., au 18e s. — *Ex libris* gravé.

* **Rozière** (de), Robert, c[ler] de v., 1388, 1401, 5, 9.

**Rubys** (de), sg[rs] de l'Anticaille à L., à la fin du 16e s., fief qui venait des Buatier. F[s], c[ler] de v., 1504 ; Cl., 1583, 92. Et. en la personne de ce dernier, † en 1613, sans enfants de sa femme F[se] Buatier, dont il portait les armes écartelées avec les siennes et accompagnées de cette devise :

LA VRAY AMOVR EST TOVSIOVRS VIVE
ET NE MEVRT POINT PAR LE TRESPAS

comme on le voit sur sa tombe, provenant des Jacobins, et conservée au Musée lapidaire de la ville de L. (*PL*).

—**Ruccelli**. V. Rousselet.

* **Rues** (des) ou des **Rives** J., capit. de Montbrison, en 1373. Ses armes se voyaient encore, au 17e s., dans le cloître des Cordeliers de cette ville.

**Ruffier** d'Attignat, trés. de F. au 18e s.

**Ruffin**, lieutenant général en B., au 13e s.

**Ruolz** (de), branche d'une famille orig. du Vivarais, où sa noblesse fut reconnue en 1669. Etablis en L. à la fin du 17e s., sg[rs] de Francheville, par acquisition du cardinal de Tencin. Deux c[lers] et un chevalier d'honneur à la Cour des Monnaies de L. Représentés à L., à Paris et en Auvergne. (*AP ; LC ; BO ; BA ; AM ; LR*). — Cette branche écartelait au 2e et 3e *de gueules au chef d'or, chargé de 3 molettes d'azur*, qui est de Montchal. C'est ainsi que les portait J.-P. de Ruolz-Montchal, qui fit hommage, en 1783, de la justice haute et basse qu'il avait à Chaponost. (Cachet). D'ordinaire, ce blason écartelé est entouré d'une *bordure semée de France*. Devise : *Toujours prest*.

**Rupt** Ed., c[ler] de v., 1381, 88. — Nous ne savons si ce nom a été bien lu dans les listes consulaires ; quant aux armes qu'on lui attribue, ce sont celles d'une famille de la Franche-Comté, qui n'a probablement aucun rapport avec ce personnage.

**Rygolat** (*G*).

**Sabatier**. Elu en 1664.

**Sabatin**, bourgeois de L., sieur de Ronzière (Ternand) et de Malleval, 18e s. (Cachet).

**Sablière** (Mme de la) *G*.

* **Sablon** (du), famille chevaleresque, sg[rs] de Theil ou de la Boironne (mandement de Malleval), en F., au 14e s., par alliance avec les le Déchaux. — A. inc.

**Sabot** de Pizeys, sg[rs] de P. (St-Jean-d'Ardières), en B., par acquisition, au 18e s., de Sugny, de Pivolay, en L. ; F[s], éch., 1701. EGL 89. Une branche, dite de Luzan, se fixa à Paris ; elle comptait un c[ler] au Parlement de cette ville et un s. du R. (*HM*). — Il y a quelques variantes dans les émaux de ce blason. En 1664, ils portaient *d'az. au chevron d'or, accompagné de 2 étoiles du même et d'un pélican sur un tertre d'argt.*

**Sacconay** (de), orig. du pays de Gex, sg[rs] de Bacot et St-Christophe, en B., par alliance avec les de Sarron, au commencement du 17e s., fief aliéné en 1719. (*GB ; PL ; LC*). Cette famille a donné plusieurs chanoines de L. Les armes de l'un d'eux sont peintes sur un autel en maçonnerie dans la chapelle de St-Thomas, que les chanoines de cette maison avaient dotée et où ils étaient enterrés ; ces armes sont écartelées aux 2e et 3e de des Clées, blason de la mère de ce chanoine ; dans le transept est une grande dalle tumulaire, qui porte l'effigie à demi-effacée et l'épitaphe d'Henri de S., † en 1444.

* **Sacconins** de Pravieux, sg[rs] de P., de Bussières (Pouilly-lès-Feurs), de Montolivet (Renaison), en F., du 15e au 18e s. Cette maison a donné des chanoines de L. (*AP*). — *De gueules semé de billettes d'or, à une bande d'argt. chargée en chef d'un lion de sable.*

**Saffange**, prêtre de St-Paul, 17e s. (*AG*).

**Saignard** de la Fressange, sg[rs], puis m[quis] de Sasselanges, sg[rs] de Tréméolles, en F., au 18e s., branche d'une famille du Velay, anoblie en 1439. Etablis en F. EGF 89. — Les armes doivent porter un *sautoir* et non un *chevron*. Cette branche écartelait : *d'az. à l'aigle d'argt.*, qui est d'Allier de la Fressanges. (*SA ; LD ; LR*).

* **Sail** (de), très-ancienne famille chevaleresque, dont le surnom était le Chauve « *Calvus*, » appelés de Sail du lieu de Sail en Donzy, où ils résidaient, au 12e s. Ils possédaient aussi la Vaurette (Cottance), fief dont les d'Essertines héritèrent, vers 1399. Selon *LM* (*Miroir historial..... du Chapitre de Lyon*, manuscrit), cette famille serait la même que celle des Chal ou Chaux, qui subsistait encore au 15e s. Les de S. ont donné 2 doyens de L. en 1193 et 1209. — A. inc.

**Sain**, b[ons] de Vauxonne, noblesse de l'Empire. Représentés à L. et en B.

* **St-Alban**, famille chevaleresque en F., 14e s.

* **St-Amour** (de), sg[rs] de St-A. Vinzelles, de Foncrainne (Béligny), famille bourgeoise de Villefranche, qui acheta, en 1301, le fief de Foncrainne ; fondus en 1412

dans les Genost qui en héritèrent, à charge d'en porter le nom et les armes jusqu'à la 10e génération (*LB; LL*). — *Ecartelé: au 1er et 4e d'or, à 3 roses d'az., au 2e et 3e de* Genost, *sur le tout de sinople au chevron d'or, accompagné de 3 étoiles du même; au chef d'or chargé de 3 bandes de sinople.*

**St-Antoine.** Ordre religieux. Il desservait à L. un hôpital abandonné plus tard. Un privilége assez bizarre était accordé à ces religieux; ils avaient le droit de laisser vaguer dans la ville un certain nombre de porcs. — L'écusson en abîme est *d'or à un tau d'az.* C'était par une concession de l'empereur Maximilien qu'il était placé sur les armes de l'Empire.

* **St-Barthélemy** (de) Jaquemet, cler de v., 1394; Poncet, 1420, 26, 31; P. 1425, 33, 36; Geoffroi, 1468, 78.

**St-Bonnet** (de), ancienne famille chevaleresque, sgrs de St-Bonnet-le-Château, en F. Et. à la fin du 13e s.; l'héritière de cette maison s'étant mariée 5 fois, ses biens furent partagés entre plusieurs familles, tels que celles de Baugé, de Chastillon en Bassois, de Damas, etc. (*LL*). — Sceau de 1270.

* **St-Bonnet** (de), famille chevaleresque, sgrs de St-Bonnet des Quarts et de St-Riram, en F., fondus, en 1459, dans les Damas. — *D'argt. à 3 fers de cheval de gueules cloués d'argt.*

* **St-Bonnet** (de), bourgeois de L., 1696. — *De gueules à un fer à cheval d'or et 5 étoiles du même en sautoir.*

* **St-Bonnet-le-Château**, petite ville en F. — *Mi-coupé parti: au 1er d.... à une fleur de lis florencée d...., au 2e d.... à l'aigle d...., au 3e d.... au griffon d....* (sceau de 1589).

—**St-Chamond** (de). Ce nom a été porté par les Jarez, sgrs de St-Ch., et par les d'Urgel, qui leur succédèrent dans cette seigneurie. — V. Jarez. — La ville de St-Ch. a gardé les armes de ces sgrs. — *parti au 1er d'az., au 2e d'argt. à une fasce de gueules.*

* **St-Cher** (de), J., cler de v., 1270. — Il y a eu du même nom, sinon de la même famille, Hugues, cardinal, du titre de Ste-Sabine, † en 1264. (*MC*).

* **St-Clément**, famille chevaleresque, possessionnée dans l'Obéance de Chazelles, en L., au 13e s. Elle tenait son nom de St-Cl. de Valsonne. Il y a eu d'une autre famille du même nom J., cler de v. en 1337.

**St-Didier**, ancienne famille chevaleresque, sgrs de St-D. en Velay, de Riotor, de St-Just, feudataires des ctes de F.; fondus, en 1376, dans les Joyeuse (*SA; BO*). — La bordure était primitivement chargée d'étoiles. (Sceau de 1314), mais dans les écartelures des Joyeuse on trouve des fleurs de lis. (*Armorial de Berry*).

**St-Etienne**, ville du F., actuellement chef-lieu du département de la Loire.

* **St-Georges** (de), mquis de Vérac, orig. du Poitou, sgrs d'Arcinges, en B., de la Guillemière (St-Germain-la-Montagne), en L., de St-André en R., 18e s. EGF 89. Et. Cette maison a donné un archevêque de L. au 18e s. Sa tombe, où sont gravées ses armes, est dans la grande nef, à l'entrée du chœur de l'église de St-Jean (*LC; CP; MC; FP; BA*). — *d'arg. à la croix de gueules.* Supports: 2 sirènes.

**St-Germain** (de), mquis d'Apchon, sgrs de St-Germain-Laval, fief échangé, en 1302, contre le château de Montrond; de Rochetaillée, par alliance avec les Lignères, au 14e s.; de Veauche, de Chenereilles, par alliance avec les Verd; de Chambost-près-Longesaigne, en B. Les d'Apchon s'étant fondus dans cette famille en prirent les armes et le nom sous lequel ils étaient connus encore à la fin du dernier s. EGF 89. (*LD; BO*). — Sceaux de 1314.

* **St-Germain** (de), sgrs de St-G. au Mont-d'Or, en L. *LL* donne à cette famille un moine de l'Ile-Barbe et des chanoines de L., qui appartiennent à la précédente, du moins le blason qu'il leur donne et qu'il dit être le signe distinctif de cette maison, est celui des St-G. du F. et leur appartient réellement comme le prouvent les anciens sceaux que nous avons cités.

**St-Haon** (de), branche de la maison de Roanne, qui prit le nom de St-H., de son principal domaine. Sgrs de Vertpré et de la Bâtie; divisés en 2 branches. Et. au commencement du 15e s.; leurs biens passèrent aux Damas par alliance. — Les armes sont celles que l'on attribue à la maison de R.; une branche de St-H. portait: *fascé d... et d...* (sceau de 1385); l'autre portait le lion comme le prouvaient des sceaux et un blason sculpté et peint à la voûte de l'ancienne église de R.

* **St-Haon Banasat** (de), bons de Beaucresson, en R., famille de robe anoblie à la fin du 15e s., qui changea son nom primitif de **Pelletier** en celui de St-H. Et. en 1594; leurs biens passèrent à leurs parents, les de Bellefourière. — *D'argt. au chevron de sable, chargé de 6 croissants d'or et accompagné de 3 merlettes de sable.*

* **St-Irénée**, (séminaire de) diocèse de L., fondé au 17e s. Les premières dépenses faites pour cet établissement furent payées par le produit d'une quête destinée à envoyer des secours au siége de Candie et que la prise de cette place laissait sans emploi. — *D'az. aux lettres IMAI entacées d....* (Cachets).

**St-Jean**, Chapitre à L., qui partageait avec l'archevêque l'administration temporelle de la ville et de l'ancien comté de L., à ce titre les chanoines portèrent la qualité de comtes. Les armes attribuées à ce comté étaient *de gueules au lion d'argt. couronné d'or*, et celles du Chapitre, comme corps ecclésiastique, *de gueules au griffon contourné d'or.* A partir de la fin du 15e s., on commença à combiner ces 2 blasons en un seul, qui à la fin demeura tel que le porte la planche. — Tenants: 2 anges, ou plus souvent un St-Jean et un St-Etienne. (Vitraux et sculptures à St-Jean; manuscrits du 15e et du 17e s.; sceaux du 14e et du 16e s.)

* **St-Jean** (de) de Panissière, famille chevaleresque, sgrs de St-J. de P., fief qu'ils cédèrent, en 1308, au cte de F. — A. inc.

* **St-Jean** (de) la Veytre, autre famille chevaleresque qui tenait son nom du village de St-J. la V., en F., 14e s. — A. inc.

**St-Julien** à L., au 18e s., orig. du Dauphiné (*CH*).

**St-Julien Baleurre** (de), sgrs de la Plaine (Dracé) en B., au 17e s., par alliance avec les Naturel, orig. du Mâconnais.

* **St-Julien** (de), famille chevaleresque, possessionnée à Chazey, en L., au 14e s. — A. inc.

—**St-Jullien** (de) **Bayard**. V. B. — Un de St-J., député de la ville, à la fin du 16e s., portait pour armes *d... à une fasce d...* (cachets de 1592); il paraît avoir été membre de la famille de Bayard de St-Julien.

**St-Just**, prieuré à L. — Cimier: une rose; supports: 2 licornes couronnées. Le cimier rappelle la rose d'or donnée au Prieuré de St-J., par le pape Innocent IV, qui y logea pendant longtemps. — (Sceaux et jetons du 16e s.)

**St-Lagier** (de), sgrs de Ronzières, par alliance avec les Faverges au commencement du 18e s.

* **St-Laurent**, famille chevaleresque du L., qui tenait son nom du village de St-L. d'Agny, possessionnée à Condrieu, Taluyers, etc., en L. Cette famille compte un chanoine de L. en 1318. — A. inc.

* **St-Marcel**, famille chevaleresque, appelée ainsi du village de St-Marcel de Félines, en F., possessionnée à Ste-Colombe, Chazey en L., etc. — A. inc. — Il ne faut pas les confondre avec les Raybe qui ont porté longtemps le nom de leur seigneurie de St-Marcel-sous-Urfé, ni avec les Tholigny, sgrs de St-Marcel.

**—St-Martin d'Aglié**, sgrs d'Ecotay, la Roue, St-Anthème, Montpeloux, Usson, Pierrefort, etc., par alliance avec les d'Hérail de Pierrefort, à la fin du 17e s., orig. du Piémont. — Les armes sont à la pl. 4, sous le nom d'Aglié.

* **St-Maurice** (de), en R., branche de la famille de R., sgrs de St-M., en R., de St-Romain-la-Motte, etc. Ils échangèrent, en 1221, St-M., avec le comté de F., contre Bussy, qu'ils cédèrent, en 1259, à Renaud de F. — La seigneurie de St-Maurice passa ensuite, par échange, aux de Thiers. — Les armes peuvent être celles que l'on attribue aux de R. : *d'argt., au lion de gueules.*

* **St-Maurice** (de) en Gourgois, autre famille chevaleresque du F., dont le nom patronymique était Prunerie, sgrs de St-M., de Chazelcs (Luricq), Valeilles, Monts, St-Bonnet, etc., 13e, 14e et 15e s. — *Parti émanché d'argt. et d'az. de 6 pièces.*

* **St-Michel** (de), Et., cler de v., 1270, Rolland, 1294.

* **St-Nectaire**, ancienne famille d'Auvergne, dont un rameau continua le nom et les armes des Lavieu de la Roche-la-Molière, de la fin du 14e à la fin du 15e s. (*BO*).— *D'azur à 5 fusées rangées d'argt.*

**St-Nizier**, chapitre à L. — Les armes sont peintes sur un vitrail de l'église St-Nizier.

**St-Paul**, ancienne famille chevaleresque de St-P.-en-Jarez, connue depuis le 12e s., sgrs du Chambon, de la Guillanche, Vassalieu, la Maisonforte, Clérimbert, etc. La tige des sgrs de la G. et de V. s'est fondue dans les d'Apchon, au 17e s. ; d'autres branches se sont répandues en Auvergne et en Velay, où elles sont encore représentées. (*AP ; BO ; LR*). — Leurs armes se voient à la G. Essertine, où ils étaient possessionnés dès la fin du 14e s. ; à Chamble ; dans ce dernier endroit, elles sont sculptées sur un socle de croix avec certaines particularités que nous a signalées M. L.-P. Gras. C'est un grand écusson renfermant 3 blasons, le 1er de St-Paul avec un chef qui semble chargé de 3 flammes, le 2e d'Apchon, et le 3e en pointe de St-Paul pur. Ce sont les armes de Vital de St-Paul, de Jeanne sa sœur, et de d'Apchon son beau-frère, fondateur du prieuré de Chambles.

**St-Paul**. RN 1668.

**St-Paul**, chapitre à L. — Le dessin de la pl. est la reproduction d'un écusson sculpté à St-Paul.

**St-Pierre**, abbaye de Bénédictines à L. — Le *Chef de France* rappelle que l'institution de cette abbaye était due aux souverains français. Les fleurs de lis depuis longtemps figuraient dans les insignes du monastère ; Alix, abbesse au 11e s., portait un écusson à 3 *fleurs de lis*, qui ne doit pas être considéré comme des armes personnelles, mais comme celles de l'abbaye (sceau de 1070), et en effet les fleurs de lis reparaissent en bordure sur les sceaux d'Agathe de Thurey (sceau de 1370) et de Sibille de Varennes, † en 1348.

**—St-Priest**, le château de St-P. qui appartenait aux Jarez, en 1173, donna son nom à une famille qui paraît être une branche de cette maison et qui se serait subdivisée en 3 rameaux principaux : 1o les sgrs de St-P. qui, au milieu du 13e s., étaient de la maison d'Urgel, héritèrent au commencement du 14e s. des J., sgrs de St-Chamond, dont une branche prit le nom, tandis que l'autre continua la race des sgrs de St-Priest jusqu'au 17e s. ; 2o d'autres St-P., dont le surnom était Pasturel, étant devenus sgrs d'Apinac, par alliance avec les Maréchal, au 14e s., prirent ce nom et enfin celui d'A., qu'ils changèrent, au 16e s., en Espinac. Et. à la fin du 16e s., les Flachat en héritèrent par alliance ; 3o les St-Priest-Fontanais. Ils donnèrent naissance, au 16e s., aux sgrs d'Albuzi. Et. (*LL ; MC ; LR*).— Les Jarez portaient parti *d'az. et d'argt.*, blason que les d'Urgel-St-Chamond gardèrent et auquel ils ajoutèrent plus tard une *fasce de gueules sur l'argt.* ; les d'Urgel-St-Priest conservèrent leurs armes propres (*Armorial de Berry*), qu'ils brisaient seulement d'une *bordure de gueules*, un rameau de ceux-ci chargeait cette *bordure de besants* pour sousbrisure (*Guill. Revel*, sceaux de 1314) ; les St-P.-Maréchal portaient : *écartelé, au 1er et 4e contrécartelé d'argt. et d'az. ; au 2e et 3e d'argt. au lion de gueules, l'écu entouré d'une bordure de sable besantée d'or*, l'écartelure était le blason des Maréchal. (*Guill. Revel*). Enfin les St-Priest-Fontanès portèrent, comme les précédents : *écartelé d'argt. et d'az., à une cottice de gueules brochante.* V. Jarez et Urgel.— Une branche des Ste-Colombe a porté le nom de St-Priest.

**St-Romain** (de), famille chevaleresque qui portait le nom du village de St-R., au Mont-d'Or, en L., sgrs de Valorges ; de Meyré (Cublize), par alliance avec les d'Ars, en 1441, en B., de Billy et de Vichy en Bourbonnais ; de Lurcy, etc. La branche des sgrs de Valorges s'éteignit au 16e s., fondue dans les Thélis-l'Espinasse. (*LC ; BO*).

* **St-Sacrement** (Pénitents du), confrérie établie à R., en 1617, pour escorter le St-Sacrement quand on le porte aux malades. — *De gueules à un agneau pascal d'argt.*

**St-Symphorien** (de), sgrs de St-S.-le-Chât., en L., fief confisqué sur cette famille, au 14e s., par ordre du roi de France ; de Chamousset ; de la Garde d'Ampuis, par alliance avec la maison d'Ampuis, en 1361 ; de Cucurieux, par alliance avec la famille du nom, en 1458 ; de Ronno, la Menue, Grézieu, Essertines, Violeys et Cottances. Et. à la fin du 16e s., fondus dans les de Crémeaux et les de Vichy. (*MM*).

* **St-Trivier** (de), J., cler de v., 1358, 62 ; P., 1364.

* **St-Vallier** (de), P., cler de v., 1270.

* **Ste-Agathe**, famille chevaleresque du F. Ét. depuis longtemps ; un de Ste-A. se croisa, en 1231. La terre passa aux de Mars, aux de Barges et enfin, en 1502, aux d'Urfé. — A. inc.

**Ste-Colombe** (de), famille chevaleresque qui tenait son nom de Ste-Colombe, sur les limites du F. et du B., divisés en 3 branches : 1o les sgrs de Thil, ét. au 16e s., et dont les biens passèrent aux Chevriers de St-Mauris ; 2o les sgrs de St-Priest-la-Roche, de la Talonière et de Bonvert, ét. à la fin du 16e s. ; St-Pr.-la-R. échut aux Ste-C. du Poyet, et B. et la T. aux Digoine du Palais ; 3o les sgrs de la Boëri, qui ont formé d'une part les Ste-C.-Nanton, par alliance avec la famille de ce nom, et les Ste-Colombe du Poyet, par alliance avec les Ronchevol, au 16e s. ; et, d'autre part, les sgrs de Piney, de la Villette, de Bellegarde, La Garde d'Ampuis, de Thorigny, de l'Aubépin, par alliance avec les Semur, vers 1570. EGLFB 89. (Le Laboureur : *Généalogie de Ste-Colombe ;* Lyon, in-8o, 1670, fig. ; *LB ; BO*.). Les St-Priest brisaient : *d'un lambel à 3 pendants de gueules.* Cri : *Chersala* (Guill. Revel). C'est donc à tort que *LL* suppose qu'ils étaient les aînés ; à partir du 17e s., les sgrs de l'Aubépin écartelaient de Semur. Les armes de Julien de Ste-C., moine d'Ainay, † en 1516, étaient gravées sur sa tombe : *parties d..., à 3 lions d..., parti fascé ondé d... et d...* L'écu à 3 lions rappelle les armes de Thil ; néanmoins, *LL* donne ce religieux aux Ste-C. de la Boëri. — Cette famille compte des chanoines de L. et des chevaliers de Malte. Cl. de Ste-C. fut reçu en 1681, et présenta les quartiers suivants : Ste-C., Nagu, Nanton, de Marcilly, d'Albon, St-Chamond, de Galles, de Bron, Vaurion, Flachat, Crémeaux, Prunel, Merle-Rebé, Meyzé, Chabeu, St-Paul. Cl.-Marie-de Ste-C.-l'Aubépin, fut reçu, en 1729 ; Ste-C., Bourgeois de Moléron, la Guiche, Ryc, Yseran, la Porte, Aubergeon, la Motte, Ste-C.-Nanton, d'Albon, Vaurion, Rebé, Guill. de Ste-C. du Poyet, en 1777 ; Ste-C., la Madeleine, Naturel, St-Amour,

Bottu, Fiot de Montgré, Hesseler, Dugaz, Guillermin, Arcy, Roger de Lignat, la Grange, Bouthier, Joleaud, Pacaud, du Pont. — Supports : 2 léopards, et plus tard 2 lévriers. Cimier : une colombe. Devise : ανευ χολης (sans fiel), ou *Spes mea Deus*. — Les sgrs de St-Priest.

**Ste-Marie** (Religieuses de), à Villefranche.

**Saisseval**, sgrs de la Salle en L. — Les armes sont celles d'une famille de la Picardie. (*DH; LC*).

**Saix** (du), ancienne famille chevaleresque de la Bresse, qui a formé un grand nombre de branches répandues en diverses provinces : la branche de la Rivoire a donné les sgrs de Plantey et de Ressins en B., par alliance avec la famille de Plantey, au 15e s., de Giraldières, Noally en Bourbonnais, Pierrefitte, la Tour-d'Essertines en B., de Mars, Vaugereil, le Petit-Balmont en L., de Buffardans en F., par alliance avec les de Rétif, en 1500. Et. dans les la Queille, en 1608, et les Talaru, en 1614. La branche de Barbarel a formé le rameau des sgrs de Vuris en B., par alliance avec de Verneys, à la fin du 15e s. Et. presque aussitôt, les biens passèrent aux Ponceton ; les bons du Poyet en F., sgrs de Chanlon, du Clappier, de St-Just en Chevallet, portaient les mêmes armes. Le Poyet passa aux Ronchevol. Les du S. du Forez « *del Says*, » sont connus du 14 au 15e s. (*GB; LC*). — Un chevalier de Malte de cette famille présenta, en 1703, les quartiers suivants : du S., Bourdon, de Guines, du Clusel, de Beck, du Vernay, Vaurion, Flachat, Foudras, ........., du Peloux, Sirvinges, Arcy, Chameyré, Cibérans, Marcoux, du Bost, Rochefort, Tenay, Semur, Ste-Colombe, Raybe, Pointières, de Lestang, Saron, St-Priest, Sacconay, Seneret, Legière de Testenoire, Patissier, Salemard, Foudras. — Supports : 2 lions tenant chacun une bannière aux armes du S. Cimier : un globe sur un coussin. Devise : *Non mobile Saxum.*

* **Sajot** ou **Sageot**, sgrs de Chavagneux en Bresse, à L., au 16e s. Et. au commencement du 17e s. — Leur blason qui nous est inconnu était placé dans leur chapelle, dans l'église du collége.

**Sala**, sgrs de Mont-Justin, à la fin du 16e s. P., cler de v., 1421; J., dit Bastier, 1423, 27; J., 1507, 8, 16, 17, 22, 28, 33, 34, 37; Fs, 1546, 52, 64, 65, 66, 74. J. laissa une fille qui porta ses biens aux Guilhems, en 1530. (*PL; MM*). — Leurs armes sont blasonnées différemment. La version de Chaussonnet est celle que nous donnons. *PL* les blasonne de cette manière incompréhensible : *de gueules au croissant d'argt., surmonté d'une étoile d'or non effacée* (*sic*). *PV* les indique : *d'argt. au croissant de gueules, surmonté d'une étoile du même.* Au-dessus de la porte de l'Antiquaille, à L., on remarque deux écussons accolés aux armes de Buatier. Le 2e est écartelé au 2e et 3e *d... à une étoile et un croissant d... mis en bande.* M. Morel de Voleine a émis l'opinion (*Gazette de L.* 1854 et *MC*.) que ce pouvait être le blason des Sala; depuis, M. Emile Perret a répété cette supposition. (*Recherches sur les armoiries placées au-dessus de la porte de l'Antiquaille.* Lyon, Louis Perrin, 1858, in-8°, fig.), mais sans émettre aucune considération nouvelle pour l'appuyer.

**Saladin**, sieur du Fresne. Fs, éch., 1682.

**Salemard**, anciennement **Salamard**, famille chevaleresque du F., mentionnée depuis le commencement du 13e s., divisée en plusieurs branches : 1° les sgrs de la Fay, par héritage de leurs parents ; de Montfort, en Dauphiné, par donation d'Ant. Clavel, au 16e s. ; de Chirassimont en B. ; 3° les sgrs de Cognet (St-Cyr-les-Vignes) en F. et d'Affos, du 15e au 16e s. ; enfin, une 4e branche peu connue. La branche de Ressis abandonna ce fief aux Ste-Colombe et passa en Dauphiné ; elle est représentée. (*LL; MM; AP; SA*.)

—**Salle** (de La), ancienne famille qui tenait son nom du fief de la S., de Quincieux en L., aliéné par eux depuis longtemps. Ils ont occupé, aux 14e et 15e s. la charge de viguier ou châtelain, à St-Cyr-au-Mont-d'Or. (*LL*). — Le blason est mal placé à la pl. 3, sous le nom d'Artau, qui n'est qu'un prénom.

**Salle** (de La), sgrs de Pelussieux (Feurs), de Chassaigny, Beauverger, au 17e s.; de Pierreux (Odenas) en B., au 18e s. RN 1668. EGB 89. Branche d'une famille d'Auvergne, répandue en divers lieux (*BO*). — Les armes sont mal blasonnées. La tour doit être soutenue *de 2 troncs écotés mis en sautoir*. Guich. de la S., dont la noblesse fut reconnue en F., en 1668, portait parti : *au 1er de la S., au 2e de sable à la bande d'argt.*, v. pl. 33, verso.

* **Salomon** en F., au 18e s., famille ét. — *D... à un chevron d..., chargé d'une étoile d..., accompagné de 3 losanges, et un lambel de 3 pendants d..., en chef.* (Cachet.)

* **Salsat** (de), famille chevaleresque, possessionnée à Retournac et à St-Romain, au 14e s. Béatrix de S. était dame de Cusieu et épouse, vers 1387, Raulet de Laire.

—**Salt**, ou mieux **Sail** en Donzy, village en F., dont le nom paraît avoir été porté par les Chal. On trouve entre autres une Huguette de Sail « *de Salis* » qui, dans le cours du 14e s., transmit par alliance le fief de la Vaurette aux d'Essertines. — V. Sail et Chal.

**Salviati**, célèbre famille florentine, établie à L., au 16e s.

**Saminiati**, à L., en 1696. (*AG*).

**Sarde**, sgrs de St-Véran en L., 17e et 18e s. Plusieurs trés. de F. — La fleur de lis doit être sur l'estomac de l'aigle. (*Recherches sur les Fleur de lis* dans *LC*). Ces armes, du reste, présentent plusieurs variantes : *Coupé d'or à l'aigle de sable et d'az. à 3 croissants d'or.* (*Les Forces de Lyon*). *D'az. à la trangle d'or, accompagnée en chef d'une aigle à 2 têtes couronnées d'argt., et en pointe de 3 croissants du même.* (*Entrée du cardinal Flavio Chigi*). *Coupé d'or à l'aigle de sable et d'az., à 3 croissants d'argt.* (Cachet de 1747, accolé des armes d'Aveine.)

**Sardine**, notable bs, en 1664.

**Sarrazin**, famille consulaire de L., divisée en deux branches : l'une passée à Genève ; l'autre établie en B., sgrs de la Pierre (Durette), jusqu'en 1766. Richard, cler de v., 1587. (*PL*).

**Sarrazin**, sgrs de la Pierre (Durette). — Armes selon M. de la Carelle.

**Sarron** (de), mquis de S., famille chevaleresque qui a donné des comtes de St-Jean. Sgrs d'Epinay, près d'Irigny ; de Sivrieu, par alliance avec la famille de ce nom, au commencement du 18e s., en L., de Vaux et de de Marcoux en F., par alliance avec les de Vaux, au 15e s. Marcoux fut aliéné avec Goutelas aux Papon ; de Rochefort (Amplepuis), des Forges, Vareilles (Lay), Fourneaux ; de Bacot, par alliance avec Legière de Testenoire ; fief passé aux Sacconay; du Jonchai (Anse) ; St-Just d'Avray. EGLB 89. Et. au commencement de ce siècle ; fondus dans les Artaud de la Ferrière. (*MM; MC*). — Supports : 2 licornes.

**Sartine** (de), lieut. de police, à Paris, au 18e s., orig. de L. (*LC*).

—**Sartines** (de), v. Essertines.

**Sarton** du Jonchay, trésorier de F., au 18e s. EGL 89. Cette famille existe.

**Satin**, enseigne-pennon du quartier de Confort, au 17e s.

**Saujon** J., cler de v., 1574.

**Saulier**, notable bs, en 1664. — La bordure est mal représentée : elle doit se composer de *godrons* séparés par des cannelures étroites.

**Saultereau**, étrangers à nos provinces.

**Saunier** (Le) *G.* — Jourdan S. était c[ler] de v. en 1386.

* **Sausse** (La), à L. : un s. du R., en 1760. EGL 89. Représentés à L.

* **Sauvade** du Pincy et du Perret en F., sg[rs] du Perret, par acquisition, en 1782 ; d'Estaing, acquis, en 1785, des du Rosier. Un s. du R. EGF 89.

**Sauvage** des Marches et de St-Marc, orig. du Mâconnais. Représentés à L. (*BA*).

**Sauvat**, sg[rs] de Cerbué (Perreux) en B., au 17e s. RN 1668.

**Sauzéa** de Barges (et non Sauzai). EGF 89.

**Sauzay** (du), mquis du S., sg[rs] d'Amplepuis, par acquisition, au 18e s., de Vallers en L., de Jarnosse, de la Molière, possessionnés à St-Clément-de-Valsonne. Marc Ant., P. des M., 1662, 63. — Orig. du Berry, où ils ont rempli des charges municipales. EGB 89. (*TH; Hist. du Berry*, par J. Chaumeau ; Lyon, 1566, in-folio, fig.) — Quelquefois il n'y a pas d'étoiles en chef. Leurs armes se voient sur la cheminée d'une maison, à St-Clément-de-Valsonne. — Devise : *Constantia fulgebit.*

**Sauzay** (de), sg[rs] de Jasseron, orig. de Villefranche, 17e s.

* **Sauzay** (du) de Fabrias, orig. du Vivarais. Représentés à L. — *D'az. au chêne à un double tronc d'argt., au chef du même, chargé de 3 flanchis de gueules.*

* **Sauzey** (du), sg[rs] de Chanay et d'Avenas, commencement du 14e s., peut-être les mêmes qu'une famille chevaleresque de ce nom en F., orig. du Bourbonnais, qui portait : *échiqueté d'or et d'az.* (*BO*).

**Sauzion** (de) (et non Sauzan), sg[rs] de Ronzières, anoblis en 1668. RN 1668.

**Savaron** (de), mquis de S., orig. d'Auvergne, établis à L., au 16e s., sg[rs] de la Fay, de Chamousset, Brullioles, l'Aubépin, 17e et 18e s. ; F[s], éch., 1666. EGLF 89. Et. au commencement de ce siècle. — Dans l'*Entrée du cardinal Flavio Chigi*, la croix est pommetée.

* **Savary**, c[tes] de Breves, orig. de la Touraine, sg[rs] de St-Bonnet-les-Oules en F., par alliance avec Bartholy, en 1661. — *Ecartelé d'argt. et de sable.* (*LC, TG*).

* **Savignieu** (de) J., c[ler] de v., 1431.

**Savignoni.**

**Savigny** (M[r]) de Convient (?) (*G*).

**Savion** (*G*).

* **Savoie** (de), maison souveraine qui a donné deux archevêques de L. au 14e s., et un gouverneur de cette ville, en 1565, duc de Nemours.— On distingue ordinairement, sous le nom de S. ancien et S. moderne, deux blasons différents de cette maison : *le 1er, d'or à l'aigle de sable; le 2e, de gueules à la croix d'argt.* Ces déterminations ne sont pas entièrement exactes : le 1er blason était celui que les c[tes] de S. portaient comme relevant de l'Empire, ou plutôt comme mquis d'Italie, et, à ce titre, lieutenants pour ainsi dire de l'Empereur. Le second blason avait été adopté par une branche cadette qui parvint plus tard au trône et apporta ainsi de nouvelles armes. Les armoiries anciennes de la maison de Savoie, indépendamment du blason de dignité, étaient *un lion.* Le mufle de lion ailé qui sert de cimier est un souvenir du lion primitif et de l'aigle honorifique. (Guichenon : *Histoire généalogique de la Maison de Savoie.* Lyon, 1660, 2 vol. in-fol., fig. ; *Art de vérifier les dates ;* Cibrario et Promis : *De principi di Savoia.* Turin, 1834, in-4° ; *MC*).

**Scarron**, b[ons] de Vaujour, mquis de Marigny, orig. de Montcalier, en Piémont, établis à L., au 16e s.; sg[rs] de Privas, de St-Try, de Serezin, de la Poterie, la Tour-du-Pin, Quinsonas, Cessieu, etc. J., c[ler] de v., 1546 ; Ant., 1567, 69 ; André, 1568 ; P., 1571, F[s], 1573, 81, 84 86 ; Ant., 1575 ; P., 1579, 87; Cl., 1582 ; P., P. des M., 1606, 07, passés à Paris. Et. au commencement du 18e s. (*EL* : Gén. des Henrys ; *PL; LD.*)

**Schedelin**, à L., au 18e s. (portrait gravé). — La pointe doit être couchée.

**Sedurreau.**

**Seguin** Alexandre, éch., 1670. — Devise : *Mon bouclier est en Dieu.*

**Seguin** (de), grand-vicaire d'Ainay (*G*).

**Séjournand**, à L., 17e s. (*AG*).

**Selliers.** Corporation, à L.

* **Semur** (de). Il y a eu deux anciennes familles qui ont porté ce nom, la plus illustre a donné un archevêque de L. au 12e s., elle s'est éteinte en 1244 ; les Chateauvillin en continuèrent quelque temps le nom. Cette maison a possédé en F. les seigneuries des Ouches et de Durbize aux 13e et 14e s. L'autre famille, qui se prétendait issue de la première, a donné les sg[rs] de l'Aubépin, fief transmi par alliance aux de Ste-Colombe. — *D'argt. à 3 bandes de gueules.* (Duchesne : *Généalogie de Vergy ;* Palliot : *Généalogie d'Amanzé; LL ; GH;* Dom Plancher : *Hist. de Bourgogne; MC*).

—**Senectaire**, v. St-Nectaire.

**Seneton** Ant., c[ler] de v., 1523, 28 ; Jq., 1536 ; J., 1539, 48 ; Cl., 1559, 63. — Ils existaient encore à L. au commencement du 17e s. Cette famille parait orig. du Forez, où ce nom se rencontre dès 1346.

* **Senoches** (de), famille chevaleresque dont le nom était **Grognon**, sg[rs] de S. (St-Romain-la-Motte), possessionnés à Lentigny, Villemontais, Renaison, St-Haon, St-Julien-d'Odes, St-Germain-Laval, etc. en F., 14e s. — A. inc.

**Serize**, cap.-pennon du quartier de la Lanterne, au 17e s.

**Serpents** (des). Corruption du nom d'Isserpents, en Bourbonnais, d'où cette famille était orig.; sg[rs] de Magny, Gondras, Cublize, Ranchal, St-Vincent-de-Reins, érigés en comté sous le nom de Magny ; de Chitain, Comières en F. et B., 15e 16e et 17e s. Et. en 1667 ; en trois filles, dont l'une porta le comté de M. aux Larochefoucault. (*BO*).

**Serre** (de), sg[rs] du Vivier et de Charly, au 17e s., orig. de Montpellier. Ant., éch., 1629 : un c[ler] de la Cour des Monnaies; un c[ler] au Parl[t] de Dombes. Et. en 1723. (*PL*).

* **Serrefavre** (de), sg[rs] de S. (Cogny) en B., 15e et 16e s. — A. inc.

* **Serrières.** Il y a eu plusieurs localités de ce nom en Dauphiné et en Velay. Nous ne savons de laquelle tirait son nom une famille qui paraît s'être ét. dans les Vernin de Crémeaux, au milieu du 15e s., et qui a donné J. de S., abbé de Valbenoite, vers la même époque, omis par le *Gallia Christiana.* — *De gueules à 4 fasces abaissées et dentelées en bas d'or.* (*Guill. Revel.*)

**Serruriers** de L. Corporation.

**Servan** Cl., éch., 1764. EGL 89. Représentés à L. — Ils faut peut-être blasonner un cerf au lieu d'une chèvre, ce qu'il n'est pas possible de distinguer dans les mauvaises figures de Chaussonnet.

**Servant** de Poleymieux : un s. du R., en 1760, trés. de F., en 1764.

**Seve** (de), c[tes] de S., par érection de la seigneurie de Villon en Dombes, en comté, en 1703 ; b[ons] de Fléchères, orig. du Piémont, établis à L. à la fin du 15e s. ; sg[rs] de St-André-du-Coing, Limonet, St-Didier, Laval, Fromente, Gravins, Montelly, Charly, Foretz, Cuires, etc. en L. et en Dombes, divisés en plusieurs branches : celles de Steinville et de Rochechouart, à Paris. Et. ; de Laval en Dombes et de Flécheres en L., toutes ét. au 18e s.; Maurice, cler de v., 1504, 9; J., 1511; P., 1545, 50, 55, 60, 64, 65, 66; Ben., 1563; Math., 1567; J., sgr de F., éch., 1601, puis P. des M., 1612, 13; Math., sgr de St-A.-du-C., éch., 1609; P. des M., 1630, 31; Ph., éch., 1649; P., P. des M., 1621, 22; Luc, sgr de Charly, éch., 1623; P., P. des M., de 1644 à 49; Math., sgr de St-A., Limonet, Villette, Egrelanges; P. des M., 1694, 95. (*PL; GD; FG; LC*). — Leurs armes sont sculptées dans la chapelle de l'Antiquaille et dans l'église du Collége; elles se sont trouvées aussi gravées sur une hallebarde du 17e s. Une branche brisait de 3 *croissants tournés d'or sur la 2e fasce.*

**Sevelinges** (de), sgrs de Lestraite, au 17e s. Représentés à Charlieu et à Paris. — Les chiens doivent être dessinés en perspective l'un derrière l'autre. C'est ainsi que l'*Entrée du cardinal* blasonne les armes de noble J. de S., sgr de Lest., gentilhomme ordinaire de la Chambre du Roi; l'*AG* les donne : *de gueules à une montagne d'or sur laquelle courent 2 lévriers contournés d'argt., couplés d'une laisse d'or tenue par une main d'argt. mouvante du franc-canton.*

**Severt**, sgrs de Châtelard (Lancié) en B., 16e et 17e s.; fief vendus aux Bussières, orig. du Mâconnais, établis en B., puis à Paris : un lieut. en la police de B.; un s. au Parlt de Paris; un cler en la Chambre des Enquêtes. (*FM; HM.*) — Il faut ajouter au blason : *un chef d'az., chargé de 3 bandes d'or.*

**Severat** (de), Laurt, éc., sergent-major pour le R. de la ville de L., en 1664, Rémond, éch., 1646.

* **Seyssel** (de), famille chevaleresque, possessionnée au Colombier, St-Romain-en-Gier, St-Jean-de-Touslas, et dans l'obéance de Givors, 14e et 15e s. — A. inc.

* **Sibot** ou **Sibout**, famille chevaleresque, possessionnée dans le Mandement de la Tour-en-Jarez, 14e s. — A. inc.

* **Sicart** (Ant.), élu à L., anobli en 1702. — A. inc.

**Silvecane** (de). J. éch., 1632; Constant P. des M., 1669, 70; établis à Paris au 18e s. (*GD; PL*). — Devise : *Sublimia sublimibus.*

**Silvestre** de la Ferrière et de la Noierie en F. : un s. du R., 1749. EGF 89. Représentés en F.

* **Simiane** (de), ancienne famille de la Provence qui a formé plusieurs branches. L'une d'elle a donné les ctes de Montcha, en F., au 17e s., ét. au commencement du 18e; un autre a possédé le marquisat d'Urfé et le comté de St-Just-en-Chevallet, de 1768 à 1781, qu'ils aliénèrent ces terres aux Demeaux. Enfin, il y a eu des S., d'Albigny, sgrs de la Favette (Chambost près Longesaigue), en B., au 16e s. — *D'or, semé de tours et de fleurs de lis d'az. alternées.* Supports : deux panthères; devise : *sustentant lilia turres.* (*De Simianea gente in opuscula J. Columbi.*) Lyon, 1668, in-fol.; *GA; Histoire généalogique de la maison de Simiane*, par Robert de Briançon, Lyon, 1680, in-12; (*PA; PV; AR; LQ; MP; AP; LC*).

**Simon** de Quirielle, orig. du Bourbonnais. Représentés en F.

* **Simon** de Marquemont, famille de Paris qui a donné un archevêque de L. au 17e s. — *D'az. au chevron d'argt. chargé de 3 croissants de gueules et accompagné de 3 roses d'argt. tigées et feuillées* (*MC*).

**Simonet**, joaillier, à L., 1696. (*AG*).

* **Simonet**, bs de L., 1696. — *De gueules à 6 monts bien comptés d'argt.* (*AG*).

**Simple**, ens.-pennon du quartier de Bellecour et de la rue Belle-Cordière, 17e s.

**Sirot**. Ce sont les armes de Lostanges, moins les émaux. V. L.

**Sirvinges** (de), de Sevelinges, sgrs de S. en B., par acquisition, au 16e s. de la Motte-Camp (St-Bonnet-de-Cray) en L. Un s. du R. au 18e s. EGLB 89. (*MN*). — Les armes sont blasonnées ailleurs : *de sable au chevron d'or, accompagné de 3 étoiles d'argt., au chef de gueules chargé de 3 étoiles d'or.*

— **Sivrieu** (de), ou **Civrieu**, famille chevaleresque de L., qui a donné un chanoine de St-Jean. Elle tenait son nom du village de S., en L. — V. les armes à Civrieu.

* **Sivrieu** (de), famille consulaire de L. Ennemond, cler de v., 1381, 83, 87, 89, 96, 98; 1400, 4, 6, 8, 12, 14, 16, 19, 21, 23, 29, 31, 34, 38, 48, 49; Henri, 1436, 55, 56, 62, 66, 67.

**Soleil** (du), sgrs de Pierre-Bénite (Oullins) en L., 17e et 18e s. Fs, éch., 1723. Il faut blasonner en chef 3 croissants au lieu de 3 étoiles. Chaussonnet s'est trompé, comme le prouvent les jetons consulaires et la plaque en fer que nous avons cités à Renaud.

**Soleil** (du), notable bs, en 1664, probablement de la même famille.

* **Soleillant** (du), famille chevaleresque du F., sgrs du S. (Verrières-d'Ecotay), 13e, 14e, 15e et 16e s. Cette famille compte un chanoine de L., en 1520; une prieure de St-Romain-le-Puy, en 1439; et une prieure de St-Thomas, en 1448. — A. inc. — Le fief de S. appartenait aux Chastillon, dès le milieu du 16e s.

**Soleyzels** (de), sgrs du Clapier, orig. du B., établis à L., ét. à St-Etienne au 17e s. Fs, sieur du Cl., éch., 1639. RN 1668. (*TV*). — La partie supérieure de l'écusson pourrait être un chef. Sur de nombreux cachets du 17e s. il y a une fasce sur le coupé.

* **Sondenevo** (de), P., cler de v., 1394.

**Sonyer** du Lac, à St-Etienne, au 18e s. A cette famille appartenait l'auteur des Fiefs du Forez.

**Sonyer** du Lac, même famille. — Le premier blason s'est trouvé sur un portrait : le second est gravé sur des *ex libris*. — Supports : 2 lévriers.

* **Solignac** (de), « *de Solempiaco*, » sgrs du S., famille du Vivarais, qui hérita de la Roue, par alliance, au commencement du 14e s., et en prit le nom et les armes. — V. La Roue.

**Sotizon**, proc. du R., en B.

**Soubry** Jques, éch., 1737. un trés. de France, en 1741. — Le blason est mal placé, au bas de la planche.

**Souchay** (de), sgr de Montgeffon (Chaponost), éc., 18e s. : un s. du R., 1750.

**Souchon**, sgrs du Chevalard (Lerignieu) en F., par acquisition des Chabannes, en 1768. Représentés en F.

**Soudan**, à L., au 16e s. (Tombe aux Jacobins.)

**Soulair**. RN 1668. — Le blason est au bas de la planche.

**Soupat**, lieutenant du quartier du Port-St-Paul, 17e s.

* **Sourd** Aliàs **Nicolas**, sgrs de Grenieu en F., aux 14e et 15e s. Ils paraissent s'être fondus dans les Duchef, et peut-être que l'une des écartelures du blason de ceux-ci appartient aux S.; J. S. fit, avec P. Vernin. de nombreuses acquisitions dans différentes localités du F., à la fin du 14e s.

**Spada**, famille italienne, à L., aux 16e et 17e s.

**Spéron**, lieut.-pennon du quartier du Griffon, au 17e s.

**Spina**, famille italienne, à L., aux 16e et 17e s.

**Spinaci**, v. Espinasse,

**Spinazat** (*G*).

**Spon**, orig. d'Ulm, en Allemagne, établis à L., au 16e s. A cette famille appartenait le célèbre antiquaire Jacob S., † en 1684.

**Sponton** Laurent-Fél., consul de Gênes à L., éch., 1772.

**Staron** de l'Argentière, sgrs de Vaures-lès-Montbrison, acquis des Talaru, en 1722, de la Rey, etc.

**Steinman** Joseph, éch., 1788. — Ces armes sont parlantes : *Stein*, pierre ; *man*, homme.

**Stoppa** ou **Stoupa**, à L., en 1696. (*PL*).

**Strozzi**, célèbre famille de Florence, établie en Fr. au 16e s. Léon, éch., 1606. Et. en France. (*PL ; PA ; LC*). Leurs armes étaient gravées sur une tombe de 1603, aux Jacobins.

**Sue** P., cler de v., 1579.

* **Suchet**, ducs d'Albuféra. Le maréchal S., tige de cette famille, appartenait à une bonne famille bourgeoise de L., qui avait passé par toutes les charges, telles que celles d'administrateurs des hospices, qui conduisaient à l'échevinage, auquel la Révolution l'empêcha seule de parvenir : anoblis sous l'Empire ; représentés à Paris. (*CP*). — *Parti de 3, coupé de 1, au 1er d'or à 3 vergettes de gueules et 3 fers de pique d'argt. brochant ; au 2e d'argt. à une tour donjonnée de 3 pièces de sable ; au 3e contre-écartelé de gueules à la tour de sable, et d'argt. à l'arbre de sinople ; au 4e d'argt. à 3 pals ondés d'az. ; au 5e d'az. à une galère à 6 rames d'argt., surmontée des lettres SAG, et accompagnée en pointe d'un dauphin et d'un croissant d'argt. ; au 6e d'or à 4 vergettes de gueules et un lis d'argt. brochant ; au 7e d'az. à une tour donjonnée de 3 pièces de sable, terrassée de sinople ; au 8e d'or à 3 étoiles d'az. ; sur le tout de gueules à un lion passant sur un pont de bois d'or, tenant de la patte dextre une tige d'olivier d'argt. ; à un chef de duc sur le grand écu.*

**Sugny** (de), famille chevaleresque du F., sgrs de S. (Nervieu), la Salle (Feurs), du Rousset (St-Jean-Soleymieux), probablement par alliance avec les Lauton, à la fin du 15e s., fief transmis par alliance aux Damas, en 1529 ; de Chazeuil en Bourbonnais. La branche des sgrs de Ch. se fondit dans les d'Albon, en 1557. — Leurs armes, parties de celles de Montaigu-sur-Champeix, sont sculptées et peintes sur une tombe qui se trouvait aux Cordeliers, dans une chapelle que cette famille y avait fondée, et où l'on voyait un grand morceau de sculpture représentant l'ensevelissement du Christ.

* **Sury** (de) famille chevaleresque de F., dont le nom patronymique était Pelet, sgrs de Villechèze ; sgrs de Marcoux, par alliance avec les sgrs de ce lieu, à la fin du 13e s. La branche de V. s'éteignit dans la première moitié du 14e s. ; celle de M., vers 1399. Ce fief passa aux Bonvin.

**Taboureau** des Reaux, grand-maître des eaux et forêts de Fr., à L., 1742. (*LC*).

* **Taillebard**, sgrs de Boyé en B., à Tarare, au 18e s. : un s. du R. au Parlt de Grenoble, en 1760. — A. inc.

**Taillemont** P., cler de v., 1424, 57 ; Denis, 1458, 61, 62, 63 ; Cl., 1470, 75, 81 ; Guill., 1482 ; Ht, 1483, 84, 87 ; Cl., 1505. (*PE*).

**Taillepied** de Bondy, orig. de Normandie, préfet à L., sous l'Empire. (*LD ; SA*).

**Tailleurs** de L. Corporation. — Ce blason est sculpté sur les contreforts extérieurs de la chapelle de St-Joseph, de l'église de St-Bonaventure, qui appartenait à ce corps de métiers.

* **Tailleurs** de Villefranche. Corporation. — *D'az. à une paire de ciseaux ouverts en sautoir d'argt.*

**Talaru**, ancienne famille chevaleresque du L. et du F., connue depuis le commencement du 12e s., divisée en deux branches : 1° les aînés, sgrs de La Grange et de Nailly, par alliance avec les d'Albon, St-Forgeux, en 1349 ; de La Ferrière, ét. au 16e s. dans les Montaynard ; 2° les cadets, dits de Chalmazel, héritiers des Marcilly, sgrs de Ch., à la fin du 14e s. ; de Chamarande, par alliance avec les d'Ornaison, au 17e s., terre érigée en comté, en 1685. Ils ont possédé aussi les seigneuries d'Escotay, la Pie, St-Eloy, etc. ; sgrs de St-Marcel, par alliance avec les de Mars, héritiers des Tholigny, sgrs de St-Marcel, en 1569, ét. en 1850. Ils avaient été élevés à la dignité de pairs de Fr. (*GB ; LL ; MM ; MB ; LC ; LD ; CP ; BO ; MC*). — Anne d'Urfé blasonne leurs armes *fascé*, au lieu de *parti*, ce qui est probablement une erreur, car il n'y a aucun ancien monument qui justifie cette variante, et nous en avons rencontré plusieurs du 15e s., notamment d'Amédée de T., archevêque de L., de 1415 à 1444, et un sceau de 1314, où ces armes sont bien telles qu'on les donne habituellement. Les T. Chalmazel ont porté primitivement les armes de Ch. seules, ce que prouvent de nombreux écussons qui existent à Chalmazel et qui nous ont été signalés par M. L.-P. Gras, contrairement à l'assertion de *LL*. Ce n'est que plus tard qu'ils les ont écartelé de T., comme nous avons dit en son lieu.

**Taliante** (le cardinal de), Lyonnais.

* **Tamisier**, à St-Galmier, au 17e s. — *D'or à la bande componnée d'argt. et de sable.*

* **Tamisier**. Alliance de Boyer de Montorcier. — *D'az. à une fasce surmontée de 3 étoiles rangées et accompagnée en pointe d'un croissant ; le tout d'or.*

* **Tanneurs** et **Corroyeurs** de L. Corporation. — *D... à 3 outils du métier d...* (Les noms de ces instruments ne nous sont pas connus). Ce blason est sculpté dans leur chapelle, à St-Bonaventure, dédiée primitivement à saint Mathieu et aujourd'hui à sainte Elisabeth.

**Tapissiers** de L. Corporation.

**Tardy** de Montravel en F., sgrs du Bois, au 17e s. Et. en 1747. (*MN*). Ils portaient : *écartelé d'or et d'az.*, et sur le tout, le blason donné dans la planche.

**Targe**, éc., sgrs du Pas (St-Lager) en B., au 18e s.

* **Tarare** (de), « *de Taratro*, » ancienne famille chevaleresque du L., sgrs de Villette. Et. ; fondus vers 1327 dans les Parent. — A. inc.

**Tarrat** (*G*). Ce sont peut-être les Terrat d'Ornaison qui prirent, au 17e s., le nom et les armes des du Terrail de Bayard.

* **Tarrey** (de) de Prunerie, orig. du Dauphiné, établis en F., au 18e s., appelés de P., par alliance avec les Terrasson de P. (*MN*).

* **Tassins**, village près de L., qui a donné une famille chevaleresque dont il est fait mention dès le 12e s. — A. inc.

**Tauriac** (bon de), chef d'état-major de la garde nationale de L., en 1815, orig. du Vivarais. (*SA*).

* **Tavarnier** (Hugues), abbé de la Bénisson-Dieu au milieu du 15e s. — *Parti d'or à une couronne de sinople et d'or à une fasce de si.* (*Guill. Revel*).

**Tavernier** J.-Math., éch., 1785.

**Taxard** P., cler de v., 1546.

* **Tedaldi**, Florentins qui paraissent avoir été établis à L., au 16e s. — *D'or à six fasces de gueules et un lion d'az. brochant.* V. Ricassolo.

**Teinturiers** de L. Corporation.

**Tenay-St-Christophe**, en Bourgogne (*LC*).

* **Teissier**, orig. de Marguerittes, près de Nîmes. Représentés en Suisse, en Angleterre, à Paris et à L. — *D'argt. à un teisson de sable courant sur une terrasse de sinople, au chef de gueules chargé d'un croissant entre 2 étoiles d'argt.* (Jouffroy d'Eschavanne : *Armorial universel*. Paris, in-8°, 1844, fig.)

* **Ternand**, village muré du L., qui a donné son nom à une ancienne famille chevaleresque sur laquelle les documents nous manquent.

* **Terrail** (du) de Bayart, ancienne famille dauphinoise que le nom du chevalier sans peur et sans reproche a rendue illustre : elle a donné deux abbés d'Ainay, à la fin du 16e s. (*LL;* M. de Terrebasse : *Hist. de Pierre Terrail, seigneur de Bayart; BA* ; *AM ; MC*). — Les armes de l'un des abbés d'Ainay sont sculptées sur la cheminée de l'ancien prieuré de Chazey.

* **Terrail** (de), altération de **Terrat** (de), ou **Terrel**, nom d'une famille orig. de Thizy, qui quitta, au 17e s., son nom et ses armes, pour prendre le nom et le blason des du Terrail-Bayart, sgrs d'Ornaison (Ronno) en B., 16e et 17e s. (*LL*). Il ne faut pas non plus les confondre avec les d'Ornaison Chamarande, dont les armes sont figurées à la pl. 46, ni avec les d'Oraison de Provence. — Le blason nous est inconnu.

**Terrasse** d'Yvours, sgrs d'Y (Irigny) de la Blancherie en L., 18e s. Un trés. de F. en 1748 ; Jq., éch., 1726. EGF 89.

* **Terrasse** (de La), famille du F., mentionnée au 13e s., et qui tenait probablement son nom du fief de la T., près St-Etienne.

**Terrasson**, sgrs de Chaignon, de la Barollière, de la Revolanche, etc., à L., aux 17 et 18e s. : un cler en la sénéchaussée de L., un membre de l'Académie française. (L'abbé de Cursay : *Mémoires sur les savants de la famille Terrasson;* Trévoux, 1761, in-12, *PL; LC*). — Sur un *ex libris* gravé, il n'y a que les croissants sans étoiles. Un membre de cette famille brisait d'un lambel de 3 pendants. (Cachet de 1648).

**Terrasson**, à L., s. du R., en 1770. EGL 89.

**Terray**, à R., sgrs de Changy, St-Riram, St-Bonnet-des-Quarts, Beclandières, Rosières et du comté de la Motte: un s. du R. du grand collège, 1718 ; un intendant de L., † sur l'échafaud, en 1794 ; un ministre d'Etat, † en 1773. EGF 89. Représentés. — La fasce doit être *chargée de 5 mouchetures d'hermine de sable.*

**Terret**, à L.

**Terrier**, architecte à L., au 18e s.

* **Tessier**, à L., au 18e s. : un s. du R.

* **Tessonier** à L., au 17e s. — On voyait avant les réparations faites à la façade de St-Bonaventure, un écusson : *d.... à un teysson* (blaireau) *d.... passant sur un tertre ; au chef d..., chargé de 3 fleurs tigées, feuillées et réunies par le pied d...* au-dessous la date de 1619, et sur une banderolle ces mots : *Frère Ant. Tessonier.*

**Teste**, famille consulaire de L. ; Cl., cler de v., 1539, 43 ; Barth., 1560 ; J., 1578 ; Ant., 1589, 92 ; J., sgr de Taney, éch., 1601. Il écartelait au 1er et 4e de T., au 2e et 3e de Vinols et sur le tout de Montchal.

**Testenoire** (de), en B.

**Thélis**, ancienne famille chevaleresque, orig. du B., divisée en plusieurs branches : 1° les sgrs des Farges, de Cornillon, de Combres et de Peisselay. Et. à la fin du 16e s. ; 2° les sgrs de l'Espinasse (St-Cyr de Valorges), de Valprivas, par alliance avec les Verd, vers 1393, du Sou (Lacenas), qui ont formé : les sgrs de Charnay, par alliance avec la famille de ce nom, au milieu du 14e s. Et. en 1434, et les sgrs de Valorges, par héritage des St-Romain, au 16e s. ; 3° les sgrs des Farges (Vougy), aux 15e et 16e s. ; 4° les sgrs de Paisseley et de la Verpilière, par alliance avec une famille de ce nom, au 15e s. D'une de ces branches descendait Jq. de Th., trés. de F., fils d'Et., cler au Parlement de Toulouse et petit-fils de Michel, procureur au Parlement de Paris, qui obtint des lettres de réhabilitation en 1636 ; il donna naissance aux bons de Chambost, sgrs de Châtel, de Thorigny et de Cleppé, 17e et 18e s. EGF 89. (*MM ; LL*).

**Thevenard**, enseigne pennon du quartier du Griffon, au 17e s. — *Les Forces de L.* mettent un arbre terrassé au lieu d'un rameau. — Ajoutez : *une gerbe d'or en pointe.*

**Thevenet**, capitaine-pennon de la rue Mercière, 17e s. On trouve, en 1717, Cl. Th., éc., possessionné à la Roche, St-Didier et St-Cyr-au-Mont-d'Or. EGL 89.

**Thevenon**, à L., au 16e s. — D'après une tombe qui existait aux Jacobins.

**Theze** Ls, cler de v., 1484, 85, 88, 89, 90, 93, 99 ; Jq., 1522 ; M., 1561. — Les armes doivent se blasonner : *d... à un lion d... surmonté de 3 chevrons d...* (Cachets de 1604).

**Thibaut** de Noblet, mquis des Prés, de la Roche Tulon, sgrs de la Roche Tulon ; de Pérat et du Terreaux, par alliance avec Arleloup, de Chevagny, de Thorigny ; des Prés, par alliance, au 17e s., avec les Noblet des Prés, dont ils ont continué le nom et les armes. La Roche et les Prés furent érigés en marquisat à la fin du 18e s. EGB 89. Représentés. (*FM; DH ; LC ; BA*). — Ils écartèlent au 2e et 3e de Noblet. — Nous avons omis à l'article Noblet de distinguer la branche de N. d'Anglure de celle de N. des Prés, qui s'est fondue dans les Thibaut.

**Thibaut**, à L., 17e s. (*César armorial*).

**Thierry**, sgrs de Vaux ; de Bionnav, en B., fief transmis par alliance aux Champier ; Amable, éch., 1587, 93, 1601.

* **Thil** (de) « *de Tilia,* » orig. de Bourgogne, sgrs de Carrisy, en L., héritèrent, vers 1389, des Chateauvillain, dont ils prirent les armes (*d'az. semé de billettes d'or à un lion du même*), sgrs de Mont-St-Jean, co-sgrs de Crémeaux, par héritage des Mont-St-Jean, à la fin du 14e s. Et. eux-mêmes au 16e s., mais depuis longtemps Crémeaux ne leur appartenait plus ; la seigneurie de Thil (Vaurenard) appartenait aux Ste-Colombe. — *De gueules à 3 lions d'or.* (Duchesne, *Généalogie de la maison de Vergy. PA ;* Dom Plancher, *Histoire de Bourgogne. LC*). — V. Thy (de).

**Thiollière** de l'Isle, de la Roardière, etc., orig. de St-Jean de Bonnefond ; un éch. de St-Etienne ; un s. du R. à la fin du 18e s. EGF 89. Rep. à L. (*TF*).

**Thioly**, capitaine du quartier de la Grand'Rue, au 17e s. — Il y a quelques variantes d'émaux dans *les Forces de L.* et *l'Entrée du cardinal Flavio Chigi.*

* **Thizy**, ville du B. — A. inc. L'*AG* lui a forgé un blason : *d'or au chevron d'az., chargé d'une macle d'argt.* — Il y a eu des familles aux 13e et 14e s. qui ont porté le nom de Thizy.

**Tholigny** (de), Acharic de T., prieur de Thizy, acheta vers 1453 la maison de la Forest, qui venait de la succession de J. de la Forest, bourgeois de Thizy. Ces armes, reproduites d'après *LL*, sont en effet les mêmes que celles que l'*Armorial de Berry* attribue à certains sgrs de la Forest. — V. Thorigny et Torrenche.

**Thomassin** de Montmartin, sgrs de M. en Bourgogne, ancienne famille consulaire de L. ; P., cler de v. à 1395, 98, 1400, 6, 8 ; autre P., 1447, 48, 53, 54, 57, 58, 61, 62, 63, 83 ; Cl., 1484, 85, 88, 89, 90, 1504, 11, 16 ; Bonaventure, 1519 ; René, 1594. P. des M., 1596, 97. Et. au commencement du 17e s., fondus dans les de Vergy. (*PL*). — *GB* au lieu d'une tête de lion indique une tête de perdrix, ce qui doit être une erreur. René écartelait au 1er et 4e de Th., au 2e et 3e *d'az. au lion d'or naissant d'une nuée d'argt., au canton sénestre de la pointe*, que nous croyons être de Beaujan ; dans l'*Eloge historique* et Brossette, ce blason a été transposé par le graveur, ce qui a été cause que Chaussonnet s'est trompé pour les armes de cette famille ; en effet, il a pensé que l'écusson qui était aux 1er et 4e quartier, dans la gravure, était celui de Th., et il le lui a attribué ; mais il y a erreur, les titres de Malte, Guichenon et le blason, tel que nous l'avons décrit, d'après les documents manuscrits, condamnent son opinion, dont nous venons du reste d'expliquer la source; quelquefois ce grand écusson se trouve chargé d'un autre aussi écartelé : *au 1er parti d'az. et de gueules à la fasce d'argt., aux 2e et 3e d'argt. au lion de gueules, au 4e d'or à la bande d'az,, chargée d'une aigle d'argt.* —Le blason des Th. est sculpté dans la cour d'une maison de la place du Change, c'est un édifice gothique du 15e s., d'un beau style, et dont la façade a été gravée dans l'ouvrage de M. P. Martin : *Recherches sur l'architecture à Lyon*, (Lyon, in-4°, 1851). Les titres du temps rapportent qu'en effet les Th. avaient une maison sur la place du Change, du côté de la Saône; ils en avaient une autre sur le coteau de St-Sébastien, où s'établirent les capucins du Petit-Forez et une terre en franc-alleu dans l'intérieur de la ville, qu'ils cédèrent pour le percement de la rue qui porte leur nom.

**Thomé**, sgrs de Montplaisir, orig. de Romans, en Dauphiné, établis à L., au 17e s.; Roman Th., éch., 1661; un cler au Parlement de Paris et de Grenoble; un lieutenant-général des armées du Roi, au 18e s. (*PL; PV*).

**Thomé** de St-Cyr, sgrs de St-C. de Valorges, en B., par acquisition, au commencement du 18e s., orig. de Suisse. Représentés à L.

**Thomé** à L. (*César armorial*).

**Thonel** de la Piemante. RN 1668.

**Thorel** de Campigneules, trésorier de F., à L., en 1760.

—**Thorel**, cler au Présidial, au 17e s. — Le blason est dessiné à la pl. 61, sous le nom altéré de Torel. Le taureau doit être *effaré*; cimier : un coq; devise : *vigilantia*. (Dédicace d'un livre imprimé en 1643).

On trouve un J. Th. anobli en 1650; un Ls Th., médecin à L., anobli en 1596 pour services rendus pendant la peste, et Th., sieur de la Feuillade, 1602.

**Thorigny** (de), ou **Tholigny**, en F., sgrs de St-Marcel de Félines, par alliance avec les Guerric; de Veauchette, par alliance avec la maison de ce nom vers 1159; d'Albigny, en F., 15e et 16e s., fondus dans les de Mars. Cette famille parait être la même que celles connues sous les noms de Tholigny et Torrenche. — Il y a des variantes dans les émaux. V. Torrenche. — Le fief de Thorigny à Bibost, en L., appartenait, en 1280, aux d'Essertines, puis plus tard aux Ste-Colombe, et enfin aux Leullion qui en portent le nom.

* **Thouzelles** (de), abbesse de St-Pierre, en 1520. — *D'az. au poisson en pal d'argt., au chef cousu de sable, chargé de 3 étoiles d'or.*

**Thoy** (de), membre du Conseil municipal en 1820.

**Thoynet** de Bigny, de Clorobert, de Ronzière; sgrs des Penaux, de Chatelneuf, en F., au 18e s., divisés en 2 branches au commencement du 18e s.; les Th. de B. et ceux de R. Un cler au Parlement de Dombes; un s. du R. en 1760. EGF 89 (*MN*).

* **Thuers** (de). Un prieur claustral d'Ainay, de ce nom, fit imprimer, en 1531, un missel dont le frontispice porte un écusson *fascé d... et de sable*.

**Thurey**, archevêque de L. au 14e s. — Les armes de l'archevêque sont répétées plusieurs fois dans la chapelle qu'il fit construire à St-Jean, sous le vocable de la Croix, actuellement de St-Vincent-de-Paul. Elles sont aussi peintes sur un vitrail de la grande nef. (*MC*). — Il y a eu aussi une abbesse de St-Pierre de cette famille, en 1370, elle ajoutait une bordure fleurdelisée à ses armes, addition qui semble avoir été propre aux abbesses de ce monastère, qui avait été fondé par les rois de France. V. Varennes.

**Thurins** (de), mquis de Th., sgrs de Charly, de Jarnosse, en L., 15e, 16e et 17e s.; un trés. de F. au 15e s., possessionnés ensuite à Paris où ils ont fourni un maître des requêtes, en 1617, et un président au grand Conseil; on croit qu'ils se sont fondus dans les Sauzay de Faubraye. Cette famille tenait probablement son nom et son orig du village de Th., en L. (*Mémoires de Marolles*).

—**Thy** (de), de Milly, famille chevaleresque du B., sgrs d'Avenas, au 15e s., de Milly (St-Etienne-la-Varenne); de la Douze, aliéné aux Charreton, en 1573; de Claveyson et Viry (Claveysolles), par alliance avec les Artaud de Viry, RN 1668. EGF 89. — Cette famille parait être une branche des de Thil, comme le confirment les armes figurées dans la pl. 23, sous le nom altéré de Delhy.

* **Tiboud** J., cler de v., 1389, 91, 93, 95, 97, 99; 1400, 4, 6, 8, 15, 17, 90, 22, 24.

**Tiffon**. L'auteur des *Recherches sur les fleurs de lis*, (*LC. T.* 3, 1re édition) donne ces armes sous ce nom qui est inexact; elles appartiennent aux Lippi.

**Tiffy** P., éch., 1639. — Le blason qu'avait adopté cette famille est celui que les vieux recueils de blason attribuent à un chevalier de la Table ronde, appelé Tiffy.

**Tignat** J., cler de v., 1541, 47. Il fut aussi lieut.-général au Présidial de L., et cler au Parlt de Dombes. — Un cachet de 1553 porte un écusson *d... à une tiercefeuille renversée d..., chargée de 3 étoiles.*

* **Tillard** de Tigny, sgr de T. (St-Nizier-sous-Charlieu) en L., 17 et 18e s. — A. inc. L'*AG* lui donne un de ces blasons passe-partout : *de sinople au chevron d'argt., chargé d'une billette de sable.*

**Tireuy** de Corcelles, de la Barre; sgrs de C. d'Arcis (Ouroux), de Fleurye en B., par acquisition, à la fin du 16e s., des la Madeleine-Ragny. EGB 89.

**Tisseur**, notable bs, 17e s. Ils tenaient, en franc-alleu, une maison dans la rue Confort, 1676.

**Tissier** du Soleillant en F. On trouve des T., au 14e s., possessionnés à Cervières, St-Martin, Lestra, Croset, etc.

**Tocquet** de Montgeffon.

**Tolozan** (de) de Montfort, sgrs de M. en L., au 18e s., orig. du diocèse d'Embrun : un s. du R., 1735. Ls, P. des M., de 1785 à 89. EGL 89. — Le texte blasonne mal les étoiles *rangées*. Les émaux, d'après un cachet de 1736, doivent être le champ *d'or* les étoiles *d'azur*, le croissant *de gueules*.

**Torel**, v. Thorel.

—**Torote** (de), v. la Tourette.

* **Tondeurs** de draps de soie, de L. Corporation. — *D... à une paire de forces renversées et à demi-ouvertes en chevron d...* Ce blason est sculpté à la clef de l'arc principal de la chapelle de cette corporation, à St-Bonaventure, aujourd'hui sous le vocable de Notre-Dame-de-Pitié.

* **Tonery** (de La), Aymar, cler de v., 1381, 83, 87.

* **Tonneliers, Cerceliers** et **Jaugeurs** de L. Corporation. — *D. . à un tonneau posé en pal d..., surmonté d'un compas de tonnelier, et addextré d'une doloire et senestré d'une jauge d...* (Brevet de maître-garde, vers 1740.)

**Torrenche** (de), en F. Ces armes, qui sont celles des Thorigny, sont données, par *Guill. Revel*, à Jques de Tourenchy, sgr de St-Marcel; il y avait alors un Jques de Thorigny, sgr de St-Marcel, ces deux noms doivent donc s'appliquer à la même famille. A cette maison appartenait Hug. de Tourenchy, abbé de Valbenoite, en 1377 (*LM*). — Cimier : un levrier accroupi. — *LM* confond à tort, ce semble, cette famille avec la suivante.

* **Torrent** (de), famille qui a donné Guill. de T., abbé de la Chaize-Dieu, en 1170, *LM* prétend qu'il appartenait à la maison de Torrenche, dont le nom ne serait que l'altération de Torrent; mais il y a un château de Torrent,

en Vivarais, qui probablement fut le berceau des ancêtres de cet abbé.

**Torrent** Ant., éch., 1735 ; autre Ant., 1774. EG de l'Auvergne, 89. Représentés dans l'arrondissement de Thiers. (BO).

* **Toublaine** de Candi, à St-Etienne, au 18e s. : un s. du R. du grand collége, en 1762. — A. inc.

**Toublanc**, trés. de F. à L., au 18e s. ; famille fondue, en 1769, dans les Monspey de Valière.

* **Toul** (Ls), médecin à L., anobli en 1596.

**Tour-Varan** (de La), en F. ; ancienne famille de noblesse militaire, qui remonte à Ant. de La T., homme d'armes de la compagnie du duc de Bourbon, en 1474. Sgrs de Varan dès cette époque ; de Lentigny, par alliance avec les Chatelus, en 1648 ; RN 1668. EGF 89. Représentés à St-Etienne. (*MN*).

**Tour** (de La) St-Vidal, orig. d'Auvergne ; fondus, en 1582, dans les Rochefort d'Ailly, qui en continuèrent le nom et les armes. RN 1668. (*AP* ; *BO*).

**Tour** (de La) Aymar, dit Godar, cler de v., 1379 ; Georges, 1540.

* **Tour** (de La), à L., au 17e s., chanoine de St-Nizier. — *De sable à 3 losanges rangés d'argt.* (*AG*).

—**Tour-en-Jarez** (de La), famille chevaleresque dont le nom patronymique était Parent. V. ce nom.

* **Tour** (de La), co-sgrs de Crémeaux, avec les Montbellet et les Mont-St-Jean, au 14e s. Il y a eu tant de familles de ce nom, que nous ne saurions préciser, faute de titres, à quelle maison appartenaient ceux-ci.

* **Tourrette** (Raymond) de Villefranche, anobli en 1397. — Il y a, en France, plusieurs villes du nom de Villefranche.

* **Tournachon**, à L., 18e s. : un s. du R., au Parlt de Grenoble, en 1760.

**Tournes** (de), famille qui a donné de célèbres imprimeurs au 16e s., passés plus tard à Genève.

* **Tourneurs** de L. Corporation. — *D... à un compas de tourneur, mesurant un globe d...*

**Tournier**, orig. de Villefranche, sgrs d'Epeisses (Cogny) en B., par alliance avec les Namy, au 17e s. ; ce fief passa ensuite aux Deschamps.

**Tournon** (de), ancienne famille chevaleresque, orig. du Vivarais, connue depuis le 11 s. ; sgrs de T. et de Serrières ; du Colombier, par acquisition de Tachon de la Mâtre, vers 1317 ; de Beauchastel, Retourtour et Argental, fief acquis par alliance avec les Payen de Retourtour, au 14e s. ; fief aliéné aux Flotte de Revel, du Coilly, de Vaux, par alliance avec la famille de ce nom ; de Meyras et Paillet, ctes de T. et de Roussillon. La branche aînée s'est ét. en 1644 ; le rameau qui existe actuellement remonte à Alexandre, fils légitimé, en 1498, de Jq. de T., et d'Antoinette de St-Priest. Cette famille compte, parmi ses illustrations, plusieurs évêques, un archevêque de L., cardinal, des sénéchaux d'Auvergne et du Vivarais, un gouverneur de L., des pairs de F., etc. (Symph. Champier : *De Antiqua nobilitate domus Turnoniæ*. Lyon, 1537. Fs de Belleforest : *Poëme historial touchant l'origine, l'antiquité et l'excellence de la maison de Tournon*. Paris, in-8o, 1568 ; Richette : *Hist. généalogique des Dieux des anciens* ; Lyon, in-8o, 1623 ; *GB* ; le P. Colombi : *Généalogie de la maison de Simiane* ; *LL* ; *MO* ; *LC* ; *CP* ; *PA* ; *SA* ; *MC* ; *AM* ; *BO* ; *LR*). — Cimiers : Une tête de lion ou un lévrier courant entre deux cornes. Supports : deux lions. Cri : *Au plus dru !* (Sceaux de 1369, 1418 ; *Armorial de Berry*.)

* **Tournon** (de), en F., au 16e s. — *D... au chevron d..., accompagné de 2 étoiles et d'une tour d...* Ce blason est gravé avec celui des du Verdier, sur une tombe placée dans l'église de St-Pierre de Montbrison, et qui nous a été communiquée par M L.-P. Gras ; elle est ainsi conçue :

*A la mémoire perpétuelle de noble Claude de Tournon, conseiller du Roi, élu en Forez, lequel s'étant montré amateur des pauvres et fidèle serviteur en son état des rois Henri 2, Francois 2 et Charles 9, a laissé ce monde le 26 fevrier 1522, après avoir vescu 47 ans..... Dieu ait son âme !*

*A. Duverdier a fait poser l'épitaphe.*

* **Tourrette** (de la), ancienne famille chevaleresque, appelée ainsi d'un village de ce nom, en F. Son existence est constatée dès le 12e s. C'est à cette maison que *LM* attribue un archevêque de L. au 13e s., Raoul, que les autres auteurs donnent à une famille de Torote, de la Picardie. Celle-ci portait : *de gueules au lion d'argt.* (*PA* ; *MC*). — Le sceau de l'archevêque porte la figure d'un prélat addextrée d'un lion et senestrée d'une fleur de lis.

**Tours** (de) Cl.-Ant., avocat, premier éch. de St-Etienne, guillotiné à Feurs en 1793. (Communiqué par M. de La Tour-Varan.) — Supports : 2 lions.

**Tourvéon**, sgrs de La Tour, du Vivier, 16e s., ancienne famille consulaire de L. Jaquet, cler de v., 1397, 1401, 3, 5, 7, 11, 18 ; 47, 46, 50, 51, 56 ; Jq., 1462, 66, 70, 75, 81 ; Jaquet, 1467 ; P., 1478 ; Guill., 1490, 94 ; Fs, 1498, 99, 1504 ; Jq., 1506, 12, 17 ; Jq., sgr du V., 1559, 64, 65, 66, 70. Cette famille a donné en outre un obéancier de St-Just et un lieut.-général à L., en 1555. (*GD* ; *PL*). — A la fin du 16e s. ils écartelaient au 2e et 3e *bandé d... et d...* (Cachet de 1595).

**Tramard**, ens.-pennon du quartier de la Côte-St-Sébastien, 17e s. — Dans l'*Entrée du cardinal*, les 2 *croissants* du *chef* sont supprimés.

**Trelon**, sgrs de Mognenens de la Tour, de Ramassé : un cler au Parlt de Dombes, en 1525 ; divisés en deux branches : 1o les sgrs de R., fixés à Paris, au 18e s. ; 2o les sgrs de M. et Fleurye, qui ont donné un cler en la sénéchaussée de L. ; fondus au 17e s. dans les d'Ornaison-Chamarande. (*GD*).

**Tremblay** (du).

* **Tremblay** (du), avocat du R. en B., au 16e s. — *D'argt. à trois fasces d'az.*

**Tréméolles** de Barges (de), famille chevaleresque, orig. de Grandris, près d'Ambert, en Auvergne, possessionnée à Marcilly en F., dès le 13e s. ; sgrs de Merlieu, par alliance avec les de Barges, en 1467 ; de la Corée, par alliance avec les Perrin, en 1626 ; divisés, au milieu du 17e s., en deux branches : 1o les aînés, sgrs de T. Merlieu, la Corée, la Garde, le Tronchy en Bourgogne, fondus, en 1670, dans les Rostaing de Veauchette ; 2o les cadets, ét. en 1724 dans les Damas du Rousset. Les Rostaing aliénèrent les terres de cette maison dont ils avaient hérité. (*MN*).

**Tremet**, capit.-pennon du quartier de la rue de Flandres, 17e s.

**Tremolles**, à L., 1696. (*AG*).

* **Tremont** (de), à L., 1696. — *Parti : au 1er palé d'or et de gueules ; au 2e de gueules au chat-huant d'argt.* (*AG*).

**Tressan** (de).

—**Treul** (du), v. Dutreuil. Cette famille avait formé deux branches qui eurent chacune un échevin.

**Treyve** (du), orig. de St-Chamond, sieur de St-Méras (Riotord) en F., 18e s. : un s. au Parlt de Dombes, en 1731. EGF 89. — On blasonne aussi leurs armes : *d'az. au chevron d'or, accompagné de 2 étoiles et d'un lion du même.*

**Trezettes** (de), ancienne famille chevaleresque, sgrs de T. (Thizy) en B., co-sgrs de Panissières en F., par alliance avec les St-Germain, d'Ussel, à la fin du 14e s. Et. au 15e s. — Un sceau d'un prieur d'Ambierle, en 1275, porte un blason qui rappelle celui de cette famille.

***Tricas** Martin, c[ler] de v., 1270.

**Tricaud**, orig. du B., sg[rs] de la Goutte (Amplepuis), de la Place, la Cresle, 16e s. J., c[ler] de v., 1560, établis en Bugey au 17e s. Représentés à L. (*PL*).

**Tricaud** (de), blason de la même famille, selon Chaussonnet. Ces armes sont celles d'une famille de Bretagne. Un cachet de 1665 porte un blason *d... au chevron d..., accompagné de 2 étoiles et d'un croissant d..., au chef d..., chargé de 3 bandes.*

***Trinité** (Religieux de la). Ordre de la Rédemption des Captifs; leur maison était sur la place de la Trinité. — *D'argt., à la croix pâtée de sable, à la bordure de France.*

***Tristan le-Gros**, orig. de la Picardie. Représentés à L. et au château du Bessy en Brie. Cette famille compte deux échevins de Laon, des gardes du corps, un chevalier de St-Louis et plusieurs officiers supérieurs de cavalerie. — *D'azur au chevron d'argt. accompagné de 3 besans du même.*

***Trivulce**, gouverneur de L., en 1529, d'une famille orig. du Milanais, qui a donné deux maréchaux de Fr. (*GH; PA; LC*). — *Pallé d'or et de sinople.*

***Trocul** d'Argis, de la Crose, de Faramant, etc., orig. du Bugey : un c[ler] du R., en 1650; un s. du R., en 1684, maintenue de noblesse, 1699. (Titres du château de Cordon.) Cette famille a donné un chanoine d'Ainay. Représentés à L. et à Montbrison. — *D'argt. à la bande d'az., semée d'étoiles d'or.*

**Trollier** de Fétans, de Messimieux, de la Barollière, du Sardon, etc.; sg[rs] de M. (Anse), de la B. du S. (Rive-de-Gier), de Senevas (St-Romain-en-Jarez) en L., de Froneraine (Beligny) en B., 18e s. Cl., éch., 1681; P., 1707; Cl., 1713 : un c[ler] à la Cour des Monnaies; un trés. de F., en 1749. EGLB 89. Représentés à Paris. Supports : 2 lions.

***Tronchet** d'Espinasse, sg[rs] de Botayrolles (Bauzat) en Velay et F. Et. vers 1338. — A. inc.

**Tronchet** (du), en F. — Il y a eu en F., au 14e s., une famille Tronchet d'Espinace possessionnée sur les limites du F. et du Velay.

***Troncy** (du) Bent, sec. de la ville de L. à la fin du 16e s. — *D... à un chêne soutenu d'un croissant d... surmonté d'un tronc écoté mis en fasce d... et une tête de léopard en chef d...* (Cachet de 1579). Ces armes furent modifiées plus tard, le tronc fut supprimé, et à la place il y eut un *chef chargé d'une tête de léopard,* puis de *lion.* (Cachets de 1584 et 1595).

**Trouilleur** de la Rochette, sg[rs] de la Douze (Odenas), d'Amarein et la Vaupière. Ils aliénèrent aux de la Chaise d'Aix, en 1660, le fief de la D. : un président au Parl[t] de Dombes, au 17e s. — Dans les *Forces de Lyon*, le champ est *d'az.*, il n'y a pas de chef, et les besans sont rangés. Jq.-Guill. Trolieur (*sic*), écuyer, sieur de la Vaupière, portait le champ *d'argt.*, et le chevron *de sable.* (*Ex libris* du 18e s.)

***Trouilleur** (Le), Guill., c[ler] de v., 1320; autre Guill., 1379 82.

**Troye** (de), Martin, c[ler] de v., 1541.

**Trudaine**, intendant à L., 1704; famille de robe, orig. d'Amiens (*HM; LC; LD*).

**Trunel**, P., c[ler] de v., 1541.

**Trunel**, ens.-pennon du quartier de St-Nizier, 1664.

**Trye** (de).

**Trye** (de), sg[rs] de Varennes, 16e s. Cl., c[ler] de v., 1526, 33, 37; Catherin, 1548.

**Tschoudy**, lieut. aux gardes Suisses du R., à L., 17e s., orig. des Grisons (*Entrée du cardinal Flavio Chigi*).

**Turin**, sg[rs] de Bel-Air (Pommiers) en B. — Il y a eu P. T., c[ler] de v., 1435, 38, 46, 47.

**Turquan**, intendant à L., 1626 : un chevalier de Malte, en 1635.

***Turquet**, sieurs de Mayerne, b[ons] d'Aubonne, orig. de Quiers en Piémont, établis à L., au 16e s., où ils apportèrent l'industrie des soies, puis en Angleterre. (*PL; MO*). — A. inc.

**Turretini**, Lucquois, établis à Lyon et à Genève, 17e s.

**Turtin** (**Ste-Croix**). Ce doit être la même famille que la précédente, dont le nom a été francisé, et avec une erreur dans le blason. La famille de ce personnage portait : *écartelé : au 1er et 4e de T., au 2e et 3e coupé de gueules et d'argt. à une bande de sinople brochante, et un losange d'argt., chargé d'une fleur de lis de sable, au canton sénestre du chef.*

**Urfé** (d'), l'une des plus anciennes et des plus illustres familles du F., connue depuis le 11e s. sous le surnom primitif de **Raybe**, « *Rabies*, » littéralement la Rage, l'Enragé; divisés à la fin du 13e s. en deux branches : les cadets gardèrent le nom de R.; les aînés prirent celui de leur château d'Ulfé, plus tard Urfé, « *Ulfiacum*, » qui venait d'une altération du prénom Arnulphe, que les chefs de cette maison portaient de père en fils. Sg[rs] d'U., de la Bâtie, par acquisition du comte de F., vers 1358; de Nervieu, de Rochefort, par alliance avec la veuve et héritière du dernier sg[r] de cette terre; de Bussi et en partie de Souternon, par échange, en 1437; d'Orcse, par alliance avec l'héritière des du Breuil; de Grenieu, Mays, Miribel, St-Just-en-Chevallet, St-Germain-le-Puy, St Didier, Ste-Agathe; comtes d'Urfé, de Tendes et du Marc; mquis de Bagé; barons de Virieu-le-Grand, Marignan et Magnac; sg[rs] de Neufville, Argental, St-Hilaire, etc. Et. en 1724. Cette famille porta, depuis le milieu du 16e s., le surnom de Lascaris, par suite d'une alliance avec Marie le Savoie, comtesse de Tende et de Marc, qui descendait des Lascaris. Par la même raison, les d'U. écartelaient : *au 1er de Savoie, au 2e de Lascaris (de gueules à l'aigle d'or), au 3e de Chabannes (de gueules au lion d'hermines), au 4e de Vintimille (de gueules au chef d'or).* Sur le tout : *d'Urfé.* Cimier : un bras armé. (*Mercure* de 1683 : *Douze dissertations sur différents sujets*, par le P. Daniel Huet; Paris, in-12; 1712; *PA; MO; LC, LD*; *les d'Urfé*, par M. Aug. Bernard; Paris, in-8°, 1839. M. Aug. Bernard : *Origine de la maison d'Urfé* : Journal de Montbrison, septembre 1847.)

**Urgel** (d'), « *de Urgellio*, » ou **Durgel**, « *Durgelli.* » L'origine de cette ancienne famille, qu'il est difficile de démêler clairement, a donné lieu à des fables et à beaucoup de suppositions : la possession du château de St-Priest en moins d'un siècle, par les Jarez, une famille de St-Priest et les d'Urgel, a surtout embarrassé les généalogistes; peut-être ces deux noms appartenaient-ils à une même famille, branche des Jarez, qui avait pris le nom de St-Priest, à cause de sa sg[rie], celui d'Urgel n'étant que le surnom. Quoi qu'il en soit, on remarquera, du moins, que les prénoms de Pons et de Jaucerand, simultanément portés par les d'Urgel et les St-Priest, aux 12 et 13e s., ne se trouvent pas chez les Jarez à la même époque.

La maison d'Urgel se divisa en deux branches : les d'U., la Chabaudière. Et. au 15e s., et les St-Priest d'U., héritiers des Jarez et subdivisés en deux rameaux : 1° les sg[rs] de St-Chamond, sg[rs] de Montchal et Terenche. ét. à la fin du 16e s., et fondus dans les Mitte de Chevrières; 2° les sg[rs] de St-Priest, sg[rs] de Mays, St-Just-en-Velay, Ste-Foy-l'Argentière; ét. au commencement du 17e s.; les Chalus d'Orcival en héritèrent; de cette branche sortirent les St-P., sg[rs] de Suzy en B., et les St-P. de la Fouilhouse. Représentés par M. le mquis de St-P. (*EM; LL; MC*). — Les d'Urgel St-Chamond quittèrent leurs armes pour prendre celles des Jarez, mais la branche de St-Priest conserva les siennes qu'elle brisait d'une *bordure de gueules*. Un rameau de ceux-ci chargeait la *bordure de besans* pour sous brisure; les d'U. la Chabaudière conservèrent seuls les armes pleines. (*La Diana*; Sceau de 1314; *Guill. Revel.*; *Armorial de Berry*). — V. Jarez et St-Priest.

* **Ursulines** (religieuses) de St-Etienne. — *D'az. à un lis au naturel mouvant d'une touffe d'épines d'or.*

* **Usson** (d'), famille chevaleresque, sgrs d'U., sur les limites du F. et du Velay; de la Bolène; possessionnés à St-Romain, St-Marcelin, etc. en F. Et. au 14e s. dans les de la Roue. — A. inc. Il ne faut pas confondre cette famille avec celle des sgrs d'U., en Auvergne.

**Vacheron** (de), J., éch., 1665. EGL 86.

* **Vachirolles** (de), sgrs de V. (St-Paul-en-Chalençon), F., 14e s. Famille chevaleresque. — A. inc.

**Vachon.**

**Vaganay**, notable bs, 1644.

**Vaginaix**, sgrs de Montpinay ((Ranchal), Néronde, de Paquelet (Claveysolles) en B., 17e s. J., P. des M., de 1700 à 1703. Il fut anobli pour pouvoir occuper cette dignité. Orig. de Montpinay. Et. en la personne du P. des M., dont les biens passèrent aux la Forge de Vougy. Selon M. de la Carelle, les sgrs de Paquelet seraient d'une autre famille ayant pour armes : *d'argt. à l'arbre terrassé de sinople, et soutenu de 2 lévriers affrontés et rampants contre l'arbre de gueules.* Cette distiction ne vient peut-être que d'une fausse attribution de blason. — Sur les *ex libris* du P. des M., dont la bibliothèque compose en grande partie celle de la cour de L. le *chevron est accompagné de 2 étoiles d'or et d'un croissant d'argt, et le chef est chargé d'une étoile de gueules.*

**Vaillant** Math., cler de v., 1581.

* **Vaillon** (de), P., cler de v., 1465, 66.

* **Vaissière** (de La) de Cantoinet, orig. du Rouergue, établis à St-Bonnet-le-Château, en F., au 18e s. Sgrs de Villeneuve, par alliance avec les Cohade, vers 1730. (*AP; LC; BO*). — *D'az. à l'arbre d'or et une cottice de gueules brochante.*

* **Vaissieu** (de), sgrs de la Salle (Balbigny) en F., au 14e s. Quelques-uns des membres de cette famille sont surnommés l'Espagnol, d'où l'on peut conclure qu'elle est la souche de la maison de ce nom. En 1389, Ponce de V., éc., faisait hommage au nom de sa mère Cl. de V., veuve d'Et. Prunet, dit de V., pour Luriec, Sougnoles, Crespinges, Fraysseu, le Tronchet, Jomagnieu, Chazelet-le-Bois, Valenches, Charbonnières, etc. — A. inc. V. Brunet et l'Espagnol.

**Valvolet**, lieut.-partic. du bailliage de B. en 1766. — Les armes doivent être rectifiées ainsi : *d'az. au vol d'argt., surmonté d'un soleil d'or.* (*Ex libris* gravé.)

**Valadoux** (de), mquis d'Arcy, orig. d'Auvergne, sgrs de St-Julien (St-Mamez) en B., par alliance avec les Fautrières, en 1720. EGB 89. (*BO*).

* **Valelion**, à L., 1696. — *De gueules au lévrier courant d'argt, au chef du même, chargé de 3 étoiles d'az.* (*AG*).

**Valence** de Minardières, sgr de M. (St-Martin-de-Boissy), en F., de Pradon en L., de Montoux (St Vincent-de-Reins) en B., 18e s. : un s du R. au commencement du 18e s.; deux lieutenants généraux et trois baillis du R., aux 17e et 18e s. EGLFB 89. Représentés à Chartres. — Supports : deux licornes. C'est par erreur que, sur des cachets, les trèfles sont disposés en cercle. — Un membre de cette famille avait fait élever la chapelle St-Roch à R., comme le marque l'inscription suivante placée au-dessus du portail de la chapelle :

IN HONOREM SANCTI ROCHI
HOC SACELLUM A LUD... CO
DE VALANCE EQUITE BAILLIVICI
RHODUMNENSIS PROVINCIÆ ET
PRŒTORE ERECTUM FUIT C...
ANNO POESTIS 1599 ET IN
POSTERUM A CLAUD... HUC
EQUITE EJUSDEM PRO
VINCIÆ ET PRÆTORE COM
PARATUM RÆDIFICATUM ET
AMPLIATUM ANNO POESTIS
17 22

**Valenciennes** (de), sgrs de V. (St-Just-d'Avray) en B., 16e s; fief passé aux Ronchevol.

**Valentin** Hug., cler de v., 1582, 93. Il fallut, en 1593, une sentence pour le forcer d'accepter le consulat.

**Valentin Smith**. Un cler au Parlt de Dombes. Représentés à L.

* **Valerius**, cler en la sénéchaussée de L., 1675. — *D'argt. à 3 bandes d'az., au chef de gueules chargé de 3 cannetes d'argt.*

**Valernod**, orig. de St-Vallier en Dauphiné, sgrs de Chavagnieu, la Bastie (St-Martin-en-Haut) en L., 18e s. Cette famille a donné un chanoine d'Ainay. (*CH*). — Supports : deux lions. Sur un cachet de 1749, ces armes sont accolées d'un autre écusson : *pallé d'az. et d'or, au chef de gueules.*

**Valesque** Fs, éch., 1762. EGL 89. Cette famille existait encore, il y a peu d'années.

**Valeton**, sgrs de Gravains, 16e s. Cl., cler de v., 1567, 68, 72, 79, 83. Et.

**Valette**, (de la) sgrs de la V. (Firminy) en F., famille chevaleresque, ét. au 14e s. dans les Rochefort d'Epercieu. — *LL* et *LM* ont confondu son blason avec celui des Rochefort, parce qu'ils l'avaient trouvé sculpté au château de la V. V. Rochefort et Pianello.

**Valeix** (de), chevalier, demeurant à Vienne en Dauphiné, sgr de la Jaquetière (Ste-Colombe) en L. — Cachet de 1734, accolé : *d... à un chevron d..., accompagné de 3 merlettes d...*

**Valfray** de Salornay, éch., 1743.

**Valladier** André, abbé de St-Arnoul de Metz, né à St-Pal en F., † en 1638. (*LM*). — Devise : *Superat et crescit malis.*

**Vallinot**, sgr de Villette, 16e s. Balth., cler de v., 1559, 68, 74.

**Vallon** André, cler de v., 1571.

**Vallot**, bs de L., 1696. (*AG*).

**Valous** (de), sgrs de la Proty (Vaugneray) en L., 18e s, orig. de St-J. de-Bonnefonds en F. Gabriel, éch., 1687; Benoit, 1765. EGL 89. Représentés à L. (*PL*). — Devise : *Malo mori quam fœdari.* Le blason se voyait sur un vitrail de l'église de St J.-de-B., avec quelques variantes : *de gueules à une hermine courant d'argt., mouchetée de sable, accompagnée à sénestre d'une flamme, et en pointe d'un croissant d'or, au chef cousu d'az., chargé de 3 étoiles d'or.*

**Vande.**

**Vande**, sgrs de St-André-du-Coing et de Limonet : un s. du R.; un cler à la Cour des Monnaies. Et. à la fin du 18e s.

**Vandel** Cl., cler de v., 1506, 11, 22. Et. (*PL*). — Les coquilles du chef sont *d'argt.*

**Vander-Kabel**, ou mieux **Kabel** (Van Der), peintre hollandais, établi à L. au 18e s. (*PL*).

* **Vandier** J., cler de v., 1405.

* **Vandran** J., cler de v., 1270. — Une rue de Lyon porte le nom de cette famille.

**Vanelle** Octavien, éch., 1618.

**Varenard** de Billy, sgrs de Valeilles (Fontaines) en Franc-L. : un cler au Conseil supérieur, de 1771 à 1774. Représentés en B.

* **Varenne** (de La), famille chevaleresque qui tenait son nom du fief de la V. (Feurs), aux 13 et 14e s. Ils portaient le surnom de Graulat.

**Varennes** (de), sgrs de V., de Cendars, Avauges, etc., famille chevaleresque qui tirait son nom du fief de V., près d'Anse en L., possessionnés à St-Cyr, Dardilly, Limonest, Ancieu, Montrotier, Longesaigne, Villechenève, St-Romain de Popez, St-Forgeux, etc., divisés en plusieurs branches : 1° les sgrs de Courtheville (Chessy), sgrs de Rapetour et d'Essertines, par héritage des de Viégo, en 1422; de l'Octave et de Gletteins, par alliance avec les de la Balme et les de Rancé, au commencement du 16e s., de la Platière (Thizy); 2° les V. Cendars, sgrs de V., C. et Avauges. Et. au commencement du 15e s. Leurs biens passèrent aux Sarron; 3° les V. Houllebecque, passés en Flandre; 4° les V., sgrs d'un autre fief de V. (Lucenay) en L. Et. à la fin du 14e s.; fondus dans les Marchamp, sgrs de Tancy, en Bresse. — On trouve aussi des V., sgrs de V. et du Bost en B., au 15e s., des sgrs de Pierrefitte, d'Essertines et de Mars en B. Et. dans les Rétif de Girardière, à la fin du 15e s. ; enfin, une famille de V. en Bourbonnais, différente de celles-ci. (*LL; MM*). Joseph de V., reçu chevalier de Malte, en 1764, présenta les quartiers suivants : V., Arcy, Requelesne, Baudinot, Aveynes, Honoraty, Pécoil, Bruyas, Seyturier, Molan, Dupuy, Fleury, Paly, Maillot, Chaffoy, Rahon. — Cimier : une tete de loup, tenant à la gueule une queue de paon. Supports : deux loups. Les armes figurées dans la planche, seraient, d'après *LL*, le blason primitif de cette maison, qu'elle aurait quittée pour prendre celui des Viégo (*d'hermines à 3 chevrons de sable*), par suite d'une substitution, ce que nous n'avons pu vérifier. Il est vrai que les V. de Lucenay portaient losangé, comme le prouvent deux tombes : l'une d'Ant. de V., enterré aux Jacobins, en 1287, avec sa femme Antoinette de Vaux; l'autre, de 1343 ; mais rien ne prouve la liaison qu'il pourrait y avoir entre les V. et les autres. Il y a eu beaucoup de familles qui ont porté le surnom de V., entre autres les Gletteins, qui portaient losangé, et dont les V. de Lucenay pourraient bien être une branche.

**Varennes** (Sibylle de), abbesse de St-Pierre, † en 1348, portait ce blason sur son sceau. Il doit y avoir erreur dans la description qu'on en a donné, et dans laquelle on aura omis les trois chevrons. Quant à la bordure de France, nous avons déjà dit (Thurey) qu'elle nous paraissait une distinction particulière à l'abbaye de St-Pierre.

**Varennes** de Fenille, s.-préfet à L., en 1813. — Supports : 2 lions.

**Varey** (de), ancienne famille consulaire de L.; sgrs d'Avauges, par acquisition des Varennes, en 1334 ; de Salaigny, bons de Balmont, à L.; sgrs de Malleval, Virieu et Chavanay en F., par échange, en 1517, contre les terres de Marignane et de Zignac en Provence, de Tancy (Tercié) en B., au 16e s.; divisés en plusieurs branches que nous ne saurions clairement distinguer les unes des autres. Le rameau des sgrs d'Avauges s'éteignit en 1348, en la personne de Guill. de V. le vieux, dit Polleyn, citoyen de L., fils de Guill. aussi citoyen de L. et sgr d'A. Il fit son héritier universel J., fils de son frère Ennemond à charge de porter ses armes et son surnom « *Cognomen.* » Une autre branche, celle des srs de Chatillon d'Azergues, parvint à la noblesse vers 1360. Th. de V. « citieus de Lyon » fut otage du roi Jean à Londres. Ils ont donné un abbé d'Ainay, au 14e s., et un grand nombre de clers de v., dont voici la liste : J., P., Barth., Bern., Th., Raoul; Ht et P., en 1270 ; Bernardin, 1294 ; Bern. de la Duchère, Bern., Ht, J., Guill., Ls, 1336 ; Barth. et autre Barth., 1337 ; Léonl, Bern. et J., 1352 ; Bern., J. et Guill., 1355 ; Ht, 1358, 62 ; Guill., dit Ploton, 1362, 64 ; Th., 1380, 82, 84, 86 ; Ht, 1482. 86, 88, 90, 92, 95, 97, 99 ; 1401, 3, 7, 9, 11, 15, 17 ; Cl., 1366, 1400, 5, 9 ; Bent, 1401, 6, 23, 25, 27, 34 ; Bern., 1408, 14, 16, 19, 21, 27, 29, 32, 37 ; Barth., 1419, 21, 24, 26, 28, 33, 37 ; Ht, 1426, 33, 36, 38 ; J. 1441, 45, 46 ; Girard, 1432, 35, 42 ; Guill., 1441 ; Ant., 1557, 58, 62 ; Ht, 1458, 59, 65, 69 ; Imbaut, 1460, 64 ; Ant., sgr de Balmont, 1509, 14, 20 ; Cl., 1518. Les différentes branches de cette famille avaient leur sépulture dans différentes églises, les uns à Ainay, les autres à St-Nizier, où ils avaient fondé, en 1491, la chapelle de Notre-Dame-de-Grâce, derrière le grand autel de cette église ; d'autres, enfin, à St Bonaventure, où on voit encore, dans une chapelle du 15e s., leurs armes parties *d..., à un lion d..., brisé d'un lambel d..., chargé de 3 fleurs de lis sur chaque pendant*, armes qui rappellent celles des Azzini de Brescia, peintes sur un manuscrit, de 1447 à 1455, conservé à la Bibliothèque du Palais-des-Arts ; mais nous n'avons aucune preuve certaine de l'existence de cette famille italienne à L., et encore moins de son alliance avec les de Varey.

**Varinier** J., cler de v., 1458, 59, 64, 65, 66 ; P., 1464, 78, 83, 84 ; Alardin, 1484, 85, 88, 89. — Le blason dessiné sous ce nom est celui d'une famille de la Dombes, qui a donné un magistrat au Parlt de cette province, et qui possédait, en 1510, la seigneurie de Tancy (St-Didier) en B.

* **Varissan**, Aymon, cler de v., 1270 ; Ponce, 1294.

* **Vassal** (de), Geoffroy, archevêque de Vienne ; d'une famille noble d'Angoulême, † en 1446. Il avait été nommé archevêque de L., en 1444. (Chorier : *Recherches sur les antiquités de Vienne* ; *MC*). — *D'az, au lion d'argt. couronné de gueules.* Ces armes données par Charvet (*Hist. de l'église de Vienne*) paraissent avoir été fournies par d'anciennes peintures qui existaient dans la chapelle du palais archiépiscopal de Vienne.

* **Vassal**, bs de L., (1696). — *D'az. au vase d'or, cantonné de 4 roses d'argt.* (*AG*).

**Vassalieu**, sgrs de V. (Mandement de St-Victor), de la Charette, par héritage, à la fin du 13e s., possessionnés à Ste-Croix-en-Jarez. Thibaut de V., chanoine et archidiacre de L., † en 1327, était de cette famille. Il voulut être enterré à Ste-Croix-en-Jarez. — (Sceaux de l'archidiacre de L., en 1307 ; la Diana.) — Guichenon cite une famille du même nom en Bresse, qui compterait Guill., chanoine de L., en 1324, ét. en 1330, auquel il donne pour armes : *vairé d'or et de gueules*. Nous ne savons si ce blason est exact et s'il y avait identité entre ces deux maisons.

* **Vassieu** (de), P., cler de v., 1405.

**Vauberet** (Jacquier de, v. J.)

**Vaubertrand**, enseigne-pennon du quartier de l'Hôpital, 17e s.

**Vauborel** (de), mquis de V., orig. de la Bretagne, sgrs de Changy, St-Bonnet-des-Quarts en F., acquis des du Bourg, en 1768. (*DH; LC*). La tour est *d'argt.* — Supports : 2 aigles.

* **Vaugelas** (de), « *de Vallegelata,* » famille chevaleresque du F., sgrs de V., 14e s.

* **Vaugrigneuse** (Malyvert de), orig. de la Bresse, sgrs de la Nellière (Pomeys), possessionnés à St-Romain en Giers et à Echalas, par alliance avec les Sauzion de Ronzières, 18e s. — *De sinople à la croix d'or.*

* **Vaure** (de La), sgrs de La Tour. Ils possédaient une

maison dans le château de La Tour en Jarez et des biens à Montverdun, 14e s. — Le fief de la V. appartint, du 14 au 16e s., aux de Fay. — A. inc. Il y a eu, en L., un château appelé de la Vaure, appartenant, en 1672, à Jq. Cogniat, qui écartelait *au 2e et 3e d'az., au lion d'or soutenant une moucheture d'hermines de sable.* (Le dessin met au contraire la patte droite inférieure *soutenue*) qui serait de La Vaure.

**Vaurion** (de), famille chevaleresque, sgrs de V. (Chamelet), de Montmeront et Bussières (Notre-Dame-de-Boisset) en B., etc., 15, 16 et 17e s. Et. au commencement du 18e s., fondus dans les Sacconay (*Généalogie de Ste-Colombe*). — Fs de V., reçu chanoine de L., en 1666, présenta les quartiers suivants : V., Flachat, Crémeaux, Prunel, Merle-Rebé, de Mezé, Chabeu, St-Paul. — Leur blason est peint au-dessus de la porte de l'église de Chamelet, entouré du collier de St-Michel.

**Vaux** (de). Il y a eu en L., en F. et en B., plusieurs seigneuries du nom de V., qui ont donné naissance à autant de familles. V., à Quincieux en L., a donné son nom à une maison alliée à celle de Varennes-Lucenay, et à laquelle appartenait, selon *LL*, Milon de V., doyen du Chapitre de L., en 1255, ce qui est inexact, ce personnage étant de la famille des sgrs de V. en B., sgrs de Montmelas et de la Chavigne. Et. au milieu du 14e s. V. appartenait, au 15e s., aux de Tournon. Une troisième famille de Vaux existait en R., aux 14 et 15e s., à St-Romain-la-Motte. Le nom primitif de cette famille était la Plagne. Ils paraissent avoir hérité d'une autre maison, qui avait possédé avant eux cette seigneurie. V. la Plagne Enfin il y eut des de V., possessionnés à Dompierre, à la fin du 14e s. Nous ne pouvons rien dire sur la parenté qui pouvait exister entre ces différentes maisons. Quant à leurs armes, les de V. de Quincieux portaient *un lion.* (Tombe d'Ant. de Varennes et de sa femme, Antoinette de V., 1287). On voit aussi, au-dessus de l'entrée du château de V., à St-Romain-la-Mothe, un écusson *parti d'un lion et d'une croix engrêlée.* C'est aussi un lion que l'on donne aux de V de B., mais nous n'en connaissons pas de monuments ; nous ferons remarquer seulement qu'il ne faut pas confondre leur blason avec celui des V. du Dauphiné, qui portaient : *de gueules au lion passant d'argt.*

* **Vaux** (de), P., cler de v., 1270. Ht, 1294 ; Huguenin, 1352 ; J., 1355 : un chevalier de l'église de L., devenu évêque d'Orléans, 1444. (*PL*).

**Vauzelles** (de), sgrs de V. (St-Bonnet-de-Bruyères) en B., famille chevaleresque, ét. en 1570, dans les de Muzy. (*LL*). Cette famille a eu des comtes de L.

**Vauzelles** (de), famille de robe du L., connue depuis la fin du 15e s. Sgrs du Jonchay et de Combelande en L., 16 et 17e s. Math., cler de v., 1524 : un chevalier de Malte, † en 1557 ; établis plus tard en R. (*LL; PL*). — Devise : *Crainte de Dieu vaut zèle.*

* **Vavinx**, à L., 1696. — *De gueules à 3 lions d'argt., armés, lampassés et couronnés d'or.* (*AG*).

**Veauche** (de), sgrs de ce lieu, en F., et de Veauchette en F., ancienne famille chevaleresque qui aliéna la seigneurie de V. au comte de F., à la fin du 13e s. Ils possédaient encore Veauchette au 15e s. ; ce fief passa plus tard aux Rostaing. — Sceau de 1270.

**Vende** en F. Famille qui a donné un protonotaire du saint Siége, chanoine de Montbrison, du Puy-en-Velay et de St-Nizier de L., au commencement du 16e s.

* **Venot** de Noisy, famille de la Bourgogne qui a donné un cler au Parit de Dijon, en 1780, passée plus tard aux Antilles Représentés actuellement à L. (*PB*). — *D'az. au sautoir d'or, cantonné de 4 croissants d'argt.*

**Verd**, ancienne famille chevaleresque divisée en deux branches principales : les sgrs de Valprivas et de Condrieu, fondus, vers 1393, dans les Thélis l'Espinasse et les V. des Périers, sgrs de Chazelles-sur-Lavieu, de Chenereilles, de la Chapelle, par acquisition des Poilfort de Janzicc, en 1413, de Veauche et de Tortorel. Et. en 1448. Les biens de cette branche passèrent par alliance aux d'Augerolles-St-Polgue et aux St-Germain-d'Apchon (*LM*). On a confondu cette famille avec celle du Verdier. — Devise : *Peur ne mal.* Leurs armes sont sculptées à Chenereilles avec celles des St-Germain ; on les voyait autrefois sur les vitraux de l'église de St-André-de-Montbrison et dans une maison de la même ville, appartenant alors aux Puy. Sur une tombe du 15e s., dans la chapelle appelée *Porta Cœli*, aux Cordeliers de Montbrison, leur blason était *fascé.* On trouva aussi, à St-Bonnet-le-château, au 17e s., dans un tombeau de la chapelle Ste-Luce, un crâne sur lequel était tracé le nom d'*Amé Verd.*

**Verdan**, trés. de F., à L.

* **Verdan**, à L., 1696. — *D'az. à l'aigle d'argt.* (*AG*).

* **Verdier** de Flachères, sgrs de Fl. (St-Vérand) et de Tancy (Bois-d'Oingt) en L., 18e s. ; orig. de Paris. Et.

**Verdier** (du), famille forézienne qui remonte à Ant., né à Montbrison au 15e s., contrôleur des finances à L., et auteur de la *Bibliothèque françoise*, sgrs de Valprivas et de la Poupée (Pressieu) en F. Et. au commencement du 18e s. Les biens passèrent par alliance aux La Pierre (*MN*). — Cette famille ayant ajouté, au 17e s., à son nom celui des Verd, qui avaient été anciennement sgrs de Valprivas, il en est résulté une confusion qui leur a fait attribuer les armes de cette maison. Nous avons trouvé son véritable blason au-dessous du portrait d'Ant. du V., gravé en tête de la *Prosopographie.* Il se trouve de même sur la tombe de Cl. de Tournon, que nous a communiquée M. L.-P. Gras, et qui a été citée en son lieu.

* **Verdier** (du), famille chevaleresque qui fit de nombreuses acquisitions en R. à la fin du 13e s, sgrs du V. et de Cordelle, 13e et 14e s. — *L'Armorial de Berry* donne les armes de deux familles du V., qui paraissent avoir été établie, l'une ou l'autre, en F. La première citée immédiatement après les de Boisvert, portait *d'argt à 3 fasces de sinople ;* la seconde mentionnée dans la même page que la précédente, a pour armes *bandé d'or et de gueules.*

* **Verdon** (de), Nic., cler de v., 1406, 8, 11.

* **Verdun** (de). Confirmation de noblesse de P. de V., en 1370

**Vergers** J.-B., éch., 1766.

**Verger** (du), « *de Vergeio,* » famille de robe de L., au 14e s. — Jacques du V. fut l'un des notaires chargés de rédiger le grand cartulaire d'Ainay. — Le lion du chef est *issant* et non *passant.* (Tombe à Ainay de Jacques du V., moine d'Ainay † en 1354,) cimier : un lion issant, (sceau de « Jehan du Verger, sergent d'armes du roy, receveur-« général en la cité et diocèse de Lion sur le fait des « aides » 1368).

**Vernade** (de La), famille de robe qui remonte à Ls de la V., cler et chambellan de Charles Ier, duc de Bourbon. Il fut juge du F. Etablis ensuite à Paris, où ils eurent un maître de requêtes au commencement du 16e s, et de là en Picardie, au 17e s. (*LM; RP; LD*). — *LM* blasonne la bordure d'or plein ; ceux de Paris et de Picardie ne portaient pas cette bordure. Leurs armes se voient à Notre-Dame de Montbrison.

**Vernays**, lieut.-pennon du quartier de la Grenette et de la rue du Bois, 17e s.

**Verne** de Bachelard en F. — Cachet accolé au 1er *d'az. au chevron d'or, accompagné de 3 besans d'argt., au chef cousu de gueules, chargé d'un croissant entre 2 étoiles d...*

* **Verne**, à L., 17e s. — *D'az. à une fasce ondée d'or, accompagnée de 3 étoiles d'argt.*

***Vernes**, orig. de Puylaurens, établis à L. Représentés actuellement à Paris. — *D'az. au verne d'or.* (*AG* du Languedoc.)

**Vernet** (du). Ancienne famille bourgeoise de Montbrison, anoblie par inféodation au commencement du 14e s. Sgrs de La Garde (St Thomas) par échange avec le cte de F., 1322, de Grezieu-le-Fromental, de Champs, de la Salle-les-Feurs, par alliance avec les d'Urgel qui le tenaient des Chauderon; de Rivas, la Varenne, Magnieu-le-Gabion, etc., du 14e au 17e s. Et. (*LM; LL.*) — Leurs armes se voient au Château de La Garde. Cimier; un cygne. Ploton du V. vers 1450 brisait d'une *étoile d'or*. Le champ doit se blasonner *d'azur* et non de *gueules* (Guill. Revel).

**Verney** (du) Un trés. de France à L.; 1765.

**Verneys** (des), sgrs d'Argigny (Charentay), de la Farge (Propières), fief aliéné aux d'Arcy, de Chambost près Chamelet, fief transmis aux Mont-d'Or, famille chevaleresque de B. Et. — Ses armes se voient contre-parties à celles des Semur, dans la chapelle du clocher, à St-Jean; elles étaient gravées sur une tombe qui existait autrefois aux Cordeliers de Villefranche, avec cette épitaphe : *Hic jacet dominus Joannes de Verneys miles, Jaquemeta de Palude ejus uxor et Joannes eorum filius qui fecit hoc sepulcrum fieri. Hic jacet domina Rocha de Verneys uxor... et Guicharda de Verneys soror quæ obiit die martis post octavas Petri et Pauli apostolorum anno Domini*, 1347.

**Verninac** de St-Maur premier préfet de L., nommé en 1800.

**Vernoilles** (de), ancienne famille chevaleresque, sgr de V. (Pommiers) en F., aux 13 et 14e s.; fief transmis par alliance aux de Jo, en 1334; sgrs de la Roche-St-Priest, aux 15, 16 et 17e s. RN 1668. — (*Guill. Revel.*) Ce sont probablement les armes de cette famille qui figurent sous le nom de la Roche à la planche 34, d'après un sceau de Guill. de a Roche, chevalier en 1256.

**Vernoux** de Noharet (de), orig. du Vivarais, établis en F., au 17e s. RN 1668, EGF 89. Représentés à L. par madame Allut. (*AP; LB*). — Claudine Brunand a mal blasonné ces armes en accompagnant la tour de 3 *soleils posés 1 et 2.*

**Vérot**, à L., 1696. (*AG*).

***Verroil**, sgrs de Grénieu en F., au 14e s. — A. inc. Au milieu du 15e s., G. appartenait aux Du Chef, on peut supposer, par alliance avec les Verroil; dans ce cas, il serait possible que l'un des quartiers des armes des Du Ch. portât le blason de V.

**Vers** (de), sgrs de Gorze et de Germoles en B; de Brouillat, de Vaux et des Fossés en Charollais. Et. au 16e s.

**Versad**, à L., au 18e s. (*D'après un portrait.*)

**Vertamys** (de), « *de Viridi amico*, » famille chevaleresque, orig. d'Auvergne, sgrs de Danizet, établis en F, au 17e s. RN 1668, EGF 89. (*MN; BO*).

***Vertolaye** (de), ancienne famille chevaleresque d'Auvergne, possessionnée en F., aux 13 et 14e s. Sa noblesse fut reconnue en Velay, en 1668. (*AP; BO; LB*). — *De gueules à 4 fleurs de lis d'or.* Il y a, à la Diana, un écusson écartelé : *d'or et d'az., à 4 fleurs de lis de l'un en l'autre.*

**Vespre.**

**Veuhe** (de La), ou mieux **Vehue** (de La), orig. de Sury-le-Comtal en F., sgrs de Montagnac, bons d'Aunoy en Brie, de Collonges (St-Victor sur-Loire); sgrs de Sury-le-Comtal, St-Romain, Montsupt et Saint-Marcellin, par acquisition de Gabrielle d'Allonville, veuve Rochechouard, vers 1612. Et. au 18e s. Anne de Rostaing, veuve d'Escoubleau, en hérita. Deux trés. de F. au 17e s. : Laurt, comte de Chevriers, baron de Curys; P. des M., 1666. Celui-ci ne portait pas de soleil dans son blason. Il y a eu, à St-Etienne, une famille bourgeoise du même nom. (TV).

***Veyre** (de), chanoine de Fourvière, 1696. — *Ecartelé au 1er et 4e de gueules, au château d'argt.; au 2e et 3e d'argt., à 3 mouchetures de sable.*

**Veyron**, à Villefranche, aux 16 et 17e s. (Jeton publié par M. Morel Fatio : *Revue Numismatique*). Armes parlantes. — La figure addextre est peut-être une J. et non pas un poisson.

**Vial** Joseph, éch., 1786. EGL 89.

**Vial**, à L., 1696. (*AG*).

**Vial**, trés. de F., en 1743.

**Vialard**, trés. de F., à L., orig. d'Auvergne. Et. (*LC; LD; BO*).

**Vialis** Corneille, éch., 1695 : un trés. de F., 1702. Le blason figuré dans la planche est celui que portait cette famille, en 1664; à partir de l'échevin, elle adopta des émaux différents : *d'az. à 3 trèfles d'argt, au chef d'or.*

**Vialliers**, lieutenant du chevalier du guet, 1658.

**Vianay.** (*G*).

**Viaux** (de), lieut.-criminel à L., 1696.

***Vic** (de), intendant à L., 1598, orig. de la Guyenne. — *De gueules à une foy d'argt., surmontée d'un écusson d'az. à une fleur de lis d'or, à la bordure du même.* (*DC; LC*).

**Vichy** (de), famille chevaleresque, orig. du Bourbonnais, divisée en plusieurs branches : celle des comtes de Champrond, établie en Bourgogne, a été possessionnée dans nos provinces. Sgrs de Cucurieux, par alliance avec les St-Symphorien. à la fin du 16e s.; fief aliéné aux Ferrus, en 1727; sgrs d'Estieugue (Cours), depuis la fin du 17e s., par alliance avec les d'Amanzé, de l'Etang, Villerez, Bouchevenis, Jougy, St-Julien et Saint-Bonnet-de-Cray, 17 et 18e s. (*MO; LC; CP; BO*). — Devise : *Tantum valent quantum sonant.*

***Vidal** Ant., cler de v., 1496, 97, 98; il fut enterré à l'Hôtel-Dieu, en 1514. Il est qualifié noble. Ant. V., bs de L.

**Vidaut** (de) de La Tour, orig. du Berry, établis à L., au 17e s.; sgrs du Sardon (Rive de-Gier), et de La T. J., éch., 1645. J, son fils, éc., cler et procureur-général en la sénéchaussée de L. Passés en Dombes et en Dauphiné. Et. en 1834. (*PE; BR*). — Les armes primitives étaient : *d... au lion rampant d... surmonté de 3 trèfles rangés en chef*, qu'ils changèrent, vers 1645, en un *chef de France*; le lion fut alors disposé *passant*. (Nombreux cachets de l'époque).

**Viégo**, (de) sgrs de Rapetour, fief transmis aux Varennes; de la Sale, près Chessy, possessionnés dans l'obéance de Létra en L., etc., famille chevaleresque connue depuis le 12e s.; elle existait encore à la fin du 17e s., et avait recouvré la terre de Rapetour, mais elle était néanmoins réduite à un état médiocre.

***Vieuville** (de La), orig. de la Picardie; sgrs de St-Chamond, par alliance avec les Mitte, en 1685; fief aliéné aux Gallet de Montdragon. (*BI; SM; PA; LC*; etc) — *Fascé d'or et d'az. de 8 pièces, à 3 annelets d'or rangés brochant sur les 2 premières fasces.*

***Vieux**, « *Veteris*, » sgrs de Comières, Bussières, St-Bonnet-des-Barres, St-Hénand, 13e s.; de la Tour-en-Jarez, St-Haon, fin du 14e s. — La branche des sgrs de Comières se fondit, au milieu du 14e s., dans les l'Espinasse. — A. inc.

***Vigènes** (de) ancienne famille noble du F., qui a donné, au 14e s., un doyen du chapitre de Montbrison. *LM* le dit né au château de Marclop et ajoute que ce château appartenait alors à la famille, ce qui est inexact : en effet, c'est le doyen lui-même qui l'acquit en 1375 des Ronchevol. — A inc. (*LM*).

**Vigenot**, à Villefranche, 1659.

**Vigiers**, sgr de Vigeux, gouverneur de L., 1507.

**Vignes** (des), sgr des Perrières. Nic., éch., 1653.

**Villars-Thoire**. Famille chevaleresque, orig. du Bugey, qui portait primitivement le nom de Th. auquel elle ajouta celui de V. par alliance avec l'héritière de cette maison vers 1200; sgrs de Roussillon, d'Annonay, par alliance avec les Roussillon vers 1367 ; sgrs de St-Romain-en-Jarez, Beauregard-sur-Saône, Châteauneuf-d'Argoire, Miribel ; etc. Et. Au commencement du 15e s., Humbt de V., dernier de cette famille, donna au cte de Harcourt, son beau-père, ses biens qui néanmoins passèrent aux Lévis la Roche. Th. de L. avait épousé Eléonore sœur d'Ht de V., avec lequel il échangea, en 1480, le château de Bussy contre celui de Miribel. Cette famille a donné trois archevêques de Lyon. (*TS; GB; GH. LC; MC.*) — Cimier : une tête de taureau (sceau de 1270). Henri de V., archevêque de L., brisait d'un lambel de 3 pendants.

**Villars** (de), sgrs de V., bons de Maclas, puis mquis de V., ancienne famille consulaire de L., que le maréchal de Villars a rendue illustre. Divisée en deux branches: une restée à L., ét. en Balthazar, P. des M., † en 1627, ne laissant que deux filles. La 2e branche s'établit à Condrieu, anoblie en 1586. Elle a donné deux archevêques de Vienne et le célèbre maréchal de France. Et. en 1770. Un rameau avait formé les sgrs de la Garde et de la Bussières, ét. à la fin du 17e s. J, cler de v., 1320; J., 1434, 38, 47, 48, 51, 52, 56, 57, 60, 61, 65, 66, 70, 71; P., 1445, 54, 55, 58, 59, 63, 64, 75, 78, 90; Barth., 1482, 92, 93, 1506, 11; Philib., 1516, 17, 23 ; Fs, 1579 ; Balth., P. des M., 1598, 99 ; Balth., sieur de Laval, éch., 1610, 11, 26, 27. (*GD; PL; PA; DH; LC; MO; CP; BR;* etc.)

* **Villas** (de), orig. de Quissac en Cévennes, établis à L., en 1720 ; alliance de Teissier, Fitler, Belz, Boissière, Cazenove et Arnal. — *De sinople à une fleur de lis tigée et feuillée d'argt.*

**Ville** (de), ingénieur du L., au 18e s., qui dirigea l'exécution de la route de Tarare; orig. du Dauphiné, se faisait descendre d'un ingénieur, gouverneur de Montélimart, au 15e s. Son fils, éc., sgr du Musard (St-Germain-sur-l'Arbresle), 1728.

**Ville** (de), famille bse de L., qui a donné un custode de Ste-Croix, au 18e s. (*PL; MC*).

* **Ville** (de), orig. de L., établis en Anjou, puis en Poitou. — *De gueules à la ville d'argt. maçonnée de sable.* — P. de V. était cler de v. en 1294.

**Villechèze** (de), en F, d'orig. bse, anoblis au 15e s.; sgrs de V. RN 1668. EGF 89. (*PL*). Ils pouvaient remonter à Huguenin de V., prévôt de Montbrison, en 1349.

**Villecourt** (le cardinal). né à L.

* **Villedieu**, fief à St-Maurice en F., qui a donné son nom à une famille chevaleresque qui était possessionnée, au 14e s., à St-Victor.

* **Villemot**, chanoine de St-Nizier, 17e s. — *D'az. au rocher d'argt. et un soleil d'or mouvant du franc-canton.* (*AG*).

**Villeneuve** (de), sgrs d'Yvours, bons de Joux-sur-Tarare, par alliance avec Claudine Seytre, veuve et héritière d'André Porte, qui avait acheté cette seigneurie en 1481 ; ctes de la Bâtie, par alliance avec les Champier; sgrs de Rouvray, la Motte, Chanains, Villon, Portebœuf, Langes, Aigis, Monteeaux, Corcelles, etc., famille consulaire de L., qui fut anoblie et commença à vivre noblement au milieu du 15e s. Guichenon qualifie des membres de cette famille du titre d'éc., au 14e s., ce qui est inexact : il a pu les confondre avec les sgrs de V. en Forez. Aynard, cler de v., 1320. Et., 1336; Bertet, 1352; Aynard, 1358; Marc, 1364; Aynard, 1380, 82, 84. Et., 1417, 18, 20, 34, 36, 38; Léonard, 1435; Aynard, 1427, 29, 32, 37, 46, 47, 49, 50, 51, 53, 54, 55, 58. Un 1er président au Parlt de Dijon et de Toulouse. Et. à la fin du 18e s. EGB 89. (*PB; LL; GD; PL*). Barth. de Civins, abbé d'Ainay, céda à Et. de V., en 1343, la chapelle St-Pierre, pour servir de sépulture à cette famille; on y voyait leur tombeau avec les armes de V., telles qu'elles sont dans la planche, et brisées d'une bordure engrêlée. C'est à cause de cette partition que l'on a supposé une alliance de cette maison, avec les Virieu-Faverges, et que les Villeneuve ont toujours porté depuis les trois demi-vires, tantôt parties, tantôt écartelées. En 1364, Aynard de V. fonda, dans l'église des Jacobins, un anniversaire pour son frère Bertet; et le pape, en faveur de cette fondation, accorda des indulgences mentionnées dans une charte dont l'original est scellé des sceaux de trois archevêques et dix évêques *in partibus*. prélats de la cour d'Avignon. A cet acte est attaché l'approbation donnée par Guill. de Thurey et Charles d'Alençon, archevêques de L.. et scellés de leurs sceaux. — Le 1er président au Parlt de Dijon avait fait peindre partout à Joux-sur-Tarare et dans sa maison de L., des écussons qui présentaient une généalogie fabuleuse, remontant au 11e s.— Cimier : une tête de léopard. Supports : deux lions.

* **Villeneuve** (de), famille chevaleresque, sgrs de V. (St-Bonnet-le-Château) en F., 14e s. On leur attribuait des armes *d'az. au lion de sinople, armé, lampassé et couronné de gueules*, qui feraient supposer, si elles sont exactes, que cette famille était une branche des Verd.

**Villeplaine** (Boscary de), v. B.

* **Villerest** (de), ancienne famille chevaleresque qui céda au cte de F., à la fin du 13e s, le château de V.

* **Villette** (de). Il y a eu plusieurs familles de ce nom : une en Bugey, dont nous n'avons pas à nous occuper ; une deuxième en Dombes et en Franc-L., qui portait : *d'az. à une croix engrêlée d'argt.*, et une famille de robe en B. (*LL*). Chorier cite aussi deux maisons de ce nom qui n'ont rien eu de commun avec notre province. Enfin, le fief de V. (Villechenève) en F., qui appartenait, au commt du 14e s., aux Tarare, a donné son nom à une branche des Parent, qui le possédait au 14e s. Ce fief fut transmis ensuite, par alliance probablement, aux Rochefort d'Espercieu. La famille de Pincy a ajouté aussi à son nom celui de V. — On trouve en outre P. de V., cler de v., en 1383 et 95.

* **Villeurbanne** (de), famille chevaleresque qui tenait son nom de V., près L., possessionnée à Champagneu (la Guillotière), 13e s.

**Villon** (de), sgrs de Varennes (Quincié) en B. Ils aliénèrent ce fief aux Maréchal, en 1290; ceux-ci le cédèrent, en 1329, aux sires de B., qui le donnèrent plus tard aux Nagu. Sgrs de la Garde, par alliance, et de Chauffailles, relevant du sire de B., 1317.

**Vin** (le), J., cler de v., 1531.

**Vincent** de Panettes et de Rambion, divisés en deux branches dont la deuxième est ét. Un maître des Requêtes au Parlt de Dombes, au 16e s.; un cler au Parlt de Grenoble. Simon, cler de v., 1524; Ant., 1544, 52, 60. Représentés à Bourges (*GD; PL*).—Devise : *Vincenti dabo.*

**Vincent** d'Albuzy de Montarchier, sgrs de M., de Marandières, acquis en 1757 des Gonin de Lurieu; de la Faye, la Goutte et le Soupet en F., orig. du Dauphiné, établis à St Etienne : deux éch. de cette ville; un s. du R. au commencement du 18e s.; divisés en deux branches : les aînés, qui ont donné un cler au Parlt de Dijon, intendant des Iles-sous-le-Vent, établis à St-Domingue ; et les cadets, ét. en la personne de Mme la ctesse de Cordon, † en 1851. (*PB; MN; Archives du château de Cordon*). — Un *lion* au lieu d'une *étoile* en pointe de chevron.

**Vincent** de Soleymieux; de Vaugelas, de St-Bonnet-lès-Oules en F. : un s. du R. au 18e s. EGLF 89. Représentés à L. (*MN*).

**Vincent**, (le baron) préfet à L., en 1851.

—**Vincent** de Cristinine et Dubruel, sgrs de Senevas et de Ronzières en L., milieu du 18e s. — Les armes sont dessinées à la pl. 24, sous le nom de Dubruel. Sur un cachet de 1751, ce blason est écartelé de Charcysieu.

**Vinols** (de), famille consulaire de L., sgrs d'Arginy (Charantay) en B., 16e s. Et dans les Camus. Gilles, cler de v., 1358; Ant. 1520. (*LL; LB*).

**Vinols** (de), orig. du F., sgrs de Gaste, la Liègue, Bellegarde, la Tourette, Aboin, etc., 16, 17 et 18e s., maintenus dans leur noblesse en 1645 et 1705. Représentés en Velay. (*DH; LC; BO*).

* **Violet** Bt, cler de v., 1381, 84, 87, 93, 1403.

* **Violet** à Ste-Colombe au 15e s. — *D... au chevron d... surmonté d'un annelet surmonté lui-même d'une molette et accompagné de 3 violettes.* (Cachet de 1581).

* **Violette**, lieut.-pennon du quartier des Cordeliers, 17e s. — *D'az. à une nuée mouvante du chef, se répandant sur une tige de violette au naturel, que tient un bras d'argt. mouvant du flanc dextre.*

**Vionnet**, bs de L., sieur de St-Didier, au 18e s. — (Cachet de 1747. Attribution douteuse.)

**Vionnet**, famille de L., à laquelle appartenait le P. Vionnet, jésuite. (*PL*).

* **Virieu** (de), ancienne famille chevaleresque du Dauphiné, qui a donné un courrier de l'église de L., en 1298, divisée en plusieurs branches : celle de Beauvoir a possédé la seigneurie de Chintré, transmise par alliance aux Nanton. Un rameau de cette maison s'était fixé à L. à la fin du dernier siècle. Représentés en Dauphiné et à Lyon. (*DH; LC*). — J. Loup de N.-D., reçu chevalier de Malte, en 1747, présenta les quartiers suivants : V., Vermanton, Monteil, Boffin, Briançon, de Varces, Revol, Laube de Brou. — *De gueules à 3 vires l'un dans l'autre d'argt.* La branche de B. portait : *d'az. à 3 vires d'or*, écartelé au 2e et 3e de B. Supports : deux lions. Devise : *Vulnere virescit et sine fine virtus* Sur un sceau de Guiffred de V., chanoine de Vienne, au 13e s., les armes de V. sont placées sur le bouclier de St-Maurice, dont la figure occupe le champ du sceau.

* **Viry** (de), sgrs de V. et de Claveyson (Claveysolles) en B. Et. au 16e s.; fondus dans les Arthaud de Neschers. — On connait plusieurs familles du nom de V. : une en Bourgogne, qui portait : *de sable à une croix anilée d'argt.* Une autre en Savoie : *pallé d'argt. et d'az.* Une troisième, de V. La Forest, en Bourbonnais, qui portait anciennement les mêmes armes changées plus tard : *d'argt. à 3 crocodiles de sinople mis en pal.* Il reste à savoir si les de V. du B. étaient issus de l'une de ces trois familles, ou s'ils avaient une origine distincte et des armes personnelles, ce que nous n'avons pu découvrir d'une manière certaine.

**Viste** (le) et par corruption **Léviste**, famille consulaire de L., sgrs de Briandas, Montbriant en Dombes, la Plaigne (Dracé), Buysante (Limas) en B., divisée en quatre branches : les aînés fondus, au commencement du 15e s., dans les de Balzac et les de Baillet; la 2e branche s'éteignit au 16e s. dans les Robertet; la 3e des sgrs de Briandas, ctes de Montbriant par érection en 1756. Et. en 1759; la 4e également ét. J cler de v., 1964; J. 1386, 1403, 5, 7; Guill 1309, 91, 93, 96, 98. 1404, 6, 9, 11; Guill. 1400, 8; J. 1416, 20; Ant. 1429; P., dit Morelet, 1442; un lieut. particulier au bailliage de Trévoux, un président au parlt de Paris, un P. des M. de Paris, en 1520. (*LL; PL;* M. Morel de Voleine, *Gazette de Lyon*, du 27 sept. 1859) — *GB* blasonne mal leurs armes. Cimier : un *vol bannerel*. Guill. brisait d'une *bordure engrêlée* (sceau du 15e s.) Une place de L. changea, au 18e s. son nom de place de l'*Alcôve* contre celui de cette famille, en souvenir de ce que les le Viste avaient possédé le fief de Bellecour, qui était voisin. Ce tenement avait été acquis, en 1370, de J. de Varey, chevalier par J. le Viste, docteur en droit, au prix de 1600 deniers d'or appelés francs.

**Vitriers** de L. Corporation. — A l'époque du rétablissement du culte, au commencement de ce siècle, cette corporation fit restaurer l'une des chapelles de l'église St-Bonaventure. On y voit leur blason, un peu inexact, accompagné d'emblèmes et de cette inscription :

CETTE CHAPELLE A ÉTÉ RÉTABLIE
PAR LA SOCIÉTÉ DE BIENFAISANCE
DES MAITRES PEINTRES ET VITRIERS
DE CETTE VILLE
L'AN MDCCCVII

**Vitry-Larière**, (de) sgrs de La. en F., 15e s. : un gouverneur du R.; un chancelier du duché de Bourbonnais, doyen de N.-D. de Montbrison. (*LM*).

**Vize** Cl., cler de v., 1582, 87, 93.

**Vocanse**, sgrs de La Pierre (Durette) en B., au 18e s.

* **Vogué**, (de) ancienne famille du Vivarais, sgrs de Montlaur, Aubenas, Gourdan, mquis de V., etc., possessionnés en F., au 18e s. Représentés en Vivarais. — *D'az. au coq d'or crêté et barbelé de gueules.* (*AP; LC; BO; LR*).

**Voiret**, sgrs de Sales (St-Just d'Avray) en B., 16e et 17e s. Cl., éch., 1644.

**Voisin** Bent, éch., 1625, 40. Ce dernier fut enterré à St-Nizier, en 1649, devant l'autel St-Benoit.

* **Volpe**, prêtre à St-Paul, à L., 1696. — *D'or à la bande de sable chargée d'un renard d'or.* (*AG*).

* **Vougy** (de). On trouve au commencement du 15e s. une famille chevaleresque du nom de V., distincte des Moles. — A. inc.

**Vouty** de La Tour, bon de l'Empire, sgrs de La Tour des Champs, ou de la Belle-Allemande en L., de Combe-Blanche (Guillotière), 18e s. : un s. du R., en 1739; un cler au Parlt de Bourgogne, 1783. Et. récemment.

**Voypière** (de La), J., cler de v., 1582.

**Voysin** (*G*).

**Vuarty** (de), sgr de Letrette (Letra) de Montchervet (Amplepuis), et de Meyzé (Cublize), en B., 16e s.

**Vulpinière**, ou mieux **Verpillière** (de la), sgrs de ce lieu (St Symphorien-de-Lay), en B. Et. en 1414, fondus dans les Thélis.

**Vyal** de Conflans, à St-Etienne.

**Wicardel** de Fleury, mquis de F. et de Beaufort, en Savoie, sgrs de Belmont, de Beaulieu, par alliance avec Fse Hendret; de Trades, St-Jean-des-Vignes, etc., en L., 18e s.

* **Yllin** (d'), famille chevaleresque du Dauphiné, possessionnée en F., au 14e s. Cette famille a donné des chanoines de L., *d... à une bande d...* (Sceau de 1342).

**Yon** de Jonage, sgrs de J. et de Mare, 18e s, divisés en 2 branches, les de Jonage et les ctes de Ricée. J., éch., 1629 (il brisait d'une bordure dentelée d'or) Fs, s. du R., éch., 1709; un cler à la Cour des monnaies. EGL 89. Représentés à Paris.

**Yvernogeau**, J. Y., dit de Toulouse, cler de v., 1589, 92.

* **Zollicofre**, à L., au 18e s., orig. de St-Gall, en Suisse. — *D'or au franc cartier d'azur.*

**ABRÉVIATIONS :**

| | | | |
|---|---|---|---|
| A. inc. | Armes inconnues. | mquis | marquis. |
| B. | Beaujolais. | not. | notaire. |
| bon | baron. | orig. | originaire. |
| bs | bourgeois. | Parlt | Parlement. |
| cler | conseiller. | R. | Roanne et Roannais. |
| cler de v. | conseiller de ville. | RN 1668. | Reconnaissance de noblesse de 1668. |
| cte | comte. | recev. | receveur. |
| dam. | damoiseau. | s. | siècle. |
| dev. | devise. | sec. ou s. du R. | secrétaire du Roi. |
| éc. | écuyer. | sgr | seigneur. |
| éch. | échevin. | supts. | supports. |
| EG 89. | Etats Généraux de 1789. | trés. de F. | trésorier de France. |
| élec. | élection. | V. ou v. | Voyez. |
| ens. | enseigne. | ve | veuve. |
| Ét. ou ét. | éteint. | vicle | vicomte. |
| F. | Forez. | vo | verso. |
| f. ou fol. | folio. | † | mort. |
| L. | Lyon, Lyonnais. | | |

Les astérisques * indiquent les familles dont les armes n'ont pas été dessinées dans les planches ; un tiret — désigne celle dont le blason y est figuré sous un autre nom. Les prénoms sont désignés par des initiales ; il en est de même du nom de la famille qui fait le sujet de chaque article et des fiefs qu'elle a possédés : on a jugé inutile de les répéter en toutes lettres.

**ERRATA.**

Planche 7 Bérau ; lisez : *au chef d'argt chargé de* 3 *étoiles.*
— 18 vo Claret ; *d'azur*, lisez : *d'argt.*
— 19 vo Copet ; *bane*, lisez : *fasce.*
— 61 vo Tréméolle ; l'aigle de *sable.*
Page 7 Bara ; 1362, lisez : 1363.
— 11 Bertin ; (*LG*), lisez : (*LC*).
— 15 Bottu.. ; de la Balmondière lisez : Barmondière éch , ajoutez : (*AA ; BA.*)
— 19 Cardeurs ; *étoiles chargées*, lisez : *rangées.*
— 20 Chalus ; Corsan, lisez : Cousan.
— 21 Chambaran ; *étoiles* lisez : *cloches.*
— » Chameyré ; Contouvre, lisez : Coutouvre.
— 23 Charpin ; 2e col., *donum*, lisez : *domum.*
— 26 Cœur ; *de coquilles*, lisez : *de 3 coquilles.*
— 28 Cordonniers de Lyon ; *carrelet*, lisez : *couteau à pied.*
— » Cordonniers de Lyon ; *tranchet*, lisez : *carrelet.*
— » Cordonniers de Montbrison ; *carrelet*, lisez : *couteau à pied.*
— 32 Dervieu ; D. de Villieu, etc., appartient à l'article suivant.
— » Deshayes ; V. Jauin, lisez : V. Jovin.
— 33 Dodieu ; Dieu les garde mal, lisez : Dieu les garde de mal.
— 35 Dugas de Bois-St-Just ; ajoutez : EGL 89, représentés à L.
— » Dugas de Varenne ; supprimez : mquis du Gast.
— « Dupont de Chavagnac ; lisez : Chavagneu.
— 36 Espinay ; sur le font, lisez : sur le tout.
— 48 Guiliermin ; lisez : Guillermin.
— 56 Luzy ; 1656, lisez : 1736.
— 67 Paultrier ; lisez : Pautrier ; effacez ; P. des M., 1752.
— 68 Ajoutez : **Pélissant** (*G*).
— » Effacez : **Périer**.
— 70 La Place ; possessionnée à.. ajoutez : Lérigneux.
— » La Platière ; famille du... ajoutez : Nivernais.
— » Poggi ; lisez : Pogge.
— 72 Propières ; sceau de... ajoutez : Louis ; en 13.., lisez : 1341.
— 75 Richard ; de Potempérat, lisez : Pontempérat.
— 78 Rovedis ; Ravie, lisez : Pavie.
— 89 Tristan le Gros ; lisez : le Gros ; Tristan n'est qu'un prénom.

Nota : Les corrections plus importantes sont réservées pour le supplément.

Lyon.—Typ. d'A. Vingtrinier.

www.ingramcontent.com/pod-product-compliance
Ingram Content Group UK Ltd.
Pitfield, Milton Keynes, MK11 3LW, UK
UKHW020446200726
13857UKWH00002B/591